Les voyageurs et leur monde

Voyageurs et traiteurs de fourrures en Amérique du Nord

Carolyn Podruchny

Les voyageurs et leur monde

Voyageurs et traiteurs de fourrures en Amérique du Nord

Traduit de l'anglais par
Anne-Hélène Kerbiriou

Les Presses de l'Université Laval

Les Presses de l'Université Laval reçoivent chaque année du Conseil des Arts du Canada et de la Société d'aide au développement des entreprises culturelles du Québec une aide financière pour l'ensemble de leur programme de publication.

Nous reconnaissons l'aide financière du gouvernement du Canada par l'entremise de son Programme d'aide au développement de l'industrie de l'édition (PADIÉ) pour nos activités d'édition.

Conseil des Arts du Canada Canada Council for the Arts

La traduction de cet ouvrage a été réalisée grâce au soutien financier du Conseil des Arts du Canada

Publié en 2006 par University of Nebraska Press, sous le titre *Making the Voyageur World. Travelers and Traders in the North American Fur Trade*.

Maquette de couverture : Laurie Patry

Mise en page : In Situ inc.

Dépôt légal 2e trimestre 2009

ISBN 978-2-7637-8737-4

Les Presses de l'Université Laval
Pavillon Pollack, bureau 3103
2305, rue de l'Université
Université Laval, Québec
Canada, G1V 0A6
www.pulaval.com

Table des matières

Certaines parties du troisième chapitre ont été publiées auparavant sous une forme différente, et sous le titre « Baptizing Novices : Ritual Moments among French Canadian Voyageurs in the Montréal Fur Trade, 1780-1821 », dans *Canadian Historical Review* 83 (2), 2002 : 165-195, et sont reproduites ici avec la permission de University of Toronto Press Incorporated.

Certaines parties du troisième chapitre ont également été publiées sous le titre « Dieu, Diable and the Trickster : Voyageur Religious Syncretism in the Pays d'en haut, 1770-1821 », *Western Oblate Studies* 5, Actes du cinquième colloque sur l'histoire des Oblats de l'Ouest et du Nord du Canada, Raymond Huel et Gilles Lesage (dir.), Winnipeg, Presses universitaires de Saint-Boniface, 2000 : 75-92, et reproduites avec leur autorisation.

Certaines parties du cinquième chapitre ont été publiées auparavant sous le titre « Unfair Masters and Rascally Servants ? Labour Relations among Bourgeois, Clerks and Voyageurs in the Montréal Fur Trade, 1780-1821 », dans *Labour/Le travail. Journal of Canadian Labour Studies* 43 (printemps 1999) : 43-70, et reproduites ici avec l'autorisation de la revue.

Certaines parties du neuvième chapitre ont déjà été publiées sous le titre « Un homme-libre se construit une identité : Voyage de Joseph Constant au Pas, de 1773 à 1853 », dans *Cahiers franco-canadiens de l'Ouest* 14 (1-2), 2002 : 33-59, et sont reproduites ici avec l'autorisation de la revue.

Illustrations, cartes et tableaux

Illustrations

Cartes

Tableaux

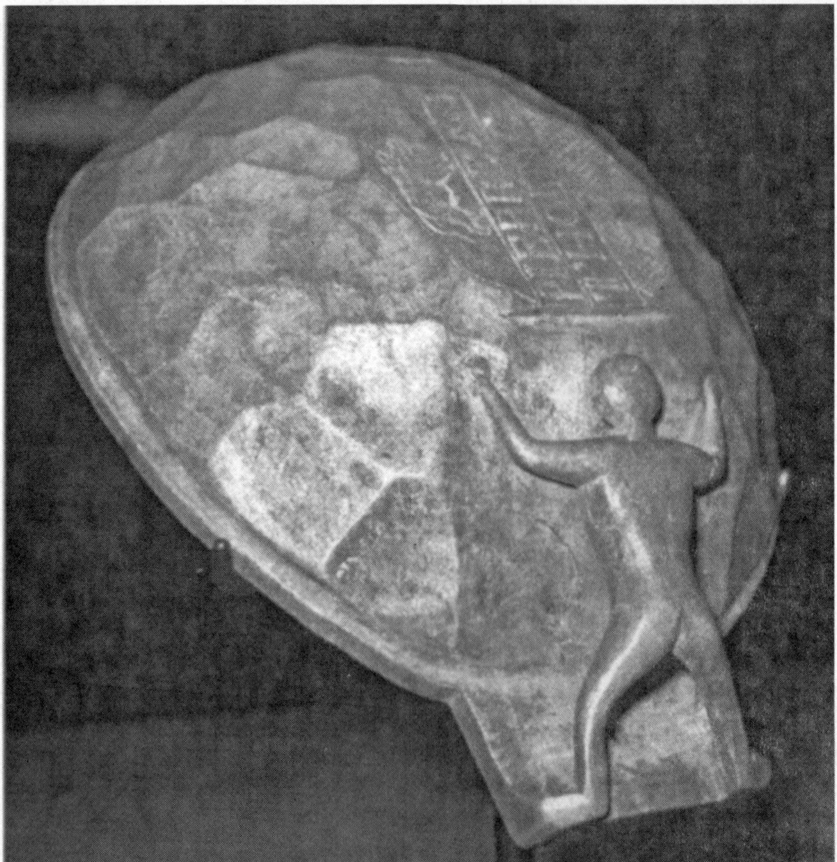

Figure 1. « Tasse de canoë », région des Grands Lacs, vers 1775-1825. Collection particulière. Reproduit avec l'autorisation de la Donald Ellis Gallery, Dundas, Ontario.

Préface

Cette « tasse de canoë » (figure 1) représente l'enchevêtrement fascinant des valeurs des voyageurs canadiens-français qui travaillaient dans la traite des fourrures en tant que pagayeurs et travailleurs aux XVIIIe et XIXe siècles. Les voyageurs portaient des tasses, attachées à leurs ceintures de cuir ou d'étoffe, pour pouvoir facilement étancher leur soif lors de leurs voyages ardus le long des rivières, des cours d'eau, des portages et des lacs. Sculptée dans le bois, en forme de carapace de tortue, et portant gravé sur le dessous le nom de « Pierre Anthoine », cette tasse particulière montre comment les identités des voyageurs ont mêlé les influences de leurs foyers canadiens-français de la vallée du Saint-Laurent aux mondes autochtones qu'ils ont rencontrés à l'intérieur du continent. La carapace de tortue symbolise couramment la terre chez les peuples de langue algonquine ou iroquoïenne. Nombre de mythes des origines évoquent une ou plusieurs personnes tombées du ciel sur le dos d'une tortue, dans la mer primordiale, et divers animaux plongeant dans les profondeurs de la mer pour en ramener de la vase qu'ils placèrent sur le dos de la tortue afin de créer la terre. Un homme nu, servant d'anse, paraît soutenir la terre. Ce symbole évoque le mythe grec bien connu d'Atlas, chef des Titans et ancêtre des Troyens, condamné par Zeus à soutenir la terre. Bien qu'il ait été prisonnier d'une pesante servitude, Atlas reste le symbole de la force masculine et le dieu des idées téméraires. Ce personnage nu peut également figurer l'idée que les voyageurs devaient littéralement soulever la terre entière lorsqu'ils travaillaient comme porteurs dans la traite des fourrures. Une sorte de sanglier sauvage est également gravé au-dessus du nom, sous la tasse. Les sangliers ne se trouvaient que dans les forêts d'Europe et des pays méditerranéens où, au Moyen Âge et au début de l'époque moderne, ils étaient chassés autant pour leur viande, très prisée, que pour limiter les dégâts qu'ils pouvaient infliger aux récoltes et aux forêts. Dans les traditions grecque, romaine et celte, le sanglier représentait le pouvoir, la férocité et la force. L'un des douze travaux d'Hercule consistait à chasser un sanglier sauvage. Le sanglier était également un meuble usuel de l'héraldique française et anglaise. Bien que des porcs aient été apportés en Amérique du Nord par les premiers colons, les sangliers sauvages n'y furent pas répandus avant la fin du XIXe siècle. Il est probable que ce sanglier gravé sur cette tasse de canoë ait été une sorte de motif héraldique apporté dans la vallée du Saint-Laurent par un colon français. Même si celui qui a sculpté cette tasse n'appartenait pas à la famille portant ces « armes », il se peut qu'il en ait emprunté le motif pour symboliser ses prouesses à la chasse. La place centrale du sanglier sur cette tasse reflète l'importance de la nourriture pour les voyageurs, dont le métier exigeait d'intenses efforts physiques. Il semble bien que le sculpteur de cette tasse se soit senti tout à fait libre de s'inspirer largement des vocabulaires symboliques de tradition européenne et amérindienne, même sans en connaître intégralement toutes les connexions et les significations. Le message que véhicule cet exemplaire unique de tasse de canoë suggère que, bien que Pierre Anthoine ait ressenti le fardeau de cette servitude à contrat qu'était le travail dans la traite, il était fier de son métier, qui exigeait force et bravoure. Ce livre explore ces valeurs complexes et diverses, à l'instar de celles que l'on perçoit dans cette tasse de canoë, qui se développèrent dans le milieu des voyageurs canadiens-français, voyageurs qui constituaient la base de la main-d'œuvre dans la traite des fourrures, économie à base européenne qui fut essentielle aux débuts de la colonisation en Amérique du Nord.

Mon intérêt pour les voyageurs est né en même temps qu'un désir de contribuer à l'histoire des gens du peuple qui n'ont pas laissé de traces écrites mais qui pourtant ont laissé une profonde empreinte sur le paysage social et culturel des débuts de la colonisation en Amérique du Nord. Les voyageurs canadiens-français ont parcouru d'immenses distances à travers le continent et nous ont laissé un héritage important. Le français était l'une des langues de communication entre Européens et Euro-américains dans le cadre de la traite des fourrures dans la région de Montréal jusqu'au milieu du XIXe siècle, ce qui se reflète aujourd'hui dans des noms de lieux à travers tout le continent. De nombreux voyageurs ont tissé des liens de parenté avec les Autochtones et se sont installés dans le Nord-Ouest pour y élever leurs familles. Une grande partie des Métis sont d'ascendance française. Des dizaines de communautés francophones existent aujourd'hui dans le nord-ouest de l'Amérique du Nord, et une grande partie d'entre elles descendent des familles qui travaillaient dans la traite des fourrures. Aujourd'hui, les voyageurs se remarquent sous la forme de caricatures hautes en couleur dans la culture et l'histoire populaires, mais ils n'ont que rarement fait l'objet d'études sérieuses. La nature fragmentaire des sources sur les voyageurs et leur assujettissement aux domaines commerciaux et politiques les ont relégués aux confins de la plupart des récits historiques. Cet ouvrage prend le parti de placer les voyageurs canadiens-français carrément au centre du récit historique, en tant que personnages dignes d'être pris au sérieux, dont les histoires, aux conséquences durables, furent fascinantes. Ce livre voue également une attention considérable aux Amérindiens et aux Métis, mais seulement dans le contexte de leurs relations avec les voyageurs canadiens-français.

Certains termes clés seront utilisés fréquemment au cours de ce travail – *voyageurs, gens libres, bourgeois, Métis, pays d'en haut, Amérindiens* – et leur emploi exige des précisions. Dans son acception la plus commune, le terme *voyageur* désignait ceux qui se déplaçaient, les *engagés* à contrat, ou les traiteurs indépendants à petite échelle, qui travaillaient seuls ou en petits groupes, avec un certain soutien financier de la part des marchands. J'utilise le critère de statut des travailleurs pour faire la distinction entre ces catégories. Aussi, dans ce livre, le terme *voyageur* désigne les engagés, les employés et les travailleurs. Les traiteurs indépendants, y compris ceux qui commerçaient illégalement, sans permis, sont désignés par le terme *coureurs des bois*. Les *gens libres* (*freemen*) désignent d'anciens voyageurs qui ont choisi de rester vivre de manière indépendante dans le pays d'en haut, en ayant recours à divers métiers pour survivre, y compris le commerce, le piégeage, la chasse, la pêche et l'engagement ponctuel par de courts contrats de travail dans les compagnies de traite des fourrures. À la fin de la Guerre de Sept Ans (ou guerres franco-indiennes) en 1763, les compagnies de traite basées à Montréal furent réorganisées sous la direction de gérants écossais, anglais, américains, voire pour quelques-uns, canadiens-français. Ces hommes, qui comprenaient les associés de la compagnie, ceux qui étaient en charge de certains districts et à l'occasion les commis principaux, se désignaient eux-mêmes par le terme de *bourgeois*. L'un de ces *bourgeois*, Alexander Ross, pensait que ce terme tirait son origine des voyageurs eux-mêmes et qu'il était une survivance de la traite des fourrures en Nouvelle-France. Les *bourgeois* associés engageaient des voyageurs provenant surtout des paroisses de Montréal, de Trois-Rivières et des environs. De pair avec les Canadiens français, des Iroquois de Kahnewake étaient également engagés pour travailler en tant que voyageurs dans la traite, mais leur nombre ne dépassa jamais 10% du nombre total des employés. Leurs expériences de travail dans la traite des fourrures étaient différentes de celles des Canadiens français, et je n'aborde pas ce sujet dans ce livre. Ce livre fait référence aux *métis* comme étant des descendants à la fois d'Amérindiens et d'Européens, et aux *Métis* en tant qu'ethnie spécifique qui a émergé autour des Grands Lacs au XVIIIe siècle. Il n'était pas toujours facile de faire la distinction entre les voyageurs canadiens-français et les voyageurs métis (fils de traiteurs européens et de femmes amérindiennes). Au début du XIXe siècle, les voyageurs métis en vinrent à occuper une place importante dans le bassin d'emploi de la traite des fourrures. Leur développement culturel et patrimonial unique, en particulier là où les Métis se virent reconnaître une ethnicité distincte, mériterait une étude serrée et exclusive, ce qui est au-delà de la portée de cet ouvrage.

Le terme *pays d'en haut* désigne les régions « en amont », où les francophones de la vallée du Saint-Laurent allaient poser leurs pièges pour la traite des fourrures. Dans les débuts de la Nouvelle-France, ce terme désignait la région située au nord du Saint-Laurent dans le Québec d'aujourd'hui, et à l'ouest de Montréal jusqu'à l'Ontario d'aujourd'hui. À la fin du XVIIe siècle, le terme devint communément utilisé pour désigner le territoire de la traite des fourrures situé essentiellement autour des Grands Lacs. Au milieu du XVIIIe siècle, les frontières du pays d'en haut reculèrent plus loin vers l'ouest et le nord, en suivant le rayon d'action de la traite des fourrures vers les prairies arrosées par le Mississippi, le Missouri et l'Assiniboine, vers les étendues plus au nord qui longeaient la rivière Saskatchewan, et jusqu'aux terres subarctiques environnant le lac Athabasca. Dans cet ouvrage, ce terme est utilisé pour désigner toute région où les voyageurs étaient envoyés pour la traite et le transport des marchandises.

Puisqu'il n'existe pas de terme universel s'appliquant aux peuples indigènes de l'Amérique du Nord, ce livre emploie les termes Autochtones, Peuples autochtones, ainsi que Amérindiens ou Indiens dans l'espoir de toucher le plus grand public possible et de minimiser les confusions. De mon point de vue, le terme « Premières nations » sous-entend une conception européenne des nations qui ne se transfère pas aisément aux identités autochtones. Le terme Autochtone est clair, précis et largement répandu, et, malgré ses connotations colonialistes, le terme « Indien » pourra être employé dans ce livre, parce que son usage est usuel dans les sources historiques, et parce qu'il a une longue histoire en Amérique du Nord.

D'autre part, dans les citations, nous avons transcrit les noms abrégés intégralement, par exemple « François » pour « Frs » ou « Antoine » pour « Antne » (les autres noms conservant l'orthographe des documents d'archives).

Remerciements

CET OUVRAGE a commencé son parcours sous la forme d'une thèse de doctorat rédigée à l'Université de Toronto, et je suis très redevable à la vivante atmosphère intellectuelle de la communauté des chercheurs de Toronto. Sa transformation en livre a bénéficié d'environnements tout aussi stimulants, au Center for Rupert's Land Studies de l'Université de Winnipeg, à la Newberry Library, à la Western Michigan University et à York University.

Pour ce faire, j'ai bénéficié d'une aide financière généreusement attribuée par le Conseil de recherches en Sciences humaines du Canada, de l'Imperial Order of Daughters of the Empire, du Conseil international d'études canadiennes, du Ministère de l'enseignement de l'Ontario, et du Département d'histoire et de l'École des gradués de l'Université de Toronto. De nombreux archivistes m'ont accueillie dans leurs dépôts et m'ont aidée à découvrir des sources. Je remercie en particulier Judith Hudson Beattie, Anne Morton et Leslie Clark aux Archives de la Compagnie de la Baie d'Hudson ; Gilbert Comeau aux Archives provinciales du Manitoba ; feu Alfred Fortier, Gilles Lesage et William Benoît de la Société historique de Saint-Boniface ; Pam Miller au Musée McCord d'histoire canadienne ; Luc Lépine, Estelle Brisson et Evelyn Kolish des Archives nationales du Québec à Montréal ; Karen Bergteinson et Leon Warmsky aux Archives de l'Ontario ; et le personnel de la Division des livres rares et des collections spéciales de la bibliothèque de l'Université McGill, la Bibliothèque nationale et les Archives nationales du Canada (et en particulier Ghislain Malette pour des demandes de références de dernière minute), la Minnesota Historical Society, la Thomas Fisher Library (Université de Toronto), la Baldwin Room de la Toronto Metropolitan Reference Library, la Newberry Library et la British Library. Je remercie également le personnel du prêt inter-bibliothèques de l'Université de Toronto, de l'Université de Winnipeg et de la Western Michigan University. Linnea Fredrickson, aux Presses de l'Université du Nebraska, et Barb Wojhoski ont travaillé dur pour m'aider à préparer ce manuscrit pour publication.

Je remercie tous ceux qui ont répondu à mes nombreuses questions et qui ont partagé leurs sources et leurs connaissances avec moi, y compris Peter Bakker, Robert Bringhurst, Edith Burley, Dale Cockran,

Gilbert Comeau, Donald Fyson, Konrad Gross, Richard Hoffman, Joe Holtz, George Lang, Pam Logan, Hugh McMillan, Ian S. MacLaren, Bryan Palmer, Ellen Paul, Katherine Pettipas, Patrick Schifferdecker, et en particulier Sylvia Van Kirk, qui m'a donné des photocopies de ses transcriptions en clair des journaux de George Nelson. Je remercie les participants aux réunions ponctuelles des Toronto Area Early Canada and Colonial North America Seminar Series ainsi qu'à celles de la Newberry Library; le public des réunions de l'American Society of Ethnohistory, des Algonquian Conferences, de la Canadian Historical Association et de l'Omohundro Institute of Early American History and Culture; et les évaluateurs anonymes pour leurs nombreuses et précieuses suggestions. Outre toutes ces personnes, des amis et des collègues m'ont procuré des suggestions et des sources ainsi qu'un environnement intellectuel qui m'a aidé à rédiger cet ouvrage. Il s'agit de Darlene Abreu-Ferierra, Rebecca Bach, Jerry Bannister, Judith Hudson Beattie, Carl Benn, Bob Berkhofer, Louis Bird, Heidi Bohaker, José-Antonio Brandaõ, Tina Chen, Michael Chiarappa, Luca Codignola, Matt Cohen, Alicia Colson, Juanita De Barros, Heather Devine, Fay Devlin, Harry W. Duckworth, Hilary Earl, Matthew Evenden, Magda Fahrni, Nora Faires, feu Alfred Fortier, John Gay, Peter Geller, Marion (Buddy) Gray, Mark Guertin, Sally Hadden, Karl Hele, Catherine Heroux, Tobie Higbie, Catherine Julien, Gilles Lesage, Maureen Matthews, Anne Morton, Susanne Mrozik, James Muir, Sasha Mullaly, Lucy Eldersveld Murphy, Laura Murray, Tamara Myers, John Nichols, Trudy Nicks, Jan Noel, Jean O'Brien, Ian Radforth, Roger Roulette, Myra Rutherdale, Nicole St-Onge, Bethel Saler, Theresa Schenk, Nancy Shoemaker, Susan Sleeper-Smith, Judith Stone, Helen Hornbeck Tanner, Robert Vézina, Bruce White, Cory Wilmont, Chris Wolfart et Takashi Yoshida. L'inspiration de ce livre m'est venue de mes guides intellectuels : Jennifer S.H. Brown, Sarah Carter, Allan Greer, Toby Morantz, Laura Peers, Arthur J. Ray, Sylvia Van Kirk et Germaine Warkentin. Je dois remercier plusieurs personnes en particulier pour avoir lu tout ou partie de ce manuscrit : José-Antonio Brandaõ, Allan Greer, Theodore Karamanski, Magda Fahrni et Myra Rutherdale. Je suis profondément reconnaissante à Jennifer S.H. Brown, Susanne Mrozik et Germaine Warkentin, qui ont passé tout le manuscrit au peigne fin. Malgré tous leurs efforts, toutes les erreurs sont miennes.

Je réserve les ultimes remerciements à ma famille. Ma sœur, Heather Podruchny, a cru en ce projet et en moi. Mes parents, Thomas Podruchny et Sonia Podruchny, m'ont procuré leur soutien de tant de manières qu'il m'est impossible de les énumérer ici. Mes grands-parents, Frances Zatylny, Rose Bilowus et en particulier Michael Bilowus m'ont encouragée dans la carrière universitaire. Ce livre est dédié à leur mémoire.

Remarque sur les sources

LA PLUPART DES MATÉRIAUX sur lesquels se base ce livre sont les écrits des bourgeois et des commis de la traite des fourrures, ainsi que de visiteurs des communautés de traite, au cours de la période allant de la fin de la Guerre de Sept Ans, en 1763, à la fusion de la Compagnie de la Baie d'Hudson et de la Compagnie du Nord-Ouest en 1821. Les bourgeois et les commis ont tenu des journaux de poste, rédigé des lettres et des mémoires, et publié des récits de leurs expériences de travail dans le cadre de la traite des fourrures, et les documents qui en résultent se trouvent dans des bibliothèques et des archives dispersées à travers tout le continent. La plus grande concentration de documents relatifs à la Compagnie du Nord-Ouest et à la Compagnie XY se trouve dans la collection Masson, également répartie entre la Division des livres rares et des collections spéciales de la bibliothèque de l'Université McGill de Montréal et la Bibliothèque et les Archives nationales du Canada à Ottawa. À l'origine de cette collection, il y eut les efforts de longue haleine de Roderick McKenzie pour rassembler des matériaux sur la traite des fourrures à Montréal afin de documenter son histoire. À une date incertaine au cours des premières années du XIXe siècle, McKenzie envoya une lettre circulaire à tous les bourgeois et les commis de la traite, leur demandant de lui envoyer un état des lieux des régions sous leur contrôle, ainsi que leurs journaux de poste, lettres et notes. En 1889-1890, L.R. Masson publia une petite partie de cette collection dans *Les Bourgeois de la Compagnie du Nord-Ouest*. Autre collection très riche en ce qui concerne la traite des fourrures à Montréal, les Archives de la Compagnie de la Baie d'Hudson à Winnipeg, de renommée mondiale. La Hudson's Bay Record Society a publié certaines parties de cette immense collection. Il existe également une collection plus petite, mais très riche, les écrits de George Nelson, conservés à la Toronto Metropolitan Reference Library, dont certaines parties ont été publiées par Jennifer S.H. Brown, Robert Brightman, Laura Peers et Theresa Schenk. Ses journaux codés ont été déchiffrés par Sylvia Van Kirk.

Les matériaux utilisés pour ce livre ne se sont pas restreints à ces collections ni à cette époque. J'ai consulté d'autres sources relatives à la traite des fourrures aux Archives nationales du Québec à Montréal, à la Division des livres rares et des collections spéciales de la bibliothèque de l'Université McGill, au Musée McCord d'histoire canadienne, dans les bibliothèques municipales et aux Archives de la chancellerie de l'Archevêché de Montréal ; à la Bibliothèque nationale et aux Archives nationales du Canada à Ottawa ; dans les Archives de l'Ontario, de la Thomas Fisher Library et de la Baldwin Room de la Toronto Metropolitan Reference Library ; à la Newberry Library de Chicago ; à la Société historique de Saint-Boniface, aux Archives provinciales du Manitoba et aux Archives de la Compagnie de la Baie d'Hudson à Winnipeg ; à la Minnesota Historical Society de St-Paul ; à la Municipal Reference Library de Vancouver ; et à la British Library de Londres. L'institut canadien pour les microreproductions historiques m'a fourni sur microfilm la plupart des sources primaires que j'ai consultées.

Dans certaines sources, très rares, j'ai pu entendre de plus près la voix des voyageurs. Il s'agissait de jugements de tribunaux, où les voyageurs étaient plaignants, accusés ou témoins ; de leurs contrats d'engagement ; et de lettres (je n'en ai trouvé que seize) écrites aux voyageurs par des amis ou des membres de leurs familles alors qu'ils étaient en service. J'ai découvert une lettre écrite par un voyageur (Jean Mongle) à sa femme. La biographie que rédigea l'abbé Georges Dugas du voyageur Jean-Baptiste Charbonneau, publiée soixante-dix ans après la retraite de Charbonneau, nous a fourni beaucoup d'aperçus du monde mental des voyageurs. Mais ce sont les écrits des membres lettrés de la traite des fourrures qui se sont avérés les plus utiles ; certains d'entre eux décrivaient en de longs passages les attitudes des voyageurs, leurs coutumes et leurs rituels, en plus de les citer parfois.

Abréviations

ANQM	Archives nationales du Québec à Montréal
CPCM	Cours des plaidoyers communs du district de Montréal
DCB	*Dictionary of Canadian Biography*
CBH	Compagnie de la Baie d'Hudson
ACBH	Archives de la Compagnie de la Baie d'Hudson (Winnipeg)
RJ	*Relations des jésuites* (R.G. Thwaites éd.)
BAC	Bibliothèque et Archives Canada
CM	Collection Masson
MHS	Minnesota Historical Society
MDLR	Division des livres rares et collections spéciales de la bibliothèque de l'Université McGill
CNO	Compagnie du Nord-Ouest
CCNO	Collection de la Compagnie du Nord-Ouest
AO	Archives de l'Ontario (Toronto)
APM	Archives provinciales du Manitoba (Winnipeg)
PRO	Public Record Office
TBR	Toronto Metropolitan Reference Library Baldwin Room
CXY	Compagnie XY (ou Nouvelle Compagnie du Nord-Ouest)

Carte I. Les voyageurs en Amérique du Nord.

Baie d'Hudson
York Factory
Baie James
lexander (Bas de la Rivière)
Lac Nipigon
ac des Bois
Fort William
a Pluie
Grand Portage
Lac Supérieur
Sault Ste Marie
Terr. du Minnesota
District
Folle Avoine
r. Mississippi
Terr. du Michigan
Lac Huron
Lac Michigan
Detroit
Lac Érié
York (Toronto)
Lac Ontario
Kingston
Haut Canada
Bas Canada
Montréal
Québec
Fl. St-Laurent
r. Ottawa
St. Louis

I
Introduction

Fils de la ferme, de la traite et de l'immensité

Et puisque le lecteur pourra trouver intéressant d'en apprendre davantage sur le caractère de ces vieux de la vieille de la nature sauvage, fils de l'immensité, nous en esquisserons le portrait[1].

Stéréotypes

Dans son livre de 1855, *Fur Hunters of the Far West*, le traiteur Alexander Ross employa ces termes en introduction de la partie consacrée aux voyageurs canadiens-français et, ce faisant, il contribua à inaugurer la longue histoire d'un stéréotype. Les voyageurs, dans l'histoire et la culture populaire nord-américaine, sont idéalisés et teintés de romantisme. Au nord des États-Unis, ils figurent aux côtés des montagnards bourrus et des fermiers taillés à la hache dans le clan des braves qui ont conquis la nature sauvage et colonisé la frontière. Au Canada, les voyageurs occupent la place centrale dans la mythologie de la construction de la nation ; en s'étant faits les amis des peuples autochtones et en ayant appris les savoir-faire nécessaires à la vie en pleine nature, ils ont ouvert la voie aux colons qui les suivirent. Dans ces deux pays, des images de voyageurs ornent les étiquettes des bouteilles de bière, les flancs des camions U-Haul et les publicités des vendeurs de canoës, de camps d'été et du tourisme nature. Ils sont commémorés dans les festivals d'hiver au Manitoba et au Minnesota. Le Voyageurs National Park du Minnesota tire son nom « des Canadiens français en canoë qui ont voyagé sur ces eaux dans leurs canoës en écorce de bouleau, depuis les Grands Lacs jusque profondément dans l'ouest des États-Unis et du Canada »[2]. L'une des plus grandes compagnies d'autobus canadiennes a pris le nom de Voyageur Corporation[3].

L'image des voyageurs véhicule une certaine rusticité, de la joie de vivre, ainsi que l'aptitude à transporter des marchandises rapidement et efficacement. L'écrivain populaire canadien Peter C. Newman décrit les voyageurs comme « un remarquable ramassis de magnifiques rats de rivière » et comme « des héros en coquille de noix sur des océans d'eau douce », qui ont porté à bout de bras l'empire des fourrures à la seule force de leurs muscles. Se surpassant lui-même dans l'exagération rhétorique, Newman déclare, en une suite de figures de style imagées mais inconsistantes :

> *Ignorés, ignorants et illettrés, les voyageurs des débuts de la traite des fourrures ont donné consistance à l'idée encore vague du Canada en tant qu'État transcontinental... Aucun homme d'aujourd'hui ou d'hier n'aurait pu survivre à leur labeur misérable, pagayer dix-huit heures par jour. C'étaient... des galériens, dont la seule récompense était l'insolente fierté qu'ils tiraient de leur courage et de leur endurance. Parce qu'ils ne pouvaient se vanter de leurs exploits à personne d'autre qu'eux-mêmes, comme une équipe de joueurs de hockey professionnels, brutaux et éreintés, perpétuellement sur la route, les voyageurs devaient concocter eux-mêmes leurs propres mythes d'encouragement. Aucun voyageur n'a jamais raconté être tombé sur un petit ours, un élan apprivoisé ou un loup qui n'aurait pas été assoiffé de sang*[4].

Même dans les publications plus érudites, les voyageurs étaient à la fois idolâtrés et sommairement simplifiés. Le roman *Voyageur*, de Grace Lee Nute (1931), s'ouvre sur un éloge funèbre : « Son canoë a depuis longtemps disparu des eaux du nord ; on ne voit plus sa casquette rouge, tache lumineuse sur le bleu du Lac Supérieur ; sa conversation enjouée, en français, ponctuée de gestes inimitables, sa politesse exagérée, son incurable romantisme, ses chansons et ses superstitions, ne sont plus »[5]. Harold Adams Innis, le grand-père de l'histoire économique du Canada et de l'histoire de la traite des fourrures, a fait remarquer, dans *The Fur Trade in Canada* (1930), que le travail des voyageurs a frayé le chemin à la Confédération canadienne[6]. À l'instar de héros de bandes dessinées, les voyageurs ont une réputation bien établie ; ils ont construit la nation canadienne grâce à leur force herculéenne, tout en chantant, riant, bondissant au-dessus des chutes d'eau et pagayant comme des flèches.

Ces représentations des voyageurs sous la forme de bêtes de somme ont une longue histoire, celle-ci commençant par les écrits de leurs employeurs[7]. En 1815, le commis de la compagnie du Nord-Ouest, Daniel Harmon, décrivait les voyageurs qu'il avait fini par connaître, au bout de quinze ans, comme étant :

> *instables et changeants comme le vent, et d'humeur joyeuse et vive... leur ventre est leur Dieu, mais quand la nécessité les y oblige... ils peuvent endurer toute la fatigue et la misère d'un dur labeur et d'un temps froid pendant plusieurs jours d'affilée sans trop s'en plaindre... Ils ne sont pas très attachés à la vérité... On ne doit donc pas trop placer sa confiance en leurs dires et ils s'adonnent assez au chapardage, voire même au vol lorsque se présente une occasion favorable... en flattant leur vanité (qui n'est pas des moindres) on peut leur faire traverser le feu et l'eau*[8].

Qui étaient ces hommes braves, mais peu dignes de confiance ? Pourquoi, en tant qu'hommes ordinaires travaillant dans des conditions difficiles, ont-ils si peu attiré l'attention, alors qu'ils en ont tant reçu en tant que caricatures hautes en couleur ? Cet ouvrage regarde à travers le stéréotype des voyageurs dans leurs vies, leurs visions du monde, leurs valeurs et leur situation unique de travailleurs de la traite des fourrures naviguant à travers d'immenses distances – physiques, sociales et culturelles – entre leurs foyers et ceux des peuples autochtones qui les entouraient dans l'intérieur du continent. Les traiteurs de fourrures et les voyageurs appelaient leur nouveau territoire d'attache « le pays indien » ou « le pays d'en haut », c'est-à-dire le pays s'étendant au-delà de la vallée du Saint-Laurent.

SILENCES

Malgré leurs contours très visibles dans la culture et l'histoire populaires, les voyageurs ont peu suscité l'attention des chercheurs universitaires. La traite des fourrures a fait l'objet de recherches intensives depuis l'étude monumentale d'Harold Adams Innis, *The Fur Trade in Canada*, mais l'unique monographie consacrée aux voyageurs fut publiée par Grace Lee Nute en 1931. Les chercheurs ayant étudié la traite des fourrures ont réalisé un travail exemplaire en éclairant la vie quotidienne des gens ordinaires du passé, en portant attention aux peuples autochtones, tant les hommes que les femmes[9]. Cependant, la plupart des travaux les plus importants se sont concentrés sur les élites. Même si le système de travail dans la traite des fourrures se basait essentiellement sur la servitude à contrat, les chercheurs ont considéré en bloc les employés, voyageurs canadiens-français, et leurs maîtres, principalement britanniques et américains, tandis que, dans les manuels d'histoire canadienne, les voyageurs ne se voient en général consacrer qu'un seul paragraphe[10]. D'autres groupes de travailleurs de la traite des fourrures, Européens et Euro-américains, ont récemment reçu l'attention des universitaires, en particulier les travailleurs de la traite des fourrures de l'époque de la Nouvelle-France, ainsi que ceux de la Compagnie de la Baie d'Hudson et de l'American Fur Company[11]. Les chercheurs qui se sont intéressés aux voyageurs ont été limités par le peu d'informations qu'ils ont pu glaner à partir de leurs contrats d'engagements, comme leurs paroisses d'origine, leur nombre et leur contribution économique à la Nouvelle-France et au Bas-Canada. Le récent ouvrage (2004) de Heather Devine, *The People Who Own Themselves: Aboriginal Ethnogenesis in a Canadian Family 1660-1900*, replace l'occupation des voyageurs à l'intérieur de contextes familiaux et ethniques. Cependant, le monde des voyageurs reste enveloppé de mystère[12].

Les voyageurs furent les « prolétaires » de la traite des fourrures au départ de Montréal, depuis les années 1680 jusqu'aux années 1870. En tant qu'employés à contrat, les voyageurs transportaient – surtout par canoë – de grandes quantités de fourrures et de marchandises entre Montréal et les postes de traite situés loin à l'ouest et au nord de l'Amérique du Nord, et commerçaient avec de nombreux peuples autochtones différents, surtout dans les villages et les campements de chasse amérindiens. À leur apogée, au cours de la décennie 1810-1821, jusqu'à trois mille employés canadiens-français travaillaient pour la traite en tout temps. Il est impossible d'évaluer leur nombre précisément car leurs contrats signés à Montréal ne nous sont pas tous parvenus, non plus que les contrats signés dans le pays d'en haut ne furent systématiquement conservés. En se basant sur les contrats signés, Gratien Allaire a constaté une augmentation régulière du nombre des engagements contractés par les travailleurs de la traite des fourrures entre 1701 et 1745, augmentation culminant à 380 engagements en 1738[13]. Ce nombre doit représenter entre un tiers et un cinquième de tous les hommes travaillant dans la traite, parce que leurs engagements duraient de trois à cinq ans. Le tableau 1 est une liste d'estimation des voyageurs travaillant pour la traite des fourrures après la conquête de 1763.

Les estimations de ce tableau sont problématiques pour un certain nombre de raisons, et sont probablement inférieures à la réalité. À l'exception de Heriot, les commentateurs ne spécifient pas s'ils comptent uniquement les Canadiens français de la vallée du Saint-Laurent, ou s'ils incluent également les Iroquois de Kahnewake (la réserve chrétienne de Sault-Saint-Louis aux abords de Montréal), les métis nés dans le pays d'en haut et les Amérindiens engagés dans les postes de l'intérieur[14]. Les estimations rapportées ici ne concernent probablement qu'une seule compagnie exerçant à l'extérieur de Montréal (la plus importante étant la Compagnie du Nord-Ouest). Elles ne précisent pas non plus si elles prennent en compte le nombre de contrats signés en une année ou si elles prennent en considération le nombre des voyageurs qui en étaient au milieu de leur contrat. Elles omettent les contrats informels conclus dans les postes de traite de l'intérieur (pour ce que j'en sais, les bourgeois ne tenaient pas de comptes précis de ces cas). Les compagnies de Montréal n'avaient pas la même tradition de tenue méticuleuse des registres que la Compagnie de la Baie d'Hudson. De nombreux partenariats à durée de vie limitée n'ont pas été enregistrés, bien que l'on puisse trouver de nombreux contrats de voyageurs dans les archives notariales canadiennes[15]. Mon estimation de 3000 voyageurs travaillant au même moment dans la traite des fourrures est une évaluation prudente, basée sur des nombres vérifiables et sur des spéculations sur ceux ne figurant pas dans les registres.

Tableau 1. Nombre des voyageurs travaillant dans la traite des fourrures

Année	Lieu	Commentaire	Source
1784	500 voyageurs	« En 1784, la Compagnie du Nord-Ouest employait 500 hommes dans le service, qu'elle divisait en deux ensembles égaux. Le premier ensemble de 250 hommes transportait les marchandises de Montréal jusqu'au centre administratif de l'extrémité ouest du Lac Supérieur en canoës d'une capacité de quatre tonnes, nécessitant huit hommes d'équipage. L'autre ensemble de 250 hommes transportait les marchandises depuis le lac Supérieur jusqu'aux postes de l'intérieur du pays, certains distants de 4800 km ».	Lettre de Benjamin et Joseph Frobisher au général Haldimand, 4 octobre 1784, dans Wallace, *Documents* : 73-74.
décennie 1790	1150 voyageurs	« Le nombre de personnes habituellement employées dans la traite du nord-ouest et payées par la compagnie se monte, non compris les sauvages, à 1270 ou 1280 hommes, dont 30 sont des commis, 71 des interprètes et des commis subalternes, 1120 des hommes de canoe, et 35 des guides ».	Heriot, *Travels through the Canadas* : 107.
1801	1120 voyageurs	Dans sa brève histoire de la traite des fourrures de 1801, Alexander Mackenzie affirme qu'en général la Compagnie du Nord-Ouest employait au cours d'une année 50 commis, 71 interprètes et commis, 1120 hommes de canoës et 35 guides. Parmi ceux-ci, 5 commis, 18 guides et 350 hommes de canoës travaillaient sur la route des Grands Lacs.	Mackenzie, « General » : 33.
1802	1500 voyageurs	Simon McTavis estimait à approximativement 1500 Canadiens français le nombre des employés de la Compagnie du Nord-Ouest.	Londres, PRO, Board of Trade Papers, lieutenant-gouverneur Milnes à Hobart, 30 octobre 1802, Liste des départements de la Compagnie du Nord-Ouest fournie par McTavish, Frobisher & Co.
1816	2000 voyageurs	« Le nombre des voyageurs au service de la Compagnie du Nord-Ouest ne peut être inférieur à 2000 ».	T. Douglas, *Sketch of the British Fur Trade* : 39.

La plupart des voyageurs étaient analphabètes et n'ont laissé que très peu d'écrits. Il est difficile de découvrir leurs vies et d'entendre leurs voix. Nous n'avons connaissance aujourd'hui que d'un seul document autographe d'un voyageur. Jean Mongle, voyageur originaire de la paroisse de Maskinongé, écrivit à sa femme en 1830 pour lui dire qu'elle lui manquait. La qualité de la calligraphie de cette lettre et l'absence de tout autre écrit de Mongle suggère qu'il avait eu pour ce faire l'aide d'un commis. Seize lettres écrites à des voyageurs par des membres de leur famille ou des amis nous aident à esquisser le portrait de familles soumises aux tensions et à l'éclatement lorsque les voyageurs intégraient le service. On peut parfois entendre les voix des voyageurs dans des procès où ils étaient plaignants, accusés, ou témoins ; et dans leurs contrats d'engagements, qui définissaient les termes de leur service. Une biographie d'un voyageur, Jean-Baptiste Charbonneau, rédigée par l'abbé Georges Dugas et publiée soixante-dix ans après que Charbonneau ait quitté ce travail, nous procure également un aperçu de la vision du monde des voyageurs.

L'une des sources les plus utiles parmi celles qui ont survécu est l'ensemble des écrits des membres « lettrés » de la traite des fourrures, principalement les commis et les bourgeois, qui ont laissé des journaux de poste, des lettres, des mémoires, et publié des relations de leurs expériences de travail (voir la remarque sur les sources pour une description plus complète). Certains longs passages citent des voyageurs ; d'autres passages décrivent au long leurs attitudes, leurs coutumes et leurs rituels. De plus, les explorateurs du Nord qui ont traversé le monde social de la traite des fourrures ont noté en abondance des réflexions nuancées et étonnamment détaillées sur les voyageurs.

Cependant, observer les voyageurs à travers les yeux de ces autres personnes génère une foule de problèmes méthodologiques. Ces textes contiennent des niveaux multiples de sens et de multiples perspectives. Nous devons « lire au-delà des mots » dans ces sources écrites, et relever le défi de voir à travers leurs distorsions[16]. Sans ces écrits, les historiens n'auraient que des visions rares et réduites des voyageurs.

J'utilise le terme *bourgeois* de manière lâche, pour désigner tous les hommes qui n'étaient pas des travailleurs, mais les maîtres lettrés de la traite des fourrures ne constituaient en aucun cas un groupe soudé et homogène. Ils se répartissaient en commis, partenaires et actionnaires, d'origines ethniques différentes, aux salaires et aux statuts différents, mais ces hommes avaient tendance à formuler des conceptions similaires au sujet de la hiérarchie sociale, de la différence entre les sexes, de la race et de l'âge. Ils étaient tous partie prenante dans la traite, pour qu'elle soit rentable, et considéraient les voyageurs comme leurs subordonnés. Les bourgeois attribuent aux voyageurs le rôle de « l'autre » dans leurs tentative de se représenter eux-mêmes comme des hommes graves, industrieux et destinés au succès. Les représentations des voyageurs variaient en fonction des différents contextes. Lorsqu'ils décrivaient leurs aventures dans le Nord-Ouest âpre et sauvage, les bourgeois représentaient les voyageurs comme des éléments de ce paysage exotique, comme une source de tribulations supplémentaires et comme une mise à l'épreuve de leur pouvoir et de leur patience. Les voyageurs ajoutaient de la couleur à l'arrière-plan dangereux des aventures des bourgeois, à la manière dont cela se racontait, par exemple, au Beaver Club de Montréal, groupe élitiste ouvert aux bourgeois qui avaient passé au moins un hiver à l'ouest du lac Supérieur[17]. Cependant, dans les contextes commerciaux, lorsque les bourgeois relataient leurs succès obtenus dans la traite des fourrures, ils décrivaient la grande force des voyageurs, leur habileté et leur aptitude au travail de la traite des fourrures, en mettant l'accent sur leur obéissance et leur loyauté. Le bourgeois Alexander Mackenzie remarquait, dans son histoire générale de la traite des fourrures (1801) :

> *[Les voyageurs] font toujours montre du plus grand respect envers leurs employeurs, qui sont comparativement bien moins nombreux, et cela sans l'assistance d'aucun pouvoir légal qui les obligerait à l'obéissance. En bref, la subordination, dans une certaine mesure, ne peut se maintenir que grâce à la bonne opinion dans laquelle ces hommes tiennent leurs employeurs, ce qui a uniformément été le cas depuis que la traite a été conçue et menée sur la base d'un système régulier*[18].

Dans ce contexte commercial, Mackenzie décrivait les travailleurs sous l'aspect d'hommes loyaux et durs à la peine, pour venir à l'appui du sentiment de succès dans la traite des fourrures, ainsi que de l'autorité et du pouvoir des bourgeois. L'une des stratégies pour comprendre les distorsions dans les écrits des bourgeois consiste à accepter que les contextes différents dans lesquels les bourgeois décrivaient les voyageurs déterminaient leur manière de les représenter.

La seconde stratégie pour surmonter le biais des témoignages écrits est de lire de nombreux écrits de bourgeois pour y discerner des schémas récurrents. Les « événements répétitifs » ou les incidents et les comportements qui émergent fréquemment d'un grand ensemble d'écrits de bourgeois reflètent à la fois des conceptions largement partagées et des pratiques perçues comme remarquables. Dans les postes de l'intérieur, les bourgeois faisaient des commentaires répétitifs sur chaque animal tué par leurs employés, ce qui révèle des préoccupations concernant l'approvisionnement en nourriture, mais aussi que les voyageurs passaient beaucoup de temps à chasser. Le fait de déterminer la variété des incidents et des comportements reflète les limites de « ce qui est permis » dans la culture des voyageurs, soit l'éventail le plus large des comportements acceptables, plutôt que la « norme ». Ainsi, lorsque les bourgeois décrivent des voyageurs brutalisant certains d'entre eux ou leur faisant des blagues cruelles, il ne s'agissait probablement pas de situations courantes, mais plutôt de fractures dans les relations et de moyens acceptables d'exprimer des tensions. Le comportement des voyageurs peut également être déterminé à partir de rares bourgeois et commis particulièrement observateurs qui ont beaucoup écrit à leur sujet. Le comportement général peut se déduire de cas spécifiques décrits de manière très détaillée.

Une troisième stratégie pour surmonter la difficulté dans les sources relatives à la traite des fourrures est de les « lire en filigrane », ou de lire au-delà des intentions manifestes du bourgeois. Les sources de la traite des fourrures renferment de nombreuses voix et de nombreuses perspectives, mais certaines sont plus difficiles que d'autres à entendre. Le concept d'hétéroglossie de Mikhaïl Bakhtine a aidé les chercheurs à entrevoir une multitude d'intentions et de perspectives dans les écrits d'une seule personne[19]. Dans *Clues, Myths and the Historical Method*, qui utilise des archives de l'Inquisition pour découvrir des informations sur la vision du monde des paysans, Carlo Ginzburg disait que, « tandis qu'il lisait les procès d'inquisition, il avait souvent l'impression d'être en train de regarder par-dessus les épaules des juges, suivant leurs empreintes de pas à la trace, espérant… que les prétendus criminels pourraient exprimer leurs croyances »[20]. Le passage tiré de Daniel Harmon, cité plus haut dans ce chapitre, décrit les voyageurs comme des « autres » enfantins et insouciants, qui se laissent mener par les convoitises primaires de leurs ventres, de leurs reins, de leurs passions et de leur vanité. Cependant, cette représentation colorée que nous laisse Harmon des voyageurs renferme par instants un reflet, un miroitement, de la réalité d'un voyageur. Il relève que les voyageurs travaillaient dur dans des conditions difficiles, qu'ils prisaient la générosité et attachaient de la valeur à « faire l'Homme ». Harmon déplore, puisqu'il est anglophone, de se sentir souvent seul et isolé ; mais même s'il avait parlé couramment le français, « quelle conversation aurait pu tenir un Canadien analphabète et ignorant ? Toute leur conversation [portait] sur les chevaux, les chiens, les canoës et les femmes, et sur les hommes forts qui savent bien se battre »[21]. Harmon, en méprisant les voyageurs, souligne en fait leur intérêt pour les chiens, les canoës, les femmes, la lutte et la compétition. Des descriptions anecdotiques des activités des voyageurs, plutôt que le prêche moral du bourgeois à leur sujet, peuvent être très révélatrices. Un bourgeois peut mentionner fortuitement que son équipage a voyagé le temps de vingt-cinq chansons ou cinq pipes. Son intention était d'enregistrer la distance parcourue par l'équipage, mais ce faisant il dévoile que les distances étaient mesurées par les rituels de travail des voyageurs.

Une quatrième stratégie pour lire au-delà des mots des bourgeois est de découvrir le sens des rituels des voyageurs. Les rituels sont souvent décrits par les bourgeois sur un ton amusé ou moqueur, mais leurs « textes » présentent des lectures appréciables du monde mental des voyageurs. Les rituels généraient et maintenaient la solidarité de la communauté et étaient donc essentiels à la solidarité du groupe[22]. Les fêtes célébrées à Montréal et dans les postes de traite au moment des départs et des arrivées des brigades n'étaient pas seulement des coutumes surannées et sentimentales. Leurs descriptions signalent l'importance qu'avaient les voyageurs pour leur famille et leurs compagnons de travail, la reconnaissance des dangers encourus lors des voyages et des marqueurs de mondes sociaux particuliers.

Les sources sont si fragmentaires qu'il est rare de découvrir beaucoup de commentaires sur les voyageurs à une époque et en un lieu donnés. Les voyageurs étant une force de travail mobile, couvrant une région immense du Nord-Ouest, et les postes de traite du nord étant généralement temporaires et fréquemment déplacés, on ne peut découvrir aucune grande communauté de voyageurs dans une seule région pour une longue période de temps. Afin de capturer le caractère fluide et dispersé de la vie des voyageurs, j'ai puisé largement dans les nombreux journaux de postes temporaires, la correspondance et les journaux de voyages des bourgeois sans cesse en déplacement, ainsi que dans les chroniques d'autres voyageurs. J'ai espéré apercevoir leur silhouette en jetant mon filet aussi loin que possible et en éclairant les vies de certains individus qui apparaissent de manière plus détaillée dans les documents écrits.

CANOËS, CHEVAUX, CHIENS, COURAGE, RISQUE, FEMMES ET LIBERTÉ

En 1855, l'ancien commis de la Compagnie du Nord-Ouest Alexander Ross décrivit un groupe de voyageurs âgés qui avaient travaillé dans la traite des fourrures pendant la plus grande partie de leur vie et qu'il avait engagés pour qu'ils le mènent de Norway House à la colonie de la Rivière Rouge. Ces groupes de « fils de l'immensité » comme les appelait Ross étaient bavards, joyeux, indépendants, et ils avaient de longues histoires de vie à dévider. Le plus vieux des voyageurs, qui tenait le rôle de chef d'équipage, partagea avec Ross certaines réflexions sur sa vie, que Ross tenta de coucher sur le papier dans les termes mêmes du voyageur. Il se vantait d'avoir vécu en pays indien pendant quarante-deux ans. Malgré son âge, il pouvait faire tout ce qu'on lui demandait, barrer, ramer, ou naviguer à la voile, en disant qu'il avait été « élevé pour voyager ». Pendant quarante-deux ans, il avait été « homme de canoë léger » et avait peu dormi, pagayant couramment le temps de cinquante chansons par jour. Il proclamait qu'aucun portage n'était trop long pour lui, et que le fond de son canoë n'avait jamais touché le sol. Il avait sauvé la vie de ses bourgeois et avait toujours été le préféré, parce qu'il ne faisait jamais de pause aux rapides ni même aux chutes d'eau, s'exclamant : « Aucune eau, aucun mauvais temps, n'a jamais arrêté la pagaie ni la chanson ». Ce vieux voyageur se vantait aussi d'autres exploits : il avait eu douze femmes, cinquante chevaux, et six chiens de traîneaux. Il proclamait :

> *Aucun bourgeois n'a eu de femme mieux habillée que les miennes ; aucun chef indien n'a eu de meilleurs chevaux ; aucun homme blanc n'a eu de chiens plus rapides ni mieux harnachés. Je bats tous les Indiens à la course, et aucun blanc ne m'a jamais dépassé dans une expédition. Je ne manquais de rien ; et j'ai dépensé tout ce que j'ai gagné dans les plaisirs. Deux fois cinq cents livres me sont passées dans les mains ; même si maintenant je n'ai pas d'autre chemise à me mettre sur le dos, ni un seul penny pour en acheter une. Mais, si j'étais jeune encore, je serais fier de recommencer la même carrière... Il n'y a pas de vie plus heureuse que celle d'un voyageur ; aucune qui soit aussi indépendante ; aucun endroit où un homme puisse connaître plus de variété et de liberté que dans le pays indien*[23].

Ce passage est rempli de révélations sur les valeurs des voyageurs. Les moyens de transport – canoës, chevaux et chiens – tiennent la place significative des possessions les plus prisées. Ils étaient convoités, bien entretenus et ornés. Ces instruments reflétaient les qualités masculines des voyageurs, aussi les canoës, les chiens et les chevaux devaient-ils être robustes, rapides et forts, à l'instar de leurs possesseurs. Le vieux voyageur dont Ross a transcrit les paroles se mesurait contre les hommes autochtones, ses bourgeois et ses pairs. Le voyageur laisse entendre qu'il était d'ordinaire un employé obéissant, mais il voulait montrer qu'il était plus fort et plus capable que son bourgeois. La véritable épreuve de force était de « battre tous les Indiens à la course », de vivre dans la nature comme un Indien, et mieux que les Indiens eux-mêmes. De nombreuses valeurs des voyageurs convergeaient avec celles des Amérindiens, ou bien ces dernières étaient directement adoptées – comme rester stoïque et vaillant devant les difficultés – et cependant, les voyageurs se distinguaient des Amérindiens en voulant être meilleurs qu'eux. Les femmes autochtones étaient donc souvent traitées comme des trophées de grande valeur, car il n'y avait pas de meilleure preuve de succès pour un « fils de l'immensité » que de posséder l'une de ses filles pour épouse. Gagner le cœur des Amérindiennes équivalait à un espace de plaisir sexuel et romantique, où s'épanouissaient peut-être autant l'exploitation que l'amour. Cela signifiait aussi que les voyageurs pouvaient essayer de vivre dans les communautés amérindiennes s'ils le souhaitaient. Mais, puisque les femmes en général recherchaient des hommes qui pouvaient répondre à leurs besoins économiques, la fierté d'avoir des femmes signifiait aussi que les hommes prisaient la richesse pour ce qu'elle pouvait acheter, et non pour elle-même. Enfin, les valeurs clés du vieil homme notées ici incluaient la liberté et l'indépendance. Les voyageurs étaient des employés à contrat, travaillant sous le contrôle de leurs maîtres dans un pays étranger où les peuples autochtones avaient souvent pouvoir de vie et de mort. Afin de pallier leur position vulnérable, les voyageurs proclamaient leur désir de liberté. Dans sa biographie du voyageur Jean-Baptiste Charbonneau, l'abbé Georges Dugas écrit : « Pour les uns, c'était le désir de jouir de la liberté illimitée qu'ils croyaient entrevoir dans les déserts de l'Ouest »[24]. En surmontant, au moyen de leur force, les dangers de leur environnement, les voyageurs pouvaient se targuer d'une plus forte masculinité que leurs maîtres britanniques et que leurs voisins autochtones. Ils se bâtirent un espace social où affirmer leur identité distincte, un espace dans lequel les canoës, les chevaux, les chiens, le courage, le risque, les femmes et la liberté étaient essentiels.

Trois influences majeures façonnaient les vies des voyageurs. Tout d'abord, puisqu'une écrasante majorité d'entre eux provenaient des paroisses environnantes de Montréal et de Trois-Rivières, leurs racines paysannes canadiennes-françaises restaient clairement visibles. De nombreux voyageurs se considéraient eux-mêmes comme des « habitants » (des paysans) ne travaillant que temporairement pour la traite des fourrures dans le but de gagner un revenu supplémentaire pour leurs fermes et leurs familles, et ils y retournaient après avoir consacré quelques saisons seulement à cette activité. Ces hommes n'abandonnaient jamais vraiment leur identité première d'habitants. Cependant, contrairement à certains travailleurs temporaires, les voyageurs ne transplantaient pas leurs communautés canadiennes-françaises dans leur nouveau lieu de travail. Ils développaient rarement des liens familiaux, de voisinage ou paroissiaux dans l'intérieur des terres. Il semble qu'aucune paroisse en particulier ne puisse être associée aux postes de l'intérieur, et la plupart des postes étaient constitués d'hommes provenant de nombreuses paroisses différentes[25]. Les voyageurs se créaient plutôt de nouvelles amitiés et de nouvelles relations dans un contexte de travail, ce qui n'est pas étonnant, si l'on considère la structure de cette activité. En général, un seul membre d'une famille se faisait voyageur. Les hommes signaient des contrats de travail individuels plutôt que des contrats de groupe. Les bourgeois déterminaient le lieu d'affectation des voyageurs. Ces derniers se déplaçaient fréquemment et étaient souvent réaffectés dans d'autres lieux d'année en année. Les voyageurs entraient dans le « pays indien » en tant que paysans canadiens-français et passaient par certains rituels pour marquer le début de leur nouvelle identité occupationnelle, rituels qui sous-tendaient de nouvelles valeurs et de nouvelles significations. Plus les voyageurs restaient longtemps dans l'intérieur, plus ils s'adaptaient au mode de vie distinct des voyageurs. Néanmoins, leurs identités demeuraient toujours canadiennes-françaises d'une manière ou d'une autre, et nombre d'entre eux conservaient des liens avec le Canada français. L'essentiel de la main-d'œuvre, qui comprenait des hommes ayant voué la plus grande partie de leur vie à cette activité et, de fait, la plupart des gens impliqués dans la traite des fourrures, parlaient français. Ils chantaient des chansons françaises, pratiquaient des rites catholiques et conservaient les valeurs et la cosmologie de leurs foyers canadiens-français.

Cependant, les voyageurs entraient également dans le domaine social des peuples amérindiens. Ils voyageaient sur de longues distances à travers des plaines, des prairies, des forêts, des montagnes, des toundras, et rencontraient des gens parlant des langues iroquoïennes, algonquines, athapascanes, sioux, salish et wakash, voire inuit. Cette seconde influence majeure sur les voyageurs, celle des Amérindiens, se laisse voir de manière plus évidente dans la culture matérielle. Les voyageurs durent adopter les techniques amérindiennes pour pouvoir survivre dans les rudes conditions de vie dans le pays d'en haut. Ils mangeaient de la nourriture autochtone, revêtaient des vêtements amérindiens et utilisaient des outils amérindiens en plus des leurs. Les peuples autochtones en vinrent également à influencer leurs notions de la propriété, de la richesse et de l'indépendance. Les connexions créées entre les voyageurs et les peuples autochtones formèrent un canal d'échanges de valeurs sociales et morales. Le fait de travailler dans la traite des fourrures, en particulier au contact étroit des peuples amérindiens, offrit aux voyageurs un nouveau genre de vie, inconnu des habitants de la vallée du Saint-Laurent. Certains voyageurs choisirent d'abandonner en bloc la société canadienne-française pour vivre avec les Amérindiens[26]. Cependant, ce faisant ils quittaient un système social pour en intégrer un autre, qui comportait autant de règles et de limites comportementales. Les voyageurs idéalisaient les « gens libres », les hommes qui quittaient la servitude à contrat et restaient dans les terres de l'intérieur du Nord-Ouest, se faisaient traiteurs indépendants et vivaient de cette terre en restant en marge autant de la traite que des sociétés amérindiennes[27]. Ces hommes vivaient simplement, dans de petites unités familiales, ou se rassemblaient pour constituer des communautés diverses, telles que celles de Le Pas, Swan River, Turtle Mountain, Pembina et du Petit Lac des Esclaves[28]. Bien que beaucoup de voyageurs soient devenus des gens libres et aient rejoint des familles amérindiennes ou des communautés métisses naissantes, leur culture occupationnelle resta distincte de celle de ces groupes.

La troisième influence sur les voyageurs était celle du lieu de travail lui-même. Les voyageurs travaillaient sous la domination hégémonique de leurs maîtres principalement britanniques et cependant les surpassaient en nombre dans le pays d'en haut. Ils constituaient également un groupe de travailleurs temporaires exclusivement masculin, éloigné des femmes canadiennes-françaises. À l'instar des marins et des bûcherons, cette communauté d'hommes fit de la masculinité, plutôt que de la vie de famille, le principe social central de leurs vies. Leurs expressions de masculinité ressemblaient à ce que certains chercheurs ont qualifié de « rough culture » (ou culture « de la vie à la dure »), commune à d'autres groupes de travailleurs saisonniers exclusivement masculins, ou se retrouvent des comportements tels que boire, parier, se battre et valoriser la force et le risque[29]. Engranger du capital symbolique, social et culturel devint une manière de mesurer le succès masculin. Prendre des risques, tels que franchir des rapides, se mesurer l'un à l'autre dans des courses de canoës, des paris, des matches de boxe, donnaient aux voyageurs les moyens d'accumuler du « capital masculin » et de soutenir leur réputation. Les compétitions et les paris étaient fréquents dans les postes de l'intérieur. Le jeu était une arène dans laquelle de nouveaux comportements sociaux pouvaient voir le jour. Les célébrations annuelles, les fêtes lors des arrivées et des départs, aidaient les voyageurs à accepter les forces centrifuges causées par la mobilité de leur travail et la nature transitoire des rencontres individuelles. La danse et la musique devinrent les « lieux » où les voyageurs combinaient les coutumes canadiennes-françaises et les coutumes amérindiennes. Les espaces liminaux de la traite des fourrures incitaient particulièrement aux (mauvaises) blagues et aux roublardises. Celles-ci procuraient aux voyageurs un moyen d'alléger les tensions et elles servaient parfois de lieu de connexion culturelle avec les communautés autochtones.

Les voyageurs mesuraient leur masculinité à l'aune des « autres » masculins. Résister à l'hégémonie des bourgeois était une manière de résister au maître. Le principe central de la relation de maître à employé était le contrat légal qui obligeait les voyageurs à la loyauté et à l'obéissance en échange de la nourriture, de l'habillement et des gages. Un contrat social se développa autour des obligations légales, dans lequel les maîtres et les voyageurs tentaient de négocier les limites de leurs droits et de leurs devoirs. Les voyageurs se lançaient dans un « théâtre de la résistance » consistant à travailler lentement, à voler des provisions, à se lancer dans la traite indépendante et à déserter le service. De cette manière, ils cherchaient dans une certaine mesure à contrôler leur espace et à contraindre leurs maîtres à leur donner de meilleures conditions de travail. En faisant à leurs maîtres la démonstration de leur supériorité physique en canoë, dans les portages et à la chasse, les voyageurs gagnaient un « capital symbolique » qu'ils pouvaient faire jouer lors des négociations avec leur maître. Se faire plus Indien que les Indiens était un autre moyen par lequel les voyageurs cherchaient à se constituer un capital masculin.

Voyages

Les voyageurs vivaient dans un état liminal, littéralement, sur un « seuil ». La liminalité est un lieu d'entre deux où se produit la transition[30]. La plupart des chercheurs qui utilisent la liminalité comme métaphore se focalisent simplement sur l'étroit « temps et lieu » de la transition dans le cadre d'un rituel. Mon travail suggère cependant que, tandis que les voyageurs travaillaient dans la traite des fourrures, leur vie se caractérisait par des transitions. À mesure que les voyageurs passaient de leurs foyers du Canada français aux terres amérindiennes de l'intérieur, ils subissaient des transformations continuelles d'identité et d'association culturelle[31]. Lorsque j'utilise le terme *liminalité*, ce n'est pas pour désigner exclusivement l'acte du passage, mais plutôt pour caractériser l'intégralité d'un espace culturel. Le processus de mouvement perpétuel du travail dans la traite des fourrures fit de celui-ci un espace liminal, espace où les voyageurs passaient de la colonie européenne de la vallée du Saint-Laurent aux paysages inconnus et aux mondes autochtones jusqu'aux bastions reculés, fragments de société européenne, qu'étaient les postes de traite. Ils voyageaient entre les cultures, aux marges de la société canadienne-française, et sous l'autorité de leurs maîtres majoritairement britanniques. Dans cet espace liminal, ils firent naître un ordre social fluide, qui ne fut jamais ni statique ni homogène, mais qui incarnait un ensemble de valeurs et de croyances qui aida les voyageurs à donner forme à leur monde[32].

Les voyageurs alimentaient leurs visions du monde et leurs valeurs non pas d'abord par la reproduction familiale, mais par l'arrivée de nouveaux hommes ayant vocation à ce métier. Quelques cas de migration en chaîne se sont produits, comme dans la famille Desjarlais, décrite par Heather Devine[33]. Bien que beaucoup de voyageurs aient épousé des femmes amérindiennes de l'intérieur, et que certains de leurs enfants aient été élevés comme des voyageurs et initiés au métier à un très jeune âge, cette pratique ne fut pas répandue au point d'assurer le grand nombre de voyageurs nécessaires à cette activité. Il arrivait souvent que les hommes qui avaient épousé des femmes autochtones quittent la traite des fourrures pour vivre avec la famille de leur épouse, pour se faire traiteurs indépendants ou pour s'installer autour des Grands Lacs ou de la Rivière Rouge dans les sociétés métis en émergence[34]. D'autres voyageurs abandonnaient leur famille amérindienne quand ils décidaient de quitter le service de la traite et, en général, leurs enfants quittaient les postes pour aller vivre dans la parenté de leur mère. Les valeurs et les visions du monde des voyageurs se maintenaient donc par l'intermédiaire des « immigrants », ou nouveaux employés, qui étaient parfois les parents ou les descendants de ceux qui travaillaient déjà dans la traite. Ces hommes devaient être initiés au monde des voyageurs et on leur apprenait de nouvelles manières de vivre, de travailler et de jouer.

Les voyages exotiques et aventureux dans le « pays indien » firent découvrir aux voyageurs de nouvelles croyances et de nouvelles pratiques. La liminalité de leur lieu de travail induisait fluidité, inventivité et ouverture à des pratiques culturelles différentes. Les rituels devinrent pour les voyageurs un moyen d'exprimer et de conserver leurs croyances. Le voyage en canoë de Montréal jusqu'au pays d'en haut était le point de transition dans la vie du voyageur et constituait un espace social pour l'enseignement de nouvelles valeurs. La « performance culturelle » que représentaient les simulacres de baptêmes en des points précis le long des routes de traite signalait les seuils franchis par les travailleurs canadiens-français au moment d'intégrer une nouvelle identité occupationnelle et culturelle, en même temps que de nouveaux degrés dans leur masculinité. Les rites magico-religieux pratiqués par les voyageurs se modifiaient dans l'intérieur, pour souligner le danger et les tragédies fréquentes dans leur travail. En outre, les voyageurs imprimaient leur personne et leur histoire dans le paysage social et physique du pays d'en haut, en rebaptisant les lacs, les rivières, les rapides et les portages.

La métaphore du « voyage » procure un moyen idéal d'organiser cette histoire culturelle de l'identité des voyageurs. Les membres de ce groupe de travailleurs temporaires exclusivement masculins furent dénommés « voyageurs » tout d'abord par les francophones ; puis, après la conquête de 1763, les commis et les bourgeois anglophones conservèrent ce terme. Bien que l'*Oxford English Dictionary* fasse remonter à 1793 le premier usage du mot « voyageur » dans un texte anglais – dans la chronique d'un voyage du traiteur John McDonell de Montréal à Grand Portage – le sens de ce mot était très répandu chez les participants à la traite de Montréal à travers toute son histoire. Ce terme ne faisait pas que souligner les distances géographiques parcourues par les voyageurs, mais aussi les distances sociales et culturelles. Ce livre se calque sur un archétype de voyage, qui décrira à la fois le drame de leur vie et les aspects performatifs de leur culture. Dans le chapitre II, la scène d'ouverture se situe dans une ferme à la sortie de Montréal, où les voyageurs quittaient leurs familles pour aller gagner un peu plus d'argent dans la traite des fourrures. Ce chapitre décrit l'organisation de la traite, les contrats, les salaires, ainsi que la manière dont les voyageurs envisageaient leurs foyers canadiens tandis qu'ils se trouvaient à l'intérieur des terres. Le chapitre III explore la manière dont les voyageurs comprenaient leur place dans l'univers, en se concentrant sur leurs pratiques religieuses et leurs croyances, qui se composaient d'un mélange de catholicisme, de « magie » paysanne et d'animisme autochtone. Ce chapitre examine également des instants liminaux, ou points de transition, parmi lesquels se trouvent des baptêmes rituels le long des routes, des concours de force entre hommes, des combats avec des animaux féroces et des orages, des mariages « à la façon du pays » avec des femmes autochtones et des rites funéraires pour les voyageurs morts en service. Le chapitre IV décrit l'organisation des employés à Lachine, la première étape de leur voyage vers l'extrémité ouest du Lac Supérieur, la vitesse des déplacements, les droits de passage payés aux groupes amérindiens le long des routes, l'approvisionnement, la répartition des places dans le canoë et les manières de pagayer, le franchissement des rapides, les virements de bord et les portages. Le lieu de travail était paternaliste, mais, ainsi que dans beaucoup de situations modernes, les travailleurs se lançaient dans un théâtre de la contestation. Le chapitre V se consacre à esquisser les contours de la relation de maître à employé, de la désobéissance des employés, et des aspects performatifs de l'hégémonie culturelle. La rencontre des brigades de l'est et de celles de l'ouest à l'extrémité occidentale du lac Supérieur au milieu de l'été était une époque de fêtes, de répit, et de planification. Le rendez-vous annuel était la plus grande fête de la société de la traite des fourrures, un temps « carnavalesque ». Le rendez-vous, lieu de transformation culturelle, symbolique du caractère distinct de la vie dans la traite des fourrures, est abordé dans le chapitre VI, de pair avec le calendrier annuel des festivités, qui reproduisait le calendrier des fêtes catholiques observé par les habitants de la vallée du Saint-Laurent. Le chapitre VII examine la vie dans la traite des fourrures au-delà du lac Supérieur. L'espace et le travail se dessinent à la lumière des routes, des conceptions du paysage et de la géographie sociale. Le travail dans les postes de l'intérieur se divisait en quatre catégories, construction et métiers artisanaux, approvisionnement, courrier et messages, et traite. Les voyageurs avaient des contacts directs et approfondis avec les peuples amérindiens lorsqu'ils étaient envoyés au loin pour traiter « en dérouine », ou avec un peu de marchandises supplémentaires à échanger dans les campements des Amérindiens. Les voyageurs hivernaient souvent dans les huttes des Amérindiens. Le chapitre VIII examine la force des liens que de nombreux voyageurs avaient établis avec des femmes autochtones, avec lesquelles ils avaient des relations sexuelles et affectives. De nombreux voyageurs épousèrent des femmes autochtones et eurent des familles durables, mais le modèle dominant était celui d'une monogamie fluide, qui avait pris forme sous l'influence des périples constants des voyageurs et des Amérindiennes dans l'intérieur. Les voyageurs étaient souvent affectés dans des forts différents d'une année sur l'autre. Les Amérindiennes suivaient des cycles annuels de voyage pour récolter des ressources économiques saisonnières. Bien que de nombreuses unions aient été sérieuses et monogames, elles n'étaient en général pas à long terme. Les liens formés entre les voyageurs et les femmes autochtones étaient importants pour les alliances dans le cadre de la traite, mais ils étaient souvent provisoires. Le chapitre IX décrit ce que faisaient les voyageurs après avoir quitté leur emploi dans la traite, en examinant de plus près l'idéalisation du concept de liberté qu'incarne le terme : « les gens libres ».

II
Quitter son foyer

Famille et mode de vie au Canada français et au-delà

> *Ma tres cher Epousse*
> *Cest avec boucoup d'annuit que j'ai attandu L'occasions qui Se presante Par les voyageur qui vont a Moreal, pour vous informé Létat de de Ma Santé qui est tres bonne Grace a Dieu jusquo presant. Dieu veuille que La presante lettre vous trouve jouissant du meme bonneur, je croit qui n'est Rien de plus sansible que d'etre Separé du Person aussi cher que Son Epousse aussite je vous assur que Rien ne peut Retardé Mon retoure apres mon tems finis*[1].

CET EXTRAIT provient d'une lettre postée à Fort Colville et écrite le 12 avril 1830 par Jean Mongle à sa femme, Marie Saint-Germain, vivant dans la paroisse de Maskinongé dans la vallée du Saint-Laurent. C'est l'unique document qui nous soit parvenu à avoir été écrit par un voyageur canadien-français. Les seules informations connues au sujet de Jean Mongle et de sa famille se dispersent entre quelques documents disparates[2]. Mongle est probablement né vers 1800 dans les environs de Maskinongé, situé à quelques kilomètres à l'ouest de Trois-Rivières, sur la rive nord du Saint-Laurent. Il se peut que ses parents aient été les paysans Andres Mongle (qui apparaît sous le nom de Mongal dans le registre de la paroisse de Maskinongé), qui était un soldat du régiment des chasseurs de Hesse-Hanau et Marie-Judith Panneton[3]. Jean Mongle est entré dans la traite des fourrures pour la première fois en 1814 ou 1816, et fut employé durant trois ans par la Compagnie du Nord-Ouest en tant que *milieu*, c'est-à-dire pagayeur au milieu du canoë[4]. De 1819 à 1821, il n'apparaît pas dans les registres de la traite. Il se peut qu'il ait décidé ces années-là de redevenir fermier dans la vallée du Saint-Laurent et d'épouser sa première femme, Marie Caret ou Comette. Mongle réapparaît en tant que milieu en 1821, lorsqu'il signe un nouveau contrat de trois ans avec la Compagnie de la Baie d'Hudson, nouvellement constituée après avoir fusionné en 1821 avec la Compagnie du Nord-Ouest[5]. Bien qu'il ait travaillé de nombreuses années dans la traite des fourrures, Mongle conserva des liens étroits avec sa paroisse de Maskinongé. On peut présumer que sa première femme mourut, puisqu'il y épousa Marie Saint-Germain en 1827[6]. Mongle, une fois de plus, rejoignit la Compagnie de la Baie d'Hudson en 1829, cette fois en tant que *boute*, ce qui signifie qu'il était barreur ou homme de proue dans le canoë et qu'il était mieux payé que lorsqu'il était milieu[7]. Malheureusement, Mongle ne vécut pas assez pour profiter de ses gages plus élevés. Il se noya dans la rivière Columbia le 25 octobre 1830[8].

Cette lettre d'avril 1830 à sa femme est assez mystérieuse. En règle générale, les voyageurs étaient analphabètes, et il n'y a aucune raison de penser que Mongle pouvait faire exception. S'il avait su écrire, un officier de la Compagnie de la Baie d'Hudson l'aurait certainement remarqué, et Mongle aurait pu être encouragé à devenir commis dans la compagnie. La grammaire et l'orthographe de cette lettre sont faibles, mais l'écriture en est belle. Mongle a probablement dicté sa lettre à un anglophone, peut-être un commis ou un missionnaire qui la transcrivait phonétiquement au moyen de l'alphabet anglais. Dans cette lettre, Mongle demandait à sa femme si elle avait reçu sa lettre précédente, expédiée dans le courant de l'automne 1829, où il lui demandait de réclamer une partie de ses gages au bureau de la Compagnie de la Baie d'Hudson, probablement à Montréal. Il regrettait que le reste de ses gages lui soit payé directement, mais il essaierait à l'avenir qu'ils lui soient versés à elle. Mongle demande à sa femme si elle est toujours pensionnaire dans la même maison et la supplie d'y rester jusqu'à son retour. Mongle lui écrit qu'il espère que cette lettre lui parviendra d'une manière ou d'une autre, jusqu'à la vallée du Saint-Laurent, par l'intermédiaire des voyageurs. Cette lettre a dû mettre entre six mois et un an à lui parvenir.

De son côté, Marie Saint-Germain tenta également d'atteindre son époux à travers d'immenses distances. Étonnante coïncidence, elle écrivit une lettre à son mari le 20 avril 1830, seulement huit jours après qu'il lui ait écrit[9]. Elle l'y informait de sa bonne santé, lui donnait des nouvelles de la famille étendue, lui disait qu'il lui manquait et lui demandait d'envoyer un peu plus de ses gages et quelques paires de chaussures (peut-être des mocassins). Malheureusement, cette lettre n'arriva jamais, Mongle s'étant noyé en octobre 1830[10]. Mais heureusement pour nous, ces deux lettres ont survécu. En janvier 1832, Saint-Germain envoya la lettre écrite par son mari à la Compagnie de la Baie d'Hudson pour prouver qu'elle était mariée avec Mongle, car elle réclamait les gages de ce dernier.

L'angoisse de Marie Saint-Germain doit avoir crû à mesure que les mois passaient sans nouvelles de son mari. Vers la fin de 1831, sans doute, un certain monsieur Morin, peut-être voyageur lui aussi, lui apprit la mort de son mari. Le 13 janvier 1832, elle écrivit à la Compagnie de la Baie d'Hudson, tout d'abord pour confirmer le décès de Jean Mongle, et deuxièmement, pour demander les gages de son époux[11]. Elle écrivait qu'elle était dans « une grande miserre à la remerCie de tout le monde » et elle priait « vos honneurs davoir la bonté dexaminer Les Compte pour voir sils lui revient quelquechose a seul fin de pouvoir me soulager et en même temps pour prier humBlement vos honneurs davoir quelque egard a ma miserre »[12].

Que peuvent nous apprendre ces lettres sur les voyageurs de la traite des fourrures ? Pourquoi des hommes comme Mongle choisissaient-ils d'entrer dans la traite et de partir très loin de leur famille faire un métier dangereux ? L'histoire de Mongle fait écho à celle de milliers d'autres familles de la vallée du Saint-Laurent ayant vécu entre les années 1680 jusque bien après les années 1830. Des fils et des époux décidaient de quitter leur famille pour aller gagner un peu plus d'argent dans la traite des fourrures, surtout pour la raison que leurs fermes produisaient peu de surplus une fois la subsistance assurée et les dîmes féodales payées[13]. Ils rencontraient des agents de recrutement et signaient des contrats, ou *engagements*, pour travailler durant les mois d'été à transporter des marchandises et des fourrures entre Montréal et l'extrémité ouest du lac Supérieur, ou pour travailler toute l'année dans la traite, loin dans le pays d'en haut. Les nouvelles recrues, en partant, disaient au revoir à leurs parents, leurs enfants, leurs épouses, leurs fiancées et leurs voisins, espérant sans doute revenir chez eux un jour, mais redoutant aussi un destin semblable à celui de Jean Mongle.

Dans ce chapitre, nous cherchons à comprendre pourquoi et comment les paysans canadiens-français intégraient la traite des fourrures et nous y présentons les connexions entre les stratégies familiales individuelles et l'envergure continentale de l'immense système mercantile de la traite des fourrures. En termes les plus simples, la traite avait besoin du travail des voyageurs, et les paysans canadiens-français avaient besoin de l'argent qu'ils pouvaient se procurer dans cette activité. L'attrait de l'aventure et le désir de liberté influençaient aussi la décision de nombreux hommes d'intégrer le service de la traite et d'y rester, malgré les grands risques encourus. De plus, ce chapitre examine le recrutement, les contrats ou *engagements*, les salaires et les liens étroits que de nombreux voyageurs conservaient avec leur famille de la vallée du Saint-Laurent, même lorsqu'ils avaient parcouru des milliers de kilomètres et qu'ils avaient passé des années au loin.

Organisation du travail : le contexte continental

Lorsque Jean Mongle intégra la traite des fourrures pour la première fois en 1816, il se peut qu'il n'ait pas réalisé l'étendue et l'éloignement des ramifications de ce commerce, mais il était probablement très conscient du rôle central que jouait la traite dans le développement de sa communauté d'origine. La quête des fourrures était l'une des raisons de l'installation des Européens dans la vallée du Saint-Laurent au XVIIe siècle. Les Européens implantaient des postes avancés le long de la côte atlantique du nord de l'Amérique du Nord, tout d'abord pour se procurer du poisson, et plus tard des fourrures à commercialiser en Europe, qui feraient la fortune des empires coloniaux autant que celles des marchands[14]. En 1608, le colonisateur français Samuel de Champlain établit le premier poste permanent de traite des fourrures dans la vallée du Saint-Laurent, afin d'échanger des biens de traite contre des fourrures avec les peuples iroquoïens et algonquins de la région. La traite des fourrures devint l'activité économique centrale de la colonie de la Nouvelle-France et conserva son importance jusqu'au premier quart du XIXe siècle ; la traite s'étendait loin à l'intérieur du continent, pas seulement pour le profit, mais aussi à des fins politiques. L'expansion coloniale en Amérique du Nord, telle que l'envisageait Louis XIV, avait pour but de confiner les colonies anglaises au sud de la côte atlantique[15].

La pratique d'engager des employés à contrat au service de la traite commença à Montréal dans les années 1690. Au début, la traite était ouverte à la plupart des habitants, à condition qu'ils paient des droits pour intégrer une compagnie et des impôts à leur retour. La plupart des habitants achetaient des fourrures aux Amérindiens qui passaient par l'île de Montréal. Dans les années 1660, des marchands spécialisés, qu'on appelait coureurs des bois, se lancèrent dans des voyages de traite vers la région des Grands Lacs. Ces hommes empruntaient des capitaux, achetaient des avitaillements de marchandises de traite, et voyageaient dans l'intérieur pour traiter avec les peuples autochtones. En 1681, le ministre de la Marine, Jean-Baptiste Colbert, instaura le système du permis, ou congé, par lequel le gouvernement de la Nouvelle-France accordait chaque année un nombre limité de permis et de quotas aux marchands traitant dans l'intérieur des terres. De nombreux coureurs des bois pratiquaient la traite illégalement, sans permis, aussi est-il difficile d'évaluer le volume total de la traite[16]. À cette époque, les marchands, qui s'étaient spécialisés au point de former des petits partenariats de deux, trois ou quatre personnes, commencèrent à engager des employés, ou engagés, pour transporter les biens de traite et les fourrures aller et retour entre Montréal et l'intérieur[17]. L'historienne Louise Dechêne assure que « la tendance à la concentration au début du XVIIIe siècle n'était pas un phénomène temporaire, mais présageait la prolétarisation graduelle des hommes employés dans la traite des fourrures »[18]. Ces engagés furent progressivement appelés des voyageurs, et le choix d'intégrer la traite devint une stratégie importante pour améliorer le mode de vie de familles telles que celle de Jean Mongle.

Le concurrent principal de la traite de la vallée du Saint-Laurent s'était établi loin au nord, dans la baie d'Hudson. En 1660, Pierre-Esprit Radisson et Médard Chouart des Groseillers entendirent parler d'une région immense, située au nord, où abondaient les castors, et que l'on pouvait atteindre plus facilement à partir des rives de la baie d'Hudson. Après que les Canadiens français et les Français leur aient refusé leur appui pour découvrir la route maritime de la baie, le prince Rupert d'Angleterre, cousin du roi Charles II, apporta son aide à leur spéculation hasardeuse en 1668. Le succès de leur entreprise incita Charles II à promulguer une charte royale en 1670 pour « le Gouverneur et la Compagnie des Aventuriers de la Traite dans la baie d'Hudson ». La Compagnie de la Baie d'Hudson, ainsi qu'elle vint à être connue, se vit garantir les droits de traite exclusifs dans la Terre de Rupert, ce qui incluait toutes les terres du bassin versant de la baie d'Hudson, immense territoire s'étirant sur six des provinces canadiennes d'aujourd'hui ainsi que sur quatre états des États-Unis. La baie d'Hudson et la Terre de Rupert devinrent la nouvelle arène des luttes incessantes entre les Anglais et les Français. Contrairement aux petits partenariats de la vallée du Saint-Laurent, la Compagnie de la Baie d'Hudson était une compagnie hiérarchisée d'actionnaires avisés qui établirent des postes de traite uniquement sur les rivages de la baie. Ce n'est que dans les années 1770, après que la compétition avec les traiteurs canadiens, qui allaient de plus en plus loin vers l'ouest et le nord, se soit développée, que la Compagnie de la Baie d'Hudson commença à implanter des postes dans l'intérieur des terres[19].

Dans la vallée du Saint-Laurent, le système des petits partenariats se finançant et s'équipant eux-mêmes, et engageant des voyageurs, se poursuivit essentiellement sous la même forme pendant tout le XVIIIe siècle. Après la Guerre de Sept Ans (1756-1763), lorsque les Français abandonnèrent l'Amérique du Nord aux Anglais et aux Espagnols, la vallée du Saint-Laurent devint une colonie de l'Amérique du Nord britannique. Cela eut pour conséquence quelques changements administratifs. Le système des congés fut supprimé, et la traite à Montréal fut ouverte à tout le monde, ce qui provoqua une augmentation importante de la traite au-delà des Grands Lacs, au nord, au sud et à l'ouest. Malgré la Révolution américaine, la traite s'étendit vers le sud, le long du Mississippi, la ville de Saint-Louis devenant l'un des plus grands entrepôts[20]. Des gens venus d'Écosse, d'Angleterre et des États-Unis remplacèrent progressivement les bourgeois canadiens-français dans la traite des fourrures[21]. Les petits partenariats fusionnèrent en plus grandes unités. En 1779, la Compagnie du Nord-Ouest fut créée à partir de neuf partenariats et entreprit d'importantes refontes au cours des trois décennies suivantes[22]. En 1798, quelques bourgeois mécontents de la Compagnie du Nord-Ouest constituèrent la « Nouvelle Compagnie du Nord-Ouest », qui finit par être connue sous le nom de Compagnie XY, parce qu'ils inscrivaient « XY » sur leurs ballots de marchandises pour les distinguer de ceux de la Compagnie du Nord-Ouest. La Compagnie XY rivalisa ouvertement avec la Compagnie du Nord-Ouest et ouvrit de petits postes adjacents à ceux de la Compagnie du Nord-Ouest, y compris à Grand Portage. En 1804, les deux compagnies fusionnèrent, car leur féroce compétition affectait leurs profits à toutes deux et parce que le principal protagoniste de la guerre entre les deux compagnies, Simon McTavish, était mort[23]. Il est probable que les voyageurs devaient avoir des sentiments mitigés au sujet de ces deux compagnies. La compétition entre elles créait plus d'emplois et provoquait l'augmentation des salaires, mais elle multipliait également les risques du métier. Toutes les compagnies, y compris la Compagnie de la Baie d'Hudson, incitaient aux hostilités ; les hommes des compagnies concurrentes se livraient entre eux au harcèlement et à l'intimidation, en s'efforçant de prendre l'avantage dans la traite, et les incidents pouvaient mener à une escalade de violence. En 1802, à Ring Lake, au nord du lac Athabasca, un engagé de la Compagnie du Nord-Ouest, Jean-Baptiste Adam, agressa un engagé de la Compagnie XY du nom de Ménard pour une question de fourrures[24].

À la même époque, le traité de Jay de 1794 décréta que le territoire au sud des Grands Lacs appartiendrait aux États-Unis et en 1818, le 49e parallèle fut instauré en tant que frontière septentrionale du Rachat de la Louisiane, séparant les États-Unis de ce qui deviendrait le Canada, jusqu'aux montagnes Rocheuses. Bien que les traiteurs anglais et américains aient été autorisés à exercer leur activité de chaque côté de la frontière, moyennant certains devoirs et redevances, les traiteurs américains s'efforcèrent de tenir au loin les traiteurs canadiens dans les régions situées immédiatement au sud de la ligne, dans le but de faire le maximum de profits[25]. Le riche marchand de fourrures de New York, John Jacob Astor, constitua l'American Fur Company en 1808 pour rivaliser avec la Compagnie du Nord-Ouest et la Compagnie de la Baie d'Hudson. Avec la coopération de quelques marchands canadiens, les premières opérations d'Astor autour des Grands Lacs furent menées par l'intermédiaire d'une filiale, la South West Company. En 1810, il créa une autre filiale, la Pacific Fur Company, pour entrer dans la compétition pour la traite des fourrures dans la vallée de la rivière Columbia sur la côte du Pacifique. La guerre de 1812 mit fin aux activités des deux compagnies et, en 1813, la Compagnie du Nord-Ouest racheta la Pacific Fur Company. En 1817, le Congrès promulgua l'exclusion des traiteurs étrangers du territoire américain ; après quoi, l'American Fur Company domina la traite américaine jusqu'à sa fin, en 1850[26].

En 1821, il se produisit un changement d'importance chez les traiteurs du nord. La Compagnie du Nord-Ouest fusionna avec la Compagnie de la Baie d'Hudson (la compagnie conserva le nom de cette dernière), la rivalité entre les deux compagnies ayant rendu la traite intenable. Les profits diminuaient et les incidents violents entre les deux compagnies avaient augmenté. Bien que la fusion des deux compagnies ait été une union entre partenaires égaux, le centre de la traite se déplaça vers la baie d'Hudson et York Factory devint le site principal des expéditions maritimes des fourrures à destination de l'Europe[27]. La fusion n'eut pas d'impact immédiat sur le nombre des Canadiens français employés dans la traite. Nous avons vu que Jean Mongle prolongeait le même schéma d'engagement avec la nouvelle Compagnie de la Baie d'Hudson, en 1821 et en 1829. Cependant, de nombreux Canadiens français commencèrent à renoncer à travailler dans la traite, car les nouveaux contrats offraient de moindres gages et stipulaient que les voyageurs devaient fournir leur propre équipement[28]. Après le milieu des années 1830, les contingents d'engagés volontaires et les nombres d'engagements commencèrent à diminuer dans les paroisses des alentours de Montréal et de Trois-Rivières[29].

Bien que toutes les compagnies aient employé des Canadiens français, la plupart des voyageurs travaillaient pour les partenariats de Montréal et pour la Compagnie du Nord-Ouest, qui a dominé la traite à Montréal jusqu'à sa fusion de 1821 avec la Compagnie de la Baie d'Hudson. En 1784, la Compagnie du Nord-Ouest employait 500 hommes pour travailler à deux ensembles de tâches différentes. Un groupe de 250 hommes transportait les marchandises de traite de Montréal jusqu'à Grand Portage, le centre administratif situé à l'extrémité occidentale du lac Supérieur. Ils utilisaient des canoës d'une capacité de quatre tonnes, nécessitant chacun huit hommes à la manœuvre. Ces travailleurs saisonniers, employés durant l'été, étaient surnommés les *mangeurs de lard*. L'autre groupe de 250 hommes transportait les marchandises du lac Supérieur jusqu'aux postes de traite de l'intérieur du pays, certains étant situés à une distance de 4800 km. Ces hommes, qui hivernaient dans l'intérieur, étaient surnommés les *hommes du nord*[30]. Jean Mongle était passé du statut de mangeur de lard à celui d'homme du nord dès ses toutes premières années passées dans la traite. En 1817, il était affecté à Nipigon, à environ 40 km au nord du lac Supérieur, et en 1819, il était posté bien plus loin vers l'ouest, au lac Winnipeg[31].

La main-d'œuvre de la traite des fourrures augmenta considérablement au cours des quinze années suivantes, comme le montre le tableau 1 (chapitre I). En 1790, George Heriot, de passage dans la région, notait qu'en général, 350 pagayeurs, 18 guides et 5 commis étaient employés chaque année au transport des cargaisons entre Montréal et Grand Portage[32]. En 1801, Alexander Mackenzie affirmait que la Compagnie du Nord-Ouest employait 50 commis, 71 interprètes et commis, 1120 hommes de canoës et 35 guides[33]. En 1802, Simon McTavish dénombrait approximativement 1500 employés canadiens-français au service de la Compagnie du Nord-Ouest[34]. Des estimations plus tardives du nombre des voyageurs employés dans l'intérieur se montaient jusqu'à 2000[35]. À ce nombre s'ajoutait celui des voyageurs engagés par les partenariats et les autres entreprises ne faisant pas partie de la Compagnie du Nord-Ouest, ce qui peut représenter environ 3000 hommes.

Lorsqu'il a intégré la traite des fourrures, il se peut que Jean Mongle ait gagné au mois de mai le point de départ à Lachine, à l'ouest de Montréal, et qu'il se soit joint à un équipage d'environ douze hommes dans l'un des grands canoës de Montréal. Les provisions emportées à bord devaient être consommées le temps qu'ils arrivent à l'extrémité occidentale du lac Huron. Arrivés à ce point intermédiaire, les brigades s'arrêtaient pour acheter d'autres vivres pour eux-mêmes, pour les employés du poste administratif du lac Supérieur et pour les canoës à destination de l'intérieur. Les brigades pouvaient se rendre à Sault-Sainte-Marie, poste situé entre le lac Huron et le lac Supérieur, ou à fort Michilimackinac, l'un des postes les plus importants, entre le lac Michigan et le lac Huron, et qui fut transféré à l'île Mackinac dans les années 1780[36]. On employait des cotres pour aider au transport des marchandises entre Michilimackinac ou Sault-Sainte-Marie et l'extrémité occidentale du lac Supérieur. Vitesse était le mot d'ordre : les marchandises devaient atteindre le poste administratif du lac Supérieur au début de juillet afin que les canoës de l'intérieur aient le temps de prendre leur cargaison et de rentrer à leur poste. Les canoës de l'intérieur étaient de taille plus modeste que ceux de Montréal ; ils n'avaient besoin que de quatre ou cinq hommes à la manœuvre et leur cargaison se composait en général pour les deux tiers de marchandises et pour un tiers de vivres. La quantité de vivres suffisait rarement au voyage et les hommes devaient se procurer des provisions en cours de voyage, auprès des Amérindiens. Les équipages risquaient souvent la famine, surtout pendant le voyage de printemps, époque où les ressources étaient réduites[37].

Les centres administratifs du lac Supérieur, Grand Portage, puis plus tard Fort William, étaient des points de transit entre ces deux principaux systèmes de transport. Chacun des centres était le lieu d'une activité débordante au moment du rendez-vous d'été, qui voyait le rassemblement d'un grand nombre de personnes. Vers 1800, il pouvait y avoir jusqu'à 500 personnes à aller et venir à Grand Portage. Des petits traiteurs indépendants montaient des échoppes pour vendre des marchandises aux engagés. Ces petits commerces marchaient très bien, les voyageurs recevant souvent leurs gages à Grand Portage et à Fort William[38]. Il se peut que ce soit à Fort William que Jean Mongle, de mangeur de lard, soit devenu homme du nord au cours de ses premières années en tant qu'employé dans la traite des fourrures.

Bien que l'on considérât comme distincts les équipages de ces deux systèmes de transport, les différents personnels et la nature des activités pouvaient se recouper. Les hommes qui avaient au départ signé pour devenir des hommes du nord alors qu'ils se trouvaient encore dans la vallée du Saint-Laurent, travaillaient durant la première partie de leur voyage avec des équipages de mangeurs de lard[39]. Arrivés au centre administratif du lac Supérieur, les mangeurs de lard et les hommes du nord entraient en contact au moment de l'échange des marchandises des canoës de Montréal et des fourrures des canoës de l'intérieur. Les équipages étaient recomposés une fois les chargements échangés[40]. C'était encore au poste du lac Supérieur que les équipages de voyageurs et les expéditions d'exploration échangeaient leurs grands canoës contre de plus petits[41]. Un autre centre administratif fut également établi au lac La Pluie, à l'ouest du lac Supérieur, parce que les brigades de l'Athabasca n'avaient souvent pas le temps de parcourir tout le chemin jusqu'à Grand Portage ou Fort William durant la courte saison où les eaux étaient libres de glace. Dans ce centre, les chargements de l'Athabasca étaient échangés avec ceux de Montréal, et les hommes fatigués pouvaient être remplacés par des équipages frais[42]. En général, il fallait un mois pour se rendre de Grand Portage au lac La Pluie, et on désignait un groupe de mangeurs de lard du lac Supérieur parmi les brigades de Montréal pour accomplir ce trajet supplémentaire[43]. L'expérience que donnait aux mangeurs de lard cette course de plus aidait beaucoup d'entre eux à passer au statut d'homme du nord, pour travailler dans l'intérieur. Environ un tiers des mangeurs de lard poursuivaient leur chemin et devenaient des hommes du nord[44].

La traite des fourrures de Montréal à la fin du XVIIIe siècle. Le contexte rural

Si l'on considère les dures conditions de ce travail, il est surprenant que tant d'hommes se soient faits voyageurs. Mais la vie dans la vallée du Saint-Laurent pouvait, par comparaison, faire de la vie de voyageur une alternative séduisante. L'agriculture, dans la vallée du Saint-Laurent, se déroulait sous un régime féodal de système seigneurial, qui façonnait l'occupation des terres et leur attribution et qui dura de 1627 à 1854. Le roi accordait des lots de terre aux seigneurs, qui, en retour, attribuaient des terres aux paysans, appelés également *habitants* ou *censitaires*. En échange de leur seigneurie, les seigneurs avaient l'obligation de veiller à ce que la terre soit effectivement cultivée et devaient établir des cours de justice, construire des moulins et organiser les communes. Les habitants devaient payer diverses formes de redevances à leur seigneur[45]. Dans une étude économique et sociale poussée de trois paroisses du Québec – Sorel, Saint-Denis et Saint-Ours – de 1740 à 1840, l'historien Allan Greer affirme que les fermes étaient autosuffisantes, mais qu'elles subissaient un fardeau féodal qui les empêchait d'accumuler du capital[46]. Les familles des habitants obtenaient un peu d'argent en vendant du grain pour acheter les denrées qu'elles ne pouvaient pas produire elles-mêmes, comme le sel, le sucre, le thé et les produits manufacturés comme les outils de métal et les tonneaux, mais la plupart des habitants accumulaient des dettes tout en défrichant la terre et en se rendant acquéreurs de leur ferme[47]. Des marchands locaux approvisionnaient les familles des paroisses en marchandises au détail et acceptaient d'être payés en nature par des produits de la ferme, en général du blé. Lorsque les familles des habitants ne pouvaient pas produire plus de blé qu'il n'en fallait pour satisfaire à la fois leurs besoins de première nécessité et les redevances seigneuriales, elles recherchaient anxieusement une autre source de produits à échanger ou une source d'argent liquide, ce qu'elles trouvaient dans la traite des fourrures.

Au début du XVIIIe siècle, les voyageurs étaient majoritairement recrutés dans les environs immédiats de Montréal et, dans une moindre mesure, de Trois-Rivières. Gratien Allaire a montré qu'entre 1701 et 1745, près de 50% de tous les engagés provenaient de l'île de Montréal, 34% des paroisses de la rive sud du Saint-Laurent, tandis que 16% provenaient de la rive nord[48]. À partir de la dernière partie du XVIIIe siècle, les marchands se tournèrent de plus en plus vers l'arrière-pays pour recruter leur main-d'œuvre, parce qu'à Montréal, les partenariats de traite se heurtaient aux employés citadins[49]. Greer explique que les traiteurs pensaient que les hommes de l'arrière-pays seraient « bon marché et dociles ». Les habitants pouvaient fournir le grand nombre d'hommes de canoës nécessaires, mais par intermittence, et subvenir à leurs propres besoins entre leurs diverses affectations à la traite. Les compagnies de traite pouvaient s'y procurer des hommes expérimentés sans avoir à leur payer ne serait-ce qu'un salaire minimum. Les travailleurs de la terre étaient moins susceptibles de former « des combinaisons », c'est-à-dire des grèves, contrairement aux travailleurs urbains, parce qu'ils étaient dispersés dans tout l'arrière-pays la plupart du temps et qu'ils étaient rarement soumis à une totale pauvreté[50].

À partir des années 1790, des paroisses rurales comme Maskinongé et d'autres, situées à l'ouest de la vallée du Saint-Laurent, virent leurs jeunes hommes entrer dans la traite des fourrures par contingents entiers. Les familles envoyaient leurs fils et leurs maris travailler dans la traite pour y gagner un revenu supplémentaire. En général, seules les paroisses les plus pauvres des alentours de Montréal et de Trois-Rivières devinrent des « paroisses de voyageurs »[51]. Malheureusement, personne n'a encore identifié les paroisses de voyageurs de la période postérieure aux années 1740, à l'exception de Greer, qui a examiné de près la paroisse de voyageurs de Sorel, située sur la rive sud du Saint-Laurent à approximativement 25 km de Maskinongé. Entre les années 1790 et 1820, un grand nombre d'hommes de Sorel entrèrent dans la traite, dans la proportion de près d'un tiers de la population mâle adulte, tandis que dans les paroisses voisines de Saint-Ours et de Saint-Denis, très peu d'hommes se lancèrent dans cette activité[52]. Sorel était distante d'environ 80 km de Montréal, en direction du nord-est, donc suffisamment éloignée de la ville pour que les hommes n'y soient pas influencés par le marché urbain du travail, où les hommes exigeaient des salaires plus élevés et de meilleures conditions de travail. Les habitants de la paroisse avaient l'expérience des voyages fluviaux, Sorel ayant de nombreuses îles là où le Saint-Laurent débouche dans le lac Saint-Pierre[53]. Ils avaient également l'habitude du travail salarié. Pendant la Guerre d'Indépendance américaine, nombre d'entre eux avaient été envoyés en détachement effectuer des travaux de transport pour le grand camp militaire britannique situé sur le territoire de la paroisse. Le facteur le plus important, cependant, était que les terres de Sorel étaient sablonneuses et pauvres, et leur productivité agricole faible. Vers la fin du XVIIIe siècle, la culture du blé n'y était pas rentable[54]. Les salaires gagnés dans la traite des fourrures remplacèrent assez bien le blé qui était échangé contre les marchandises au détail ; ils suppléèrent si bien aux déficiences agricoles de Sorel que la paroisse finit par connaître la prospérité[55].

À l'instar de Sorel, certains endroits de Maskinongé n'avaient qu'un sol pauvre et des habitants appauvris. Étant située sur la rive nord du Saint-Laurent, à l'est de Sorel et à approximativement 120 km de Montréal, sa géographie était modelée par le lit du fleuve. Les terres les plus proches du fleuve étaient riches en minéraux, mais celles qui en étaient éloignées étaient rocheuses et escarpées. Ceux qui vivaient près du fleuve devinrent des fermiers prospères, mais ceux qui en étaient éloignés s'appauvrirent[56]. Le terme *maskinongé* provient d'un mot algonquin et désigne une variété de poisson que l'on confond parfois avec un grand brochet. On peut supposer que les habitants du bord du fleuve à Maskinongé dépendaient de ce poisson pour vivre. Est-ce la pauvreté du sol dans les régions plus en retrait qui a incité les habitants, en particulier Jean Mongle, à entrer dans la traite ? Ou y a-t-il eu une pénurie de poisson ?

Pour autant que je le sache, aucune description qualitative des habitants ayant décidé de quitter leur famille paysanne n'a survécu dans les fonds documentaires[57]. Certains chercheurs ont découvert que le service dans la traite était une occupation qui se transmettait de génération en génération – si le père était employé dans la traite, certains de ses fils et de ses petits-fils le seraient aussi[58]. Dans d'autres cas, il semble que le fait de travailler comme voyageur ait été une pratique usuelle dans la commune et qu'elle ne se soit pas limitée à certaines familles[59]. Dans certains cas, il se peut que le métier de voyageur soit devenu une tradition familiale ou paroissiale, et que les contes du pays d'en haut se soient transmis de génération en génération dans la communauté. Le fait de travailler dans la traite en vint à occuper une situation privilégiée dans l'histoire culturelle de la colonie, car à diverses époques, c'est ce que faisaient jusqu'à 12% de la population masculine de certaines paroisses[60].

Pourquoi certains habitants en particulier étaient-ils attirés par une vie de travail dans la traite ? Il y avait certainement une foule de raisons à cela, le fait de gagner de l'argent étant l'une des motivations premières. Le revenu tiré de la traite avait un impact important sur les finances d'une paroisse et d'une famille, et les voyageurs y gagnaient assez d'argent pour que cet emploi conserve son attrait d'année en année[61]. Cela semble avoir été le cas pour Jean Mongle, qui ne possédait sans doute pas sa propre ferme, puisque sa femme vivait dans un logement de location tandis qu'il travaillait dans la traite. La question de l'argent est l'un des sujets abordés dans leur correspondance. Cependant, de nombreux hommes ne gagnaient pas d'argent dans la traite. Le commis George Nelson rapportait pensivement que ce qui attirait tous les hommes dans la traite, les voyageurs comme les bourgeois, était la croyance illusoire qu'ils pourraient y faire fortune, et que « l'absence d'avis sensés de la part de leurs amis, de leurs relations, leur propre absence de réflexion, leur propre ambition aveugle, ne manquaient presque jamais de les mener à la ruine »[62]. Bien que cette opinion de Nelson reflète probablement aussi son propre échec à dépasser le stade de commis dans sa carrière dans la traite, son commentaire devrait être pris au sérieux[63].

Nelson pensait aussi que l'attirance de nombreux traiteurs et voyageurs pour cette activité était due au désir de mener une vie aventureuse et licencieuse, libre de toute contrainte. Certains choisissaient de partir pour le pays d'en haut « où ils [pensaient] être inconnus de tous » et « préféraient de loin passer le reste de leur vie dans ce pays brutal plutôt que d'en revenir jamais »[64]. L'ancien commis de la Compagnie du Nord-Ouest Alexander Ross émettait un commentaire similaire : « Dans les diverses dispositions prises d'année en année, toutes les classes sont généralement contentes et satisfaites. Cela provient autant de cette variété du paysage, de cet amour de la liberté dont l'homme est si universellement épris, et dont il jouit si pleinement ici, que de toute autre chose. Par moments, il y a des plaisirs dans ces pays sauvages qui sont aussi attrayants que ceux des villes joyeuses et des cercles policés ; et dans l'ensemble, ils sont rares à quitter ces paysages immenses sans un profond regret »[65]. Cette image du « libre » Nord-Ouest reflète-t-elle autre chose que le simple stéréotype romantique d'une rhétorique ostentatoire ? Il est ironique de constater que lorsqu'ils entraient dans la traite des fourrures, les voyageurs renonçaient à une bonne dose de liberté. Bien que les habitants aient payé des redevances à leur seigneur et qu'ils aient senti le poids du fardeau féodal, ils travaillaient surtout pour eux-mêmes. Les chefs des maisonnées décidaient de ce qu'ils planteraient, et quand, et ils contrôlaient leurs moyens de production[66]. En général, les voyageurs étaient les fils d'hommes toujours en vie et donc soumis à la volonté paternelle, mais leur « servitude familiale » n'était pas particulièrement lourde ou contraignante. Mais lorsqu'ils étaient employés dans la traite des fourrures, les voyageurs étaient tenus par contrat à l'obéissance et à la loyauté envers leurs maîtres, et bien qu'ils aient eu une certaine autonomie dans leur travail, c'étaient les bourgeois qui déterminaient ce que devait être ce travail. La hiérarchie du pouvoir et de l'autorité était soulignée du fait que les bourgeois donnaient les ordres et travaillaient à l'écart des voyageurs (nous aborderons la question du paternalisme dans les relations de maître à employé dans le chapitre V). Et cependant, de nombreux documents écrits évoquent cet « amour de la liberté » qui attirait les hommes dans la traite. Quitter les confins étroits de familles et de paroisses « tricotées serré » donnait aux hommes une liberté sociale, une chance d'explorer de nouveaux comportements et de créer de nouvelles identités. Le thème de la liberté et de l'indépendance apparaît très souvent dans les commentaires sur les voyageurs. Ce vieux voyageur rencontré par Alexander Ross au lac Winnipeg, évoqué dans le premier chapitre, en atteste : « Il n'y a pas de vie plus heureuse que celle d'un voyageur ; aucune qui soit aussi indépendante ; aucun endroit où un homme puisse connaître plus de variété et de liberté que dans le pays indien »[67].

RECRUTEMENT

Une fois que Jean Mongle eut décidé de travailler dans la traite des fourrures pour gagner un supplément d'argent, comment est-il entré en service ? Dans la plupart des cas, les voyageurs devaient se rendre à Montréal pour rencontrer un recruteur de la traite, mais dans certains cas, ces agents recruteurs étaient envoyés directement dans les paroisses des voyageurs pour remplir leurs quotas d'embauches. La plupart des compagnies de traite basées à Montréal, y compris la Compagnie du Nord-Ouest et la Compagnie XY, étaient des entreprises en copropriété, aussi les contrats étaient-ils rédigés au nom de diverses entreprises et de différents individus parmi lesquels se trouvaient des actionnaires et des partenaires des compagnies[68]. Tous ces individus ou groupes de partenaires possédaient leurs propres agents de recrutement à Montréal. Certains de ces agents avaient eux-mêmes été auparavant des hommes de proue, ou *bouts*, dans la traite, et certains s'étaient faits marchands pour approvisionner soit les voyageurs, soit les compagnies, en biens de traite[69]. Les agents étaient affectés à Montréal et dans les principaux postes administratifs de l'intérieur, comme Grand Portage, Fort William et Michilimackinac. À la fin de l'automne, ils recrutaient tant des novices que des hommes d'expérience pour les brigades de retour. Les contrats pouvaient également être rédigés pendant tout l'hiver, ceux ayant été signés dans le Nord-Ouest et les paroisses rurales étant ensuite envoyés aux quartiers généraux de Montréal jusqu'en mars et en avril. Ce n'est que très rarement que l'on signait des contrats durant les mois d'été[70].

Les agents recruteurs, en particulier ceux qui avaient eux-mêmes été voyageurs, embauchaient fréquemment des hommes de leur propre paroisse. Parfois, certaines brigades pouvaient être composées d'hommes provenant tous de la même paroisse. La brigade de John McDonell, en 1793, était composée d'hommes de la paroisse de Berthier, tous recrutés par Joseph Faignant. Faignant, décrit par McDonell comme « un serviteur fidèle, le préféré de Jos. Frobisher Esq., pendant de nombreuses années dans le Nord-Ouest », avait fait son chemin jusqu'à devenir agent de recrutement[71]. Il était entré en service au plus tard vers 1781, travaillant pour J.E. Waddens au lac La Ronge. Vers 1785, Faignant travaillait comme guide à Grand Portage, puis vers 1786, comme « agent voyageur » affecté au transfert d'argent vers le Canada. Jean Mongle aurait sans doute fait confiance à un voyageur comme Faignant au point de lui confier les lettres et l'argent destinés à sa femme à Maskinongé. Durant l'hiver 1791-1792, le bourgeois de la Compagnie du Nord-Ouest, John Gregory, avait chargé « St-Cir & Faignant » d'engager des hivernants pour la compagnie et écrivit une lettre à Simon McTavish : « Faignant est chargé de faire le tour des différentes paroisses ». Faignant accompagna ensuite la brigade des équipages de Montréal qu'il avait lui-même recrutés tout au long de la route jusqu'à Grand Portage[72]. Les bourgeois incitaient également les recruteurs à regarder au-delà de leurs propres paroisses vers les lieux qu'ils jugeraient convenables pour y trouver des « gars costauds », ainsi que le bourgeois Joseph Frobisher l'avait ordonné à Saint-Cir. Les recruteurs touchaient une commission sur chaque homme ayant signé son engagement. Par exemple, le bourgeois Joseph Frobisher versait à son agent Saint-Cir cinq shillings pour chaque homme que ce dernier aurait engagé pour « l'aller et le retour » (mangeur de lard), une guinée pour chaque hivernant, et lui remboursait tous ses frais de voyage. Cependant, c'était à Saint-Cir que revenait le risque de payer des avances aux hommes qu'il engageait[73]. L'un des partenariats centraux de la Compagnie du Nord-Ouest, McTavish et Frobisher, engagèrent en même temps en 1797 un notaire et un voyageur, tous deux originaires de la localité, pour recruter les hommes de Sorel. Plus tard, tant l'American Fur Compagny que la Compagnie de la Baie d'Hudson envoyèrent des agents de recrutement venus de l'extérieur à Sorel, mais le gouverneur de la Compagnie de la Baie d'Hudson, George Simpson, conseillait à ses agents de considérer « de préférence » les hommes portant le même nom de famille lors des recrutements[74].

L'embauche des hommes faisait partie du travail dans les principaux postes administratifs. Lorsque les hommes du nord arrivaient à Grand Portage ou à Fort William au milieu de l'été, ceux qui n'avaient pas encore signé de contrat au cours de l'hiver précédent le faisaient à ce moment-là[75]. Les hommes étaient engagés à Michilimackinac, Saint-Louis, Détroit, l'île Saint-Joseph, Sault-Sainte-Marie et Kingston[76]. Il était également fréquent que les voyageurs signent leurs contrats dans les postes de l'intérieur (ce que nous verrons dans le chapitre VII).

Il n'était pas toujours possible aux agents d'atteindre le nombre d'hommes nécessaires pour les contingents annuels. Les hommes étaient réticents à s'engager lorsque le prix du blé montait et que l'agriculture était rentable[77]. Il était difficile de trouver des hommes pendant l'été parce que les voyageurs expérimentés étaient déjà embauchés, tandis que d'autres hommes travaillaient sur les bateaux faisant la liaison entre Montréal et Québec[78]. La pénurie d'hommes pouvait aussi s'avérer problématique à d'autres époques de l'année. Par exemple, en 1791, Joseph Frobisher donnait pour instruction à ses agents de Montréal, Saint-Cir et Faignant, de commencer à embaucher les hommes dès la fin novembre, leur donnant une avance pour « qu'ils écument le pays, de leur paroisse jusqu'à Québec », tout en leur garantissant qu'il leur paierait tous leurs frais de voyage[79]. Un mois et demi plus tard, John Gregory, du même partenariat, écrivait :

> *Nous ne venons que très lentement à bout du recrutement, bien que toutes les peines eussent été prises en ce sens, au bas de la page vous avez une liste de ceux qui ont été engagés ici. St Cir, Faniant & Tranchemontaigne, je pense, arriveront chacun à former leur brigade. Hormis quelques bons hivernants, je pense n'avoir jamais vu d'hommes si mal dégrossis que cette année, et s'ils devaient rester ainsi plus longtemps, il sera absolument nécessaire que nous augmentions un peu le nombre des hommes à aller et venir; l'avitaillement avance aussi vite que possible, les fêtes touchent à leur fin et j'ai l'intention de commencer à faire les ballots après-demain, m'attendant à ce qu'à la fin du mois la plus grande partie soit arrivée à Lachine*[80].

Joseph Frobisher pensait que la difficulté qu'ils avaient à atteindre leurs objectifs de recrutement provenait de la douceur de l'hiver, qui empêchait la rivière de geler et donc rendait les voyages difficiles. Mais il était assez confiant pour faire remarquer que : « tous nos anciens qui ont fait leur apparition en ville ont été engagés ». Cependant, en février, les bourgeois s'inquiétaient encore du faible taux de recrutement et étaient prêts à verser de plus larges avances aux « vétérans » pour s'assurer de leur engagement. En règle générale, on préférait les « vétérans » aux novices. À cette date, le nombre des hivernants atteignait soixante-dix, mais les bourgeois désiraient embaucher davantage d'hommes pour se prémunir contre la maladie ou la désertion, et dans le but d'éviter d'avoir à recourir à des « bleus »[81]. Il était difficile aussi d'embaucher des voyageurs de remplacement le long des routes des canoës si l'un des hommes était blessé ou désertait[82]. Des équipages trop réduits ralentissaient l'allure d'une brigade, les hommes devant s'arrêter plus fréquemment pour se reposer[83].

Les bourgeois avaient également des problèmes avec les pénuries de main-d'œuvre dans l'intérieur des terres[84]. Cela se produisait surtout pendant les mois d'été, lorsque la plupart des hommes étaient occupés à transporter les marchandises et les fourrures entre les postes de l'intérieur et les centres administratifs des Grands Lacs. Il restait très peu d'hommes dans les postes de l'intérieur, affectés à poursuivre la traite et à construire des bâtiments[85].

Salaires

Si Jean Mongle a laissé à Maskinongé sa tendre épouse et voyagé loin dans le pays d'en haut pour de l'argent, il vaut la peine de s'interroger sur ce que pouvait gagner un voyageur. À l'instar de la plupart des formes de travail au XVIIIe siècle, le système de travail de la traite des fourrures de Montréal s'organisait autour d'une servitude à contrat[86]. Lorsque les hommes étaient recrutés dans la traite, ils signaient des contrats de trois ans ou de cinq ans qui les liaient légalement à leurs maîtres. Ils acceptaient d'être obéissants et loyaux en échange de nourriture, d'un abri et d'un salaire.

Les contrats d'engagement signés par les voyageurs mentionnaient en général leur nom, leur paroisse d'origine, leur affectation dans le Nord-Ouest, leur fonction, la longueur du contrat, leur âge d'entrée dans le service et, bien sûr, leur salaire. Certains chercheurs ont étudié quelques-uns des schémas d'embauche des voyageurs, en les combinant avec les registres paroissiaux ou notariés, et ont examiné le taux de mortalité des voyageurs, les schémas des mariages, et dans quelle mesure le fait de travailler dans la traite pouvait être une tradition familiale[87]. D'autres ont examiné la manière dont le nombre des engagés changeait selon les époques et différait de paroisse à paroisse, en fonction des contextes économiques locaux et des réglementations gouvernementales[88]. Dechêne affirme que « la pratique d'enregistrer toutes les transactions relatives à la traite des fourrures (telles que les partenariats, les obligations et les embauches) dans les contrats notariés était devenue si usuelle au début du XVIIIe siècle que les registres des notaires peuvent être utilisés pour quantifier le nombre des voyages vers l'ouest »[89]. Par contre, Fernand Ouellet soutient que les registres notariés ne contiennent pas tous les contrats d'engagements et que les permis de traite, ou congés, représentent un nombre important d'hommes ayant intégré la traite. Allaire tempère l'argument d'Ouellet en confirmant que les contrats d'engagements peuvent refléter des schémas généraux du travail dans la traite. Il poursuit en présentant des comparaisons entre registres notariés et congés[90]. Cependant, au cours de la période suivant la conquête, les registres notariés des engagements deviennent moins utiles pour illustrer l'entrée des hommes dans la traite et leur implication prolongée dans cette dernière. La plupart des engagements étaient conclus de manière informelle par les bourgeois et les commis dans les petits postes de l'intérieur[91]. On ne peut savoir avec certitude si des contrats étaient signés dans ces cas-là, et si oui, si les contrats ont survécu au voyage jusqu'à Montréal pour y être classés avec d'autres registres notariés. En général, les notaires conservaient individuellement leurs propres registres[92]. Aucun notaire n'étant présent au cours de la signature des contrats conclus dans les postes de l'intérieur, il est peu probable que ces contrats d'engagement aient survécu. Toutes ces raisons font que les analyses quantitatives des engagements de Canadiens français découverts dans les archives notariales après le milieu du XIXe siècle sont peu fiables pour ce qui est de déterminer des schémas démographiques concrets. Par contre, les contrats en disent beaucoup sur la structure et la nature du travail dans la traite des fourrures.

Les contrats de travail émis par tous les partenaires, tant à l'intérieur qu'à l'extérieur de la Compagnie du Nord-Ouest, étaient remarquablement semblables. Les contrats exigeaient que les voyageurs obéissent au bourgeois, qu'ils soient responsables et soigneux dans leur travail, qu'ils soient honnêtes et aient un bon comportement, qu'ils aident le bourgeois à faire des profits et qu'ils restent en service. Par exemple, un formulaire vierge de contrat de l'entreprise McTavish, MaGillivrays & Co. et Pierre de Rocheblaye, probablement utilisé entre les années 1804 et 1821, donne clairement à l'engagé l'instruction

> *d'avoir bien et duement soin, pendant les routes, et étant rendu aux dits lieux, des Marchandises, Vivres, Pelleteries, Ustensiles, et de toutes les choses nécessaires pour le voyage ; servir, obéir et exécuter fidèlement tout ce que les dits Sieurs Bourgeois, ou tout autre représentant leurs personnes, auquels ils pourraient transporter le présent engagement, lui commanderont de licite et honnête, faire leur profit, éviter leur dommage, les en avertir s'il vient à sa*

connaissance; et généralement tout ce qu'un bon et fidèle engagé doit et est obligé de faire, sans pouvoir faire aucune traite particulière; s'absenter ni quitter le dit service, sous les peines portées par les loix de cette Province, et de perdre ses gages[93].

Outre cela, après 1804, certaines obligations contractuelles pour la Compagnie du Nord-Ouest imposaient souvent aux voyageurs de consacrer plusieurs jours à défricher la terre autour de Fort William[94]. Les contrats des hommes engagés pour l'été et ceux des hivernants spécifiaient leurs différents devoirs et la durée de leur service[95].

Dans tous les contrats, les bourgeois étaient tenus de payer les gages des voyageurs et de leur fournir leur équipement. La nature de l'équipement et la quantité de nourriture et de fournitures de l'engagé étant rarement spécifiées dans les contrats, cela nous permet d'avoir un aperçu de l'un des rares lieux de négociation visible entre les maîtres et les serviteurs[96]. La coutume finit par imposer que l'équipement consistât en une couverture, une chemise et un pantalon[97]. Parfois, « l'équipement » annuel comprenait une ration de tabac[98]. En général, la nourriture variait en fonction de ce qui était disponible suivant le lieu et la période de l'année. John McDonell mentionnait que l'entière allocation alimentaire d'un voyageur de Grand Portage en 1793 consistait en « un quart de maïs indien lessivé et en une livre de graisse par jour ». Cette année-là, les voyageurs ne reçurent que la moitié de cette allocation parce que les provisions n'étaient pas encore arrivées par bateau[99]. En émettant quelques généralisations sur les Canadiens français dans un récit publié au début des années 1830, Ross Cox écrivait :

À première vue, les rations des voyageurs peuvent paraître énormes. Chaque homme se voit allouer huit livres de viande par jour, comme du bison, du cerf, du cheval, &c., et dix livres s'il y a des os dedans. Pendant les mois d'automne, au lieu de viande, chaque homme reçoit deux grandes oies ou quatre canards. On les approvisionne en poisson dans les mêmes proportions. On doit cependant se rappeler que ces rations ne s'accompagnent pas de pain, de biscuits, de patates ni, en fait, de légumes d'aucune sorte. Lors de certains de nos voyages en amont de la Columbia, ils recevaient du porc et du riz; et lors de certaines occasions particulières, comme par temps de pluie ou au cours d'un long portage, ils recevaient un verre de rhum[100].

Les suppléments promis de manière informelle aux voyageurs lors des occasions spéciales, comme un petit verre ou du tabac, étaient parfois désignées sous le nom de *phiol* (fiole) *d'engagement*[101]. Alexander Henry le Jeune explique que la coutume voulait que l'on fournisse de l'alcool aux hommes lorsqu'ils se réengageaient à Grand Portage[102].

Les mentions d'engagements conclus dans les postes de l'intérieur reproduisaient parfois les termes d'un contrat spécifique, comme la durée

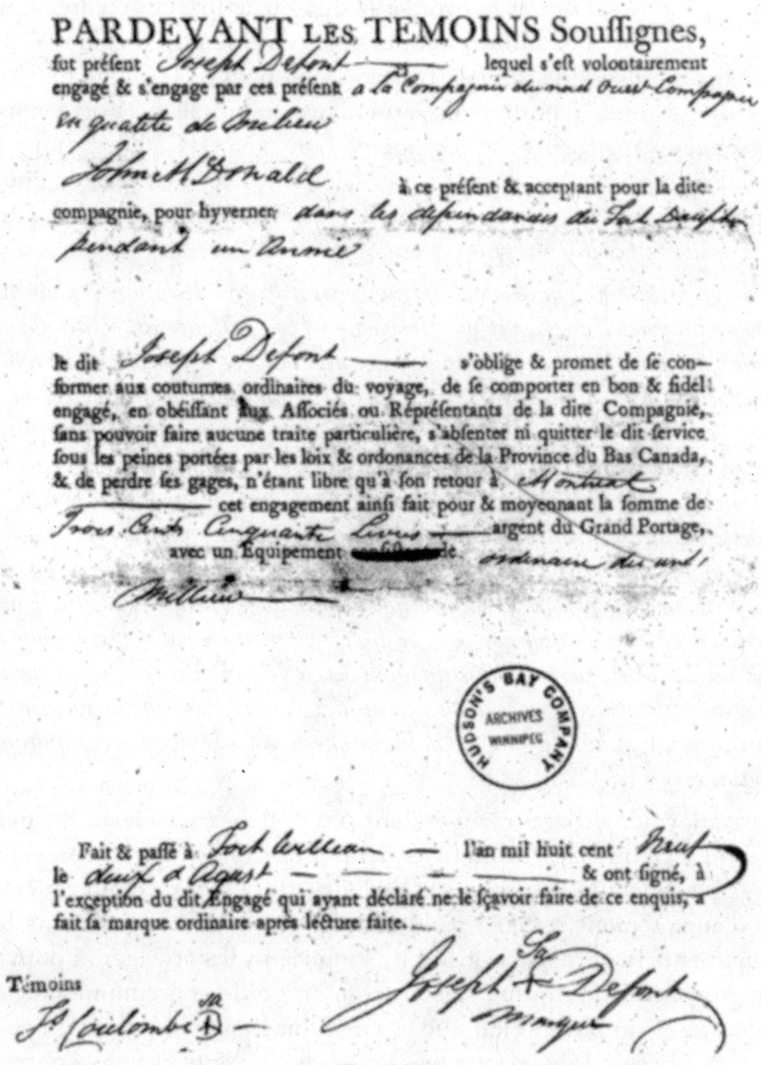

PARDEVANT LES TEMOINS Souſſignes,
fut préſent Joseph Defont lequel s'eſt volontairement engagé & s'engage par ces préſent a la Compagnie du nord Ouest Compagnie en qualité de Milieu

John McDonald à ce préſent & acceptant pour la dite compagnie, pour hyverner dans les dépendances du Fort pendant un année

le dit Joseph Defont s'oblige & promet de ſe conformer aux coutumes ordinaires du voyage, de ſe comporter en bon & fidel engagé, en obéiſſant aux Aſſociés ou Repréſentants de la dite Compagnie, ſans pouvoir faire aucune traite particulière, s'abſenter ni quitter le dit ſervice ſous les peines portées par les loix & ordonances de la Province du Bas Canada, & de perdre ſes gages, n'étant libre qu'à ſon retour à Montreal cet engagement ainſi fait pour & moyennant la ſomme de Trois Cents Cinquante Livres argent du Grand Portage, avec un Equipement ordinaire Milieu

Fait & paſſé à Fort William l'an mil huit cent Neuf le deux d'Août & ont ſigné, à l'exception du dit Engagé qui ayant déclaré ne le ſçavoir faire de ce enquis, a fait ſa marque ordinaire après lecture faite.

Témoins

Joseph + Defont
marque

Figure 2. Contrat d'engagement de Joseph Defont, signé à Fort William pour la Compagnie du Nord-Ouest, 1809. MG1 C1, vol. 32, Fort William Collection, Archives du Manitoba, Winnipeg, Canada.

de l'engagement, le salaire et la promesse de nourriture et de vêtements[103]. Par exemple, à Fort Alexandria, le bourgeois Archibald Norman McLeod notait dans son journal de janvier 1801 : « J'ai engagé [La Hanche ?] pour deux ans & [Cadieu ?] pour trois, au salaire habituel du Fort, mais j'ai promis à chacun un fusil et le logement, l'un d'eux [Cadieu] étant libre au Grand Portage »[104]. En de rares occasions, les termes étaient énoncés comme dans un contrat. Dans une lettre à McKenzie, Oldham & Co., en 1803, T. Pothier décrit les termes d'engagement :

> *Voici les termes par lesquels j'engagerai [Joseph Robillard] pour un an pour hiverner à McKinar du Mississippi [& ?] Montréal, à titre de nouvel hivernant, et dans l'obligation de travailler dans cette traite comme tonnelier si nécessaire. – Salaire, 850 [livres] & un équipement consistant en 2 couvertures, 2 chemises, 2 paires de pantalons, 1 paire de chaussures, 1 collier. [Je dois m'assurer auprès de vous] qu'il remplira son engagement envers moi pour deux cents livres – et s'il reste à mon service, j'arrêterai le reste de la dette l'année suivante à 284 livres 5 sols – S'il quittait mon service, vous savez que j'ai le droit de le renvoyer là-bas, ce que je ferais s'il ne me paie pas la dite somme, je vous prie de considérer que je [illisible] [ne dois pas être tenu pour responsable davantage que pour ce qui est en mon pouvoir de faire pour vous] si cet homme désertait, quittait mon service ou mourait, ma responsabilité serait nulle. Si cela vous convient, veuillez donc signer son engagement et lui avancer en monnaie cent vingt livres que je vous rembourserai quand vous viendrez en ville*[105].

Même si les termes du contrat n'étaient pas couchés par écrit, les maîtres s'attendaient à ce que les voyageurs soient obéissants et loyaux en échange de leurs gages, de leurs provisions et de leur équipement, ce qui reflétait les contrats d'engagement rédigés par les notaires de Montréal. Dans le cas des engagements propres aux postes de l'intérieur, les voyageurs pouvaient être engagés pour une unique saison, comme guides ou comme chasseurs et pêcheurs pour un poste, bien que ces emplois fussent occupés en général par des gens libres ou des travailleurs canadiens-français sans contrat qui vivaient de manière indépendante dans le Nord-Ouest[106].

Il est difficile d'évaluer la valeur réelle des salaires des voyageurs. Certains historiens ont démontré que les sommes d'argent envoyées par les voyageurs à leurs familles des paroisses du Bas-Canada avait un impact important sur l'économie, ce qui laisse penser que la stratégie économique consistant à se faire voyageur était souvent couronnée de succès[107]. Les voyageurs, d'ordinaire (bien que la pratique ne soit en aucun cas universelle), envoyaient l'argent qu'ils gagnaient dans leurs foyers[108]. Le bourgeois répondait souvent à de tels arrangements en payant les hommes en mandats directement envoyés aux parents ou aux amis du Bas-Canada[109]. Les hommes envoyaient également de l'argent à leurs familles par l'intermédiaire d'autres voyageurs qui retournaient au Canada, ainsi que le décrivait Joseph Faignant[110]. Il semble y avoir eu une sorte de trafic d'objets divers entre les familles canadiennes-françaises et leurs hommes du pays d'en haut. Les voyageurs leur envoyaient des chaussures, probablement des mocassins qu'ils se procuraient auprès des peuples amérindiens de l'intérieur, de pair avec d'autres produits autochtones, tels que des « plumes »[111]. Les chaussures étaient très prisées, puisque l'on en envoyait aussi du Canada français aux voyageurs de l'intérieur en plus de leurs autres effets personnels, parmi lesquels des « tabliez »[112].

L'une des raisons pour lesquelles il est difficile d'évaluer la valeur réelle des gages des voyageurs est que l'on utilisait différentes monnaies dans la traite des fourrures, et que leur valeur fluctuait énormément. Les principales unités d'échange en Amérique du Nord britannique étaient les pièces d'or, d'argent et de cuivre. Leur valeur dépendait de leur poids et de leur pureté. Les marchands les employaient dans la traite en convertissant l'une ou l'autre des valeurs en une devise courante, telle que la « livre sterling » ou la livre « au cours d'Halifax », mais cependant les taux de change variaient dans des proportions ahurissantes. Des décrets promulgués par la Couronne britannique en 1764, 1777 et 1796 tentèrent de standardiser les taux de change dans les colonies, mais les marchands n'en tinrent pas toujours compte[113].

Bien que le troc ait été la pratique économique dominante dans le pays d'en haut, les voyageurs étaient payés en monnaie et en marchandises à concurrence de leur valeur monétaire. On émettait des « billets à ordre » ou des « bons au porteur » dans diverses monnaies, y compris livres d'Halifax, livres sterling et livres françaises[114]. Les bourgeois en vinrent à frapper leur propre monnaie, que l'on appela « monnaie de Grand Portage » ou « monnaie du nord-ouest », et qui était probablement confinée au cercle de leurs employés en raison de la très forte inflation des prix dans l'intérieur. John McDonell remarquait : « La monnaie du nord-ouest a une valeur double de celle du Canada, et ce cours provient, je suppose, du fait que les gages des hommes étaient autrefois payés en fourrures, et que l'on pensait que la valeur d'une livre de fourrures vaudrait deux livres à la personne qui irait se les faire payer à Montréal »[115].

Les voyageurs recevaient des gages variables selon leur emploi. Les mangeurs de lard étaient moins bien payés que les hommes du nord. À bord des canoës, les pagayeurs, appelés les « milieux », étaient placés sous l'autorité du « devant » (ou homme de proue) et du « gouvernail » (ou homme de barre), que l'on appelait ensemble les « bouts », et qui avaient en général le rôle de chef de canoë et de chef de brigade. Les bouts pouvaient gagner un tiers de plus que les milieux et parfois jusqu'à six fois plus[116]. Jean Mongle, par exemple, avait réussi à grimper dans la hiérarchie et de milieu, était devenu bout juste avant sa mort. À ce point, les gages de Mongle devaient être élevés, ce qui rendait d'autant plus pressants les efforts de Marie Saint-Germain pour qu'on lui remette les sommes dues à son mari jusqu'au moment de sa mort. Plus on travaillait longtemps dans la traite, plus on y devenait expérimenté, et plus ce travail devenait rentable. Parmi tous les engagés, les plus doués et les plus expérimentés devenaient interprètes et guides. Ces hommes étaient de deux à quatre fois mieux payés que les autres engagés[117]. Le tableau 2 montre l'étendue des fluctuations des salaires des voyageurs d'année en année.

La proportion des salaires entre les différents emplois variait énormément. La grande augmentation des salaires en 1803 signale probablement l'introduction de la « monnaie du nord-ouest », qui peut avoir constitué un moyen de contenir la guerre des salaires. Malgré ces fluctuations, il est clair que les hommes du nord étaient mieux payés que les mangeurs de lard, que les bouts étaient mieux payés que les milieux, et que les guides et les interprètes étaient mieux payés que les hommes de canoë[118].

Certains salaires semblent également avoir été variables dans les postes de l'intérieur. Le procès-verbal de la réunion annuelle de 1806 de la Compagnie de la Baie d'Hudson fournit des listes de salaires organisées en fonction des affectations des hommes. Les hommes les moins bien payés se trouvaient dans les départements les plus proches des principaux centres administratifs. Les salaires augmentaient dans les départements situés plus loin au nord et à l'ouest. Les hommes étaient mieux payés dans les départements de l'Athabasca, de la rivière Athabasca et des montagnes Rocheuses, jusqu'à une fois et demie à deux fois la valeur des salaires les plus bas[119]. Dans d'autres cas, un contrat pouvait spécifier une augmentation du salaire chaque année ; ainsi un voyageur pouvait gagner quatre-vingts livres la première année, quatre-vingt dix livres la seconde et une centaine de livres au cours de sa dernière année[120].

Lorsque les hommes signaient leur contrat, ils pouvaient parfois recevoir une avance sur salaire se montant jusqu'à près du tiers[121]. Le plus gros des salaires étaient payés une fois par an, d'ordinaire en une somme globale versée à l'un des principaux postes administratifs tels que Grand Portage, Fort William ou Montréal[122]. Certains préféraient que leurs gains soient directement envoyés au Canada, ce que Jean Mongle tentait de faire lorsqu'il travaillait pour la Compagnie de la Baie d'Hudson[123]. Les gages étaient généralement payés en argent liquide ou en bons au porteur, mais ils pouvaient également être payés en marchandises. Lorsque les hommes commençaient officiellement leur temps, ils recevaient leur équipement au point de départ.

Tableau 2. Salaires annuels des voyageurs [a]

Année	Milieux	Bouts	Guides	Interprètes	Taux des différences entre les positions	Salaires non précisés
1790[b]	M : £15 N : £22	M : £25 N : £50	M : £45 N : £103		M : 1/2/3 N : 1/2/5/4	
1795[c]	NP : £25-50	NP : £25-50	NP : £42-125	NP : £42-125	NP : 1/1/1/5/1/5	
1798[d]	M : £10-15 N : £33	M : £17-25 N : £50	NP : £33-42	NP : £42-167	M : 1/1,75/3,25/4+ N : 1/1,5/1/125+	
Vers 1800[e]	NP : £25	NP : £42			NP : 1/1,75	
1800[f]						£100
Solde de guerre 1802[g]	NP : £83-125					
1803[h]	NP (?) : £850					
1804[i]	M : £500	M : £700			M : 1/1,5	
1806[j]	N : £300-500	N : £350-700			N : 1/1,25	
1807[k]						£25-60
1812[l]						£80-100
1824[m]	NP : £20	NP : £125			NP : 1/6	

Note : M= Mangeurs de lard ; N= Hommes du nord ; NP= non précisé ; a) tous les salaires ont été approximativement convertis au cours d'Halifax, sauf pour les années transcrites au cours de Grand Portage ; les taux des différences sont énumérés dans l'ordre suivant, là où les données le permettent : milieux, bouts, guides, interprètes. Les conversions de livres Sterling au cours d'Halifax se basent sur un taux de 0,83/1 et les conversion des livres au cours d'Halifax se basent sur un taux de 0,24/1 ; McCullough, *Money and Exchange in Canada* : 20, 292 ; je n'ai pas pu découvrir de taux de conversion entre la monnaie de Grand Portage et celle d'Halifax. b)Heriot, *Travels through the Canadas* : 248-254. c) AO, MU2199, boîte 4, n° 1, photocopie de « Account of the Athabasca Indians by a Partner of the North West Company, 1795 ». d) Mackenzie, « General History » : 34-35. e) Cox, *Adventures on the Columbia River* : 305. f) Henry (le Jeune), *New Light* I, 19 septembre 1800 : 100. g) BAC, MG19 B1, D. McGillivray to the Gentlemen Proprietors of the NWC, Sault, 23 mai 1802 : 183. h) BAC, MG19 B6, Lettre de T. Pothier à McKenzie, Oldham & Co., contenant les termes de l'engagement de Joseph Robillard, 3 février 1803, Montréal : 2. i) Henry (le Jeune), *New Light* I, 1er juillet 1804 : 247. j) Wallace, *Documents* : 213-215. k) MDLR, MC, C. 27, 27 mars 1807 : 23. l) Procès-verbaux des réunions de la Compagnie du Nord-Ouest à Grand Portage et Fort William, 1801-1807, avec conventions supplémentaires, dans Wallace, *Documents* : 272. m) MDLR, MC, C.27, fleuve Mackenzie, 1er mars 1824 : 3.

Outre les gages, la nourriture et l'équipement, les voyageurs recevaient parfois une pension s'ils avaient été au service de la compagnie pendant longtemps. Le procès-verbal d'une réunion des partenaires de la Compagnie du Nord-Ouest en 1808 mentionne :

> *Les agents ont représenté la situation infortunée de nombreux vieux voyageurs ayant récemment quitté le service de la Compagnie, qui n'ont aucun moyen d'existence – et trop vieux et trop infirmes pour travailler au Bas Canada ; et ont recommandé que l'on prenne des dispositions pour ces objets de charité – Il a donc été convenu que les agents de la Compagnie du Nord-Ouest devraient avoir à leur disposition sur le compte général une somme n'excédant pas cent livres monnaie par an, aux fins susmentionnées, pour être répartie au mieux de leur jugement, mais qu'aucun individu ne recevra plus que dix livres monnaie par an*[124].

Les preuves de l'existence de ce fonds sont minces, mais on peut en trouver la mention dès 1799 et aussi tardivement que 1811[125]. Certains contrats comprenaient une déduction d'un ou deux pour cent pour le « Fonds des Voyageurs »[126].

Les voyageurs pouvaient gagner un peu plus d'argent en faisant divers travaux pour les bourgeois. Ils recevaient des suppléments de salaire pour soit chasser, soit guider ou escorter les bourgeois dans des endroits situés au-dehors de leur lieu d'affectation[127]. Lors des voyages en canoë, les voyageurs recevaient parfois des extras pour le transport de bagages supplémentaires à bord des canoës[128]. Les voyageurs pouvaient également augmenter leurs gains en effectuant divers travaux pour d'autres compagnies de traite[129], cela, parfois, sans l'autorisation de leurs maîtres. Lorsqu'il était commis de la Compagnie du Nord-Ouest, George Nelson soupçonnait le voyageur Joseph Constant de « faire des affaires avec son concurrent [la Compagnie de la Baie d'Hudson] en sous-main »[130]. En de rares occasions, les voyageurs se recrutaient mutuellement pour des travaux divers. Par exemple, un voyageur en avait engagé deux autres pour couper et traîner du bois pour lui, tâche qui faisait partie des siennes[131]. Un autre voyageur engagea quelqu'un pour le remplacer pendant un voyage, parce qu'il ne voulait pas quitter son épouse amérindienne pour une trop longue période[132].

Il y avait une certaine flexibilité dans les termes des contrats des voyageurs. Ils pouvaient parfois échanger leurs emplois s'ils le désiraient. Par exemple, dans un poste de la vallée de la rivière Qu'Appelle en 1793, le commis d'alors, John McDonell, rapportait « qu'Antoine Azure avait changé de place avec Antoine Fontaine qui était parti pour la Fourche [confluent de la rivière Rouge et de l'Assiniboine] à sa place »[133]. Lorsque des hommes étaient malades ou blessés, le travail était souvent adouci pour mieux leur convenir. Alors qu'il était en poste au nord du lac Athabasca sur les « rivières Mackenzie » en 1807, le bourgeois Ferdinand Wentzel exprimait sa reconnaissance au bourgeois Peter Warren Dease pour lui avoir envoyé le voyageur Jean Rangé « en remplacement d'Alexis Gibeau qui ne pouvait pas faire le chemin du retour à cause de ses jambes enflées par le *mall de Racquettes* »[134]. En général, c'étaient les maîtres qui contrôlaient ces échanges, et ils envoyaient souvent des hommes en aider d'autres en cas de besoin. Lors d'un voyage vers l'amont de la rivière Columbia en 1811, Alexander Ross échangea avec David Thompson un engagé venu des Îles Sandwich (Hawaï) du nom de Cox contre un voyageur canadien-français nommé Boulard. Les deux bourgeois étaient contents du marché, Ross remarquant que « Boulard avait l'avantage d'avoir passé beaucoup de temps dans le pays indien et avait appris quelques mots de la langue en y descendant. Cox, encore, était considéré par Monsieur Thompson comme un prodige de talent et d'humour, et ce sont ces qualités respectivement très acceptables qui ont mené à l'échange »[135]. Les bourgeois et les commis pouvaient également échanger certains voyageurs avec lesquels ils avaient des difficultés ou des conflits personnels[136]. En une occasion, William McGillivray envoya un voyageur du lac Vermilion du nom de La Tour hiverner à Grand Portage, parce que les Amérindiens « se plaignaient beaucoup de sa conduite l'hiver dernier [le dénommé] Queu de Porcupicque est venu ici dans le but [d'exprimer] son désir qu'il n'hiverne *pas* sur ses terres »[137]. En une autre occasion, George Nelson, estimant que le voyageur Charbonneau était trop vieux pour voyager entre les postes en hiver, le remplaça par Longuelin[138]. Les maîtres étendaient leur emprise sur les voyageurs aussi loin qu'ils le pouvaient. Ils essayaient d'empêcher leurs hommes de signer des contrats avec les compagnies rivales ou de devenir des gens libres[139]. Les voyageurs particulièrement ingérables ou insupportables étaient expédiés dans les coins les plus reculés du Nord-Ouest, fréquemment réaffectés, et on les empêchait de se rendre aux réunions d'été annuelles du lac Supérieur[140].

L'un des obstacles les plus importants que rencontraient les voyageurs qui essayaient d'accumuler les gages étaient leur bourgeois. Les bourgeois faisaient fréquemment des avances sur salaire et incitaient les voyageurs à contracter des dettes afin de pouvoir mieux exercer leur contrôle sur eux. Les voyageurs dépensaient leurs avances dans l'achat de marchandises à Montréal et dans les principaux entrepôts de l'intérieur, tels que Fort William et Cumberland House[141]. Ils achetaient aussi régulièrement de l'alcool et du tabac aux commis et aux bourgeois de l'intérieur[142]. Les maîtres apportaient des quantités limitées de rhum et de tabac dans les postes de l'intérieur pour les échanger ou les donner aux Amérindiens, et ils refusaient parfois d'en vendre aux voyageurs endettés[143]. Le duc de La Rochefoucauld-Liancourt, voyageant en Amérique du Nord à la fin du XVIIIe siècle, accusait la Compagnie du Nord-Ouest d'encourager le « vice » chez ses hommes en les payant en marchandises, et particulièrement en articles de luxe et en rhum, au point qu'aucun d'eux ne gagnait jamais de salaire décent[144]. Lord Selkirk, qui ne faisait certainement pas partie des admirateurs de la Compagnie du Nord-Ouest, critiquait l'exploitation des hommes par les bourgeois de cette compagnie, soulignant que les engagés quittaient souvent leur familles canadiennes-françaises parce que ces dernières étaient dans une situation critique, mais qu'ils étaient incapables d'assurer leur subsistance parce que le coût des marchandises dans l'intérieur était double ou triple de celui du Canada, et que ces hommes étaient en général payés en marchandises plutôt qu'en argent liquide. Il s'indignait de ce que la Compagnie du Nord-Ouest économisât encore davantage sur les salaires des hommes en encourageant leur penchant pour l'alcool puis en les payant en rhum, dont le prix était prohibitif. La compagnie ne plafonnait pas non plus le montant des crédits accordés aux hommes, au point que nombre d'entre eux plongeaient profondément dans l'endettement[145].

Malgré l'évidente hostilité de Selkirk envers la Compagnie du Nord-Ouest, il n'était pas le seul à émettre des soupçons quant aux pratiques salariales des compagnies de fourrures de Montréal. En entrant comme commis dans la Compagnie XY, George Nelson avait reçu pour consigne, de la part de ses supérieurs immédiats, de vendre à ses hommes toutes les marchandises qu'ils lui demanderaient, et de les inciter à dépenser leurs gages pour n'importe quelles marchandises se trouvant à bord des canoës. Nelson se sentait au début mal à l'aise avec cette manière de faire des affaires :

> *Car, pensais-je, que pouvait-il y avoir de plus contre-nature que d'essayer de prendre les gages d'un pauvre homme contre quelques quarts de rhum, un peu de farine et de sucre, quelques demi toises de tabac, et quelques menus objets à celui qui vient passer quelques-unes de ses meilleures années dans cet épouvantable pays de gredins afin de gagner un peu d'argent pour pouvoir s'installer heureusement parmi le reste de ses amis et de ses relations.*

Finalement, Nelson en vint à justifier sa participation à ce système d'exploitation, parce qu'il pensait que ces hommes finiraient par se ruiner de toute façon, que la plupart d'entre eux étaient de sales individus désobéissants pour qui l'esclavage était encore trop bon[146]. La sympathie de Nelson pour les voyageurs s'affaiblit avec le temps, en particulier après qu'il en soit venu à croire que les hommes entraient dans la traite des fourrures pour l'amour de la liberté et de l'aventure. Cependant, Nelson restait surpris que ces hommes puissent vivre une existence si insouciante tout en étant profondément endettés et en n'ayant que très peu de possessions matérielles[147].

Les commentaires de Nelson au sujet de l'existence « insouciante » des extravagants voyageurs font écho à ceux des lettrés de la traite des fourrures[148]. Un commis anonyme de la Compagnie de la Baie d'Hudson écrivait en 1810 ou 1811 dans le journal de poste de Fort Churchill :

> *La nature des Canadiens est opposée à celle des Écossais ou des hommes des îles Orcades comme le blanc l'est au noir. Les premiers sont peu éloignés des Sauvages et en fait le lecteur peut aisément concevoir quel rejeton peut produire l'union d'un Français futile, inconstant, sans énergie quoique n'étant pas peu querelleur, et d'une fille adoratrice des colifichets de nos scalpeurs indiens. Un employé écossais ou des îles Orcades s'identifie à son argent et conçoit une opinion favorable ou non de ses employeurs ou de son emploi en fonction de l'utilité qu'il leur trouve à servir son but d'amasser de la richesse. Un Canadien est toujours endetté à l'avance vis-à-vis de ses employeurs qui prennent avidement avantage de toutes ces propensions de leurs serviteurs*[149].

Les bourgeois et les commis notaient fréquemment que les voyageurs « dilapidaient » leurs gains en rhum et en « fanfreluches », surtout lorsqu'ils étaient payés à Fort William pendant les festivités du rendez-vous[150]. Il se peut que les bourgeois aient employé ces moyens rhétoriques pour justifier des pratiques de travail injustes. La manière dont ils se représentaient les voyageurs se basait sur leurs propres valeurs et reflétait leurs propres sentiments d'insécurité. Les critiques de l'apparente inaptitude des voyageurs à économiser leur argent illustrent davantage les valeurs des bourgeois qu'elles ne reflètent celles des voyageurs.

Il est vrai que les voyageurs qui restaient dans l'intérieur ne s'enrichissaient pas. Étaient-ils insouciants au point de dilapider tout leur argent ? Dans son étude des marins du XVIIIe siècle, Marcus Rediker a démontré que les observateurs du XVIIe et du XVIIIe siècle « ne se lassaient jamais de faire remarquer à quel point les gens de mer étaient "insouciants" et "irresponsables" avec leur argent ». Plutôt que d'économiser, les marins se lançaient dans « des bamboches déréglées et des débauches de dépenses qui dilapidaient plusieurs mois de salaire en quelques jours », et plutôt que de se soucier de l'avenir, ils se plongeaient dans les plaisirs dorés du présent. Rediker n'attribue pas ce comportement effectivement observé à un discours de plus des classes les plus élevées se lamentant sur les basses classes ; il affirme plutôt qu'il existait un profond courant d'éthique de non-accumulation chez les marins. Les gens de mer prenaient au sérieux leurs devises « Pierre qui roule n'amasse pas mousse » et « Une vie courte mais bonne ». Ils recherchaient « l'argent, mais pas le capital ; l'acquisition, mais pas l'accumulation ; le présent, souvent au détriment de l'avenir ; la gratification et la consommation plutôt que la prudence et l'épargne »[151]. Il semble que ce soit cette même éthique de non-accumulation qui ait caractérisé la culture des voyageurs qui hivernaient dans le pays d'en haut.

Ils avaient des objectifs à court terme plutôt qu'à long terme. Les salaires avaient toujours de l'importance, mais leur valeur et leur signification pouvaient changer.

Il est clair que les voyageurs intégraient le service de la traite des fourrures dans le but de gagner de l'argent pour leur famille du Bas Canada et que ces gains avaient un impact économique considérable. Mais tous les voyageurs n'étaient pas comme Jean Mongle. Ils arrêtaient d'envoyer leur argent au Canada et déplaçaient leurs fidélités vers leur nouvelle vie dans l'intérieur. Ces voyageurs qui décidaient de rester employés de la traite des fourrures pour aussi longtemps qu'ils pourraient en supporter le travail éreintant, qui devenaient des gens libres et vivaient avec leur famille amérindienne dans l'intérieur, semblent avoir eu une conception différente de l'argent. Amasser du capital n'était pas leur objectif. Peut-être que pour certains voyageurs, « la richesse » en était venue à signifier vivre une bonne vie, être bien nourri et pouvoir se procurer des « objets de luxe » tels que des parures, de l'alcool et du tabac. Les voyageurs faisaient souvent montre de leur richesse par l'intermédiaire de leurs possessions, de leur consommation et de leur générosité, et non pas de leurs économies. Se faire voyageur était sans doute motivé par l'argent, mais être un voyageur ne l'était pas.

Liens familiaux

La plupart des voyageurs entraient au service de la traite principalement pour aider leur famille, et c'était la famille qui déterminait le fait qu'un voyageur puisse conserver ses liens avec sa paroisse d'origine. Ceux qui continuaient à envoyer de l'argent à leurs foyers de la vallée du Saint-Laurent conservaient en général des liens étroits avec leur famille et leurs amis de là-bas. Mais on peut cependant se poser la question de savoir comment les voyageurs hivernants, au loin pendant des années, pouvaient communiquer avec ceux qui leur étaient chers, à des milliers de kilomètres de là. On envoyait des messages oralement, les voyageurs retournant à Montréal transmettant les nouvelles des voyageurs à leurs familles et vice versa[152]. Mais, étonnamment, les voyageurs et leurs familles s'envoyaient parfois aussi les uns aux autres des messages écrits, comme nous l'avons vu dans le cas de Jean Mongle. Une collection exceptionnelle de seize lettres, conservées aux Archives de la Compagnie de la Baie d'Hudson, nous permet d'avoir un rare aperçu des psychés des voyageurs et de l'impact émotionnel de la traite des fourrures sur les vies des habitants de la vallée du Saint-Laurent. Ces lettres avaient été rédigées dans les années 1830 par les familles et les amis des voyageurs travaillant pour la Compagnie de la Baie d'Hudson et avaient été envoyées par les voies officielles de la compagnie. Elles ont survécu dans les registres parce qu'elles n'ont jamais été délivrées. Les voyageurs à qui elles avaient été adressées étaient morts en service.

Les taux d'alphabétisation dans les campagnes canadiennes-françaises étaient extrêmement faibles[153]. Cependant, certains habitants utilisaient les lettres comme moyen de communication, même s'ils ne savaient pas eux-mêmes lire et écrire. Ils se reposaient sur leur curé ou d'autres gens plus instruits de la communauté pour lire et écrire des lettres pour eux. De même, dans le pays d'en haut, les voyageurs se reposaient sur les gens instruits de la traite des fourrures pour lire et écrire leurs lettres. Le bourgeois Gabriel Franchère se rappelait d'une anecdote au lac La Biche au sujet d'un homme libre qui servait de guide aux compagnies de traite.

> *Il me demanda de lui lire deux lettres qu'il avait en sa possession depuis deux ans, et desquelles il ne connaissait pas encore le contenu. Elles étaient de l'une de ses sœurs et étaient datées de Varennes, au Canada. J'ai même cru reconnaître l'écriture de Mr. L.G. Labadie, l'instituteur de cette paroisse*[154].

La fréquence de l'envoi de lettres chez les habitants et les voyageurs était probablement très faible, en particulier si on la compare aux taux élevés de la correspondance annuelle des gens lettrés du Canada français[155]. Les rares indices ne nous permettent pas d'affirmations systématiques, mais il est probable que ceux qui communiquaient par lettre le faisaient une fois par an, considérant le temps qu'il fallait à une lettre pour arriver à destination. Dans une lettre, un père disait qu'il avait reçu une lettre de son fils, un voyageur, cinq ans auparavant, et que depuis il lui avait envoyé trois lettres, mais qu'il n'avait pas reçu de réponse à ces dernières[156]. Un autre voyageur avait envoyé à sa femme deux lettres en un été[157]. À l'extrême opposé, une mère n'avait pas entendu parler de son fils depuis huit ou neuf ans[158]. Ces lettres, découvertes dans la correspondance non délivrée de la Compagnie de la Baie d'Hudson, démontrent clairement la rareté des communications. Dans une lettre à son frère voyageur Isidore, Charles Boimier écrivait avec impatience : « Enfin je rond Le Silence Je te Crie pour a savoir tes nouvelles »[159]. Peut-être Charles était-il contrarié de n'avoir reçu aucun message d'Isidore alors qu'il en espérait. Cela nous amène à la question de savoir si la pratique d'écrire des lettres était exceptionnelle ou usuelle.

Si les lettres étaient fréquentes, un système fiable de transport de messages doit s'être développé parmi les voyageurs. Les habitants et les voyageurs pouvaient envoyer leurs lettres par l'intermédiaire des brigades qui voyageaient entre Montréal et le lac Supérieur. Une mère écrivait à son fils : « Je teprie Chér enfant ci toute foi tu ne Peus Pas dèsendre cette année ges Pére au moins que tu aurat la bonté de nous Ecrire cette au tonne Par les voyageur qui vons décendre [à Montréal] »[160]. La correspondance était envoyée par l'intermédiaire des personnes identifiées dans les lettres[161]. Parfois, on envoyait deux lettres en même temps, soit par l'intermédiaire de deux personnes différentes au même voyageur, soit avec l'intention de faire suivre aux lettres deux voies différentes pour accroître les chances de voir l'une d'elle arriver à destination[162]. Les lettres pouvaient être envoyées « au azard » ou sans adresse, avec l'espoir qu'elles pourraient quand même trouver leur chemin jusqu'au voyageur[163].

Le contenu des lettres des habitants aux voyageurs de l'intérieur souligne les liens affectifs entre les voyageurs et leurs amis et leur famille du Canada. Les voyageurs semblent avoir été considérés comme des membres importants des communautés paroissiales. Les amis et les parents leur parlaient des naissances, des décès et des mariages dans la famille et la paroisse, ainsi que des nouvelles maisons qui étaient construites et des routes qui étaient améliorées[164]. Une lettre rappelait à un voyageur qu'une épouse potentielle l'attendait dans la paroisse, tandis qu'une autre informait le voyageur de l'état de sa terre[165]. Toutes les lettres contenaient des vœux de la part des amis et de la famille et lui souhaitaient de bien se porter, et la plupart demandaient au voyageur quand il comptait revenir. L'un des habitants admonestait son frère, pour qu'il économise son argent et se comporte bien[166]. Ces lettres qui leur étaient adressées portaient parfois des messages d'autres voyageurs, en général au sujet de la bonne santé et du succès dans les voyages[167]. Un voyageur se plaignait de « La Cruel misere » de « ces miserables endroits »[168]. Sans doute avait-il le mal du pays. D'autres voyageurs prenaient des dispositions pour que leur famille achète ou vende de la terre en leur nom au Canada, ce qui indique clairement qu'ils continuaient d'agir comme des membres de leur communauté paroissiale[169].

Nombre des lettres expriment la douleur de la séparation que ressentaient ceux qui étaient laissés derrière, comme les lettres échangées entre Marie Saint-Germain et Jean Mongle. Joseph Grenier, du « Ruisseau des chenes » suppliait son fils, dans le district de la Columbia, de revenir :

> *Je ta sur Cher Enfant que tu nous cause beaucoupe d'ennui et de chagrin sur nos vieu jour de voir notre cher Enfant que nous avons tems eu de peine à Ellevé et croyant avoir du Soulagement et la consolation de lui et a present de le voir si Elloignée Cher Enfant nous atû oublier et a tu perdu le Souvenir de notre tendress enver toi dans ta jeunesse Croi moi Cher Joshep, moi et ta peauvre mère te Disirons bein de te revoir en cor une foi a vant que de mourrir parce que si tu ne dessent pas bien vite tu pouroit bien pas nous voir vivant parce que nous tasurons que nos peauvre cheveux on biens blanchie de pui que tes partie d'avec nous Prand donc courage revien don nous voir Encor une foi*

> *nous te recevrons les bras oûvert et ton arrivée pouroit petaitre bien nous faire vivre ~~qu'el~~ quelques année de plus par la joi que tu nous Causerai de te revoir et ta peauvre Grande mère Sicard qui est agé apresent de Quatrevingt Neuf ans elle dit toujour quelle demande à Dieu de te revoir devant que de mourire et Elle tams brasse biens et Ell prie Dieu pour toi que Dieu te fase Connoître le Devoir que tu doit a ton cher Père et Mère*[170].

Cette lettre dévoile les profonds liens affectifs entre parents et enfants. Les épouses aussi suppliaient leur mari de revenir, comme Nellie Saint-Pierre à Trois-Rivières, écrivant à son mari Olivier « au fond de la maire [au fond de la mer] » :

> *je ne Croÿ Pas que tu doute de ma Peine et de mon annui et de mon inquietude sÿ je navais Pas Craint Les reproche Jamais je naurais Consentie a ton Depart. Je nest aucune Consolation – toujour dans la Peine et Lannui Plus je vie et Plus je manui et Plus ma Peine est Grande Cante je Pensse quil faut que je ~~pens~~ Passe encore deux ans sans avoire le Plessire de te voire je men deespere que ce tems sera Long mais infin il faut que je me Conforme a La Volontez de Dieu et vive dans Lesperance que tu viendra ausitot ton tems fini*[171].

Une future belle-sœur disait à un voyageur qu'elle attendrait son retour avant d'épouser son frère[172].

Ces lettres, d'un autre côté, reconnaissaient aussi que les voyageurs s'étaient construit une vie dans l'intérieur, différente de celle du Canada français. Demander à voir le voyageur une dernière fois avant de mourir peut avoir été une expression figurée, mais peut-être aussi une requête pragmatique. Une lettre, adressée à un voyageur « ausos du pays nord [aux eaux du pays nord] », accumule vœux et félicitations pour la femme du voyageur et sa famille, ce qui est sans doute une manière de reconnaître sa famille amérindienne ou métisse dans l'intérieur[173]. Parfois les voyageurs emmenaient leurs familles autochtones ou métisses avec eux lorsqu'ils retournaient au Bas Canada[174].

Ce chapitre commençait par un regard sur l'unique lettre connue rédigée par un voyageur. L'émouvante lettre de Jean Mongle à sa femme, Marie Saint-Germain, révèle que même si les habitants canadiens-français entraient au service de la traite des fourrures et voyageaient à des milliers de kilomètres de distance de leur foyer, ils pouvaient conserver d'étroits liens affectifs et économiques avec leur famille de la vallée du Saint-Laurent. La plupart des voyageurs intégraient la traite pour gagner de l'argent pour la ferme familiale ; nombre d'entre eux envoyaient immédiatement tout ou partie de leurs gages à leur famille, et quelques rares voyageurs écrivaient des lettres à destination de leur foyer. Cependant, dans ce chapitre, nous avons vu par moments les voyageurs se laisser attirer par la vie dans le pays d'en haut, loin du Canada français. Certains voyageurs entraient dans la traite pour ce qu'elle promettait de liberté et d'aventure ; de nombreux voyageurs n'envoyaient pas d'argent chez eux ni n'économisaient leurs salaires, et d'autres ne revenaient tout bonnement jamais. Dans les chapitres suivants, nous examinerons ce qui détournait les voyageurs de leur famille d'habitants, comme les rites de passage des voyageurs, les festivités, les amitiés et de nouvelles relations romantiques avec les femmes amérindiennes et métis.

III
Rites de passage et moments rituels

Cosmologie des voyageurs

> *Quand on dépasse la pointe de l'île de Montréal pour entrer dans un petit lac appelé le lac des Deux Montagnes, il se tient là une petite église catholique devant un petit rapide [.] Cette église est dédiée à sainte Anne qui protège tous les voyageurs [.] Il y a là une petite boîte avec un trou au sommet pour recevoir un peu d'argent pour que le saint père dise une messe basse pour ceux qui mettront une petite somme dans la boîte [.] Ils sont rares les voyageurs qui ne s'y arrêtent pas pour déposer leur offrande et par là signifient qu'ils supposent qu'ils seront protégés pendant leur absence [...] Après la cérémonie du signe de croix et de la récitation d'une courte prière nous avons traversé le lac et sommes entrés dans la Grande Rivière [rivière Ottawa]*[1].

LES OBSERVATIONS du traiteur Peter Pond, rédigées au début du XIXe siècle, au sujet des voyageurs partant de Montréal pour commencer leur voyage vers le pays d'en haut nous donnent un aperçu intrigant de la manière dont les voyageurs percevaient leur monde et se situaient dans celui-ci. La petite église de la paroisse de Sainte-Anne était la dernière église catholique à laquelle les voyageurs pouvaient facilement se rendre le long des routes de la traite des fourrures. Ils avaient là leur dernière opportunité de se rendre à l'église et de prier sainte Anne, la mère de la Vierge Marie, sur un sol consacré, pour qu'elle les protège durant leur voyage vers le pays païen. Le rituel consistant à se rendre à cette église et à y faire un don d'argent avant de s'embarquer pour la traversée du lac des Deux Montagnes (situé immédiatement à l'ouest de l'île de Montréal) peut s'interpréter comme l'indice que les croyances et les pratiques catholiques étaient importantes pour les voyageurs et qu'ils avaient l'intention de conserver cette foi durant leurs voyages. Il se peut que la prière rituelle et l'offrande aient été considérées par certains voyageurs comme des marqueurs de la limite du monde catholique et de leur entrée dans de nouveaux mondes gouvernés par d'autres forces spirituelles. Là, les voyageurs auraient besoin à la fois de l'aide particulière de leurs saints patrons et du bon vouloir de ces forces spirituelles étrangères pour survivre. Ce passage démontre également que les voyageurs pratiquaient certains rituels pour marquer les moments importants de leurs voyages en canoë, de leur métier, et de leur vie.

Les rituels sont des formes d'actions exceptionnellement parlantes, parce qu'ils créent et rendent spectaculaires des symboles signifiants et véhiculent quelque chose de la manière dont les êtres humains pensent leur position dans le temps et leur place dans le cosmos. Les voyageurs s'appuyaient sur leur culture catholique pour les aider à comprendre leur situation cosmologique, mais, tandis qu'ils s'éloignaient de plus en plus de l'orbe institutionnel de l'Église, ils se tournaient vers des croyances qu'ils assimilaient en travaillant dans la traite. Les rituels qu'exécutaient les voyageurs en travaillant dans la traite des fourrures reflétaient leur changement d'identité, de paysans féodaux de la vallée du Saint-Laurent à celle d'employés à contrat ayant beaucoup bourlingué au service d'un travail dangereux et éreintant. Les rituels reflétaient également les changements dans leur conception du cosmos à mesure qu'ils voyageaient de plus en plus profondément dans le pays d'en haut et rencontraient un nombre croissant de sociétés amérindiennes spectaculairement différentes de celles du Canada français. Les rituels des voyageurs étaient à la fois réflexifs et didactiques, fonctionnant comme des instruments qui aidaient les voyageurs à donner forme à leurs valeurs soumises au changement et à s'enseigner mutuellement ces nouvelles valeurs.

Ce chapitre explore les rituels exécutés par les voyageurs au cours de leurs voyages à travers de nombreux nouveaux mondes, tandis qu'ils se créaient une identité occupationnelle. Le long du voyage en canoë de Montréal jusqu'au pays d'en haut, il y avait des points de transition dans l'activité du voyageur, et le voyage en lui-même constituait un espace social pour l'enseignement de nouvelles valeurs. Les simulacres de baptême le long des routes des canoës, le fait de marquer les distances au moyen de formations particulières du paysage, et celui d'imprégner leur lieu de travail de termes français constituaient tous des moyens par lesquels les voyageurs donnaient forme à leur monde, reflétaient leur conception changeante du cosmos et reconfiguraient leurs pratiques religieuses.

Rituels

Le rituel, ou cérémonie, est un concept imprécis qui a fait l'objet de nombreuses interprétations différentes. Les chercheurs de l'Europe classique ont eu pour principe que les rituels véhiculaient « des vérités » du mythe et de l'art, tandis que les chercheurs en sciences sociales ont considéré le rituel comme une composante importante de la communauté et comme l'expression de croyances communes[2]. L'anthropologue culturel Victor Turner définissait les rituels comme « des performances et des accomplissements, et non avant tout comme des règles ou des gestes déterminés. Les règles proviennent du processus rituel, mais le processus rituel transcende sa propre forme »[3]. Pour Turner, le processus rituel créait la communauté, ou *communitas*, qu'il définissait comme une modalité des relations sociales[4].

L'historien Edward Muir proposait une possibilité d'utiliser les rituels pour comprendre l'histoire en expliquant qu'un rituel est simultanément un modèle et un miroir. Les rituels reflètent ce que pensent et croient les gens et ils enseignent des idéaux que l'on doit s'efforcer d'atteindre. Il relevait au moins trois manières apparentées par lesquelles se comprend le rituel. Certains chercheurs pensent que le rituel est avant tout une mise en scène qui crée la solidarité sociale ou des formes d'identités sociales. D'autres envisagent le rituel comme une forme de communication qui permet au gens de raconter des histoires à leur propre sujet. Et d'autres voient le rituel, avant tout, comme une performance collective qui construit, préserve et modifie la société[5]. Muir avançait que les rituels présentent à la fois des visions unitaires de la société et des voix discordantes qui contestent ces visions. Aussi concevait-il les rituels comme « foncièrement ambigus en fonction et en signification. Ce sont de nombreuses voix qui s'expriment »[6]. Ce chapitre suivra l'option de Muir en considérant les rituels dans toutes leurs formes, nombreuses et versatiles. Les rituels peuvent créer, exprimer, enseigner et rappeler aux participants les sens et les valeurs de leur communauté et de leur identité. Les rituels peuvent donner forme à la *communitas*, étayer les liens communautaires et, en même temps, construire un forum pour l'expression du soi individuel qui peut contester les liens communautaires. L'instabilité et la fluidité du métier de voyageur ont donné aux rituels une importance vitale au développement de valeurs communes et aux schémas de travail parmi les voyageurs, mais ils ont aussi procuré un site pour le discours inverse. Par exemple, les courses lors de la traversée des lacs produisaient à la fois des liens fraternels entre les membres d'un même équipage et un sentiment de compétition et de division sociale entre les différents équipages.

Les premiers gestes rituels des voyageurs lorsqu'ils entamaient le voyage de traite à la sortie de Montréal étaient étroitement liés aux rituels de l'Église catholique. D'autres rituels, exécutés le long des routes de canoës, ne reflétaient plus au même degré les gestes sacramentels catholiques, mais ils servaient une fonction semblable en intégrant les gens dans une communauté. Les rituels enseignaient aux voyageurs comment travailler

Figure 3. *Ex voto des trois naufragés*, artiste anonyme, 1754, huile sur panneau, 32,4 x 52,1 cm. Sainte Anne était vénérée dans d'autres paroisses de la vallée du Saint-Laurent, comme à Sainte-Anne-de-Beaupré, à l'est de la ville de Québec. Ce tableau montre sainte Anne qui aide des gens dont le canot s'est renversé. Courtoisie du Sanctuaire de Sainte-Anne-de-Beaupré, Québec.

avec succès dans le pays d'en haut, devenir des gens du métier à part entière, et former une communauté. Les nombreux rituels le long des routes de canoës, en plus des simulacres de baptême, marquaient les portes d'entrée de nouveaux paysages culturels et signalaient les passages inscrits dans l'initiation du néophyte à de nouveaux stades du métier et de la masculinité. Par exemple, les arrivées et les départs de Montréal et des postes de traite de l'intérieur étaient honorés par des festivités et des spectacles (comme nous le verrons dans le chapitre VI). Les hommes chantaient en travaillant pour imprimer le rythme de nage et pour échapper à l'ennui (voir le chapitre IV). Ces rituels facilitaient les liens communautaires tout autant que les expressions du soi individuel.

QUITTER MONTRÉAL

Les coutumes catholiques reproduites par les voyageurs, qui imprégnaient leurs rythmes de travail, commençaient dès l'embarquement pour le voyage. Comme le décrivait Pond dans la citation ouvrant ce chapitre, les départs du Canada français étaient soulignés par le rituel solennel de l'arrêt à l'église Sainte-Anne à l'extrémité ouest de l'île de Montréal. Sainte Anne, mère de la Vierge Marie, était la sainte patronne de la Bretagne et de la Nouvelle-France. Pendant des siècles, les marins et les pêcheurs avaient prié sainte Anne avant chacun de leurs embarquements[7]. Sainte Anne devint aussi la sainte patronne des voyageurs. Quand les hommes « portageaient » le long des rapides passant près de l'église, ils s'y arrêtaient pour rendre hommage à sainte Anne, lui demandant sa protection pendant leur voyage[8]. Les équipages donnaient de l'argent pour que l'on dise des messes pour la prospérité de leur voyage et l'assurance de leur retour, autant que pour des prières pour leurs amis et leur famille[9]. Les prêtres de Sainte-Anne disaient parfois une messe en plein air, où les voyageurs s'agenouillaient pour recevoir la bénédiction du prêtre[10]. La cérémonie devint le lieu de l'expression de la gravité du départ pour l'intérieur des terres et de la reconnaissance des dangers du voyage dans le pays d'en haut.

Les voyageurs canadiens-français avaient grandi dans une communauté dominée par l'Église catholique. À l'instar de nombreux paysans, leur compréhension du cosmos était influencée par des notions qui n'avaient rien de catholique et par d'anciennes idées et pratiques (souvent qualifiées de magiques, superstitieuses ou païennes par l'Église ou par les outsiders culturels), qui se transmettaient dans les familles. L'Église catholique était une institution centrale du Canada du XVIIIe siècle. L'Église était considérée comme l'un des ordres du pouvoir colonial, les prêtres agissant comme chefs des communautés, et les paroisses étant les centres sociaux des habitants de la vallée du Saint-Laurent[11]. Le catholicisme influençait la cosmologie des Canadiens français et réglait la vie des colons en expliquant les origines de l'homme et leur place dans le monde, et en leur procurant un code moral clair. Cependant, à l'instar de nombreuses personnes de l'Europe des débuts de l'âge moderne, les colons canadiens envisageaient parfois le sacré ou le surnaturel selon des manières qui échappaient aux régulations institutionnelles de l'Église. Souvent appelées magie, sorcellerie ou superstition au Canada français, ces croyances et ces pratiques proliféraient là où le tracé des frontières entre le sacré et la magie s'estompait[12]. Dans son étude de la cosmologie d'un meunier du Frioul au XVIe siècle, Carlo Ginzburg a découvert des traces de croyances préchrétiennes se mélangeant de manière étonnante au dogme de l'Église catholique[13]. De même, Keith Thomas a démontré que les notions européennes de magie et de religion entremêlées avaient aidé les Anglais des XVIe et XVIIe siècles à donner sens à leur monde[14]. Les rituels pratiqués par les Canadiens français catholiques entrelaçaient aisément les croyances et les pratiques des activités quotidiennes et les questions métaphysiques au sujet de la nature du cosmos[15].

Le prêtre de Sainte-Anne tentait probablement d'insuffler aux voyageurs un fort sentiment de dévotion avant qu'ils ne partent pour le pays d'en haut. Les voyageurs doivent s'être vu rappeler les sept sacrements par lesquels ils pouvaient rencontrer Dieu : le baptême, la confirmation, la communion, le mariage, l'ordination, la réconciliation ou pénitence (habituellement à la mort), et l'onction des malades[16]. Les voyageurs parvenaient à incorporer certains aspects de quelques-uns de ces rites dans leur vie occupationnelle d'innombrables manières imaginatives. Ce qui reste à explorer, c'est jusqu'à quel point la reproduction de ces rites par les voyageurs s'éloignait de leur signification catholique et ce que véhiculaient les rites au sujet des identités changeantes des voyageurs.

Baptême

Au cours de l'été 1793, un équipage de voyageurs canadiens-français partit du poste de traite de la Compagnie du Nord-Ouest à Grand Portage, sur le lac Supérieur, et se dirigea vers l'ouest, vers le lac La Pluie. John McDonell, un commis nouvellement engagé voyageant avec ce groupe, relata dans son journal :

> *Passé les Martes, les Perches, et dormi sur une hauteur, où je fus décrété homme du nord par un baptême consistant à m'asperger d'eau en plein visage au moyen d'un rameau de cèdre trempé dans un cours d'eau, et où je dus accepter certaines conditions telles que ne jamais permettre qu'aucune*

> *main nouvelle ne passe par cette route avant d'avoir fait l'expérience de la même cérémonie qui stipule en particulier que l'on ne doit jamais embrasser la femme d'un voyageur contre son gré, le tout accompagné d'une douzaine de coups de feu tirés l'un après l'autre à la manière indienne. L'intention de ce baptême n'étant que l'occasion de réclamer un verre. Je me suis plié à la coutume et ai donné aux hommes… un tonnelet de deux gallons comme j'en avais été instruit par les bons conseils de mon bourgeois, Mr Cuthburt Grant*[17].

Ce passage fascinant de McDonell décrit un rite d'initiation usuel calqué sur un sacrement catholique. En plusieurs points géographiques significatifs le long des routes de transport vers le pays d'en haut, les novices n'ayant jamais passé ce point auparavant avaient l'obligation de se plier à un simulacre de baptême. La cérémonie du baptême, qui représente la purification du péché originel, s'applique d'ordinaire aux nourrissons et implique que l'on verse de l'eau sur la tête de l'individu par aspersion. Dans le cas des voyageurs de la traite des fourrures, il représentait avant tout l'initiation du néophyte au métier[18]. Étant le premier des sacrements catholiques, il représentait l'entrée dans la communauté catholique et la vie spirituelle, mais, de manière ironique, le simulacre de baptême marquait le départ des voyageurs et leur séparation croissante d'avec le monde chrétien des colons[19]. En même temps, cette cérémonie marquait l'entrée ou l'initiation du voyageur au métier, et il représentait une continuité de la pratique catholique dans l'intérieur des terres, mais sous une forme modifiée. Les écrits des maîtres de la traite des fourrures et des explorateurs révèlent au moins trois de ces sites, chacun étant localisé au début d'un segment de la route de traite allant de Montréal vers le lointain Nord-Ouest.

Le lieu du baptême, le long de la Grande Rivière (ou rivière Ottawa) était le premier endroit sur l'itinéraire menant hors de Montréal où l'on pouvait voir la roche mère du bouclier précambrien. Il se situait environ à 320 km au nord-ouest de la ville actuelle d'Ottawa, là où la rivière Creuse se jetait dans la rivière Ottawa, à l'extrémité du lac des Allumettes[20]. À cet endroit, les brigades de canoës passaient par une partie étroite et profonde de la rivière, où le courant était fort, et où de hautes falaises de granit constituaient un marqueur visuel symbolique de l'entrée dans une nouvelle contrée. Immédiatement après ce passage difficile, les brigades s'arrêtaient sur une pointe de sable où les canoës pouvaient facilement être mis au sec et où l'équipage pouvait se reposer. Connue sous le nom de « Pointe aux Baptêmes », c'est le site le plus ancien et le mieux attesté du baptême rituel le long des routes de traite. Dès 1686, le chevalier de Troyes mentionnait cette pratique comme une coutume bien établie : « Nos françois ont coustume de baptiser en cet endroit ceux qui n'y ont point encore passé »[21]. La « Pointe aux Baptêmes » figure sur les cartes d'aujourd'hui[22].

À environ 80 km à l'ouest du lac Supérieur, les voyageurs marquaient rituellement la traversée des terres hautes formant la ligne de partage des eaux qui sépare le bassin versant des Grands Lacs de celui du lac Winnipeg et de la baie d'Hudson[23]. Il y avait au moins deux trajets parallèles le long de la route allant du lac Supérieur au lac La Pluie, aussi y avait-il deux lieux de baptême : le premier (et le plus ancien), le long de la route allant vers l'ouest à partir de Grand Portage et le second, le long de la route allant vers l'ouest à partir de Fort William. Les « terres hautes » établissaient la démarcation entre les bassins versants, et les traverser pour entrer dans le nouveau système hydrographique impliquait souvent de faire un long portage. Les traiteurs, pour le transport, étant dépendants du système hydrographique, portaient une attention aiguë aux changements de direction des eaux. Le passage d'une rivière à une autre impliquait que le voyage deviendrait plus facile ou plus difficile, en fonction de la direction prise par l'équipage.

Il y avait un troisième site de baptême rituel, plus rarement mentionné, au Portage La Loche, aussi appelé Methy Portage, au nord de l'île à la Crosse, sur la rivière Claire qui se jette dans la rivière Athabasca. Le portage, d'une longueur de 20 km, se situait sur les hauteurs séparant les eaux s'écoulant vers la rivière Churchill et la baie d'Hudson de celles s'écoulant vers le fleuve Mackenzie et l'océan Arctique[24]. Bien que les mentions de la cérémonie qui s'y déroulait soient rares, cet endroit était connu depuis longtemps pour être l'un des portages les plus difficiles et les plus beaux du nord. La plus grande partie du trajet s'étirait sur des terres élevées, et les deux derniers kilomètres du portage consistaient en huit collines à se suivre. La piste suivait le bord d'un précipice abrupt surplombant la plaine d'environ trois cents mètres. Le bourgeois de la Compagnie du Nord-Ouest Alexander Mackenzie disait de ces précipices qu'ils étaient « de la plus grande amplitude, romantiques, et offrant un point de vue enchanteur »[25]. L'explorateur John Franklin eut également des tournures poétiques pour vanter la beauté et le caractère sublime de la vue qu'offrait le bord du chemin du portage, qui contrastait avec le « décor sauvage » des profonds ravins et des sentiers dangereux du portage lui-même. À la fin de cette traversée, Franklin écrivit : « Je ne pouvais qu'être ébahi devant la tâche laborieuse que doivent accomplir en cet endroit les voyageurs, deux fois par an, pour transporter leur approvisionnement à l'aller et au retour »[26]. Cet endroit représentait l'entrée dans un nouvel état de « nordicité », le changement dans le système hydrographique, basculant vers l'océan Arctique, emmenant les voyageurs plus rapidement et plus facilement vers de nouvelles frontières nordiques.

Chacun de ces lieux de baptêmes rituels marquait une transition abrupte, l'entrée dans ce qui était reconnu socialement pour être un « nouveau pays », ou une nouvelle région dans les contrées de la traite des fourrures, et le début d'un nouveau segment discernable de l'immense route des canoës de la traite des fourrures de Montréal[27]. Ces lieux représentaient des points de non-retour. Une fois rendues là, les brigades étaient trop éloignées pour que les hommes puissent déserter et faire facilement demi-tour pour retrouver la sécurité de Montréal, Grand Portage ou l'île à la Crosse. Le plus ancien de ces sites était le plus près de Montréal, le plus récent se trouvait dans les contrées les plus reculées du pays d'en haut. Ces sites suivirent l'extension de la traite des fourrures vers le nord et l'ouest et en vinrent à représenter les frontières en expansion du pays d'en haut.

Le simulacre de baptême combinait des rites catholiques et des coutumes amérindiennes telles que la salve « indienne » des coups de feu, et édictait des règles au sujet de la manière de traiter les femmes autant qu'il était l'occasion de donner des prescriptions aux novices de la traite. À l'instar de nombreux rituels modernes, le simulacre de baptême inversait l'ordonnancement coutumier du pouvoir[28]. Les serviteurs donnaient des ordres aux maîtres et aux commis et exigeaient un paiement sous forme d'alcool, d'argent ou de denrées. Cependant, cette cérémonie avait une dimension unique. Les voyageurs expérimentés imposaient leur pouvoir aux novices en termes symboliques, en régulant leur transition vers de nouveaux stades du métier et de la masculinité. Des rituels tels que le simulacre de baptême aidaient les voyageurs à ordonner le monde de leur travail. Les baptêmes rituels, en particulier, révèlent la manière dont les voyageurs « cartographiaient » le pays d'en haut et exprimaient leur perception culturelle du pays et des variations régionales si essentielles dans leur métier.

Le rituel du simulacre de baptême imitait la cérémonie catholique. La description de John McDonell relève que le baptême consista à « [l]'asperger d'eau en plein visage au moyen d'un rameau de cèdre trempé dans un cours d'eau ». On peut se fier aux dons d'observation de McDonell, catholique fervent qui finit par être surnommé « le Prêtre » en raison de sa piété et de son insistance pour que ses hommes observent les fêtes catholiques[29]. L'aspersion sur la tête était le mode de baptême le plus largement répandu. Mais se faire asperger en plein visage était probablement une forme de dérision. Dans ce cas, le goupillon était un rameau de cèdre. C'était un choix approprié, car le cèdre était utilisé dans certaines cérémonies chrétiennes comme moyen de purification[30]. D'autres descriptions mentionnent le fait de plonger des individus dans l'eau. Le voyageur George Heriot notait en 1813 que la « rude cérémonie [fut ici] accomplie en plongeant dans les eaux de l'Outaouais [rivière Ottawa] »[31]. Daniel Harmon qualifiait également le baptême de « plongeon » dans la rivière[32]. L'immersion partielle ou intégrale était certainement un mode de baptême acceptable, mais la méthode de l'immersion totale fut probablement adoptée de grand cœur par les voyageurs pleins d'esprit qui souhaitaient que l'initié subisse le maximum d'inconfort.

Certains aspects de la cérémonie du baptême rituel étaient ambigus. McDonell écrivait que l'aspersion d'eau et les serments s'accompagnaient « d'une douzaine de coups de feu tirés l'un après l'autre à la manière indienne ». Les coups de feu étaient tirés à la suite les uns des autres plutôt qu'en une seule salve, et il fallait au moins deux hommes pour cette pratique à cause du temps requis pour recharger un fusil après chaque coup de feu. Était-ce une coutume amérindienne ou plutôt l'idée que les Européens se faisaient d'une telle coutume ?[33] L'inclusion dans la cérémonie d'une prétendue « coutume indienne » représentait symboliquement l'importance centrale des peuples autochtones dans la vie des voyageurs, mais de manière extrêmement ambivalente. Non seulement les peuples amérindiens avaient-ils rendu possible la traite des fourrures, mais ils avaient également influencé culturellement les Euro-américains vivant dans l'intérieur du nord de l'Amérique. Les traiteurs leur empruntaient de nombreux matériaux culturels contribuant à leur survie et à leur prospérité, tels que les canoës, les raquettes à neige, les mocassins et le pemmican. Les emprunts et les échanges de valeurs et de croyances se produisaient parmi ceux des voyageurs qui passaient une longue période dans le pays d'en haut et entraient en contact étroit avec les peuples autochtones[34]. Les mangeurs de lard avaient très peu de contacts avec les Amérindiens. Les hommes du nord et les hommes de l'Athabasca, cependant, étaient régulièrement envoyés, seuls ou à deux, avec un petit complément de marchandises, traiter directement avec les peuples autochtones dans leurs campements (ce que l'on appelait traiter *en dérouine* ; voir le chapitre VII)[35]. Les voyageurs vivaient parfois dans des huttes amérindiennes pendant des mois d'affilée, nouant d'étroites amitiés et des liens de parenté avec les familles amérindiennes.

La description de John McDonell des coups de feu tirés « à l'indienne » se situait sur les hauteurs du lac Supérieur. Qui tirait les coups de feu ? Cela faisait-il partie de la cérémonie à tous les stades du baptême ? Cette pratique avait-elle la même signification en tous lieux ? Par malheur, les données documentaires sont trop minces pour que l'on puisse répondre à ces questions. Cependant, d'autres pratiques similaires dans le monde de la traite contribuent à éclairer la signification de cette coutume. Il était commun, dans les postes de traite de l'intérieur, de tirer des coups de feu en l'air pendant les célébrations des fêtes religieuses et lors des arrivées et des départs des brigades (voir chapitre VI)[36]. On poussait « des cris de guerre indiens » lors des rassemblements de la traite, comme lorsque les brigades quittaient Montréal, et aux dîners du Beaver Club, réunions élitistes des maîtres de la traite des fourrures à Montréal qui avaient passé au moins un hiver au-delà du lac Supérieur[37]. Le fait d'incorporer des éléments

« d'indianité » dans les formes carnavalesques et d'inversion des règles était répandu en Amérique du Nord, les exemples les plus célèbres étant ceux des Américains se déguisant en Amérindiens et vociférant des cris de guerre indiens lors de la Boston Tea Party et des dîners au club Tammany de New York. L'historien Philip Deloria a avancé que les Américains en sont venus à associer l'indianité à la résistance politique et à la révolution, et que cette association permettait aux émeutiers d'inventer les coutumes américaines dont ils étaient cruellement dépourvus. Les Américains des temps plus récents, tels que les fraternalistes, « jouaient à l'indien » pour se définir eux-mêmes comme exotiques et distincts du courant dominant de la société et comme détenteurs d'une connaissance secrète particulière[38]. De manière similaire, dans les cérémonies de la traite des fourrures, il est possible que le fait de tirer des coups de feu « à la manière indienne » ait représenté un cas d'appropriation de ce que l'on pensait être des pratiques autochtones en une tentative de se plier comme il convenait au « Pays indien ». Si les voyageurs tiraient des coups de feu, c'est peut-être qu'ils essayaient de « s'indigéniser », eux-mêmes et leurs cérémonies, pour les aider à s'imprégner d'un nouveau sentiment d'appartenance à cette terre étrangère.

Une unique mention, très intrigante, lie le site du baptême rituel sur la rivière Ottawa à un site sacré amérindien. En 1686, le chevalier de Troyes écrivait :

> *On voit du costé du nord, suivant la route, une hautte montagne dont la roche est droite et fort escarpée, le milieu en paroist noir. Cela provient peut estre de ce que les sauvages y font leaurs sacrifices jettant des flèches par dessus, au bout desquelles il attachent un petit bout de tabac. Nos françois ont coustume de baptiser en cet endroit ceux qui n'y ont point encore passé. Cette roche est nommée l'oiseau par les sauvages et quelques uns de nos gens ne voulant perdre l'ancienne coustume se jetterent de l'eau, nous fumes campés au bas du portage*[39].

Le sacrifice des flèches et du tabac était une pratique répandue dans de nombreux groupes autochtones[40]. Les voyageurs traversaient fréquemment la rivière Ottawa et ont fini par connaître les peuples algonquins qui utilisaient eux aussi la rivière et les sites de leurs cérémonies spirituelles. Est-ce par hasard que le lieu du baptême se situait sur un site préexistant ayant une signification spirituelle pour les Amérindiens ? Les autres lieux de baptême se trouvaient-ils également sur des sites sacrés pour les Autochtones ? Les chercheurs David Meyer et Paul Thistle avancent que le long de la rivière Saskatchewan, les traiteurs de fourrures construisaient leurs postes au voisinage des sites de rassemblements annuels des Cris[41]. Sur le plan pratique, il se peut que les voyageurs aient établi leurs lieux de baptême près des sites sacrés amérindiens afin de pouvoir plus facilement rencontrer des Autochtones le long de leur route de canoë et pouvoir obtenir d'eux des marchandises telles que de la viande ou des mocassins. Sur le plan symbolique, le fait de choisir l'emplacement d'un site sacré amérindien peut avoir constitué une nouvelle tentative de « s'indigéniser », voire peut-être de s'imprégner d'un pouvoir spirituel et d'une protection des forces autochtones afin d'étayer la protection apportée par les saints catholiques.

Dans sa description du baptême rituel, McDonell mentionnait aussi la règle suivante, « que l'on ne doit jamais embrasser la femme d'un voyageur contre son gré ». Et cependant, souvent, lors des fêtes de Noël et du Nouvel An, les femmes vivant près d'un poste, généralement les femmes des voyageurs et des bourgeois, se mettaient en ligne pour être embrassées par les hommes (voir chapitre VI). Que signifiaient ces rituels ? De toute évidence, on reconnaissait clairement la présence d'Amérindiennes dans les postes de traite[42]. Les voyageurs rencontraient des femmes autochtones surtout au cours des cérémonies de traite et lorsqu'ils passaient l'hiver dans le pays d'en haut (voir chapitre VIII). Leurs relations allaient du contact sexuel occasionnel aux mariages stables et permanents, mais la plupart du temps, les voyageurs établissaient des relations temporaires et saisonnières avec les femmes amérindiennes des postes de l'intérieur. La règle du baptême rituel peut avoir servi de mise en garde pour signaler que les lois sociales et sexuelles étaient différentes dans le pays d'en haut, et que les épouses amérindiennes et métis devaient être traitées avec dignité et respect, en particulier parce que les femmes étaient d'une importance vitale dans les opérations de la traite. Les femmes avaient souvent le rôle essentiel de négociatrices dans l'établissement des relations de traite, et elles enseignaient également à leurs époux traiteurs comment survivre dans le nord-ouest.

FRATERNITÉ

L'initiation fraternelle aux lieux de baptême avait une signification différente en chacun de ces endroits, en même temps que les voyageurs passaient par les différents stades de leur métier. Bien que les voyageurs n'aient pas couché par écrit leurs réflexions au sujet du baptême rituel, leurs actions sont parlantes. Le baptême de la rivière Ottawa suscitait un sentiment de fierté chez les hommes de Montréal et des paroisses environnantes, qui venaient tout juste de quitter pour la première fois leur famille. Cela aidait les voyageurs à se définir en tant que groupe et à tourner leur attention et leur loyauté vers leur brigade. Le baptême rituel des voyageurs donnait aux jeunes hommes un sentiment d'appartenance et contribuait à unir les équipages, ce qui était d'une importance cruciale dans ce travail pour l'efficacité et la sécurité[43]. La cérémonie, obligeant à une socialisation de groupe, renforçait la fraternité et le sentiment de compagnonnage des équipages et des brigades. Elle aidait les voyageurs à surmonter toute division sociale qui aurait pu se produire entre hommes de différentes paroisses d'origine et d'âges différents. La fête et la boisson qui accompagnaient la cérémonie soulageaient également, selon l'expression de Daniel Harmon, « leurs cœurs lourds et leurs yeux noyés de larmes », du fait d'avoir quitté leur famille à Montréal et de l'angoisse provoquée par l'entrée dans un nouveau monde[44].

Le baptême rituel aidait les hommes à entrer dans une nouvelle fraternité de compagnons de travail et en ce sens, il rappelle fortement la très ancienne tradition parmi les marins de baptiser les hommes et de les accabler de corvées la première fois qu'ils passaient l'équateur. Marcus Rediker résume clairement cette pratique : « Le "baptême des marins", un classique dans les rites de passage, se déroulait lorsque les novices traversaient pour la première fois "la ligne", c'est-à-dire l'équateur. Pratiqué par toutes les nationalités navigantes et faisant donc partie d'une culture maritime internationale, le baptême des marins était avant tout une cérémonie d'initiation qui marquait l'entrée dans le monde social et culturel des marins de haute mer »[45]. La coutume de baptiser les hommes le long de la rivière Ottawa sous le régime français s'inspirait probablement d'une certaine connaissance des coutumes des marins. Certains bourgeois associaient directement le baptême rituel à la coutume des marins. Alors qu'il était encore jeune commis de la Compagnie du Nord-Ouest, Harmon écrivait :

> *Je me suis laissé dire que ces voyageurs ont beaucoup des coutumes des marins, et la suivante en fait partie : de tous ceux qui ne sont pas encore passés par certains endroits, ils s'attendent à recevoir un « pourboire » soit quelque chose à boire, et si l'on ne se plie pas à leurs lubies, on peut être sûr d'en récolter un bain forcé qu'ils appellent baptême*[46].

Les habitants, cependant, avaient d'autres souvenirs de cette pratique, qui s'était très répandue chez les soldats canadiens-français du milieu du XVIIIe siècle, pour signaler les pointes aux baptêmes sur le fleuve Saint-Laurent entre Montréal et Québec. Les soldats « baptisaient » ceux qui arrivaient pour la première fois en vue d'un établissement de colons, à moins qu'ils ne donnent un *pourboire* pour échapper à la cérémonie[47].

Distinctions sociales

En même temps qu'ils créaient un sentiment de fraternité, les baptêmes rituels instillaient également un sens de la hiérarchie parmi les voyageurs. Les positions à l'intérieur d'un canoë étaient soumises à un agencement sévère: les bouts (hommes de proue et hommes de barre), étaient un cran au-dessus des milieux; les guides encore un cran au-dessus; puis venaient les commis et enfin les bourgeois (voir chapitre IV). Cette hiérarchie s'appliquait également aux variations régionales du statut des voyageurs. Les hommes du nord étaient mieux considérés que les mangeurs de lard, tandis que les hommes de l'Athabasca étaient les meilleurs de tous. Le baptême rituel sur les hauteurs du lac Supérieur symbolisait donc une naissance à la vie de voyageur professionnel. Les hommes du nord étaient plus particulièrement voués à bâtir une culture de métier stable au fonctionnement régulier que ne l'étaient ceux qui pagayaient durant l'été seulement. Ils signaient des contrats, non pas seulement pour un travail d'été, mais d'ordinaire pour au moins une période de trois ans et entraient dans le pays d'en haut pour y faire leur vie[48]. De même, le baptême rituel de Methy Portage symbolisait encore une autre naissance occupationnelle, cette fois comme homme de l'Athabasca. Ces hommes, en général, vouaient leur vie à la traite des fourrures. La distinction occupationnelle entre les mangeurs de lard, les hommes du nord et les hommes de l'Athabasca instaurait une hiérarchie d'endurance et de masculinité parmi les voyageurs.

Bien que les tâches accomplies par les mangeurs de lard et les hommes du nord aient été similaires, les voyageurs accentuaient leurs différences par leur langage et leurs faits et gestes. De nombreux hommes du nord avaient commencé par être des mangeurs de lard au début de leur carrière, mais ils faisaient de leur mieux pour établir des distinctions dans les catégories du métier. Les hommes du nord traitaient les mangeurs de lard avec mépris et se mettaient parfois du côté des bourgeois pour les décrier. Cette discrimination était souvent si dure qu'en 1800, de nombreux mangeurs de lard refusèrent de faire le voyage de Grand Portage jusqu'au lac La Pluie, qui était devenu l'entrepôt oriental des brigades de l'Athabasca en 1787[49]. Pour les hommes du nord, le terme « mangeur de lard » en était venu à symboliser la faiblesse, l'ineptie et la paresse. Les hommes du nord se moquaient des hommes moins qualifiés et plus faibles qu'eux et les insultaient en les traitant de « mangeurs de lard »[50]. Parfois, ce surnom de mangeur de lard restait collé à certains hommes pendant toute leur carrière. Au lac des Esclaves, en 1800, un voyageur du nom de Lanche était régulièrement désigné ainsi. En juillet, le commis du poste, W.F. Wentzel, mentionnait pour la première fois le « Porkeater »[51]. Deux mois plus tard, le bourgeois James Porter écrivait dans son journal que le voyageur Bastone « ne voulait pas s'aventurer dans un canoë en compagnie du mangeur de lard [Lanche] ». Porter soupçonnait Bastone de vouloir simplement rester auprès de sa femme amérindienne, mais environ deux mois plus tard, Lanche dit à Porter qu'aucun des Chippewyans ne le laisserait hiverner dans leur campement parce qu'il était un « mangeur de lard »[52]. La réputation de Lanche semble avoir été difficile à ébranler et elle affectait ses relations non seulement avec son bourgeois, son commis et ses compagnons voyageurs, mais aussi avec ses voisins amérindiens. Quatre ans plus tard, dans le même district mais à un poste différent (Fort of the Forks) au confluent de la Grande Rivière (le fleuve Mackenzie) et de la rivière Laird, le commis Wentzel décrivait le voyageur Boyé comme un mangeur de lard, qui n'était donc pas assez expérimenté pour faire partie de l'expédition d'hiver (le *winter express*) vers le lac des Esclaves. Mais contrairement à Lanche, Boyé fut capable de passer outre son surnom et il se vit bientôt confier la traite en dérouine, la chasse pour le poste, avant de finir par être autorisé à accompagner le *winter express*[53].

Les hommes du nord s'efforçaient de cultiver l'image du succès dans leur travail. Ils s'arrêtaient fréquemment juste avant d'atteindre un poste pour avoir le temps de soigner leur mise et de mettre leurs plus beaux vêtements[54]. Il se peut que les voyageurs aient caressé l'espoir d'impressionner les Amérindiennes du poste lorsqu'ils étaient à la recherche de partenaires ou d'épouses. Les équipages se donnaient en spectacle et arrivaient en chantant, ce qui ajoutait à leur image d'hommes capables d'arriver au bout d'un voyage en restant toujours frais et dispos[55]. L'officier de la Compagnie de la Baie d'Hudson, Robert Ballantyne, disait que lorsque les équipages arrivaient aux postes, « c'est là qu'ils apparaissaient dans leur sauvage perfection. Les voyageurs, en de telles occasions, revêtaient leurs meilleurs habits ; et des plumes, des rubans et des houppes de couleurs criardes coulaient à flots de leurs couvre-chefs et de leurs jambières »[56]. Les rituels consistant à se laver et à porter des ornements se développèrent chez les hommes du nord, travaillant dans l'intérieur, qui s'investissaient beaucoup plus dans leur travail que ceux qui ne travaillaient que durant l'été entre Montréal et le lac Supérieur. Même lorsqu'ils étaient en danger, menacés par certains peuples autochtones, les hommes du nord prenaient le temps de s'apprêter avant d'arriver à un poste. Ross Cox décrit son équipage approchant de l'île à la Crosse à la fin de juin 1817 :

> *Arrêtés là pendant une demi-heure pour se faire la barbe, et autres petits arrangements de toilette. Cela fait, nous avons embarqué, mais craignant les Cris à l'avant de nous, notre progrès fut lent et précautionneux autour du lac, jusqu'à ce que nos éclaireurs nous annoncent que le drapeau du Nord-Ouest flottait sur les bastions et que tout allait bien*[57].

« Se faire la barbe » est un mot qui suggère que les hommes du nord prisaient la dignité, la courtoisie et le confort, plutôt que de se conduire comme des brutes sans soin et débraillées. Mais leur but, en soignant leur mise avant d'arriver au poste, peut aussi avoir été de créer l'impression que le voyage requérait peu d'efforts de leur part, et qu'ils l'accomplissaient facilement, ce qui soulignait leur force, leurs aptitudes et leur endurance d'hommes du nord. Les hommes du nord mettaient la barre très haut et raillaient le peu de masculinité de ceux qui ne pouvaient pas se mesurer à eux. En ce qui concerne le comportement des voyageurs, Landmann pensait

> *[qu'ils] ont pour ambition d'avoir du style, d'être des Hommes du Nord, de ceux qui quittent volontairement leur famille et le confort d'une vie tranquille pour voyager en pays indien et passer au moins un hiver dans le Nord, ce que l'on comprend d'ordinaire comme étant au-delà des rives occidentales du lac Supérieur. Ces hommes, les hommes du nord, se considèrent eux-mêmes, et sont considérés par leurs amis, comme des êtres très supérieurs – des hommes d'un grand courage, qui ont prouvé qu'ils tiennent en grand mépris les valeurs efféminées de la vie civilisée, et qu'ils peuvent de grand cœur se soumettre à tous les types de difficultés ; comme ils vivent de maïs indien et de graisse sans aucune viande salée ni autre que celle que peut leur procurer leur fusil – ils appliquent l'épithète de mangeurs de lard à tous ceux qui n'ont jamais passé d'hiver dans le nord*[58].

Ce passage suggère que le fait de quitter des êtres chers, de mépriser les attachements sentimentaux et de se priver de confort et de bonne nourriture signifiait nécessairement que l'on était un véritable homme du nord. Vivre sans « les valeurs efféminées de la vie civilisée », ce qui, dans la traite des fourrures, signifiait vivre comme les Amérindiens, était un idéal de masculinité. La biographie du voyageur Jean-Baptiste Charbonneau par Georges Dugas suggère que tous les voyageurs souhaitaient vivre comme les peuples autochtones, porter des vêtements amérindiens, dormir sous la tente et chasser pour manger[59].

Les voyageurs attribuaient à la nourriture un élément de masculinité. Les saisonniers sans expérience étaient qualifiés du nom de la nourriture qu'ils mangeaient. Les voyageurs paraissent sincèrement avoir préféré la viande sauvage à la viande salée ou domestique et préféraient également n'importe quelle sorte de viande au poisson[60]. Peut-être pensaient-ils que c'était la nourriture qui faisait l'homme et que la mollesse ou la faiblesse des hommes provenaient de la nourriture elle-même. Au cours de ses recherches sur la traite des fourrures, Elizabeth Vibert a découvert que les traiteurs méprisaient généralement le poisson « faible » et préféraient la viande rouge « forte », croyant qu'ils pourraient ingérer « dans une certaine mesure les pouvoirs particuliers de l'animal consommé – la force, l'agressivité, la sexualité et d'autres éléments perçus pour être "la nature animale" des êtres humains »[61]. Il n'est donc pas surprenant que la viande « faible » des porcs domestiques ait été considérée comme porteuse de faiblesse pour l'homme qui la consommait. Cependant, les hommes du nord mangeaient en général de toutes les sortes de nourriture qu'ils pouvaient trouver dans l'intérieur, y compris de l'avoine et du blé, et ne laissaient pas passer l'occasion de manger du porc pendant les rendez-vous d'été à Grand Portage ou à Fort William[62].

C'est l'accès à la nourriture, plutôt que ce que mangeaient réellement les hommes, qui semble avoir été de la plus grande importance. Les hommes du nord soulignaient le fait qu'ils étaient forts et courageux puisqu'ils se plaçaient d'eux-mêmes dans des situations où l'approvisionnement était précaire. L'insistance sur la nourriture reflète sa place centrale dans la vie des voyageurs. Ces derniers prenaient d'autant plus de plaisir à manger et à festoyer que leur survie dans l'intérieur, où les victuailles étaient souvent très ordinaires et en quantité limitée, pouvait être précaire. Les bourgeois et les commis ont souvent commenté l'appétit vorace des voyageurs et leur amour de la nourriture. Le bourgeois de la Compagnie du Nord-Ouest David Thompson écrivait : « [Un] Canadien français a un appétit de loup et s'en fait une gloire ; chaque homme exige huit livres de viande par jour, ou plus ; lorsque je leur fis reproche de leur gloutonnerie, j'eus pour toute réponse, "Quel plaisir avons-nous dans la vie à part manger ?" »[63].

Tandis que le baptême le long de la rivière Ottawa établissait une séparation entre les habitants et les voyageurs, celui de l'ouest du lac Supérieur séparait les mangeurs de porc des hommes du nord et symbolisait le début d'une nouvelle vie, une renaissance en tant que voyageur professionnel. Le lieu du baptême, à Methy Portage, marquait un nouveau stade, une nouvelle distinction, dans le métier de voyageur. Les hommes qui avaient déjà franchi le portage et surtout ceux qui avaient hiverné au nord de ce dernier étaient considérés comme « la crème de la crème » de tous les voyageurs. Le scientifique et explorateur John Henry Lefroy remarquait en 1844 : « Après avoir franchi le Portage de la Loche (le grand Portage), un homme n'est plus un "mangeur de lard", il se désigne lui-même comme un "voyageur du Nord, Baptème !" et même les moustiques lui doivent le respect »[64]. Vers les années 1840, les termes utilisés pour désigner les différentes catégories de voyageurs ont dû subir un glissement de sens, car seuls ceux qui travaillaient dans l'Athabasca étaient dorénavant appelés hommes du nord. Ou bien il se peut que Lefroy se soit mépris quant aux termes que les voyageurs utilisaient pour se désigner les uns les autres. Cependant, il avait compris que les hommes qui effectuaient ce portage arrivaient à un stade vénéré du métier et de la masculinité. Les hommes de l'Athabasca étaient considérés comme les plus endurants de tous les voyageurs du Nord-Ouest. En voyageant sur le lac Winnipeg, une brigade à destination du district de l'Athabasca en défia une autre, à destination de Fort des Prairies le long de la rivière Saskatchewan, pour traverser le lac Winnipeg à la course. Le jeune commis Duncan McGillivray écrivit : « Les hommes de l'Athabasca se glorifiaient de la supériorité qu'ils étaient censés avoir sur les autres groupes du nord dans les expéditions et ridiculisaient nos hommes *à la façon du Nord* pour avoir osé prétendre leur disputer un point qui leur était universellement acquis ». Malgré l'assurance des hommes de l'Athabasca, les deux brigades atteignirent l'extrémité nord du lac après quarante-huit heures de canoë, sans interruption, et se déclarèrent ex-aequo[65]. Les hommes des brigades qui partaient explorer de nouvelles régions de traite sous la direction d'Alexander Mackenzie et de Simon Fraser étaient considérés comme particulièrement endurants et courageux. Dans leur recherche d'une route par voie de terre vers le Pacifique, les bourgeois se fiaient souvent au souci que leurs hommes avaient de leur réputation et de leur gloire pour qu'ils les mènent encore plus loin vers le nord et vers l'ouest, là où aucun voyageur ne s'était aventuré auparavant. Mackenzie menait ses brigades très durement lorsqu'il tentait de découvrir un passage entre Fort Chipewyan et l'océan Pacifique à travers les montagnes Rocheuses. Après de nombreuses péripéties, canoës brisés, munitions perdues, au cours d'un voyage en 1793, ses hommes menacèrent de déserter. Mackenzie parvint à les en dissuader en leur rappelant « l'honneur qu'il y avait à surmonter les désastres et la disgrâce qui les attendrait lors de leur retour chez eux sans avoir atteint l'objet de leur expédition. Il n'omit pas non plus de mentionner le courage et la résolution qui étaient la marque qui imposait le respect chez les hommes du nord; et qu'il dépendait d'eux, à ce moment, qu'ils conservent ce caractère »[66]. Être les premiers hommes blancs à franchir les montagnes Rocheuses était considéré comme un véritable tour de force[67]. Il est compréhensible que les bourgeois aient encouragé le rude éthos des voyageurs qui rivalisaient les uns avec les autres pour accomplir des exploits de force et d'endurance, car cela convenait parfaitement à leur programme d'opérations de traite rapide, efficace et rentable. Cependant, il est clair que tant les bourgeois que les voyageurs tenaient en plus haute estime les hommes qui étaient allés plus loin au nord que tous les autres traiteurs et qu'ils leur attribuaient une force et un courage particuliers. Les hommes de l'Athabasca incarnaient donc un idéal de masculinité aux yeux de tous les voyageurs de la traite des fourrures. Non seulement les réputations des hommes étaient-elles fortement affirmées lorsqu'ils travaillaient dans l'Athabasca, mais ils s'exposaient aussi à perdre du « capital masculin » s'ils ne venaient pas à bout de leurs expéditions là-bas.

Les bourgeois évaluaient eux aussi les prouesses masculines en fonction de la géographie. Ils accordaient une valeur distinctive à ceux qui avaient hiverné dans le pays d'en haut, contrairement à ceux qui ne l'avaient pas fait. Seuls les bourgeois ayant passé au moins un hiver au-delà du lac Supérieur pouvaient intégrer le très élitiste Beaver Club de Montréal, qui excluait les « ordres inférieurs » des commis, des voyageurs, des femmes et des peuples autochtones. Ce club de dîneurs se rassemblait une fois tous les quinze jours durant les mois d'hiver dans une taverne prestigieuse de Montréal, entre 1785 et 1824. Sous couvert de civilités mondaines, les membres du club se complaisaient à une idéalisation du monde de la traite des fourrures, grossier et sans façon. Les dîners du club commençaient par des repas formels, mais dégénéraient vite en bacchanales alcoolisées, les bourgeois chantant des chansons de voyageurs, rejouant le passage des rapides et se rappelant des jours frustes de la traite des fourrures. Les menus reflétaient les idéaux confondus des « hommes sauvages » et des gentlemen. On servait, à date fixe, une nourriture « du pays », comme du riz sauvage et du gibier, dans du cristal taillé et de l'argenterie. À l'instar des voyageurs, les bourgeois essayaient aussi de se faire indigènes du Nord-Ouest, mais ils imitaient autant les voyageurs que les Amérindiens[68].

PAYSAGE

Les lieux du baptême rituel suivaient des formations géographiques de plus en plus significatives et dangereuses à mesure qu'ils avançaient dans l'intérieur. Le site de la rivière Ottawa ne marquait ni un changement dans le courant des eaux ni un portage ; il signalait plutôt le premier aperçu de la roche mère à la sortie de Montréal. Le second lieu, à l'ouest du lac Supérieur, se situait sur une hauteur de terre séparant deux grands systèmes hydrographiques, obligeant à plusieurs portages de plus de trois cents mètres d'élévation[69]. Un autre lieu, plus loin au nord-ouest, impliquait un portage éreintant de 20 km, se déroulant en partie sur des rochers glissants et des défilés étroits.

La conception de la géographie sociale des voyageurs associait les distances parcourues aux niveaux de prouesses masculines. Les voyageurs marquaient également d'autres manières le paysage dans lequel ils se déplaçaient. Les prêtres auraient été heureux de voir que des rites catholiques marquaient de nombreux points du voyage vers l'intérieur. Daniel Harmon notait : « Les voyageurs canadiens, lorsqu'ils quittent un cours d'eau pour en suivre un autre, ont la coutume d'enlever leur chapeau et de faire le signe de la croix, et un homme de chaque brigade, si ce n'est de chaque canoë, récite une courte prière »[70]. Il est probable que les voyageurs aient organisé leurs recours aux saints et leurs prières en fonction de distances définies le long des routes de canoë, marquées par des transitions telles qu'un cours d'eau unique se divisant en plusieurs bras, des îles, des portages, et des particularités topographiques telles que des rochers, des collines ou des falaises. Chaque fois qu'ils entamaient une nouvelle partie du voyage, ils en appelaient à la protection de Dieu et des saints. Les recours réguliers au religieux signifient que les voyageurs divisaient activement leur voyage en sections marquées par des configurations du paysage (qui les aidaient à tenir leur cap et à estimer leur temps de parcours) tout en invoquant constamment la protection des forces spirituelles. Les voyageurs mesuraient les distances, le long des routes de canoë, par le nombre de fois où ils s'arrêtaient pour bourrer leurs pipes[71]. Il se peut que certains voyageurs aient considéré le fait de fumer comme une forme de prière, imitant en cela la coutume usuelle chez les Amérindiens d'offrir du tabac aux esprits.

Bien qu'il y ait eu très peu d'églises dans le Nord-Ouest avant les années 1820, les voyageurs restaient en contact régulier avec le cosmos au moyen de rituels et de prières[72]. Ils traitaient les missions jésuites abandonnées de l'intérieur avec « un pieux respect »[73]. Ils attribuaient les configurations les plus spectaculaires du paysage à l'œuvre de forces surnaturelles. Ross Cox mentionnait qu'en mai 1817, au confluent de la Rocky Mountain River et de la rivière La Paix, son équipage aperçut un énorme glacier, rendu encore plus spectaculaire par le reflet du soleil et le grondement et l'explosion d'une avalanche. Après avoir contemplé le glacier en silence, l'un des voyageurs s'exclama, avec véhémence : « J'en fais le serment, mes bons amis, que Dieu tout-puissant n'a jamais créé un endroit pareil[74] ! » Bien que le voyageur n'ait pas attribué cette œuvre particulière à Dieu, il reconnaissait le sacré ou la magie à l'œuvre dans la nature.

De nombreuses croyances et pratiques amérindiennes relatives aux paysages furent incorporées dans les rituels de travail des voyageurs. Le commis George Nelson mentionnait un incident impliquant l'un de ses voyageurs, Joseph Labrie, qui priait « la mère des vents », tandis que l'équipage se trouvait sur le lac Supérieur, en juin 1802. Il jeta un penny, un peu de tabac et une pierre à briquet dans le lac comme sacrifice pour avoir un bon vent. Labrie eut du succès, puisqu'un bon vent gonfla la voile. Laura Peers et Theresa Schenk pensent que « le sacrifice de Labrie semble être une combinaison des sacrifices ojibwé de denrées, en particulier de tabac, aux esprits puissants qui contrôlaient les eaux (que l'on faisait souvent en traversant les lacs de grande étendue) et de la pratique catholique, non autochtone, d'offrir des fleurs et des offrandes votives aux saints en remerciement pour des prières exaucées »[75]. Certains voyageurs croyaient aux esprits que les Algonquins invoquaient dans la cérémonie de la tente tremblante[76]. Dans cette cérémonie, un homme-médecine algonquin (parfois une femme) entrait dans une tente désignée pour appeler les esprits et communiquer avec eux. La tente tremblait, et les voix des esprits pouvaient être entendues de ceux qui se trouvaient au-dehors.

Langues

Il est clair que les voyageurs qui apprenaient des langues autochtones étaient jusqu'à un certain point les plus influencés par les peuples amérindiens. Les registres des bourgeois et des commis montrent que les voyageurs parlaient avant tout le français, mais ne révèlent pas jusqu'à quel point les voyageurs pouvaient avoir appris des langues autochtones. La plupart des maîtres anglophones apprenaient le français pour pouvoir communiquer avec leurs employés. La traite vit se créer une terminologie spécifiquement française, et certains termes toujours utilisés en anglais étaient des survivances de l'époque de la traite d'avant la conquête, tels que *voyageur, bourgeois, commis, pays d'en haut, portage* et *courir en dérouine*. En vertu de leur supériorité numérique et de leur importance dans les opérations de traite, les voyageurs déterminaient souvent quels termes généraux continueraient d'être usités en français. Alexander Ross attribuait le terme *bourgeois* aux voyageurs, disant que ce terme « avait survécu depuis l'époque de la traite des Français dans la province du Canada »[77]. D'autres termes de la traite provenaient des voyageurs canadiens-français, autant après qu'avant la conquête. Le satiriste Samuel Hull Wilcocke, citant le journal abîmé de Benjamin Frobisher, relevait que « le terme *marcher* est le mot canadien signifiant voyager, et il est aussi fréquemment, si ce n'est le plus souvent, employé pour désigner le progrès d'un canoë ou d'un bateau, autant que celui d'un homme se déplaçant à pied »[78].

De nombreux termes spécifiquement liés aux voyages en canoë des voyageurs étaient d'origine française, tels que le mot *milieu* (pagayeur placé au milieu du canoë), *devant* (homme de proue), *gouvernail* (homme de barrre), *bouts* (hommes de proue et hommes de barre), *demicharge* (canoë dont on enlevait la moitié de la cargaison pour franchir un rapide) et *décharge* (canoë entièrement déchargé pour franchir un rapide). En voyageant sur le lac Supérieur dans les années 1850, Johann Georg Kohl remarquait : « il n'y a pas une seule partie du canoë à laquelle les Canadiens n'aient donné un nom distinctif ». Les membrures du canoë étaient appelées *varangues*, les canoës sans cargaison étaient appelés *canots à lège* et ceux qui étaient chargés entièrement, les *canots de charge*. Voyager en canoë se disait *aller à l'aviron*[79]. Le terme français *dégradé* que l'on trouve sous la plume des bourgeois anglophones signifiait qu'un équipage était contraint de rester à terre à cause du mauvais temps[80]. Les voyageurs appelaient *chicots* les arbres immergés dans les rivières et les cours d'eau[81]. Le terme français *pause*, fréquemment utilisé en anglais (où il est souvent écrit phonétiquement *pose*) désignait les lieux où l'on s'arrêtait à intervalles réguliers lors de chacun des longs portages (voir le chapitre IV)[82].

D'autres termes semblent avoir été usités par quiconque travaillait dans la traite, indépendamment de sa langue maternelle, et ces termes englobaient largement tant des actions que des objets. Dans la traite, *faire la chaudière* signifiait faire la cuisine[83]. Les voyageurs appelaient un certain type de raquettes à neige des *racquettes pattes d'ours*, terme qui peut avoir été une adaptation d'un terme amérindien, qui nommaient les raquettes d'après la ressemblance des traces qu'elles laissaient avec celles des animaux et, d'ordinaire, les différents types correspondaient à des clans, des identités totémiques ou aux esprits protecteurs individuels de celui qui les fabriquait[84]. Le *mal de raquette* désignait la douleur aiguë aux pieds et aux jambes que provoquait la marche en raquettes chez ceux qui n'y étaient pas habitués[85]. Tous ces termes français conservés en anglais reflétaient les domaines d'intérêt et d'expérience particuliers aux voyageurs : le voyage et l'approvisionnement. Mais les bourgeois anglais adoptèrent également d'autres expressions canadiennes-françaises. L'un des termes servant très usuellement aux bourgeois, aux commis et aux voyageurs de la Compagnie du Nord-Ouest pour désigner les gens de la Compagnie XY était *potties*. L'expression *petite potée* désignait des choses ou des gens « de peu de valeur ». Les maîtres de la Compagnie du Nord-Ouest l'appliquèrent à la Compagnie XY pour souligner la petite taille et la maigre réussite de cette entreprise[86].

Les termes français étaient donc largement usités dans la traite, même par des bourgeois et des commis qui ne parlaient pas français. La plupart des lettrés tenaient des journaux et écrivaient des lettres en anglais, qui était la langue officielle des compagnies postérieurement à la conquête, mais des termes français émaillaient leurs écrits, reflétant ainsi le parler quotidien de la traite. La plupart des bourgeois et des commis anglais apprenaient à très bien parler français, ce qui leur était nécessaire pour diriger leurs équipages francophones. Au cours de ses deux premières années dans le service, l'Américain Daniel Harmon se plaignait de ne pas être capable de parler français et évoquait d'autres commis, nouveaux comme lui, récemment arrivés d'Écosse, qui pouvaient aussi peu parler français que lui. Harmon était soulagé lorsque d'autres anglophones, bourgeois et commis, se trouvaient dans les parages, car il pouvait parler à quelqu'un, bien qu'il ait trouvé réconfort et compagnie dans ses livres (en particulier dans la Bible)[87]. Il précise qu'en général on ne le laissa pas seul en charge des voyageurs avant qu'il ne soit capable de parler couramment le français, qu'il commença à étudier dès son arrivée dans l'intérieur. Au bout de deux ans, maîtrisant un français élémentaire, il se plaignait de ce que même si lui savait parler couramment français, « quelle conversation aurait pu tenir un Canadien ignorant et analphabète ? Toute leur conversation [portait] sur les chevaux, les chiens, les canoës et les femmes, et sur les hommes forts qui savaient bien se battre »[88]. Cependant, son expérience démontre la nécessité d'apprendre le français.

L'influence de la langue des voyageurs ne se faisait pas sentir que sur leurs maîtres. Il est probable que lorsque les voyageurs commerçaient avec les Amérindiens, dans leurs campements, et surtout lorsqu'ils entraient en relations étroites avec les femmes autochtones, les termes français aient émaillé leur répertoire. Certains descendants des traiteurs de fourrures européens et de femmes amérindiennes, connus sous le nom de métis, créèrent une langue unique, le michif. Le michif est une langue mixte qui tire ses noms du français et ses verbes du cri, mais ses locuteurs savent rarement parler à la fois cri et français. Le linguiste Peter Bakker relève « qu'aucun mélange semblable de deux langues n'a été rapporté, en aucun autre endroit du monde »[89]. Il explique que cette langue extrêmement inhabituelle est née parce que les métis bilingues « n'étaient plus acceptés ni comme Indiens ni comme Français, et ils formulèrent leur propre identité ethnique, qui était mixte, et dans laquelle un "langage à nous" mixte fut considéré comme faisant partie de leur ethnicité »[90].

En plus d'imprégner leurs relations avec les peuples autochtones et avec leurs maîtres, la langue des voyageurs imprégna également la toponymie du paysage dans lequel ils évoluaient. Les voyageurs donnaient des noms aux traits géomorphologiques particuliers, surtout ceux des rivières et des portages. Ross Cox racontait que « les Canadiens, qui ont une imagination fertile pour baptiser les lieux remarquables, ont appelé une île près de notre campement du 6 du mois *Gibraltar*, à cause des hauteurs rocheuses de son rivage ». Voyageant le long de la rivière Winnipeg, il gémissait qu'il « serait fatiguant et inutile de citer les divers noms par lesquels les Canadiens différenciaient ces endroits » parce qu'il y en avait tant[91]. Les voyageurs semblent avoir entretenu une relation très intense avec l'espace. Lors d'un voyage du « Pais Plat » (Flat Country en anglais) près du lac Supérieur jusqu'au Portage de l'Isle, sur la rivière Winnipeg, au mois de juillet 1784, l'équipage d'Edward Umfreville releva les noms français de nombreux portages, parmi lesquels « Portage de détour », « Portage des deux Rapides », « Portage des Grosses Roches », « Portage des Trembles » et « Portage de Petite Rivière », décrivant la topographie des portages[92]. Parmi d'autres noms de lieux reflétant l'environnement physique, on trouvait « Portage du Thé », dénommé d'après une variété de menthe qui poussait là ; « Les Terres Jaunes », désignant les berges jaunâtres des rivières dans les montagnes Rocheuses ; « La Prairie de la Vache », qui peut aussi bien avoir désigné une prairie de bisons ; « Le Rocher de la Miette », qui désignait de petits rochers[93]. Il est impossible de dire si c'étaient les voyageurs qui baptisaient ces lieux ou s'ils ne faisaient que traduire leurs noms autochtones. D'autres noms de lieux sont de toute évidence des prononciations françaises de noms amérindiens, comme dans le cas du lac Ouinipique (lac Winnipeg).

Attribuer des noms, ou en traduire des langues amérindiennes, à certains points jalonnant les routes de la traite, reflète l'histoire et les expériences des travailleurs de la traite des fourrures, et ces noms, en général, ont perduré des années. Le commis George Nelson nous a laissé une description très détaillée d'un voyage entre Fort William et Cumberland House, effectué au cours de l'été 1822, où il mentionne les noms d'usage de nombre de portages et les histoires qui les accompagnaient. Le « Portage Ecarté » était ainsi nommé parce qu'un homme s'y était perdu pendant presque deux jours et parce que le chemin du portage était encombré de grands rochers. Un autre, nommé « Racoursi », était si difficile que, selon Nelson, seuls les enragés s'y risquaient, comme les Iroquois et quelques Canadiens français. Il décrivait le « Petit-Portage des Chiens » comme glissant et boueux, disant que les hommes dérapaient fréquemment et tombaient sur le dos ou face contre terre en courant avec leurs lourdes charges. Le « Portage à Jourdain » portait le nom d'un guide qui y avait brisé son canoë. Un autre portage, où deux hommes avaient péri, portait le nom de « Portage des Morts ». Les voyageurs appelaient le portage du lac La Pluie « le bout des terres », nom ancien que Nelson pensait d'origine antérieure à la conquête, lorsque les traiteurs français ne voyageaient que jusqu'à ce point de l'intérieur, pensant que les Grands Lacs n'étaient que des bras de la mer de l'ouest. Le « Portage Des Rochers à Chaurette » portait le nom d'un guide qui y avait perdu son canoë et sa cargaison. À la « Chute à Jacqeau », les Canadiens avaient la coutume de faire la course avec leurs chargements et tombaient fréquemment avec eux. Certains « fous » faisaient aussi la course le long du « Portage Barrière » mais y périssaient souvent. Un portage, sur une île, était nommé « Beau-bien », du nom d'un voyageur qui avait reçu de son bourgeois l'ordre de franchir le rapide contre son gré. Le canoë fut submergé, entraîné dans un tourbillon, plusieurs personnes se noyèrent et la plupart des marchandises furent perdues. Nelson mentionne que les voyageurs « pervertissaient » de nombreux noms de lieux amérindiens[94]. Cependant, la plupart des noms qu'il énumère paraissent émaner des expériences des voyageurs, comme le fait de donner aux portages le nom de voyageurs qui y étaient morts ou y avaient été blessés[95]. Il est possible que les noms des portages aient servi de marqueurs pour les portages difficiles autant que de souvenirs des hommes morts en service. Par exemple, le « Portage des Noyés » signalait l'endroit où cinq hommes avaient péri[96].

Pouvoir

Pour les voyageurs, le fait de pouvoir imposer des noms aux traits caractéristiques du paysage symbolisait leur importance dans la traite et leur contrôle sur les voyages et les routes des canoës. Leur langue et le pouvoir d'attribuer des noms donnaient aux voyageurs des moyens d'engranger un peu de pouvoir et de contrôle sur leur travail. Dans certains cas, les voyageurs amoindrissaient l'autorité des bourgeois et des commis en leur donnant des surnoms. Bien que l'imposition de surnoms ait été une pratique usuelle tant chez les Canadiens français que chez les Écossais, le fait que des employés donnent des surnoms à leurs maîtres peut avoir constitué une manière subtile d'écorner le pouvoir de ces derniers. Malheureusement, la plupart des commis et des bourgeois ont dû éviter de noter ces surnoms, surtout s'ils n'étaient pas flatteurs. Ross Cox se souvenait :

> *Il est très drôle d'entendre les distinctions que les [voyageurs] sont obligés d'adopter pour désigner de nombreux partenaires et commis qui ont le même patronyme. Il y a M. Mackenzie le rouge; M. Mackenzie le blanc; M. Mackenzie le borgne; M. Mackenzie le picoté; M. McDonald le grand; M. McDonald le prêtre; M. McDonald le bras croche; et ainsi de suite, selon la couleur des cheveux, la taille, ou d'autres particularités personnelles de chaque individu*[97].

Il racontait que les voyageurs appelaient l'un des agents, M. Shaw, Monsieur Le Chat, et l'un des voyageurs, qui avait rencontré Shaw à Montréal, appelait les enfants de ce dernier « les petits Chatons »[98]. Dans les années 1850, Johann Georg Kohl notait que les vieux Canadiens français vivant autour du lac Supérieur appelaient les ours des « bourgeois à poil long »[99]. Dans ce cas, il est difficile de dire si cette désignation avait pour but de relever les qualités humaines des ours, d'insulter les ours ou de reconnaître le pouvoir des bourgeois. Ces indices ne reflètent probablement que le sommet de l'iceberg pour ce qui est des surnoms que les voyageurs donnaient aux commis et aux bourgeois. Au moyen des surnoms, les voyageurs pouvaient symboliquement saper l'autorité du maître tout en affirmant leurs propres valeurs d'humour et d'alacrité.

Bien que les relations de pouvoir entre les voyageurs et leurs maîtres soient exposées au long dans le chapitre V, et les formes carnavalesques dans le chapitre VI, il vaut la peine de relever ici à quel point les rituels étaient utiles aux voyageurs pour inverser l'ordre normal du pouvoir[100]. L'un des plus visibles d'entre eux était le simulacre de baptême. Les bourgeois et les commis semblent avoir considéré ces cérémonies comme n'étant surtout que l'occasion, pour les voyageurs, de réclamer « un coup à boire ». Harmon notait que, au cours du baptême rituel, « on attendait de ceux qui n'avaient pas encore passé par certains endroits une tournée générale ou quelque chose à boire »[101]. À ce tout début de sa carrière, Harmon avait tendance à décrire les voyageurs comme des brutes opportunistes, toujours en quête d'alcool, d'argent ou de bagarres, probablement parce qu'il était intimidé par eux tout en se sentant supérieur. Mais on ne doit pas considérer ses observations du baptême rituel comme n'étant que la simple réaction d'un jeune commis inexpérimenté. En 1791, l'explorateur George Heriot nota qu'il put éviter un bain forcé dans la rivière Ottawa en payant une « amende »[102]. Il est certain que les voyageurs appréciaient les *régales*, ou tournées générales, qui accompagnaient les rituels et les cérémonies pendant les voyages en canoë, mais le baptême rituel avait une signification autrement plus importante. En y incluant de force les bourgeois, les commis et les gens en déplacement, les voyageurs faisaient montre, symboliquement et en pratique, de leur maîtrise des voyages et incitaient ainsi les bourgeois et les commis à être de bons maîtres. Le maître Edward Umfreville mentionnait qu'il avait « payé son baptême », ce qui peut avoir été un prix symbolique et réel tout à la fois, que les maîtres payaient pour s'assurer l'obéissance de leurs serviteurs[103]. Marcus Rediker a montré que chez les marins du XVIIIe siècle, le rituel du « passage de la ligne » relâchait les barrières entre le capitaine et l'équipage et inversait parfois temporairement la hiérarchie officielle sur le navire. Greg Dennings, cependant, tempère cette affirmation en disant que cette cérémonie avait une signification plus ambiguë et que le « passage de la ligne » à bord des bateaux à voile était plus une satire qu'un défi aux institutions et aux rôles du pouvoir. Les cérémonies se situaient inconfortablement à la limite des rituels « d'inversion », où les marins pouvaient fièrement affirmer leur indépendance et leurs coutumes surannées tout en reconnaissant humblement la manière dont ils étaient gouvernés[104]. Cependant, l'absence de descriptions minutieuses des simulacres de baptême nous laisse penser que ce rituel se rapportait davantage aux relations entre voyageurs qu'à celles entre maîtres et employés.

Les luttes pour le pouvoir et le respect entre maîtres et voyageurs pouvaient se dérouler dans l'arène religieuse. Les rites catholiques devinrent pour les voyageurs un moyen de se distinguer de leurs maîtres protestants. L'un des sujets de contestation était l'observance du repos du dimanche[105]. Malgré la coutume anglaise de pavoiser les forts le jour du Sabbat, les contraintes de temps et de vivres obligeaient souvent les hommes à travailler le dimanche, surtout lors des voyages en canoë, lorsqu'ils devaient se dépêcher pour arriver avant le gel des routes de canoës, et lorsqu'ils arrivaient pour la première fois sur leur lieu d'hivernage où ils s'affairaient à construire un poste[106]. L'officier de la Compagnie de la Baie d'Hudson Robert Ballantyne expliquait :

> *Le jour du Sabbat, dans un voyage comme celui-ci, ne peut être un jour de repos, car, étant tard dans la saison, chaque heure est de la plus haute importance. Un retard peut causer notre immobilisation dans les glaces en atteignant les terres hautes ; et même dès maintenant nous redoutons, à moins que la saison ne soit tardive, d'avoir de grandes difficultés à atteindre le Canada*[107].

Les voyageurs pouvaient exiger le droit d'observer le dimanche, imposant ainsi qu'on leur donne un jour de repos. Certains bourgeois décidèrent que ce n'était pas une bonne idée que de se mettre les voyageurs à dos et leur accordèrent un jour de repos ultérieur lorsqu'ils étaient forcés de travailler le dimanche[108].

L'observance des plus grandes fêtes religieuses coutumières devint un autre terrain disputé des maîtres et des serviteurs. Les voyageurs et les bourgeois convenaient tous que le fait de s'abstenir de travailler durant les jours de fête sanctifiait ces journées, car c'était une forme de sacrifice et de déférence envers Dieu[109]. Mais le protestant évangéliste Daniel Harmon se plaignait à longueur de page des façons païennes des voyageurs catholiques, surtout à Noël : « Aujourd'hui étant le jour de Noël, nos gens ne prêtent plus aucune attention aux affaires de ce monde, sauf à boire toute la journée », et il s'irritait de ce que leurs beuveries et leurs bagarres profanent l'importance de ce jour. En 1806, il fut ravi que la plupart des voyageurs soient absents du poste, le laissant ainsi libre de fêter Noël en lisant la Bible et en méditant sur la naissance de Jésus plutôt que d'être distrait par des festivités déréglées[110]. Les bourgeois protestants étaient souvent hostiles ou indifférents aux rites religieux des voyageurs, lesquels, de par leur culture d'habitants catholiques, pratiquaient des formes de vénération que les bourgeois ne pouvaient reconnaître. Les voyageurs ne considéraient pas que l'alcool et les réjouissances puissent être contraires à l'observance religieuse.

Rites de danger et de mort

En imprimant leur marque au paysage en donnant des noms aux portages, aux caractéristiques géographiques ou aux endroits où certains de leurs compagnons avaient péri, les voyageurs ne faisaient pas seulement montre de leur agir dans leur lieu de travail ; ils signalaient aussi le côté terrible de leur activité. Attribuer des noms aux différents lieux en cours de voyage devint pour les voyageurs un moyen d'affronter et de contenir leur crainte des eaux agitées, des rapides difficiles, des portages infranchissables, du mauvais temps, des animaux sauvages et des peuples autochtones hostiles. Mais le fait d'attribuer à certains lieux des noms inspirant la crainte peut également avoir aidé les voyageurs à se rappeler de ce à quoi ils devaient s'attendre le long des trajets, et à prévenir les nouveaux voyageurs que des passages difficiles étaient en vue. Par exemple, le bourgeois Angus Mackintosh relevait qu'une très large ouverture dans un rocher sur la rive nord de la rivière aux Français était désignée sous le nom « d'entrée de l'enfer » par ses voyageurs[111]. Les voyageurs pouvaient rassembler leurs forces et se préparer à un portage difficile en se rappelant de sa localisation sur la route de la traite. Ces noms reflètent les expériences que les voyageurs estimaient importantes dans leur métier.

Les conditions mêmes de la traite des fourrures finirent par donner forme aux coutumes religieuses des voyageurs. Les rites catholiques étaient pratiqués le plus souvent dans des circonstances navrantes ou tragiques. Un groupe de voyageurs, surpris par l'orage sur le lac Winnipeg, fut pris de panique lorsqu'ils perdirent leur voile et ils commencèrent à dire leur chapelet et à se signer[112]. Une autre fois, lorsque des voyageurs furent surpris par l'orage sur le lac Winnipeg, en se rendant de Fort Alexander à la rivière Jack, tous les voyageurs s'agenouillèrent, sortirent leur chapelet, commencèrent à prier différents saints, et firent le vœu que s'ils vivaient assez longtemps pour voir un prêtre, ils feraient dire une messe d'action de grâces à la Vierge Marie pour leur « délivrance miraculeuse ». Le bourgeois Alexander Ross mentionnait que « les vœux de ce type étaient toujours religieusement tenus par les vieux voyageurs »[113]. La gravité de leurs prières met en lumière les dangers du travail dans la traite des fourrures.

Dépourvus de la direction des prêtres et de la liturgie catholique durant leurs voyages dans le pays d'en haut, les voyageurs imprégnaient souvent les pratiques catholiques de leurs propres conceptions de la meilleure manière de communier avec le cosmos et ses déités, et ces notions se nourrissaient à la fois d'anciennes traditions paysannes et de coutumes amérindiennes que les voyageurs observaient pendant leurs déplacements. Les frontières brouillées entre le catholicisme et la magie dans le monde des paysans, ainsi que le statut liminal des voyageurs lorsqu'ils étaient au loin, créaient une atmosphère particulièrement propice à l'incorporation d'éléments extra-institutionnels de pouvoir spirituel et de protection dans les pratiques religieuses. Une histoire populaire de voyageurs en donne un bon exemple : au temps de la conquête, un canoë de voyageurs revenant du pays d'en haut et allant vers Montréal rencontra un grand groupe d'Iroquois au portage Grand Calumet sur la rivière Ottawa. Les Iroquois commencèrent à pourchasser les Canadiens, qui réussirent à franchir des rapides dangereux pour leur échapper. Après leur tour de force miraculeux, tous les voyageurs prièrent et firent le vœu de faire dire des messes en remerciement de leur délivrance. Les Iroquois s'étaient arrêtés de pourchasser l'équipage lorsque, selon l'histoire, ils avaient vu une femme en robe blanche debout à la proue du canoë. Les voyageurs croyaient que cette femme était la Vierge Marie conduisant le canoë et effrayant les Iroquois[114]. Au cours d'un autre incident, lors de l'un des orages fréquents sur le lac Winnipeg, un voyageur raconta au bourgeois Alexander Ross que trois lumières étranges étaient apparues pour guider le bateau vers le rivage à travers des chenaux étroits et traîtres. Certains des voyageurs pensaient que ces trois lumières étaient les apôtres Pierre et Paul gardant la Vierge Marie, tandis que d'autres considéraient cette apparition comme un sinistre présage et prédisaient que trois hommes se noieraient ou bien que seuls trois hommes sur les neuf que comptait ce voyage seraient sauvés lors d'un prochain orage[115].

Le surnaturel ne se manifestait pas que pour venir en aide à des canoës en difficulté, mais aussi pour prévenir du danger. Sur la rivière Columbia, en 1814, un groupe de voyageurs fut attaqué par un groupe d'Amérindiens, probablement des Chinooks. Ils se réfugièrent sur une île et tentèrent de conclure une trêve. Les voyageurs craignaient de mourir car, durant la nuit, de grands corbeaux volaient au-dessus de leur tête, ce qui, croyaient-ils, signifiait une mort imminente[116]. Les présages de mort pouvaient aussi prendre la forme de visions ou de fantômes. John McDonald de Garth relatait l'histoire d'un voyageur travaillant à l'île à la Crosse en 1792 qui avait eu la vision de chevaux blancs tirant une carriole dans laquelle se trouvaient deux hommes. La saison suivante, en compagnie d'un autre voyageur, il alla chasser le canard sur la même rivière, et on ne les revit jamais. Lorsque leur canoë fut retrouvé sur cette rivière, McDonald convint « qu'il y avait certainement là quelque chose de plus que de la superstition »[117]. Indépendamment de la réalité de tels incidents, la narration de ce type d'histoires confortait la croyance en ces pouvoirs magiques de l'univers qui agissaient à l'extérieur des frontières de l'Église.

De nombreux rites magico-religieux extra-institutionnels des Canadiens français étaient semblables à ceux des Amérindiens, en particulier aux croyances des Algonquins. C'était à ces points de jonction culturelle que les voyageurs et les Algonquins empruntaient le plus souvent les uns aux autres, et se découvraient des points communs. L'un de ces points d'intersection culturelle était la croyance en la possession par des esprits mauvais. Le commis George Nelson rapporta plusieurs « légendes des Voyageurs » lorsqu'il voyagea de Montréal à Sault-Sainte-Marie. Dans l'une de ces histoires, un traiteur, monsieur Lafremboise, en revenant à Montréal avec un équipage, s'enfuit soudainement dans les bois. Lorsque ses camarades lui coururent après pour voir ce qui n'allait pas, Lafremboise ne leur permit pas de s'approcher et s'enfuit plus profondément dans les bois. Après une longue et infructueuse recherche, l'équipage décida de l'abandonner et de poursuivre le voyage. Ils espéraient qu'un autre canoë de passage le ramasserait, et ils accrochèrent une lettre à un poteau pour raconter l'affaire et supplier Dieu et ses saints d'avoir pitié. Mais le jour suivant, au grand étonnement de l'équipage, ils le virent à leur hauteur sur le trajet. Il semblait hagard et effrayé, et une fois encore, ils partirent en vain à sa poursuite dans les bois. Encore une fois, dans l'après-midi, l'équipage le vit au loin, à leur hauteur. Ils pensèrent que c'était un mauvais esprit qui l'avait transporté là, car il était impossible aux êtres humains de voyager sur de si grandes distances, si rapidement et sans aide. Le jour suivant, l'équipage le découvrit à nouveau, cette fois dans une courbe de la rivière. Ils l'encerclèrent précautionneusement sur le rivage, et s'arrangèrent pour le ramener à bord du canoë. Le commis George Nelson commentait:

« Il montrait tous les signes de l'horreur et de l'angoisse d'être capturé ; ils l'attachèrent et le portèrent à bord, il paraissait tout à fait hagard et accablé, et tous ses vêtements étaient en lambeaux ! » Nelson passait outre cet incident, ne le considérant que comme la preuve de l'insanité ou de la fourberie de cet homme[118]. Cet incident est semblable aux histoires de possession européennes et aux histoires algonquiennes de *windigos*, et il peut avoir servi de point de conjonction culturel[119].

Les voyageurs en apprirent beaucoup sur les croyances et les pratiques spirituelles des Amérindiens, et ils y apportèrent des réponses d'intensité spectaculairement variable. En 1803, des voyageurs mourant de faim tentèrent d'imiter les mélopées, les chants, les danses et la manière de fumer des Autochtones, en demandant de la nourriture à ces derniers, un groupe d'Ojibwés, qui s'en amusèrent, eurent pitié d'eux et leur donnèrent à manger[120]. Dans ce cas, les voyageurs en étaient réduits aux moyens les plus désespérés pour trouver de la nourriture. Ces imitations des Amérindiens étaient-elles une stratégie originale pour en appeler aux esprits autochtones, une tentative de communiquer avec les Ojibwés ou une manière de tourner en dérision leur culture ? Les taquineries et les bonnes blagues étaient courantes chez les Amérindiens. Le *trickster* (ou décepteur), Nanabozo chez les Ojibwés et Wisahkecahk chez les Cris, était un esprit important qui avait à la fois le pouvoir de créer et de détruire au moyen du rire, de l'humour et de l'ironie[121]. Les voyageurs ont dû entendre parler du *trickster*, et se sont donc lancés dans une imitation des rites autochtones de manière à pouvoir entrer en contact sérieusement avec les Ojibwés pour en obtenir de la nourriture. Mais il se peut que cette plaisanterie révèle également, par accident, un point de convergence des deux cultures.

Les vies des voyageurs étaient remplies de difficultés, parmi lesquelles la faim, les accidents de canoë, les blessures et les maladies. Comme dans le cas des lettres n'ayant jamais atteint leur destinataire que nous avons vues dans le chapitre II, de nombreux voyageurs moururent en service. Les voyageurs qui mouraient dans le pays d'en haut étaient en général enterrés de manière catholique. Les itinéraires réguliers des canoës étaient jalonnés de croix de bois marquant les endroits où des voyageurs s'étaient noyés ou avaient péri dans quelque autre accident[122]. Lorsqu'une brigade passait devant une croix sur une berge, les voyageurs ôtaient leur chapeau, faisaient le signe de croix et marquaient une pause pour dire une prière. Daniel Harmon s'en plaignait : « Presque à chaque rapide que nous avons passé depuis que nous avons quitté Montréal, nous avons vu de nombreuses croix érigées, et en un endroit j'en ai compté pas moins de trente ! »[123] Les croix portaient souvent le nom du voyageur et la date de sa mort. À l'occasion, on donnait son nom à l'endroit, comme à l'île Lapensie près de Jasper House[124]. La Pointe aux Croix (ou Pointe des Noyés) sur le lac Nipissing prit ce nom après un accident au milieu des années 1780 dans lequel onze hommes se noyèrent, et une croix fut érigée pour chacun d'entre eux[125]. Les croix servaient souvent à avertir les voyageurs des dangers d'un rapide ou d'un portage en particulier[126].

Les voyageurs décédés étaient également enterrés dans des cimetières improvisés à proximité des postes[127]. Les voyageurs pouvaient être assez exigeants quant à la localisation de ces cimetières, voulant s'assurer que les tombes seraient protégées. Après la mort de l'un de ses hommes, le bourgeois James McKenzie déplorait le fait que :

> *Trois hommes étaient aujourd'hui employés en vain à creuser une tombe dans les rochers à l'arrière du fort – je leur ai dit avant qu'ils commencent que l'endroit le plus beau aussi bien que le plus facile pour creuser une tombe serait sur la Pointe au Sable, mais avec cet esprit de contradiction si particulier à tous les Français tous et chacun le nièrent en même temps et se moquèrent de moi pour avoir proposé d'inhumer un* Français *qui, de ce seul fait est sacré, dans un terrain où les Indiens ont établi leur campement et [où ils] pourraient profaner sa tombe en écorchant des peaux au-dessus, etc. etc.*[128]

En certaines occasions, les restes étaient transportés au Canada pour être enterrés en terre consacrée[129].

Parfois, certains voyageurs qui avaient quitté le service mais continuaient de travailler dans le pays d'en haut comme traiteurs indépendants (on les appelait les gens libres, voir le chapitre IX), étaient aussi enterrés dans les rites de l'Église catholique. Un homme libre âgé, Jean-Baptiste Bouché, mourut à soixante-neuf ans. Alexander Ross et son équipage « l'enterrèrent dans leur camp et brûlèrent l'emplacement de la tombe afin qu'aucun ennemi ne dérange ses restes ; et près de cet endroit [s'élevait] un arbre amical, portant l'inscription de son nom, de son âge, et la date de sa mort »[130]. L'homme ayant été malade pendant longtemps avant de mourir et ayant été immobilisé durant les dix derniers jours, nous pouvons supposer que les voyageurs ont accompli son vœu d'être enterré de manière catholique. Parfois les voyageurs inhumaient leur épouse autochtone selon la tradition catholique[131]. En une occasion exceptionnelle, un voyageur pratiqua un baptême d'urgence sur la personne de la femme amérindienne mourante d'un autre voyageur[132]. Les enfants des voyageurs dans le Nord-Ouest pouvaient être baptisés et enterrés dans les rites de l'Église catholique[133]. Ces derniers étaient surtout observés dans les moments de danger ou de mort, et manifestaient de manière éclatante les racines des voyageurs.

Les croyances et les pratiques « magico-religieuses » des voyageurs, tout à la fois, et de nombreuses manières, configuraient leur lieu de travail dans le pays d'en haut et étaient configurées par lui. Après avoir quitté les églises paroissiales de la région de Montréal, les voyageurs devaient faire de leur mieux pour se rappeler les suppliques adressées à Dieu et aux saints et les répudiations de Satan sans l'aide d'un prêtre. Diverses improvisations sur ces rites s'imposaient au fur et à mesure que les voyageurs s'éloignaient de la vallée du Saint-Laurent et résidaient dans le pays d'en haut pendant de longues périodes. Ils s'ouvrirent davantage aux influences extérieures à l'Église, celles-ci provenant de leurs voyages, de leur environnement, de leurs maîtres et des peuples autochtones. Les rituels exécutés lors des voyages en canoë ou dans les postes de l'intérieur servaient à la fois de modèles et de miroirs à l'identité des voyageurs, reflétant leurs changements de préoccupations et exposant visiblement de nouvelles valeurs. La prière rituelle à sainte Anne, décrite dans la citation qui ouvre ce chapitre, les simulacres de baptême et les pratiques funéraires montrent que l'adhésion des voyageurs au catholicisme perdurait, tandis que les prières ou les recours aux déités révèlent que nombre de voyageurs adoptaient certains aspects des cosmologies amérindiennes. La pratique d'attribuer des noms est des plus évocatrices de l'intégration des voyageurs aux espaces qu'ils traversaient, construisant un lieu leur appartenant dans le pays d'en haut. En participant aux rituels d'identité, les voyageurs établissaient clairement le caractère distinct de leurs valeurs culturelles, et définissaient et affirmaient leur pouvoir. Dans le chapitre suivant, nous verrons comment les voyageurs affirmaient leur pouvoir par l'intermédiaire de leur travail et exprimaient des valeurs culturelles au moyen de la chanson.

IV
« C'est l'aviron qui nous mène »

Le travail des voyageurs en canoë

C'est l'aviron qui nous mène
M'en revenant de la joli' Rochelle,
J'ai rencontré trois jolies demoiselles.
C'est l'aviron qui nous mène, qui nous mont'
C'est l'aviron qui nous monte en haut[1].

IMAGINONS DES VOYAGEURS remontant la rivière Ottawa, quatorze hommes dans un grand canoë, coordonnant leurs coups de pagaie au rythme de la chanson « C'est l'aviron qui nous mène », à la mélodie répétitive, qui évoquait des images ambiguës d'amoureux déçus et de destins contrariés. La chanson raconte l'histoire d'un jeune homme accompagnant une jeune femme chez elle, où elle but à la santé de son père, de sa mère, de son frère, de ses sœurs et de son amoureux ! Cette chanson faisait partie de celles, nombreuses, que les voyageurs chantaient en pagayant, lorsqu'ils transportaient des fourrures et des marchandises de traite sur d'immenses distances jusqu'aux postes les plus reculés. Les équipages comptaient de quatre à dix-huit personnes par canoë, et pour coordonner les coups de pagaie, il fallait être dirigé verbalement, d'une manière ou d'une autre. Au lieu de compter, de se fier au barreur ou de psalmodier des mélopées, les voyageurs chantaient des chansons répétitives.

Bien qu'il soit difficile d'entendre les voix des voyageurs dans les archives, on peut en trouver l'écho dans leurs chansons. L'explorateur allemand Georg Kohl, qui avait parcouru les alentours du lac Supérieur dans les années 1850, observait :

> *Les voyageurs accompagnent presque tout ce qu'ils font par des chansons, en brodant sur ces thèmes – leur pêche, leurs efforts exténuants à l'aviron, leurs*

> *réunions sociales autour du feu de camp ; et plus d'une plaisanterie, plus d'un incident comique, plus d'un récit émouvant qui, si on les regardait de près, ne soutiendraient pas la critique, ici servent à chasser l'ennui. Si parfois même ce n'est rien de plus qu'un « tra-la-la ! », cela réjouit des cœurs qui soupirent après les chansons et les mélodies*[2].

Le répertoire de chansons élaboré par les voyageurs constituait un genre littéraire expressif. Certaines paroles décrivaient la vie matérielle des voyageurs au travail, comme le vers « Mon canot d'écorce, léger comme une plume » dans la chanson « Mon canot d'écorce »[3]. D'autres chansons étaient d'interminables lamentations, appelées « complaintes », qui racontaient des événements particulièrement tragiques de la traite des fourrures et commémoraient leurs victimes. La plus célèbre de celles-ci, « Petit Roche », racontait l'histoire de Jean Cadieux (ou Cayeux), qui s'était sacrifié pour que son équipage puisse échapper à certains ennemis iroquois[4]. Nombre de ces chansons étaient d'anciennes ballades françaises, comme « À la claire fontaine », « Voici le printemps » et « C'est l'aviron qui nous mène », qui dataient d'avant le travail des voyageurs dans la traite des fourrures, et étaient même antérieures à l'établissement de la colonie de la Nouvelle-France dans la vallée du Saint-Laurent[5]. La diversité de ces chansons révèle à la fois les liens étroits des voyageurs avec leur foyer du Canada français et leurs efforts de se créer un endroit à eux dans le pays d'en haut.

Les chants de voyageurs accompagnaient nombre de leurs activités lorsqu'ils travaillaient à bord des canoës, comme charger la cargaison, pagayer, franchir les rapides, portager, haler les canoës et décharger la cargaison lorsqu'ils arrivaient à destination. Leurs maîtres appliquaient aux voyageurs le stéréotype de « bêtes de somme », qui pouvaient accomplir sans même y penser des exploits de force pure et d'endurance. La réalité de leur travail routinier, cependant, montre que les voyageurs étaient compétents, qu'ils étaient des travailleurs hautement qualifiés, effectuant des tâches qui exigeaient de l'organisation, des aptitudes, de la ressource et de la dextérité. Les historiens du travail ayant étudié la construction sociale des savoir-faire chez les travailleurs que l'on présumait non qualifiés, comme les bûcherons, les constructeurs de baraques ou les marins, ont démontré qu'il existait un schéma commun dans lequel certains métiers n'étaient considérés comme non qualifiés que parce qu'un grand ensemble d'hommes avaient appris les savoir-faire manuels requis dans leur enfance[6]. C'était vrai aussi des voyageurs. Ils avaient acquis la force et l'expérience nécessaire à emballer et à porter des marchandises en grandissant sur des fermes et ils pouvaient apprendre rapidement à pagayer en embarquant sur les canoës. Il se peut que les bourgeois anglais d'après la conquête aient considéré que les voyageurs avaient un talent « inné » pour ce métier difficile en raison de la longue tradition de traite des fourrures en Nouvelle-France. Depuis la création de la colonie française, les colons de la vallée du Saint-Laurent avaient été coureurs des bois et voyageurs. Les bourgeois anglais pensaient probablement que cette activité de longue tradition était invétérée chez tous les hommes canadiens-français.

En tant que fermiers de la vallée du Saint-Laurent, les voyageurs étaient habitués aux travaux pénibles et à compter avec les tribulations du temps et des sols difficiles ; ils étaient durs à la peine. Partir travailler dans l'inconnu du Nord-Ouest était, sur les plans physique et psychologique, un plus grand défi que rester travailler à la ferme, mais leur expérience de la vallée du Saint-Laurent les y avait en quelque sorte préparés. Comme à la ferme, la vie des voyageurs au travail suivait des schémas saisonniers[7]. Durant les mois d'été, quand les cours d'eau étaient libres de glace, les voyageurs travaillaient à un rythme frénétique, transportant les fourrures et les marchandises à partir de Montréal, vers les dépôts de l'intérieur et les postes les plus reculés et à nouveau vers Montréal. Pendant les mois d'hiver, sur un rythme un peu plus lent, les voyageurs construisaient et entretenaient les postes, établissaient des liens sociaux et des accords de traite avec les peuples autochtones et amassaient des réserves de nourriture, pemmican, viande et poisson séchés. La question de savoir si le travail des voyageurs était difficile ne se pose pas. On les engageait pour accomplir des exploits quasi-miraculeux dans le transport des marchandises et des fourrures sur des distances gigantesques et des routes de canoë improbables. Le colonel George Landmann, à la fin du XVIIIe siècle, décrivait ainsi le travail des voyageurs :

> *Aucun homme au monde n'est plus gravement surmené que ces voyageurs canadiens. J'en ai vu travailler dans un canoë vingt heures sur vingt-quatre, et continuer à cette allure pendant une quinzaine de jours ou trois semaines sans un jour de repos ni aucune diminution de travail ; mais ce n'est pas impunément qu'ils s'exténuent ainsi ; ils maigrissent beaucoup au cours de tels voyages, bien qu'ils consomment une quantité incroyable de nourriture*[8].

Bien que cela soit probablement exagéré, cela reflète à quel point le travail des voyageurs était perçu comme difficile. Ils pagayaient de longs jours durant à travers toutes sortes de contraintes imposées par les rivières et les lacs et transportaient les chargements à travers d'innombrables et laborieux portages. Les voyageurs étaient fiers de ces exploits de force, d'endurance et d'audace qui contribuaient à leur créer un espace d'accommodements entre eux et leurs employeurs. Cependant, ils exerçaient un certain contrôle sur leur travail. Ils organisaient leur temps de manière particulière, à la fois en termes d'heures et de journées. Les conditions atmosphériques, les tâches et les nécessités quotidiennes, ainsi que les loisirs, comme fumer la pipe, déterminaient le rythme du travail. Le fait de chanter des chansons prit une place particulièrement importante en tant que moyen d'humaniser le lieu de travail. Chanter avait deux fonctions essentielles : donner le rythme du travail et créer un espace de plaisir et de créativité. Ce chapitre examinera le travail des voyageurs en canoë, en portant une attention particulière à la manière dont ces chansons s'entremêlaient aux tâches quotidiennes.

Les chansons et leurs origines

Il est certain que de nombreux groupes exclusivement masculins de travailleurs saisonniers, comme les marins ou les bûcherons, chantaient en travaillant. Mais ce qui rendait les chansons si essentielles dans la vie des voyageurs au travail était leur fonction importante d'imprimer le rythme de nage. Les voyageurs apprenaient de nombreuses chansons en grandissant sur les fermes de la vallée du Saint-Laurent, mais ils les remodelaient de manière distinctive en travaillant dans la traite des fourrures. Les bourgeois, les commis, les explorateurs et les gens de passage dans le pays d'en haut, quasiment tous ont mentionné les chants des voyageurs. Le duc de La Rochefoucauld-Liancourt, venu de France pour visiter le Haut-Canada dans les années 1790, disait que les voyageurs canadiens-français « selon leur coutume ne s'arrêtèrent pas un instant de chanter… ils ne furent interrompus que par les rires qu'ils avaient provoqués »[9]. Le traiteur Ross Cox disait en 1816 que « les Canadiens au cœur léger sous l'influence du printemps… chantaient à tue-tête leurs plaisantes et sauvages chansons à l'aviron »[10]. En 1832, le capitaine George Back, ancien membre de l'exploration arctique de Franklin en 1821, explorait les toundras au nord du lac Athabasca lorsqu'il écrivit que les voyageurs de son canoë « bleuglèrent aux [voyageurs sur la rive] de s'embarquer, et ils partirent à l'aviron au rythme jovial d'une joyeuse chanson de canoë »[11].

Certains de ces observateurs notèrent les titres des chansons des voyageurs. Thomas L. McKenny, le surintendant américain des Affaires indiennes, qui voyagea autour des Grands Lacs dans les années 1820, et R.M. Ballantyne, qui travailla pour la Compagnie de la Baie d'Hudson dans les années 1840, relevèrent tous deux que la chanson « Rose blanche » était la préférée des voyageurs[12]. Le naturaliste et explorateur américain Robert Kennicott, qui voyagea longtemps dans le nord-ouest de l'Amérique du Nord, citait la chanson « À la claire fontaine » comme la quintessence des chansons de voyageurs[13]. L'éminente femme de lettres irlandaise Anna Jameson, visitant le Canada dans les années 1830, releva plusieurs titres dans le passage suivant :

> *Ils chantent tous à l'unisson, élevant la voix et marquant le rythme avec leurs pagaies. Il y avait toujours un meneur, mais parmi ces derniers les goûts et les talents étaient variés. Si je souhaitais entendre « En roulant ma boule,*

> *roulette », je m'adressais à Le Duc. Jacques excellait dans « La belle rose blanche » et Louis était superbe dans « Trois canards s'en vont baignant »*[14].

On peut se demander dans quelle mesure ces voyageurs s'exécutaient uniquement pour Jameson, mais néanmoins, leur visible allégresse à chanter révèle le plaisir qu'ils en retiraient. On choisissait en général les meilleurs chanteurs pour donner le ton à l'équipage, ce qui signifie que les voyageurs s'efforçaient d'améliorer leurs qualités de chanteurs et tiraient une certaine fierté de leurs performances. Le duc de La Rochefoucauld-Liancourt observait : « L'un d'eux chante une chanson, que les autres reprennent, et tous rament sur cet air »[15].

Malheureusement, rares sont les observateurs à avoir noté les paroles de ces chansons. Mais les quelques rares indices que nous en ayons sont intrigants, car ils révèlent à la fois les paroles que créaient les voyageurs en même temps que les cas où les voyageurs changeaient ou adaptaient à leur propre usage les paroles de ballades françaises. Une étude exhaustive du développement de ces chansons irait bien au-delà de la portée de cet ouvrage, mais nous pouvons les éclairer par quelques exemples. L'ethnologue Marius Barbeau affirmait que les voyageurs chantaient des chansons folkloriques canadiennes-françaises bien connues, mais « vivantes et malléables, les chansons véhiculaient un tant soit peu de la manière du chanteur individuel et des fonctions qu'elles servaient, soit dans les lieux habités, soit dans leurs pérégrinations. Les hommes des canoës, plus que d'autres, avaient la possibilité de remodeler les refrains pour qu'ils reflètent leurs nouveaux environnements et les objets qui les entouraient, comme le canoë et les avirons »[16]. Le célèbre poète irlandais Thomas Moore visita le Canada en 1804 et fut enchanté des voyageurs qui l'avaient amené de Montréal à Kingston. Il notait :

> *Nos voyageurs avaient de belles voix et chantaient parfaitement en accord les uns avec les autres. Les paroles originales… semblent avoir été une longue histoire incohérente de laquelle je n'ai pas compris grand-chose, à cause de la prononciation barbare des Canadiens. Cela commence « Dans mon chemin j'ai rencontré/ Deux cavaliers très bien montés… » et le refrain en était « À l'ombre d'un bois je m'en vais jouer/ À l'ombre d'un bois je m'en vais danser ». Je me suis essayé à mettre cet air en musique et l'ai publié. Sans ce charme que confère cette association à chacun de ces petits souvenirs ou sentiments du passé, on pourrait peut-être trouver cette mélodie ordinaire ou insignifiante ; mais je me souviens que lorsque nous sommes entrés, au coucher du soleil, dans l'un de ces beaux lacs sur lesquels le Saint-Laurent s'ouvre majestueusement et inopinément, j'ai écouté cet air tout simple avec un plaisir que les œuvres les plus raffinées des grands maîtres ne m'ont jamais procuré ; et à présent, il n'y a pas une note de celui-ci qui ne rappelle à ma mémoire le plongeon de nos avirons dans le Saint-Laurent, l'envolée de notre embarcation au-dessus des*

Figure 4. « Chanson du Nord » par Frank Blackwell Mayer. Carnet nº 43, Minnesota 49, Edward E. Ayer Collection. Reproduit avec la permission de la Newberry Library, Chicago.

> *rapides, et toutes ces nouvelles impressions fantasques qui ravissaient mon cœur tout au long de ce très intéressant voyage*[17].

Bien que Moore ait publié son célèbre « Canadian Boat Song » en 1806, ces chansons ne l'avaient apparemment pas inspiré au point de les noter toutes de manière exhaustive[18]. L'artiste de Baltimore, Frank Blackwell Mayer, regrettait de n'avoir pas noté les chansons qu'il avait entendues autour des Grands Lacs dans les années 1850. Il écrivait : « Je n'ai pas réussi à me procurer un ensemble complet de ces raretés musicales, la politesse de nombre de mes amis français consistant plutôt en souriantes promesses qu'en concrétisation consciencieuse »[19]. Il nota effectivement quelques portées d'une « Canadian Voyageur Song », qu'il intitula également « Chanson du Nord »[20].

Fort heureusement, il y eut un traiteur de fourrures à noter les paroles d'un certain nombre de chansons de voyageurs. Edward Ermatinger, apprenti puis commis de la Compagnie de la Baie d'Hudson de 1818 à 1828, voyagea continûment entre York Factory, la Rivière Rouge et la rivière Columbia, et eut donc amplement l'occasion d'apprendre des chansons de voyageurs. Il transcrivit onze chansons de voyageurs, qui restèrent cachées dans les archives de la famille Ermatinger à Portland, Oregon, jusqu'en 1943, où elles furent prêtées aux Archives publiques du Canada pour y être copiées[21]. Marius Barbeau publia cet ensemble des onze chansons de voyageurs d'Ermatinger en 1954 dans le *Journal of American Folklore*[22]. Ces chansons sont toutes d'anciennes ballades françaises, incluant « J'ai trop grand peur des loups », « Mes blancs moutons garder », « C'est l'oiseau et l'alouette » et « Un oranger il y a ».

Celui qui, de passage, prêta le plus attention aux chansons de voyageurs fut Kohl. Après avoir interrogé beaucoup de voyageurs âgés ou retraités dans la région du lac Supérieur, il émit l'hypothèse qu'en plus des anciennes ballades françaises, les voyageurs chantaient de nombreuses chansons de composition informelle et constamment changeantes, mais jamais couchées par écrit : « Je veux parler ici surtout de ces chansons composées sur le moment, caractéristiques du pays et de ses habitants, dans lesquelles les gens dépeignent eux-mêmes leurs aventures quotidiennes et la nature environnante… En général, ils appellent leurs chansons les plus particulières des "chansons de voyageurs" et en excluent les chansons dérivées de France et d'ailleurs »[23]. Kohl poursuit en soulignant que les chansons spécifiques aux voyageurs (plutôt que les ballades françaises) sont très longues et répétitives, ce qui convenait particulièrement bien aux longs parcours en canoë : « Ils font une pause sur chaque idée, en la répétant avec un certain degré d'admiration, et l'interrompent par des refrains et des répétitions »[24]. Les voyageurs s'intéressaient souvent davantage à la sonorité d'un mot et à ses possibilités de rime et de répétition qu'à son sens. Cependant, en cataloguant les chansons de voyageurs, la chercheuse Madeleine Béland a démontré que de nombreux aspects de la vie des voyageurs s'exprimaient dans leurs chansons, ainsi leurs engagements, leurs départs, leur nourriture et leur solitude[25]. Le fait d'exprimer les expériences ayant pour eux un sens, ainsi que le fait de les garder en mémoire dans leurs chansons de travail, faisaient partie de la tradition orale unique des voyageurs. Par exemple, la chanson « Quand un chrétien se détermine à voyager » parle d'un prêtre qui avertit les novices des difficultés de ce travail, en soulignant clairement les dangers du mauvais temps, des vagues, de la fatigue, des moustiques, des accidents mortels et des peuples amérindiens hostiles[26].

Ces diverses références montrent que les voyageurs chantaient trois types de chansons : des ballades françaises, romantiques et mélodiques, des complaintes pour les tragédies survenues à des compagnons voyageurs et des chansons du travail quotidien, composées sur le moment et constamment changeantes. Les ballades françaises reflètent une tradition profondément enracinée, importée de France par leurs ancêtres, de l'éloge de l'amour romantique et de la famille. Les complaintes, plus tardives, conservent la forme des ballades françaises, mais les paroles reflètent le développement croissant d'une tradition propre aux voyageurs et l'histoire du travail dans la traite des fourrures. Les chansons du travail quotidien permettaient aux voyageurs de faire passer leur labeur dans des chansons vivantes et répétitives, qui les aidaient à maintenir un rythme de nage, à passer le temps et à se plaindre de leur sort.

Itinéraires

Comment les conditions de travail en canoë ont-elles influé sur les chansons des voyageurs ? Après avoir signé leur contrat, les voyageurs rencontraient leurs nouveaux maîtres à Lachine, communauté située à quelques kilomètres à l'ouest de Montréal, au confluent de la rivière Ottawa et du Saint-Laurent qui forme le lac des Deux-Montagnes. Là les hommes étaient répartis en groupes en fonction de leur destination, les équipages étaient constitués et assignés à des canoës. Les mangeurs de lard, c'est-à-dire les hommes engagés pour travailler sur la première étape du voyage, entre Montréal et Grand Portage, ou entre Montréal et Fort William, à l'extrémité ouest du lac Supérieur, étaient séparés des hommes du nord, ceux qui devaient se rendre dans les postes de l'intérieur du Nord-Ouest. Les mangeurs de lard et les hommes du nord ne pagayaient probablement pas dans les mêmes canoës, même s'ils prenaient tous au départ la direction du lac Supérieur. Les mangeurs de lard ne travaillaient que durant les mois d'été, lorsque les eaux étaient libres de glace, tandis que les hommes du nord avaient signé pour travailler tout au long de l'année pour leurs maîtres. Il est probable que les bourgeois aient essayé de tenir ces deux groupes séparés et qu'ils aient encouragé la compétition entre eux. Les hommes de l'Athabasca hivernaient au nord du lac Athabasca, devaient franchir les portages les plus difficiles et voyager sur les distances les plus longues. Pendant la courte saison libre de glace, ils n'avaient pas le temps d'atteindre le lac Supérieur et ils transportaient leurs cargaisons aussi loin qu'ils le pouvaient, en général jusqu'au lac La Pluie, sans pouvoir se rendre au rendez-vous d'été du lac Supérieur (voir le chapitre VI). Aussi n'avaient-ils aucun contact avec les mangeurs de lard, et très peu d'échanges avec les hommes du nord.

Malgré les différences entre ces groupes de travailleurs, on ne peut cependant pas tracer de frontières définitives entre eux. En général, les hommes du nord et les hommes de l'Athabasca commençaient leur carrière de voyageurs en tant que mangeurs de lard, et souvent les hommes passaient de l'un de ces trois groupes à un autre. Ces catégories occupationnelles étaient distinctes, mais étroitement connectées les unes aux autres. Non seulement de nombreux hommes du nord avaient-ils été formés au métier lorsqu'ils étaient des mangeurs de lard, mais leur réputation de « durs » ne se faisait que par comparaison avec les mangeurs de lard moins expérimentés qu'eux. De même, tous les voyageurs étaient mesurés à l'aune des hommes de l'Athabasca.

Parmi les autres éléments constitutifs des vies de travail des voyageurs, il y avait la géographie, et les itinéraires spécifiques des canoës. La traite s'étendait sur d'immenses distances en Amérique du Nord, et les bourgeois exploraient sans cesse de nouvelles terres vers l'ouest et le nord, surtout pendant la période d'intense rivalité entre les compagnies basées à Montréal et la Compagnie de la Baie d'Hudson. Le gigantesque réseau de transport se divisait en deux parties. La première comprenait les routes situées entre Montréal et le plus important des centres d'approvisionnement du lac Supérieur, qui fut Grand Portage jusqu'en 1804, puis qui se déplaça à 80 km vers le nord à Fort Kaministiquia qui fut rebaptisé Fort William[27]. Il y avait deux itinéraires principaux sur cette section du système de transport : le premier passait par l'amont du Saint-Laurent et à travers les Grands Lacs, traversant des centres tels que York (aujourd'hui Toronto) sur la rive nord du lac Ontario ; Niagara, entre le lac Ontario et le lac Érié ; Détroit, entre le lac Érié et le lac Huron ; Michilimackinac, entre le lac Huron et le lac Michigan ; et Sault-Sainte-Marie, entre le lac Huron et le lac Supérieur (voir carte 2). L'essentiel du trajet se faisait en direction de l'amont, à contre-courant. Sur les Grands Lacs, on commença d'utiliser des goélettes et des cotres vers le début du XVIIIe siècle pour aider à transporter les marchandises de traite et les provisions[28]. Le second itinéraire remontait la Grande rivière, ou rivière Ottawa, puis prenait la direction de l'ouest en remontant la rivière Mattawa, traversait le lac Nipissing et suivait la rivière aux Français (ou French River) en direction de la baie Georges et du lac Huron, pour enfin traverser le lac Supérieur (voir carte 2)[29]. L'essentiel de cette route vers l'ouest se faisait en remontant le courant, bien que la section du trajet entre le lac Nipissing et la baie George se fasse dans le sens du courant. Il était donc bien plus facile de voyager en direction de l'est vers Montréal que de voyager en direction de l'ouest vers l'intérieur. Sur ces deux itinéraires, les équipages pagayaient le long de la rive nord du lac Supérieur, ce qui impliquait un ensemble de contraintes et nécessitait d'autres aptitudes que celles des voyages le long des rivières. Au lieu d'avoir affaire aux courants et aux portages, les équipages devaient affronter le vent, les vagues et les marées.

La seconde section principale du système de transport de la traite des fourrures de Montréal commençait à la sortie de Grand Portage et de Fort William et s'étendait sur des milliers de kilomètres à l'ouest, au nord et au sud en direction des postes de traite de l'intérieur (voir carte 3). Le portage de l'extrémité ouest du lac Supérieur avait une longueur de 12 à 16 km (en fonction de la localisation) et il fallait près de quinze jours pour le franchir. On parvenait sur les hauteurs juste à l'ouest de ce lac, les trajets ensuite se faisant dans le sens du courant. Il était donc plus rapide de voyager vers l'intérieur que de revenir vers le lac Supérieur, ce trajet se

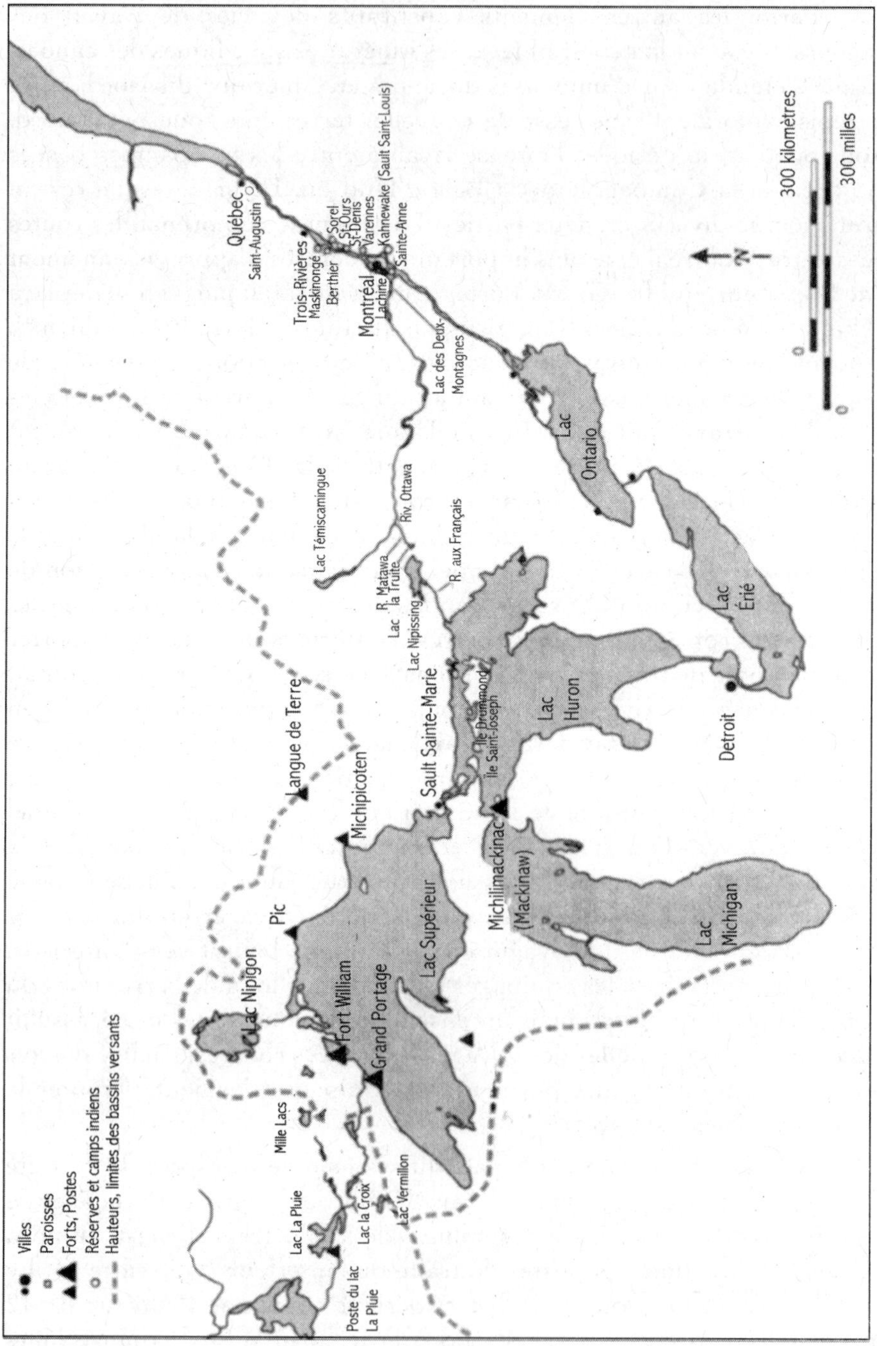

Carte 2. Itinéraires des mangeurs de lard.

faisant surtout au fil du courant. Les systèmes hydrographiques versant vers la baie d'Hudson et les océans Arctique et Pacifique compliquaient encore davantage ces itinéraires[30].

Les itinéraires variaient en fonction des différents départements. Les postes les plus faciles à atteindre étaient ceux des alentours des Grands Lacs, du lac Nipigon et de la région au nord du lac Supérieur, mais la plupart des brigades étaient envoyées loin vers le nord et l'ouest, surtout lorsque les régions limitrophes des Grands Lacs eurent été soumises à une chasse à outrance après 1805[31]. Ces brigades se rendaient à Bas de la Rivière, poste rebaptisé Fort Alexander en 1807, situé au débouché de la rivière Winnipeg dans le lac du même nom. Il y avait aussi divers itinéraires à travers les systèmes hydrographiques du lac La Pluie et du lac des Bois avant l'entrée dans la rivière Winnipeg[32]. Fort Alexander jouait le rôle d'entrepôt et de carrefour des routes de l'intérieur. Les itinéraires principaux au départ du Fort Alexander incluaient celui remontant la Rivière Rouge vers le sud en direction de Pembina et du pays du Missouri, et celui en direction de l'ouest le long de la rivière Assiniboine ; celui menant à l'extrémité nord du lac Winnipeg, celui partant vers l'ouest le long des branches tant nord que sud de la rivière Saskatchewan ; et celui menant plus loin vers le nord, depuis Cumberland House, le long des rivières Churchill ou et de la rivière aux Anglais vers le district de l'Athabasca (voir carte 3).

Rythme des voyages

Les cours d'eau, dans le nord-ouest, étaient libres de glace pendant environ cinq mois de l'année, mais bien sûr, ce délai se réduisait en remontant vers le nord. Les brigades des canoës devaient être revenues soit à Montréal, soit à un poste de l'intérieur, de leur voyage au lac Supérieur dans ce laps de temps. C'était une épreuve que de transporter du fret sur les 4800 km entre l'Athabasca et Montréal[33]. Plus le voyage était long, plus les hommes devaient forcer l'allure pour devancer le gel. L'allure des déplacements pouvait être contrôlée par le rythme des chansons, mais c'étaient la taille des canoës autant que les conditions du voyage qui déterminaient leur progression.

Les « canoës express », petits et légers, qui transportaient pour toute cargaison le courrier et les nouvelles, étaient les plus rapides. La vitesse des canoës était aussi affectée par le poids du fret ; plus le canoë était lourdement chargé, plus il était lent. Pour cette raison, les « canots du nord », plus petits, voyageaient plus rapidement en règle générale que les grands « canots du maître », utilisés pour la traversée des Grands Lacs, mais ces « canots du maître » tenaient mieux les vagues et les forts courants des

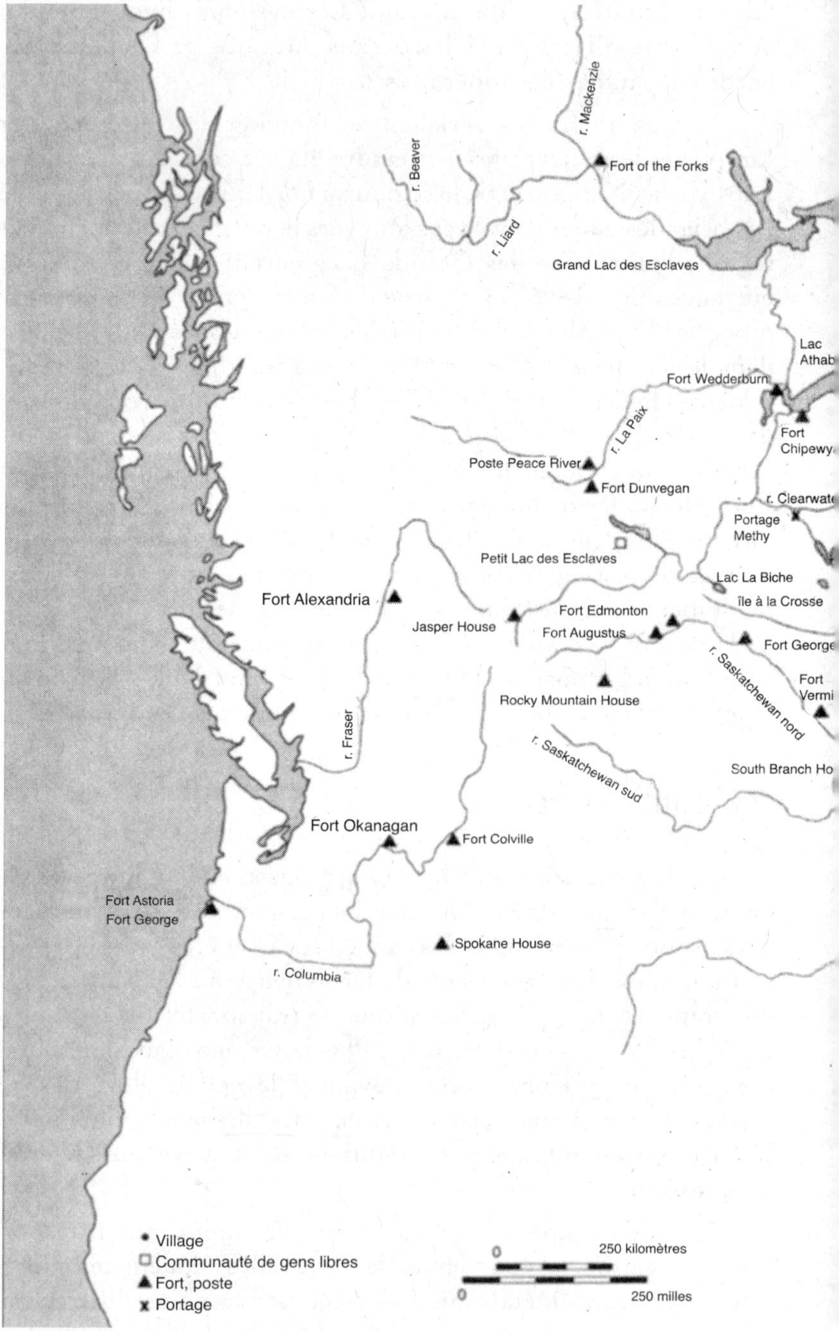

Carte 3. Itinéraires des hommes du nord.

Baie d'Hudson
Fort Churchill
r. Churchill
York Factory
Lac La Ronge
Lac La Croix
r. Hayes
Cumberland House
Le Pas
r. Jack
Norway House
Lac Winnipeg
Swan
r. Blood
r. Terre Blanche
r. Berens
r. Assiniboine
Lac Manitoba
r. Pigeon
Fort Dauphin
Fort Alexander (Bas de la Rivière)
r. Winnipeg
Portage de l'Isle
Fort aux Trembles
St-Boniface
Lac des Bois
Turtle Mountain
Portage La Prairie
Colonie de la Rivière Rouge
r. Rouge
Lac La Pluie
Lac La Croix
Poste du lac La Pluie
Pembina
Lac Vermillon
Fond du Lac
Folle Avoine
Lac du Flambeau
Pike River
Lac Supérieur
Lac Nipigon
Poste Kaministiquia
Fort William
Grand Portage
Baie James
Moose Factory
Lac Huron
Lac Michigan

grandes rivières et des lacs. Les canots du maître mesuraient généralement 9m de long, mais pouvaient aller jusqu'à une longueur de 10m et avaient une largeur médiane de 1,20 à 1,80m. Les « canots du nord » étaient plus petits, en général de 6 à 8m de longueur, et pouvaient transporter un peu plus de la moitié du chargement d'un canot de maître. Parfois, les voyageurs se déplaçaient en « canots bâtards », plus grands que les canoës du nord, mais plus petits que les « canots du maître »[34]. Un des types de ce « canot bâtard » mesurait entre 8 et 10m de long, et portait des équipages de six à huit hommes. Un autre type de « canot bâtard » mesurait entre 5 et 7m de long, et portait un équipage de deux à quatre hommes[35]. La vitesse d'un canoë était également soumise à la direction du courant et au nombre de rapides et de portages le long du trajet. Les conditions atmosphériques en étaient la variable la plus imprévisible, les pluies et les vents violents pouvant ralentir et souvent immobiliser les brigades au cours de leurs voyages[36]. De même, de faibles niveaux d'eau lors des années de sécheresse ralentissaient les déplacements et augmentaient le nombre des portages. Lorsque des membres de l'équipage étaient malades ou blessés, les équipages étaient ralentis par la diminution de force motrice humaine et restaient parfois à terre le temps que les blessures guérissent ou que les maladies passent, ou jusqu'à ce qu'ils aient pu trouver des rameurs de remplacement. Enfin, les canoës, en général, se déplaçaient plus rapidement au début de la saison des transports, lorsque les équipages étaient encore frais après un hiver de repos relatif. C'était donc une chance, pour les hommes travaillant sur les itinéraires des Grands Lacs, que le voyage aller vers le lac Supérieur se fasse à contre-courant, tandis que leur voyage de retour vers Montréal à la fin de la saison se faisait au fil du courant. Les brigades de l'intérieur n'avaient pas autant de chance, la plupart de leurs voyages en direction du lac Supérieur se faisant dans le sens du courant, mais leurs voyages de retour vers l'intérieur étant à contre-courant.

Le bourgeois Peter Grant estimait que les canoës du nord se déplaçaient à la moyenne de 9 km à l'heure, leur vitesse pouvant aller jusqu'à 12 ou 14 km à l'heure lorsque les hommes pouvaient hisser une voile par bon vent[37]. À cette allure, les voyageurs pouvaient parcourir de 120 à 200 km par jour, mais il est probable que les portages aient réduit cette distance à une moyenne maximale de 80 km par jour, ceci à condition que les conditions atmosphériques eussent été favorables. L'historien de la traite des fourrures Clairborne Skinner estime que les canots de traite du XVIIe siècle pouvaient au mieux franchir 32 km par jour, et le plus souvent guère davantage que 20 km par jour[38]. Cependant, en 1793, John McDonell nota qu'il avait franchi jusqu'à vingt-quatre « lieues » en une journée dans un canot du maître, avec quatorze hommes à la pagaie et un chargement léger. Charles Gates affirme que pour les hommes des canoës, le terme « lieue » équivalait à 3,2 km ; l'estimation de McDonell équivaudrait donc à environ 80 km en une journée[39]. Les estimations spectaculairement plus basses de Skinner doivent être restreintes aux itinéraires entre le lac Supérieur et le lac Winnipeg, sur lesquels se trouvaient des portages plus nombreux et plus pénibles que sur la plupart des autres routes. Mais selon l'estimation généreuse de 80 km par jour, les canoës auraient dû parcourir environ 2400 km par mois, à condition d'avoir un temps idéal tous les jours, ce qui est hautement improbable. Eric Morse affirme qu'un canoë de charge, ou « canot du maître » chargé, ne pouvait parcourir au mieux que 1600 km par mois[40]. Les équipages à destination des postes les plus reculés des districts de l'Athabasca et des montagnes Rocheuses devaient parcourir plus de 1600 km dans le laps de temps où les cours d'eau étaient libres de glace[41]. Chaque jour comptait dans la course contre le gel hivernal.

Les hommes employés aux trajets sur les Grands Lacs étaient en général loin de Montréal pendant cinq mois, période durant laquelle les cours d'eau étaient libres de glace[42]. Le voyage de Montréal à Grand Portage et Fort William durait en moyenne de un mois et demi à deux mois. Le voyage de retour vers Montréal était bien plus rapide, au fil du courant, et durait en moyenne de trois semaines à un mois. En juin 1800, George Landmann partit de l'île Saint-Joseph près de Détroit en direction de Montréal dans l'espoir de battre le record de sept jours trois-quarts établi par Simon McTavish. Après avoir acheté un nouveau canoë, recruté les meilleurs hommes disponibles, y compris un guide célèbre de la rivière Ottawa, et portant lui-même une pleine charge lors des portages, Landmann parvint à réaliser le voyage en sept jours un quart[43]. Ces hommes, dont les voyages annuels duraient moins longtemps, passaient le reste de l'été à trier et à emballer les marchandises et les fourrures à Grand Portage et à Fort William.

Les canoës de l'intérieur quittaient le lac Supérieur à la mi-juillet, la plus longue distance à parcourir étant la route menant au district de l'Athabasca ; en général, ces brigades raccourcissaient leur voyage en se servant du poste du lac La Pluie comme terminus, plutôt que du lac Supérieur, ce qui abrégeait leur voyage d'environ dix jours. Le voyage depuis le lac La Pluie jusqu'au centre administratif le plus proche, Fort Alexander (ou Bas de la Rivière), à la sortie du lac Winnipeg, durait en moyenne une semaine[44]. Le voyage vers l'est, depuis Fort Vermilion sur la rivière Saskatchewan Nord, jusqu'au Fort William pouvait prendre jusqu'à un mois[45]. Le voyage vers l'est, depuis Cumberland, à l'extrémité septentrionale du lac Winnipeg, jusqu'au lac La Pluie, durait en moyenne dix jours[46].

Canoës

Il était vital pour la traite de s'assurer que l'on disposait de canoës pour le transport, et les canoës occupaient une place centrale dans les vies des voyageurs. Une chanson au moins était spécifiquement consacrée à ce moyen de transport essentiel. La chanson « Mon canot d'écorce », créée chez les voyageurs du Nord-Ouest et notée par une compositrice de ballades canadiennes-françaises, donne ceci :

Dans mon canot d'écorce, assis à la fraîche' du temps,
Où j'ai bravé tout' les tempêtes, les grandes eaux
Du Saint-Laurent ;
Car j'ai bravé tout' les tempêtes, les grandes eaux
Du Saint-Laurent.
Mon canot est fait d'écorces fines
Qu'on pleume sur les bouleaux blancs ;
Les coutures sont faites de racines,
Les avirons de bois blanc.
Je prends mon canot, je le lance
À travers les rapides, les bouillons.
Là, à grands pas il s'avance.
Il ne laisse jamais le courant.
C'est quand je viens sur le portage, je prends mon canot sur mon dos.
Je le renverse dessus ma tête ; c'est ma cabane pour la nuit.
J'ai parcouru le long des rives, tout le long du fleuve Saint-Laurent
J'ai connu les tribus sauvages et leurs langages différents.
Tu es mon compagnon de voyage ! Je veux mourir dans mon canot.
Sur le tombeau près du rivage, vous renversez mon canot.
Le laboureur aime sa charrue, le chasseur son fusil, son chien ;
Le musicien aime sa musique ; moi, mon canot, c'est tout mon bien ![47]

La chanson indique aux novices comment sont fabriqués les canoës et comment leur faire franchir les portages, en même temps qu'elle avertit les nouveaux voyageurs qu'ils rencontreront de nombreuses sociétés autochtones le long des routes fluviales.

Malgré leur omniprésence, très peu de voyageurs, de commis ou de bourgeois devinrent des experts de la fabrication des canoës. Bien les construire prenait plus de temps et d'aptitudes que les voyageurs ne pouvaient y consacrer lors des voyages de transport qu'ils effectuaient dans la précipitation. La plupart du temps, ils achetaient leurs canoës, soit dans des « échoppes » canadiennes, soit le plus souvent aux peuples autochtones du Nord-Ouest. Les brigades au départ de Montréal achetaient leurs canoës à des fabricants de Montréal et de Trois-Rivières[48]. Parfois les bourgeois rassemblaient des canoës et autres embarcations dans une sorte de magasin au point de départ de Lachine[49]. D'autres canoës étaient fabriqués dans les postes du pays d'en haut, par exemple dans l'île Saint-Joseph près de Michilimackinac, à Sault-Sainte-Marie, à Grand-Portage et à Fort William[50]. Dans l'intérieur, les voyageurs se procuraient des canoës auprès des Amérindiens, qu'ils engageaient souvent uniquement pour qu'ils leur en fabriquent[51]. On permettait parfois à l'homme de proue ou à l'homme de barre de choisir un canoë lorsqu'une brigade tombait en chemin sur plusieurs canoës à vendre. Par exemple, Duncan McGillivray raconte que son équipage ayant découvert neuf canoës, « après que leur homme de proue en ait choisi un pour lui-même, les hommes ont tiré ceux qui restaient au sort pour éviter la jalousie et les malentendus »[52].

Les voyageurs ayant appris à fabriquer des canoës étaient tenus en grande estime par tout le monde dans le pays d'en haut. Les canoës étant fréquemment endommagés, la plupart des hommes acquirent les compétences nécessaires pour les réparer. Au fil des réparations constantes, quelques hommes capables passèrent à l'étape suivante, c'est-à-dire construire un canoë depuis le début. Les bourgeois et les commis notaient souvent leur nécessité de se procurer des canoës plus solides ou en plus grand nombre[53]. En mai 1806, après avoir passé toute une journée à retaper un canoë, à le calfater et à le remettre en état, pour s'apercevoir qu'il prenait toujours l'eau, Simon Fraser se plaignait : « C'est le nouveau canoë que La Malice a fabriqué à Trout Lake. Non seulement il est mal fait, mais l'écorce est très mauvaise. J'ai le canoë avec lequel je suis venu du lac La Pluie l'été dernier, qui n'est pas beaucoup en meilleur état que l'autre. C'était un bon canoë, mais il a été très abîmé l'automne dernier dans la glace à Trout Lake, et ensuite en descendant vers le Portage, et je n'ai pas pu le faire réparer ce printemps par manque de fabriquant de canoë »[54]. À l'occasion, les canoës étaient entreposés le long d'une route lorsqu'ils n'étaient plus nécessaires ou pour passer l'hiver. Par exemple, sur la rivière des Saulteux, à l'automne 1803, les hommes de George Nelson cachèrent leurs canoës dans un marécage jusqu'au printemps suivant, lorsqu'ils seraient à nouveau utilisés[55]. Malheureusement, tous les canoës ne survivaient pas à l'hiver, puisqu'ils pouvaient être endommagés par les éléments ou par les animaux[56].

En général, les canoës étaient faits d'écorce de bouleau, par larges pans cousus ensemble au moyen de racine d'épinette (ou *wattape*), et étirés sur un cadre de bois fait de bouleau, d'épinette, de cèdre, ou d'autre bois disponible. Les coutures étaient calfatées avec de la résine d'épinette ou de pin[57]. Les canoës étaient légers et apparemment de faible résistance, mais ils pouvaient supporter un poids considérable, jusqu'à cinq tonnes pour les canots du maître et jusqu'à une tonne et demie pour les canots du nord[58]. De grandes « perches », de 7,5 à 10 cm de diamètre, étaient disposées en longueur au fond des canoës, perpendiculairement aux membrures, pour contribuer à répartir également le poids de la cargaison et de l'équipage. Les hommes s'asseyaient sur leurs couvertures roulées pour pagayer[59]. Bien que la conception et le mode de fabrication des canoës aient été copiées sur les techniques amérindiennes, les canoës des traiteurs de fourrures étaient en règle générale plus grands que les canoës des Amérindiens, et conçus pour supporter des chargements beaucoup plus lourds[60].

Les traiteurs chargeaient leurs canoës à ras bord[61]. En plus des hommes et de la cargaison de marchandises de traite et de fourrures, les canoës transportaient également des provisions et de l'équipement d'entretien. La charge habituelle d'un canot du maître était d'environ soixante à soixante-cinq ballots, d'un poids de 40 kg chacun[62]. Les canots du nord, partant de Grand Portage à destination de l'intérieur, transportaient environ trente-cinq ballots, remplis pour les deux tiers de marchandises de traite, le tiers restant étant composé de vivres, de munitions et de bagages. À la fin du XVIIIe siècle, Alexander Mackenzie décrivit le chargement d'une brigade au départ de Lachine et à destination de l'intérieur. Chacun des canoës contenait les bagages des hommes et soixante-cinq ballots de marchandises. De plus, chacun transportait environ trois cents kilos de biscuit, environ cent kilos de lard et trois boisseaux (soit environ cent litres) de pois, pour la nourriture des hommes[63].

L'avitaillement était parachevé par deux grandes bâches de toile cirée pour protéger les marchandises, une voile, une hache, un filin de remorquage, une marmite et une éponge à écoper, en plus d'une quantité de résine, d'écorce et de *wattape* pour les réparations de l'embarcation. Le colonel George Landmann, passager sur l'un de ces canoës lors d'un voyage de Montréal vers l'intérieur en 1798, remarqua avec quel soin l'équipement était disposé dans les canoës. Les ballots étaient placés sur les perches disposées en long au fond du canoë afin que personne ne touche au fond ou aux côtés fragiles du canoë. En plus de l'équipement mentionné par Mackenzie, Landmann remarqua que les voyageurs emportaient leurs propres perches longues de 3 mètres et leurs propres pagaies[64].

Les brigades voyageant sur la route des Grands Lacs se composaient de trois à six canoës[65]. Pour chaque brigade, il y avait un capitaine ayant pour responsabilité de guider et de barrer, de veiller sur les canoës et les marchandises qu'ils transportaient et de commander aux hommes[66]. Les équipages maniant les canots du maître, de taille plus imposante, sur la traversée des Grands Lacs, consistaient en général en un guide, un

Figure 5. Canot du maître. *Shooting the Rapids*, Frances Anne Hopkins, 1879, huile sur toile. Référence 1989-401-2, reproduction C-002774, permission de Bibliothèque et Archives Canada.

homme de barre, et huit *milieux*, ou pagayeurs[67]. La cargaison d'un canoë dépendait du nombre d'hommes à bord. George Heriot affirmait: « La compagnie [du Nord-Ouest] qui traite dans le nord-ouest envoie tous les ans, dans les postes du lac Supérieur, environ cinquante canoës chargés de marchandises… soixante-cinq ballots de marchandises de quarante kilos chacun; huit hommes pesant chacun au moins quatre-vingt kilos; leur bagage, d'un poids autorisé pour chacun de vingt kilos, en plus du poids de leurs provisions. Le chargement total d'un canoë ne pèse donc pas moins de 3800 kilos »[68]. Un canot du maître pouvait transporter jusqu'à quatorze hommes, mais il suffisait de cinq hommes seulement pour le manœuvrer, en plus d'un commis et d'un interprète lorsque le chargement était particulièrement volumineux ou lorsqu'on était à court de main-d'œuvre[69]. Il n'y avait pas de taille standard pour les canots du maître, aussi peut-il arriver que l'on trouve à l'occasion dans les sources de plus grands canots transportant plus de marchandises. Par exemple, le 24 mai 1810, Gabriel Franchère nota avoir vu dix-neuf hommes (quatre bourgeois, un commis et quatorze voyageurs) voyager dans un canot du maître affrété légèrement de Montréal à Michilimackinac[70]. Au cours d'un voyage de Fort William à Montréal pendant l'été 1814, Franchère notait qu'il y avait « quatorze vaillants voyageurs pour manœuvrer leur grand canot »[71].

À Grand Portage ou Fort William, on échangeait les cargaisons des canots du maître et des canots du nord, de taille plus modeste, voyageant sur les cours d'eau plus petits de l'intérieur. De grandes brigades comptant de cinq à treize canots du nord partaient ensemble de Grand Portage à l'automne et se séparaient au fur et à mesure que chacun d'entre eux prenait la direction d'un district différent[72]. Les équipages étaient en général composés de cinq ou six hommes[73]. Le tableau 3 montre qu'au début de l'automne de 1808 et de 1809, les équipages partant de Fort William à destination des différents postes de l'intérieur comptaient de quatre à sept hommes, certains voyageant avec leur famille.

Les femmes autochtones des voyageurs et des bourgeois, ainsi que leurs enfants, pouvaient accompagner les canoës durant les voyages aller et retour entre les postes de l'intérieur et Grand Portage ou Fort William. En général, ils voyageaient dans leurs propres canoës, de conserve avec ceux des traiteurs, et les aidaient parfois à rassembler des provisions pour les brigades.

Les canoës en partance du lac Supérieur à destination des postes de l'intérieur voyageaient en brigades et transportaient l'approvisionnement annuel en marchandises de traite de leur poste de destination. De même, lors des voyages de retour des postes de l'intérieur vers les grands centres administratifs, les canoës voyageaient aussi en brigades et transportaient de grandes cargaisons de fourrures[74]. De grandes brigades partaient de

Tableau 3. Équipages voyageant vers l'intérieur au départ de Fort William

Année	Poste	Bourgeois	Commis	Guides	Interprètes	Voyageurs	Femmes	Enfants	Total
1808	Broken River		1			4			5
1808	Pigeon River	1		1	1	4	4	2	13
1808	Grand River	1			1	5	2	4	13
1808	Dauphin River		1			4	1		6
1809	Rivière aux Morts		1			5			6
1809	Broken River		1			5			6
1809	Dauphin		1			6			7
Moyenne		0	1	0	0	5	1	1	8

Source : TBR, S13, Journal de George Nelson, 1er septembre 1808-31 mars 1810, 2 septembre 1808 et 14 septembre 1809 : 2, 37.

Fort Astoria ou de Fort George sur la côte Pacifique et se dirigeaient vers l'intérieur pour des opérations de traite. L'une des raisons pour lesquelles les traiteurs voyageaient en groupes plus imposants sur la côte pacifique était que les peuples autochtones y constituaient une menace plus importante qu'à l'intérieur du continent. Après que la Pacific Fur Company soit arrivée la première sur la côte du Pacifique en 1811 et ait implanté Fort Astoria, 102 personnes dans douze embarcations prirent la direction de l'intérieur pour traiter[75]. En 1812, un groupe de traite partant de Fort Astoria et voyageant encore plus profondément dans l'intérieur se composait de trois propriétaires, neuf commis, cinquante-cinq Canadiens et vingt personnes des Îles Sandwich (des Hawaïens)[76]. En 1814, une brigade de printemps, partie de Fort George à destination de Montréal, se composait de dix canoës portant chacun sept hommes d'équipage et deux passagers, soit en tout 90 personnes[77]. Au printemps de 1817, une brigade de la Compagnie du Nord-Ouest se composait de quatre-vingt-six personnes, dans deux barges et neuf canoës, chacun de ces derniers supportant en outre vingt-deux ballots de quarante kilos[78].

Une fois les brigades rendues dans l'intérieur, voyageant entre les postes de traite, la composition du fret et des équipages variait considérablement. Dans une brigade de quatre canoës, voyageant de la Rivière Rouge à Pembina à la fin d'août 1800, sous la responsabilité d'Alexander Henry le Jeune, les équipages se composaient de deux ou trois rameurs, d'un homme de proue, d'un homme de barre et jusqu'à trois passagers par canoë, y compris Henry, un commis, un guide, trois femmes et trois enfants[79]. Lors d'un voyage de la rivière Dauphin à Cumberland en mai 1821, un « grand » canoë contenait cinq hommes, vingt-cinq ballots, une malle et vingt-cinq barils. Une semaine plus tard, un second canoë, sur le même trajet, portait sept hommes, trois femmes et trois enfants[80]. Malgré ce type de différences, les canots du nord portaient de quatre à cinq hommes d'équipage en moyenne[81].

Les équipages des voyages d'exploration étaient en général plus restreints et plus difficiles à se procurer, les risques étant très élevés et le travail plus difficile. Les hommes avaient plus facilement tendance à déserter que lorsqu'ils travaillaient dans des brigades ordinaires, surtout si le groupe tombait à court de provisions ou s'il était menacé par des Amérindiens, ce qui arrivait souvent. Parfois on engageait des hommes pour des missions faciles, pour voyager dans des régions connues et pour aider le bourgeois à y découvrir une meilleure route ou de nouvelles zones de traite[82]. Cependant, les hommes pouvaient décider de déserter même au cours d'une mission ne comportant pas de dangers particuliers. En 1806, la Compagnie du Nord-Ouest monta une expédition pour remonter le Missouri afin d'y établir des liens commerciaux avec les Mandans et les Hidatsas. Alexander Henry le Jeune et Charles Chaboillez partirent avec huit autres hommes et vingt-cinq chevaux. Sur le chemin du retour, ils perdirent leurs chevaux, et les hommes commencèrent à maugréer de devoir porter le chargement sur leur dos. Trois d'entre eux désertèrent à Turtle Mountain[83].

Les brigades d'Alexander Mackenzie et de Simon Fraser, qui exploraient les régions septentrionales et occidentales les plus reculées, étaient soumises à des épreuves particulièrement dangereuses. Mackenzie tenta à plusieurs reprises dans les années 1790 de découvrir un itinéraire terrestre vers l'océan Pacifique et, au cours de ces tentatives, dressa la carte de la rivière Mackenzie jusqu'à l'océan Arctique et de la rivière La Paix jusqu'à l'intérieur des montagnes Rocheuses. Il se donna une peine infinie pour retenir ses hommes, ses expéditions étant si ardues, et ses hommes ayant gagné tant d'indépendance et de fierté de leur expérience durement acquise en sa compagnie[84]. Souvent, les explorateurs ne pouvaient trouver d'hommes convenables et expérimentés que dans les postes de l'intérieur. Douze ans plus tard, en 1806, Simon Fraser partit à la recherche de ce même itinéraire par voie de terre vers le Pacifique, et il recruta son équipage à Rocky Mountain House et à Dunvegan. Les hommes des brigades d'exploration étaient parfois accompagnés de leurs familles, leurs épouses autochtones, en particulier, pouvant s'avérer des aides précieuses pour les explorateurs[85].

Figure 6. Canot du nord. Simon Fraser descendant la rivière Fraser, Charles William Jefferys, 1808, Colombie-Britannique (encre sur papier). Référence 1972-26-6, reproduction C-070270, avec l'autorisation de Bibliothèque et Archives Canada.

Lorsque les canoës voyageaient en brigades, on engageait un pilote pour diriger la brigade entière. Chaque homme de la brigade était tenu de lui obéir, et il recevait un salaire plus élevé que les autres[86]. Le branle-bas et le désordre provoqué par de nombreuses brigades voyageant ensemble, en particulier au départ de Grand Portage ou de Fort William, exigeaient de la fermeté de la part du pilote[87]. Certaines brigades restaient parfois en arrière pour permettre aux autres de prendre de l'avance, afin de limiter le désordre et les embouteillages[88]. Les canoës d'une brigade essayaient en général de rester aussi près que possible les uns des autres. Cependant, si une brigade était plus pressée, elle choisissait parfois de laisser certains canoës en arrière, surtout s'il s'agissait de canoës endommagés[89]. Il est probable que les brigades aient coordonné leurs chants entre canoës, coordonnant leur allure ce faisant. On peut présumer que c'était le pilote d'une brigade qui soit menait le chant, soit désignait quelqu'un pour le faire. Robert Ballantyne se souvenait, en termes fleuris :

> *Je vis quatre canoës virer soudainement autour d'un promontoire et jaillir sous mes yeux ; tandis qu'au même moment, la chanson sauvage et romantique des voyageurs, forçant allègrement sur les avirons, frappa mon oreille, et je ressentis ce frisson d'enthousiasme que provoquait une telle scène ; que pouvaient donc ressentir alors ceux qui venaient de passer un long hiver lugubre dans le Nord-Ouest sauvage, si éloigné du remue-ménage et de l'excitation du monde civilisé, lorsque trente ou quarante de ces canoës pittoresques surgissaient inopinément devant eux, à demi ensevelis dans l'écume jaillissant de leurs avirons rouges et luisants, tandis que les hommes, qui avaient surmonté les difficultés et les dangers innombrables d'un long voyage dans l'immensité… le cœur joyeux de l'heureuse fin de leurs tribulations et de leurs privations, chantaient, de toute la force de trois cents voix masculines, l'un de leurs airs entraînants*[90].

Dans l'intérieur, le trafic pouvait s'avérer étonnamment important. Sur les principaux itinéraires, tels que la traversée des Grands Lacs ou la route du lac Supérieur au lac Winnipeg, les canoës voyageaient en général en grands groupes assez rapprochés les uns des autres. Par exemple, à Fort Alexander, à la fin de juin et au début de juillet 1808, en l'espace de neuf jours au moins, sept brigades passèrent par le fort ou en partirent[91]. Les postes de moindre importance pouvaient eux aussi connaître une certaine effervescence au plus fort de la saison des voyages. À Fort Dauphin, sur la rive sud-ouest du lac Manitoba, en septembre 1808, huit canoës arrivèrent, en deux brigades séparées, et y passèrent un moment, pour refaire les emballages des marchandises et créer des liens avec les Amérindiens de la région[92].

Il arrivait fréquemment que des canoës en dépassent d'autres sur les routes animées des hautes saisons des voyages, au printemps et en automne.

En une journée, au cours d'un voyage de Grand Portage à Fort Alexander, la brigade de Daniel Harmon fut rattrapée par la brigade de Charles Chaboillez, et dépassa trois canoës d'Iroquois engagés pour chasser le castor en amont de la rivière Rouge. Trois jours plus tard, sa brigade arriva à la hauteur des canoës de l'Athabasca[93]. Au cours d'un voyage de Fort Alexander à Fort Dauphin à la fin de juin 1809, George Nelson dépassa un traiteur libre (un ancien voyageur du nom de Dubois), sept canoës venant du lac des Esclaves, et Simon Fraser avec trente canoës[94]. Les chants à pleine voix servaient aussi à signaler l'approche d'un canoë de voyageurs aux gens des alentours.

Il pouvait s'avérer très compliqué d'organiser le transport des marchandises de traite et des fourrures, et les plans élaborés conçus par les bourgeois devaient être scrupuleusement suivis par les pilotes des équipages. Par exemple, dans une lettre au bourgeois Duncan Clark, au Pic, en juin 1825, Roderick McKenzie, à Fort William, donnait à ce dernier ses instructions au sujet des prévisions de transport de la saison de traite à venir. Deux bateaux à destination de Michipicoten s'arrêteraient au Pic pour y déposer des pommes de terre et différents articles et embarqueraient les ballots du Pic. Si les bateaux étaient trop chargés pour prendre tous les paquets du Pic, le reste devrait être envoyé par le canoë du lac Long. McKenzie lui indiquait que le vieux Mallette, Belle Heneure et Antoine Sanregret devraient embarquer dans le canoë du lac Long et que la « veuve » et la « vieille femme » devraient mener le canoë de Mallette jusqu'à Michipicoten. Monsieur Haldane passerait par le Pic aux environs du vingt du mois et il emmènerait toutes les fourrures restantes dans son canoë jusqu'à Michipicoten. McKenzie instruisait Clark de ne pas oublier d'envoyer en aval les marchandises et les hommes devant aller à Moose Factory. Si les deux bateaux pouvaient emporter tout le fret, Antoine Sanregret devrait rester au Pic jusqu'au passage de Haldane. Les hommes ne devaient pas être autorisés à rester au Pic plus d'un jour et une nuit, et ils devraient dormir à bord de leur bateau pendant cette période. Les ballots devaient être entreposés en sécurité, à l'abri de la pluie[95]. Ces instructions exceptionnellement détaillées et l'attention minutieuse de McKenzie pour chacun des projets de transport et de voyage traduisent la complexité de ces arrangements, sachant en outre que ces derniers devaient compter avec des variables incontrôlables telles que les conditions atmosphériques et la durée des déplacements.

Non seulement la planification du transport des marchandises était-elle compliquée, mais il était aussi difficile de conserver suffisamment de main-d'œuvre. On engageait des hommes le long de la route des Grands Lacs, tant pour remplacer les déserteurs que pour compléter les équipages. En 1793, le bourgeois John McDonell essaya d'embaucher un homme sur la rivière Ottawa pour en remplacer un autre, qui venait de tomber malade[96]. Gabriel Franchère, l'un des partenaires de la Pacific Fur Company, essaya de recruter la plus grande partie de son équipage à Michilimackinac au printemps 1810 pour l'emmener aux sources du Missouri puis, en suivant la route de Lewis et Clark, jusqu'à l'embouchure de la Columbia[97]. Le recrutement des voyageurs se faisait aussi à Détroit, pour voyager tant vers l'intérieur qu'en direction de Montréal[98]. On recrutait souvent aussi des hommes dans les postes de l'intérieur (voir le chapitre II). Les bourgeois et les commis échangeaient souvent leurs employés pour mieux répartir le travail. En une occasion, en allant de Montréal à Grand Portage, John McDonell relate que l'on enleva un pagayeur de chaque canoë de la brigade pour constituer l'équipage d'un nouveau canoë[99]. Pendant l'été 1803, sur la rivière des Saulteux, George Nelson « prêta » quelques-uns de ses hommes à un autre commis, Chaurette, pour qu'ils l'aident pendant huit ou dix jours à franchir un long portage[100].

Dans l'intérieur, les cultures sociales et occupationnelles étaient variées, et les brigades traversaient les territoires de sociétés amérindiennes complexes tout au long des itinéraires situés entre Montréal et les côtes arctique ou pacifique. Les voyageurs devaient être familiers des peuples autochtones vivant à proximité de la vallée du Saint-Laurent, comme les Montagnais, de langue algonquine (les Innus), et les peuples de langue iroquoïenne vivant sur des réserves chrétiennes comme les Hurons (Wendake) de Lorette et surtout les Mohawks de Kahnawake[101]. Les foires commerciales attiraient de nombreux Amérindiens de diverses origines à Montréal dans la seconde moitié du XVIIe siècle, comme des Outaouais (ou Anishinaabe), des Ojibwés et des Illinois[102]. Les habitants qui se firent voyageurs et coureurs des bois avaient eu d'étroits contacts avec les peuples autochtones du pays d'en haut[103].

De nombreux peuples rencontrés en chemin étaient intégrés aux opérations de la traite des fourrures. Par exemple, à la hauteur du village de Hull, aux chutes de la Chaudière, des Amérindiens travaillant comme flotteurs de bois (probablement des Ojibwés, des Ouataouais ou des Algonquins) interrompirent leur travail à contrat pour aider les voyageurs à franchir le portage[104]. Plus loin, le long de la rivière Ottawa, à Long-Sault et aux rapides Carrillon, les hommes vivant sur les berges se dégagèrent des obligations d'un précédent contrat pour faire franchir les rapides aux canoës[105]. De leur côté, les gens libres vendaient régulièrement des provisions aux voyageurs de l'intérieur[106]. Robert Seaborne Miles, travaillant pour la Compagnie de la Baie d'Hudson, rencontra un homme libre à l'entrée du lac Nipissing en juin 1819, en se rendant à Fort Wedderburn dans le district de l'Athabasca. Il lui échangea des biscuits contre du poisson, et l'homme libre lui apprit que le reste de sa brigade venait de passer le matin même, toutes voiles dehors[107]. Au cours d'un voyage depuis l'embouchure de la rivière Rouge jusqu'à Cumberland House au début de septembre 1819, George Nelson et son équipage rencontrèrent plusieurs des gens libres – Lemire, Turner, Montrueil et Martin – le long de la rivière du Pas et du lac Bourbon. Ces hommes vendirent des provisions à la brigade de Nelson et l'informèrent des allées et venues des autres brigades de la Compagnie du Nord-Ouest[108].

Il est probable que les chansons de voyageurs aient été jusqu'à un certain point influencées par les chansons des Autochtones. Frank Blackwell Mayer décrit un trajet avec des voyageurs qui s'était poursuivi très avant dans la nuit. Les voyageurs, écrivait-il,

> *étaient eux-mêmes décidés à rester éveillés et n'auraient permis à personne qu'il en soit autrement car, à la fin de chaque chanson, ils variaient la monotonie du refrain au moyen d'une clameur à l'indienne qui réussissait pleinement à détruire l'assoupissement que nous recherchions sur le pont, emmitouflés dans nos peaux de bison. Des Indiens, dans trois canoës, nous accompagnèrent jusque tard dans la nuit, d'autant plus présents qu'ils chantaient leurs sauvages chansons de guerre au son des avirons dans l'eau tandis que, dans les intervalles de la chanson, la lueur du silex et de l'acier, lorsqu'ils allumaient leur pipe, les révélait çà et là à la lueur des étoiles*[109].

LABEUR SANS FIN

La description du chant par Mayer nous révèle un élément important du travail des voyageurs : ils chantaient pour se tenir éveillés. Non seulement le travail consistant à charger et décharger des canoës, à pagayer, à haler et à portager était-il éreintant, mais les voyageurs travaillaient également de très longues heures, pendant des semaines, voire des mois d'affilée, dans la course contre la montre pour devancer le gel des cours d'eau. Ce labeur ininterrompu commençait même avant d'entreprendre le voyage, car la préparation de ce dernier impliquait que l'on emballe les marchandises et que l'on charge les canoës. Les voyageurs prenaient souvent une part active à s'assurer que le chargement était également réparti entre les canoës d'une brigade et que les ballots étaient de poids équivalent pour éviter un surcroît de travail ou une répartition injuste. En partant de Fort William en 1833, George Back décrivit cette scène :

> *Le voyageur canadien est… sur aucun autre point… plus sensible… que pour ce qui est de la juste répartition des « pièces » entre les canoës d'un groupe… Il a d'excellentes raisons pour être exigeant sur cette question, car il sait bien que, à supposer que les canoës étant par ailleurs de valeur égale, une très petite inégalité de poids fera une différence considérable dans leur vitesse relative et*

> *provoquera, en outre, une plus longue retenue aux portages. La coutume veut que le guide sépare les pièces puis qu'il les distribue ou les répartisse par lots, en tenant dans sa main des petits bâtons de longueurs différentes, que tirent les conducteurs. Les décisions prises ainsi sont sans appel, et les équipages partent en riant ou en grommelant, selon leur fortune*[110].

Le rassemblement des paquets se faisait à très grande échelle dans les principaux postes administratifs. Il y avait des presses à fourrures pour former des ballots de fourrures compressées ensemble pour qu'elles prennent moins de place tout en les protégeant[111]. Dans la plupart des postes de l'intérieur, on utilisait des presses plus petites (à leviers plutôt qu'à vis de serrage)[112]. Avant les départs, les voyageurs réparaient, calfataient et chargeaient les canoës[113]. En arrivant à un poste, les voyageurs se mettaient immédiatement à réparer les bateaux, les canoës et l'équipement, et examinaient les paquets pour en vérifier l'état et l'étanchéité[114]. Les canoës étaient mis à l'abri et les ballots de fourrures et de provisions étaient souvent défaits et étalés pour les faire sécher[115].

Une journée de voyage ordinaire commençait très tôt. En général, les brigades partaient entre trois et six heures du matin[116]. Ils pagayaient plusieurs heures avant de s'arrêter pour le petit déjeuner[117]. Les journées de travail en canoë étaient souvent très longues, fatigantes et souvent ennuyeuses. L'exemple type du voyage est celui fait par Robert Seaborne Miles de Lachine à Fort Wedderburn sur le lac Athabasca à l'automne 1818. Son journal de voyage est inhabituel en ce qu'il contient de nombreux détails du quotidien, ce qui nous permet un coup d'œil sur les rythmes journaliers. Alors qu'il se trouvait sur la Grande Rivière (Ottawa) au début de juin, Miles nota l'horaire suivant dans son carnet de voyage[118] :

2:30 a.m. L'équipage a levé le camp
7:30 a.m. Sommes allés à terre une heure pour le petit déjeuner
Milieu de matinée
Au Portage du Canard, les hommes ont halé le canoë et sa cargaison avec un filin et l'ont passé à pied
1:40 p.m. Sommes allés à terre pour manger
2:30 p.m. Fini de pagayer

Jour suivant
5:00 a.m. Départ
7:00 a.m. Portage et petit déjeuner
8:00 a.m. Sommes repartis
1:15 p.m. Sommes arrivés au portage de Roche Capitaine, l'avons traversé, mangé

3:00 Repris le cours du voyage
8:40 p.m. Arrêtés pour installer le camp à Little River

Jour suivant
4:30 a.m. Partis pour la journée, passé plusieurs forts rapides à la perche
L'un des voyageurs « très indisposé »
7:30 a.m. Avons accosté pour petit déjeuner
9:00 a.m. Repris le voyage
1:15 a.m. Arrivés à Portage au Plain Chant, porté la cargaison et mangé
3:10 p.m. Continué le voyage

Jour suivant
4:00 Sur le lac Nipissing, défait le camp et partis
Plus tard dans la matinée
Avons rattrapé la brigade d'Ermatinger et échangé un homme avec lui ; petit déjeuner
7:00 a.m. Réembarqué, traversé lac Nipissing, pendant la journée rencontré des Autochtones, un homme libre et un campement de six canoës du nord-ouest
9:30 p.m. Installé le camp pour la nuit

Jour suivant
2:30 a.m. Embarqué et voyagé vers la rivière aux Français
7:15 a.m. Sommes entrés dans la rivière aux Français et avons accosté pour petit déjeuner
8:30 a.m. Réembarqué
1:45 p.m. À terre pour manger ; un homme malade a retardé le groupe
3:00 p.m. Réembarqué
7:00 p.m. Installé le camp pour la nuit

Jour suivant
4:30 a.m. Quitté le camp et entrés dans le lac Huron, rencontré des Autochtones en chemin
7:00 a.m. À terre pour petit déjeuner
8:00 a.m. Réembarqué

Jour suivant
3:00 a.m. Quitté le camp
7:30 a.m. Rencontré une brigade de quatre canoës du nord-ouest

Au cours d'une autre semaine typique en canoë, pendant une expédition d'exploration dirigée par Simon Fraser lors de son premier voyage le long de la rivière Fraser à la fin du printemps et au début de l'été 1806, on voit apparaître le même schéma général. Bien que les écrits de Fraser ne soient pas aussi détaillés que ceux de Miles, il note la fréquence des arrêts de son équipage pour se reposer, ou le nombre des « pipes ». Le voyage de Fraser fut contrarié par des canoës endommagés et un itinéraire difficile. Le vendredi 30 mai 1806, il écrivit : « Beau temps, sommes partis à 4H30 du matin, mais à la seconde pipe, une souche ayant traversé mon canoë nous a obligés à accoster et nous avons perdu deux heures à le réparer et à le calfater ». Le groupe perdit encore deux heures à calfater un autre canoë endommagé. Fraser écrivait : « Nous avons eu plus de misères aujourd'hui qu'aucun autre jour jusqu'ici et avons été obligés de couper plusieurs troncs et autres embarras pour ouvrir un passage. Mon canoë, à cause de la maladresse des bouts, fut mis en très grand danger et toutes les âmes à bord ont été près de périr ». Bien que tous aient travaillé très dur, ils ne franchirent qu'une douzaine de kilomètres. Le matin suivant, à la seconde pipe, le canoë de Fraser se brisa sur une souche et il fallut deux heures pour le réparer et le calfater. Dans l'après-midi, un autre canoë subit le même sort et il fallut trois heures pour le remettre en état. Le jour suivant, dans la matinée, un voyageur du nom de La Malice cassa son canoë et ils accostèrent dans l'intention de le réparer rapidement. Une fois l'équipage à terre, un homme du nom de Saint-Pierre s'évanouit et resta incapable de parler pendant plus d'une heure. La Malice décida de profiter du retard ainsi occasionné pour cercler son canoë, mais cela prit trois heures. Fraser ne s'en inquiéta pas, son propre canoë nécessitant au même moment d'être calfaté. Le jour suivant, le groupe abandonna l'un des canoës et répartit son chargement entre les deux autres parce que tous les hommes étaient au bord de l'épuisement, surtout un voyageur du nom de La Garde qui avait barré le canoë de Fraser pendant plus d'une semaine et avait une telle douleur au poignet qu'il était incapable de continuer. La Malice prit sa place à la barre et Fraser espéra que le voyage serait plus facile, toutes les forces étant à l'œuvre à bord des deux canoës. Le matin suivant, la pluie retarda la brigade jusqu'à 7H30 du matin. Fraser fut heureux d'avoir ce prétexte pour permettre à l'équipage éreinté de se reposer. Les deux canoës s'abîmèrent à nouveau ce jour-là et durent être calfatés. Les canoës étaient si lourds, raccommodés de toutes parts, qu'il fallait quatre hommes pour les traîner à terre. Deux jours plus tard, luttant toujours le long du chemin, Fraser se plaignait de ce que cette navigation déjà difficile était encore aggravée par les canoës défectueux et la maladresse des « bouts », en particulier des hommes de barre[119].

Ces deux exemples de voyages révèlent que les équipages travaillaient entre quinze et dix-huit heures par jour, s'arrêtant deux ou trois heures pour manger et se reposer, et disposaient de six à huit heures la nuit pour réparer leur équipement, manger et dormir. La fréquence et la durée des repos et des repas dépendait du temps qu'il restait à une brigade pour atteindre sa destination avant le gel des cours d'eau[120]. Parfois les voyageurs pagayaient toute la nuit, surtout si le clair de lune leur procurait assez de lumière pour continuer[121].

APPROVISIONNEMENT

Dans la précipitation des voyages d'été entre Montréal et le lac Supérieur, et du lac Supérieur jusqu'aux postes de l'intérieur, les canoës emportaient autant de provisions que possible, parce que les brigades n'avaient pas le temps de chasser et de pêcher en chemin. Ceux qui partaient de Montréal étaient approvisionnés en farine, maïs, lard et graisse. Au lac Supérieur, les brigades se réapprovisionnaient en viande séchée et poisson, farine, maïs, et parfois en riz sauvage. Plus les distances s'allongeaient, plus les traiteurs devaient recourir aux économies locales des peuples autochtones qu'ils croisaient en chemin, leur achetant du pemmican, du poisson et de la viande. Selon les bourgeois Benjamin et Joseph Frobisher,

> *le chargement habituel d'un canoë est de deux tiers de marchandises et d'un tiers de provisions, ce qui n'est pas suffisant pour assurer leur subsistance jusqu'à ce qu'ils aient atteint leurs quartiers d'hiver, ils doivent, et le font toujours, dépendre des Indiens qu'ils rencontrent en chemin à l'occasion pour se procurer des provisions supplémentaires ; et lorsque cela échoue, ce qui est parfois le cas, ils ont exposés à toutes les misères qu'il est possible d'endurer pour survivre, et de même en revenant du Pays de l'Intérieur, car au printemps les provisions sont en général plus limitées*[122].

Il était difficile de prévoir l'achat de nourriture fraîche, aussi les nourritures sèches, qui se conservaient plus longtemps, étaient-elles favorisées. La rivalité croissante entre les compagnies de traite des fourrures et donc les exigences d'approvisionnement plus importantes pour nourrir une main-d'œuvre en expansion suscita la création de postes spécifiquement consacrés à l'approvisionnement de la traite. La Compagnie du Nord-Ouest établit les postes du lac La Pluie, de Fort Alexander et de Cumberland House ; les deux derniers en particulier avaient recours aux ressources que représentait le bison des plaines pour le pemmican. Les Cris et les Assiniboines, qui avaient perdu leur rôle d'intermédiaires dans la traite, prirent l'approvisionnement pour nouvelle activité économique[123]. Les

Métis des rives de la rivière Assiniboine transformèrent le commerce du pemmican en industrie organisée à grande échelle après 1810 environ, cette denrée étant devenue une provision essentielle des traiteurs[124].

Lorsqu'ils voyageaient entre les postes de l'intérieur, les hommes chassaient et pêchaient parfois pour leur propre compte lorsqu'ils n'étaient pas trop pressés[125]. Les épouses autochtones représentaient d'importantes sources d'information et d'aide, car elles enseignaient souvent à leur mari ce qu'ils pouvaient récolter dans les différentes régions, et faisaient souvent ces récoltes elles-mêmes[126]. Parmi la nourriture récoltée en chemin, on trouvait des oignons sauvages, des prunes, des pembinas et du raisin[127]. En dernier recours, en cas de pénurie de nourriture, elles recueillaient de la mousse sur les rochers. Cette mousse, ou « tripe de roche », préparée en bouillon, pouvait empêcher que l'on meure de faim[128].

Il était usuel de pêcher en route. On pouvait se détendre en pêchant dans les remous avec une ligne et un hameçon, surtout après une partie difficile du trajet[129]. On pouvait également pêcher au filet[130]. Il fallait plus d'aptitudes pour pêcher au harpon[131]. En temps de disette, certains hommes étaient souvent envoyés en éclaireurs pour repérer les bons coins de pêche ou pour prendre et sécher du poisson pour toute la brigade[132].

La majeure partie de l'alimentation des hommes était faite de viande, surtout dans l'intérieur, et ils préféraient la viande au poisson[133]. Le gros gibier, comme le cerf, l'ours et le bison, semble avoir été particulièrement prisé. Par nécessité, ils mangeaient du gibier plus petit, du castor, de la loutre ou du lièvre, et recherchaient le gibier d'eau, y compris les pigeons et les canards[134]. À l'occasion, lorsqu'ils n'étaient pas trop pressés, les hommes chassaient pendant les portages ou lorsque d'autres membres d'équipage étaient occupés à réparer et à calfater les canoës[135]. Ils pouvaient parfois tuer du petit gibier pour les hommes du canoë, et plus rarement, ils tiraient le gros gibier. Ross Cox décrivit un festin inespéré, lorsque l'un des bourgeois tua un grand ours noir qui traversait la rivière à la nage en avant des brigades[136]. Il pouvait arriver que des brigades s'arrêtent pour consacrer une journée entière à la chasse, comme le fit la brigade de Duncan McGillivray à la mi-septembre 1794[137]. Si l'équipage avait le temps, il s'arrêtait le temps de faire sécher la viande à la broche, afin qu'elle se conserve plus longtemps[138].

Néanmoins, puisqu'ils étaient en général si pressés par le temps, peu familiers de l'environnement du Nord-Ouest et qu'ils étaient dépourvus des savoir-faire nécessaires pour pêcher et chasser efficacement, les traiteurs de fourrures se procuraient l'essentiel de leur nourriture auprès des gens libres ou des Amérindiens[139]. La plupart du temps, il l'achetaient en l'échangeant contre des marchandises de traite[140]. Parfois il leur arrivait d'échanger des provisions européennes telles que des biscuits contre de la viande et du poisson[141]. Des Amérindiens étaient quelquefois engagés comme chasseurs pour les brigades qu'ils accompagnaient dans leur voyage[142]. Mais ironiquement, les brigades des voyageurs contrariaient souvent les efforts des chasseurs amérindiens en raison du bruit et du brouhaha que provoquait leur passage. Partis pour établir le poste de Park River près de Pembina en septembre 1800, les hommes d'équipage d'Alexander Henry le Jeune virent en cours de route de nombreux cerfs et de nombreux ours le long de la rivière, mais leurs compagnons amérindiens se plaignirent de ce que les hommes avaient fait tant de bruit toute la journée qu'il était impossible de les tuer[143]. Entre Cumberland House et Fort William, les Amérindiens vivant près de la rivière La Savanne ne pouvaient attraper de poisson blanc tant que les brigades de traite passaient par là, le bruit qu'elles faisaient effrayant les poissons[144].

Les traiteurs adoptèrent la pratique amérindienne des caches, pour entreposer la nourriture qui pouvait se conserver dans des cachettes le long des routes les plus fréquentées. On cachait le plus souvent du pemmican, ainsi que de la viande et du poisson préalablement séchés et pilés[145]. On cachait moins souvent de l'alcool et des pièces d'équipement[146]. La nourriture des caches constituait souvent une ressource d'importance pour les voyageurs[147]. On désignait certains hommes, souvent les guides, pour qu'ils se souviennent de la localisation des caches et pour qu'ils soient capables d'y guider les hommes ultérieurement, mais il leur était souvent difficile de retrouver toutes les caches[148]. Parfois les traiteurs se servaient dans les caches des Amérindiens si en cours de route ils tombaient dessus par hasard[149].

Pour gagner du temps, les équipages prenaient souvent leurs repas à bord, ou ils combinaient le moment du repas avec d'autres activités à faire à terre, comme réparer l'équipement endommagé, calfater les canoës ou franchir les portages[150]. Les repas plus consistants étaient préparés à la fin du jour, quand l'équipage installait le campement pour la nuit[151]. Il était moins fréquent que les équipages n'accostent que dans l'unique but de faire à manger, ce qu'ils appelaient « faire la chaudière »[152]. Selon l'allure du voyage, les équipages faisaient deux ou trois repas par jour, bien que les hommes puissent parfois manger sur le pouce quand ils s'arrêtaient pour fumer. Au printemps 1806, Simon Fraser nota dans son journal :

> *Comme les hommes forcent beaucoup sur cette rivière, nous leur permettons de faire trois repas par jour et ils mangent tous ensemble dans le même sac de pemmican que nous déposons à terre pour cela, suite à quoi il est mis de côté et personne n'y touche jusqu'au repas suivant. Nous avons trouvé que c'était la meilleure manière et les hommes s'en trouvent mieux et en sont plus heureux que s'ils mangeaient un peu à chaque pipe*[153].

Les repas duraient de vingt minutes à deux heures, selon le nombre des hommes et le temps de préparation de la nourriture[154]. Les hommes buvaient l'eau des rivières ou faisaient fondre de la neige[155]. Alexander Henry le Jeune disait que ses hommes étaient souvent en nage et avaient trop chaud après leurs efforts physiques soutenus et que souvent ils se penchaient au-dessus des rivières pour en boire de longs traits d'eau glacée[156].

Places dans le canoë

Les voyageurs en canoë n'avaient pas tous à subir la monotonie du travail à l'aviron ; les voyageurs de grade plus élevé avaient des tâches moins dures sur le plan physique. Il y avait trois positions dans un canoë. La première était celle de *devant*, que l'on appelait aussi *ducent*, conducteur ou homme de proue, qui guidait le canoë dans les cours d'eau et avait aussi le rôle de vigie. La seconde était celle du *gouvernail*, ou homme de barre, à l'arrière du canoë[157]. Le *devant* et le *gouvernail*, tous deux appelés les bouts, dirigeaient la nage, donnaient le signal du départ et de l'arrivée, imprimaient le rythme de nage et avaient la responsabilité de porter le canoë lors des portages[158]. En général, un de ces hommes avait le rôle de capitaine, dirigeant les hommes et prenant les décisions concernant la répartition et l'organisation du travail. L'un de ces deux hommes se voyait souvent donner le commandement de canoës individuels ou de brigades lorsque le commis ou le bourgeois devait s'occuper d'autre chose[159]. Il est probable que ce soient les bouts qui aient dirigé le chant dans les canoës la plupart du temps.

Le travail de guide était celui qui exigeait le plus d'expérience et d'aptitudes. Le devant ou le gouvernail pouvaient avoir le rôle de guides, aidant à choisir les itinéraires et à naviguer sur les rivières, les lacs et à franchir les portages. C'étaient les guides qui décidaient si les canoës devaient essayer de franchir les rapides, être halés depuis la rive ou être transportés à dos d'hommes. La navigation sur les rivières et les cours d'eau était un travail difficile qui exigeait de l'expérience et une connaissance des cours d'eau et du voyage en canoë. En 1822, en arrivant à Fort William, George Nelson écrivait :

> *Je n'avais pas assez d'admiration pour l'adresse de nos hommes de proue à éviter les nombreux rochers ; la rapidité et la précision avec laquelle ils prenaient les virages les plus serrés malgré la brume, la force du courant et la vitesse de notre allure, car parfois tout l'équipage pagayait. Une fois en particulier, ils devaient prendre trois virages très serrés pour éviter plusieurs grands rochers coupants et si près les uns des autres qu'il paraissait impossible d'éviter d'être fracassés en mille morceaux rien que sur le premier. Mais ils*

> *poursuivirent leur course légèrement et parfaitement, avec seulement quelques hommes dans chacun des canoës – Nous guettions ce qui allait suivre avec anxiété et émerveillement – ils prirent un peu d'eau dans de terribles remous, mais ils n'effleurèrent pas un seul rocher*[160].

Avant le départ, le devant ou le gouvernail s'assurait que les canoës étaient bien réparés et correctement chargés, et il regardait l'état de l'eau[161]. En voyageant plus loin vers le nord et l'ouest en pays inconnu, les brigades engageaient souvent des gens libres et des Amérindiens pour les aider à choisir les itinéraires et à guider les canoës[162].

La troisième position dans le canoë était celle de *milieu*. Ces voyageurs devaient pagayer et porter la cargaison lors des portages. Les milieux étaient moins bien payés que les devants ou les gouvernails, et leurs tâches, qui exigeaient moins d'aptitudes, étaient moins prestigieuses[163]. Leur travail était aussi bien plus monotone que celui des autres, puisqu'on attendait d'eux seulement qu'ils pagayent toute la journée[164]. En de rares occasions, les commis et les bourgeois se joignaient aux milieux pour pagayer, comme par exemple lorsque l'on était à court de main-d'œuvre, lorsque le trajet était particulièrement éreintant ou que la brigade était très pressée[165]. Les milieux avaient aussi la responsabilité d'écoper et l'un d'entre eux était placé à la *bar d'éponge*, place dans le canoë réservée spécifiquement à l'écope ; ils utilisaient une éponge pour que le niveau d'eau dans le canoë reste le plus bas possible[166]. La tâche de celui qui devait écoper dépendait du temps qu'il faisait, de la pluie, des vagues ou d'un canoë qui prenait l'eau, ce qui en faisait parfois un travail à plein temps[167].

ROMPRE LA MONOTONIE

Quelle était la place du chant dans ce labeur sans répit ? Il est indéniable que le chant avait son utilité pour créer un rythme et une synchronisation[168]. Johann Georg Kohl, de passage mais très observateur, avait remarqué que les chansons des voyageurs étaient qualifiées en fonction du type de canoë utilisé lors des voyages. Les « chansons à la rame », de rythme lent, étaient chantées dans les canoës où l'on utilisait de grands avirons, où le rythme de nage était plus lourd et plus lent, ce qui procurait davantage de puissance et de contrôle que les pagaies dans le passage des rapides. Les « chansons à l'aviron », de rythme plus rapide, étaient chantées dans les petits canots du nord, où le rythme de nage était rapide et léger. Enfin, les « chansons de canot à lège » étaient chantées dans les canoës express, qui ne portaient pas de fret, uniquement des nouvelles et des passagers, et se déplaçaient très rapidement ; ces chansons avaient donc un tempo rapide. Le chant donnait le rythme et l'énergie mentale nécessaire à l'intense effort physique imposé par le déplacement à la pagaie[169]. Si les voyageurs étaient fatigués, ils chantaient des chansons plus lentes pour ralentir l'allure. Margaret Creighton avait découvert que les baleiniers du XIXe siècle chantaient eux aussi pour ralentir le rythme de leur travail, surtout lorsqu'ils effectuaient des travaux particulièrement éreintants[170]. Si les voyageurs avaient hâte d'arriver à destination, des chansons rapides les aidaient à maintenir une allure soutenue. Mais chanter toute la journée pour donner le rythme, cela semble éprouvant pour les cordes vocales autant que pour l'imagination et l'enthousiasme. Il est probable que les milieux chantaient chacun à leur tour sous la direction des bouts.

Les observateurs de l'époque s'accordent tous pour dire que les voyageurs n'avaient pas besoin de beaucoup d'encouragements pour se mettre à chanter et qu'ils y prenaient un grand plaisir[171]. Chanter dissipait la monotonie de la nage et distrayait les voyageurs de leur fatigue, de leur ennui, de la faim et des difficultés du voyage. Ross Cox écrivait à l'automne 1817, le long de la rivière Ottawa : « Les pauvres voyageurs, qui étaient affamés, continuèrent à chanter les chansons à l'aviron jusqu'au point du jour, pour ne pas penser à leur faim »[172].

Pour alléger la monotonie des journées entières passées à la pagaie, on pouvait aussi hisser une voile dans les canoës. Celles-ci pouvaient être improvisées, faites de couvertures ou de toile cirée. La voile de fortune était hissée sur une perche attachée au côté du canoë, les extrémités de la toile attachées à chacune des extrémités du canoë et les voyageurs pouvaient ainsi bénéficier d'un court répit[173]. Par bon vent, les canoës pouvaient voyager à la vitesse moyenne de 12 à 14 km à l'heure[174]. Cependant, lorsque le vent fraîchissait, faire voile était trop risqué et les canoës cherchaient un abri sur la rive[175]. Lorsque la Compagnie du Nord-Ouest eut acquis davantage d'expérience dans l'affrètement des brigades, les canots du maître, en particulier ceux du lac Supérieur, furent équipés de véritables voiles[176].

Les longues journées de travail fastidieux étaient également rompues par différents arrêts en cours de route. Les voyageurs s'arrêtaient le plus souvent pour fumer une pipe, toutes les deux heures en moyenne[177]. Le fait de s'arrêter pour fumer faisait partie intégrante du travail des voyageurs au point qu'ils en vinrent à mesurer les distances en « pipes »[178]. Les Canadiens français épelaient souvent les petites pauses pendant les voyages en canoë et les portages des « poses », du fait que littéralement, la pause consistait à « poser » par terre les ballots de marchandises[179]. Au franchissement d'un portage, la pause n'était pas seulement un lieu de repos ; c'était aussi un dépôt temporaire. Tous les ballots étaient transportés à la première « pose » avant d'être transportés à la seconde, pour assurer davantage de sécurité au portage. En général, tous les voyageurs utilisaient les mêmes endroits pour « poses » et il devint usuel de mesurer la longueur d'un portage par le nombre de pauses que l'on y faisait en chemin. La distance entre deux pauses au cours d'un portage allait 500 à 700 mètres, selon les difficultés du chemin[180].

AFFRONTER LES OBSTACLES

Mais certains arrêts n'étaient pas de tout repos. Lorsque les voyageurs se heurtaient à des rapides infranchissables ou à des chutes d'eau, ils devaient accoster et porter leur canoë et son chargement le long des obstacles. Les portages étaient la partie la plus pénible des voyages en canoë. En arrivant à un portage, en général le devant sautait dans l'eau pour empêcher le canoë de toucher le fond et le guidait vers la rive. Les milieux déchargeaient le canoë et préparaient les ballots à transporter le long du portage. Ils attachaient leurs bricoles, que l'on appelait aussi des « colliers à porter », courroies de front ou de poitrine, aux ballots et les faisaient passer sur leur dos pour leur faire franchir le portage[181]. Les courroies étaient en général des bandes de cuir d'environ 7 à 10 cm de large, des courroies plus étroites étant attachées aux ballots[182]. Le premier ballot était en appui sur le bas du dos tandis que le collier était placé en travers du front. Les hommes se penchaient en avant pour que les ballots reposent sur leur dos et qu'ils soient maintenus par les courroies entourant leur tête. Un ou deux ballots supplémentaires étaient placés au-dessus du premier, et le chargement était parfois aussi haut que leur tête[183]. Il est probable que cette manière de porter ait été calquée sur celle des Amérindiens ; le missionnaire jésuite Paul Le Jeune avait décrit des voyageurs innus utilisant des courroies de front dès 1634[184]. Parmi les autres outils servant à porter, et qui finirent par être assimilés aux voyageurs, il y avait les ceintures fléchées : ces ceintures d'étoffe larges et multicolores, que les voyageurs portaient enroulées sur la poitrine, servaient à soulager le poids sur leur dos ainsi que de ceintures pour suspendre leur équipement[185]. La plupart des hommes portaient deux ballots pesant chacun 40 kg, mais certains hommes portaient parfois trois ballots d'un coup, pour montrer leur force. John Johnston écrivait : « Celui qui ne peut pas porter deux ballots n'est pas considéré comme un homme. Il y en a beaucoup même qui en prennent trois et dépassent leurs compagnons »[186]. Porter plus de deux ballots à la fois était une preuve de force et donc une marque de distinction chez les voyageurs.

Les portages étaient très différents. Il était plus facile de faire franchir un portage aux canoës ne transportant que des passagers et pas de cargaison, car tout l'équipage pouvait porter le canoë. Les portages étaient plus éreintants sur le trajet entre Montréal et le lac Supérieur, parce que l'on

Figure 7. Le portage. *Burial Place of the Voyageurs (Ontario)*, par William Henry Bartlett, 1841, gravure colorée. Référence 1972-188-885, reproduction c-040707. Courtoisie de Bibliothèque et Archives Canada.

y utilisait de plus grands canots. Il fallait environ six hommes pour porter un canot du maître, qui pouvait peser de 300 à 675 kg. Il pouvait s'avérer difficile de porter un canot sur un sol inégal, le poids étant inégalement réparti. Il fallait de grandes aptitudes aux hommes pour transporter un canot sans accident sur leurs épaules[187]. Dans l'intérieur, il était beaucoup plus facile de porter les canots du nord, plus petits, et cette tâche était réservée au *devant* et au *gouvernail*[188].

Certains portages, longs et traîtres, étaient difficiles, prenaient beaucoup de temps et exigeaient de grandes aptitudes. L'explorateur et scientifique anglais John Henry Lefroy décrivit un portage de 4 km de long sur la rivière Savanne, qui longeait en outre une colline escarpée. L'équipage n'en avait franchi que la moitié à la nuit tombée, et les hommes dormirent sans couvertures parce qu'ils étaient trop fatigués pour revenir sur leur pas et aller les chercher[189]. Il arriva que des brigades soient retardées aux portages pendant aussi longtemps que vingt-deux jours[190]. En décrivant le portage de Grand Portage, le bourgeois Peter Grant s'émerveillait de ce que « le tout fut mené avec une célérité extraordinaire, conséquence nécessaire de l'enthousiasme qui accompagnait toujours leurs longs et dangereux voyages »[191]. Grand Portage, à l'ouest du lac Supérieur, couvrait une distance de 14,5 km ; les voyageurs devaient en général porter huit ballots chacun au cours de ce portage, et recevaient un dollar espagnol pour chaque ballot supplémentaire qu'ils pouvaient transporter. Alexander Mackenzie remarqua : « Ils sont si aguerris à ce genre de travail, que j'en ai vu certains partir avec deux ballots de 40 kg chacun et revenir avec deux autres du même poids, en l'espace de six heures, ce qui équivalait à une distance de 30 km à travers des collines et des montagnes »[192].

Parfois, des équipages de canoës attendant que le reste de leur brigade ait franchi le portage rentabilisaient leur temps d'attente en rassemblant du bois pour les pagaies et de l'écorce pour les réparations des canoës. D'autres hommes pouvaient être détachés pour aider les autres équipages à franchir le portage plus rapidement[193]. Les bourgeois profitaient souvent des portages pour écrire des lettres et tenir leur journal[194]. Dans d'autres cas, les hommes ne faisaient qu'attendre impatiemment que le reste de la brigade ait fini ou « faisaient la noce » s'ils avaient du vin ou du rhum sous la main[195].

De fréquents accidents retardaient la progression des brigades. Le sol humide et les rochers faisaient que les portages étaient glissants, et les hommes pouvaient souvent tomber en portant le canoë ou leurs ballots, surtout s'ils manquaient d'expérience. En ces occasions, ils ne portaient en général qu'un seul ballot par mesure de sécurité[196].

Les rapides n'imposaient pas tous un portage complet. Lorsqu'ils n'étaient pas trop difficiles, les bouts pouvaient les franchir avec un canoë à vide, que l'on appelait une *décharge*, ou avec la moitié de la cargaison, appelée une *demicharge*[197]. Les milieux attendaient sur la rive, laissant un ou deux hommes, en général le devant et le gouvernail, guider le canoë dans les rapides. Ces hommes devaient sauter hors du canoë en cas de problème[198]. Les voyageurs tentaient autant que possible d'éviter les portages chaque fois que c'était possible et choisissaient parfois de traverser de nombreux rapides dangereux dans un canoë chargé. Le bourgeois Peter Grant expliquait :

> *Lorsqu'ils arrivent à un rapide, le travail du guide ou du devant est d'explorer les eaux avant de les franchir en canoë et, en fonction de la nature des eaux, soit ils allègent le canoë en enlevant une partie de la cargaison et la portent par voie de terre, soit ils font descendre toute la charge. Un observateur européen serait étonné de voir la dextérité avec laquelle ils manoeuvrent leurs canoës dans ces dangereux rapides, les faisant descendre comme l'éclair à la surface des eaux. L'homme de proue, aidé de l'homme de barre, évite avec adresse les rochers et les hauts-fonds qui pourraient toucher le canoë et le mettre en pièces, impliquant la destruction certaine de tout ce qui se trouve à bord. Leurs aptitudes sont souvent mises à l'épreuve, lorsque l'eau est très haute, lorsqu'il s'agit d'éviter de sombrer dans les remous écumants tout au bord des précipices les plus épouvantables, et cependant, ces hardis aventuriers préfèrent courir ce risque, pour le salut de l'expédition, plutôt que de perdre quelques heures à transporter la cargaison par voie de terre*[199].

De nombreux maîtres et gens de passage ont fait écho à ces éloges de l'adresse des voyageurs et de leur habileté à franchir les rapides[200].

Un autre moyen de franchir les rapides consistait à traîner le canoë dans l'eau au moyen d'une corde, à le haler. Ce mode de transport était utilisé lorsque franchir les rapides était trop dangereux ou impossible, lorsqu'il était impossible de porter un canoë le long d'un rapide ou d'une chute parce que le rivage était trop rocailleux ou la végétation trop dense, pour traverser un petit rapide à contre-courant où lorsque les eaux n'étaient pas assez profondes[201]. Les cordes de halage faisaient en général partie de l'équipement ordinaire d'un canoë[202]. Les voyageurs attachaient cette corde au canoë et le traînaient, soit dans l'eau, soit depuis le rivage. Parfois deux hommes restaient dans le canoë pour « percher » tandis que les autres le halaient, ce qui impliquait de propulser ou d'immobiliser le canoë en appuyant de longues perches au fond de la rivière[203]. D'autres fois, un homme restait à l'avant du canoë pour le maintenir dans le bon axe tandis qu'on le halait[204].

On utilisait aussi d'autres techniques pour faire franchir les sections difficiles d'une rivière à un canoë. Les perches faisaient partie de l'équipement usuel d'un canoë. On les utilisait pour remonter de petits rapides lorsque l'eau n'était pas trop profonde[205]. On s'en servait également pour pousser les canoës dans des eaux trop peu profondes pour supporter le chargement ordinaire. Les hommes descendaient parfois du canoë pour l'alléger et le poussait dans des eaux plus profondes, ou bien marchaient à ses côtés jusqu'à ce qu'ils aient atteint une partie plus profonde de la rivière[206]. Ils étaient également contraints de marcher lorsque la rivière était obstruée par la végétation et ils devaient alléger le chargement pour que le canoë puisse flotter par-dessus ou essayer d'ouvrir un passage devant lui[207].

Le mauvais temps obligeait les brigades à s'arrêter ; ce pouvait être une chance inespérée que d'attendre la fin d'un orage pour un équipage fatigué[208]. On faisait coïncider les pauses avec les arrêts nécessaires à l'entretien du canoë. Dans les cours d'eau difficiles, et surtout froids, qui faisaient craquer les embarcations, les hommes devaient fréquemment les réparer et les calfater à la résine[209]. Ce calfatage consistait à enduire les coutures et les parties abîmées de l'écorce de bouleau du canoë avec de la résine d'épinette fondue, afin d'empêcher les infiltrations. On humidifiait des fibres d'écorce avec de la résine liquide et on les appliquait sur les brèches du canoë ; des chiffons recouvraient ensuite le trou et les bords étaient colmatés avec de la résine[210]. On recueillait la résine des arbres en chemin, mais parfois les voyageurs devaient en acheter lorsqu'ils étaient à court[211]. Ils calfataient souvent les canoës au cours des arrêts nécessaires pour les portages, les repas ou lors des rencontres avec d'autres personnes rencontrées en route et avec qui ils échangeaient des informations[212]. Pour gagner du temps, le calfatage était souvent fait le soir, à la lumière des torches, après que le groupe se soit arrêté pour la nuit[213]. Les canoës étaient également calfatés et réparés chaque fois qu'ils arrivaient à un poste[214].

Pour leur entretien à long terme, les canoës étaient enduits de résine chaque fois qu'ils étaient réparés, ce qui arrivait souvent. La plupart des journaux de traiteurs sont remplis de notations de canoës abîmés sur les rochers et dans les rapides. Par exemple, au cours d'un voyage pendant l'été 1800, Alexander Henry le Jeune raconta que ses brigades s'étaient arrêtées pour réparer un canoë endommagé au moins sept fois entre Grand Portage et Fort Alexander, en l'espace d'un mois, et au moins trois fois de plus en un peu plus d'une semaine alors qu'ils poursuivaient leur voyage en direction du sud, vers le poste de Park River à Pembina[215]. Les canoës étaient constamment réparés et refaçonnés en cours de route. Lors d'un voyage depuis Pays Plat sur le lac Supérieur jusqu'au Portage de l'Isle sur la rivière Winnipeg, pendant l'été 1784, les hommes d'Edward Umfreville adaptèrent leur canoë aux cours d'eau de l'intérieur en enlevant, lavant et raccourcissant les membrures de bois du canoë pour l'alléger[216]. Entretenir les canoës pouvait prendre énormément de temps si ceux-ci étaient en mauvais état. Comme nous l'avons vu, lorsque Simon Fraser tentait sa première exploration de la rivière Fraser au printemps de 1806, il fut retardé par des mauvais canoës et son équipage dut passer des heures à terre chaque jour pour les calfater de résine[217]. Il fallait parfois, au cours d'un voyage, consacrer des journées entières à la réparation des canoës[218]. Les traiteurs avaient parfois la possibilité d'engager des Amérindiens pour réparer leurs canoës ou de leur en acheter de nouveaux en cours de route, ce qui pouvait leur épargner beaucoup de temps. Cependant, ainsi que s'en plaignait Henry, pendant l'été 1800, les Amérindiens ne rendaient pas toujours ce service aussi rapidement que l'auraient souhaité les traiteurs. Henry fut si déçu des Ojibwés qu'il avait engagés pour lui construire un nouveau canoë au lac des Perches, près des hauteurs se trouvant sur son chemin, entre Grand Portage et le lac Winnipeg, qu'il demanda à ses propres hommes de finir le travail[219]. En cours de voyage, on envoyait les hommes trouver du cèdre et de l'écorce pour les réparations du canoë et du bois pour fabriquer des pagaies et des perches pour remplacer celles qui étaient perdues ou abîmées[220]. Ils rassemblaient souvent ces fournitures à l'avance s'ils savaient que les contrées qu'ils allaient traverser ne leur fourniraient pas les matériaux nécessaires[221].

Accidents

Le travail des voyageurs en canoë était fait à la fois de labeur monotone et de dangers potentiels. La chanson « Quand un chrétien se décide à voyager », parlant d'un prêtre qui décrit aux voyageurs ce que ce métier leur réserve, décrit quelques-uns de ces dangers. Dès le premier vers, le ton est grave :

Quand un chrétien se détermine
À voyager,
Faut bien penser qu'il se destine
À des dangers.
Mille fois à ses yeux la mort
Par son image
Mille fois il maudit son sort
Dans le cours du voyage.
Ami, veux-tu voyager sur l'onde
De tous les vents ?
Les flots et la tempête grondent

Cruellement.
Les vagues changent tous les jours
Et il est écrit: que l'image de ton retour
Est l'image de ta vie.
Quand tu seras sur ces traverses,
Pauvre affligé,
Un coup de vent vient qui t'exerce
Avec danger.
Prenant et poussant ton aviron
Contre la lame,
Tu es ici près du démon
Qui guette ta pauvre âme.
Quand tu seras sur le rivage,
Las de nager,
Si tu veux faire un bon usage
De ce danger,
Va prier Dieu dévotement
Avec Marie,
Mais promets-lui sincèrement
De réformer ta vie.
Si, le soir, l'essaim de mouches
Pique trop fort,
Dans un berceau tu te couches,
Pense à la mort.
Apprends que ce petit berceau
Te fait comprendre
Que c'est l'image du tombeau
Où ton corps doit se rendre.
Si les maringouins te réveillent
De leurs chansons
Ou te chatouillent l'oreille
De leurs aiguillons,
Apprends, cher voyageur, alors
Que c'est le diable
Qui chante tout autour de ton corps
Pour avoir ta pauvre âme.

Quand tu seras dans ces rapides
Très dangereux,
Ah ! prie la Vierge Marie,
Fais-lui des vœux.
Alors lance-toi dans ce flot
Avec hardiesse,
Et puis dirige ton canot
Avec beaucoup d'adresse.
Quand tu seras dans les portages,
Pauvre engagé,
Les sueurs te couleront au visage
Pauvre affligé.
Loin de jurer, si tu me crois,
Dans la colère,
Pense à Jésus portant sa croix.
Il a monté au calvaire.
Ami, veux-tu marcher par terre,
Dans ces grands bois,
Les sauvages te feront la guerre
En vrais sournois.
Si tu veux braver leur fureur,
Sans plus attendre,
Prie alors de tout ton cœur
Ton ange de te défendre[222].

La tâche la plus dangereuse à bord d'un canoë était sans conteste de franchir les rapides. Des canoës se brisaient, des cargaisons étaient perdues et des hommes se noyaient[223]. Les hommes tentaient parfois de franchir des rapides lorsqu'il était impossible de trouver un portage pour les longer. Dans une situation extrême, le premier juin 1808, lorsqu'ils exploraient la rivière Fraser, Simon Fraser et son partenaire, Stuart, choisirent de franchir des rapides parce que les rives de la rivière étaient trop hautes et trop escarpées pour qu'ils puissent les escalader. Dans la rivière, leur canoë subit des dangers ininterrompus en étant ballotté d'un tourbillon à un autre. Les hommes du premier canoë parvinrent à en sauter et à le hisser sur une plateforme de rochers sur la rive. Ils allèrent sauver les autres hommes en descendant les rochers à pic de la rive et en traînant les hommes et les canoës en sécurité, ce qui leur prit une journée entière. Le groupe dut ensuite affronter les hauteurs traîtresses du portage avec de lourdes charges sur le dos[224]. Trois jours seulement après l'incident, Fraser notait dans son journal : « visité la partie basse [du rapide] ; l'ai trouvé fort et rempli d'impressionnants tourbillons que nous ne savions vraiment pas comment prendre – ; Cependant, la nature de notre situation ne nous laissait pas le choix ; car il nous était nécessaire soit de faire descendre les canoës, soit de les abandonner », parce que le rivage était trop dangereux. Cette « entreprise désespérée » avait épuisé les hommes. Ils décidèrent de passer le rapide à pied, après plusieurs accidents qui avaient failli être mortels. Même sur cet itinéraire plus sûr, l'un des hommes glissa et faillit tomber dans la rivière tumultueuse[225]. Cinq jours plus tard seulement, l'équipage de Fraser se trouva à nouveau dans une situation aussi périlleuse :

> *[Puisqu'il] était absolument impossible de porter les canoës à terre, tous les hommes, sans hésitation, embarquèrent, comme à corps perdu, à la merci de cette horrible marée. – Une fois engagés, le sort en était jeté, et la grande difficulté consistait à maintenir les canoës au milieu, ou au fil de l'eau, c'est-à-dire loin de la falaise d'un côté et loin des tourbillons formés par les vagues de l'autre. – puis, glissant à fleur d'eau aussi vite que l'éclair, les équipages, néanmoins stoïques et déterminés, se suivirent dans un affreux silence. Et lorsque nous arrivâmes à la fin, nous restâmes où nous étions, cherchant dans le regard les uns des autres des congratulations pour cette évasion de justesse*[226].

Le halage pouvait s'avérer aussi difficile, ennuyeux et dangereux que les portages ou le franchissement des rapides. Sur la rivière Saskatchewan, Duncan McGillivray écrivit, en septembre 1794 : « arrivés à la fin du chemin de halage à la grande satisfaction des hommes dont beaucoup sont *estropiés* à cause du dur travail qu'ils ont accompli ces jours derniers »[227]. Toujours le long de la rivière Saskatchewan, cette fois en septembre 1808, après une longue journée passée à tirer sur les cordes de halage, Alexander Henry le Jeune nota que ses hommes étaient heureux d'être arrivés dans des eaux plus faciles, « car ils étaient fatigués jusqu'à la nausée de ce travail ennuyeux » qu'était le halage. La veille, l'un de ses hommes avait échappé de justesse à la noyade, en essayant de dégager la corde de halage qui s'était emmêlée dans la végétation du rivage. Lorsque la corde eut été libérée, il avait été projeté dans l'eau la tête la première et ne fut sauvé qu'après avoir été entraîné vers l'aval et avoir avalé beaucoup d'eau[228].

Ceux qui n'avaient pas eu la chance de survivre à de tels accidents étaient souvent immortalisés dans l'un des types de chansons de voyageurs, les complaintes, qui étaient quant à la forme similaires aux anciennes ballades françaises, mais étaient composées par les voyageurs eux-mêmes. Ces chansons pouvaient être des panégyriques des défunts ou des lamentations sur leur vie d'épreuves et de labeur. Les complaintes commémoraient également les événements tragiques, comme les accidents mortels, et jouaient parfois le rôle de contes populaires, avertissant des dangers et enseignant des leçons de survie dans le pays d'en haut[229]. Elles ressemblaient beaucoup aux « complaintes des marins », « forme ancienne du blues », qui évoquaient mélancoliquement leur foyer[230]. De même, Ian Radforth a découvert que les bûcherons du XIXe siècle, en Ontario, créaient des chansons sur les dangers de leur métier et la bravoure des hommes. Il suggère que leurs « chansons vibrantes, parfois obsédantes, constituaient pour ces hommes des bois un important moyen d'aborder les incroyables risques de leur travail », en soutenant leur courage et en commémorant ceux qui étaient morts[231]. La plus célèbre des complaintes de voyageurs est la chanson de Jean Cadieux (ou Cayeux). En voyageant sur la rivière Ottawa, son équipage fut pourchassé par des Iroquois. Cadieux sauta hors du canoë pour guider l'équipage à travers des rapides dangereux. La Vierge Marie apparut pour aider le canoë à descendre les rapides et les Iroquois n'osèrent pas les suivre. Par malheur, les Iroquois pourchassèrent Cadieux dans la forêt, où il finit par mourir de faim tout en se cachant d'eux. La chanson intitulée « Petit Rocher », qui lui était dédiée, parle de Cadieux faisant ses adieux au monde et se préparant à mourir[232].

Le métier des voyageurs, consistant à transporter des marchandises par canoë, exigeait de la force, de l'endurance, du talent et du courage. Bien que le métier se soit spécialisé par les places occupées à l'intérieur du canoë et par la nécessité de créer des groupes régionaux pour les affectations éloignées, les environnements difficiles et l'entrée des voyageurs dans des contrées inconnues, tous les voyageurs étaient à la merci des basses eaux, des forts vents, des orages, des rapides, des chutes et des portages difficiles, et tous devaient savoir pagayer, barrer, percher, naviguer à la voile, pister, traiter, chasser et pêcher. Les voyageurs se distrayaient de leurs occupations exigeantes et précaires en chantant. Ils créaient des chansons reflétant leur lieu de travail ou faisant l'éloge de ceux qui avaient été victimes d'accidents tragiques, et chantaient des ballades françaises parlant d'amour. Le chant des voyageurs était souvent très beau et son romantisme plut à de nombreuses personnes de passage. En novembre 1818, voyageant en amont du Saint-Laurent, John M. Duncan écrivait :

> *J'aurais pu supporter la pluie encore une heure ou deux, pour écouter les chansons de bord des voyageurs canadiens, qui, dans la tranquillité de la nuit, étaient du plus bel effet. Ils ramaient à la cadence de ces chansons; et le plongeon des avirons dans l'eau, combiné avec le caractère sauvage de ce rythme, donnait une couleur romantique à notre sombre voyage. Pour la plupart des chansons, deux des bateliers commençaient l'air, deux autres chantaient la réponse, puis tous s'unissaient en chœur. Leur musique n'aurait sans doute pas été considérée comme très élaborée par ceux dont les connaissances des accords et de la gamme chromatique leur interdisent de*

> *se satisfaire autrement que par des principes scientifiques ; mon ignorance commode de ces règles me permettait de profiter sans contrainte de ce plaisir que me donnaient les mélodies des voyageurs, qui, comme beaucoup de nos airs écossais, étaient singulièrement plaintives et plaisantes*[233].

En général, les voyageurs travaillaient dans une atmosphère exclusivement masculine, et leur culture était fortement influencée par un idéal masculin fruste et audacieux. Cependant, celles de leurs chansons qui ont survécu ont une qualité féminine, par leurs paroles douces et délicates sur l'amour romantique et la mélancolie. Les chansons rappelaient aux voyageurs leurs familles et leurs amis de la vallée du Saint-Laurent, mais elles les aidaient aussi à donner un sens à leur métier exigeant, et leur procuraient des conseils sur leurs relations de travail, sujet que nous explorerons en détail dans le chapitre suivant.

V
Théâtre de l'hégémonie

Maîtres, commis et employés

Au coucher du soleil, nous sommes allés à terre pour la nuit, en un point couvert d'un grand nombre d'arbres émondés. C'étaient de grands pins dépouillés de leurs branches basses, n'ayant gardé qu'un toupet au sommet. Ils sont faits ainsi en général pour servir de repères, et parfois les voyageurs les font en l'honneur des gentlemen qui voyagent le long de cette route pour la première fois, et ils choisissent les arbres qui, se trouvant sur un terrain surélevé, constituent des objets remarquables. On attend toujours du voyageur en l'honneur de qui ils sont faits qu'il manifeste sa reconnaissance en offrant à l'équipage une pinte de grog, soit à l'endroit même, soit au premier établissement qu'ils rencontrent. On considère alors qu'il a payé son admission et que par la suite il pourra passer sans frais[1].

LES « OBJETS REMARQUABLES » que décrivait au milieu du XIXe siècle l'un des officiers de la Compagnie de la Baie d'Hudson, Robert Ballantyne, en allant vers Norway House, qui sont appelés *lopsticks*, *lobsticks*, *mais* ou *maypoles* dans les sources documentaires anglaises, et dont l'équivalent en français serait « arbres de mai », se trouvaient tout au long des routes de traite les plus fréquentées. Ces arbres émondés, qui dans la région subarctique devaient le plus souvent être des épinettes et non des pins, rappelaient les mâts érigés en l'honneur des capitaines de la milice canadienne et les arbres de mai de l'Europe. Peut-être entraient-ils en résonance avec les arbres ou poteaux sacrés de certaines communautés amérindiennes, comme celles des Iroquois, des Mahicans-Munsees et des Omahas[2]. Pendant les voyages en canoë, les voyageurs façonnaient des arbres de mai pour certains des bourgeois et des passagers se trouvant en leur compagnie, en général ceux qui étaient perçus comme étant les plus riches ou du rang social le plus élevé. En retour, la personne honorée avait l'obligation d'offrir aux voyageurs du rhum, du vin ou tout autre alcool disponible. En général, les bourgeois et les passagers étaient ravis de se voir ainsi honorés par les voyageurs, et en retour, les voyageurs étaient heureux de se voir offrir une tournée générale. La cérémonie de la fabrication de l'arbre de mai ainsi que le symbole durable que constituait cet arbre lui-même reflétaient la délicate négociation du pouvoir qui caractérisait les relations entre maîtres et employés. Dans la traite des fourrures, le rituel de l'arbre de mai permettait aux maîtres d'affirmer leur autorité et aux employés (que l'on appelait à l'époque des serviteurs) d'exiger une récompense matérielle, en même temps qu'il laissait à sa suite des repères le long des trajets.

Ce chapitre se penche sur les relations des voyageurs avec leurs maîtres, tant les commis que les bourgeois. Une fois signés leurs engagements, ou contrats, ils entraient dans une relation de maître à serviteur typique de la servitude à contrat en Nouvelle-France et dans d'autres colonies. Ce système se basait sur l'affirmation de l'autorité du maître sur ses employés et sur l'obéissance de ces derniers aux ordres du maître. Cependant, l'organisation du travail et les particularités du lieu de travail dans la traite des fourrures faisait que la relation maître-serviteur y était plus souple que dans de nombreux autres contextes des débuts de la modernité. Dans la traite, les voyageurs avaient quelque possibilité, quoique limitée, de laisser leur empreinte sur leur lieu de travail et de contrôler le rythme de leur activité au moyen de certaines formes de résistance qui pouvaient aller de gestes mineurs de désobéissance jusqu'aux grèves à grande échelle. Bien que la relation maître/serviteur fût fondée sur l'inégalité, sa flexibilité laissait aux voyageurs leur agir, c'est-à-dire la possibilité de donner eux-mêmes forme à leur vie au travail.

Les employés de la traite des fourrures étaient en bien plus grand nombre que leurs maîtres et leur travail les tenait éloignés des structures coloniales de règlements et de maintien de l'ordre. Les maîtres dépendaient largement de leurs employés non seulement pour le bon fonctionnement de la traite, mais aussi pour leur propre survie. Comment ce système d'inégalité et de hiérarchie se maintenait-il ? Comment les bourgeois pouvaient-ils imposer leur domination aux voyageurs sans les contraindre physiquement ? Le philosophe marxiste italien Antonio Gramsci soutenait que les classes dirigeantes pouvaient maintenir leur domination sur les classes inférieures sans faire usage de coercition physique, au moyen des idéologies dominantes d'inégalité qui étaient promues par les institutions culturelles telles que les écoles, les médias et les religions, et qui devenaient donc des normes[3]. Bien que Gramsci se soit basé sur les théories marxistes pour expliquer le consentement des prolétariats à leur subordination à la bourgeoisie dans des contextes capitalistes, cette théorie a été largement appliquée à l'explication de nombreuses situations de domination hiérarchique.

Les maîtres et les employés acceptaient leur situation de dominants et de dominés. Les voyageurs avaient la possibilité de contester la nature et les limites de leur métier pour améliorer leurs conditions de travail, mais sans contester les dynamiques fondamentales du pouvoir. L'acceptation par les voyageurs de la domination du bourgeois (et parfois du commis) se fondait sur la croyance profonde en la légitimité du paternalisme. Il est certain que les voyageurs pouvaient être mécontents, qu'ils résistaient à l'autorité des bourgeois et des commis et qu'ils se révoltaient parfois, mais la contestation du système du paternalisme était au-delà de leur conception du monde[4]. L'hégémonie culturelle n'était donc pas incompatible avec l'existence de conflits de travail. Si les voyageurs ont pu contester les termes de leur emploi et de leurs contrats, ils n'ont pas fondamentalement contesté leur situation dans les relations de pouvoir, parce qu'ils contribuaient à construire le système. Les voyageurs, les bourgeois et les commis étaient tous engagés dans un dialogue de temporisations et de confrontations afin de rendre acceptable leur relation[5]. L'hégémonie n'empêchait pas les voyageurs de créer leurs propres modes de travail et de loisirs, ni d'élaborer leurs propres rituels. L'hégémonie présentait, dans les termes d'E.P. Thompson, parlant des gens du peuple en Angleterre au XVIIIe siècle, « l'architecture dépouillée d'une structure de relations de domination et de subordination, mais à l'intérieur du réseau architectural se situaient de nombreuses scènes différentes où pouvaient se jouer des pièces différentes »[6].

L'insistance d'E.P. Thompson sur la notion de théâtre est également instructive pour comprendre les relations de maître à employé dans la traite des fourrures. Thompson affirmait que la culture « plébéienne » se situait « à l'intérieur d'un équilibre particulier de relations sociales, d'un environnement de travail d'exploitation et de résistance à l'exploitation, de relations de pouvoir dissimulées sous les rituels du paternalisme et de la déférence »[7]. Tant les dirigeants que ceux qui étaient dirigés exprimaient le paternalisme et la résistance au paternalisme « dans le cadre d'actions ritualisées ou stylisées »[8]. Les dirigeants pratiquaient des exercices d'autorité et les subordonnés pratiquaient à la fois la subordination et la résistance sous forme de récréation et de protestation. C'était aussi le cas dans la traite des fourrures. Les bourgeois et les commis s'efforçaient d'asseoir leur autorité par des gestes de domination, tandis que les voyageurs, en même temps, mettaient en scène leur statut de subordonnés tout en jouant ostensiblement des « scènes de confusion » en s'efforçant d'améliorer leur sort. Le rituel des arbres de mai constituait le théâtre de la domination et de la résistance à la fois, en procurant un espace à l'expression de la supériorité du bourgeois et une opportunité pour les voyageurs d'améliorer leur bien-être matériel. Les rituels des voyageurs nous procurent un aperçu unique des relations entre maîtres et employés et de la manière dont les voyageurs créaient un lieu de travail qui leur était particulier.

Théâtre et arbres de mai

La citation qui ouvre ce chapitre illustre de manière frappante la relation entre maîtres et employés dans la traite des fourrures. Malheureusement, les sources documentaires ne nous permettent pas de voir la cérémonie par les yeux des voyageurs, non plus qu'elles ne nous révèlent comment les voyageurs choisissaient ceux qu'ils voulaient honorer. Certains indices des idées des voyageurs au sujet de leurs maîtres et des cérémonies d'hommage ne peuvent se discerner qu'à travers leurs actions. Les voyageurs sélectionnaient un arbre élevé à l'aplomb d'un lac, « mettaient à bas » toutes ses branches à l'exception de celles se trouvant au sommet, gravaient à la base du tronc le nom du bourgeois, du commis ou du passager qu'ils voulaient honorer, puis se rassemblaient autour de l'arbre de mai pour lancer des acclamations et tirer des coups de feu. Celui qui était honoré offrait alors des « régales » à tous ceux de la brigade. La cérémonie finit par s'associer à des occasions de faire la fête[9]. En remontant la rivière Columbia au printemps de 1811, le traiteur Alexander Ross notait :

> *C'est une habitude pour les « importants personnages » de la traite indienne d'avoir des arbres de mai avec leurs noms inscrits dessus dans des endroits visibles, non pas pour danser autour, mais seulement pour faire remarquer qu'une telle personne est passée là tel jour, ou pour commémorer un certain événement. Dans ce but, on choisit en général l'arbre le plus grand sur le terrain le plus élevé, et toutes les branches sont émondées, sauf un petit toupet au sommet. Lors du retour de monsieur McKay de son expédition de reconnaissance en amont de la rivière, il ordonna à l'un de ses hommes de grimper sur un arbre de haute taille et d'en faire un arbre de mai. L'homme entreprit ce travail de bon cœur, espérant, comme il est d'usage en ces occasions, avoir un coup à boire*[10].

Ce geste spectaculaire d'autorité avait différentes significations pour les participants. Les bourgeois faisaient la démonstration de leur autorité sur leurs employés, en partie en récompensant les voyageurs qui avaient accompli une tâche difficile et dangereuse sans aucun autre bénéfice apparent que d'affirmer le haut rang du maître. Les voyageurs, de leur côté, accueillaient probablement de bon cœur l'occasion de pouvoir poser leurs pagaies et appréciaient les « régales » et les réjouissances qui accompagnaient cette cérémonie.

Les arbres de mai destinés à honorer les personnages importants étaient très communs au Bas Canada et avaient de profondes racines dans l'Europe féodale. On disposait des buissons, des arbres ou des poteaux devant la maison des prêtres, des seigneurs, ou des jeunes femmes ayant des soupirants ardents, et des arbres de mai pouvaient aussi honorer les magistrats ou les édiles qui venaient d'être élus. Ceux qui étaient ainsi honorés par un arbre de mai avaient l'obligation d'offrir des petits plaisirs sous forme de nourriture ou d'alcool[11]. L'anthropologue Arnold Van Gennep suggérait que le rituel de l'arbre de mai était un échange réciproque signalant la réussite d'une relation d'obligation. Par exemple, à la fin de la moisson, les travailleurs agricoles érigeaient parfois un arbre de mai pour leur employeur, qui leur offrait ensuite un banquet, signe que les deux parties avaient obtenu satisfaction[12]. Les colons français apportèrent la pratique de l'érection des arbres de mai dans la vallée du Saint-Laurent. Comme en France, les habitants honoraient leurs seigneurs en plaçant des arbres de mai devant leur résidence, en échange de festins. Tous les seigneurs n'obtenaient pas cet honneur, et au XVIIIe siècle, certains d'entre eux commencèrent à insérer des clauses dans les actes notariés exigeant que les habitants leur érigent des arbres de mai. Pendant les années tumultueuses précédant la rébellion de 1837 au Bas-Canada, les habitants utilisèrent les arbres de mai pour honorer les capitaines de la milice. À l'instar de Van Gennep, Allan Greer affirme que dans ce cas, la signification des cérémonies de l'arbre de mai était la réciprocité : « Les hommes présentaient à leur capitaine un symbole de son autorité, tandis que lui, de son côté, devait effectuer un paiement en retour. En acceptant le symbole du pouvoir, le capitaine acceptait aussi la responsabilité qu'il impliquait, c'est-à-dire la responsabilité des hommes sous son commandement plutôt qu'envers ses supérieurs »[13].

Les mâts ou poteaux avaient différentes significations chez les peuples amérindiens rencontrés par les voyageurs. Les poteaux étaient d'usage courant dans les constructions des campements comme les tipis (faits de poteaux droits et couverts d'écorce de bouleau) et les huttes (tipis plus petits et plus temporaires couverts de feuillages), les *wáginogans* des Ojibwés (ou *wigwams*, structures hémisphériques faites de poteaux recourbés et couvertes d'écorce de bouleau) et leurs *cäbandawans* (*wáginogans* plus allongés)[14]. Il est probable que l'on voyait souvent, le long des routes de traite, les débris architecturaux des camps amérindiens abandonnés[15]. Mais certains poteaux avaient une signification plus profonde. L'un des exemples les plus connus de piliers sacrés se trouve chez les Omahas. Appelé Umon'hon'ti, le pilier sacré de la tribu omaha n'était pas qu'un objet matériel fait de peuplier, mais une personne vivante. Robin Ridington et Dennis Hastings (In'aska) expliquent que le Pilier sacré « servait à symboliser l'unité de la tribu en un temps où ils se déplaçaient d'un endroit à l'autre. Il se tint toujours debout pour leur identité tribale au cours de la belle époque où ils contrôlaient la traite en amont et en aval du Missouri »[16].

Les conceptions et les usages de ces piliers chez les Amérindiens ont-ils influencé les pratiques des voyageurs, ou est-ce l'usage que les voyageurs faisaient des arbres de mai qui a influencé les peuples autochtones ?

La signification des arbres de mai dans la traite des fourrures ne se dessine pas très nettement. Comme dans le cas des seigneurs, ce ne sont pas tous les bourgeois qui recevaient un tel honneur. Bien que certains traiteurs aient mentionné avoir vu des arbres de mai par groupes de plusieurs le long des routes de traite, ils sont très peu à en avoir décrit la cérémonie. On peut pourtant présumer qu'un symbole aussi spectaculaire qu'un arbre de mai, façonné en l'honneur d'une certaine personne, aurait dû susciter quelques commentaires. Qui, alors, recevait un tel honneur ? Certains traiteurs, comme le monsieur McKay susmentionné, ordonnaient aux voyageurs d'émonder un arbre de mai pour eux. En 1790, le traiteur Peter Pangman s'en fit faire un à Rocky Mountain House, en vue des montagnes Rocheuses, pour signaler l'endroit de l'exploration la plus lointaine des traiteurs le long de la rivière Saskatchewan. Cet arbre de mai finit par être connu sous le nom « d'arbre de Pangman »[17]. Au cours d'une expédition d'exploration des Prairies en 1857, Henry Youle Hind décrivit un lieu situé près de Cat Head sur le lac Winnipeg : « une épinette qui poussait sur cette péninsule a été émondée sous forme de "poteau" par Angus Macbeth, de qui cette localité tire son nom de Macbeth's Point »[18].

Les passagers des canoës de voyageurs, qui ne devaient rien à ces derniers sauf un paiement pour un trajet fait en sécurité, pouvaient être honorés par un arbre de mai. La cérémonie n'était pas réservée aux traiteurs opérant à partir de Montréal. Un exemple intrigant est celui de la femme de Sir George Simpson, gouverneur de la Compagnie de la Baie d'Hudson après la fusion de 1821 avec la Compagnie du Nord-Ouest. Un arbre de mai fut érigé en 1830 à Norway House en l'honneur de Frances Simpson qui voyageait de la Rivière Rouge à York Factory. Elle écrivit dans son journal :

> *Les voyageurs convinrent entre eux de couper un « arbre de mai » ou « poteau » pour moi ; ce qui est un pin très haut, dépouillé de toutes ses branches sauf celles du sommet, qui sont coupées en touffe arrondie : il est ensuite écorcé : et le mien (devant être mémorable) fut honoré d'une plume rouge, et de flots de rubans rouges attachés à un bâton qui fut lié au sommet de l'arbre afin qu'on le voie avant tout autre objet : les arbres environnants furent abattus, dans le but de le laisser plus visible depuis le lac. Bernard (le guide) me présenta ensuite un fusil, dont je déchargeai le contenu sur l'arbre, et monsieur Miles grava mon nom, et la date, sur le tronc, afin que mon « poteau » reste visible aussi longtemps qu'il durera, parmi ceux que l'on peut voir le long des rives de divers lacs et rivières*[19].

Frances Simpson fut l'une des premières femmes blanches à vivre dans le Nord-Ouest. Sylvia Van Kirk explique « [qu'avec] l'arrivée de Frances Simpson, le gouverneur [de la Compagnie de la Baie d'Hudson, George Simpson] semblait déterminé à créer une élite exclusivement blanche dans la colonie [de la Rivière Rouge]. La société féminine de madame Simpson se restreignait à ces quelques femmes blanches dont les maris possédaient un certain statut social »[20]. Les voyageurs essayaient-ils de faire bonne impression sur le gouverneur ? Peut-être étaient-ils ébahis par l'exotique madame Simpson, qui représentait le monde étranger des classes supérieures de la société britannique. Parmi les autres étrangers de passage semblant dignes d'un arbre de mai, il y eut Paul Kane, artiste de Toronto, qui voyageait dans le Nord-Ouest à la fin des années 1840 pour dessiner des Indiens et des paysages. Kane dit clairement, cependant, que les hommes de sa brigade ne lui façonnèrent un arbre de mai que pour passer le temps, parce qu'ils s'ennuyaient en attendant l'arrivée d'une autre brigade[21]. En voyageant avec la Compagnie de la Baie d'Hudson en juin 1842, dans les environs de York Factory, les « vieux voyageurs » firent à l'étranger de passage John Birkbeck Nevins l'honneur d'un poteau. Nevins racontait : « C'est une cérémonie honorifique, que l'on accomplit pour la plupart des étrangers, la première fois qu'ils voyagent dans le pays... et l'étranger retourne le compliment, en leur faisant cadeau d'un gallon de rhum ou de quelque chose d'autre d'égale valeur, en arrivant au prochain fort ». Nevins poursuit en racontant le cas de deux hommes qui professaient l'abstinence totale d'alcool et qui refusèrent de donner de l'alcool aux hommes qui leur avaient fabriqué des arbres de mai. Par la suite, en revenant à l'endroit de leurs arbres de mai, ils virent qu'ils avaient été coupés. Lorsqu'ils exprimèrent leur indignation, les hommes des canoës leur répondirent : « Ils n'étaient pas à vous ; vous ne les avez jamais payés »[22]. Cette cérémonie ressemblait à d'autres rituels communs dans la traite, comme le fait de pousser des acclamations et de tirer des coups de feu. Dans le cas de madame Simpson, l'ajout de plumes et de flots de rubans à l'arbre de mai suggère des influences amérindiennes.

En plus d'honorer d'éminents personnages et de créer des occasions de faire la fête, les arbres de mai contribuaient à jalonner les routes des canoës. Le 16 août 1793, John McDonell nota avoir vu un poteau, qu'il désigne sous le nom de « the *Mai* » à environ 80 km à l'ouest du lac Supérieur sur le chemin du lac La Pluie[23]. Le célèbre explorateur John Franklin vit un arbre de mai à White Fall, sur la rivière Hayes, entre la baie d'Hudson et le lac Winnipeg. Le 2 octobre 1819, il aperçut au niveau des chutes qu'il observait « un poteau très visible, sorte de repère, qu'il n'avait pas remarqué jusque-là, et néanmoins d'une grande utilité pour signaler les routes fréquentées »[24]. L'emplacement d'un arbre de mai prenait toujours par la suite le nom de la personne qui y avait été honorée. Les arbres de mai rappelaient aux voyageurs ceux qui étaient passés par là dans le passé. Un jour, dans les années 1820, alors que la brigade d'Alexander Ross passait devant un arbre de mai à l'embouchure de la rivière Berens, l'un de ses hommes d'équipage se rappela l'avoir fait dix-huit ans auparavant[25]. Près de soixante ans plus tard, ce lieu, à l'embouchure de la rivière Berens, était connu sous le nom de « Lobstick Island [île du poteau] »[26]. D'autres traits du paysage prenaient ce nom. Une île du lac La Pluie porte encore aujourd'hui le nom de « Maypole Island ». En 1872, George M. Grant, accompagnant l'ingénieur en chef du Canadian Pacific and Intercolonial Railway, décrivit la rivière « Lobstick » se jetant dans la rivière Pembina dans les Prairies. Grant attribuait ce nom à des pratiques amérindiennes : « le poteau est le monument que les Indiens ou les métis offrent à un ami ou à un homme qu'ils se plaisent à honorer… On s'attend à ce que vous en soyez grandement flatté et que vous fassiez en retour un cadeau généreux au noble camarade, ou camarades, qui ont érigé un tel pilier en votre honneur »[27]. Les peuples amérindiens ont-ils repris cette pratique des voyageurs, ou bien celle-ci a-t-elle été transmise aux enfants métis des voyageurs ? Grace Lee Nute pouvait noter, aussi tardivement qu'en 1941, que « l'on dit que des pins ébranchés se tiennent encore sur la route de Kaministiquia entre Fort William et le lac La Croix, sur le lac Knife, le lac Cecil et en d'autres endroits, seuls survivants d'une époque pittoresque révolue à jamais »[28]. À ma connaissance, il n'en reste aucun aujourd'hui.

Le bras de la loi

Au centre de la relation maître/employé, il y avait le pacte légal de l'engagement du voyageur (abordé dans le chapitre II). Le principe au cœur de ce contrat était que les employés devaient obéissance à leur maître en échange de la nourriture et des gages. Pour appliquer les termes de ces contrats légaux, les bourgeois tentaient de fixer des règles à leurs employés par le biais d'incitations légales et gouvernementales. En janvier 1778, la Compagnie du Nord-Ouest envoya un mémoire au gouverneur du Québec, Sir Guy Carleton, en lui demandant « qu'il soit décrété aux Traiteurs et à leurs Serviteurs que les derniers doivent se conformer strictement à leurs accords, ce qui devrait se faire absolument sous forme écrite ou imprimée, et devant témoins si possible, car l'absence d'ordres a provoqué de nombreuses disputes dans ce domaine en particulier »[29]. Le mémoire poursuivait en demandant que les hommes soient tenus de payer leurs dettes en argent ou sous forme de services, et que les traiteurs qui engageaient des hommes d'une autre compagnie leur rachètent leurs contrats. La loi du Bas Canada finit par entériner la légalité des contrats notariés de la traite des fourrures et une ordonnance de 1796 interdit aux voyageurs d'en enfreindre les termes ou de déserter du service[30]. Au Bas Canada, la législature donna pouvoir à des « juges de paix » d'édicter et de superviser les règles et les réglementations relatives aux relations maîtres/employés dans la traite des fourrures de Montréal[31].

En plus de rechercher l'appui du gouvernement, les bourgeois et les commis avaient recours aux tribunaux pour faire appliquer les termes des contrats des voyageurs lorsqu'ils accusaient ces derniers d'avoir rompu leurs contrats pour cause de désertion, d'insolence ou d'insubordination[32]. Les dossiers de la Cour d'assises du District de Montréal révèlent une grande variété de cas : certains voyageurs avaient accepté des gages d'un employeur alors qu'ils travaillaient déjà pour un autre ; d'autres obtenaient des avances sur leur gages mais ne se présentaient pas pour prendre leur service, et d'autres encore désertaient[33]. Des cas de désertion et de vol se découvrent également dans les archives du Tribunal civil de Montréal[34]. En 1803, le gouvernement britannique promulgua le Canada Jurisdiction Act stipulant que les infractions criminelles commises « en territoires indiens » devraient être jugées au Bas Canada. Les cinq juges de paix nommés à cet effet étaient d'éminents bourgeois de la traite des fourrures[35]. L'efficacité de l'action des tribunaux dans le contrôle des travailleurs est difficile à estimer car les taux de poursuites n'ont pas survécu dans la plupart des archives. On peut présumer que les bourgeois n'auraient pas continué les poursuites si leurs efforts n'avaient pas été payants. D'un autre côté, le fait d'assigner les voyageurs dans les tribunaux ne semble pas les avoir dissuadés de déserter, de tricher sur les termes des contrats ou de voler leurs employeurs. Il est difficile d'imaginer les bourgeois et les commis pourchassant un déserteur, l'arrêtant dans le pays d'en haut et le gardant sous leur férule jusqu'à ce qu'il soit mis en prison à Montréal, tandis que les équipages faisaient la course contre la montre pour livrer leurs cargaisons. Si un bourgeois décidait de porter plainte contre un voyageur déserteur, comment le tribunal pouvait-il en délivrer la notification au voyageur alors que ce dernier se trouvait probablement toujours dans le pays d'en haut ?

Puisqu'il était difficile d'appréhender et d'amener ceux qui avaient rompu leurs contrats à Montréal, les compagnies et les partenariats de traite recherchèrent d'autres méthodes de contrôle des travailleurs. Les traiteurs de fourrures coopéraient pour empêcher des voyageurs de passer d'une compagnie à l'autre en compilant des « listes noires » de déserteurs. En 1800, le bourgeois de la Compagnie du Nord-Ouest, William McGillivray, écrivit à Thomas Forsyth de la compagnie Forsyth, Ogilvy et McKenzie :

> *Je suis d'accord avec vous sur le fait que protéger les déserteurs serait une pratique dangereuse et très pernicieuse pour la traite, et j'y suis très sensible, lorsqu'il est arrivé que des hommes appartenant à des gens ayant des intérêts contraires à ceux de la Compagnie du Nord-Ouest soient venus à nos forts,*

nous avons averti leurs maîtres de venir les chercher et qu'il serait sage de ne jamais les empêcher de les reprendre[36].

McGillivray assurait à Forsyth qu'il ne protégeait pas les déserteurs et qu'il contacterait toujours les maîtres de ceux d'entre eux qui viendraient lui demander du travail. McGillivray espérait obtenir les mêmes assurances de la part de Forsyth en exposant le cas de l'engagé de la Compagnie du Nord-Ouest du nom de Poudriés, à qui l'on avait donné l'autorisation de rentrer à Montréal pour cause de santé fragile, étant entendu qu'il paierait sa dette ou reviendrait dans le Nord-Ouest pour finir son temps. Lorsque la Compagnie du Nord-Ouest découvrit que Poudriés s'était engagé chez Forsyth, Ogilvy et McKenzie, elle tenta de l'arrêter, mais Poudriés s'était « défilé hors du pays ». McGillivray demandait que Forsyth rende Poudriés à la Compagnie du Nord-Ouest ou qu'il paie sa dette. Il poursuivait :

> *En ce qui concerne le paiement d'avances aux hommes, je souhaite bien préciser que nous l'avons toujours mis en pratique et que nous continuerons à procéder ainsi, de payer chaque shilling que les hommes que nous engageons pourraient devoir à leur ancien maître, ces hommes étant libres de leurs déplacements. Nous n'engageons pas d'hommes qui doivent leur passage, considérant cela comme un principe duquel nous ne devons pas dévier, et en ayant décidé d'y adhérer strictement, nous ne pouvons permettre aux autres de nous traiter différemment – si un homme doit être libéré à la pointe au Chapeau, nous ne le considérons pas libre d'être engagé jusqu'à ce qu'il y soit allé*[37].

McGillivray avait décidé de racheter les engagements des voyageurs auprès de leurs anciens maîtres plutôt que de payer leurs gages, et avertissait les autres compagnies de traite de n'engager aucun déserteur[38]. Les autres compagnies s'empressèrent de le suivre sur ce point[39].

De l'autre côté, il arrivait souvent que les voyageurs déposent des requêtes à l'encontre de leurs maîtres devant les tribunaux pour des questions de salaires[40]. Les cas de ce type étaient très fréquents en ce qui concerne les différentes sortes de contrats de travail en Nouvelle-France et au Bas Canada. La plupart des voyageurs devaient avoir acquis une certaine notion du pouvoir des tribunaux lorsqu'ils vivaient dans la vallée du Saint-Laurent. Toutefois, ils avaient en général peu de succès lorsqu'ils réclamaient des gages pour des emplois dont ils avaient déserté ou lorsqu'ils avaient désobéi à leurs maîtres[41]. Même dans les tribunaux où les juges de paix n'étaient pas tous des traiteurs de fourrures, les allégeances de l'*establishement* de la classe moyenne de Montréal allaient aux marchands de la traite, qui faisaient partie de la même classe sociale qu'eux.

Le Beaver Club

Les bourgeois de la traite avaient la possibilité de prévaloir dans le système juridique canadien parce qu'ils appartenaient aux classes dominantes de la société coloniale. Les bourgeois de la traite des fourrures créèrent leur propre « niche » sociale en fondant le Beaver Club, l'un des nombreux cercles dînatoires des marchands de Montréal. L'appartenance à ce club exclusivement masculin était réservée aux seuls bourgeois de la Compagnie du Nord-Ouest qui avaient hiverné au moins une fois dans le pays d'en haut. Mais ses membres invitaient fréquemment d'autres personnes, parmi lesquelles des officiers de la milice, des fonctionnaires du gouvernement, des hommes d'affaires et des personnes de professions libérales comme des juges, des avocats, des médecins, ou des personnages distingués de passage à Montréal comme John Jacob Astor, Washington Irving ou Thomas Moore. Les dîners du Beaver Club faisaient partie du continuum de l'active vie sociale des traiteurs de fourrures et de la bourgeoisie de Montréal. La fraternisation entre hommes prenait un tour formel dans les clubs et les associations, dont les *memberships* se recoupaient souvent. Parmi les autres cercles d'hommes de Montréal, il y avait des groupes occupationnels comme le Club des beaux-frères ; ceux qui se basaient sur le statut familial comme le Club des célibataires ; ceux qui avaient les loisirs pour base, comme le Club des chasseurs ; et les cercles de bénévoles des services communautaires, comme le très fermé Club des pompiers de Montréal. Au cours des dîners, dans ces cercles, les bourgeois côtoyaient d'autres marchands et les membres de l'élite coloniale, pour forger des alliances d'affaires, échanger des informations ou des idées et cimenter leurs liens sociaux[42].

Les membres du Beaver Club se réunissaient une fois tous les quinze jours après la saison de la traite, entre décembre et avril, pour des dîners qui commençaient à quatre heures de l'après-midi et se prolongeaient souvent jusqu'à quatre heures du matin[43]. Les dîners se donnaient dans différents hôtels ou tavernes de Montréal, comme la City Tavern, l'hôtel Richard Dillion de Montréal, les hammams Palmer ou chez Tesseyman, comme il était d'usage pour les soirées privées, les réunions politiques et d'affaires, et les réunions amicales masculines au XVIIIe siècle[44]. Les rituels du club consistaient à faire d'abord passer à la ronde un « calumet de la paix », puis se poursuivaient par une « harangue » du président de la soirée et des toasts formels[45]. Au menu, il y avait des produits « du pays », comme de la venaison, et son accompagnement habituel, la « bread sauce » (à base de pain, de lait et d'oignons), du ragoût de « chevreuil des guides », des saucisses de gibier, du riz sauvage, des cailles et des perdrix « du vieux trappeur », le tout servi dans de la vaisselle ornée et de l'argenterie[46]. Après le dîner, la soirée devenait plus informelle, les hommes commençant à boire davantage, à chanter des chansons de voyageurs et à se rappeler du bon vieux temps de la traite. Les festivités se prolongeaient jusqu'au petit matin, les hommes dansant sur les tables, rejouant leurs aventures en canoë et cassant d'innombrables verres et bouteilles.

Le club servait de forum aux marchands retraités, qui s'y rappelaient des jours dangereux et aventureux de la traite des fourrures, et aux jeunes traiteurs, qui par ce biais entraient dans la société bourgeoise de Montréal. Dans ce contexte, les anciens maîtres de la traite pouvaient enseigner aux nouveaux comment asseoir leur autorité sur leurs serviteurs. Il n'y eut quasiment jamais de travailleurs de la traite (et très peu de commis) à être invités au Beaver Club. Vers le milieu du XVIIIe siècle, quelques hommes étaient parvenus à se hisser du rang de travailleur à celui de gérant, mais à l'époque de l'émergence de la Compagnie du Nord-Ouest, dans les années 1780, les hiérarchies sociales et occupationnelles étaient fermement en place. Cependant, les attitudes envers les inférieurs étaient complexes et contradictoires, surtout pour ceux des traiteurs qui avaient vécu et travaillé auprès de leurs employés dans des lieux dangereux et isolés pendant de longues périodes. Bien que les bourgeois de la traite des fourrures aient souvent admiré les voyageurs pour leur force et leurs savoir-faire, et qu'ils aient établi avec eux des relations de confiance et d'interdépendance, ils les considéraient également comme des gens irréfléchis, irrationnels et grossiers[47]. Les rituels du club consistant à imiter les voyageurs aidaient les bourgeois à se distancier de leurs employés. L'un des amusements les plus fréquemment mentionnés était celui qui consistait à chanter des chansons de voyageurs[48]. Le membre du club James Hughes racontait des anecdotes au sujet des hommes qui s'asseyaient par terre pour imiter des voyageurs pagayant rapidement dans un canoë, ou se servant de tonnelets de vin comme montures pour « franchir les rapides » de la table au sol[49]. Le fait d'attribuer un caractère romantique aux activités des voyageurs faisait de ces derniers des curiosités exotiques. En même temps, les bourgeois s'appropriaient les expériences des voyageurs dans la traite des fourrures. Les bourgeois se « souvenaient » d'avoir pagayé en canoë ou d'avoir franchi des rapides, même si cela était le travail des voyageurs. En général, les bourgeois ne risquaient pas leur vie dans les rapides et les portages, ne portaient pas de ballots pesants, ne pagayaient pas à des vitesses insensées, ni ne survivaient avec le minimum de nourriture, comme le faisaient les voyageurs. Les bourgeois avaient plutôt pour fonction de diriger les équipages, de gérer les comptes, de répartir la nourriture, et ils bénéficiaient de rations meilleures que celles des voyageurs. Les bourgeois se distanciaient de leurs hommes du pays d'en haut pour affirmer leur supériorité, et cependant, à Montréal, ils s'appropriaient le comportement fruste des voyageurs pour étayer leur sentiment de masculinité aux yeux des marchands de la ville.

SCÈNES DE COMMANDEMENT DANS LE PAYS D'EN HAUT

Les bourgeois essayaient aussi de se distancier de leurs hommes lorsqu'ils travaillaient sur le terrain dans la traite. Les plus jeunes commis, en particulier, dont l'autorité dans les postes d'hivernage isolés était souvent menacée par les travailleurs expérimentés, étaient encouragés par les maîtres plus confirmés à instaurer fermement les lignes de contrôle. Lorsque le commis de la Compagnie du Nord-Ouest George Gordon était encore novice, il reçut d'un commis plus confirmé, George Moffat, le conseil d'être indépendant, confiant et très impliqué dans la traite. Moffat lui recommandait également :

> *Vous ne devriez que très rarement vous mélanger aux hommes, plutôt vous retirer en vous-même, que d'en faire vos compagnons. – je ne veux pas insinuer que vous devriez vous montrer hautain – au contraire – vous montrer affable avec eux de temps en temps vous gagnera leur estime, tandis qu'observer une distance convenable commandera leur respect et vous assurera de leur part une prompte obéissance à vos ordres*[50].

En 1807, John McDonald, de Garth, fut envoyé, alors qu'il n'était que novice, prendre la charge du département de la Rivière Rouge de la Compagnie du Nord-Ouest, département célèbre pour sa corruption et ses hommes difficiles. Un interprète canadien-français du nom de Potras, qui avait longtemps vécu dans ce district et avait une grande autorité sur les voyageurs et sur les Amérindiens, dut être semoncé par McDonald : « Vous devez agir selon moi, vous n'avez pas à penser, c'est à moi de le faire et non pas à vous, vous devez obéir »[51].

Les maîtres jouaient également sur le « théâtre de l'autorité » de manière pratique. Les bourgeois et les commis étaient moins tenus que les voyageurs de fournir un travail physique. En général, ils étaient passagers à bord des canoës et ne faisaient qu'aider les hommes à pagayer ou à franchir les portages en cas de danger extrême. Par moments, les rituels du voyage plaçaient les maîtres à la tête de grandes processions. Dans ses souvenirs de sa carrière passée dans la traite, Alexander Ross décrivait comment le canoë léger, utilisé pour transporter rapidement les hommes et le courrier dans l'intérieur, donnait clairement au bourgeois une supériorité sociale.

> *Le bourgeois est porté à bord du canoë sur le dos de quelque robuste gaillard qu'on désigne en général pour cette fonction. Il s'assoit sur un matelas confortable, un peu en contrebas au centre du canoë; son fusil au côté, ses petits chérubins autour de lui, lui faisant des mamours, et son fidèle épagneul*

à ses pieds. Il n'est pas plus tôt à son aise que son domestique lui présente sa pipe, et il se met ainsi à fumer, tandis que sa bannière de soie ondule à la poupe de son vaisseau peint[52].

L'inspecteur de la Compagnie de la Baie d'Hudson, Philip Turnor, enviait et critiquait tout à la fois les traiteurs de Montréal :

On donne à des hommes qui n'ont jamais vu un Indien cent livres par an, son lit de plumes est porté à bord du canoë, on lui monte sa tente, qui est bien trop bonne, on lui fait son lit, on le porte, lui et sa bonne amie, à bord du canoë et on les en débarque, et lorsqu'il est dans le canoë, il ne touche jamais une pagaie, sauf si cela lui plaît, tous ces traitements de faveur, j'en ai été le témoin direct[53].

De même, les bourgeois ne participaient pas à toutes ces activités fébriles qui permettaient au poste de fonctionner sans heurts comme la construction et l'entretien des maisons, la fabrication du mobilier, des traîneaux et des canoës, le ramassage du bois de chauffage, la chasse ou la préparation de la nourriture. Leur rôle était plutôt de tenir les comptes, de gérer les marchandises et les provisions et de nouer des liens de traite avec les peuples amérindiens.

Les maîtres s'attribuaient des provisions plus variées et en plus grande quantité, de meilleures conditions de couchage et de meilleurs vêtements que ceux qu'ils donnaient aux voyageurs[54]. Pendant la traite des fourrures dans les montagnes Rocheuses après 1821, Cole Harris décrivait la hiérarchie dans les postes de la Compagnie de la Baie d'Hudson.

La routine du fort et du travail s'insérait dans un petit théâtre de pouvoir, aux intentions disciplinaires calculées. Les hommes mangeaient des rations qu'on leur distribuait tout les samedis, du poisson séché et des pommes de terre plus souvent qu'autre chose, qu'eux-mêmes, ou les femmes indigènes préparaient dans leurs quartiers. Les « officiers » et les commis dînaient dans la salle à manger de la résidence du bourgeois, la Grande Maison, où ils s'asseyaient selon leur rang et dînaient élégamment. Aux hommes on attribuait des chemises de coton rayées et quelques mètres de tissu ; les bourgeois s'habillaient souvent avec élégance... Les quartiers des officiers étaient spacieux et commandaient le fort ; les hommes vivaient dans des baraquements le long des murs latéraux, plusieurs hommes par pièce s'ils étaient célibataires, dans de petites pièces individuelles s'ils vivaient avec des femmes indigènes[55].

Il est probable que la plus grande difficulté à laquelle se soient heurtés les bourgeois et les commis dans l'affirmation de leur autorité ait été les conditions de la traite des fourrures elle-même – les grandes distances entre les postes, et les difficultés de transport et de communication. Aussi, plus les bourgeois s'avançaient dans l'intérieur, loin des grands centres administratifs de la traite, plus ils devaient, pour renforcer leur autorité, recourir à des gestes et à des symboles indiscutables tels que conserver soigneusement leur isolement social, la différence des rôles dans le travail, le contrôle des maigres ressources, leur réputation et leur compétence[56].

Les arrangements matériels entre les voyageurs d'une part, et les bourgeois et les commis de l'autre, constituaient un élément nécessaire de la relation maître/employé. Ils travaillaient très étroitement ensemble pendant de longues périodes, partageaient souvent les mêmes lieux de vie et affrontaient ensemble de nombreuses calamités et de nombreuses aventures. La manière la plus sûre pour les bourgeois et les commis de s'assurer de la loyauté de leurs hommes était de leur procurer une bonne nourriture en abondance, car c'est la pénurie de provisions qui provoquait les conflits la plupart du temps. Les bourgeois et les commis entretenaient la bonne volonté des hommes en remplissant vis-à-vis d'eux d'autres devoirs paternels tels qu'écarter autant que possible les dangers de leur lieu de travail, leur procurer des médicaments et les traiter avec respect.

OBLIGATIONS

En contextes paternalistes, les avantages matériels du maître se payaient d'un prix matériel et symbolique. Comme dans le cas des cérémonies des arbres de mai, les employés attendaient de leurs maîtres qu'ils partagent avec eux les maigres ressources en boisson et en nourriture. À un niveau symbolique, les employés insistaient pour que leurs maîtres remplissent les obligations paternalistes qui allaient de pair avec leur autorité.

Le plus souvent, les maîtres remplissaient leurs obligations paternalistes en donnant aux voyageurs « la goutte » (des verres d'alcool) ou des « régales » (un peu d'alcool, de tabac ou de nourriture). La fréquence de ces dons d'alcool ou de ces « régales » variait en fonction des maîtres et dépendait également de la disponibilité de ces ressources et du moral de l'équipage. Les maîtres offraient des régales lorsqu'ils décidaient des salaires des employés, en leur faisant signer leur engagement[57]. Les voyageurs étaient récompensés par des verres d'alcool lorsqu'ils avaient achevé des travaux significatifs, par exemple après avoir fini de construire des maisons ou d'ériger une hampe de drapeau, étape finale de la construction d'un fort[58]. Dans les forts, on « buvait un coup » lors des arrivées et des départs[59]. Les maîtres avaient tendance à récompenser les tâches les plus fatigantes, comme les voyages incessants en hiver entre les postes de traite, les camps de chasse et les campements des Amérindiens, et les lieux de piégeage. Les voyages en compagnie d'Amérindiens étaient souvent perçus comme risqués ou hasardeux, et les maîtres donnaient fréquemment à ceux qui voyageaient ainsi une prime sous forme d'alcool, surtout à ceux qui devaient résider dans les campements amérindiens[60].

L'historien Craig Heron fait remarquer qu'au Canada, avant l'ère industrielle, « l'alcool était de toute évidence destiné à fortifier le travailleur qui effectuait des travaux manuels pénibles, ou à le soutenir pour qu'il les mène à bien »[61]. De même, dans la traite des fourrures, les maîtres introduisaient régulièrement des « récompenses » dans les aspects les plus pénibles ou les plus fastidieux du travail, lors des portages, par exemple[62]. Les voyageurs se récompensaient eux-mêmes aussi après des portages difficiles en réservant leurs « régales » pour ces occasions[63]. Ceux qui avaient fabriqué des raquettes à neige pouvaient aussi recevoir un verre en récompense[64]. Parfois le don n'était pas désintéressé, ainsi lorsqu'Alexander McKay donna à ses hommes de la peau d'orignal pour qu'ils en fassent des chaussures, des mitaines et des couvertures devant leur durer tout l'hiver, en les avertissant « qu'ils se heurteraient à une forte concurrence » cette année-là et qu'ils devaient se tenir prêts à prendre le départ à tout instant[65]. Il croyait selon toute vraisemblance que son cadeau aiderait les voyageurs à remplir leurs devoirs plus efficacement.

Dans le cadre de ces encouragements usuels, les maîtres offraient « un coup à boire » à leurs hommes à la fin d'une dure journée de travail[66]. Ils pouvaient l'offrir également au début d'une journée lorsqu'une tâche difficile était prévue, comme encouragement supplémentaire[67]. On faisait souvent aux voyageurs la promesse d'un verre comme récompense, pour qu'ils travaillent de bon gré plus fort et plus vite[68]. Une fois, au cours d'un voyage en canoë particulièrement éreintant, Alexander Mackenzie, craignant que ses hommes ne désertent, les enjôla avec « un repas consistant et assez de rhum pour les ragaillardir », plutôt que de recourir aux menaces et aux humiliations[69]. Tandis qu'il se trouvait sur la rivière Columbia, au début du XIXe siècle, l'équipage de Ross Cox rencontra des Amérindiens hostiles. Le bourgeois en charge, Stuart, donna « à chaque homme une double ration de rhum "pour réchauffer leur courage" »[70]. Les maîtres faisaient également des cadeaux aux épouses et aux familles amérindiennes des voyageurs[71]. Le fait d'inclure les familles dans ce système de dons constituait une reconnaissance tacite de leur importance dans les postes de l'intérieur. Pour les traiteurs, qui dépendaient de leurs connaissances et de leurs aptitudes, il était essentiel de se concilier le bon vouloir des épouses amérindiennes. Il semble que le fait d'offrir aux hommes de l'alcool et des régales reproduise la coutume de faire des cadeaux lorsqu'on traitait avec les Autochtones[72].

Le journal de John Thomson illustre la manière dont les maîtres distribuaient l'alcool dans les postes. Lorsque son équipage arriva au fort de Rocky Mountain en bordure du fleuve Mackenzie à la mi-octobre 1800, il offrit à chacun de ses hommes un verre d'alcool après qu'ils aient installé le camp. Il leur en donna un autre cinq jours plus tard, après qu'ils aient construit un entrepôt et qu'ils y aient mis les biens de traite en sécurité. La semaine suivante, il leur en donna d'autres pendant qu'ils construisaient les maisons, puis quand ils dressèrent la hampe du drapeau. Il donna aux voyageurs « un peu de liqueur pour se divertir... Non pas pour cette seule considération, mais plus particulièrement pour s'être donné tant de mal et avoir accompli leur devoir aussi bien que l'on pouvait l'espérer de chaque homme »[73]. Certains bourgeois tentaient de restreindre les distributions d'alcool aux hommes pour économiser de l'argent et ainsi présenter de meilleurs comptes mais, comme l'expliquait Archibald Norman McLeod, les voyageurs avaient besoin « d'un peu de débauche » de temps en temps. Il rompit avec la coutume en ne donnant pas d'alcool à ses hommes lorsqu'ils eurent terminé de construire les maisons et érigé la hampe du drapeau de Fort Alexandria, mais il leur donna un « quart » d'alcool fort le jour de la saint André (saint patron de l'Écosse, que l'on fête le 30 novembre)[74]. Peut-être ses hommes lui avaient-ils laissé entendre qu'ils ne travailleraient pas efficacement sans cet encouragement.

Scènes de résistance

Malgré ces points d'entente, les lieux de travail de la traite des fourrures étaient imprégnés de la résistance des voyageurs à l'autorité de leurs maîtres. Bien que les voyageurs n'aient que rarement contesté les structures du pouvoir, ils s'efforçaient d'avoir une emprise constante sur leur lieu de travail pour améliorer leur sort. Les mécontentements des voyageurs se focalisaient surtout sur les mauvaises conditions de vie et de travail, comme les rations insuffisantes ou les exigences irréalistes des bourgeois ou des commis. Pour inciter au changement, ils employaient un certain nombre de tactiques qui allaient de la stratégie relativement bénigne consistant à se plaindre, jusqu'à cette extrémité qu'était la désertion.

Les plaintes des voyageurs devinrent une forme de contre théâtre qui contestait les prérogatives hégémoniques des maîtres. À l'instar des maîtres, qui affirmaient leur autorité de manière théâtrale, surtout dans les processions de canoës, les voyageurs affirmaient leur agir dans « un théâtre de menaces et de séditions »[75]. Dans un exemple éclairant, pendant l'été 1804, alors qu'ils tentaient de traverser des marécages et des basses eaux, les hommes de Duncan Cameron se plaignaient incessamment de leurs conditions misérables et de la difficulté de devoir portager sans cesse. Ils se maudissaient, se traitant eux-mêmes de « buses » pour être venus dans « ce coin infernal du pays », comme ils l'appelaient, maudissant la boue, maudissant l'absence d'eau claire pour étancher leur soif, et maudissant la première personne qui avait pris cette route. Cameron essaya de se montrer patient et de bonne humeur avec eux, sachant qu'ils avaient coutume de se plaindre[76]. Les voyageurs choisissaient parfois de limiter leur résistance, en ne se plaignant du commis ou du bourgeois qu'en privé, pour ne pas paraître faibles devant les autres. Pendant un trajet difficile, de Kaministiquia à Pembina, Alexander Henry le Jeune racontait que pendant le jour, les hommes ne disaient rien, ou peu de chose, car ils avaient « une certaine honte, ou timidité, à se plaindre ouvertement », mais que le soir, tout le monde finit par s'en prendre aux mauvais canoës, aux confrères inefficaces et à la pénurie de résine, de *wattape* et de graisse[77]. Mais, selon l'attitude du bourgeois, les voyageurs pouvaient aussi réfréner leurs plaintes devant leur maître pour éviter de perdre sa faveur. Dans de nombreux cas, leurs demandes avaient plus de chances d'être satisfaites s'ils approchaient leur maître individuellement pour des problèmes définis que s'ils dénigraient ouvertement leur maître pour des griefs non spécifiés. Par exemple, un forgeron du nom de Philip s'attira l'ire de son bourgeois, McKay, lorsqu'il médit de lui tant dans son dos qu'ouvertement[78]. Dans un autre cas, le commis George Nelson se sentait harcelé par les plaintes continuelles de ses hommes au sujet des rations. Il s'inquiétait de ce que ses hommes fassent monter entre eux le mécontentement et il préférait qu'ils l'approchent directement pour évoquer leurs problèmes[79].

Lorsque la main-d'œuvre était réduite, les hommes marchandaient pour obtenir de meilleurs salaires, à la fois individuellement et collectivement. Lors d'une grande démonstration de résistance bien organisée, pendant l'été 1803, les hommes de Kaministiquia, à l'extrémité occidentale du lac Supérieur, refusèrent de travailler à moins que l'on n'augmente leur paie[80]. Les efforts conjoints pour avoir des augmentations étaient bien plus rares que les cas relativement fréquents d'hommes marchandant individuellement de meilleurs salaires. Daniel Sutherland, de la Compagnie XY, ordonnait à son agent recruteur de Montréal, un dénommé Mailloux, de ne pas céder aux exigences de deux engagés qui réclamaient un meilleur salaire, mais de les apaiser avec de petits cadeaux. Un engagé du nom de Cartier provoqua une certaine agitation en disant aux partenaires de la Compagnie XY, qui hivernaient à ce moment, que Mailloux engageait des hommes à des salaires beaucoup plus élevés et demandait que son salaire soit augmenté à l'identique. Sutherland se mit en colère et avertit Mailloux : « Donnez toujours plus aux rameurs et aux hommes de barre, mais ne dépassez jamais le prix que je vous ai indiqué pour aller et venir [pour les mangeurs de lard] »[81]. Les voyageurs pouvaient refuser d'effectuer des tâches qui ne faisaient pas partie de leur domaine normal d'activités, à moins qu'on ne leur donne un supplément, ce qui était un autre moyen d'augmenter leurs salaires[82]. Les demandes des hommes pour de meilleurs gages s'accompagnaient souvent de l'exigence de meilleures conditions de travail. La plupart du temps, leurs préoccupations portaient sur la sécurité, et il arrivait qu'ils refusent de prendre des risques exagérés. Lors d'une période d'intense compétition entre les différentes compagnies, en 1819, au Grand Lac des Esclaves, la Compagnie du Nord-Ouest avait emprisonné le bourgeois de la Compagnie de la Baie d'Hudson, Colin Robertson, parce que les voyageurs avaient insisté pour cela. Le maître de la Compagnie du Nord-Ouest, W.F. Wentzel, s'en plaignit à Roderick McKenzie.

> *Plusieurs de nos hommes nous ont informé que [Robertson] avait menacé d'exciter les Autochtones à massacrer les employés des Compagnies du Nord-Ouest à Fort Chipewyan, et nos hommes ont refusé d'accomplir leur devoir à moins qu'il ne soit appréhendé et retenu sous bonne garde – cela a provoqué son arrestation et il a été placé en confinement depuis, mais traité avec toute l'attention qu'il pouvait espérer dans une telle situation*[83].

Le bourgeois de la Compagnie du Nord-Ouest décida bien sûr qu'il valait la peine d'envenimer la querelle avec la Compagnie de la Baie d'Hudson, afin que ses employés puissent continuer à travailler.

Les travailleurs canadiens-français avaient la réputation, auprès de toutes les compagnies de traite des fourrures en Amérique du Nord, d'être ceux qui avaient le plus d'habileté en canoë, et les compagnies de Montréal et celle de la Baie d'Hudson rivalisaient souvent pour faire signer des contrats aux voyageurs[84]. Dans une lettre au gouverneur et au comité d'administration de la Compagnie de la Baie d'Hudson, Andrew Graham, maître au poste de Fort York, écrivait :

> *Les Canadiens sont des hommes de choix, aguerris aux difficultés et à la fatigue, à laquelle la plupart de vos employés actuels succomberaient. Un homme qui sert au Canada et qui ne peut pas porter deux ballots de 36 kg chacun, sur une lieue et demie [près de 5km], perd son voyage, c'est-à-dire ses gages. Mais le temps et la pratique rendraient cela facile, et on pourrait peut-être même obtenir quelques Canadiens qui seraient reconnaissants d'entrer au service de vos excellences*[85].

Leur réputation donnait une certaine facilité aux voyageurs pour passer d'une compagnie à une autre lorsqu'ils souhaitaient une augmentation de leurs gages ou changer d'affectation s'ils étaient en colère contre leur maître[86]. Alexander Henry le Jeune était dégoûté par la déloyauté de certains hommes.

> *Les voyageurs qui vont vers le sud, vers Michilimackinac, le Mississippi, etc., ont l'habitude de changer d'employeurs tous les ans, selon les gages qu'on leur propose, où quand la lubie leur en prend, ce qui, avec l'esprit de compétition de la traite dans le sud et le dévoiement et la frivolité qu'ils acquièrent en pays*

> *indien tend à faire d'eux des êtres insolents et intrigants, qui n'ont aucune confiance dans les mesures ou les promesses de leurs employeurs. On ne peut faire aucune confiance aux serviteurs qui répondent à cette description dès qu'ils sont hors de vue ; ils ne font que regarder ce qu'il y a à faire, et ne font rien de plus que ce qu'ils pensent être obligés de faire d'après leur contrat, et cela encore de très mauvais gré*[87].

Les voyageurs qui avaient passé un certain temps dans le service devenaient souvent experts en marchandages, provoquant l'irritation des bourgeois et des commis qui s'attendaient à ce qu'on leur obéisse sans hésitation. Le commis George Nelson exprimait cette irritation vis-à-vis de ses employés.

> *Les hommes ordinaires de toutes les compagnies et en tous lieux, qui qu'ils soient ou quels qu'ils soient, sont toujours d'esprit chagrin, jaloux, mécontents et gloutons, quel que soit le lieu ou le pays, riche ou pauvre, et pour peu que le maître soit bon et indulgent, à moins qu'il ne soit prudent et sévère, et pas qu'un peu, les hommes seront toujours les mêmes, des hommes : et ils n'attendent que l'occasion de se montrer ainsi – c'est encore pire là où le pays est dur*[88].

Il est plus que probable que ces voyageurs d'esprit chagrin, jaloux, mécontents et gloutons aient été ceux qui savaient le mieux négocier les termes de leur contrat et qu'ils connaissaient leur valeur. Leur loyauté envers leurs maîtres n'allait pas au-delà du temps du contrat et certains de ceux qui allèrent travailler pour la Compagnie de la Baie d'Hudson n'hésitèrent pas à porter à la connaissance des officiers de cette dernière quels étaient les plans d'affaires de la Compagnie du Nord-Ouest pour complaire à leurs nouveaux maîtres[89]. Les hommes ayant des connaissances et des aptitudes au-dessus de la moyenne, comme les interprètes et les guides, se trouvaient dans la meilleure position pour négocier de meilleures conditions et un salaire plus élevé[90]. La traite des fourrures étant souvent à court de main-d'œuvre et le taux de mortalité étant élevé, les hommes ayant le plus de savoir-faire étaient très prisés. Les maîtres passaient souvent sur les transgressions de leurs employés et accédaient à leurs exigences dans le but de les conserver à leur service.

Une autre stratégie que les voyageurs employaient habituellement pour améliorer leurs conditions de travail consistait à mentir aux bourgeois et aux commis, en faisant semblant d'être malades ou en mentant au sujet des ressources des Amérindiens de la région dans le but de couper au travail. Il est difficile d'estimer dans quelle mesure les voyageurs essayaient de « rouler » leurs maîtres, surtout quand ils y parvenaient. Cependant, on trouve fréquemment des indices de cette pratique et des soupçons des maîtres dans les journaux de traite, ce qui suggère que le phénomène était répandu. En décembre 1818, George Nelson, en poste près de la rivière Dauphin, s'irrita du comportement de l'un de ses hommes, Welles, qui souvent se « défilait » et prenait des « vacances » en voyageant lentement ou en prétendant s'être perdu[91]. Les bourgeois et les commis moins soupçonneux ne s'apercevaient probablement pas de la moitié des tours pendables que leur jouaient régulièrement les voyageurs plus avisés. Certains maîtres, cependant, se posaient des questions au sujet des actions douteuses de leurs hommes et leur envoyaient des « espions » pour s'assurer que les voyageurs faisaient honnêtement leur travail[92]. Mais il y avait des duperies plus graves. Alexander Mackenzie soupçonnait ses interprètes de ne pas dire aux Amérindiens quelles étaient ses intentions, ce qui aurait pu avoir de sérieuses répercussions sur la traite[93].

Lorsque les voyageurs ne parvenaient pas à duper leurs maîtres, il leur arrivait de devenir moroses et indolents, de travailler lentement et inefficacement, voire de défier ouvertement les ordres du maître. En une occasion, à l'automne 1800, alors qu'ils partaient de Fort Chipewyan, James Porter dut menacer de saisir les gages d'un homme qui refusait d'embarquer. Lorsque le voyageur céda, à contrecoeur, il jura que « le diable l'emporterait pour avoir fait un pas de plus »[94]. Il y avait d'autres entailles sérieuses au contrat entre maître et employé, comme par exemple le vol de provisions dans la cargaison. Bien qu'Edward Umfreville ait sans cesse monté la garde auprès des marchandises de ses canoës, un père et son fils parvinrent à voler un baril de quarante litres d'un mélange d'alcools[95]. George Nelson disait que le chapardage dans les provisions était devenu une habitude[96]. Les hommes volaient des provisions pour donner un peu plus de nourriture à leurs maîtresses ou à leurs femmes[97]. Au sujet des hommes des îles Orcades qui travaillaient pour la Compagnie de la Baie d'Hudson, Edith Burley définit ce type de contre théâtre – consistant à travailler inefficacement et à duper les maîtres – comme étant à la fois de la négligence et une tentative de contrôler le processus du travail[98]. La même chose s'applique aux voyageurs.

L'un des domaines qui suscitait le plus de malaise entre les employés et les maîtres était la question des voyageurs qui traitaient librement avec les peuples autochtones. Contrairement à la Compagnie de la Baie d'Hudson, les compagnies de traite de Montréal n'interdisaient pas strictement et universellement aux voyageurs de traiter pour leur compte avec les Autochtones afin d'augmenter leurs revenus ; quelques bourgeois et commis s'attendaient même à ce que les voyageurs le fassent, pour autant qu'ils n'abusent pas de ce privilège[99]. La plupart des bourgeois et des commis, cependant, étaient contrariés lorsqu'ils découvraient que leurs hommes traitaient avec les Autochtones, parce qu'ils voulaient que le profit reste concentré entre leurs mains et qu'ils considéraient que la traite autonome était « contraire aux règles établies de la traite et aux pratiques usuelles chez les Autochtones »[100]. En 1803, lors d'un procès concernant les territoires soumis à la juridiction de la traite, le commis John Charles Stuart témoigna que lorsque des hommes ramenaient des peaux de leurs lieux d'hivernage dans le but de traiter pour leur propre compte, il s'agissait « d'une faveur spéciale » concédée par leurs bourgeois et entérinée par la clause « Part de pactons » de leurs contrats. Bien que cette pratique eût été coutumière, les bourgeois se réservaient le droit de la permettre ou de l'interdire[101]. Après la fusion de 1804 de la Compagnie XY et de la Compagnie du Nord-Ouest, les bourgeois décidèrent de restreindre la traite privée pour augmenter les profits de la compagnie nouvellement reconstituée. Tout homme qui serait trouvé ayant en sa possession plus de deux peaux de bison ou de deux peaux préparées, ou d'une de chaque, devrait payer une amende de 50 livres en monnaie du Nord-Ouest et tout employé surpris à trafiquer avec des « petits traiteurs ou des hommes de Montréal » se verrait confisquer ses gages. Les bourgeois avaient la possibilité de faire appliquer cette nouvelle restriction parce que la fusion avait créé un surplus d'hommes ; les emplois devinrent plus précaires et de nombreux hommes s'inquiétaient de ce que leurs contrats puissent ne pas être renouvelés[102]. Dans le procès-verbal de la réunion annuelle de 1806, les partenaires de la Compagnie du Nord-Ouest convinrent d'interdire aux hommes de ramener des fourrures des territoires de l'intérieur dans le but de décourager les petits traiteurs individuels[103].

Lorsque les petites actions de résistance quotidienne ne suffisaient plus aux voyageurs, ils se lançaient dans l'action directe contre la domination de leurs maîtres. La désertion constituait la rupture la plus franche du contrat entre maître et employé[104]. Il y avait plusieurs motifs à la désertion. Les désertions temporaires étaient une forme de vacances, un « bon tour » pour renégocier les termes du travail et un moyen de rechercher un meilleur emploi. Le fait de déserter démontre que les voyageurs avaient une nette notion de leurs droits en tant que travailleurs, qui leur avait été insufflée par les obligations réciproques du système paternaliste. Il est possible que cela ait été l'une des différences les plus importantes entre les voyageurs et les travailleurs écossais des îles Orcades qui travaillaient pour la Compagnie de la Baie d'Hudson. Les Orcadiens désertaient rarement, car ils n'avaient nulle part où aller une fois qu'ils avaient quitté le service. Il leur était quasiment impossible de trouver place à bord d'un navire retournant en Grande-Bretagne, parce que la plupart de ces navires appartenaient à la Compagnie de la Baie d'Hudson. Les travailleurs des Orcades avaient encore moins de possibilités de nouer des liens avec les peuples autochtones du nord-ouest, parce que c'étaient les bourgeois qui effectuaient la plus grande partie de la traite, et que les employés de la Compagnie de la Baie d'Hudson vivaient la plupart du temps confinés à l'intérieur des postes de traite. Les seuls refuges possibles pour les déserteurs orcadiens étaient les postes des compagnies rivales, comme la Compagnie du Nord-Ouest et la Compagnie XY, où ils pouvaient essayer de trouver un autre emploi ou bien trouver un embarquement pour les colonies canadiennes[105]. Par contre, les voyageurs travaillant pour les compagnies de traite de Montréal avaient toujours la possibilité de devenir des gens libres, en allant vivre auprès de leur famille amérindienne ou en repartant vers la vallée du Saint-Laurent.

DISCIPLINE

Dans les négociations continuelles entre les maîtres et les employés, les bourgeois répondaient aux actes de résistance des voyageurs par de fortes démonstrations d'autorité. Les bourgeois et les commis avaient des châtiments en réserve dans les cas de transgression du contrat maître/employé et des moyens d'inciter les voyageurs à l'obéissance. Ils supprimaient les privilèges des employés, comme les « régales », les coups à boire et l'alcool réservé aux échanges[106]. Ils pratiquaient fréquemment envers leurs hommes l'humiliation et l'intimidation. En une occasion, au cours d'un voyage en direction de la rivière La Paix pendant l'été 1793, Alexander Mackenzie fut confronté à un homme qui refusait de monter à bord du canoë. Il écrivait :

> *Ceci étant le premier exemple d'absolue désobéissance qui se soit jusqu'ici manifesté au cours de notre expédition, je ne pouvais pas le laisser passer sans prendre quelque mesure sévère pour empêcher que cela ne se reproduise ; mais comme ses compagnons le considéraient en général comme un bon gars, et comme nos derniers dangers l'avaient effrayé au point de le mettre hors de ses sens, j'ai plutôt préféré le considérer comme incapable de nous accompagner, et le présenter comme un objet de ridicule et de mépris pour son comportement pusillanime ; bien qu'en fait, il se fut agi d'un homme très utile, actif et travailleur*[107].

Mackenzie s'en prit également au réparateur en chef des canoës au cours de ce même voyage, pour sa paresse et son attitude contestable. Le voyageur fut mortifié d'avoir été montré du doigt[108]. Ce type d'humiliation publique ritualisée confortait les idéaux masculins d'efficacité et d'aptitude. Lors d'une expédition sur le Missouri en 1805, l'un des hommes d'Antoine Larocque souhaita rester avec le groupe de Charles McKenzie. Larocque s'en irrita et dit au voyageur que le courage lui manquait comme à une femme, ce qui provoqua un violent accès de colère chez le voyageur[109]. En une occasion, un voyageur fut fouetté pour écart de conduite. Une autre fois, à Fort Alexandria, Archibald McLeod se mit en colère parce que les voyageurs La Rose et Ducharme avaient abandonné une partie du chargement de viande et quelques couvertures dans un campement amérindien. McLeod nota dans son journal :

> *La Rose étant le seul que j'aie pu voir, a eu sept « blâmes » pour sa négligence, pour avoir abandonné les couvertures et une partie de la viande, je lui ai dit que je retiendrai les couvertures sur son compte jusqu'à ce que j'apprenne si elles étaient perdues ou non. Il va y retourner demain pour savoir ce qu'il est advenu des couvertures et aller chercher le reste de la viande*[110].

Les bourgeois et les commis jouaient parfois sur la peur du manque de vivres et de la faim comme moyen d'asseoir leur autorité vis-à-vis de leurs hommes[111].

Dans les cas de négligence grave, les bourgeois avaient la possibilité de renvoyer leurs employés[112]. Dans certains cas, les voyageurs étaient heureux d'être ainsi « démobilisés », lorsqu'ils désiraient faire partie des gens libres, comme Joseph Constant, qui fut renvoyé par Nelson pour cause « d'accès de mauvaise humeur sans raison »[113]. Les voyageurs qui décidaient d'abandonner le service étaient pour les compagnies un problème très sérieux. Les maîtres s'efforçaient de rattraper les déserteurs et pouvaient les punir d'emprisonnement. En 1804, dans la région du lac La Pluie, le commis de la Compagnie du Nord-Ouest Hugh Faries localisa un déserteur d'une brigade de la rivière Athabasca, un dénommé Gâyou, dans un poste de la Compagnie XY. Faries notait que le commis principal de la Compagnie de la Baie d'Hudson dans le district du lac La Pluie, Archibald McLellan,

> *envoya Jourdain [un voyageur] en amont porter une note à Lacombe [qui était à la tête du poste de la Compagnie XY] pour l'aviser qu'il souhaitait qu'il lui renvoie [Gâyou]. Il lui dit que cet homme pouvait s'en aller s'il le désirait, mais qu'il ne descendrait pas [jusqu'à leur poste]. Monsieur McLellan y alla lui-même, et Richard [un voyageur] et [Faries] le suivirent. L'homme n'opposa aucune résistance mais descendit immédiatement. Monsieur McLellan le plaça pour la nuit dans une cave infestée de puces*[114].

Les relations entre maîtres et voyageurs étaient souvent tendues et en de rares occasions, elles pouvaient tourner à la violence. Les difficultés habituelles causées par les intempéries, les accidents et le défi constant qu'était ce travail exténuant pouvaient provoquer de hauts niveaux de stress et d'angoisse. Les bévues des voyageurs parfois, le matériel perdu ou cassé, et leurs insolences avaient souvent pour résultat des situations tendues[115]. Alexander Henry le Jeune s'irrita de l'un de ses hommes, Desmarais, qui n'avait pas protégé des loups le bison qu'il venait d'abattre. Il grommelait : « mon serviteur est un type si peu soigneux et si paresseux que je ne peux pas lui confier le magasin. J'ai fait aujourd'hui une vérification complète et ai tout trouvé dans le plus grand désordre ; je n'avais pas idée que la situation puisse être aussi mauvaise que je l'ai trouvée… Comme la plupart de ses compatriotes, il s'intéresse bien plus à lui-même qu'à son employeur »[116].

Les ressentiments mutuels pouvaient s'envenimer jusqu'à ce que les maîtres et les employés en viennent aux mains. Un bourgeois de la Compagnie du Nord-Ouest du nom de McDonald défiait souvent ses hommes au combat. Cox notait :

> *L'un de nos voyageurs canadiens, nommé Basile Lucie, un homme remarquablement fort, mesurant environ 1,90m, bâti en muscles, avec un cou de bison, fit un jour une remarque qu'il pensait frôler l'irrespect. N'importe quel homme de moins de 1,75m aurait pu utiliser le même langage en toute impunité, mais venant d'un homme tel que Lucie, qui était une sorte de tyran pour ses camarades, cela ne pouvait pas être toléré ; il lui dit donc de tenir sa langue et le menaça de le châtier s'il disait encore un mot. Cela fut prononcé devant plusieurs des hommes, et Lucie répliqua que s'il n'avait pas sa situation pour lui assurer la sécurité, il devrait lui donner satisfaction sur le champ. McDonald fit feu à l'instant, et lui demanda s'il se battrait au mousquet, à l'épée ou au pistolet ; mais Lucie déclara qu'il n'avait aucune notion des duels de cette sorte, ajoutant que ses seules armes étaient ses poings. Le Celte pugnace [McDonald], résolu à ne lui laisser aucune chance de s'échapper, ôta sa veste, l'appela un enfant de chienne et le défia de se battre comme un polisson. Lucie répondit immédiatement à l'appel, et ils se mirent à l'œuvre. Je n'étais pas présent lors de ce combat ; mais quelques-uns des hommes m'ont dit qu'en moins de dix minutes Basile était complètement réduit à l'impuissance et qu'il ne fut pas en état de travailler pendant les semaines suivantes*[117].

Il était plus habituel que les tensions entre les maîtres et les employés se traduisent par des traitements injustes plutôt que par la violence. Motivés par le désir d'économiser de l'argent et de retirer le maximum de bénéfices de leurs travailleurs, les bourgeois et les commis poussaient les hommes à travailler très dur, ce qui pouvait aboutir à de l'hostilité. Les cas les plus sérieux d'hostilité et d'injustice concernaient les bourgeois qui vendaient aux voyageurs des produits à des prix prohibitifs et incitaient les voyageurs à s'endetter dès qu'il entraient au service de la traite. Il est difficile de découvrir de nombreux cas de « mauvaise foi » dans les écrits des bourgeois eux-mêmes, puisqu'il est probable qu'ils ne s'appesantiraient pas sur leur cruauté en tant que maîtres ni ne révèleraient leurs tricheries. Cependant, les gens de passage, les critiques des compagnies de traite des fourrures et les employés mécontents nous en ont laissé des indices. Le duc de La Rochefoucauld-Liancourt et lord Selkirk accusaient la Compagnie du Nord-Ouest de tenter délibérément d'endetter leurs hommes en les incitant à boire et à dilapider leur argent en « produits de luxe », puis en leur vendant ces mêmes marchandises à des prix fortement gonflés[118].

Révolte

Les réponses des voyageurs à la cruauté des maîtres pouvaient atteindre de hauts niveaux de résistance. L'hostilité entre maîtres et employés contrariait le travail. Parfois, les tensions étaient si vives que les voyageurs refusaient de partager avec les maîtres la nourriture qu'ils avaient ramenée de la chasse ou de la pêche[119]. Les cas les plus flagrants de maîtres ayant abusé leurs employés pouvaient mener à la résistance collective des voyageurs, sous la forme de grèves ou de désertions en masse. Lorsqu'un voyageur du nom de Joseph Leveillé fut condamné au pilori par la Cour d'assises de Montréal pour avoir accepté les gages de deux compagnies de traite rivales, en 1794, des émeutes s'ensuivirent. Un groupe constitué en grande partie de voyageurs lança le pilori dans le Saint-Laurent, avant de menacer de démolir la prison. Le prisonnier finit par être relâché et personne ne fut puni pour cet incident[120]. Il semble que les voyageurs aient acquis la réputation de gens prompts aux émeutes populaires au Bas Canada. L'attorney général Jonathan Sewell, dans une lettre de 1795, disait au lieutenant-colonel Beckworth que les officiers du Bas Canada devraient se voir accorder davantage de pouvoir discrétionnaire pour contrer les « inclinations à l'émeute » du peuple, surtout des bandes de voyageurs « sans loi »[121]. Émeutes et résistance collective se produisaient parfois en Nouvelle-France et au Bas Canada[122]. Cependant, une population réduite, des lieux de travail dispersés et des redevances seigneuriales pas trop exorbitantes faisaient qu'en général, les expressions de mécontentement se restreignaient aux désertions individuelles ou aux conflits localisés[123]. Cependant, des cas d'actions collectives avaient créé un précédent aux protestations de masse[124]. À l'occasion, des voyageurs désertaient en groupe des convois de transport ou des missions d'exploration. Dans ces cas, leurs tâches étaient difficiles et dangereuses, et les hommes étaient soudés en larges groupes, à effectuer essentiellement le même type de travail. La communication et le développement d'une conception commune du travail, ainsi que la camaraderie, nourrissaient une conscience collective et incitaient à l'action collective. Au cours de l'été de 1794, les hommes d'une brigade de Montréal qui se trouvait au lac La Pluie tentèrent une grève pour obtenir des salaires plus élevés. Duncan McGillivray expliquait :

> *Quelques personnes mécontentes de leur bande, souhaitant faire autant de mal que possible, rassemblèrent leurs compagnons plusieurs fois au cours du voyage vers l'intérieur et leur représentèrent combien leurs intérêts souffraient de leur obéissance passive à la volonté de leurs maîtres, alors que leur utilité pour la Compagnie aurait dû leur assurer non seulement un meilleur traitement, mais aussi toutes les autres conditions qu'ils prescriraient avec esprit et résolution*[125].

En arrivant au lac La Pluie, les hommes de la brigade exigèrent de meilleurs gages et menacèrent de rentrer à Montréal sans la cargaison. Le bourgeois, dès le début, parvint à convaincre quelques-uns des hommes d'abandonner la grève. Peu après, la plupart des hommes reprenaient le travail tandis que les meneurs étaient ramenés à Montréal, en disgrâce.

Les tentatives d'action collective dans le Nord-Ouest n'étaient pas toujours vouées à l'échec. Lors de sa troisième expédition dans le pays du Missouri, pendant l'automne 1805 et l'hiver 1806, quatre hommes de l'équipage de Charles McKenzie désertèrent. Ils avaient logé chez Black Cat, chef d'un village mandan, qui vint devant la tente de McKenzie pour l'appeler et l'avertir de leur désertion. Les hommes avaient employé toutes leurs possessions à traiter avec les Mandans, et avaient l'intention de procéder de même avec les possessions de McKenzie, mais Black Cat avait mis ces dernières en sécurité. Lorsque McKenzie déclara qu'il punirait ces hommes, Black Cat l'avertit que les Mandans défendraient les voyageurs. McKenzie essaya de convaincre les hommes de venir reprendre leur service, mais ils ne cédèrent pas[126]. Cette anecdote démontre que les hommes qui hivernaient dans le pays d'en haut devenaient une main-d'œuvre aux aptitudes fortement recherchées; ils se sentaient en droit d'obtenir de bonnes conditions de travail et n'avaient pas peur de travailler ensemble à pressurer leur maître[127].

Malgré ces cas d'action collective, les voyageurs agissaient plus souvent individuellement que collectivement, comme les hommes des îles Orcades qui travaillaient pour la Compagnie de la Baie d'Hudson[128]. Leur meilleur atout dans le marchandage des relations de travail était l'option de la désertion. Bien que les bourgeois puissent assigner les voyageurs devant les tribunaux pour rupture de contrat, cette mesure avait peu d'effets car les voyageurs continuaient tout de même à déserter. L'option de la désertion jouait le rôle d'une soupape de sécurité, soulageant la pression induite par les relations maître/employé. Si les voyageurs étaient vraiment très malheureux avec leurs maîtres, ils pouvaient toujours partir travailler pour une autre compagnie, rentrer au Bas Canada ou partir rejoindre les gens libres. L'action collective était entravée également par les voyageurs eux-mêmes, qui semblent avoir particulièrement idéalisé la liberté et l'indépendance[129]. La désertion des individus allait à l'encontre d'une conscience collective des voyageurs.

Certains déserteurs « à temps plein » entretenaient des liens informels avec les compagnies de traite, servant à l'occasion le temps d'un contrat à durée limitée, ou leur vendant des fourrures et des provisions. Un homme, Brunet, se trouva contraint de déserter parce que sa femme amérindienne voulait retrouver sa parenté plutôt que de rester vivre au poste. George Nelson négocia avec Brunet un contrat moins formel et lui permit de s'en aller avec sa femme à condition qu'ils aident la compagnie à conclure des accords de traite avec sa famille[130]. À l'inverse, un autre homme, du nom de Vivier, décida de rompre son contrat en novembre 1798, parce qu'il ne pouvait pas supporter de vivre auprès des Amérindiens, ce que son bourgeois lui avait ordonné de faire. Ce dernier, John Thomson, nota : « Il dit qu'il ne peut pas vivre plus longtemps avec eux et que tous les diables de l'enfer ne pourront pas le faire revenir, et qu'il préfère marcher tout l'hiver d'un fort à l'autre plutôt que de vivre plus longtemps avec eux »[131]. Thomson refusa de lui donner des provisions et de l'équipement parce qu'en automne il lui en avait déjà donné assez pour passer l'hiver. Thomson avait été contrarié pendant toute la saison par le comportement de cet homme, qui avait refusé de revenir au fort quand on le lui avait ordonné. Vivier était si dégoûté de la traite qu'il avait offert sa femme et son enfant à un autre voyageur afin de pouvoir repartir au Canada, mais sa femme avait protesté. Thomson accepta finalement de lui fournir des munitions, du tabac et une hache à crédit, et Vivier partit. Un mois et demi plus tard, il était de retour et à nouveau au travail au poste[132]. Il était possible que les voyageurs reviennent travailler pour les compagnies de traite parce qu'ils ne pouvaient pas se procurer suffisamment à manger ou qu'ils désiraient la protection qu'un poste pouvait offrir. La peur de mourir de faim et les dangers du Nord-Ouest sont les principaux motifs faisant que les voyageurs renonçaient à déserter. Alexander Henry le Jeune eut un jour l'occasion de traverser un étang où André Garreau, un déserteur de la Compagnie du Nord-Ouest, avait été tué en 1801, en compagnie de cinq Mandans, par un groupe de Suisses[133].

Malgré les tentatives des bourgeois d'imposer un système d'organisation à la traite des fourrures de Montréal, les termes des contrats de travail des voyageurs n'étaient pas fixes. Les besoins changeants des compagnies de traite et des habitants provoquaient des fluctuations dans le recrutement, les engagements et les salaires. L'instabilité du système était probablement essentielle à la flexibilité nécessaire à la croissance des compagnies de traite, surtout dans le contexte de la féroce compétition pour les fourrures qui se déroulait dans l'intérieur.

Bien qu'il soit difficile d'estimer le nombre des cas de conflits et d'accommodements dans les relations entre maîtres et employés, c'étaient les négociations portant sur des conditions de travail acceptables qui dominaient la traite du Nord-Ouest. Les maîtres s'efforçaient d'exercer leur contrôle sur la main-d'œuvre en incitant les hommes à s'endetter vis-à-vis de leur compagnie, et en étant les seuls fournisseurs de produits européens dans l'intérieur. Les maîtres capitalisaient également sur l'amour du risque et le rude éthos masculin des voyageurs pour inciter à un rythme de travail soutenu, donc rentable. Cependant, leur meilleur moyen de maintenir l'ordre était d'impressionner leurs hommes, par la manière forte, par leur bravoure et leur efficacité dans la gestion des ressources et du personnel. Des symboles formels tels que l'habillement, les cérémonies rituelles, l'accès à de meilleures provisions et une charge de travail plus légère rappelaient aux voyageurs le statut et le pouvoir supérieurs des maîtres. Ce théâtre quotidien du commandement contribuait à construire la structure hégémonique de l'autorité paternaliste. Les maîtres avaient également recours aux tribunaux pour poursuivre ceux de leurs hommes qui avaient rompu leurs contrats, et ils s'efforçaient de coopérer avec les autres compagnies pour réguler la main-d'œuvre, mais ces méthodes de contrôle des voyageurs étaient loin d'être couronnées de succès. Le moyen le plus efficace d'asseoir leur autorité était celui des rituels et des symboles. En retour, les voyageurs résistaient à l'autorité des maîtres dans leur propre contre théâtre, en s'efforçant d'imprimer leur marque à leur environnement de travail. En général, les voyageurs avaient des standards très élevés en ce qui concernait les performances au travail, performances alimentées par leurs idéaux masculins de force, d'endurance et de capacité à prendre des risques. Néanmoins, les voyageurs créaient un espace dans lequel ils contestaient continuellement les attentes de leurs maîtres, en partie en se plaignant sans cesse. Ils établissaient leur propre allure de déplacement, exigeaient une alimentation adéquate, voire abondante, refusaient de travailler en cas de mauvais temps et s'efforçaient souvent de dominer. Lorsque les maîtres formulaient des exigences irréalisables ou qu'ils ne fournissaient pas les provisions qui leur convenaient, les voyageurs ripostaient en travaillant plus lentement, en devenant insolents, et à l'occasion se mettaient à traiter pour leur propre compte et à voler des provisions. Parmi les expressions de mécontentement les plus extrêmes, on trouve des recours aux tribunaux du Bas Canada, mais, à l'instar des bourgeois, les voyageurs trouvaient que leurs exigences étaient mieux satisfaites lorsqu'elles se négociaient en-dehors des registres légaux. Leur meilleur atout dans le marchandage s'avéra être la désertion, et parfois ils désertaient massivement. Mais dans l'ensemble, les voyageurs avaient tendance à agir individuellement plutôt que collectivement, car l'option de la désertion entravait le développement d'une conscience collective des voyageurs. Cependant, comme nous le verrons dans le chapitre suivant, l'absence d'une conscience collective vis-à-vis des conditions de travail ne signifie pas que les voyageurs n'aient pas partagé une mentalité commune.

VI
Rendez-vous

Fêtes, bons tours et amitiés

> *Fort William est le grand entrepôt de l'intérieur. On y apporte tous les ans de Montréal un assortiment complet de marchandises, dans de grands canoës ou dans les bateaux des lacs que possède la Compagnie, qui, au retour, ramènent les produits des postes d'hivernage au Canada d'où ils sont expédiés par bateau en Angleterre… On peut donc considérer Fort William comme la métropole des postes de l'intérieur, et sa saison mondaine se prolonge en général de la fin de mai à la fin d'août. C'est la période de la bonne vie et des festivités ; et les superfluités de la table compensent dans une certaine mesure les longs jeûnes et les insuffisances dont font l'expérience ceux qui sont affectés dans les postes les plus reculés. Les voyageurs eux aussi profitent de ce carnaval, et entre le rhum et les fanfreluches, ils dilapident souvent en quelques semaines les gages qu'ils ont durement gagnés pendant plusieurs années*[1].

LA TRAITE DES FOURRURES de Montréal était une entreprise à très grande échelle, couvrant des milliers de kilomètres. Les postes administratifs centraux étaient établis dans l'intérieur du pays d'en haut pour faciliter l'organisation de la traite et le transfert des marchandises. La description de Fort William par Ross Cox, citée ici, extraite de ses *Adventures on the Columbia River* (1831), nous donne l'image d'un centre de commerce affairé, diversifié et festif. Les traiteurs et les travailleurs convergeaient au milieu de l'été vers ces points administratifs nodaux pour échanger des fourrures contre des produits européens. Ces rassemblements, appelés rendez-vous, devinrent un temps de célébration et de festivités. Les voyageurs qui arrivaient étaient soulagés d'avoir survécu à leurs trajets éreintants, heureux de revoir des amis et échauffés à l'idée d'un ravitaillement tout frais en nourriture et en boisson. Dans les années 1770, le traiteur Peter Pond décrivait le rendez-vous à Mackinac (à la jonction des lacs Michigan et Huron), où de nombreux hommes « s'amusaient en bonne compagnie aux billards, à boire du punch frais et tout ce qu'il leur plaisait de commander, tandis que les plus vulgaires se battaient entre eux ; la fête de la danse du soir était très attendue »[2]. Après 1803, le lieu de rendez-vous le plus célèbre fut Fort William, à l'extrémité occidentale du lac Supérieur, qui devint « le grand entrepôt » ainsi qualifié très justement par Ross Cox. Là, les mangeurs de lard et les hommes du nord déchargeaient leurs canoës et embarquaient une nouvelle cargaison, les bourgeois tenaient leurs réunions annuelles de planification des opérations commerciales pour l'année suivante, les marchands indépendants montaient des échoppes pour vendre différents articles, et les voyageurs en retraite, qui s'étaient installés dans la région, venaient au fort entendre les aventures de l'année qui venait de s'écouler[3]. Au milieu de toutes ces activités, c'étaient les fêtes des voyageurs qui constituaient l'essentiel du tableau. Lorsque le commis George Nelson arriva pour la première fois à Grand Portage, en 1802, il observa de très nombreux « paris, festins, danses, soûleries et bagarres »[4].

Bien que les voyageurs eussent été engagés pour effectuer un travail extrêmement difficile, une bonne part de leur vie était occupée par des célébrations, des festivités et des jeux. Le vieux voyageur, décrit au chapitre I, qui travaillait sur le lac Winnipeg, disait : « Je n'avais besoin de rien ; et je dépensais tout ce que je gagnais pour le plaisir... Si j'étais jeune encore, je me ferais une gloire de recommencer la même carrière. Je passerais un autre demi-siècle dans les mêmes champs de plaisir »[5]. Les voyageurs aimaient de nombreux aspects de leur travail, en particulier la chasse et la pêche, et pratiquaient parfois ces activités pour le plaisir pendant leur temps libre[6]. Peut-être le jeu en est-il arrivé à prendre une place considérable dans les vies des voyageurs parce que ces derniers travaillaient dans un espace liminal, sur les frontières entre le Canada français et les sociétés amérindiennes, se déplaçant constamment dans le pays d'en haut. Certains chercheurs ont avancé que les situations liminales incitent à la gaîté et à la roublardise ; l'anthropologue culturel Victor Turner, en particulier, affirmait que « la liminalité est particulièrement incitative au jeu. Le jeu ne se restreint pas aux jeux et aux blagues ; il s'étend à l'introduction de nouvelles formes d'action symbolique... une part de la liminalité peut s'adonner au comportement expérimental »[7]. Les voyageurs franchissaient régulièrement les seuils de nouveaux mondes, et le frisson de l'aventure qu'était le voyage dans l'inconnu s'exprime dans leurs fêtes, dans les tours qu'ils jouaient et dans leurs amitiés.

À la suite de Turner, ce chapitre intègre le concept de jeu au sens large, non pas simplement comme un contraire du travail, mais plutôt comme un terme général pour les fêtes, les passe-temps, le soulagement d'après le travail et les bonnes plaisanteries. Les fêtes, les chansons, les danses, les paris et les blagues, les voyageurs s'y donnaient libre cours, autant lorsqu'ils travaillaient que lorsqu'ils se reposaient. Ces activités ludiques leur offraient un amusement et une diversion, mais aussi un moyen de donner forme à leur monde.

CARNAVAL EN CANOË

Les célébrations de groupe constituaient un aspect particulièrement révélateur de ces activités ludiques des voyageurs, et les historiens ont développé des lignes d'analyse pour interpréter les célébrations des classes sociales inférieures comme les paysans et les ouvriers. Dans le jeu, Mikhaïl Bakhtine a trouvé une ouverture sur la culture populaire européenne de la fin du Moyen Âge et des débuts de la Renaissance. Pour Bakhtine, le carnaval procurait

> *un monde infini de formes d'humour et de manifestations opposées au ton officiel et sérieux de la culture féodale et ecclésiastique médiévale. Malgré leur variété, les festivités populaires de type carnavalesque, les rites et les cultes comiques, les clowns et les pitres, les géants, les nains et les jongleurs, toute la gamme vaste et multiple de la parodie – toutes ces formes ont une chose en commun : elles appartiennent à une unique culture de l'humour populaire carnavalesque… Toutes ces formes de protocoles et de rituels basés sur le rire et consacrés par la tradition existaient dans tous les pays de l'Europe médiévale; elles se distinguaient nettement des formes culturelles et des cérémonies officielles, ecclésiastiques, féodales et politiques. Elles présentaient un aspect complètement différent, non officiel, extra ecclésiastique et extra politique, du monde, de l'homme et des relations humaines ; elles construisaient un deuxième monde et une deuxième vie en dehors du monde officiel, un monde auquel tous les gens du Moyen Âge participaient plus ou moins*[8].

La même chose peut s'appliquer aux voyageurs de la traite des fourrures, qui se construisaient un monde spectaculairement différent de celui de leurs maîtres. Les identités et les pratiques distinctes des voyageurs ne se restreignaient pas aux célébrations spécifiques, telles que celles des rendez-vous, mais imprégnaient toutes les formes de leurs activités ludiques. Bakhtine faisait remarquer que le concept de carnaval est étroitement apparenté à celui de jeu : « à cause de leur caractère ostensiblement voluptueux et des forts éléments de jeu qu'elles renferment, les images du carnaval ressemblent fortement à certaines formes artistiques, le spectacle notamment. En retour, les spectacles médiévaux penchaient fortement vers la culture populaire carnavalesque, la culture de la place du marché… [Le noyau du carnaval] se constitue en fonction d'un certain schéma de jeu… Le carnaval n'est pas un spectacle auquel assistent les gens ; ils vivent dedans et chacun y participe parce que c'est son idée même qui intègre tous les gens »[9]. Le carnaval procurait aux paysans un mode aisément identifiable de création de leur propre monde, distinct du monde officiel, où ils pouvaient se focaliser sur les plaisirs corporels et subvertir radicalement l'idéologie étatique. En se basant sur les travaux de Bakhtine, certains chercheurs ont appliqué la théorie du carnaval à différents contextes. Emmanuel Le Roy-Ladurie a découvert que dans la ville française de Romans, au XVIIe siècle, le carnaval était devenu un véhicule de la révolte contre le gouvernement, les impôts et la noblesse[10]. Certains considèrent plus généralement le carnaval comme un temps de transgression autorisée de tous les types de normes[11]. Cependant, d'autres considèrent le carnaval comme un moment où les hiérarchies se dissolvent, où la culture populaire des masses s'élève jusqu'à devenir le discours dominant et où l'autorité est démise[12]. Dans son étude de la France des débuts de l'époque moderne, Natalie Zemon Davis a découvert que « la vie festive peut d'un côté perpétuer certaines valeurs de la communauté (voire garantir leur propre survie), et d'un autre côté critiquer l'ordre politique »[13]. Les carnavals avaient de nombreux usages et de nombreuses significations dans les classes sociales inférieures, en recouvrant ces deux extrêmes qui consistaient d'une part à former des liens communautaires, et d'autre part à élargir les brèches culturelles.

Comme dans d'autres contextes populaires des débuts de l'époque moderne, les carnavals, et en particulier les rendez-vous, aidaient les voyageurs à donner forme à leur monde. Les rendez-vous représentaient une période où les traiteurs de fourrures pouvaient se rassembler pour célébrer, encourager la camaraderie, la rivalité et les distinctions sociales entre toutes les personnes de la traite. Plus haut, nous avons relevé les distinctions omniprésentes entre les voyageurs et leurs maîtres. Pendant les rendez-vous, cependant, c'étaient les distinctions entre les voyageurs eux-mêmes qui s'accentuaient davantage. Pendant tout le reste de l'année, les célébrations servaient les mêmes fins : elles unifiaient les hommes dans la camaraderie, mais elles élargissaient également les brèches sociales.

Dans la traite des fourrures, les festivités des départs teintaient ce chaos qu'étaient les engagements de dernière minute, les emballages et la planification. Ces activités en rafale étaient plus intenses au moment du grand départ annuel de la vallée du Saint-Laurent en début de saison[14]. Les gens se rassemblaient autour des équipages à Montréal et à Lachine, le point de départ à l'ouest des rapides de Montréal, pour voir partir les brigades.

Le commis George Nelson se rappelait que les jeunes hommes disaient au revoir à leurs parents et à leurs amis « avec des larmes dans les yeux et en chantant comme s'ils allaient à un banquet ! »[15] On donnait de grandes fêtes à Lachine la nuit précédant le départ des brigades, et la plupart des gens s'y enivraient. Dans sa biographie du voyageur Jean-Baptiste Charbonneau, George Dugas décrit les fêtes que l'on donnait avant le départ des équipages : « Pendant quinze jours c'était, pour ces vieux loups du Nord, une suite de fêtes et de divertissements ; ils invitaient tous leurs amis, et faisaient bombance ; on aurait dit qu'ils tenaient à dépenser jusqu'à leur dernier sou, et à partir le gousset complètement vide. La boisson coulait à flots ; le soir il y avait bal… Le jour du départ, une foule de personnes se rendaient à Lachine pour être témoins du spectacle »[16]. En partant de Montréal, le 25 avril 1833, l'explorateur George Back commentait ainsi les festivités qui accompagnaient le départ vers l'intérieur :

> *En arrivant à Lachine… j'ai trouvé les voyageurs bien trop assidus dans leurs libations à Bacchus pour pouvoir être soumis à d'autres influences moins puissantes. Nonobstant les alarmes et le désordre de la nuit précédente, un certain nombre d'officiers de la garnison, et plusieurs des respectables habitants, se rassemblèrent spontanément pour nous offrir un dernier témoignage de leur gentillesse. Nous avons embarqué au beau milieu des acclamations les plus enthousiastes et des tirs de mousquets. Les deux canoës franchirent rapidement les eaux tranquilles du canal, et nous étions suivis par la foule dense sur les berges. En quelques minutes, nous fûmes sur le Saint-Laurent et, comme nous tournions l'étrave de nos petits vaisseaux contre ce noble courant, la clameur d'un long hourra nous souhaita bon voyage !*[17]

Cet événement que décrit Back était depuis longtemps une tradition à Montréal. On faisait durer les festivités jusqu'à la première nuit du voyage, alors que les hommes buvaient les rations de rhum qui leur avait été données comme gratification de départ[18]. Il arrivait que la gueule de bois des maîtres autant que des voyageurs retarde les départs. En voyageant avec les brigades de la Compagnie du Nord-Ouest à la fin d'avril 1798, le colonel George Landmann décrivit une folle soirée à Lachine la nuit précédant le départ de son expédition. Il se cacha dans la cheminée pour se protéger en regardant les bourgeois Alexander Mackenzie et William McGillivray persévérer dans leurs ébats avinés après que tout le monde se soit effondré. Après un certain retard, on prit le départ, que Landmann décrivit ainsi : « Au loin nous partîmes, avec des bonne chance exprimés de bon cœur par ceux qui restaient. Nos gens continuèrent à pousser des cris de guerre d'Indiens aussi longtemps que les méandres de la rivière sur laquelle nous nous trouvions nous permirent de rester en vue »[19].

Les départs et les arrivées en grande pompe étaient également ponctués de « cris de guerre indiens » et de coups de feu[20]. Les cris et les coups de feu étaient une manière de saluer les brigades, un geste de respect et une manière de souhaiter bonne chance. Il est possible que les « cris de guerre d'Indiens » aient symbolisé l'entrée dans un « monde sauvage », inconnu, exotique et dangereux pour les voyageurs, et qu'ils aient également signalé le début de la transition des hommes, passant du statut d'habitants canadiens-français à celui de voyageurs vivant parmi les Amérindiens.

Ces cris de guerre reflétaient probablement tout autant une crainte qu'une admiration des peuples amérindiens. Dugas décrivait le désir d'imiter les Amérindiens qu'éprouvaient les nouveaux voyageurs : « La vie sauvage leur souriait ; il leur semblait que là-bas, [ils seraient] débarrassés de tout frein, vêtus comme l'Indien, couchant avec lui sous la tente, et chassant comme lui pour vivre »[21]. L'essentiel du travail des voyageurs, le déplacement en canoë, était une pratique apprise des Amérindiens. Les cris de guerre symbolisaient les nombreux emprunts culturels des Canadiens aux peuples autochtones, mais ils symbolisaient également une conception colonialiste française des peuples amérindiens comme un « autre » indifférencié et exotique[22]. Philip Deloria a découvert une semblable ambiguïté culturelle dans l'appropriation par les Américains des actions des Amérindiens. Il avance que « le caractère indéterminé des identités américaines provient, en partie, de l'inaptitude de la nation à aborder le peuple Indien. Les Américains souhaitaient ressentir une affinité naturelle avec le continent, mais c'étaient les Indiens qui pouvaient leur enseigner cette proximité autochtone. Cependant, pour pouvoir contrôler le paysage, ils devaient en détruire les habitants originels »[23]. Les voyageurs ne désiraient pas au même degré que les colons américains contrôler le paysage, mais ils savaient qu'ils étaient à la merci de ceux qui le contrôlaient. C'est pourquoi les voyageurs devaient se concilier les peuples amérindiens, malgré la peur qu'ils en avaient. En imitant les coutumes autochtones, les voyageurs pouvaient se familiariser avec ces nouveaux peuples étranges. Mais cependant, leur comportement était sous d'autres aspects comparable à celui des colons américains. Deloria affirme que, dans le contexte des vacances carnavalesques, comme dans les « clubs Tammany », lorsque le monde « réel » était suspendu au profit d'un monde sens dessus dessous de pouvoir instable, la figure de l'Indien prenait une place centrale. La figure de l'Indien devenait le moyen d'articuler une identité révolutionnaire séparée de l'Europe et rattachée au continent nord-américain[24]. De même, « l'indianité » ou « l'autochtonité » était évoquée dans la formation de l'identité distincte des voyageurs.

Le schéma des célébrations de départs se transplantait dans l'intérieur. Alexander Henry le Jeune décrivit une fête que firent ses hommes pendant l'été 1800, à la fin de leur premier jour de voyage entre Grand Portage et le lac Winnipeg : « Tous se réjouissaient de leur régale préférée, qu'on leur donne toujours au moment du départ, et que généralement ils apprécient le mieux à cet endroit, où ils ont une délicieuse prairie pour monter leurs tentes et toute la place qu'il faut pour leurs bouffonneries »[25]. Cette fête était d'autant plus appréciée qu'il fallait franchir un portage pénible avant d'arriver à cet endroit.

Les arrivées étaient soulignées par le même apparat et les mêmes fêtes que pour les départs. En ces occasions, le sentiment dominant était celui du soulagement plutôt que de l'excitation, car les hommes saluaient le succès de leur voyage et se réjouissaient d'être arrivés sains et saufs. Le retour à Montréal constituait une occasion particulièrement importante, car il marquait la sortie du monde de la traite des fourrures. Lorsque son équipage arriva au lac des Deux Montagnes, près de Montréal, en septembre 1817, Ross Cox offrit aux voyageurs une « gratification d'adieu » sous la forme d'un baril de rhum, et leur serra la main à chacun[26]. À Fort William et à Grand Portage, les hommes recevaient le plus souvent pour gratification des régales de pain, de lard, de beurre, d'alcool et de tabac, et après cela, en général, ils faisaient la fête[27]. Dans les postes de moindre importance, les hommes recevaient pour gratification un « coup à boire » en débarquant[28]. Dans la traite des fourrures, les arrivées des voyageurs rappelaient fortement celles des marins touchant au port après de longues semaines en mer, ou celles des « draveurs » ayant fini de descendre du bois au fil des rivières. L'ivresse hilare et les bagarres sans règles traduisaient la joie d'en avoir terminé avec une période de travail épuisante. Les marins qui descendaient des navires transatlantiques ratissaient les rues des villes portuaires « à la recherche de vin, de femmes et de chansons »[29]. Cependant, Margaret Creighton, qui a étudié les baleiniers du XIXe siècle, a fait remarquer que, bien que certains marins se soit complus dans des festivités irrépressibles, les paris, l'ivresse et les divertissements sexuels lorsqu'ils se trouvaient à terre, d'autres avaient des loisirs bien plus tranquilles et pieux. Les baleiniers qu'elle a étudiés constituaient un groupe très diversifié qui ne correspondait pas aux stéréotypes véhiculés par les archives judiciaires ou les écrits des réformateurs sociaux[30]. Il est probable que, de la même manière, les arrivées des voyageurs dans les différents postes devaient inclure un grand éventail d'activités, allant des bagarres d'ivrognes aux prières sereines.

Les équipages étaient en général accueillis par les habitants du poste à leur arrivée, y compris par les familles que les hommes y avaient laissées pendant l'été. Des foules particulièrement denses se rassemblaient à Grand Portage et à Fort William[31]. Alexander Ross a décrit tout l'apparat et la grande pompe qui accompagnaient l'arrivée d'un équipage : « En cette joyeuse occasion, tout le monde s'approche du bord de l'eau, et on fait feu avec de grands fusils pour annoncer l'arrivée du bourgeois. Tout le monde se serre la main, comme cela arrive souvent quand les gens ne se sont pas vus pendant des années : même le bourgeois se plie à ce mode de salutation avec les plus humbles »[32]. Dans les postes plus petits, on hissait le drapeau et les équipages étaient salués par le tir des mousquets[33]. On envoyait souvent des hommes en détachement pour trouver les canoës attendus et les guider vers les postes[34]. Il semble que ces arrivées tapageuses aient été une tradition de longue date[35].

Dans les principaux centres administratifs des Grands Lacs, comme Michilimackinac, Grand Portage et Fort William, les arrivées et les départs ressemblaient à ceux de Montréal. Le rendez-vous du milieu de l'été en particulier donnait lieu à de nombreuses réjouissances, et les hommes appréciaient l'abondance de la nourriture et de la boisson, ainsi que la camaraderie de grands groupes qu'il était rare de rencontrer dans l'intérieur[36]. Ross Cox a décrit « la bonne vie et les festivités » qui dominaient à Fort William, « le grand entrepôt »[37]. Sa mention de voyageurs dépensant avec insouciance une année entière de gages est probablement une exagération, mais ce passage reflète cette joie extrême du rendez-vous.

Les traiteurs se réunissaient en plus petit nombre pour des soirées tout aussi exubérantes dans les postes de l'intérieur, en particulier ceux qui avaient le rôle de centres administratifs mineurs, tels que Fort Alexander, à l'embouchure de rivière Winnipeg, et Fort Chipewyan, sur le lac Athabasca[38]. Dans ces postes, au lieu de dire au revoir à leurs familles canadiennes européennes, les hommes disaient au revoir à leur famille et à leurs amis amérindiens avant de s'en aller[39]. Jusqu'au milieu du XIXe siècle, les gens de passage décrivaient des points de rendez-vous de l'intérieur, comme Grand Portage le long de la rivière Saskatchewan, lieu de réunion des Autochtones, où les voyageurs, les métis et les gens libres, en général, s'arrêtaient lorsqu'ils allaient en direction de la rivière Columbia. Leur rendez-vous donnait à l'endroit « l'animation et la diversité d'une foire »[40]. Lorsque des équipages se croisaient en chemin, leur rencontre était une occasion de faire la fête, surtout lorsqu'ils se trouvaient dans une région particulièrement reculée et qu'ils n'étaient pas trop pressés[41]. Margaret Creighton avait découvert également que « les navires baleiniers recherchaient la compagnie les uns des autres, et les visites d'un bateau à l'autre, que l'on appelait *gams*, créaient une société de haute mer »[42]. À l'instar des baleiniers, les voyageurs saisissaient de telles occasions pour se rendre visite, pour partager des histoires de risques, d'audace et de dangers sur les rivières, et pour se plaindre les uns les autres des « misères » de leur travail.

Les fêtes célébrant les départs et la fin des voyages n'étaient pas exclusifs aux voyageurs du Canada français au XVIIIe siècle, mais ces célébrations devinrent les marques sociales distinctives des parcours des voyageurs, soulignant leur importance pour la traite, ses dangers, ainsi que la définition de leur statut. L'apparat et les festivités contribuaient à séparer l'ordre social des voyageurs de celui du Canada français et à marquer la transition entre des espaces sociaux distincts et un nouveau monde en émergence propre aux voyageurs (voir le chapitre III). Les espaces réservés (quoique restreints) de la fête donnaient aux voyageurs l'opportunité d'exprimer leurs peurs, leur angoisse, leur tristesse, et leur excitation à l'idée de voyager entre ces différents mondes. En « se laissant aller » ou en « passant les bornes » au cours des fêtes, les hommes étaient plus à même de se concentrer sur l'accomplissement d'un voyage efficace, si nécessaire au bon fonctionnement de la traite.

Le rendez-vous, d'un autre côté, appartenait en propre à la traite des fourrures. Il prenait une signification d'autant plus grande qu'il rassemblait la plupart des opérations disparates de la traite et soulignait la différence absolue entre les temps d'abondance et les temps de disette dans la traite. Il se peut que certains rendez-vous aient été calqués sur le modèle des foires commerciales amérindiennes, comme celles de Montréal pendant la seconde moitié du XVIIIe siècle[43]. Dans l'intérieur du continent, de nombreux peuples autochtones se rencontraient tous les ans en groupes considérables[44]. Parmi les rassemblements les plus importants sur les Plaines, il y avait les foires commerciales annuelles des villages mandan et hidatsa, mais il pouvait aussi y avoir de plus petites foires chez les Cris, les Ojibwés, les Assiniboines, les Shoshones et les Blackfeet[45]. David Meyer et Paul Thistle soutiennent que les traiteurs de fourrures ont implanté leurs postes le long de la rivière Saskatchewan au voisinage des rassemblements religieux annuels des peuples cris[46]. Mais ironiquement, le rendez-vous de la traite des fourrures devint un motif de consternation pour les peuples autochtones. Victor Lytwyn a montré que les chasseurs et les traiteurs ojibwés redoutaient assez les traiteurs de Grand Portage, surtout au moment du rendez-vous, quand les libations devenaient incontrôlables[47].

CYCLE ANNUEL DES RÉJOUISSANCES DANS LES POSTES DE TRAITE

Les voyageurs avaient beaucoup plus de loisirs pendant les mois d'hiver qu'ils passaient dans les postes de l'intérieur qu'ils ne pouvaient en avoir pendant les mois d'été qu'ils passaient en canoë. Mais ils avaient aussi beaucoup plus de temps pour éprouver le mal du pays et s'angoisser au beau milieu d'un monde étranger. La plupart de leurs réjouissances rappelaient celles du Canada français, comme les fêtes religieuses annuelles, la boisson et les bals ; ces festivités aidaient les voyageurs à se créer une sorte de foyer loin du foyer. Les voyageurs avaient aussi le temps de nouer d'autres liens, de créer de nouvelles familles et de consolider une société distincte dans le Nord-Ouest. Leurs fêtes les aidaient à se créer une nouvelle mémoire et de nouvelles traditions enracinées dans leur nouveau lieu de vie.

Les fêtes religieuses du calendrier accompagnaient le cycle de travail annuel, ce qui était particulièrement important pour les hommes qui vivaient dans les postes isolés, loin de leur famille et de leurs amis.

Souvent, les hommes partaient temporairement des postes périphériques pour se rassembler dans des forts centraux plus importants pour les fêtes religieuses, et ils affrontaient de grand cœur les dangers et les inconforts des déplacements en hiver, même une semaine à marcher avec des raquettes, plutôt que de rester seuls au moment d'une fête[48]. Les fêtes religieuses contribuaient à marquer le passage du temps et structuraient les mois interminables, mornes et souvent solitaires passés dans les postes de l'intérieur. Le fait de se rassembler à des moments précis pour célébrer contribuait à générer une certaine camaraderie et des sentiments de compagnonnage, pour les voyageurs entre eux, ainsi que vis-à-vis de leurs maîtres et des Autochtones.

Noël et le jour de l'An étaient les fêtes les plus populaires à l'époque de la traite des fourrures, et elles étaient rarement oubliées ou ignorées. D'autres fêtes étaient parfois célébrées, comme la Toussaint le 1er novembre, la Saint-André le 30 novembre et Pâques au début d'avril[49]. Il y avait des célébrations semblables dans les postes de la Compagnie de la Baie d'Hudson[50]. On trouve des mentions occasionnelles de célébrations pour le dimanche des Rameaux, l'anniversaire du roi (le 4 juin pour George III) et l'Épiphanie, aussi appelée « Petit Noël » (le 6 janvier)[51]. Les hommes paraissent avoir été désireux de fêter n'importe quel jour, peu importe ses origines ou la signification qu'il pouvait avoir pour eux, car c'était un prétexte pour faire la fête et que le bourgeois leur offre un verre. Les fêtes de la saint André, saint patron de l'Écosse, et de l'anniversaire de George III, roi d'Angleterre, avaient probablement été introduites par les bourgeois et les commis écossais et anglais, tandis que Noël, le jour de l'An, la Toussaint et Pâques étaient des fêtes coutumières au Canada français[52]. George Landmann relevait qu'à la fin du XVIIIe siècle à Montréal, le jour de l'An était « un jour de festivités extraordinaires, qui se prolongeait pendant les deux ou trois jours suivants. Parmi les Canadiens, il était… d'usage pour chacun de rendre visite à tout le monde pendant l'un des trois premiers jours de l'année, et l'on offrait au visiteur un verre de liqueur de noyau ou autre chose, avec un biscuit ou un gâteau, ce qui, après une rude journée de travail à frapper à la porte de quelque vingt ou trente maisons, se terminait souvent par le renvoi chez elles d'un certain nombre de personnes très respectables dans un état titubant vers le point du jour »[53]. Les fêtes, les beuveries, les réceptions et les visites de courtoisie aux maîtres (surtout le jour de l'An) étaient caractéristiques des célébrations dans la société de la traite des fourrures.

Les réjouissances des fêtes religieuses semblent avoir suivi une certaine formule. Les rituels et les cérémonies spécifiques qui conféraient à ce jour son caractère traditionnel et d'ordonnancement formel étaient suivis de réjouissances chaotiques, où prédominaient le laisser-aller et les beuveries. Alexander Henry le Jeune se plaignait de ce que le premier janvier 1803 ait été entaché de débordements et d'hommes et de femmes buvant et se battant « pell mell »[54].

Dans les postes de traite, la plupart du temps les hommes n'avaient pas à travailler les jours de fêtes religieuses[55]. À Noël et le jour de l'An, les voyageurs et les bourgeois se débrouillaient souvent pour rendre visites aux hommes des autres postes ou pour inviter certaines personnes à leur poste pour la journée ou pour toute la saison des fêtes[56]. Beaucoup d'hommes essayaient de planifier leur travail pour ne manquer aucune de ces fêtes. En décembre 1818, à Tête au Brochet, George Nelson fut contrarié par l'un de ses voyageurs, un nommé Welles. Nelson avait envoyé ce dernier à « Falle de Perdix » le 23 décembre, mais Welles était revenu au poste le 30 décembre, disant que la neige et la glace l'avaient empêché d'atteindre sa destination. Nelson le soupçonnait de mentir, pensant que Welles ne souhaitait rien d'autre que d'être de retour au poste pour les fêtes du Nouvel An[57]. Parfois, les hommes de différentes compagnies mettaient de côté leurs allégeances différentes pour faire la fête ensemble. Pour les fêtes de Noël 1805, les employés de la Compagnie XY firent la fête avec leurs voisins de la Compagnie du Nord-Ouest au lac La Pluie[58]. Des Amérindiens se rendaient souvent dans les différents postes pour participer aux festivités, ce qui permettait aux traiteurs de consolider les liens de traite et d'entretenir la bonne volonté de part et d'autre[59]. Donald McKay mentionnait qu'il était de coutume pour les Amérindiens de venir au poste tous les jours de fête[60]. Parfois, les voyageurs se rendaient dans les campements des Amérindiens, les visites qu'ils leur rendaient ainsi faisant partie des réjouissances du jour[61]. Ceux des Amérindiens qui étaient les plus impliqués dans l'approvisionnement des postes et la traite des fourrures, tels que les « homeguards » de la Compagnie de la Baie d'Hudson (sur qui on pouvait compter pour garder le poste), faisaient la fête avec les traiteurs.

Les réjouissances de Noël et du Nouvel An commençaient en général très tôt le matin. Les voyageurs rendaient visite cérémonieusement à leur bourgeois ou à leur commis pour leur présenter leurs respects et leurs vœux[62]. Ces derniers avaient en général été réveillés au petit jour par le tir des mousquets ou des canons[63]. En 1793, Alexander Mackenzie écrivait : « Le premier jour de janvier, mes gens, conformément à leur coutume ordinaire, m'ont réveillé au point du jour en déchargeant leurs armes à feu, ce par quoi ils saluaient l'apparition de la nouvelle année. En retour, ils se virent offrir grande abondance de liqueurs fortes, et lorsqu'il y a de la farine, on ajoute toujours des gâteaux aux régales, ce qui fut le cas en cette occasion »[64]. À l'instar des coups de feu tirés lors de l'arrivée d'une brigade au poste, il s'agissait par là de saluer et d'honorer de manière formelle ce jour de fête.

Après les tirs des mousquets, tous les habitants du fort se rassemblaient et le bourgeois ou le commis offrait des régales ou des cadeaux aux voyageurs. Selon l'aisance du poste, les régales allaient d'un seul verre à de grandes quantités d'alcool, surtout si la nourriture était en quantité restreinte[65]. Au début de 1802, Daniel Harmon donna à ses hommes un verre le matin, puis assez de rhum pour en boire toute la journée, pour les aider à oublier qu'il y avait très peu de viande[66]. Afin de se procurer davantage d'alcool pour les festivités du jour, les hommes étaient prêts à en faire beaucoup pour saluer leur bourgeois ou tout visiteur ou dignitaire de passage, dans l'espoir d'en obtenir quelque chose à boire[67]. Les régales du Nouvel An paraissent avoir été un peu plus consistantes que celles de Noël, les hommes se voyant souvent offrir du tabac en plus de l'alcool[68]. Dans les postes mieux achalandés, les régales des hommes comprenaient de la nourriture, en particulier des denrées qu'il était difficile de se procurer comme de la farine et du sucre, mais ils pouvaient recevoir également de la viande et du saindoux[69].

Indépendamment de leur « richesse », la plupart des postes de traite ajoutaient d'une manière ou d'une autre des festivités aux célébrations de Noël et du Nouvel An. Les voyageurs prenaient grand plaisir à manger et à faire la fête, d'autant plus que la survie pouvait être très précaire dans le pays d'en haut et que leurs victuailles étaient souvent très ordinaires et en quantité limitée. En 1812, Gabriel Franchère écrivait: « Le 25 décembre, jour de Noël, fut très plaisant. Nous avons donné aux hommes ce que le poste pouvait offrir de meilleur, ce qui les a ravis, car pendant près de deux mois ils n'avaient rien eu d'autre à manger que du poisson fumé, qui est une nourriture très maigre »[70]. Les bourgeois n'étaient pas toujours aussi généreux. Alexander Henry le Jeune écrivait, le 1er janvier 1814, que les bourgeois avaient à peine de quoi donner un verre d'alcool à chaque homme en vidant les barils, aussi leur donnèrent-ils du riz, du bœuf salé et des cygnes. Les bourgeois, cependant, se réservèrent un grand festin de soupe au riz, de cygnes bouillis, de gibier d'eau rôti, de rôti de porc, de pommes de terre, de pudding au riz, de tartes au fruits des bois, de tartes aux canneberges, de fromage et de biscuits, accompagnés de bière brune, de liqueurs fortes et de deux bouteilles de Madère[71]. Mais il semble qu'il ait été plus usuel que les bourgeois et les voyageurs célèbrent ce jour ensemble[72]. Cette levée temporaire des barrières entre classes était probablement due à la solitude qu'éprouvaient les bourgeois et les commis coupés des autres maîtres. Parfois, tout le monde mettait la main à la pâte pour préparer la fête. Alors qu'il se trouvait dans le district de l'Athabasca en 1799-1800, le bourgeois James McKenzie raconta cette coopération pour préparer la fête du Nouvel An au poste. Le 31 décembre, le voyageur Dusablon prépara de la soupe de poisson, et le voyageur Lambert cuisina des gâteaux de poisson et de la viande séchée, tandis que le voyageur Masquarosis tirait de l'eau et surveillait le feu. McKenzie et le bourgeois George Wentzel supervisèrent les préparatifs et y donnèrent la main lorsque c'était nécessaire. « En bref », écrivit Wentzel dans son journal, « tout le monde dans la maison a mis la main à la pâte et s'est agité toute la nuit comme une queue de veau »[73]. En offrant aux voyageurs une fête digne de ce nom, les maîtres pouvaient s'assurer de la bonne volonté de leurs hommes. Le fait de travailler ensemble à la préparation de cette célébration alimentait également un sentiment de camaraderie entre les hommes.

Après les cérémonies formelles du jour, l'échange des cadeaux et le festin, la vraie fête commençait. Les hommes buvaient abondamment[74], et cela pouvait se prolonger plusieurs jours[75]. Edith Burley et Anne Morton ont découvert que dans les postes de la Compagnie de la Baie d'Hudson, Noël et le Nouvel An étaient célébrés par une semaine « de festoiements continuels »[76]. Le fait de boire en abondance se terminait en général par des bagarres entre les hommes[77]. Duncan McGillivray notait que « les fêtes se sont passées comme d'habitude en dissipation et en plaisir, entremêlés de querelles et de bagarres – conséquence inévitable de l'ivresse des hommes »[78]. Dans les ingrédients nécessaires des fêtes, il y avait aussi des danses, des violons et des chansons[79]. C'étaient le désordre et la subversion qui dominaient cette partie des festivités du jour. Pour employer les termes de Mikhaïll Bakhtine, « tant que dure le carnaval, rien d'autre n'existe en dehors de lui. Pendant le temps du carnaval, la vie n'est soumise qu'à ses propres lois, c'est-à-dire les lois de sa propre liberté »[80]. Cependant, ce chaos était restreint et limité à un lieu et à une signification déterminés. C'était un moment socialement déterminé, où les voyageurs autant que leurs maîtres étaient autorisés à festoyer à l'extrême.

Cette manière de célébrer – commencer par des cérémonies formelles avant de passer à un sauvage laisser-aller – se prolongea au moins jusqu'au milieu du XIXe siècle dans les postes de traite de l'intérieur. Le peintre Paul Kane décrivit les fêtes de Noël à Fort Edmonton en 1847. On hissa le drapeau au fort, avant de servir à tous ses habitants un gigantesque festin de bison, de poisson blanc, de queues de castor, d'oies, de pommes de terre et de navets. Le soir, il y eut bal dans la grande salle, « remplie d'invités habillés de couleurs gaies. Les Indiens, dont la principale parure consistait en la peinture de leurs visages, les voyageurs avec leurs vives ceintures fléchées et leurs mocassins décorés, les métis étincelant de toutes les ornements sur lesquels ils avaient pu mettre la main ; qu'ils soient civilisés ou sauvages, tous riaient et baragouinaient en autant de langues différentes qu'il y avait de styles d'habillement »[81]. Le scientifique anglais John Lefroy décrivit les festivités du Nouvel An 1844 à Fort Chipewyan.

> *La bonne année comme disent les Canadiens... que, selon leur coutume, tout le monde au fort vint me souhaiter, et le reste d'entre nous, ce matin. C'est un jour de grande fête, dans lequel les gentlemen font une sorte de « levée » le matin et donnent un bal le soir – pour ce dernier, j'entends jouer le violon pendant que j'écris –, qui est l'unique fête de l'année pour les jeunes et les vieux. Une « levée » séparée, ou salle de réception, est préparée pour les dames, dans laquelle une louable coutume veut que l'on aille les embrasser pour leur souhaiter la bonne année (cette salutation démodée est d'usage général dans le pays en d'autres occasions cérémonielles)... Après quoi ils ont une « régale » dont je n'amoindrirai pas l'idée que vous vous en faites en vous révélant en quoi elle consiste, mais l'une de ses composantes est toujours un verre de vin, quand il y en a. Notre bal commença avec grand éclat. Beaucoup de ces danses canadiennes sont assez amusantes, en particulier celle qu'on appelle la Chasse aux Lièvres... Les voyageurs ont la coutume amusante d'insister auprès des gentlemen pour qu'ils dansent, leur disant « Ah, Monsieur, voulez-vous pas danser, et vous aurez ma partenaire ! » ce que la dame tient pour un compliment. « Voulez-vous pas danser avec cette dame icitte » et ils vous présentent la dame qui vient de danser avec eux. Nous avons fait danser six ou huit femmes pour environ trois fois ce nombre d'hommes, et ils se sont amusés jusque vers une heure du matin au son d'un vieux violon et d'un tambour indien*[82].

Les Canadiens français n'avaient pas uniquement apporté jusqu'au fond du Nord-Ouest leurs chansons et leurs airs, mais aussi leurs danses et la coutume consistant à embrasser les femmes. Il se peut que les violonistes aient adopté le tambour indien ou qu'ils aient adapté leurs tambours à un style amérindien pour élargir leurs possibilités musicales. Ross Cox décrivait une danse au lac La Pluie en 1817 :

> *Nous avions deux excellents violonistes ; et comme plusieurs des gentlemen étaient mariés, nous avons donné trois ou quatre bals, dans lesquels on s'amusa avec jubilation à gambader et à sautiller jusqu'à une heure avancée du matin. Nous n'avons pas dansé de paresseux menuets ; pas de quadrilles minaudiers ; pas de valses languissantes et à demi mourantes ; non – les nôtres étaient des exercices de santé ; les vivantes et légères danses écossaises, ou les bonnes vieilles danses folkloriques bruyantes et démodées, dans lesquelles les mouvements gracieux quoique rudimentaires des femmes du Nord-Ouest auraient fait rougir plus d'un de ces adorateurs raffinés de Terpsichore*[83].

Le respect envers les femmes, indépendamment de leur race, existait dans une certaine mesure dans le Nord-Ouest avant l'arrivée des femmes européennes. Cette attitude était manifeste aux dîners du Beaver Club qu'organisaient à Montréal les bourgeois de la traite des fourrures. Au début de chacun des dîners, on portait un toast aux femmes et aux enfants du Nord-Ouest[84]. L'historien Michael Payne nous offre une description presque identique des bals que l'on donnait au poste de York Factory de la Compagnie de la Baie d'Hudson. Au son du violon et des danses écossaises, les employés de la Compagnie faisaient la file pour être embrassés par les femmes autochtones présentes au bal[85]. Mais ce rituel ne s'exécutait pas toujours de bon cœur. À York Factory, Robert Ballantyne évoquait son horreur d'avoir à embrasser *toutes* les femmes.

> *Au moment où nous sommes entrés, les femmes se sont toutes levées en même temps, et en s'avançant modestement vers monsieur W., qui était le plus âgé de la soirée, l'ont salué, l'une après l'autre ! On m'avait dit que c'était une coutume des dames le jour de Noël, et par conséquent je n'étais pas tout à fait surpris de devoir passer par cette épreuve. Mais lorsque j'ai vu la laideur surhumaine de quelques-unes des plus vieilles, quand j'ai regardé les gouffres immenses et parfois édentés qui se pressaient sur les lèvres de mon supérieur et qui s'approchaient progressivement de moi, comme en un affreux cauchemar ; et lorsque j'ai pensé que ces mêmes bouches avaient peut-être autrefois avalé quelques enfants, mon courage m'abandonna et j'entretins pendant un instant l'idée de prendre la poudre d'escampette*[86].

De nombreux groupes de travailleurs exclusivement masculins paraissent avoir apprécié la musique et les danses dans leurs moments de loisirs. Presque tous les baraquements des chantiers du nord de l'Ontario avaient un violoniste, et les chants et les danses étaient de populaires passe-temps du samedi soir[87]. Pour Creighton, certaines des activités les plus populaires sur les gaillards d'avant des baleiniers étaient les chants et les danses, ce qui contribuait à nouer des liens entre les différentes classes et ethnicités des hommes et allégeait les différences sociales[88]. Il semble qu'il en allait de même dans les postes de traite de l'intérieur.

Les bals formels étaient une importation du Canada français, mais les danses et la musique étaient culturellement distinctes. Le « vieux violon et le tambour indien » symbolisaient le mélange des formes européennes et amérindiennes[89]. La danse n'était pas réservée aux jours de fête, mais se prolongeait au fil des saisons dans les postes de traite. Les danses ou « bals » étaient assez communs, autant dans les postes des Grands Lacs que dans l'intérieur[90]. C'étaient soit les violonistes, soit les chanteurs qui jouaient de la musique, en y faisant prédominer les danses rapides et animées. Les descriptions des « vivantes et légères danses écossaises » et des « bonnes vieilles danses folkloriques » évoquent une joie de vivre bruyante et désordonnée caractéristique de nombreuses activités des voyageurs. Cependant, les bals de Grand Portage à l'époque du rendez-vous étaient des manifestations de bon ton, au bénéfice des bourgeois, sur fond de cornemuse, de violon, de flûte et de fifre[91]. Mais cependant, même au cours de ces bals, la « musique folklorique » combinait des formes musicales d'origines canadienne, écossaise, anglaise et amérindienne. On donnait souvent des bals pour célébrer des événements particuliers, comme la fusion des compagnies XY et du Nord-Ouest en 1804, mais on les donnait le plus fréquemment à l'occasion de mariages ou en l'honneur de certaines personnalités de passage au poste[92]. Il était fréquent que les hommes d'une compagnie se rendent aux bals donnés par les autres compagnies[93]. Mais parfois, il n'y avait pas de raison particulière pour donner un bal, autre que celle de s'amuser et de rompre la monotonie de la vie dans les postes, surtout durant les longs hivers[94].

Alcool

Au XVIIIe siècle, en Europe et dans les milieux coloniaux, la plupart des gens buvaient d'importantes quantités d'alcool[95]. L'historien Craig Heron explique que « l'alcool était ordinairement consommé à la maison en tant que breuvage et en tant que remontant, et à un degré inimaginable aujourd'hui, il se trouvait dans presque tous les contextes de travail et de loisir. Les colons européens, surtout les hommes, buvaient souvent, bien qu'ils ne s'enivrassent qu'occasionnellement »[96]. L'usage que faisaient les voyageurs de l'alcool, ou leurs attitudes envers celui-ci, ne différait sans doute pas de celui des habitants ou d'autres groupes de travailleurs, à la différence près, cependant, que dans leur cas l'alcool était en quantité limitée et contrôlée par le bourgeois, et que les voyageurs n'y avaient pas accès aussi habituellement qu'au Canada français. Les bourgeois et les commis contrôlaient les rations d'alcool pour faire des économies et pour exercer leur autorité sur leurs hommes (voir chapitre V). Bien qu'il soit probable que les bourgeois et les commis aient bu autant que leurs hommes, ils dénigraient souvent les voyageurs, les traitant d'ivrognes inutiles. Ils réprimandaient souvent leurs hommes pour leur intempérance[97]. Il arrivait parfois que les bourgeois et les commis refusent de vendre de l'alcool à leurs hommes, dans l'espoir de réfréner leur habitude de boire, surtout lorsque le bourgeois voulait que les voyageurs lui paient leurs dettes[98]. Le fait de se considérer différents de leurs hommes pour ce qui avait trait à la boisson permettait aux bourgeois de se distancier socialement des voyageurs, ce qui les aidait à maintenir leur autorité. Ces comportements sont ironiques si l'on pense à celui des bourgeois du Beaver Club de Montréal et lors des rendez-vous annuels, où les dîners étaient réputés pour leurs débordements éméchés[99]. Après la fusion de la Compagnie de la Baie d'Hudson et de la Compagnie du Nord-Ouest en 1821, le nouveau gouverneur, George Simpson, imposa dans les postes des règles de stricte tempérance, mais sans grand succès[100].

La boisson occupait également une place centrale dans la culture des gens de mer. Contrairement au Nord-Ouest, où il fallait physiquement porter les cargaisons à dos d'homme pendant des portages interminables, les excès mortels de boisson y étaient fréquents. L'alcool offrait un répit dans la vie éreintante du bord. Marcus Rediker émet l'hypothèse que « trop d'affrontements directs, avec les éléments et avec les conditions de vie en mer, menaient tout droit à la bonne vieille bouteille »[101]. Malheureusement pour les voyageurs, ils ne pouvaient pas emporter assez d'alcool pour s'offrir un répit dans le voyage. Cependant, comme pour les marins, la boisson avait une fonction sociale essentielle pour les voyageurs, car elle permettait aux hommes de se lier les uns avec les autres et de nouer des amitiés durables.

Le contrôle qu'exerçait le maître sur l'approvisionnement et la fréquente absence d'alcool lors des voyages en canoë et dans l'intérieur incitaient probablement les voyageurs à développer vis-à-vis de l'alcool un comportement de type « abondance/pénurie » : sachant que l'approvisionnement en alcool était précaire, ils buvaient à outrance tant qu'il y en avait. Bien que ces circonstances aient été décrites par le menu dans les journaux des bourgeois et des commis, l'approvisionnement restreint en alcool fait que ces occasions devaient constituer l'exception plutôt que la règle.

En certains cas extrêmes, des voyageurs pouvaient travailler complètement saouls[102]. Il arrive régulièrement qu'un bourgeois mentionne que l'ivrognerie des voyageurs avait gêné ou retardé le travail. Un bourgeois n'avait pas pu faire partir un chargement aussi tôt qu'il l'aurait voulu, parce que ses hommes « s'amusaient et n'étaient pas en état de voyager »[103]. Quelquefois, les voyageurs commençaient à boire leurs régales tout en pagayant, et il pouvait arriver que l'on doive s'arrêter en cours de route parce que les voyageurs ne pouvaient pas continuer[104]. Certains postes étaient réputés pour leur ivrognerie chronique, mais le plus souvent, les grosses beuveries avaient lieu à des moments précis et sous une forme précise dans tous les postes, comme lors des principales fêtes de l'année[105]. Lors des voyages en canoë et dans les postes de l'intérieur, en général, les hommes restreignaient les fortes prises de boisson à des soirées occasionnelles[106]. Les bourgeois et les commis utilisaient parfois l'alcool comme un moyen de se conserver le bon vouloir de leurs hommes lors d'un voyage particulièrement difficile. Pendant l'été de 1793, alors qu'il effectuait une mission périlleuse pour découvrir un passage par voie de terre vers l'océan Pacifique, Alexander Mackenzie décrivit la fin d'une dure journée de travail : « À la fin du jour, nous nous sommes rassemblés autour d'un feu rougeoyant ; et tout les hommes de l'équipage, ravigotés par le breuvage que je leur sers en ces occasions, ont oublié leur fatigue et leurs appréhensions »[107].

Les grosses beuveries étaient réservés aux occasions spéciales, comme lors de l'arrivée des vivres, ou bien au cours de fêtes et de « bals », surtout au moment du rendez-vous, lorsque les voyageurs recevaient de généreuses « régales »[108]. On découvre quelques cas de « débordements sauvages » plus loin dans l'intérieur. Un cours d'eau près de la Rivière Rouge prit le nom de « Drunken River » après qu'un groupe de voyageurs festifs y aient passé une soirée particulièrement mémorable[109]. Il y eut au moins un voyageur à être surnommé « the Drunkard [le Pochard] », surnom qu'il conserva jusque dans la correspondance officielle[110].

L'ébriété excessive menait souvent à la violence. Un voyageur du nom de Voyer, dans la quarantaine, qui était décrit comme « un grand ivrogne », partit pour Grand Portage rendre visite à des amis. Lorsqu'il fut ivre, certains des commis et des bourgeois lui passèrent la figure à l'encaustique et y dessinèrent des motifs égrillards. Voyer, redevenu sobre, en fut enragé, et il jura de se venger de ceux qui l'avaient ainsi marqué. L'été suivant, lorsque les mêmes bourgeois refusèrent de lui donner de l'alcool et le réprimandèrent pour son intempérance, il tua plusieurs de leurs chevaux et les menaça avec un couteau[111]. Ces cas exceptionnels « d'ivrognerie » se découvrent dans la plupart des sociétés des débuts de l'époque moderne ; ils représentent les frontières de l'acceptabilité sociale plutôt que la norme.

Malgré ces explosions de violence, l'intempérance était plus contenue qu'excessive. Le fait de boire ne menaçait pas sérieusement l'ordre social de la traite des fourrures ; cela procurait plutôt un canal d'évacuation à la débauche et au désordre. Michael Payne a découvert le même schéma à York Factory – bien que des excès de boisson y aient causé quelques tensions sociales, l'alcoolisme n'était pas répandu et les calamités qui pouvaient en résulter étaient limitées[112]. Les limites de cette retenue se déterminaient selon que l'alcool était disponible ou non, et en fonction des sites sociaux où les beuveries pouvaient communément être acceptées. Les voyageurs redoutaient que la violence devienne excessive, que le fonctionnement de la traite s'interrompe trop longtemps et que l'approvisionnement en nourriture soit insuffisant. L'exemple d'un cas extrême se présente avec un bourgeois du nom de Duncan Campbell, accusé d'ivrognerie par la Compagnie de la Baie d'Hudson en 1809, qui avait fait de son poste de traite un véritable « cœur de ténèbres », corrompu, infect, où tout le monde était affamé. Il perdait ses marchandises de traite, tombait à court de nourriture, buvait jusqu'à perdre conscience, et négligeait ses devoirs paternels vis-à-vis de ses employés. Il fut traîné en cour martiale, où ses voyageurs témoignèrent qu'ils étaient dégoûtés de son comportement[113].

JEUX ET CONCOURS

L'éthique de non-accumulation particulière aux voyageurs (voir chapitre II) découlait en partie du fait qu'ils ne pouvaient pas transporter beaucoup de possessions personnelles en travaillant pour la traite des fourrures. Mais pour beaucoup d'entre eux, d'autant plus s'ils avaient longtemps travaillé dans la traite et vécu loin de leurs familles du Canada français, l'argent avait de moins en moins d'importance. La richesse se mesurait autrement. La métaphore économique de « capital » formulée par Pierre Bourdieu nous fournit un moyen de comprendre la notion de richesse chez les voyageurs et la manière dont celle-ci était pour eux liée au jeu[114]. Bourdieu étend la notion de capital, au-delà de sa conception économique, aux domaines culturels, sociaux et symboliques. Il est possible d'acquérir, d'échanger et de convertir sous une autre forme différents types de capital. Le capital culturel désigne la valeur qui peut se trouver dans la situation familiale, la classe sociale, l'instruction et d'autres facteurs susceptibles d'amener au succès. Pour les voyageurs, ce capital aurait inclus des connaissances et des savoir-faire tels que la fabrication de canoës et de raquettes à neige. Le capital culturel peut être hérité, acheté ou gagné. Bourdieu définit le capital social comme les connexions entre les personnes. Les voyageurs pouvaient engranger du capital social par leurs relations avec les Amérindiens, avec les bourgeois et les commis, et les uns avec les autres. Le capital symbolique est représenté par le prestige et l'honneur, ce que les voyageurs pouvaient gagner en faisant preuve de virilité. Les valeurs masculines de force, de courage et d'audace devinrent des expressions de capital masculin symbolique. Le jeu, en particulier les paris et les concours qui mettaient en jeu ces qualités, devint un moyen d'accumuler du capital symbolique masculin.

Les voyageurs n'ayant que peu de possessions et ne pouvant pas non plus emporter beaucoup d'objets personnels dans l'intérieur, leurs jeux ne pouvaient impliquer d'équipements élaborés[115]. Les jeux de cartes et les paris étaient les passe-temps les plus ordinaires[116]. Michael Payne a également découvert que l'on jouait à York Factory à certains jeux spécifiques, comme le *cribbage* (jeu de cartes où l'on compte les points sur une planchette de bois) et les dominos[117]. Les voyageurs avaient conservé des jeux du Canada français, parmi lesquels les jeux de ballon[118]. Ils avaient appris des Amérindiens d'autres jeux et divertissements, comme le « pagessan » ou « jeu au plat » et les tatouages corporels[119]. John Richardson, chirurgien de la Royal Navy et compagnon de voyage de John Franklin, avait décrit les jeux des Cris de Cumberland House. Le jeu de *puckesann* consistait à parier sur le nombre de pierres qui seraient projetées hors d'un petit disque en bois. Dans le « jeu de la mitaine », on plaçait une balle marquée et trois non marquées sous quatre mitaines, et les joueurs devaient deviner sous laquelle se trouvait la balle marquée. Ces jeux, ainsi que la crosse, exigeaient peu de matériel, ou pouvaient aisément se fabriquer avec les matériaux environnants[120].

Les voyageurs obtenaient un crédit symbolique en ajoutant à leur réputation de durs à cuire et de gens capables, et par leur propre croyance en leur force et en leurs aptitudes. En parlant de sa vie passée, le vieux voyageur du lac Winnipeg se vantait auprès d'Alexander Ross « d'avoir battu tous les Indiens à la course et de n'avoir jamais été dépassé par aucun homme blanc dans une expédition »[121]. Si le fait de surpasser les Amérindiens était une valeur en soi, cela implique que les hommes amérindiens étaient plus forts et plus rapides, et donc plus virils que les Euro-canadiens. Le désir d'exceller dans les aptitudes nécessaires à la survie dans le Nord-Ouest, aptitudes généralement apprises des Amérindiens, constitue un exemple évident du déplacement des valeurs culturelles chez les voyageurs. Être plus « indien » que les « Indiens » servait à mesurer la masculinité et la réussite dans l'adaptation à de nouveaux espaces physiques et sociaux.

Ce crédit pouvait également s'obtenir dans des compétitions physiques entre voyageurs. Dans les courses de canoës, forme populaire de compétition, les équipages faisaient la course entre eux à l'intérieur d'une même brigade ou entre brigades[122]. Ces compétitions faisaient naître un sentiment de compagnonnage, de confiance et de coopération entre les équipages. Les maîtres encourageaient leurs hommes à participer à ce type de courses, et souvent ils prenaient le départ dans l'intention de battre des records de rapidité entre les principaux postes. On se souvient du record établi par George Landmann pendant le voyage entre l'île Saint-Joseph, près de Détroit, et Montréal, que son équipage accomplit en sept jours un quart[123]. Après la fusion de 1821, les canoës de Montréal et ceux d'York faisaient souvent la course jusqu'à York Factory[124].

Les bagarres faisaient également partie des activités sociales ordinaires, et elles avaient différentes significations parmi les voyageurs. Les fêtes et les beuveries s'accompagnaient fréquemment d'échauffourées, et dans ce contexte, les hostilités et la malveillance pouvaient parfois aller jusqu'aux blessures ou aux débordements violents[125]. Cependant, les bagarres étaient souvent des évènements organisés ou des compétitions dans lesquelles les hommes cherchaient à démontrer leur valeur, hausser leur réputation et amuser leurs pairs[126]. Ils se battaient souvent pour « une seule manche » et l'on pouvait décider de trancher une « bataille indécise » en se battant « à la régulière »[127]. Les bagarres faisaient la preuve de la force et de l'endurance, et elles soulignaient l'importance des dimensions physiques dans la culture des voyageurs, importance conférée par la nature de leur métier. Un voyageur métis, Paulet Paul, acquit une certaine célébrité dans les combats après la fusion de 1821[128].

Les journaux de traite sont remplis d'histoires concernant la difficulté du travail et la force, l'endurance et la gaieté quasi-mythiques des voyageurs. Les lettrés de la traite des fourrures qualifiaient souvent les voyageurs de « bêtes de somme », ce qui, à la fois, les réduisait à l'état d'animaux et les élevait au niveau de « super héros » hyper virils. Le commis George Nelson écrivait :

> *Les voyageurs en font davantage que ce qui a jamais été destiné à la nature humaine… ils se lèvent le matin dans la pénombre et presque jusqu'au coucher du soleil, soit ils forcent sur leurs pagaies, soit ils courent avec 80 ou 90 kilos sur le dos, comme si c'était une question de vie ou de mort ; ne s'arrêtent jamais pour manger tranquillement, mais, un morceau de pemmican à la main, ils mangent sous la charge*[129].

Il poursuit en s'émerveillant de ce que les voyageurs paraissent plus endurcis, plus forts et plus rapides que les chiens ou les chevaux. Les voyageurs essayaient de se surpasser les uns les autres pour démontrer leur capital masculin. Les concours ne se limitaient pas aux prouesses physiques, mais s'étendaient à presque tous les domaines. Les concours pour voir qui mangerait ou boirait le plus fonctionnaient comme les paris ; les voyageurs pouvaient mettre en jeu un peu de leur capital symbolique rien que pour le plaisir du jeu. Au printemps de 1808, deux des voyageurs de George Nelson, Leblanc et Larocque, décidèrent de vérifier qui des deux pourrait manger le plus au cours d'un repas. Les deux infortunés commencèrent à se sentir mal et à trembler lorsque l'on découvrit des excréments de lynx au fond de la marmite, ce qui suscita « beaucoup de plaisanteries grossières et dégoûtantes »[130].

Mauvais tours

Les excréments dans la marmite, était-ce un accident ou une mauvaise plaisanterie ? La fréquence des blagues et des supercheries chez les voyageurs laisse penser qu'il s'agissait plus probablement de la seconde[131]. L'humour est une chose difficile à faire passer d'une culture à l'autre, tant pour les historiens qui s'efforcent de comprendre les voyageurs que pour les voyageurs essayant de s'amuser entre eux, avec leurs maîtres et avec leurs familles et leurs amis amérindiens. Par exemple, au fort de Rocky Mountain à l'automne de 1799, un voyageur du nom de Gagnon jeta son chien qui venait de mourir sur la berge d'une rivière. Les hommes du poste dirent à un « simpleton » nommé Borriard d'aller voir si le chien était ressuscité[132].

La cruauté envers les animaux était un « genre d'humour » que les voyageurs avaient en commun avec d'autres populations des débuts de l'époque moderne. Il est surprenant que les voyageurs dans le Nord-Ouest s'en soient pris aux chiens. Les chiens de traîneaux étaient d'importants atouts dans les voyages d'hiver. Les voyageurs recherchaient et chérissaient leurs chiens, les ornaient comme ils le faisaient pour leurs canoës et leurs pagaies. Cependant, à l'occasion, ils faisaient souffrir des chiens pour s'amuser. En se plaignant d'un voyage dans l'intérieur, John Franklin commentait : « Le suivant de ces maux est d'être constamment témoin de la cruauté gratuite des hommes envers leurs chiens, surtout ceux des Canadiens, qui les battent sans merci et qui d'habitude épanchent sur eux les imprécations les plus atroces et les plus dégoûtantes »[133]. Il est possible que ce soit parce que les voyageurs étaient réellement dépendants de leurs chiens pour les voyages d'hiver qu'ils aient rejeté ceux des chiens qui ne pouvaient pas être convenablement dressés à tirer des traîneaux. Alexander Henry le Jeune nota que ses hommes s'amusaient parfois « à regarder des chiens copuler, puis à se précipiter sur eux avec une hache ou une massue »[134]. Il est clair que les voyageurs trouvaient cela amusant, même si ce n'était pas le cas de leur bourgeois. Les notions communes de blagues et de mauvais tours signalent clairement la cohésion entre les voyageurs. Le genre d'humour consistant à torturer des chiens doit faire partie de ce que Bakhtine a appelé le « réalisme grotesque » dans l'humour populaire du Moyen Âge et des débuts de l'époque moderne en Europe. Les éléments corporels y étaient profondément positifs, non répulsifs, et tout ce qui était « corporel » devenait « grandiose, exagéré, incommensurable ». Les chiens assumaient une valeur symbolique en ce qu'ils exprimaient les besoins « de base » animaux et humains de manière immédiate. Bakhtine poursuit en expliquant que « le principe essentiel du réalisme grotesque est la dégradation, c'est-à-dire le rabaissement de tout ce qui est élevé, spirituel, idéal, abstrait »[135]. Torturer les chiens doit avoir été une forme d'avilissement de ce que les voyageurs considéraient comme « élevé ». Les chiens étaient prisés par les voyageurs, non seulement pour les voyages en traîneau, mais aussi en tant que nourriture lorsque les provisions se faisaient rares. Les voyageurs ont probablement appris des Amérindiens que manger du chien était à la fois une bonne source d'alimentation et une source potentielle de pouvoir spirituel[136]. Les chiens devinrent donc les cibles les plus visibles de l'avilissement. Ces formes d'amusements trouvent un écho dans les gravures de William Hogarth telles que « Le premier stade de la cruauté » (voir figure 8)[137].

Dans cette image, des chiens (et d'autres animaux) sont torturés dans une rue de Londres au XVIIIe siècle pour le divertissement des hommes. Le fait de faire ainsi souffrir les chiens rappelle ce que l'historien

Figure 8. *Les quatre stades de la cruauté,* première planche, *Le premier stade de la cruauté,* de William Hogarth, 1751 (réimpression vers 1822). Permission de la Bibliothèque Charles Deering McCormick, collections particulières, Northwestern University, Chicago.

Robert Darnton avait appelé « le grand massacre des chats » : des apprentis d'une petite imprimerie du XVIIIe siècle avaient capturé la plupart des chats du voisinage et les avaient jugés dans une parodie de procès et ficelés sur un gibet de fortune. Les apprentis ne dépendaient pas des chats, contrairement aux voyageurs qui dépendaient des chiens. Cependant, comme dans le cas du massacre des chats, l'incapacité du lecteur moderne à saisir ce qu'il y a de drôle dans la torture des chiens souligne la distance culturelle qui nous sépare des voyageurs[138].

Le capital social et symbolique s'échangeait dans des roublardises que se faisaient les voyageurs entre eux, dans le but de s'attirer du respect et de tenir les humiliations à distance. Les plaisanteries et les taquineries excessives pouvaient provoquer des hostilités entre les hommes[139]. En une occasion, au poste de Park River près de Pembina à l'automne 1800, tous les hommes étaient énervés car ils redoutaient une attaque des Sioux. L'un des voyageurs, Charbonneau, se gagna l'ire du poste en entier pour son imbécillité. Il tira un coup de feu en direction du bourgeois, Alexander Henry le Jeune, puis se cacha, laissant tout le monde croire que les Sioux avaient commencé à donner l'assaut[140]. Les plaisanteries pouvaient parfois tourner à la tragédie. À la rivière Pembina, pendant l'été 1803, le voyageur Joseph Rainville tua accidentellement le voyageur Venant Saint-Germain lorsque, pour jouer, il lui tira dessus avec un fusil qu'il croyait déchargé[141].

Jouer des mauvais tours aux bourgeois et aux commis était, pour les voyageurs, une manière d'exprimer leur mécontentement ou d'essayer de prendre le dessus dans les relations. George Nelson semble avoir été la victime de nombreuses supercheries de ses hommes. Au début de sa carrière, alors qu'il était encore novice, les voyageurs de Nelson secouèrent sa maison au beau milieu de la nuit, lui faisant croire qu'un animal en avait été la cause, puis refusèrent de rester dans cette maison avec lui pour qu'ils se protègent mutuellement. Lorsqu'il sortit inspecter le poste en pleine nuit, ses hommes l'agrippèrent, ce qui amplifia encore sa peur du noir, et ils inventèrent toutes sortes d'histoires de fantômes pour l'effrayer[142]. Il est probable que ces mauvais tours se jouaient aussi aux voyageurs débutants.

Nelson soupçonna ensuite ses hommes de lui jouer des « mauvais tours » jusqu'à la fin de sa carrière[143]. Il se peut que Nelson n'ait pas été un commis « typique » ; son manque d'assurance lorsqu'il exerçait son autorité sur ses hommes doit l'avoir fait paraître plus faible que la plupart et le rendait donc particulièrement vulnérable aux roublardises de ses hommes. D'autres bourgeois et commis ont dû être plus réticents que Nelson à rapporter les mauvais tours dont ils avaient été victimes, à cause de l'humiliation probable qu'ils avaient dû ressentir. Robert Darnton a découvert que les artisans des débuts de l'époque moderne utilisaient des symboles pour ridiculiser leurs patrons devant les autres travailleurs, mais qu'ils conservaient à ces blagues des caractères ambigus pour éviter d'être renvoyés. Dans la même veine, il se peut que les voyageurs aient trouvé amusant de faire souffrir les chiens car cela créait un parallèle avec le sentiment qu'ils éprouvaient d'être sous la férule de leurs maîtres. Il est possible que leurs « jeux de mains, jeux de vilains » symboliques aient constitué une tentative de rétorquer aux mauvais traitements d'un bourgeois trop sévère[144].

C'étaient parfois les maîtres qui prenaient le dessus dans les blagues et les supercheries. Alexander Henry le Jeune se moqua sans pitié de deux de ses hommes, Langlois et Desmarrais, un jour des débuts de l'automne 1800. Il fit semblant d'être généreux en leur donnant un peu de mauvais rhum des Indes, en leur disant que c'était du délicieux brandy français. Après que les hommes eurent loué le breuvage et fait montre de leurs connaissances en la matière en assurant que cet alcool était de grande qualité, Henry leur révéla la supercherie. Le jour suivant, il offrit à ces mêmes hommes un peu de rhum très fort, non dilué et coloré, et ces derniers en firent l'éloge, disant que c'était le meilleur rhum des Indes qu'ils eussent jamais bu et qu'il était infiniment supérieur à « ce mauvais truc trop fort, le rhum pur ». Henry éclata de rire pour la deuxième fois et soutira à ses hommes la promesse qu'ils n'essaieraient plus jamais de donner leur avis sur les divers alcools[145]. Les bourgeois et les commis essayaient de conserver leur distance sociale d'avec les voyageurs en se montrant plus connaisseurs et plus sophistiqués qu'eux. Cependant, il leur arrivait de commettre ces mêmes bouffonneries frustes et cruelles qu'ils reprochaient à leurs hommes. Dans un cas exceptionnel de méchanceté, un bourgeois, Alexander McKay, connu pour ses « excentricités », mit le feu à un arbre qu'un voyageur était en train d'ébrancher pour en faire un arbre de mai (voir chapitre V). Le malheureux, piégé au sommet de l'arbre en flammes dans la chaleur et la fumée, put se sauver de justesse en sautant dans un autre arbre[146]. La plupart des maîtres et des voyageurs hésitaient cependant à pousser la plaisanterie trop loin, sous peine de s'aliéner définitivement leurs pairs et leurs employés.

Les blagues et les roublardises prenaient des dimensions intéressantes en ce qui concerne les Amérindiens. Les voyageurs étaient fascinés par les « bouffonneries » des Amérindiens et appréciaient leurs chants et leurs danses[147]. Les Amérindiens étaient souvent eux aussi amusés par les voyageurs, comme à Spokane House, pendant l'été de 1814, où les Autochtones furent enchantés de voir les voyageurs essayer de domestiquer et de dresser un jeune ours[148]. En une autre occasion, des voyageurs qui mouraient de faim amusèrent un groupe d'Ojibwés en essayant d'imiter leur manière de chanter et de danser. Les Ojibwés eurent pitié d'eux et leur donnèrent de la nourriture[149]. Les femmes autochtones qui épousaient des voyageurs avaient aussi l'habitude de plaisanter et de les taquiner. Les

Amérindiennes affirmaient souvent leur pouvoir sur les traiteurs en leur jouant des tours. Pendant l'hiver 1810, un vieux voyageur appelé Desrocher fit semblant de vendre sa femme à un autre voyageur du nom de Welles. Sa femme, au courant du coup monté, jouait le jeu avec lui. Lorsque Welles attendait sa nouvelle épouse dans leur lit nuptial, au lieu de le rejoindre, elle lui jeta une marmite d'eau glacée sur tout le corps[150]. Cet incident rappelle le personnage du *trickster* (voir chapitre III). Les femmes amérindiennes des voyageurs leur avaient certainement parlé de celui-ci. Même si les voyageurs ne comprenaient aucunement la spiritualité amérindienne, leur manière semblable de comprendre les mauvais tours comme une forme d'humour devait certainement leur procurer un terrain d'entente culturel.

La vie sociale et les jeux des voyageurs dans les postes de l'intérieur révèlent une tension intéressante entre les pratiques sociales anciennes et nouvelles. Les voyageurs conservaient des traditions sociales du Canada français pour se recréer d'une certaine manière un foyer dans le pays d'en haut, dont l'étrangeté aurait pu les écraser. Le fait de célébrer les grandes fêtes de l'année, de boire et de danser rappelaient aux voyageurs leur vie rurale du Canada français et leur permettaient de continuer à faire partie de ce monde social. Cependant, les circonstances de la traite des fourrures provoquèrent l'émergence de nouveaux comportements. Les compétitions et les mauvais tours prirent de l'importance, car ils alimentaient la haute conception de la masculinité d'un lieu de travail exclusivement masculin, qui valorisait la rudesse et la force, dans l'espace social liminal des voyages en canoë et de la vie dans les postes de traite. Les hommes tentaient constamment de faire preuve de leur force, de leur endurance et de leur sens de l'humour, surtout lorsqu'ils étaient confrontés à des difficultés et à des privations. Ils étaient influencés par les pratiques culturelles qu'ils avaient observées chez les Amérindiens, et le fait d'imiter ces derniers devint une manière d'accroître leur capital symbolique.

Camaraderie

Comment la situation liminale des voyageurs travaillant dans la traite des fourrures influait-elle sur leurs relations les uns avec les autres ? Comment les hommes abordaient-ils les conventions sociales de leurs nouvelles localisations culturelles ? En quoi leurs amitiés avec leurs compagnons voyageurs différaient-elles de leurs amitiés au Canada français ? Il est difficile de répondre à ces questions. L'absence de travaux sur cette question des amitiés masculines entre habitants rend ces comparaisons particulièrement délicates. L'un des principaux inconvénients, en essayant de déterminer la forme et la nature des amitiés des voyageurs, est que leurs vies ne sont visibles surtout que par l'intermédiaire des écrits des bourgeois et des commis, qui n'étaient probablement pas très au courant de la plupart des relations entre leurs hommes, et qui n'auraient eu que peu de motifs de les exposer dans leurs lettres ou dans leurs journaux, à moins que ce comportement n'ait directement affecté le travail dans la traite. Les archives renferment des descriptions de comportements extrêmes, de situations remarquables ou anormales et de conduites pouvant faire obstacle au fonctionnement de la traite. Malgré ces inconvénients décourageants, il est possible de tracer les contours de la camaraderie entre voyageurs. Dans les amitiés entre les hommes, on peut discerner l'expression d'un ordre social particulier aux voyageurs, comme l'importance conférée à la bonne humeur, la générosité, l'énergie tapageuse et la force. Dans une culture où l'argent et les possessions matérielles avaient une signification limitée, c'est la quête d'une meilleure réputation qui prit de l'importance.

La politesse était une convention sociale apportée du Canada français. En voyageant à travers le Canada au début du XIXe siècle, John Lambert remarqua que les Canadiens français étaient généralement « de bonne humeur, paisibles et amicaux », et remarquablement polis les uns envers les autres et envers les étrangers. Les gens s'inclinaient en se croisant dans la rue, et les hommes s'embrassaient même parfois sur la joue[151]. De même, d'autres écrivains ont relevé la bonne humeur et l'affection que les voyageurs se témoignaient les uns aux autres, et même à leurs maîtres. Ross Cox s'étonnait de ce que les hommes s'appellent « mon frère » ou « mon cousin » sans être apparentés et de les voir inventer des surnoms pour leurs bourgeois[152]. Le fait de s'attribuer les uns aux autres des termes de parenté est peut-être une pratique empruntée aux Amérindiens, qui adoptaient fréquemment des gens de l'extérieur ou leur assignaient des termes de parenté pour les incorporer à leur ordre social.

Mais cependant, les civilités entre voyageurs sont souvent décrites comme « frustes » et les échanges verbaux qualifiés du « langage grossier et familier des frères voyageurs »[153]. Les jurons et les blasphèmes n'étaient pas réservés à l'expression de la colère, mais étaient usuels dans de nombreux contextes différents. Les expressions irrévérencieuses se rapportaient le plus souvent à l'imagerie religieuse, comme « sacré », « mon Dieu » et « baptême », ce qui probablement allégeait les tensions et servait à tourner en ridicule les situations les plus graves[154]. Le fait que les maîtres qualifient la familiarité et la camaraderie des voyageurs de « frustes » peut refléter leur désir de se montrer plus « civilisés »[155]. Peter Moogk affirme que les abus physiques et de langage étaient très communs parmi les « classes inférieures » de la Nouvelle-France, mais cela ne signifie pas que les habitants y étaient particulièrement vulgaires ou licencieux. Bakhtine a relevé que l'argot, les malédictions, les serments et les « blasons populaires » tenaient une place prééminente dans l'humour populaire au début de l'époque moderne en Europe. Les propos grossiers étaient une marque de familiarité et d'amitié[156]. Il se peut que le caractère « fruste » de ces civilités ait atteint un niveau d'expression exagéré dans le pays d'en haut. Les hommes, travaillant dans de rudes et dangereuses conditions, voulaient se montrer particulièrement joviaux et chahuteurs pour prouver qu'ils n'avaient pas peur et qu'ils étaient assez forts pour vivre dans l'adversité. Rediker suggère que le « rude parler » des marins était pour eux une manière d'exprimer leur opposition aux coutumes « polies » des bourgeois et aux idéaux de bonnes manières, de modération, de raffinement et de zèle de ces derniers. Il affirme que ce « parler fruste » constituait unc transgression aidant à supporter l'isolement et le confinement du bord[157]. De même, le « rude parler » des voyageurs constitue probablement l'indice verbal d'une identité masculine distincte.

La fraternité entre voyageurs était soutenue par les valeurs de charité, de générosité et de bonne disposition d'esprit, surtout dans l'intérieur, où de nombreux dangers inconnus pouvaient surprendre ceux qui s'y aventuraient et où la vie était souvent précaire[158]. Les hommes des canoës s'arrêtaient toujours pour en aider d'autres s'ils en avaient besoin ou s'ils étaient à court de vivres[159]. Ces valeurs constituaient une forme « d'assurance » au cas où les voyageurs auraient eu besoin de secours. Ils se protégeaient les uns les autres des Amérindiens hostiles, des animaux dangereux et des traîtrises de l'environnement. Un jour, près de Fort Vermilion, à la rivière Plante, en février 1810, deux voyageurs furent dépouillés et menacés par un groupe de treize Cris et de trois Assiniboines. Les Amérindiens s'accordèrent pour ne pas blesser l'un des voyageurs, Cardinal, qu'ils connaissaient pour avoir déjà traité avec lui auparavant, mais ils voulaient le scalp de l'autre voyageur, Clément. Alexander Henry le Jeune a relaté que « Cardinal, qui était une personne très loquace, dut se surpasser dans l'exercice de ses talents, et par son éloquence, il parvint à convaincre ces fripouilles d'épargner la vie de Clément ». Finalement, Cardinal apaisa les Amérindiens en leur abandonnant toutes ses marchandises de traite ainsi que celles de Clément, y compris un pistolet de grande valeur[160]. À l'occasion, il arrivait que les voyageurs se sauvent les uns les autres des ours, des serpents et autres créatures dangereuses[161]. Le danger le plus fréquent était les accidents de canoë, et de nombreux hommes furent sauvés de la noyade par leurs compagnons d'équipage[162]. Les voyageurs tiraient une grande fierté de leur capacité à affronter les difficultés, le labeur éreintant et les épreuves de bon cœur et de bonne humeur. Cette sorte d'endurance stoïque et joyeuse devant l'adversité était renforcée par l'influence des Amérindiens. Les voyageurs étaient impressionnés par ces derniers, qui étaient toujours capables de partager avec les autres, de rire et de plaisanter alors qu'ils mouraient de faim[163].

Il ne fait aucun doute que de nombreuses amitiés sincères ont pu se nouer entre les voyageurs. Il se créait, du fait de travailler étroitement ensemble, un sentiment d'intimité, surtout dans les circonstances difficiles. Alexander Ross écrivait: « Il n'existe peut-être aucun pays où les liens d'affection soient aussi étroits qu'ici »[164]. Cependant, il est difficile d'évaluer la profondeur et la longévité de telles amitiés. Les hommes changeaient souvent de poste, d'une année à l'autre, facteur susceptible de miner les amitiés. L'instabilité d'ensemble du lieu de travail ne pouvait favoriser le développement de relations de longue durée. Les hommes étaient toujours en déplacement pour leur travail, allaient vivre auprès des Amérindiens, partaient vivre comme gens libres dans l'intérieur, repartaient au Canada, ou mouraient.

Les différences de personnalité et les incidents au travail causaient des tensions entre les voyageurs[165]. Parfois les hommes détestaient un voyageur en particulier, parce qu'il ne travaillait pas aussi fort que les autres ou qu'il était brutal[166]. Au poste de la rivière Pembina, dirigé par Alexander Henry le Jeune, à l'automne 1800, un homme abusait de certains des hommes les plus faibles du poste, les terrorisant physiquement et les traitant comme des esclaves à son service. Vers la mi-novembre, l'un des autres hommes, qui était aussi fort que cette brute et avait été assez ami avec lui, fut si horrifié par cette situation qu'il défendit les hommes les plus faibles et le défia à la lutte. Au grand plaisir de tous, le tyran reçut une leçon et fut remis à sa place[167]. L'animosité entre certains voyageurs était parfois si forte que leur bourgeois les affectait en toute connaissance de cause à des postes différents[168]. Les hommes des différentes compagnies se querellaient et se battaient souvent, probablement en raison de la compétition directe pour obtenir des fourrures et des faveurs des Amérindiens[169].

Les cas de brutalité et de cruauté entre voyageurs paraissent avoir été restreints à certains individus plutôt que d'avoir caractérisé l'ordre social. Cependant, il est possible que les voyageurs soient devenus plus insensibles en essayant de s'endurcir pour survivre dans un environnement souvent cruel. Il arrivait que des voyageurs volent leurs compagnons ou les battent brutalement sans qu'il y ait eu apparemment de provocation[170]. Les hommes qui tombaient malades pendant un voyage étaient particulièrement vulnérables à la cruauté. En général, les voyageurs souhaitaient éviter d'être eux-mêmes mis en danger en étant laissés en arrière pour veiller sur ceux qui n'étaient plus en état de voyager ou qui étaient mourants. Il existe plusieurs cas documentés où des hommes agonisants ont été abandonnés par ceux qui avaient été désignés pour veiller sur eux[171]. Cependant, la plupart des cas avérés de cruauté se sont produits dans des circonstances particulièrement difficiles ou des conditions de crise, comme lorsque les hommes n'avaient rien à manger[172].

Malgré leur « rude parler », les conventions sociales entre voyageurs mettent l'accent sur la charité et la générosité, surtout devant les difficultés. Les voyageurs pouvaient faire la preuve qu'ils étaient suffisamment endurcis et forts pour rester de bonne composition dans un environnement brutal. Si la dureté de la vie dans la traite incitait parfois les hommes à se montrer durs et cruels les uns envers les autres, l'essentiel de cette hostilité s'exprimait dans ce « sport » fréquent et en général organisé qu'étaient les bagarres. La tension entre le désir d'égalité et le caractère central de l'ordonnancement social influençait les relations entre les hommes de bonne et de mauvaise manière. Les voyageurs travaillaient très étroitement ensemble et comptaient les uns sur les autres pour survivre. Mais leurs amitiés souvent profondes étaient compromises par la nature transitoire de leur métier.

Sexualité

Comment se développaient les amitiés profondes entre les hommes ? L'environnement social exclusivement masculin, surtout lors des voyages en canoë, menait-il à un développement de l'homosexualité en tant qu'expression normative de l'affection ? Le sexe entre hommes était-il un passe-temps habituel aux voyageurs ? En quoi cela affectait-il l'idéal de masculinité central dans la culture des voyageurs ? Certains chercheurs ont avancé que la masculinité ou les identités sexuées ne peuvent être dissociées de la sexualité et que l'hétérosexualité est souvent un élément clé de l'identité masculine des travailleurs[173]. Cette construction de la masculinité devient particulièrement problématique dans des environnements sociaux exclusivement masculins où les hommes n'ont pas accès aux femmes. Sur le plan historique, la situation des voyageurs est inhabituelle : ils travaillaient souvent dans des environnements exclusivement masculins, mais ils avaient accès à des femmes « d'une race sauvage ». L'hétérosexualité se construisait-elle de la même manière lorsque « l'autre » sexuel était aussi « l'autre » racial ?

Les bourgeois et les commis ont présenté les voyageurs comme hétérosexuels, mais ils sont de toute évidence silencieux quant aux pratiques homosexuelles. Il se peut que les maîtres aient consciemment choisi de passer sous silence les cas d'homosexualité, puisqu'ils les considéraient comme des déviances impossibles à mentionner. Ce silence peut également être l'indice d'une ignorance des pratiques homosexuelles entre les voyageurs et les hommes autochtones. Il est possible aussi que l'homosexualité n'ait pas existé en tant qu'option sociale pour des voyageurs qui pouvaient facilement avoir accès aux femmes autochtones pour le sexe. Dans tous les cas, ce silence exige d'être examiné.

Pour beaucoup de situations de travail temporaires exclusivement masculines, il existe une histoire documentée de pratiques homosexuelles, bien que cette question reste obscure[174]. Sans être essentialiste en ce qui concerne la nature du désir érotique, il n'est pas déraisonnable de penser que les voyageurs éprouvaient parfois des sentiments sexuels les uns pour les autres ou qu'ils participaient ensemble à des actes sexuels. Si l'on comprend la sexualité comme situationnelle, alors les hommes travaillant ensemble dans des groupes isolés développaient probablement des relations sexuelles et émotionnelles les uns avec les autres[175]. Les voyageurs qui transportaient des marchandises et des fourrures sur le trajet difficile entre Montréal et le lac Supérieur travaillaient dans des lieux isolés et n'avaient que peu de contacts avec les peuples autochtones. Ces hommes, cependant, ne travaillaient dans la traite que pendant les mois d'été et regagnaient ensuite leurs paroisses canadiennes-françaises, où non seulement l'homosexualité, mais toutes les pratiques sexuelles non maritales étaient prohibées[176]. Est-il possible que dans l'isolement et la liberté de leur travail d'été, ils aient pu expérimenter différents types de plaisirs sexuels ? Ou étaient-ils tout bonnement trop fatigués pour s'intéresser au sexe ? Les voyageurs qui travaillaient dans l'intérieur étaient souvent claquemurés dans les postes de traite, loin des forces de régulation de l'Église catholique et de la surveillance de leurs pairs, et ils avaient tout le temps et le loisir de rechercher des plaisirs érotiques. C'est là que l'on peut s'attendre à découvrir des liens émotionnels et peut-être sexuels importants. La difficulté du travail dans la traite et les grands risques occasionnés par les portages et les voyages en canoë avaient souvent pour conséquences d'intenses liens d'amitié et de confiance entre les hommes[177]. L'un des indices de pratiques homosexuelles dans l'intérieur peut résider dans les schémas et les taux de mariages entre voyageurs et femmes autochtones.

La documentation sur les pratiques homosexuelles au début de l'époque moderne se trouve surtout dans les registres juridiques. Je n'ai découvert aucune poursuite pour pédérastie ou sodomie dans les tribunaux du Canada français. Les traiteurs de Montréal n'imposaient pas à leurs employés de discipline militaire sévère comme le faisait la Compagnie de la Baie d'Hudson, et les voyageurs étaient donc moins surveillés socialement et plus libres que les travailleurs de la Compagnie de la Baie d'Hudson[178]. Edith Burley a découvert quelques poursuites pour sodomie parmi les hommes des îles Orcades travaillant dans les postes de la Compagnie de la Baie d'Hudson, mais elle affirme que « les officiers semblent n'avoir éprouvé que peu d'intérêt à réguler la sexualité de leurs hommes et ils se contentaient probablement d'ignorer leurs imperfections aussi longtemps que cela n'interférait pas avec les affaires de la compagnie »[179]. En allait-il de même des bourgeois de Montréal ? De nombreuses violations de contrats et d'autres infractions échappaient aux châtiments formels parce qu'il n'existait pas de système pénal dans l'intérieur. Peut-être que les bourgeois, sachant qu'ils ne pourraient pas ordonner de poursuites pour les cas de pédérastie ni les empêcher, ont choisi de ne pas les voir. Le silence en ce qui concerne l'homosexualité dans les écrits des bourgeois peut signifier que la pratique était considérée comme déviante, immorale, illégale et peut-être inimaginable. S'il s'était produit des contacts sexuels entre des voyageurs et leurs maîtres, cela aurait été passé sous silence par les maîtres qui ne souhaitaient pas être incriminés.

Il est possible que les maîtres aient choisi d'ignorer les relations sexuelles entre voyageurs et hommes autochtones afin de ne pas compromettre les alliances de traite ou de se faire des ennemis. Un nombre considérable de chercheurs ont exploré l'homosexualité dans les sociétés amérindiennes sous la forme culturelle des « berdaches »[180]. Les berdaches jouaient le rôle de « troisième sexe » et on les appelait parfois les « personnes à deux esprits ». Il s'agissait souvent de gens qui jouaient le rôle du sexe opposé, ou bien les rôles masculin et féminin à la fois, et ils détenaient un pouvoir spirituel considérable, au point de devenir parfois des héros culturels. Bien que les berdaches aient représenté de nombreuses configurations différentes des rôles sexués et des pratiques sexuelles dans différentes cultures amérindiennes, leur présence très répandue indique que la sexualité n'était pas dichotomique dans de nombreuses sociétés autochtones, et qu'il existait un espace pour l'expression du désir homosexuel. Certains chercheurs suggèrent que les berdaches représentaient des formes d'homosexualité « institutionnalisée ». L'existence des berdaches indique que l'homosexualité était peut-être permise dans certaines sociétés amérindiennes et donc permise entre les voyageurs et certains hommes autochtones.

Il est difficile de savoir dans quelle mesure la culture intensément physique des voyageurs, leur valorisation extrême des qualités masculines de force et d'endurance et la rareté des femmes ont permis l'expérimentation au niveau sexuel. Si de telles relations entre hommes hétérosexuels qui s'identifiaient comme tels ont pu se produire dans ce contexte liminal, à l'instar d'autres formes de jeu, elles ont probablement consolidé les amitiés et accru le sentiment de collectivité des voyageurs. En même temps, la rivalité pour les partenaires et les avances rejetées ont probablement créé des tensions et élargi les divisions culturelles.

Puisque les voyageurs vivaient entre les mondes, ils ont pu découvrir l'opportunité de transcender les restrictions sociales apprises dans leurs foyers du Canada français. En cours de processus, en essayant ou en « jouant à » de nouvelles manières de vivre, ils pouvaient se réinventer ou se remodeler. Le jeu des voyageurs était influencé par des coutumes importées du Canada français, par de nouvelles pratiques apprises au contact des sociétés amérindiennes et par la vie quotidienne dans les lieux de travail de la traite des fourrures. L'environnement de travail, en particulier, favorisait les nouveaux comportements « expérimentaux », parce que les voyageurs se déplaçaient constamment et que, donc, ils vivaient à l'écart des communautés établies. Le penchant des voyageurs pour la roublardise et le jeu servit d'outil pour remodeler les contours de leur lieu de travail. Le jeu devint également un espace social dans lequel les voyageurs pouvaient affirmer leur propre idéal de virilité et dans lequel ils pouvaient faire leur le comportement des Amérindiens dans le but de réussir dans leur métier de voyageurs. En leur procurant un espace où expérimenter de nouvelles formes de comportement social, le jeu renforçait les liens sociaux entre voyageurs et favorisait la camaraderie et l'unification de l'identité. En même temps, le jeu était pour les voyageurs un moyen d'établir des catégories distinctes entre eux et élargissait les fissures occupationnelles déterminées surtout par le statut au travail. Il avait donc simultanément un effet d'homogénéisation et de diversification sur le monde des voyageurs.

Bien que le jeu soit devenu le lieu de l'expression de nouvelles pratiques sociales qui faisaient des voyageurs des êtres différents des habitants et des autres paysans des débuts de la modernité, il ne menaçait en rien l'ordonnancement paternaliste de la traite des fourrures ni la subordination des voyageurs à leurs maîtres. Le jeu des voyageurs était la plupart du temps très structuré et se déroulait dans des contextes déterminés et bien délimités. Il procurait aux voyageurs un espace de sécurité où exprimer leurs angoisses et leur peur d'entrer dans l'exotique pays d'en haut, leur colère envers des maîtres injustes et des collègues peu fiables, et leur excitation à l'idée de partir vers de nouvelles aventures. Les formes de jeu, en général autorisées par le bourgeois, permettaient aux voyageurs de se divertir sans ralentir le rythme ou l'efficacité de leur travail, et encourageaient les valeurs compatibles avec les aptitudes utiles au travail, comme la force, la bravoure, l'audace et la persévérance.

Le jeu et la vie sociale étaient essentiels à la vie des voyageurs au travail. Toutes les formes de jeu, y compris les festins, les paris, les concours, les mauvais tours et l'amitié les aidaient à créer et à entretenir un monde distinct, à la fois en facilitant les liens sociaux et en élargissant les fissures et les divisions sociales. Trois thèmes principaux dominent le jeu des voyageurs. Les concours d'abord, qui procuraient aux hommes du « capital symbolique » dans leurs tentatives d'accroître leurs réputations d'hommes forts. En second, l'espace liminal incitait particulièrement aux plaisanteries et aux supercheries. Et enfin, les voyageurs essayaient de se construire une culture unifiée et d'une certaine manière collective devant les forces centrifuges alimentées par la nature transitoire et la mobilité de leur travail. Ces idéaux et ces thèmes distinguaient les voyageurs des habitants du Canada français, des bourgeois et des commis de la traite et des sociétés autochtones. Dans le chapitre suivant, nous examinerons les contextes dans lesquels les peuples amérindiens avaient le plus d'influence sur les voyageurs : dans les postes de traite de l'intérieur où les voyageurs étaient affectés à l'année et dans les campements amérindiens, où les voyageurs hivernaient à l'occasion lorsqu'ils traitaient « en dérouine ».

VII
En dérouine

Vivre dans les postes de traite de l'intérieur

Nicolas Landry a lesquels cest Volontairement Engage est Sengage par Cest Cest presents avec Charles McKenzie &Co a ce present est Acceptant pour la dite Compagnie pour Hyverner pendant deux Années dans les dependances du Lac Ouinipique en Qualite d'Interprette exempt de Batire Bucher Nager [pagayer] dans les Canots et de porter, oblige de Courrire la derouine[1].

L'ORIGINE DE L'EXPRESSION « la dérouine », que Nicolas Landry était tenu de faire par son contrat de 1803 signé à Fort William, est obscure[2]. Selon le linguiste Robert Vézina, ce terme est particulier à la traite des fourrures et fait partie du vocabulaire spécialisé des voyageurs[3]. Il désignait le fait de se déplacer avec un petit assortiment de marchandises vers les habitats amérindiens ou leurs campements de chasse, seul ou par deux, pour acheter des fourrures à petite échelle pour le compte d'une compagnie de traite. Ce terme à lui seul symbolise le caractère unique des voyageurs, de plusieurs manières. Les voyageurs avaient élaboré un vocabulaire spécialisé. Ils représentaient la majorité des non-Autochtones à traiter avec les peuples amérindiens à la mode de « la dérouine », et très peu de voyageurs hivernant à l'ouest du lac Supérieur en étaient exemptés. Dans la traite en dérouine, les voyageurs entraient dans les mondes autochtones, nouaient des relations avec eux et créaient des canaux de transfert culturel.

Dans la partie du monde habitée par les voyageurs dans les postes de l'intérieur, au-delà du lac Supérieur, ils rencontraient fréquemment des Amérindiens et entraient dans leur intimité, en effectuant un grand nombre de tâches, parmi lesquelles on comptait la traite, le piégeage, la chasse, la construction et les déplacements en canoë. Le travail dans les postes était moins exigeant et dangereux que le travail en canoë, mais il exigeait un plus grand éventail d'aptitudes. Là, les voyageurs pouvaient dans une large mesure tirer parti du fait d'avoir grandi sur les fermes de la vallée

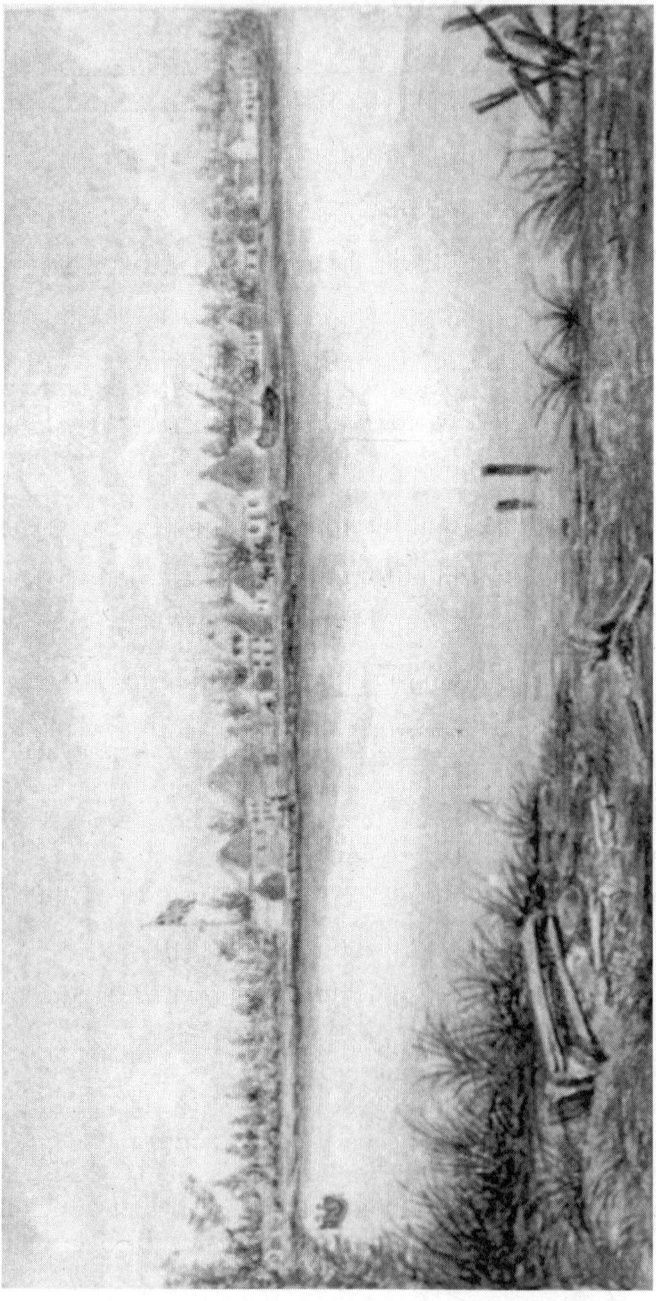

Figure 9. *Fort William, Nord-Ouest* (1811 ou 1812), par Robert Irvine.
Référence R9266-290, reproduction C-001464, Bibliothèque et Archives Canada.

du Saint-Laurent, surtout de l'expérience qu'ils y avaient acquise dans la construction, la chasse et le jardinage. Les bourgeois Benjamin et Joseph Frobisher disaient d'eux: « Dans les quartiers d'hiver... les voyageurs sont à l'aise, et la plupart du temps vivent dans l'abondance, ce qui ne peut que les réconcilier avec ce mode de vie, et leur faire oublier les souffrances du voyage annuel pour aller et revenir de Grand Portage »[4]. Comme dans les voyages en canoë, la vie de poste avait ses propres rythmes de travail intensif, de repos, d'ennui et d'excitation. Les buts essentiels étaient de traiter avec les Amérindiens et de survivre à l'hiver, plutôt que de voyager[5].

Les traiteurs de fourrures bâtissaient trois types de postes: les grands postes permanents qui avaient en général la fonction de plaque tournante du système de transport, les petits postes temporaires éloignés des itinéraires les plus fréquentés, et des postes satellites dans les régions les plus reculées[6]. Les grands postes étaient plus affairés que les plus petits et les plus isolés. Le plus grand des postes administratifs, lieu du rendez-vous annuel, était Grand Portage, qui faisait office de quartier général de l'intérieur, situé à l'extrémité ouest du lac Supérieur. Ce poste fut déplacé de 80 km vers le nord-ouest en 1803, dans le but d'avoir un meilleur accès aux routes situées au nord de la nouvelle frontière internationale. On l'appela Fort Kaministiquia pendant les premières années, parce qu'il était situé sur la rivière du même nom, mais en 1807, on le rebaptisa Fort William en l'honneur du directeur de la Compagnie du Nord-Ouest, William McGillivray[7].

Rainy River House, sur le lac La Pluie, avait un rôle de centre administratif secondaire par rapport à Fort William et était parfois le lieu d'échange des marchandises de traite et des fourrures entre les brigades de Montréal et celles de l'intérieur, surtout celles qui venaient des régions les plus lointaines, comme le district de l'Athabasca. Le poste de Bas de la Rivière, rebaptisé Fort Alexander en 1807, à l'embouchure de la rivière Winnipeg, servait de lieu de rendez-vous pour les hommes de l'intérieur pendant l'été. Parmi les autres postes importants de l'intérieur, on comptait Cumberland House, l'Île à la Crosse et Rocky Mountain House (voir carte 3)[8]. On stockait souvent les fourrures, les provisions et les équipements de transport dans ces centres administratifs de l'intérieur, et les hommes y étaient employés à trier, emballer et « cacher » les marchandises. Ces grands centres servaient aussi de lieux de recrutement. C'est là que les brigades échangeaient leurs hommes, et les gens libres s'y rassemblaient lorsqu'ils cherchaient du travail.

La plupart des postes de l'intérieur étaient de taille réduite et vivaient peu de temps, certains ne durant que quelques années[9]. Ces postes, situés à l'écart des itinéraires principaux, étaient loin de connaître le même trafic que les plus grands postes. En général, l'essentiel de leur population ne comptait pas plus d'un ou deux équipages des canots du nord. En 1795, la Compagnie du Nord-Ouest décida de commencer à traiter dans le district du fleuve Mackenzie et y envoya le commis Duncan Livingston, qui établit le poste de Trout River à environ 130 km en aval du Grand Lac des Esclaves. Ce poste desservit les Slaveys du fleuve Mackenzie jusqu'en 1802, où il fut abandonné. La Compagnie du Nord-Ouest établit également un poste de traite sur le lac des Esclaves, près de l'embouchure de la rivière des Esclaves en 1786, qui fut déplacé au moins trois fois au cours des dix-huit années suivantes, dans l'espoir de découvrir de meilleurs lieux de pêche[10]. Dans de tels postes, les voyageurs passaient plus de temps à construire des maisons et à entretenir le poste qu'à emballer et à transporter des marchandises. On y consacrait aussi beaucoup d'énergie à développer des relations avec les Autochtones de la région, soit en instaurant des liens de traite, soit en se procurant des provisions auprès d'eux. Dans ces endroits confinés, les voyageurs se rapprochaient souvent les uns des autres et de leur bourgeois.

Les postes satellites constituaient une troisième catégorie. Ils étaient en général de taille très réduite et ne duraient pas plus d'une année. Les hommes étaient souvent envoyés deux par deux ou en petits groupes contacter les petites communautés autochtones vivant loin des itinéraires habituels de la traite. Le poste du lac La Martre, satellite du poste du lac des Esclaves, fut établi pour traiter avec les Flancs-de-Chiens (Dogribs)[11]. Dans la vallée de la Rivière Rouge, au sud du lac Winnipeg, Alexander Henry le Jeune établit le poste de Park River en 1800 et lui adjoignit immédiatement un poste satellite dans les Hair Hills[12]. En ces lieux, quelques voyageurs travaillaient étroitement ensemble et dépendaient les uns des autres pour survivre. Ces hommes nouaient souvent d'intimes relations avec les peuples autochtones avec lesquels ils traitaient. Certains d'entre eux devenaient les plus aptes à traiter en dérouine, et parvenaient à créer et à entretenir des alliances avec les Amérindiens.

Dans tous les types de postes, le travail se divisait en quatre domaines principaux. Le premier consistait à construire et entretenir les postes, et à effectuer des travaux artisanaux de forge, de tonnellerie et de menuiserie. Au Bas Canada, les habitants étaient accoutumés à effectuer la grande variété de travaux nécessaires à la bonne marche d'une ferme et d'une maisonnée, mais ils pouvaient aussi devenir de bons artisans pour le travail du fer, du métal, de l'argile et la fabrication d'objets en bois[13]. Dans les postes, on attendait des hommes qu'ils effectuent des travaux de très loin plus diversifiés, mais il n'y avait que peu d'artisans bien formés dans la traite. Le second type de travail pour les voyageurs consistait à traiter avec les Amérindiens. Le troisième était la recherche de nourriture. La survie était souvent précaire et les hommes étaient très motivés pour ce qui était de se procurer une alimentation décente. Même dans les périodes d'abondance, les hommes consacraient beaucoup d'énergie à rechercher une nourriture satisfaisante et variée. Quatrièmement, les voyageurs se déplaçaient tout au long de l'année entre les postes de l'intérieur pour transporter des fourrures, des provisions, les nouvelles et le courrier, créant ainsi un réseau d'informations qui consolidait la communauté des traiteurs de l'intérieur.

L'ARRIVÉE DANS LES POSTES DE TRAITE DE L'INTÉRIEUR

Pendant le rendez-vous annuel de l'été, les partenaires des compagnies de traite de Montréal se réunissaient pour décider des lieux où ils enverraient les traiteurs pour l'année à venir. Les équipages étaient affectés à des postes précis ou désignés pour construire de nouveaux postes dans les régions paraissant avoir un bon potentiel de traite. Dans ce dernier cas, le bourgeois ou le commis en charge de la brigade choisissait la localisation précise du nouveau poste[14]. Les hommes des équipages ressentaient un immense soulagement quand ils arrivaient à leur poste d'affectation en automne, après un long et difficile voyage à faire la course contre la montre pour arriver avant le gel des cours d'eau. Cependant, les devoirs du poste devenaient presque aussitôt une préoccupation urgente. Le premier mandat du travail était de contacter les Amérindiens de la région, même avant d'avoir déballé les paquets transportés pendant le long voyage et d'avoir construit des abris. La traite était la raison essentielle des déplacements vers l'intérieur, et les rituels de traite commençaient à la première occasion[15].

Une fois le contact établi avec des partenaires de traite autochtones, ou s'il n'y avait pas d'Amérindiens dans la région au moment de leur arrivée, les traiteurs mettaient tous leurs soins à la construction du poste. En revenant à un poste déjà établi, les hommes recevaient l'instruction de déballer les marchandises et l'équipement, de nettoyer les lieux, de réparer les vieux bâtiments et parfois d'en construire de nouveaux. Les postes étaient souvent négligés pendant l'été, ou parfois abandonnés pendant plusieurs années[16]. La construction de nouveaux postes était la priorité suivante. Lorsque le groupe de John Thompson arriva au site qui lui avait été désigné dans le district du fleuve Mackenzie, à la mi-octobre 1800, il décida d'implanter son poste à proximité d'un campement autochtone. Le premier jour, écrivait-il, « les hommes ont posé leurs bagages et ont installé le camp, etc. – après quoi [je] leur ai donné à boire », et tôt le lendemain matin, il a « donné aux hommes quatre grandes haches et une lime pour commencer à construire aussi vite que possible »[17]. Dans leurs lettres et leurs journaux, les bourgeois et les commis font fréquemment mention de la rapidité de la construction des postes et de leurs efforts d'inciter leurs hommes à construire aussi vite que possible[18]. Les voyageurs étaient capables de construire un poste très rapidement, surtout s'ils redoutaient une attaque des Autochtones. Lorsque, le 9 septembre 1800, Alexander Henry le Jeune arriva à Park River, il décida rapidement de l'emplacement du poste. La crainte d'être attaqués par les Sioux incita le jour même les voyageurs à décharger les canoës et à installer le camp de manière à se défendre le mieux possible. Le lendemain matin, Henry donna une grande hache à chacun des hommes ainsi que des verres d'alcool fort pour les encourager à construire l'entrepôt des biens de traite dès que possible[19]. Le mauvais temps et la pénurie de nourriture constituaient également des incitations à se construire rapidement un abri. Pendant l'automne 1798, à Grand Marais, près de la rivière La Paix, John Thompson déplorait qu'il ait déjà commencé à neiger alors que les maisons n'étaient pas encore achevées. Il dut envoyer la femme de son chasseur amérindien rechercher de la viande, parce qu'il restait encore trop à faire pour détourner un seul homme du travail de construction[20].

Communauté

Les communautés qui se formaient dans les postes de l'intérieur étaient composées de gens très différents. Dans chaque poste, il y avait en général au moins un bourgeois ou un commis pour superviser les opérations et la traite dans la région. Les bourgeois, le plus souvent, étaient affectés à un poste ou à une région pendant plusieurs années de suite[21]. De nombreux bourgeois épousaient des femmes autochtones et emmenaient leur famille avec eux de poste en poste[22]. Les voyageurs étaient en général affectés à des postes différents chaque année, en fonction de la brigade dont ils faisaient partie en allant vers l'intérieur. Les hommes d'équipage devenaient la main-d'œuvre du poste auquel ils avaient été affectés. Cependant, occasionnellement, certains membres de l'équipage étaient envoyés vivre sur le pays pendant l'hiver lorsque la compagnie ne pouvait pas assurer leur bien-être ou s'il y avait beaucoup de main-d'œuvre. Duncan McGillivray a mentionné qu'à Fort George, sur la rivière Saskatchewan nord, en 1794, environ quinze de ses hommes furent « autorisés » à passer l'hiver sur les plaines et qu'il leur fournit des munitions et la permission de traiter avec les Amérindiens pour leur subsistance[23]. En 1797, John McDonald, de Garth, écrivit qu'il avait envoyé certains de ses hommes par groupes de deux ou de trois le long de la rivière pour y passer le printemps, car le bison était rare[24]. Dans un autre exemple, à Fort Alexandria, le long de la rivière Swan, en 1801, Daniel Harmon ne parvenait plus à nourrir la population du poste. Il ordonna aux voyageurs, à leurs femmes et à leurs enfants, d'aller passer l'hiver sur les plaines, où ils pourraient chasser le bison[25].

À l'instar des bourgeois, de nombreux voyageurs épousaient des femmes autochtones dans l'intérieur, et fondaient des familles qui vivaient avec eux dans les postes (ce que nous verrons au chapitre VIII). Le nombre des gens vivant dans un poste était très variable, selon la saison, la localisation et l'importance des opérations de traite. Le tableau 4 montre la grande diversité de la population dans les postes de l'intérieur. La population d'autres postes de traite correspond à ces variations. À Fort Dunvegan, important poste d'approvisionnement en fourrures et en provisions pour le district de l'Athabasca, le nombre des employés (y compris les femmes et les enfants) allait de soixante-quinze en 1805 à environ cinquante en 1808, et diminua considérablement après la fusion de 1821 à dix-neuf en 1822 et vingt-quatre en 1839[26]. Dans la région des montagnes Rocheuses, le nombre des officiers et des hommes dans les postes allait d'aussi peu que six jusqu'à quarante ou cinquante dans les plus grands établissements[27].

Dans les postes, les bourgeois et les commis avaient en général leur propre maison, tandis que les voyageurs vivaient tous ensemble avec leurs familles dans des maisons plus vastes. Les voyageurs vivaient parfois seuls ou avec leur famille dans de petits logements. Par exemple, en 1792, au fort de la rivière La Paix, ou « Old Establishment », deux équipages de canots du nord, soit environ seize hommes, construisirent cinq maisons de 5 mètres sur 3,60 mètres pour leur usage[28]. À l'occasion, une ou deux familles partageaient la même maison, en fonction du temps qu'ils comptaient passer au poste.

Cependant, dans la plupart des postes, comme à Fort Vermilion, détaillé dans le tableau 5, des hommes seuls partageaient parfois le logement d'hommes mariés et de leurs familles. Bien que la population des forts ait été variable au fil des années, il n'était pas inhabituel que les enfants en aient constitué le groupe démographique le plus nombreux.

Tableau 4. Population des postes de l'intérieur dans le Nord-Ouest

(ns : mentionné dans les sources mais nombre non précisé)

Date	Poste et chef de poste	# bourgeois	# commis	# interprète	# guide	# engagé	# femmes	# enfants	Total
1798[1]	Fort George, John McDonald de Garth	1				16			17
1798	Fort Augustus, Hughes	1				16			17
1800[2]	Reed River et Red River, Michel Langlois					7	3	3	13
1800	Park River, Alexander Henry le Jeune	1				8			9
1801[3] été	Fort Alexander, Daniel Harmon	2	1	2		5	6	13	29
1801[4]	Bird Mountain sur la rivière Swan, D. Harmon	1		3		6	2		12
1802[5]	Fort Alexander, Frederick Goedike	1		2		3	ns	ns	6
1802[6]	Bird Mountain, D. Harmon	1		1		6			8
1803[7] été	Fort Alexander, D. Harmon	1		1		ns			Approx. 30
1803[8]	Poste satellite non dénommé de Fort Alexander, Frederick Goedike	1				2			3
1803[9]	Hair Hills, Michel Langlois				1	20	5	5	31
1804[10]	Lac La Pêche sur la rivière Qu'Appelle, D. Harmon	1				12			13
1804[11] été	Fort Alexander, D. Harmon	3		1		ns			ns
1805[12]	Lac La Pluie		6	3	2	28			39
1806 été[13]	South Branch House, D. Harmon et Smith	2		3		4	ns	ns	9
1806[14]	Moose Lake, Pierre Pérâs [ou Perra]	1				4			5
1807[15]	Rivière Dauphin, George Nelson		1	1		5	2		9
1808[16]	Broken River, Crebassa		1			4	1		6

1808	Pigeon River, McDonell	1		1	1	4	4	2	13
1808	Grand River, Campbell	1		1		5	2	4	13
1808	Rivière Dauphin, George Nelson		1			4	1		6
1808[17]	Dunvegan, Frederick Goedike	5				32	9	UN	44
1809[18]	Fort Vermillion, A. Henry le Jeune	3				33	27	67	130
1810[19]	New White Earth House, A. Henry le Jeune	5				20	36	68	129 et 85 de la CBH
1810[20]	Lac Stuart en New Caledonia, D. Harmon	2				13			15
1812[21]	Fort Astoria	5	9			90			104
1813[22]	Athabasca	5	13	8		162			188
1813	Rivière aux Anglais (amont)	1	3	3	2	37			46
1813	Rivière aux Anglais (aval) ou Rat River et Cumberland House	1	3	1		36			41
1813	Rivière Saskatchewan (Fort des Prairies)	2	4	7	2	58			73
1813	Rivière Athabasca et Petit Lac des Esclaves	1	1	1	1	27			31
1813	Fort Dauphin	1	4	2	1	30			38
1813	Portage de Rocky Mountain			1		5			6
1813	Lac Ouinipique [Winnipeg]	1	2	1	1	16			21
1813	Rivière Rouge	1	4	3	1	32			41
1813	Lac La Pluie	1	2	1	1	16			21
1813	Fond du Lac	1	4			24			29
1813	Fort William	1	1			22			24
1813	Nipigon	1	4			24			29
1813	Michipicotou	1	3			16			20
1813	Sainte-Marie		1			6			7

1814 été[23]	Fort George, A. Henry le Jeune	4				46			50
1814[24]	Rivière aux Anglais (amont)	1	3	2	1	36			43
1814	Rivière Saskatchewan (Fort des Prairies)	2	4	3	2	54			65
1814	Rivière Athabasca et Petit Lac des Esclaves	1			1	24			26
1814	Fort Dauphin		4	2	1	27			34
1814	Lac Ouinipique [Winnipeg]	1	2	1		14			18
1814	Lac La Pluie	1	1	1		13			16
1814	Fond du Lac	1	3			26			30
1814	Fort William	1	1			15			17
1814	Nipigon	2	3		1	21			27
1814	Michipicotou	1	3			12			16
1814	Sainte-Marie		1			6			7
1817[25]	Lac des Esclaves, McTavish	1				6			7
1821[26]	Winter Lake, Fort Enterprise près de la rivière Coppermine	5				20			25
moyenne									32

Sources : 1) Notes autobiographiques de John McDonald de Garth ; 57-58 ; 2) Henry, *New Light* I, 3 septembre 1800 : 77 ; 3) Harmon, *Sixteen Years*, 1er juin 1801 : 48 ; 4) 2 octobre 1801 : 51-52 ; 5) 31 mai 1802 : 58 ; 6) 11 novembre 1802 : 64 ; 7) 19 mai 1803 : 66-67 ; 8) 19 mai et 21 juin 1803 : 66-67 : 9) Henry, *New Light* I, 3 octobre 1803 : 225-227 ; 10) Harmon, *Sixteen Years*, 22 février 1804 : 72 ; 11) 29 avril 1804 : 80 ; 12) « The Diary of Hughes Faries » dans *Five Fur Traders* : 204-205 ; 13) Harmon, *Sixteen Years*, 2 juin 1806 : 100 ; 14) 17 septembre 1806 : 101-102 ; 15) journal de George Nelson « No. 5 », 27 octobre 1807 : 197-198 ; 16) journal de George Nelson, 1er septembre 1808-31 mars 1810, 9 septembre 1808 : 2 ; 17) Harmon, *Sixteen Years*, 10 octobre 1808 : 118 ; 18) Henry, *New Light* II, 16 octobre 1809 : 554-555 ; 19) Ibid. : 603 ; 20) Harmon, *Sixteen Years*, 18 novembre 1810 : 134 ; 21) Cox, *Adventures on the Columbia River*, mai 1812 : 54, 56 ; 22) BAC, MG19 A35, Papiers de Simon McGillivray, vol. 7, memoranda IV, 1815 : 65-70 ; 23) Henry, *New Light* II : 868 ; 24) BAC, MG19 A35, Papiers de Simon McGillivray, vol. 7, memoranda IV, 1815 : 65-70 ; 25) Cox, *Adventures on the Columbia River*, 9 juin 1817 : 257 ; 26) MDLR, MC, C.27, microfilm, bobine 13, Roderick McKenzie, Lettres reçues [toutes les lettres sont de Ferdinand Wentzel, les Fourches, fleuve Mackenzie], 26 mars 1821 : 1.

Tableau 5. Répartition dans les logements à Fort Vermilion en 1809

Maison	Bourgeois	Voyageurs	Femmes	Enfants	Total
Maison 1		4	4	9	17
Maison 2		4	3	8	15
Maison 3		5	3	6	14
Maison 4		4	5	9	18
Maison 5		5	4	8	17
Maison 6		4	3	8	15
Maison 7		4	1	5	10
Maison 8	1				1
Maison 9	1				1
Maison 10	1		1	3	5
Tente		2	2	5	9
Total	3	32	26	61	122

Source : Henry (le Jeune), *New Light II*, 20 octobre 1809 : 554-555 ; Henry compte par ailleurs 36 hommes, 27 femmes et 67 enfants pour un total de 130 personnes.

CONSTRUCTION ET ARTISANAT

La culture matérielle des postes de traite était surtout européenne. Les traiteurs et les voyageurs construisaient des structures permanentes de bois et de pierre, sur un modèle européen, plutôt qu'ils ne copiaient les styles d'habitations temporaires des Amérindiens faites de peaux et d'écorce. Étant donné qu'il y avait très peu d'artisans spécialisés dans les postes, on attendait des voyageurs qu'ils soient capables d'effectuer un grand nombre des divers travaux indispensables. Les voyageurs devinrent donc des « hommes à tout faire », et ils appliquaient aussitôt leurs talents à se construire des abris. En Nouvelle-France et au Bas Canada, c'étaient des charpentiers contractuels qui construisaient la plupart des maisons, même celles de structures simples et de style « pièce sur pièce »[29]. Mais dans le Nord-Ouest, les voyageurs devaient rapidement acquérir les talents nécessaires à la construction d'une maison. Il n'est pas douteux que certains d'entre eux aient eu une connaissance rudimentaire qu'ils pouvaient partager avec leurs compagnons de travail. Le type de maison le plus commun était sans doute la construction « poteau sur chambranle », avec des rondins verticaux reposant sur des appuis horizontaux. Ce style finit par prendre le nom de « type de la Rivière Rouge » où il était très répandu, surtout parce qu'une telle maison pouvait être construite par un seul homme muni de quelques outils faciles à transporter[30].

La construction et la rénovation des postes étaient la plupart du temps effectuées en automne, au moment de l'arrivée sur les lieux de traite. Pendant les mois d'été, les quelques hommes qui n'accompagnaient pas les brigades au rendez-vous restaient à l'arrière pour travailler à des projets de construction[31]. Lorsque le temps le permettait, les projets de construction se prolongeaient aussi en hiver. Par exemple, au poste du lac La Pluie, au début de décembre 1804, les engagés scièrent des rondins, taillèrent des bardeaux et se lancèrent dans la construction d'une nouvelle maison, projet qui dura jusqu'à la fin de janvier 1805[32].

Pour construire un nouveau poste, il fallait en général abattre des arbres[33]. On défrichait également la terre pour faire des jardins, et les arbres de ces emplacements étaient également abattus pour servir aux constructions. Sur le lac Temiscamingue, le commis de la Compagnie du Nord-Ouest, Donald McKay, établit un poste près de Langue de Terre pendant l'été 1805[34]. À la fin de juillet, deux de ses hommes sciaient et équarrissaient du bois pour le magasin, l'entrepôt et les habitations[35]. L'abattage des arbres et leur équarrissage occupait l'essentiel du temps des employés. Le groupe de McKay avait commencé à scier des arbres dès le 8 avril 1805, et le 22 mai, ils avaient abattu au moins cinquante-six arbres pour la première tranche des travaux[36]. Pour s'épargner des efforts, les hommes se tournèrent vers les structures existantes à divers stades de délabrement, récupérant d'anciens matériaux ou reconstruisant sur des fondations existantes. À Tête au Brochet, pendant l'automne 1818, les voyageurs rénovèrent une ancienne maison qui avait été faite pour George Nelson sept ans auparavant. Ils enlevèrent les gravats, remirent les planchers à niveau et la recouvrirent d'enduit[37].

Les postes du nord-ouest comprenaient en général un entrepôt, un magasin et des maisons[38]. La structure la plus importante était l'entrepôt, et les hommes recevaient l'instruction de le construire en premier. En général, la maison du bourgeois ou du commis était construite immédiatement après. Enfin, les voyageurs pouvaient se consacrer à la construction de leurs propres maisons[39]. Les voyageurs travaillaient souvent simultanément à la construction du magasin et de leurs maisons[40], mais il arrivait à l'occasion que les maisons soient construites avant le magasin[41]. Les voyageurs contrevenaient parfois aux ordres du bourgeois en se concentrant d'abord sur leurs propres maisons, mais le schéma le plus habituel était de travailler à la construction de l'entrepôt pendant la plus grande partie du jour avant de se consacrer aux maisons en fin de journée[42].

Après avoir élevé la structure, les hommes en enduisaient l'intérieur et l'extérieur d'argile[43]. La recherche et le transport de l'argile prenaient beaucoup de temps[44]. Certaines maisons étaient recouvertes de boue et d'écorce, qu'il était plus facile de se procurer[45]. Ce « bousillage » pouvait durer jusqu'à vingt-cinq jours[46], en fonction du nombre de maisons, de la disponibilité des matériaux et des conditions atmosphériques. Si la nourriture était difficile à se procurer dans la région, les hommes devaient tourner leur attention vers la chasse et la pêche, ce qui ralentissait le rythme de la construction. Les hommes blessés étaient affectés à l'enduit des murs pour permettre aux autres de chasser[47].

Une fois la pose de l'enduit terminée, les hommes passaient à d'autres tâches, telles que la fabrication des toitures. Comme la pose de l'enduit, la découpe des bardeaux n'était pas une occupation trop difficile, contrairement à d'autres étapes de la construction, et on la confiait donc aux hommes les plus faibles[48]. Ensuite on posait les planchers et les maisons étaient passées à la chaux à l'intérieur et à l'extérieur[49]. On construisait des cheminées en pierre enduites d'un mélange d'argile et de foin[50]. Lorsqu'ils ne pouvaient pas se procurer de pierres, les hommes devaient construire des cheminées d'argile[51]. On aménageait des âtres, et parfois des fours, dans les cheminées[52]. Les hommes devaient faire la preuve de leurs talents de charpentiers dans d'autres parties de la construction des maisons. On découpait des cadres de fenêtres, qui étaient soit laissées ouvertes, soit recouvertes de peaux, et on y ajoutait des volets pour rester à l'abri des intempéries[53]. Les hommes creusaient aussi des celliers, tant à l'intérieur qu'à l'extérieur des maisons, pour y entreposer de la nourriture. Donald McKay a noté que deux hommes avaient mis une seule journée à creuser le cellier de la maison de Langue de Terre pendant l'automne 1799. Mais l'installation du plancher, des escaliers et d'une porte pour le cellier dura plus d'un mois[54]. Parfois les hommes construisaient des cabanes séparées pour y stocker le poisson[55].

La touche finale dans presque tous les postes était l'installation du mât du drapeau, symbole manifeste de l'identité coloniale[56]. Cole Harris a qualifié les forts de « containers de pouvoir » de la traite des fourrures, qui imposaient des symboles destinés à démontrer leur pouvoir sur les peuples autochtones et sur les employés de la traite des fourrures[57]. Les drapeaux représentaient une forme de déclaration de souveraineté sur le pays d'en haut. Ils étaient censés annoncer aux Amérindiens ou aux compagnies rivales une nouvelle présence sur les lieux, et ils conféraient aux traiteurs un sentiment de légitimité.

Certains postes, surtout les plus importants, étaient entourés de palissades pour se protéger des attaques des peuples autochtones et des compagnies rivales. Bien que ce type d'attaques n'ait pas été habituel, la peur de l'inconnu pouvait inciter les traiteurs à élever les palissades avant même leurs propres habitations. Les Sioux, ennemis des Ojibwés et des Assiniboines qui traitaient régulièrement avec les compagnies de Montréal, causaient le plus d'émoi. Lorsque le groupe d'Alexander Henry le Jeune arriva à l'emplacement du poste de Park River en septembre 1800, la crainte des Sioux les incita à poster des sentinelles et à construire les palissades dès que l'entrepôt eut été achevé et les marchandises placées en sécurité. Henry ordonna à chacun des hommes de couper cinquante poteaux de chêne de 3,50 mètres de long et de les disposer autour du poste. Il fallait toute la force de deux hommes pour porter un poteau à la fois sur leurs épaules. Il remarqua que « la peur était un excellent contremaître et le travail s'effectua avec célérité ». Il nota avec soulagement, le 10 septembre 1800, que la palissade était terminée. Ce n'est qu'à ce moment que les hommes commencèrent à abattre des arbres pour la construction des maisons[58]. Harris a noté que dans les montagnes Rocheuses, si les traiteurs « ne construisaient pas de forts bien défendus, avec des palissades, ils prenaient des risques ». En 1814, deux postes de la Compagnie du Nord-Ouest furent dévastés. « Un fort caractéristique des montagnes Rocheuses », selon Harris, « comprenait… une palissade rectangulaire de poteaux de cèdre, de sapin ou de pin, équarris en général sur deux côtés (pour s'ajuster étroitement), plantés de 1,20 mètre de profondeur dans le sol et s'élevant de 4,50 à 5,50 mètres au-dessus, avec des entretoises chevillées à 1,20 mètre du sommet, et un chemin de ronde de 1,80 à 2 mètres de large à l'intérieur de la palissade, à 1, 30 mètre du sommet… d'où les hommes pouvaient tirer à travers des meurtrières ». Les forts comprenaient aussi des bastions, en général des structures carrées à deux étages, et un armement considérable, fait d'une grande diversité de canons, de fusils, de mousquets et de baïonnettes[59].

Dans les régions où les hommes redoutaient les attaques d'Amérindiens hostiles ou les traîtrises de compagnies rivales, des sentinelles patrouillaient la nuit dans le poste. À Fort George, au début du XIXe siècle, les quarts de nuit et les gardes de jour étaient habituels, et Alexander Ross affirmait qu'il était davantage dirigé comme un fort militaire que comme un établissement de traite[60]. La sécurité était encore accrue dans les plus grands centres où l'on entreposait de grandes quantités de fourrures et de marchandises. Par exemple, à Grand Portage, les portes étaient toujours fermées au coucher du soleil, et deux sentinelles montaient la garde toute la nuit, surtout par crainte des incendies[61]. Certains animaux pouvaient s'avérer redoutables pour les postes de traite, surtout pour les entrepôts de nourriture et les filets. On posait souvent des pièges pour attraper les prédateurs susceptibles de s'introduire dans le poste, comme les loups, les carcajous, les renards et les martres, dont les fourrures étaient également prisées dans la traite[62].

Les plus grands postes comptant davantage de bâtiments que les plus petits exigeaient davantage de travail de construction de la part des voyageurs. Certains avaient des ateliers de forgerons[63]. D'autres comprenaient des écuries[64]. Étant donné l'importance des déplacements à cheval dans la prairie, les petits postes avancés de la prairie avaient aussi des écuries, comme celui de la rivière Pembina où se trouvait Alexander Henry le Jeune. Vers 1807, alors que le poste existait depuis six ans, Henry fit construire par ses hommes une grande écurie pouvant abriter cinquante chevaux[65]. Dans certains postes, comme à Fort Alexandria en 1801 et aux Fourches sur le fleuve Mackenzie, en 1807, il y avait des « glacières »[66]. L'échelle des projets de construction dépendait souvent de la conception et du zèle du bourgeois en charge. Par exemple, en 1807, Alexander Henry le Jeune, bourgeois particulièrement entreprenant, donna à ses hommes l'instruction de construire un pont au-dessus d'un petit cours d'eau pour pouvoir plus facilement ramener le bois de chauffage au poste[67]. Les bourgeois et les commis donnaient parfois à leurs hommes l'ordre de construire des maisons pour les Amérindiens de la région, afin de consolider les alliances de traite (bien que nous ne sachions pas clairement si les Amérindiens avaient choisi de vivre dans ces maisons)[68]. À l'occasion, les voyageurs devaient aussi construire de petites maisons près des forts des compagnies rivales pour pouvoir espionner la concurrence[69].

Les fréquentes pénuries de main-d'œuvre et la réaffectation constante des hommes avaient pour conséquence que les communautés des postes étaient souvent constituées au petit bonheur la chance[70]. On attendait de la plupart des voyageurs qu'ils soient capables d'effectuer une incroyable variété de travaux pour que le poste soit toujours en état de fonctionner. Par exemple, au poste du lac La Pluie, à l'automne 1804, en l'espace de onze jours, les voyageurs s'étaient fabriqué des lits, avaient raccommodé leurs vêtements, coupé du bois, construit des écuries, posé des planchers, réparé des canoës et pris et rapporté des milliers de poissons[71]. À Fort Alexandria, au printemps de 1801, en l'espace de trois jours, les voyageurs avaient transporté de la viande depuis les huttes des chasseurs, halé de la glace et transporté de l'eau pour la glacière, construit des traîneaux, déplacé des maisons jusqu'à leur nouvel emplacement, fait du pemmican, salé de la viande et des langues, fabriqué des barils pour stocker la graisse, et fabriqué des clous[72]. La plupart des voyageurs se faisaient menuisiers, fabriquant du mobilier et des outils, des traîneaux et des raquettes à neige. Ils commençaient par rassembler les bois appropriés à leurs projets[73]. Ils fabriquaient le plus communément des lits et des cadres de lits, des tables et des chaises[74]. Les hommes fabriquaient également des outils dont ils se servaient pour d'autres tâches, comme des pelles en bois, des brouettes, des coins de serrage pour les ballots de fourrures et des paniers à poisson[75]. Les barils et les divers contenants de conservation de la nourriture avaient une grande importance dans les postes, et les talents des tonneliers y étaient hautement prisés. Les tonneliers les plus doués étaient employés non seulement pour équiper leur propre poste, mais aussi ceux des régions environnantes[76].

L'absence d'artisans dans l'intérieur du Nord-Ouest permettait à quelques voyageurs ayant des aptitudes particulières de se spécialiser dans certains métiers d'artisanat comme la forge, la tonnellerie et la fabrication des canoës. Par exemple, certains hommes étaient spécifiquement désignés comme menuisiers, comme les engagés anonymes du poste du lac La Pluie à l'automne 1804 et à Fort George au cours des hivers de 1812 à 1823[77]. Ces voyageurs avaient probablement coupé à l'apprentissage qui pouvait durer plusieurs années dans une colonie[78]. Les voyageurs qui étaient devenus experts dans certains métiers particuliers avaient probablement reçu les enseignements de certains de leurs confrères voyageurs du Nord-Ouest ou avaient approfondi des connaissances acquises au Canada français. Au printemps 1803, Alexander Henry le Jeune écrivait : « L'un de mes hommes a entrepris de fabriquer une véritable paire de roues sur le modèle de celles du Canada ; il les a achevées aujourd'hui, et elles sont très bien faites. Je l'ai nommé charron en chef et nous aurons bientôt quelques charrettes de premier ordre »[79]. Souvent, l'un des hommes prenait le rôle de forgeron tandis que les autres l'aidaient en coupant du bois, en faisant du charbon de bois et en sortant les charbons du four[80]. Il est probable que c'est en servant d'aides que les voyageurs apprenaient les éléments de base du métier. Les forgerons fabriquaient les outils nécessaires à l'entretien du poste, des pièges pour la traite et aidaient à la réparation des armes à feu[81]. Celles-ci étant souvent de mauvaise qualité, l'aptitude à les réparer était un talent fort estimé[82].

Après que les hommes soient arrivés au poste auquel ils étaient affectés et après avoir arrangé celui-ci, ils commençaient à se préparer pour les longs mois d'hiver à venir. Dans les préparatifs généraux pour l'hiver, il fallait construire des lieux de stockage de la nourriture et du bois de chauffage, et s'assurer que tous les bâtiments étaient en bon état. À la fin de l'été et au début de l'automne, les hommes coupaient du foin sauvage et l'entreposaient pour les chevaux et le bétail, et pour l'utiliser dans les maisonnées pendant l'hiver[83]. Pendant tout l'automne, ils coupaient, halaient et entreposaient des cordes de bois[84]. Près de Langue de Terre, en octobre 1805, les employés de Donald McKay coupèrent et entreposèrent du bois de chauffage, récoltèrent et entreposèrent du foin sauvage, engrangèrent du maïs, réparèrent le plancher de la maison d'hiver, passèrent son plafond à la chaux et allèrent à la recherche de pierres plates pour le foyer et le dallage. En novembre, les hommes équarrirent des poutres et scièrent des planches pour les avoir sous la main pour leurs projets de charpente et de menuiserie.

Ils étaient prêts à entrer dans la maison d'hivernage le 17 décembre[85]. Les travaux d'entretien se prolongeaient pendant tout l'hiver et le printemps[86]. Le déneigement commençait parfois aussi tôt qu'à la mi-octobre, comme aux Fourches, sur le fleuve Mackenzie, en 1807, et pouvait se prolonger jusqu'en mars, comme au poste du lac La Pluie en 1805[87].

Le nettoyage du fort faisait partie du train-train quotidien toute l'année[88]. L'enlèvement des déchets et l'évacuation des excréments étaient un défi au maintien des conditions sanitaires. Les problèmes pouvaient apparaître très tôt. L'équipage d'Alexander Henry le Jeune arriva au poste de Park River le 9 septembre 1800, et dès le 24 septembre, Henry se plaignait de ce que « la puanteur de leur camp soit si grande en raison de la quantité de viande et de graisse rejetée depuis leur arrivée »[89]. Les voyageurs lavaient et ravaudaient leurs propres vêtements, ainsi que ceux des bourgeois et des commis[90]. Ils participaient également à la conservation et à la préparation de la nourriture. Ils aidaient à tenir les celliers en ordre, faisaient du pain, nettoyaient et faisaient cuire des pommes de terre, faisaient bouillir de la graisse de bison, préparaient du pemmican et salaient la viande[91]. Certains voyageurs étaient désignés pour servir de cuisiniers, mais on attendait de tous qu'ils soient capables de préparer la nourriture. De plus, ils fabriquaient des chandelles et du savon avec de la graisse et du suif d'ours[92].

TRAVAILLEURS AUTOCHTONES

Les voyageurs avaient beaucoup d'opportunités de nouer des liens étroits avec les Amérindiens qui venaient traiter ou travailler dans les postes de l'intérieur, et qui souvent y résidaient pendant de longues périodes lorsqu'ils étaient engagés comme guides, interprètes, chasseurs ou comme employés pour divers travaux. Bien que ce phénomène ait été plus courant dans les postes de la Compagnie de la Baie d'Hudson, le terme par lequel les employés de cette compagnie désignait les Amérindiens vivant près des postes, « homeguards », était parfois employé par les autres compagnies[93]. À l'occasion, un Amérindien du Nord-Ouest pouvait être engagé comme voyageur « ordinaire » et signer un contrat semblable à ceux des voyageurs canadiens-français[94]. Cependant, la plupart des dispositions prises par les postes de l'intérieur n'impliquaient pas de contrats formels[95]. Les engagements de ce type étaient fluides et informels. Les Amérindiens conservaient ce travail un moment puis le quittaient lorsque cela leur convenait pour leur approvisionnement personnel et leurs propres stratégies économiques. Leurs décisions de quand et où travailler dépendaient souvent de facteurs environnementaux, comme de l'abondance d'animaux aux alentours du fort. Certains Amérindiens étaient engagés spécifiquement pour chasser le lièvre, le cerf et l'ours pour un poste, à la fois sur une base individuelle et pour le groupe[96]. Les Amérindiens avaient une importance cruciale pour les traiteurs ayant une faible connaissance de l'environnement et pour les voyageurs trop faibles, parce que trop affamés, pour chasser ou pêcher[97]. Dans la plupart de ces arrangements, les traiteurs fournissaient des munitions aux chasseurs amérindiens[98]. On engageait souvent de jeunes garçons amérindiens pour aller porter des munitions et du tabac aux chasseurs adultes[99]. D'autres Amérindiens étaient embauchés de manière temporaire et informelle pour des tâches telles que trouver de l'écorce, pagayer à bord des canoës, transporter des marchandises, fabriquer des canoës, récupérer les marchandises perdues lors des accidents de canoë et ramener de la viande dans les postes[100]. Les hommes autochtones portaient le courrier entre les différents postes, surtout en hiver, lorsque les déplacements étaient plus dangereux qu'à l'ordinaire, car les voyageurs étaient réticents à faire ce travail[101].

Le plus souvent, les Amérindiens étaient recherchés pour servir de guides, d'interprètes et de négociateurs. Les guides autochtones étaient le plus souvent recrutés le long des itinéraires de traite les plus fréquentés, tels que celui allant du lac Supérieur au lac Winnipeg. Bien que les traiteurs aient été familiers de cet environnement, les guides locaux leur permettaient de voyager plus rapidement et d'éviter les obstacles naturels temporaires, tels que les arbres tombés ou les bas niveaux d'eau. En 1784, Edward Umfreville nota avoir engagé un guide amérindien pour se rendre du lac Supérieur au lac Nipigon, même si certains de ces hommes avaient déjà parcouru cette route plusieurs fois[102]. Les services des guides amérindiens étaient cruciaux sur les limites peu familières, comme les montagnes Rocheuses, surtout lorsque les bourgeois et les commis voyageaient pour la première fois dans une région. Les journaux d'exploration d'Alexander Mackenzie, lorsqu'il était à la recherche d'un passage vers l'océan Pacifique, sont remplis de descriptions de ses efforts pour se procurer des guides dans des contrées peu familières[103]. On engageait parfois des Amérindiens pour effectuer plusieurs métiers à la fois, comme interprètes et chasseurs en même temps. À l'occasion, certains bourgeois engageaient des Amérindiens pour traiter en dérouine[104].

Bien que le travail des Amérindiens ait acquis de l'importance dans la traite des fourrures de Montréal, il y avait peu de rivalités entre eux et les voyageurs dans le travail informel. Les bourgeois préféraient employer des Canadiens français pour des contrats à long terme de trois ou cinq ans, et traitaient les Amérindiens comme une main-d'œuvre temporaire et flexible, que l'on engageait au moment des pénuries de main-d'œuvre ou lorsque les employés n'avaient pas les connaissances requises pour effectuer certaines tâches nécessaires[105]. Il se peut que certains bourgeois aient menacé des voyageurs peu coopératifs d'embaucher des Amérindiens à leur place, mais il s'agissait probablement de menaces en l'air, les bourgeois en général considérant les Amérindiens comme des employés peu fiables. De leur côté, les Amérindiens menaçaient souvent de quitter leur emploi, et la plupart du temps leur menace était suivie d'effets[106]. Cependant, en évoquant un cas où W.F Wentzel, en résidence au confluent du fleuve Mackenzie et de la rivière Liard pendant l'été 1807, se plaignait d'un Amérindien qui avait quitté sa tâche consistant à transporter un traiteur en amont, Lloyd Keith avise sagement les chercheurs que

> *la perspective du traiteur de fourrures européen imprègne partout ces journaux, la plupart du temps au détriment de l'Indien. Ici, le guide autochtone est perçu comme une « canaille », qui a abandonné le bourgeois du district alors qu'il était employé à une tâche qui allait « beaucoup à l'encontre de sa propre inclination », et que de tels « mauvais tours » ne devraient pas d'ordinaire être encouragés… On ne trouve nulle part la moindre considération pour le fait qu'il ne voulait pas y aller dès le début, et que l'on devait s'attendre à ce qu'il déguerpisse dès que l'occasion s'en présenterait. Ce qui était raisonnable pour l'un n'était pas permis à l'autre*[107].

Les guides autochtones marchandaient parfois de meilleures conditions de travail, en exigeant par exemple des contrats à l'année et de la nourriture pour leur famille. Au cours de son voyage de 1784 au nord du lac Supérieur, Umfreville décida de renvoyer son guide amérindien parce que celui-ci attendait du traiteur qu'il nourrisse sa famille de huit personnes ; un autre guide autochtone qu'il engagea pour le reste du voyage insista pour qu'on lui garantisse un contrat pour tout l'hiver[108]. Les bourgeois se plaignaient souvent de devoir céder à des exigences exorbitantes et à des comportements retors, parce qu'ils dépendaient réellement des Amérindiens. Lorsque les animaux étaient rares et les conditions trop dures, les Amérindiens marchandaient souvent pour obtenir de meilleurs termes dans leurs contrats de chasseurs[109]. Ils menaçaient de s'arrêter de chasser si on ne leur donnait pas assez de rhum, et les bourgeois étaient obligés d'accéder à leurs demandes, car ils craignaient de mourir de faim. En 1799, près de Fort Dauphin, Alexander Henry le Jeune se plaignait de ce que la rareté des animaux l'ait obligé à engager des chasseurs amérindiens « à des conditions extravagantes ». Ils avaient exigé des vêtements pour eux-mêmes et leurs familles, de l'alcool, des fusils, des couteaux, des munitions et du tabac. Henry écrivit aigrement : « même à ces conditions, je fus obligé de considérer qu'ils me faisaient une grande faveur »[110]. L'agir dont faisaient preuve les Amérindiens dans les négociations pour de meilleures conditions de travail peut avoir servi d'exemple aux voyageurs et leur avoir donné de nouvelles idées quant à leur propre potentiel de liberté et de pouvoir.

Les voyageurs savaient probablement que les bourgeois considéraient que les Amérindiens n'étaient pas des travailleurs fiables. Cette connaissance peut avoir accru leur pouvoir de négociation, étant donné qu'ils avaient l'assurance de la sécurité de leur emploi, et accru également le sentiment de leur valeur en tant qu'employés.

La traite

La plupart du temps, les voyageurs entraient en contact avec les Amérindiens non pas en tant que collègues de travail mais en tant que partenaires de traite. Ils se rencontraient pour traiter dans deux lieux différents : dans les postes de traite et dans les campements amérindiens. La recherche des fourrures faisait l'essentiel de la vie du poste. Bien que la manière la plus expéditive d'en obtenir eût été de les traiter directement avec les Amérindiens, tous les habitants du poste avaient l'obligation de s'en procurer dans n'importe quel contexte. Les bourgeois et les commis obligeaient parfois les voyageurs à chasser pour les fourrures plutôt que pour la nourriture. Les femmes autochtones des traiteurs étaient intensivement impliquées dans la pose des pièges et des collets[111], qui étaient installés autour des postes toute l'année ; les prises allaient des castors aux martinets, ratons-laveurs, renards, martres et loups[112]. Quelques pièges d'acier étaient importés du Bas Canada, mais le plus souvent, les pièges étaient fabriqués dans les postes de l'intérieur qui disposaient d'un forgeron, puis exportés vers les autres postes[113]. Les lieux équipés d'une forge prirent également de l'importance pour les fréquentes réparations que nécessitaient les pièges[114].

La plus grande partie des fourrures du Nord-Ouest provenait cependant de la traite avec les peuples amérindiens qui se déplaçaient jusqu'aux postes pour y vendre des fourrures et des provisions[115]. On en obtenait également par l'intermédiaire des voyageurs envoyés seuls ou par petits groupes traiter en dérouine[116]. Les voyageurs étaient souvent envoyés à la recherche des groupes amérindiens pour établir le contact avec eux[117]. Le travail des éclaireurs, consistant à rapporter les mouvements des Autochtones, se poursuivait tout au long de l'année. Par exemple, à Fort Alexandria, à la mi-novembre 1800, les voyageurs Collier et La Rose firent au bourgeois Archibald Norman McLeod un rapport sur les activités de traite des Ojibwés et des Cris de l'endroit et sur leurs intentions de se rendre au fort pour y traiter. Au début de janvier de l'année suivante, Collier partit réclamer aux Cris le paiement de leurs dettes. En février, Étienne Ducharme vint dire à McLeod que des Cris venaient de planter six tentes près de sa hutte et qu'elles étaient remplies de peaux et de provisions. McLeod envoya les voyageurs Roy, Girardin, Dannis et Plante avec des provisions pour traiter avec ces Cris si prospères[118]. En plus de recueillir des informations sur les peuples autochtones et de traiter avec eux, les voyageurs allaient aussi rechercher le paiement des dettes et faisaient passer les messages entre les bourgeois et les Amérindiens[119]. Les bourgeois et les commis envoyaient parfois des hommes surveiller de près les Amérindiens pour les empêcher de traiter séparément avec les traiteurs indépendants[120]. Dans d'autres cas, on envoyait des hommes vivre avec les Amérindiens pour les empêcher de traiter avec les compagnies concurrentes[121].

Les voyageurs étaient également envoyés à la ronde en éclaireurs pour surveiller directement les compagnies rivales. Avant 1805, la Compagnie XY et la Compagnie du Nord-Ouest s'envoyaient mutuellement des espions dans le but d'entraver les efforts de traite de l'une et de l'autre[122]. En novembre 1804, au poste du lac La Pluie, Hugh Faries envoya Laverdure et La France suivre les hommes de la Compagnie XY qui étaient partis traiter. Même après avoir reçu la nouvelle de la fusion de ces deux compagnies, des semaines plus tard, le 12 janvier 1805, les frictions se produisaient encore. Faries continua d'employer des voyageurs pour espionner les activités de l'ancien commis de la Compagnie XY, Lacombe, que Faries suspectait d'essayer de le rouler[123]. Les traiteurs de fourrures de Montréal se méfiaient sans cesse des activités de la Compagnie de la Baie d'Hudson avant la fusion de 1821, et ordonnaient continuellement aux voyageurs de les espionner et de tenter de ruiner leurs tentatives de traite. En 1807, un voyageur de la Compagnie du Nord-Ouest du nom de La Rocque, « un bagarreur signalé », fut dépêché pour faire obstacle au travail de traite de Peter Fidler, de la Compagnie de la Baie d'Hudson[124]. Pendant la plus grande partie de sa carrière de commis de la Compagnie du Nord-Ouest, George Nelson envoya des hommes espionner les faits et gestes des traiteurs de la Compagnie de la Baie d'Hudson. À l'automne 1818, à Tête au Brochet, Nelson ordonna à un voyageur (peut-être ce même La Rocque), de construire une maison près du fort de la Compagnie de la Baie d'Hudson pour servir de poste d'espionnage permanent[125].

Tous les hommes travaillant pour la traite des fourrures, les voyageurs comme les bourgeois et les commis, participaient à la traite avec les Amérindiens. Les voyageurs pouvaient n'avoir pour tâche que de rapporter les fourrures promises au bourgeois ou au commis[126]. Mais contrairement à la plupart des employés de la Compagnie de la Baie d'Hudson, les voyageurs se voyaient régulièrement confier davantage de responsabilités. On les envoyait traiter en dérouine sans que les opérations aient été arrangées à l'avance[127]. Pendant toute l'année, les voyageurs partaient à la recherche de fourrures, de provisions et des matériaux nécessaires à la fabrication de leur équipement[128]. Il leur arrivait d'inaugurer la traite avec les Amérindiens d'une nouvelle région, surtout s'ils avaient une grande expérience de la traite et du Nord-Ouest[129]. Les voyageurs traitaient aussi avec les Anglais et avec les gens libres, mais la plupart de leurs obligations se concentraient sur les peuples amérindiens[130]. Il pouvait arriver que l'on ordonne à de grands groupes de voyageurs de partir traiter sous leur propre responsabilité, comme ce fut le cas près des rivières Qu'Appelle et Assiniboine pendant l'hiver 1794. John McDonell envoya Jean-Baptiste Lafrance, Joseph Dubé, Joseph Tranquille, Hugh McCruchen, Louis Houle, Jean-Baptiste Bertrand et Antoine Bounuir Lanignes au Missouri, « en traite »[131]. Certains voyageurs pouvaient aussi être désignés individuellement pour diriger de grands groupes de traite. Par exemple, François-Antoine Larocque confia à Azure un assortiment de marchandises pour aller traiter dans un village mandan du district du Missouri[132]. Lorsqu'ils traitaient avec les Amérindiens, les voyageurs devaient prendre de difficiles décisions concernant les taux et les prix et étaient parfois obligés de discuter âprement les termes de la traite. Duncan Cameron avait donné à son voyageur Bellefleure « toutes les instructions pour faire affaire avec les Indiens » avant de l'autoriser à diriger la traite[133]. Les voyageurs Delorme et Desjarlais informèrent Charles Chaboillez, en janvier 1798, qu'ils avaient été obligés de baisser leurs prix au niveau de ceux des traiteurs du sud pour rester compétitifs. Il arrivait parfois des mésaventures qui compromettaient la traite. Un peu plus tard ce même printemps, Delorme se perdit en route pendant une mission de traite, et but la plus grande partie de l'alcool qui devait lui servir de monnaie d'échange[134]. En mars 1812, un voyageur du nom de François Paradix compromit sérieusement ses relations avec les Cris des environs du lac Winnipeg en les volant. Lorsque Paradix revint traiter avec eux, les Cris refusèrent et le menacèrent de mort. Les Cris se plaignirent à George Nelson : « C'est la faute de ce chien menteur à tête frisée. Lui aussi en vérité joue à faire l'homme, nous menace, nous bat, nous vole et nous traite de menteurs. Nous étions un peu ivres, même si nous avions été sobres, cela aurait été pareil. C'est un chien, un menteur et un voleur, Larocque le sait. Laissez-le partir, nous ne voulons pas voir le chien »[135]. Mais malgré ces problèmes occasionnels, les voyageurs appréciaient en général d'amener des Amérindiens traiter des fourrures et des provisions au poste tout au long de l'année[136].

Les voyageurs résidant chez les Amérindiens

Il arrivait aussi souvent que l'on envoie des voyageurs vivre auprès des peuples amérindiens pour de longues périodes[137]. Au cours de ces séjours, ils traitaient avec les Autochtones dans leurs campements et les incitaient à se rendre aux postes pour traiter, ainsi qu'à chasser pour la fourrure et la viande afin d'approvisionner ces derniers[138]. À Fort Alexandria, en décembre 1800, Archibald Norman McLeod ordonna à Baptiste Roy et à Jacques de séparer les chasseurs cris pour qu'ils puissent rapporter davantage de viande, et il leur envoya du rhum et du tabac pour se les concilier[139]. Le séjour chez les Amérindiens était en général un devoir de chacun des employés du poste, et les hommes allaient à tour de rôle habiter dans les campements amérindiens, seuls ou par deux[140]. De temps en temps, un des maîtres se rendait à ces campements pour voir ce que faisaient ses hommes et pour donner des incitations supplémentaires aux Amérindiens de coopérer avec les voyageurs[141]. La durée d'un « tour » chez les Amérindiens variait selon la distance à laquelle leur campement se trouvait du poste, le nombre des hommes disponibles et leurs relations avec les Autochtones. Certains tours duraient une quinzaine de jours, mais d'autres pouvaient durer plus longtemps, surtout si les hommes emmenaient leurs familles avec eux[142].

Si les voyageurs ne s'entendaient pas avec les Amérindiens, ou si ces derniers étaient exigeants, indifférents, voire hostiles envers les traiteurs, le fait d'aller habiter chez eux pouvait devenir la tâche que les voyageurs exécutaient le moins volontiers. À la fin d'avril 1815, au lac Manitonamingon, George Nelson notait qu'un voyageur nommé Le Blond était parti informer son maître Morrison qu'il refusait de rester plus longtemps chez les Amérindiens[143]. Les hommes se trouvaient des excuses pour couper à leur tour de résidence chez les Autochtones, comme Paradix à la rivière Dauphin pendant l'hiver 1808. Lorsque George Nelson l'avait envoyé vivre chez les Ojibwés, il était parti pêcher au harpon à la place[144]. John Thompson eut les plus grandes difficultés à convaincre ses hommes d'aller vivre avec les Autochtones de Grand Marais, le long de la rivière La Paix, à l'automne 1798. Il avait commencé par envoyer Vivier et Le Compte vivre avec un groupe. Le Compte revint au bout d'une semaine, se prétendant trop malade pour rester avec eux. Thompson en conçut quelques soupçons, le décrivant comme « le plus indolent des types paresseux », mais il eut beaucoup de mal à en convaincre d'autres de le remplacer. Finalement, il parvint à persuader Desrosier et Brousseault d'aller rejoindre Vivier, mais les voyageurs furent rapidement mécontents et souhaitèrent rentrer, parce que les Autochtones se montraient peu coopératifs avec eux. On peut se demander ce que les Amérindiens pensaient de Vivier. Vers la mi-novembre, ce dernier revint au fort avec sa famille, affirmant qu'il « ne pourrait pas vivre plus longtemps avec eux, et que tous les diables de l'enfer ne le feraient pas retourner là-bas, et qu'il préférait marcher tout l'hiver d'un fort à l'autre plutôt que de vivre plus longtemps chez eux ». Moins d'un mois plus tard, Brousseault était lui aussi de retour au fort avec sa famille, affirmant que les Amérindiens l'avaient renvoyé parce qu'il n'y avait pas assez de gibier pour le nourrir[145].

Il est certain que, plus souvent que cela ne transparaît dans les sources, les Amérindiens ne souhaitaient tout bonnement pas que des voyageurs restent vivre avec eux, comme cela fut le cas de la bande Mashkiegon des Cris Swampy à la rivière Dauphin à l'automne 1810[146]. Les raisons tiennent en partie à l'inconvénient et à la charge que représentait le fait de devoir prendre soin des voyageurs et de les nourrir alors que, souvent, ils n'avaient pas les connaissances nécessaires pour réussir à la chasse et ne pouvaient pas effectuer leur juste part du travail. En novembre 1800, au Fort de Rocky Mountain, qui avait été implanté dans le courant de ce même automne par John Thomson en aval du poste de Trout River sur le fleuve Mackenzie, Little Chief (un Déné) renvoya le voyageur La Beccasse au fort parce qu'il ne voulait pas le nourrir plus longtemps. Little Chief insista pour que Thomson paie la nourriture qui avait permis aux voyageurs La Beccasse et St. Cir de passer l'hiver avec sa bande. Plus tard dans le courant de cet hiver, un voyageur du nom de La Violette dut être ramené au poste par les Dénés parce qu'il était malade et que ses jambes avaient enflé. Il accusa les Dénés de ne pas avoir pris soin de lui tandis qu'il vivait dans leur campement, ce que les Dénés nièrent avec véhémence. Il insulta encore davantage l'un des Dénés en lui « tordant le nez pour lui enseigner les bonnes manières » et se plaignit amèrement de ce que l'on ne pouvait pas compter sur eux pour ramener des provisions au poste. Thomson fait preuve d'une hypocrisie assez remarquable, parce qu'il avait auparavant décrit La Violette comme « un lièvre lent et rampant » qui avait besoin de deux jours pour se préparer à un court voyage[147]. Il est clair que le groupe de Thomson avait provoqué chez les Dénés du fleuve Mackenzie de nombreux griefs, et leur réticence à aider les traiteurs ne paraît pas déraisonnable.

D'autres cas de voyageurs ayant résidé au sein des peuples amérindiens semblent plus positifs. Même l'un des hommes de John Thomson, St. Cir, était heureux, malgré une atmosphère générale de relations tendues le long du fleuve Mackenzie pendant l'hiver 1800-1801. St. Cir se plaisait beaucoup chez les Dénés, dans le campement où il se trouvait, et il dit par la suite qu'ils lui avaient donné beaucoup de lièvres à manger, contrairement à La Beccasse, qui fut obligé de chasser sa propre nourriture, puisque « son homme de loge ne faisait pas le moindre cas de lui ». Les hommes qui prenaient soin de St. Cir acceptèrent d'héberger La Beccasse pour lui épargner de mourir de faim[148]. Les voyageurs étaient mieux lotis, lorsqu'ils allaient vivre chez les Amérindiens, quand ils pouvaient faire jouer des contacts familiaux. À la rivière Dauphin, à l'automne 1809, les deux fils de Vieux Mufle d'Orignal vinrent au poste chercher Larocque pour qu'il vienne passer l'hiver avec eux, parce qu'il était marié à leur sœur[149].

VOYAGEURS DIRIGEANT DES OPÉRATIONS DE TRAITE

De nombreux voyageurs se voyaient confier des tâches de plus grande importance, comme d'implanter des postes satellites plus petits ou temporaires. À l'automne 1800, lorsqu'Alexander Henry le Jeune partit implanter le poste de Park River, il laissa la moitié de son équipage construire un nouveau poste sous la direction de Michel Langlois, l'un de ses voyageurs. Il ordonna à Langlois d'équiper les Ojibwés du voisinage pour qu'ils aillent chasser et poser des pièges, puis de les lui envoyer dans l'intérieur des terres le plus tôt possible. Henry lui demanda ensuite de préparer un petit assortiment de marchandises pour un autre petit poste à Hair Hills. Suivant les ordres de Henry, Langlois dépêcha le voyageur Lagassé et deux autres hommes y construire une petite hutte. Ce plan ne marcha pas, mais Henry ne perdit pas foi en tous les voyageurs. Il envoya un autre voyageur du nom de Hamel prendre la place de Lagassé, car « personne ne voulait rester sous le commandement de Lagassé, et [qu'il] ne pensait pas non plus qu'il soit la personne qui convenait pour être responsable d'une propriété ». Trois ans plus tard, lorsque le poste de Hair Hills fut devenu plus permanent, Henry envoya Langlois diriger ce poste[150]. Le bourgeois en charge du poste du lac La Crosse envoya quatre de ses hommes, à l'automne 1805, diriger un poste avancé à Duck Lake, à la demande des Amérindiens de l'endroit[151]. Il arrivait parfois que ces arrangements ne fonctionnent pas. À Rocky Mountain House, pendant l'hiver 1805-1806, John Stuart confia le poste avancé de Trout Lake au voyageur Lammalice. Ce dernier abandonna le poste sans en informer Stuart, et plus tard mit cela sur le compte de la paresse et de l'indolence des autres voyageurs qui lui avaient été envoyés pour l'aider à ce poste[152].

Parfois, les bourgeois et les commis déléguaient leurs responsabilités aux voyageurs en les envoyant deux par deux implanter des postes satellites. Certains voyageurs ayant prouvé qu'on pouvait leur faire confiance et leur confier des responsabilités pouvaient se voir confier la direction des postes quand les bourgeois ou les commis devaient s'absenter[153]. À l'automne 1800, James Porter fut heureux de constater que Morin, à qui il avait confié le poste du lac des Esclaves pendant l'été, avait été « très attentif et soigneux »[154]. Pendant l'été 1800, sur le fleuve Mackenzie, John Thomson confia la direction du poste de Trout River à un voyageur du nom de Jean-Baptiste LaPrise, qui avait été son second l'hiver précédent[155]. Cependant, il pouvait arriver qu'un voyageur laissé en charge d'un poste se trouve confronté au pire, comme Louis Chatellain en 1805, qui dut repousser une attaque de cent cinquante « Indigènes rapides » à l'aide de deux autres hommes seulement[156]. À l'occasion, lorsque la présence de tous les hommes était nécessaire pour un voyage, l'une des épouses amérindiennes des voyageurs pouvait être laissée en charge du poste[157].

Les bourgeois et les commis confiaient parfois les postes aux voyageurs pendant toute une saison. En 1803, le commis Chaurette laissa La Lancette et trois hommes passer l'hiver seuls au lac du Flambeau. Encouragé par Chaurette, George Nelson décida de confier le poste de la rivière des Saulteux au voyageur Brunet. À la fin décembre, Nelson fut ravi de voir Brunet revenir en ayant acquis de bonnes notions de la langue ojibwé et pensa qu'il était assez industrieux pour qu'il lui confie la direction du poste pendant tout le reste de l'hiver, pendant que Nelson hivernerait chez les Ojibwés[158]. La coopération et la confiance mutuelle n'étaient pas inhabituelles entre les voyageurs et leurs maîtres, et les bourgeois et les commis pouvaient leur confier de grandes responsabilités, comme les aider à faire les inventaires. Pendant l'été 1805, dans la région de Témiscamingue, Donald McKay dépêcha deux voyageurs faire l'inventaire d'un poste que l'on avait oublié de faire au printemps. Dans un autre cas, un voyageur appelé Cloutier aida McKay à mettre de l'ordre dans le cellier pendant un hiver[159]. Les voyageurs expérimentés pouvaient apporter une aide précieuse aux nouveaux commis. En chemin vers Grand Portage, au printemps 1792, le bourgeois Angus Shaw laissa « le fidèle guide Antoine » au jeune commis John McDonald de Garth pour qu'il l'aide à diriger la brigade[160].

Il arrivait que des bourgeois et des commis regrettent d'avoir fait confiance aux voyageurs et de leur avoir confié la direction des postes[161]. Les voyageurs se voyaient retirer leurs responsabilités s'ils ne répondaient pas aux attentes de leurs employeurs. Pierre L'Anniau fut laissé en charge de Grand Portage en 1784, en raison de sa grande expérience de voyageur dans le Nord-Ouest. Cependant, comme il ne parvint pas à s'entendre avec les Amérindiens des environs, il fut renvoyé et remplacé par Roderick McKenzie, qui était jeune commis à l'époque[162]. Le 19 septembre 1800, Alexander Henry le Jeune, exaspéré, écrivait : « mon serviteur [Desmarais] est un type si peu soigneux et si paresseux que je ne peux pas lui confier le magasin. J'ai fait aujourd'hui une vérification complète et ai tout trouvé dans le plus grand désordre ; je n'avais pas idée que la situation puisse être aussi mauvaise que je l'ai trouvée… Comme la plupart de ses compatriotes, il s'intéresse bien plus à lui-même qu'à son employeur, bien qu'il reçoive un bon salaire pour ses aptitudes, qui n'ont rien d'extraordinaire à part celle d'interprète »[163].

Amitié entre Amérindiens et voyageurs

Dans les tous premiers jours qui suivirent la conquête, parlant de la traite des fourrures de Montréal, Thomas Hutchins, un officier de la Compagnie de la Baie d'Hudson, disait: « Les Canadiens ont une grande influence sur les Autochtones en adoptant toutes leurs coutumes et en en faisant leurs compagnons; ils boivent, chantent, invoquent les esprits, criaillent avec eux, etc., comme l'un d'entre eux, et les Indiens ne sont jamais tenus à l'écart de leurs maisons, qu'ils soient ivres ou sobres, de nuit comme de jour »[164]. Bien que Hutchins ait probablement perçu les voyageurs et les Amérindiens comme de bons amis, parce que pour lui ces deux groupes faisaient partie d'une sorte de classe inférieure tapageuse, ses observations renferment une certaine part de vérité. Certains voyageurs, surtout ceux qui avaient travaillé pendant de nombreuses années dans le pays d'en haut, devenaient plus proches des Amérindiens que leurs maîtres. Les voyageurs travaillaient dans un environnement social moins structuré que leurs maîtres et n'avaient pas les mêmes ambitions qu'eux en ce qui concernait le profit, car contrairement à ces derniers, ils n'avaient pas personnellement investi de grosses sommes dans la traite dans l'espérance d'en retirer des gains élevés. Les bourgeois étaient parfois incités à épouser des femmes autochtones et métisses (et parfois des filles de voyageurs) pour développer des alliances de traite[165]. Mais cependant très peu d'entre eux restaient vivre définitivement dans le Nord-Ouest. Par contre, de nombreux voyageurs perdaient le contact avec leurs familles de la vallée du Saint-Laurent et étaient impatients de se créer une nouvelle vie dans le pays d'en haut, ce qui fit que, naturellement, ils s'ouvrirent davantage à l'influence des Amérindiens.

Ce rapprochement fut rendu possible en premier lieu par l'intermédiaire des contacts de traite. Souvent, des amitiés naissaient lorsque les Amérindiens finissaient par connaître les voyageurs individuellement au fil des années. Les compagnies de traite tenaient ces voyageurs en haute estime pour leur expérience et leurs réseaux de traite. En 1825, le bourgeois Roderick McKenzie était réticent à envoyer l'un de ses hommes, Antoine SanRegret, à Duncan Clark, parce que SanRegret était le meilleur voyageur pour traiter avec les peuples autochtones et que McKenzie ne voulait pas le perdre[166]. Parfois les voyageurs utilisaient leurs amitiés personnelles avec des Amérindiens pour traiter en dehors de la compagnie, pour un profit individuel, ce qui, en retour, menait à des relations plus étroites entre les voyageurs et les Amérindiens sans que les maîtres y soient impliqués. Les marchandises qui étaient « traitées librement » consistaient surtout en chiens, en chevaux et en viande. Au fort de Rocky Mountain, le long du fleuve Mackenzie en 1801, le bourgeois John Thomson se plaignait de ce que Martin, un homme qu'il avait envoyé quérir de la viande auprès de chasseurs dénés, s'était arrangé en privé pour acheter de la viande en supplément pour sa famille et que lorsqu'il fut pris, il avait affirmé que c'était un cadeau d'un ami déné[167].

Les voyageurs se rapprochaient des Amérindiens lorsqu'ils vivaient et travaillaient avec eux, comme lorsqu'ils hivernaient dans leurs villages. Les voyageurs aidaient les chasseurs autochtones à fabriquer des caches et à ramener la viande aux campements et aux postes, et ils traitaient en dérouine dans les campements autochtones[168]. À l'inverse, les bourgeois et les commis vivaient rarement seuls chez les Amérindiens, à moins que ce ne fût dans le cadre de l'exploration de nouvelles terres. Les voyageurs qui « prenaient pension » chez les Amérindiens pouvaient parfois se sentir mal à l'aise, comme nous l'avons vu. Malheureusement, les bourgeois et les commis ont le plus souvent rapporté les cas de troubles entre voyageurs et Amérindiens que les rapports de confiance et de bonne volonté. On peut trouver des indices d'amitiés étroites entre des Autochtones et des voyageurs en lisant les rapports des bourgeois en filigrane. Des commentaires spontanés indiquent que les voyageurs faisaient souvent l'aller-retour entre les campements autochtones et les postes de traite en compagnie d'Amérindiens[169]. Les voyageurs se liaient souvent avec les Amérindiens et les invitaient dans leurs maisons des postes de traite[170]. Les mariages entre les voyageurs et les femmes autochtones (que nous verrons dans le chapitre suivant) constituent de forts indicateurs de bonnes relations. On peut découvrir d'autres indicateurs de ces bonnes relations dans le cas de ces voyageurs qui avaient choisi de vivre l'essentiel de leur vie dans les communautés autochtones. Alexander Henry le Jeune, en visite chez les Mandans pendant l'été 1806, décrivit sa rencontre avec un Canadien du nom de Jusseaume, qui avait travaillé comme guide et interprète pour Lewis et Clark l'automne précédent. Henry disait : « Cet homme a vécu chez les Indiens pendant plus de quinze ans, il parle assez convenablement leur langue et a une femme et une famille qui s'habillent et vivent comme les Autochtones. Il conserve l'apparence extérieure d'un chrétien, mais ses principes, pour autant que j'aie pu le constater, sont bien pires que ceux d'un Mandan ; il est possédé de toutes les superstitions naturelles à ces gens, et il n'est pas non plus différent pour ce qui est d'avoir acquis tous les mauvais et sales tours qu'ils apprennent de la fréquentation des scélérats qui visitent ces contrées »[171]. Bien que Jusseaume ait renoncé au métier de voyageur depuis plus de quinze ans, la description qu'en donne Henry est typique des remarques dépréciatrices des maîtres pour ce qui est de la « mauvaise influence » que les voyageurs et les Amérindiens avaient les uns sur les autres. En lisant entre les lignes, on se doute que Jusseaume s'était remarquablement bien adapté à la culture mandan. D'autres voyageurs vivaient seulement temporairement dans les communautés autochtones. Certains choisissaient de passer l'été à chasser avec des groupes de chasseurs amérindiens plutôt que de prendre part à la frénésie estivale du transport des marchandises et des fourrures[172]. Parfois des épouses insistaient pour que leurs maris viennent vivre auprès de leur belle-famille amérindienne. Un voyageur du nom de Brunet, sous le commandement de George Nelson au lac du Flambeau et dans la région de la rivière Chippewa, était continuellement poussé par sa femme à abandonner le service. Lui et sa femme quittaient le poste de temps en temps pour aller séjourner dans sa famille à elle[173].

Le fait de vivre et de travailler ensemble finissait par inciter à la bonne volonté, à la coopération et à l'échange de connaissances entre Amérindiens et voyageurs. Ces derniers adoptaient très volontiers les coutumes amérindiennes pour se faciliter la vie. La longue histoire d'emprunts faits aux peuples autochtones au Canada français constituait un bon précédent. L'un des domaines les plus usuels des emprunts culturels était celui de la nourriture. Bien sûr, les voyageurs mangeait la « nourriture du pays » ou tout ce qu'ils trouvaient à leur disposition dans le pays d'en haut, mais ils se tournaient fréquemment vers les Amérindiens pour découvrir de nouvelles spécialités, comme la viande de chien, différents types de baies, et diverses huiles et racines[174]. Les voyageurs observaient fréquemment aussi les danses et les chants amérindiens et y participaient[175]. Ils s'aidaient mutuellement à construire des maisons, des canoës et à fabriquer des outils[176]. Les Amérindiens procuraient également aux voyageurs des cartes et des informations sur les itinéraires[177]. Ils s'aidaient mutuellement en cas d'accident ou de maladie, en venant au secours les uns des autres et en partageant des remèdes et des traitements médicaux[178]. Ross Cox rapporta un cas où quelques Flatheads avaient monté une tente de sudation pour un vieux voyageur canadien qui souffrait de rhumatismes sévères[179]. Les Dénés qui donnaient l'hospitalité à La Violette près du fleuve Mackenzie le portèrent sur leur dos pour le ramener au poste lorsque ses jambes enflèrent, bien que La Violette les ait accusés de l'avoir maltraité et d'avoir négligé leurs obligations de chasse et de piégeage pour la Compagnie du Nord-Ouest[180]. Le fait de partager de la nourriture constituait probablement le moyen le plus significatif de démontrer de l'amitié[181]. Cependant, parfois, la « gentillesse » et le « partage » étaient à double tranchant, comme lorsque certains voyageurs obligeaient les Amérindiens à partager des provisions avec eux, et vice versa[182]. Les amitiés entre voyageurs et Amérindiens se construisaient sur des rencontres personnelles. La réputation des voyageurs chez les Amérindiens dépendait souvent de leur personnalité, de leur courtoisie, de leur honnêteté et de leur droiture. Par exemple, à Tête au Brochet en 1819, le commis George Nelson écrivait, au sujet de deux voyageurs : « Il est vrai que La Roque est un homme très prudent, respecté et aimé des Indiens [Ojibwés], mais pour Paradix, c'est exactement le contraire »[183]. À l'inverse, certains voyageurs étaient détestés parce qu'ils étaient considérés comme menteurs, voleurs ou tricheurs. Les Ojibwés qui traitaient à Tête au Brochet détestaient tant le voyageur Paradix qu'ils refusèrent de traiter avec lui et menacèrent de le tuer[184].

Conflits et violence

Les voyageurs avaient souvent la tâche de suivre les Amérindiens pour les dissuader de traiter avec d'autres compagnies, tactique qui entravait plus qu'elle ne facilitait la traite. En une occasion, au lac La Crosse, en 1805, deux voyageurs aidèrent leur bourgeois à changer les indicateurs de direction laissés par des Autochtones pour la Compagnie de la Baie d'Hudson. Plus tard dans la saison, les voyageurs ne parvinrent pas à découvrir les Autochtones et se plaignirent de ce que ces derniers n'avaient pas laissé d'indicateurs[185]. Certains peuples autochtones avaient peur des Canadiens français et affirmaient subir leur « constants coups et mauvais traitements » s'ils traitaient avec des compagnies concurrentes[186]. Le bourgeois Alexander Mackenzie décrivit les relations de ses voyageurs avec les Beavers du district de l'Athabasca : « Quand les traiteurs sont apparus au milieu de ces gens, les Canadiens ont été traités avec une extrême attention et hospitalité ; mais ils ont, par la suite de leur conduite, enseigné aux Autochtones à leur retirer ce respect, et parfois à les traiter indignement »[187]. Bien qu'il soit probable que les Beavers se soient autant méfiés des bourgeois que des voyageurs, la réputation de brutes impitoyables des traiteurs pouvait décourager les Autochtones de traiter avec eux[188].

Lorsque les voyageurs se voyaient confier la direction d'un poste, ils étaient naturellement alarmés et contrariés lorsque les Autochtones refusaient de traiter avec eux[189]. Lors d'un incident, le bourgeois Duncan Cameron relata qu'un voyageur qu'il avait placé à la tête d'une expédition de traite eut « sa fierté… grandement blessée par le chef Osnaburgh, qui ne voulait pas admettre qu'il était un grand homme »[190].

L'essentiel des conflits entre peuples autochtones et traiteurs trouvaient leur origine dans des questions de traite. Les Amérindiens tentaient de protéger leur situation de principaux clients de traite en empêchant les Européens d'aller plus avant dans l'intérieur des terres pour traiter avec d'autres groupes autochtones, surtout ceux qui étaient leurs ennemis. Par exemple, certains Cris tentèrent d'empêcher la Compagnie du Nord-Ouest de traiter avec les Esclaves en 1808[191]. Des compagnies rivales incitaient parfois les Autochtones à attaquer la concurrence. Wentzel raconta la capture d'un bourgeois de la Compagnie du Nord-Ouest, Colin Robertson, près du Grand Lac des Esclaves, au printemps 1819 : « Plusieurs de nos hommes nous ont informé qu'il avait menacé d'exciter les Autochtones à massacrer les serviteurs de la Compagnie du Nord-Ouest à Fort Chippewyan, et nos hommes ont refusé de faire leur travail à moins qu'il se soit arrêté et détenu sous bonne garde »[192]. Les rumeurs de « conspiration indienne » étaient récurrentes. En 1808, George Nelson entendit parler d'un complot d'Amérindiens pour attaquer les postes de traite. Cette conspiration était liée à la diffusion dans le Nord-Ouest des prêches « nativistes » du Prophète Shawnee, qui conseillait aux Amérindiens de renoncer à la traite avec les Européens et à l'usage des produits européens[193]. Les rumeurs de conspirations amérindiennes concernaient les Cris et les Sioux en 1810, les Chippewyans et leurs voisins en 1814, et à nouveau les Cris en 1817[194]. Il est difficile de savoir si ces rumeurs étaient dues à une certaine paranoïa. Il est possible que les Amérindiens aient ressenti les pressions que provoquait l'amenuisement des ressources et qu'ils soient passés de l'anxiété à l'hostilité envers les traiteurs européens.

Les Amérindiens menaçaient parfois directement d'attaquer les postes de traite[195]. Les menaces furent mises à exécution en quelques occasions, ce qui, dans une certaine mesure, validait les rumeurs et les soupçons. En 1781, le Fort de Tremble, sur la rivière Assiniboine, fut attaqué par un groupe de Cris. Alexander Henry le Jeune se rappelait que « cette malheureuse affaire paraissait être le début d'un plan de destruction des blancs à travers tout le Nord-Ouest ». L'attaque s'était produite au début de l'automne, peu après l'arrivée des canoës, lorsque les hommes étaient encore en train de construire le fort. Onze des hommes se cachèrent pendant que les dix qui restaient se défendirent et repoussèrent les Cris. Trois Canadiens et trente Cris furent tués dans cette bataille. Le poste fut immédiatement abandonné[196].

Les Amérindiens s'impatientaient souvent du manque d'expérience des voyageurs pour ce qui était de la vie dans l'intérieur, surtout lorsqu'ils effrayaient et faisaient fuir le poisson et le gibier que les Amérindiens s'efforçaient de chasser, ou s'ils enfreignaient des tabous et offensaient des esprits animaux[197]. Lorsqu'ils refusaient de partager la nourriture en temps de disette, ils enfreignaient l'éthique sociale des Amérindiens. En une occasion, certains voyageurs refusèrent de partager leurs abondantes provisions et préférèrent même bien nourrir leurs chiens avant d'en donner une seule miette aux Autochtones[198]. Ce comportement transgressait les règles sociales du « Pays indien », où tout le monde s'attendait à ce que la nourriture soit partagée entre alliés[199]. L'incompréhension des traiteurs vis-à-vis de l'éthique sociale du partage en amena un grand nombre à redouter que les Amérindiens ne volent leurs marchandises et leurs fourrures[200].

Ironiquement, c'était souvent la peur du pillage qui incitait les bourgeois et les voyageurs à traiter avec équité et générosité avec les peuples autochtones qui, en retour, leur promettaient souvent un juste marché[201]. Dans la plupart des cas cependant, cette crainte du pillage entraînait de mauvaises relations, de la méfiance et des tractations injustes, ce qui finissait par provoquer un réel pillage de la part des Autochtones. Ils volaient autant les marchandises de traite et l'équipement des bourgeois que les possessions personnelles des voyageurs[202]. Bruce White a découvert que le pillage était une importante stratégie économique, autant pour les peuples autochtones que pour les traiteurs. Le pillage, ou la menace du pillage, par les Amérindiens, incitait les traiteurs à être justes et honnêtes ; en même temps, les traiteurs pillaient fréquemment les Amérindiens qui transportaient des fourrures pour empêcher qu'elles ne tombent entre les mains de la concurrence. Dans tous les cas, le pillage représentait la rupture de la cohésion sociale qui était la plus profitable à la traite[203].

Les traiteurs endossaient les réseaux d'amis et d'ennemis des groupes autochtones avec lesquels ils traitaient. Par exemple, la traite intensive avec le groupe linguistique algonquin sur les plaines amena les bourgeois, les commis et les voyageurs à haïr et redouter les Sioux, qui étaient les ennemis de nombreux peuples de langue algonquine[204]. Au cours de l'été 1810 à la rivière Pembina, un grand groupe de Sioux se rendit à l'établissement des traiteurs. Ils ne molestèrent pas les habitants du fort, mais furent contrariés de ce que les traiteurs soient restés derrière leurs palissades. George Nelson raconta que « une nuit ils virent des Sioux en grand nombre autour du fort et en conclurent qu'ils seraient certainement attaqués bien qu'ils n'aient jusque-là souffert que de contrariété et de peur, et ils se préparèrent au pire ; on entendit des cris de guerre et la chanson de mort ». Les Sioux ne voulaient probablement qu'intimider les traiteurs, car ils auraient pu attaquer le poste à n'importe quel moment, et les traiteurs ne furent pas impliqués dans leur bataille subséquente avec les Ojibwés et les Cris[205].

Les relations entre peuples amérindiens et traiteurs devenaient plus pacifiques lorsque les alliances de traite se confirmaient. Une fois l'harmonie installée sur les plans officiel et diplomatique, les voyageurs et les Amérindiens nouaient des liens personnels. Un système de justice rudimentaire reflétait les idées partagées quant au comportement socialement acceptable dans le Nord-Ouest. Un voyageur craignait d'être tué par les Amérindiens à cause de sa conduite brutale, reconnaissant qu'il avait enfreint une loi sociale du pays d'en haut[206]. Au cours de l'hiver 1810, deux voyageurs rencontrèrent un groupe de treize Cris et trois Assiniboines, qui les dépouillèrent de leurs fourrures, de leurs raquettes à neige et de leurs fusils. Ils paraissaient déterminés à tuer l'un des voyageurs, probablement pour venger une injustice antérieure, ou par vengeance. Ils auraient voulu le scalp du bourgeois Alexander Henry le Jeune, mais se décidèrent finalement pour celui du voyageur Clément. L'autre voyageur, Cardinal, comme nous l'avons vu plus haut, dut recourir à toute son éloquence pour sauver la vie de Clément[207].

Le meurtre par vengeance était l'un des autres aspects de cette justice rudimentaire du pays d'en haut[208]. Même s'il perpétuait des cycles de violence qui renforçaient la suspicion et la méfiance entre les traiteurs et les peuples autochtones, il tenait également à des liens personnels et à une conception partagée de la justice. En 1779-1780, au « vieux fort de Montagne D'aigle », un traiteur canadien-français empoisonna un « fauteur de troubles » amérindien avec du laudanum. Dans l'échauffourée qui s'ensuivit, les deux parties subirent plusieurs pertes. Les traiteurs durent abandonner le poste pour échapper à la colère des Cris, qui pillèrent ensuite le poste[209]. Lord Selkirk décrivit l'un de ces cycles de violence, qui avait commencé en 1802 sur la rivière Pike, près du lac Supérieur. Trois Canadiens en charge du poste furent assassinés par quelques Amérindiens, dont l'un avait été leur aide pendant la saison précédente. Puis ils pillèrent le poste. L'année suivante, la Compagnie du Nord-Ouest et une compagnie concurrente implantèrent des postes en ce lieu. Deux « bagarreurs » venant de chacun des postes s'associèrent pour assassiner une suspecte amérindienne et son mari, même si ce dernier avait auparavant lors d'un incident sauvé la vie de l'un de ces voyageurs[210]. La plupart des cycles de violence, cependant, n'entraînaient pas de déchirures trop importantes dans les relations de traite.

EN QUÊTE DE NOURRITURE

Autre motif de conflit et de violence entre voyageurs et Amérindiens : la rivalité pour la nourriture. Les plaines du nord-ouest et les régions subarctiques étaient pauvres en ressources alimentaires et ne pouvaient nourrir de populations trop nombreuses. Il fallait des connaissances spécialisées pour se procurer des aliments, ce qui pouvait dérouter les hommes habitués à cultiver la terre dans une vallée fertile. La chasse des animaux à fourrure avait des conséquences écologiques désastreuses, menant à la diminution des populations animales et à de graves pénuries de nourriture[211]. La recherche de nourriture était une composante dominante de la traite des fourrures et la préoccupation principale des hommes qui y étaient impliqués. Lorsque les hommes arrivaient dans un poste, les travaux de construction précipités s'accompagnaient d'une bousculade pour construire l'abri des provisions pour l'hiver. La recherche de nourriture, sa préparation et sa conservation suivaient leurs propres cycles, qui dépendaient du lieu et des conditions atmosphériques ; lorsque les traiteurs étaient vraiment compétents, leurs cycles se calquaient sur ceux des Amérindiens de la région. Les traiteurs s'appuyaient souvent sur les Amérindiens pour qu'ils leur apportent de la nourriture ou qu'ils leur enseignent comment s'en procurer[212].

La quête de nourriture déterminait la vie du poste et la légèreté ou le poids du travail des voyageurs. Ces derniers étaient très motivés pour ce qui était de maintenir un approvisionnement important et varié, et les questions de nourriture occasionnaient parfois des tensions dans les relations entre les bourgeois et les voyageurs. Il arrivait que les voyageurs refusent de coopérer avec leur bourgeois ou leur commis quand ils n'étaient pas satisfaits des provisions du poste. Dans les périodes de disette, trouver de la nourriture drainait toutes les énergies et signifiait la mort ou la survie. Dans les périodes d'abondance, une alimentation variée et de bonne qualité déterminait le niveau de vie d'un poste.

Lorsque les traiteurs de fourrures arrivaient pour la première fois en un lieu qui ne leur était pas familier, leur approvisionnement dépendait des Amérindiens, et ils se préoccupaient de traiter autant pour des provisions que pour des fourrures. Dans les moments d'extrême nécessité, les hommes partaient à la recherche des Amérindiens pour qu'ils leur procurent de la nourriture. Par exemple, au cours de l'été 1802, Daniel Harmon, préoccupé par la pénurie de vivres à Bird Mountain, envoya sept hommes dans des directions différentes à la recherche d'Amérindiens susceptibles de les aider à se procurer des provisions[213]. Le fait de voyager en direction des campements des Amérindiens pour se procurer des provisions ne se limitait pas aux temps de crise, mais faisait partie des activités ordinaires du poste[214]. On envoyait également des hommes inciter les Amérindiens à apporter des provisions au poste[215]. Il arrivait souvent que des Autochtones viennent au poste de traite sans que les traiteurs les aient contactés auparavant, surtout lorsqu'ils se passaient le mot que les traiteurs recherchaient des provisions. À la rivière Pembina, pendant l'hiver 1798, les Ojibwés rendaient régulièrement visite aux hommes du poste et leur proposaient de leur vendre de la viande. Charles Chaboillez, le bourgeois en charge du poste, nota un jour de février 1798 : « Arrivée d'une vieille femme, elle a apporté quatre quartiers de viande séchée, trois peaux de bisons, deux paquets de corde et deux blocs de graisse, ce pour quoi je lui ai payé dix fioles de rhum mélangé – lui ai donné un paquet de tabac et elle est partie »[216].

Les traiteurs cherchaient souvent à engager des Amérindiens comme chasseurs dès qu'ils arrivaient à un poste[217]. Certains Amérindiens étaient engagés parce qu'ils avaient la réputation d'être des chasseurs excellents et fiables[218]. À Trout Lake, le 21 juin 1806, Simon Fraser était ravi de rapporter qu'il avait fini par convaincre le beau-frère de Little Head de se joindre à son groupe, notant qu'il était « le plus capable des Indiens à [les] accompagner ». Il engagea également Moïse de dents de Biche, qui semblait être le meilleur chasseur de la région[219]. Les traiteurs préféraient engager pour chasseurs ceux des Amérindiens qui étaient déjà bien connus des autres traiteurs et qui pouvaient également remplir plusieurs fonctions, comme celle de guides. Lorsque Alexander Mackenzie partit de Fort Chippewyan au début de juin 1789, il engagea un Autochtone du nom de English Chief comme guide et chasseur. Il avait gagné ce nom de English Chief en étant l'un des Amérindiens qui avaient conduit Samuel Hearne jusqu'à la rivière Coppermine au début des années 1770 et pour avoir depuis ce temps-là pris l'habitude de porter ses fourrures à Churchill Factory sur la baie d'Hudson[220].

Les Amérindiens engagés comme chasseurs assuraient au poste une certaine sécurité et un approvisionnement, mais les maîtres, souvent, ne leur faisaient pas confiance. Alexander Henry le Jeune, hivernant en 1799 à la rivière Blanche, près de Fort Dauphin, se plaignait de ce que, les animaux étant trop rares, il ait dû embaucher des chasseurs à des conditions extravagantes. Après avoir fourni aux chasseurs tous les objets qu'ils désiraient, il leur donna à chacun, ainsi qu'à leurs femmes et à leurs enfants, un ensemble des meilleurs vêtements du magasin et de l'alcool dilué, des fusils, des couteaux, des munitions et du tabac. Henry grommelait que « même à ces conditions, il était obligé de considérer qu'ils lui faisaient une grande faveur »[221].

Les maîtres souhaitaient ne pas dépendre des Amérindiens, et ils pressaient leurs voyageurs d'apprendre à chasser efficacement. En général, on attendait de la plupart des hommes travaillant dans un poste qu'ils aillent chasser, mais parfois on en confiait la responsabilité à ceux des hommes qui avaient le plus d'aptitudes pour cela, s'il y avait moins de travail ou si le bourgeois ou le commis essayait d'économiser les munitions[222]. Pendant l'hiver 1809, Alexander Henry le Jeune espérait que les voyageurs partis à la chasse pourraient ramener « un quart de loge », ce qui impliquait de tuer une vingtaine de bisons, de les entreposer puis de les traîner jusqu'au fort, et de ramener assez de peaux de bisons pour en faire vingt sacs de pemmican. Les femmes des chasseurs les accompagnaient d'ordinaire dans leurs expéditions de chasse pour les aider à faire leur quart de loge et à recueillir le suif et autres débris « qui étaient de grande utilité dans leur ménage »[223]. Pendant l'hiver 1784-1785, les voyageurs du poste de Qu'Appelle sur la rivière Assiniboine tuèrent près d'une centaine de bisons[224].

Le gibier chassé variait selon l'environnement et la période de l'année. Par exemple, près du lac des Esclaves, en juin 1789, des membres de l'équipage d'Alexander Mackenzie tuèrent des castors et des oies pour les manger[225]. Pendant l'hiver 1800 à Langue de Terre, un voyageur appelé Lisé tua huit canards, quatorze perdrix, cinq rats musqués et un vison au cours d'une expédition en novembre, puis après une autre expédition de huit jours en décembre, il ramena quatre-vingts lièvres et trente-deux perdrix[226]. Certaines expéditions de chasse pouvaient durer longtemps, selon l'abondance du gibier. Étienne Charbonneau s'absenta vingt-neuf jours du fort de la rivière Pigeon pour une expédition de chasse en novembre et décembre 1807[227]. Les expéditions de chasse qui se prolongeaient, surtout en période de disette ou dans des territoires étrangers, pouvaient rendre les hommes anxieux, autant en ce qui concernait la sécurité des chasseurs que le succès de leur chasse. Lorsque, à l'automne 1800, Alexander Henry le Jeune revint d'une expédition de chasse au poste de Park River, situé à proximité de Sioux hostiles, il nota: « Mes gens avaient été inquiets à notre sujet, et ils furent submergés de joie quand ils nous ont entendu leur crier hello »[228]. Les techniques de chasse allaient des fusils aux collets, en fonction du gibier[229]. Les femmes autochtones étaient particulièrement habiles à la chasse au collet, et souvent leurs prises faisaient la différence entre la suffisance et la disette[230].

Le transport de la viande depuis le lieu de l'abattage jusqu'à son lieu d'entreposage dans les caches et les postes prenait beaucoup de temps et d'énergie, et était une tâche continuelle qui prédominait sur les autres travaux du poste[231]. Lorsque la chasse avait été fructueuse, les voyageurs entreposaient la viande dans des caches pour la protéger des animaux sauvages jusqu'à ce qu'ils puissent la transporter au poste[232]. Pendant l'hiver, le transport se faisait par traîneaux, des caches au poste, et pendant l'été, les voyageurs utilisaient des canoës, ou des charrettes à cheval[233]. Les voyageurs transportaient également la viande des animaux abattus par les chasseurs amérindiens engagés au poste et celle des caches des Amérindiens qu'ils achetaient dans leurs campements[234]. Parfois ce travail du transport de la viande incombait aux femmes et aux enfants si le poste était à court de main-d'œuvre[235], ou bien, à l'occasion, certains maîtres engageaient des Amérindiens pour le faire. Par exemple, Alexander Henry le Jeune s'aperçut que c'était un désagrément que d'envoyer les gens tous les jours rechercher de la viande, aussi paya-t-il davantage les Amérindiens pour qu'ils le fassent[236]. Il était risqué de laisser la viande dans les caches, car elle pouvait y être abîmée par des animaux sauvages ou un mauvais entreposage. Dans une accumulation d'erreurs dignes d'une comédie, en janvier 1806 à Rocky Mountain House, un voyageur du nom de Forcier se gela les orteils en allant rechercher la viande d'une cache; le lendemain, le maître John Stuart envoya des voyageurs rechercher davantage de viande dans une autre cache, mais les hommes ne purent la trouver, car ils s'étaient trompés de chemin; lorsqu'ils y retournèrent finalement, une semaine plus tard, ils rapportèrent une petite quantité de viande, presque trop sèche pour pouvoir être mangée, et ils en accusèrent les chasseurs amérindiens. Pour éviter des désagréments supplémentaires, Stuart donna à ses hommes des guides amérindiens pour les amener aux autres caches et leur ordonna de rester avec les Amérindiens pour mettre en sécurité le produit de leur chasse dans des caches et pour revenir informer les hommes du poste de ce qu'ils auraient tué[237]. Parfois les bourgeois et les commis étaient si contrariés de l'incompétence de leurs hommes qu'ils allaient eux-mêmes récupérer la viande. Par exemple, George Nelson envoya l'un de ses hommes rechercher de la viande dans un campement amérindien peu après le jour de Noël 1806, et celui-ci revint au jour de l'An avec une livre et demie de viande en tout et pour tout et « un paquet d'excuses pour ses infortunes ». Nelson partit quelques jours plus tard avec son interprète et trois traîneaux et n'eut aucun mal à obtenir cette viande[238].

Selon les régions, la pêche pouvait être un bon moyen de se procurer de la nourriture. Les poissons étaient pris au harpon et suspendus à sécher[239]. Les hommes pêchaient également à la ligne[240]. Il était très usuel de poser des filets dans les cours d'eau et les rivières; cela faisait même partie de la routine de nombreux postes[241]. Les pêches fructueuses pouvaient devenir le principal mode d'approvisionnement d'une région. À l'automne 1804, au poste du lac La Pluie, important centre d'approvisionnement, les voyageurs pêchèrent dans « la Chaudière » et on nota que le 22 octobre, ils avaient pris 1300 poissons blancs, le 28 octobre 1050, le 8 novembre 60 et le 9 novembre 1100. Le 10 décembre, quatre hommes partirent à la « pêche d'hiver » (lieux de pêche hivernaux) pour poser des filets et commencer à prendre du brochet[242]. Sur une échelle plus réduite, au poste de James McKenzie dans le district de l'Athabasca, en décembre 1799, Joseph Bouché « remonta plusieurs fois 260 poissons blancs pour lui-même et Cadien Le Blanc »[243]. De nombreux voyageurs combinaient la chasse et la pêche pour tirer le maximum des ressources alimentaires. Par exemple, pendant l'été 1809, un voyageur du nom de Richard, vivant à la rivière Dauphin, partit chasser avec ses deux frères les plus jeunes, laissant son frère cadet pêcher et prendre soin de la famille[244]. Il semble que la plupart des hommes affectés à un poste participaient à la pêche et en général, les hommes pêchaient en groupe (contrairement à la chasse, qui était souvent une activité solitaire). Au sud-est du lac Winnipeg, George Nelson implanta une « pêcherie » quasi permanente et y posta constamment des hommes[245]. Les hommes partaient également souvent à la pêche en compagnie de leurs épouses autochtones et de leurs familles[246]. Les bourgeois et les commis prenaient aussi part à la pêche avec leurs hommes et à l'occasion les remplaçaient lorsqu'ils étaient blessés ou malades[247]. À d'autres moments, les hommes pêchaient pour eux-mêmes et refusaient de partager avec leur bourgeois ou leurs commis. Pendant une période de disette au lac Manitonamingon, au printemps 1815, George Nelson nota qu'il serait bientôt à court de nourriture, et que ses hommes ne lui apportaient du poisson que lorsqu'eux-mêmes en

« avaient trop pour pouvoir décemment le garder »[248]. La pêche pouvait être contrariée par les intempéries ou certains désagréments. La glace trop épaisse empêchait les hommes de poser et de récupérer leurs filets, et ces derniers se perdaient souvent dans la glace[249].

Des peuples amérindiens hostiles ou des compagnies de traite rivales pouvaient également empêcher la pêche (et la chasse). La crainte d'attaques imminentes amenait les hommes à déserter de leurs travaux et entravait l'approvisionnement des postes. En mars 1805, les hommes de la Compagnie du Nord-Ouest et ceux de la Compagnie XY désertèrent la pêcherie située près du poste du lac La Pluie en affirmant que les Amérindiens de la région voulaient les tuer. Un voyageur du nom de Richard partit enquêter et découvrit qu'il s'agissait d'une fausse alerte. Les hommes retournèrent à la pêche et eurent une saison fructueuse[250]. Mais les menaces contre les hommes et l'équipement de pêche n'étaient pas toujours de fausses alertes. En territoire Wisconsin, sur la rivière des Saulteux, George Nelson envoya ses hommes passer la nuit dans la pêcherie pour protéger les filets contre les loups et les carcajous[251]. Le bon fonctionnement d'une pêcherie impliquait aussi l'entretien de l'équipement et la fabrication de caches. Les hommes fabriquaient les filets et les ramendaient, fabriquaient des flotteurs, construisaient des abris de pêche et séchaient et entreposaient le poisson[252]. Les femmes autochtones se chargeaient en général de sécher le poisson, consacrant leur savoir-faire à la conservation de la nourriture[253].

Dans les régions où le sol était fertile et la saison cultivable suffisamment longue, les traiteurs aménageaient des jardins pour diversifier leur alimentation[254]. De nombreux postes entraient dans cette catégorie, et l'on peut trouver des indices de jardinage dans des postes aussi éloignés les uns des autres que ceux de Langue de Terre, du lac La Pluie, Fort Alexander, la rivière Dauphin, Moose Lake, les postes de l'Assiniboine – Rivière Qu'Appelle, Cumberland, Fort Vermilion, Dunvegan et celui du confluent du fleuve Mackenzie et de la rivière Liard[255].

Les produits du jardinage les plus communs semblent avoir été les pommes de terre et les navets, mais les hommes faisaient également pousser des oignons, des choux, des concombres, des carottes, des panais et des betteraves, en utilisant des graines apportées du Canada[256]. Les hommes commençaient par nettoyer la terre au début du printemps, semaient à la fin du printemps, désherbaient tout au long de l'été et récoltaient en automne[257]. Les voyageurs élevaient également des clôtures autour de leurs jardins pour les protéger des animaux[258]. Ils entretenaient le sol en y répandant du fumier et en enlevant les pierres[259]. En certains endroits, les hommes expérimentèrent la culture des céréales, comme dans la région du lac Winnipeg en 1805, où ils semèrent de l'avoine, et à Tête au Brochet en 1818, où ils firent pousser du blé[260]. « Faire les foins » était l'une des activités les plus communes, car on utilisait le foin sauvage pour faire des paillasses, des balais et comme nourriture pour les chevaux[261]. Les chevaux étaient les animaux les plus communs dans les postes de traite, et les soins qu'on devait leur donner constituaient une autre des tâches très variées assignées aux voyageurs[262].

Les hommes variaient leur alimentation avec les aliments qu'ils pouvaient trouver dans la région où ils étaient affectés. Il était usuel de cueillir des baies en été et en automne, et parfois les traiteurs découvraient des fruits plus substantiels, tels que des prunes ou des raisins[263]. Parmi les autres ressources alimentaires qu'ils pouvaient se procurer par la cueillette, il y avait aussi les œufs des cygnes, des oies et des canards[264]. Les femmes autochtones avaient une importance cruciale pour les traiteurs, car elles leur apprenaient à récolter les produits de l'environnement du Nord-Ouest et aidaient fréquemment leurs maris à se nourrir à partir des ressources du pays[265].

TRANSPORT ET COMMUNICATION

En plus des travaux de construction, d'artisanat et de recherche de nourriture, les voyageurs des postes de l'intérieur faisaient passer des marchandises, des nouvelles et des informations entre les différents postes tout au long de l'année[266]. Le mode de déplacement le plus usuel était le canoë, mais les voyages à cheval, et en hiver par traîneaux à chiens, se répandirent. Les voyages en terrain difficile dans les rudes conditions hivernales étant risqués, les voyageurs se tournaient vers les Amérindiens pour les itinéraires et l'équipement.

La préparation du voyage annuel vers le lac Supérieur constituait l'essentiel des activités du printemps dans les postes de l'intérieur. Les hommes préparaient le transport des fourrures qu'ils avaient amassées pendant l'hiver et organisaient la distribution des marchandises pour l'année suivante[267]. Les marchandises étaient regroupées en ballots de taille maniable, pesant de 36 à 45 kilos, pour les voyages en canoë[268].

Pendant l'automne, l'hiver et le printemps, il y avait un trafic important entre les postes de l'intérieur pour le partage des provisions. Les hommes étaient envoyés rechercher ou livrer toutes sortes d'aliments comme du porc, de la graisse, de la viande fraîche, de l'avoine et du sucre[269]. Le transport des provisions pouvait devenir critique en période de disette[270]. Il arrivait que des postes tombent à court de nourriture après avoir secouru un autre poste. Par exemple, pendant l'hiver 1808-1809, Duncan Campbell, à court de provisions, partit de son poste de Grand Rapids pour en demander à McDonell au poste de Pigeon River puis à George Nelson au poste de la rivière Dauphin. Le prélèvement de Campbell greva les provisions de McDonell, aussi ce dernier dut-il envoyer trois de ses hommes, Desrocher, Boulanger et Larocque, en demander à Nelson et pêcher à Tête au Brochet. Nelson lui-même tomba à court de provisions à la fin d'août 1809 et dut voyager jusqu'à Fort Alexander pour s'en procurer davantage[271]. Les postes partageaient également entre eux les marchandises de traite et les chevaux ou le bois de construction[272].

Pendant les mois les plus chauds, le voyage par voie d'eau était le mode de déplacement le plus efficace. L'essentiel du temps et de l'énergie, dans les postes de l'intérieur, était consacré à la fabrication et à l'entretien des canoës (voir chapitre IV). Les hommes se procuraient le bois nécessaire pour la fabrication des membrures, de l'écorce pour recouvrir le canoë et de la résine pour l'étanchéité de l'écorce et des coutures[273]. Ils recouraient souvent aux Amérindiens pour qu'ils les aident à trouver ces fournitures[274]. En général, les bourgeois et les commis recrutaient des Amérindiens pour fabriquer des canoës pour les équipages[275]. Les traiteurs récupéraient également les vieux canoës abandonnés par les Amérindiens[276]. Comme pour l'approvisionnement, les traiteurs s'entraidaient pour se procurer des canoës. En mai 1825, Roderick McKenzie, affecté au Pic, écrivit à Duncan Clark à Long Lake : « J'aimerais que vous puissiez vous procurer un petit canoë de voyage, fabriqué par Mondack ; à peu près de la taille de celui que vos hommes ont ici, mais un peu plus relevé aux extrémités – Nous sommes cruellement dépourvus de canoës ici – Les hommes se déplacent dans des canoës de pêche, qui sont beaucoup trop larges pour deux hommes »[277]. Certains engagés finirent par apprendre à fabriquer des canoës, surtout à l'aide de leurs épouses amérindiennes[278]. Les hommes finissaient par savoir comment fabriquer des canoës après avoir passé tellement de temps à les réparer. Les intempéries et les rochers des cours d'eau occasionnaient des fissures, des fentes et des infiltrations même dans les canoës les plus résistants[279]. Certains voyageurs acquirent une certaine réputation dans la fabrication des canoës et leur savoir-faire était requis par les maîtres des autres postes[280]. Quelques-uns devinrent maîtres fabricants de canoës, comme Amelle, qui était affecté au poste du lac La Pluie en 1804-1805[281]. À l'occasion, les hommes apprenaient sur place à fabriquer des bateaux de style européen que l'on utilisait sur les lacs et les rivières les plus larges. Archibald Norman McLeod disait, au printemps 1801 : « Je n'ai personne ici qui ait déjà construit un bateau, mais je m'imagine qu'entre nous tous nous devrions au moins arriver à faire flotter quelque chose »[282]. L'embarcation la plus simple, utilisée pour transporter les marchandises sur de courtes distances, était le radeau[283].

Pendant les mois d'été autant que d'hiver, les voyageurs se déplaçaient à cheval, surtout dans la prairie, où ils pouvaient obtenir des chevaux auprès des Lakotas, des Assiniboines, des Blackfeet, des Snakes et des Ojibwés des Plaines[284]. En général, les bourgeois, les commis et les voyageurs achetaient des chevaux à titre individuel, pour eux-mêmes, bien qu'à l'occasion un bourgeois puisse en acheter tout un troupeau pour équiper son poste[285]. Les chevaux accompagnaient parfois les trains de canoës pendant les voyages et allégeaient leurs charges lorsque ces derniers devaient passer par des cours d'eau sans assez de fond ou des courants trop forts[286].

L'un des modes de déplacements en hiver était la raquette à neige, qui finit par devenir un objet essentiel dans la traite[287]. Les voyageurs, les commis et les bourgeois apprenaient à en fabriquer par l'intermédiaire de leurs épouses amérindiennes, ou en confiaient la fabrication aux femmes[288]. Les raquettes étaient difficiles à fabriquer, aussi les voyageurs retiraient-ils une certaine fierté d'avoir acquis ce savoir-faire[289]. Les hommes se procuraient le bois nécessaire à la « forme » des raquettes, mais ils se tournaient vers les Amérindiens pour obtenir la « babiche » (lanières de cuir) et les peaux non tannées servant à faire le treillis des raquettes, ainsi que les peaux d'orignal pour les semelles[290].

L'autre moyen de locomotion en hiver était le traîneau, tiré par des hommes ou par des chiens. Les hommes fabriquaient des traîneaux ou « traînes » d'épinette rouge ou d'épinette, technique qu'ils avaient apprise des Amérindiens[291]. Les traîneaux étaient utilisés pour transporter des blocs de glace pour la glacière, du bois équarri pour les sites de construction et de la viande provenant des lieux de chasse et des caches[292], ainsi que pour transporter des bagages entre les différents postes en hiver[293]. Pour les longues distances, les traîneaux étaient tirés par des chiens, comme au poste de la Rivière Rouge en novembre 1800 et au poste de la rivière Pembina en octobre 1801[294]. Les chiens finirent par faire partie de la vie quotidienne des postes, et dans certains d'entre eux, ils étaient aussi nombreux que les humains[295].

Les guides étaient essentiels aux voyages, car il était très facile de se perdre[296]. Les traiteurs essayaient souvent de faciliter les transports en utilisant les itinéraires les plus fréquentés des Amérindiens et en signalant les routes les plus utilisées quand ils le pouvaient. À Fort Dauphin, en 1808, George Nelson donna à l'un de ses hommes, Fortier, l'instruction de planter des buissons à intervalles réguliers le long de la route menant au fort pour guider les voyageurs[297].

L'échange d'informations accompagnait les voyages de livraison de nourriture et d'équipement. D'habitude, les nouvelles étaient transmises de manière informelle par les gens de passage au poste. Les voyageurs, les gens libres et les Amérindiens apportaient régulièrement des nouvelles des affaires, de la politique, des gens malades ou des décès lorsqu'ils arrivaient à un poste. Par exemple, lorsque deux des hommes de McDonell arrivèrent à Alexandria, ils se mirent à commérer avec Archibald Norman McLeod que J. Sutherland, au poste d'Elbow, se livrait à une traite irrégulière[298]. Les hommes étaient également souvent envoyés par leurs maîtres à la recherche de nouvelles et d'informations[299].

Les lettres manuscrites n'étaient pas toujours plus fiables que les nouvelles orales. Tandis qu'il était en chemin pour la rivière des Saulteux, le jeune commis George Nelson écrivit une lettre à ses parents à Sorel et l'envoya par l'intermédiaire d'un vieux voyageur, Paulet, en qui il avait confiance et qui vivait près de chez ses parents. Nelson se plaignait de ce que, à l'exception de Paulet, les voyageurs n'étaient en général pas fiables quand il s'agissait de porter des lettres :

> *Pour les gens de ce pays, quand ils veulent voir quelque chose aller et venir en provenance de leurs amis ou vers eux, il est toujours mieux, de loin, de le confier aux gentlemen qui ne se préoccuperont pas de gratitude, mais je dois dire qu'ils prennent toujours grand soin de livrer sûrement ce qu'on leur confie. Quand j'ai écrit cette lettre, je pensais peu à ce qui allait bientôt m'arriver. Ce vieux Paulet est un très honnête homme désireux de porter une lettre de moi à mes parents, je la lui ai donnée sans hésiter car je savais qu'il la porterait certainement à moins d'un accident*[300].

Cependant, l'épistolier pouvait rarement être aussi difficile dans son choix. En général, les gens envoyaient des lettres par l'intermédiaire de quiconque partait vers la destination voulue, et quiconque voyageant dans l'intérieur était censé porter le courrier, y compris les Amérindiens, les gens libres, les voyageurs, les commis et les bourgeois.

Jane Harrison a décrit la distribution du courrier au Canada avant la création d'un système postal unifié, utilisé communément en Europe et qui était imité par les traiteurs du Nord-Ouest. Les lettres contenaient un inventaire de la circulation du courrier, mentionnaient qui avait livré la lettre précédente et qui était désigné pour porter « la présente »[301]. La première ligne d'une lettre de Donald McIntosh, à Michipicoten, adressée à Duncan Clark, à Long Lake, disait : « Ceci vous parviendra par le vieux Le May »[302]. Une autre lettre adressée à Clark, celle-ci de Roderick McKenzie, au Pic, disait : « Votre honorée du 12 de ce mois m'a été portée par mon fils, qui est arrivé ici hier, en compagnie de deux des Indiens du Pic, ils partiront demain avec une demi-douzaine de pièces appartenant à Michipicoten que vous vous efforcerez d'y faire porter si possible… J'ai reçu votre lettre par les Indiens du lac Nipissing »[303]. En mai 1815, John Pruden, du district de Carleton, écrivit à Robert McVicar, à Cumberland House : « Avec le retour des deux Canadiens d'ici j'ai eu le plaisir de recevoir votre aimable lettre »[304]. Les gens laissaient parfois des lettres dans des lieux divers à l'attention des autres. Par exemple, en août 1805, Daniel Harmon se vit remettre une lettre à lui adressée près de l'embouchure de la Rivière Rouge, laissée par Frederick Goedike, l'informant que ce dernier était en bonne santé et qu'il était en chemin vers l'Athabasca, et qu'ils ne se rencontreraient donc plus pendant des années probablement[305].

Les voyageurs portaient du courrier dans la plupart de leurs déplacements[306]. Les bourgeois et les commis se dépêchaient très souvent de bâcler leurs lettres avant le départ d'un voyageur[307]. Le grand voyage annuel des postes de l'intérieur vers les quartiers généraux servait aussi à expédier d'importants paquets de lettres et de rapports[308]. Les visiteurs des postes et les hommes qui y revenaient apportaient en général du courrier[309]. Celui-ci était également livré par des gens libres et des Amérindiens[310]. Alexander Henry le Jeune, en 1810, fit porter son « paquet d'hiver du Nord-Ouest » à la rivière Saskatchewan sud par un Ojibwé de l'ouest et un Outaouais, qu'il pensait être les deux seuls hommes du fort à pouvoir entreprendre ce dangereux voyage[311]. Parfois des Amérindiens guidaient les hommes envoyés au loin porter le courrier[312].

De nombreux voyages étaient planifiés dans l'unique but de porter des lettres[313]. John McDonell, en poste chez les Assiniboines à la rivière Qu'Appelle, envoyait fréquemment ses hommes porter le courrier, surtout pour des nouvelles importantes, comme dans le cas où il informait d'autres bourgeois que des hommes s'étaient perdus[314]. Les voyageurs transmettaient parfois des ordres importants en même temps que le courrier. En septembre 1808, Ferguson envoya deux hommes à la rivière Dauphin porter des lettres de leur bourgeois et des ordres pour que sa femme et ses deux enfants, qui y avaient passé une partie de l'été, lui soient ramenés[315].

L'envoi du courrier et le partage des informations constituaient un aspect si essentiel de la traite des fourrures qu'un *general express* et un *winter express* voyageaient constamment à travers le nord-ouest pour porter les lettres et les nouvelles[316]. Alexander Ross décrivit leur fonctionnement : « Dans chacun des départements éloignés de la Compagnie, on affrète spécialement un canoë léger tous les ans pour transmettre les rapports de leurs transactions »[317]. Daniel Harmon notait que le *winter express* partait de l'Athabasca tous les ans en décembre et qu'il traversait tout le pays pour finir par arriver à Sault-Sainte-Marie à la fin mars[318]. On envoyait des hommes à la rencontre de l'express ou au croisement des principaux itinéraires pour lui faire gagner un peu de temps et lui épargner la distance[319].

Comme tous les voyages dans l'intérieur du Nord-Ouest, la distribution du courrier pouvait être dangereuse. Les intempéries, les animaux sauvages et les peuples hostiles pouvaient empêcher la livraison du courrier et occasionner des blessures à ceux qui le transportaient.

Charles Chaboillez nota, en février 1798, que les deux hommes venus apporter le courrier du lac La Pluie étaient affamés et pouvaient à peine marcher. Chaboillez leur donna à chacun un verre, un peu de tabac et une pinte de rhum à se partager[320]. Les difficultés et les dangers que devaient affronter les porteurs du courrier leur attiraient la sympathie de leurs maîtres. Les hommes de l'express étaient généralement bien traités lorsqu'ils passaient par les postes, ce qui traduit l'importance de leur travail. John Thomson donnait en général aux hommes de l'express du tabac, de l'alcool, des provisions, des munitions et une année leur prêta même une hache[321]. L'importance que les lettres avaient pour les bourgeois et les commis les incitaient à bien traiter les porteurs du courrier. Les maîtres de l'intérieur du Nord-Ouest se plaignaient souvent de la solitude, et les lettres représentaient leurs liens les plus importants avec le monde extérieur. Daniel Harmon notait sa joie à recevoir du courrier : « Rien n'aurait pu me donner la moitié d'une telle satisfaction, alors que j'étais banni de mon propre fait dans ce lugubre pays et si loin de tout ce qui m'est cher en ce monde »[322]. Les informations personnelles et d'affaires que contenaient ces lettres leur conféraient d'autant plus d'importance. En septembre 1806, Harmon reçut l'ordre d'aller passer l'hiver suivant à Cumberland House en même temps qu'on l'informait du décès de son père[323]. L'importance, tant pour les affaires que pour la vie personnelle, de la bonne circulation des lettres et des informations en faisait un travail extrêmement sérieux pour les voyageurs, et les hommes étaient sans arrêt soumis à de fortes pressions pour livrer le courrier le plus rapidement possible.

La grande diversité des travaux décrits dans ce chapitre démontre que les voyageurs étaient des travailleurs hautement qualifiés, qui devaient allier force, dextérité et réflexion pour pouvoir survivre aux rigueurs du Nord-Ouest. La partie essentielle de leur travail consistait à traiter avec les Autochtones. Lorsque les voyageurs traitaient avec eux, surtout en dérouine, ils avaient l'opportunité de créer des relations étroites avec ces derniers et des canaux pour les échanges culturels. Les voyageurs adoptèrent de nombreuses pratiques amérindiennes qui devinrent essentielles à leur survie, comme les méthodes de piégeage, de chasse, de pêche et de préparation de la nourriture. Même si les postes des compagnies de traite de Montréal ressemblaient aux colonies européennes par leur architecture et leur artisanat, les voyageurs avaient adopté de nombreux objets amérindiens, comme les raquettes à neige et les traîneaux. Les relations entre voyageurs et Amérindiens avaient également des implications allant bien au-delà de la simple survie. Des amitiés sincères et de forts liens de parenté se développèrent souvent. Nous explorerons ces étroites relations entre les voyageurs et les femmes autochtones dans le chapitre suivant.

VIII

Tendres liens, monogamie légère et commerce sexuel

Les voyageurs et les femmes autochtones

> *Lorsque leurs maris voyageurs rentrent chez eux au Canada… ces femmes doivent, par nécessité, regagner leurs tribus respectives ; où elles demeurent en général dans un état de veuvage pendant un an ou deux, dans l'attente de leur retour. Si le mari ne revient pas, la femme accorde alors sa main à celui de ses camarades qui a la bonne fortune de convenir le mieux à sa fantaisie*[1].
>
> *[Les voyageurs et les femmes autochtones restent ensemble] aussi longtemps qu'ils peuvent s'accorder entre eux, mais lorsque l'un d'eux regrette son choix, il ou elle se cherche un autre partenaire, et ainsi l'hyménée, sans plus d'embarras, est désuni – ce qui est la loi ici, et aussi raisonnable à mon avis*[2].

Le chapitre précédent explorait en détail l'éventail des relations qui pouvaient se développer entre les hommes autochtones et les voyageurs. Mais les associations amoureuses et les liens de parenté entre les voyageurs et les femmes autochtones, ainsi que leurs familles, constituaient d'importantes dimensions de la vie des voyageurs. Les relations entre voyageurs et Amérindiennes étaient extrêmement variées, bien que ces deux citations, découvertes dans les écrits de traiteurs de la Compagnie du Nord-Ouest, mettent en lumière leur fluidité. Dans la première, Alexander Ross, dans son livre *Fur Hunters of the Far West* (1855), montrait le schéma selon lequel les épouses autochtones remplaçaient un mari ayant quitté le pays. Dans la seconde, une entrée du journal de Daniel Harmon en 1801 révèle la flexibilité et la possibilité du choix qu'avaient à la fois les traiteurs et les femmes autochtones de rester ensemble aussi longtemps que l'arrangement leur convenait. D'autres personnes ont également laissé des écrits évoquant la grande variété des relations qui se développaient entre les voyageurs et les femmes autochtones.

L'idéologie de la division des sexes a conduit les traiteurs, y compris les voyageurs, à créer des relations intimes distinctes avec les femmes amérindiennes, séparées de celles qu'ils avaient avec les hommes autochtones. Ces relations prenaient une grande variété de configurations. Les voyageurs rencontraient des Amérindiennes lorsqu'ils circulaient le long des routes des canoës, pendant les formalités relatives à la traite et lorsqu'ils partaient à la recherche de provisions et de directions. Les mangeurs de lard ne pouvaient avoir que de brèves rencontres avec ces femmes parce qu'ils passaient peu de temps dans l'intérieur, tandis que les hommes du nord, qui y hivernaient et qui y passaient leur vie entière, avaient la possibilité d'élaborer des relations stables et à long terme. Entre ces deux extrêmes, le schéma le plus commun était celui d'hommes qui ne passaient que quelques années dans la traite et qui entretenaient des relations brèves et fluides avec les femmes autochtones. Une fois que les voyageurs étaient affectés dans l'intérieur, ils instauraient souvent des relations monogames avec les femmes qui vivaient à proximité de leur poste. Lorsque les voyageurs étaient envoyés vivre dans des familles amérindiennes, dans leurs campements de chasse, ou lorsqu'ils allaient traiter avec eux en dérouine, ils rencontraient des femmes en dehors du confinement social du poste et loin de la surveillance de leur bourgeois. Mais la plupart de ces relations devaient s'interrompre ou prendre fin lorsque le groupe de chasse de la femme s'éloignait, ou lorsque les voyageurs étaient réaffectés en un autre lieu ou qu'ils quittaient le service pour rentrer dans la vallée du Saint-Laurent. Dans ce système de « monogamie fluide », les unions n'étaient pas toujours très bien définies, et les relations étaient intermittentes, de courte durée et parfois simultanées.

En 1980, les universitaires Sylvia Van Kirk, Jennifer S. Brown et Jacqueline Peterson, se penchant sur la traite des fourrures, ont démontré de manière convaincante qu'il avait existé de nombreux mariages stables entre des femmes autochtones et des officiers ou des maîtres des compagnies de traite[3]. À leur suite, Tanis C. Thorne et Susan Sleeper-Smith ont découvert l'existence de relations semblables entre les traiteurs français et les peuples autochtones de l'aval du Missouri et de l'ouest des Grands Lacs, tandis que Lucy Murphy a suivi la trace de leurs descendants jusqu'à l'ouest du lac Michigan[4]. Brown, cependant, a récemment fait remarquer que ces relations se caractérisaient par l'indétermination, car « en traversant d'immenses fossés de culture, de langue et d'expérience, il ne pouvaient avoir un sentiment très clair du type d'union dans lequel ils entraient. Non plus qu'ils ne savaient dès le début ce qu'il adviendrait de leurs relations »[5]. On peut découvrir, chez les voyageurs, d'autres schémas semblables de relations stables et de longue durée avec des femmes amérindiennes. La croissance d'une importante population métisse, les politiques des compagnies de traite relatives aux femmes et aux enfants des voyageurs dans l'intérieur, les preuves juridiques et les écrits des personnes lettrées de la traite des fourrures indiquent tous l'existence de relations à long terme entre les femmes autochtones et les voyageurs. Cependant, ces dernières relations étaient plus fluides que celles des maîtres avec leurs épouses autochtones. Bien que leur nombre soit difficile à évaluer en raison du morcellement des sources, les journaux et les lettres de la traite des fourrures suggèrent que la mobilité des voyageurs, sans compter les limites de leur richesse et de leur pouvoir, rendaient leurs relations plus temporaires et intermittentes.

La sexualité jouait un rôle central dans de telles rencontres. Les rencontres des traiteurs avec les peuples autochtones de l'intérieur peuvent être envisagées comme une partie du processus de formation du soi sexuel des Euro-canadiens, tandis que les écrits des traiteurs peuvent être considérés comme une projection du désir des Euro-canadiens qui s'exprime dans le discours de la promiscuité avec les Amérindiens. Le désir sexuel étant une partie constituante si importante des rencontres entre les voyageurs et les femmes autochtones, il devenait le lieu du métissage culturel, quand les voyageurs et les femmes autochtones créaient des connexions sexuelles.

Division des sexes au Canada français et dans le Nord-Ouest

Les catégories de « masculin » et de « féminin » étaient bien définies, tant au Canada français que dans les sociétés autochtones, où le travail, la diplomatie, l'organisation sociale et les arrangements familiaux se divisaient le long des lignes de division sexuelle. Cependant, les idées relatives au statut des femmes et l'étendue des pouvoirs entre les catégories sexuelles différaient chez les Canadiens français et chez les Amérindiens. En s'unissant, les voyageurs et les femmes autochtones modelaient des manières de voir et des pratiques interculturelles qui aboutissaient au célèbre « mariage à la façon du pays ».

Comme en France, le Canada français était une société patriarcale, où les hommes dominaient les femmes, surtout dans le cadre de l'institution de la famille[6]. Cette organisation du pouvoir influait sur les systèmes sociaux comme la division du travail et les identités individuelles. En Nouvelle-France, après l'arrivée des « filles du roi » (jeunes filles dotées par le roi pour immigrer en Nouvelle-France et s'y marier, à partir des années 1660), l'institution du mariage se répandit partout. L'historien John Bosher a montré que pratiquement tout le monde à l'exception du clergé se mariait et que les veufs et les veuves se remariaient très vite après le décès de leur conjoint[7]. Cela menait-il à une société encore davantage régie par le patriarcat ? Jan Noel a soutenu le contraire, affirmant que les femmes de Nouvelle-France disposaient d'une situation privilégiée, ce qui était inhabituel, et qu'elles avaient accès à l'enseignement supérieur et jouaient un rôle dans le commandement et le commerce. La plupart des colons avaient quitté la France à une époque où la division des sexes en Nouvelle-France n'était pas aussi rigide qu'elle le devint plus tard. Au cours des premières années d'existence de la colonie, le petit nombre des femmes faisait qu'elles étaient tenues en haute estime et respectées. Les femmes tiraient souvent parti de leur situation démographique exceptionnelle en choisissant soigneusement leur mari et en affirmant leurs droits à travailler et à la propriété. Vers le XVIIIe siècle, les fréquentes absences des hommes en raison de leur implication dans la guerre et dans la traite des fourrures conférèrent aux femmes davantage de pouvoir et d'opportunités économiques qu'elles n'auraient pu en avoir en Europe[8]. Allan Greer avertit, cependant, que la diversité des expériences de vie des femmes canadiennes-françaises fait qu'il est difficile d'en parler en termes universels. Les femmes nobles et les religieuses disposaient probablement de plus de pouvoir, les femmes des habitants avaient une indépendance significative, surtout lorsque leurs maris étaient absents, tandis que les femmes domestiques étaient les plus asservies. Cependant, toutes étaient soumises aux hommes[9]. Par contraste, bien que les hommes et les femmes autochtones aient eu des rôles clairement définis, ils ne vivaient pas dans un système de patriarcat omniprésent. Les rôles économiques des femmes et leur statut politique dans les communautés autochtones font l'objet de grands débats, comme la question de savoir si les sociétés amérindiennes se caractérisaient par le patriarcat ou par l'égalité entre les femmes et les hommes[10]. De nombreux chercheurs s'accordent sur le fait que bien que toutes les sociétés autochtones n'aient pas été égalitaires avant le contact, une « égalité relative » existait entre hommes et femmes. Le contact avec les traiteurs européens, les missionnaires et les colons entraîna ou intensifia la subordination des femmes[11].

Les traiteurs de fourrures, ou du moins leur élite lettrée, devant les sociétés amérindiennes, eurent en commun le choc de voir à quel point les femmes autochtones travaillaient dur et eurent l'impression qu'elles étaient traitées comme des « bêtes de somme » par les hommes autochtones, et qu'elles étaient obligées d'effectuer les travaux les plus durs[12]. L'historien David Smits pense que les Européens avaient attribué aux femmes amérindiennes le rôle de « cendrillons » ou de « souffre-douleurs » pour accentuer la sauvagerie des Amérindiens et ainsi contribuer à justifier la colonisation[13]. Ce stéréotype de « bête de somme » reflète probablement le malaise des Euro-américains devant des femmes dont le travail englobait celui qu'ils pensaient relever du domaine des hommes. Cependant, ce stéréotype peut se comprendre différemment, et constituer l'indice de l'importance des femmes dans les sociétés amérindiennes et dans la traite des fourrures. Priscilla Buffalohead signale avec justesse aux chercheurs que bien que « certains observateurs aient commencé à modeler une image des femmes autochtones comme des bêtes de somme, des cendrillons ou des quasi esclaves des hommes, effectuant l'essentiel du travail mais se voyant interdire toute participation au monde apparemment plus important et plus flamboyant des hommes, chasseurs, chefs et guerriers », leurs descriptions des Amérindiennes « se basaient sur la prémisse que l'on devait montrer de la déférence envers les femmes justement parce qu'elles étaient biologiquement et intellectuellement inférieures aux hommes ». Les observateurs européens ne sont donc pas parvenus « à comprendre l'étendue entière des rôles économiques des femmes, la mesure par laquelle les femmes ojibwés géraient et dirigeaient leurs propres activités et, peut-être plus important, l'étendue de leurs droits de propriété et de distribution sur ce qu'elles fabriquaient et produisaient »[14].

Les voyageurs ne considéraient probablement pas les femmes autochtones comme des bêtes de somme, contrairement aux lettrés de la traite des fourrures. Ils venaient de fermes où tous les membres de la famille travaillaient côte à côte. Ils doivent s'être étroitement identifiés à la nette division du travail se basant sur la division des sexes dans les cultures amérindiennes. Tant les hommes que les femmes contribuaient à la formation d'une maisonnée, et les femmes héritaient de la propriété de leur mari. Les hommes défrichaient la terre et travaillaient dans les champs tandis que les femmes prenaient soin des animaux domestiques, et de la maison et des enfants. D'une certaine manière, cette division du travail peut être considérée comme égalitaire ou équilibrée, même si la société canadienne-française était fortement patriarcale. De plus, de nombreux hommes canadiens-français s'absentaient de leur foyer lorsqu'ils devaient servir dans l'armée, et lorsqu'ils étaient séparés, les hommes et les femmes devaient chacun effectuer les travaux ordinairement considérés comme l'apanage de l'autre sexe. Cependant, légalement, les hommes étaient les chefs de la maisonnée tout au long de leur vie. Mais au-delà des restrictions juridiques, le patriarcat était, comme l'explique Allan Greer, « un schéma de pensée et d'action qui était, au cours des siècles, entré dans les coutumes et dans les langues européennes, structurant les relations et modelant les identités personnelles »[15]. Il ne fait aucun doute que les voyageurs aient essayé de dominer leurs épouses amérindiennes. Mais leurs efforts doivent avoir été doublement inefficaces, non seulement parce que les femmes autochtones n'étaient pas familières de la domination patriarcale de style européen, mais aussi parce que les voyageurs étaient souvent dépendants d'elles pour survivre dans le Nord-Ouest.

COUP D'ŒIL SUR DES PASSIONS

Certains aperçus de sentiments personnels entre les voyageurs et les femmes amérindiennes sont profondément ensevelis dans les écrits des lettrés de la traite des fourrures, qui éprouvaient souvent des sentiments contradictoires et empreints de malaise envers les unions avec les femmes autochtones. De plus, comme l'a éloquemment expliqué Brown, ces coups d'œil ne sont que de minuscules morceaux de tissu dans un patchwork, qui souvent ne conservent pas grand-chose de leur motif d'origine, et on doit les observer sous différents angles, un peu à la manière dont les géomètres « triangulent » leurs observations en prenant des mesures en différents points de l'espace[16]. George Nelson, qui, sous beaucoup d'aspects, n'est pas un bourgeois typique, nous donne quelques indices intéressants observés d'un point de vue inhabituel. Lorsqu'il arriva prendre la direction du poste de Fort Alexander en 1808, le traiteur Duncan Cameron insista pour qu'il épouse une des jeunes femmes du poste. Il s'opposait inflexiblement à des « connexions de cette sorte », les tenant pour adultères et immorales, et s'inquiétant de ce qu'en penseraient ses pairs, ses parents et Dieu. Il pensait que ceux qui épousaient des femmes autochtones le faisaient pour satisfaire leur « concupiscence lubrique » et que, lorsque cela leur convenait, ils se débarrassaient de leurs familles « qui allaient traîner dans la privation et l'infortune ». Cependant, il succomba à la pression : « Et cependant, je n'étais pas mieux que mes voisins ; le sexe avait des charmes pour moi comme pour les autres ; mais il restait toujours un aiguillon, cette fois seulement en train de disparaître. Je m'abandonnai, et j'y allai comme le bœuf à l'abattoir »[17]. Bien que Nelson fisse allusion aux Proverbes (7 : 22), son choix d'un animal châtré pour métaphore souligne son malaise à l'idée d'avoir des relations avec des femmes autochtones, mais reflète également une conception du mariage comme une conquête de l'homme. Peut-être pensait-il que les femmes amérindiennes prenaient les hommes euro-américains au piège de leurs collets. En comparant ce que dit Nelson de ses deux mariages avec des femmes ojibwés, dans ce qu'il a écrit à l'époque de ces mariages puis avec ses souvenirs plus tardifs, Brown suggère que Nelson, à l'instar de nombreux officiers de la traite, a fini par accepter l'idée de mariages entre les femmes autochtones et les traiteurs européens uniquement après avoir passé beaucoup de temps dans le Nord-Ouest : « leurs définitions et leurs significations, d'ordinaire, n'étaient pas fixées » et les sources n'offrent que des vérités partielles sur la compréhension entre les hommes et les femmes[18]. D'autres traiteurs, après avoir passé plus de temps dans le Nord-Ouest, parlaient des mariages avec certains groupes de femmes autochtones comme d'une chose très ordinaire. En décrivant les Spokanes du Nord-Ouest, près du Pacifique, Ross Cox écrivait : « Leurs femmes sont de véritables esclaves et des plus soumises à l'autorité maritale. Elles ne se montraient pas aussi indifférentes que les femmes Flathead pour le confort supérieur que représentait le fait d'être la femme d'un homme blanc, et par conséquent, beaucoup d'entre elles sont devenues les partenaires des voyageurs »[19]. Cox ne considérait donc pas le mariage comme un amoindrissement de la liberté ou de la masculinité des hommes. Les connexions entre les traiteurs et les femmes amérindiennes étaient des plus courantes, et les lettrés de la traite des fourrures ont représenté ces connexions en fonction de leurs propres préoccupations du désir et de son refoulement. Ces commentaires sur les unions entre les voyageurs et les Amérindiennes allaient du dégoût de la promiscuité sexuelle à la sympathie pour les voyageurs « pris au piège », jusqu'à l'indifférence. Par bonheur, certains de ceux qui nous ont laissé des écrits éprouvaient davantage qu'un intérêt fugitif pour ces connexions entre les voyageurs et les femmes autochtones, et nous ont laissé des descriptions détaillées.

Dans de nombreuses unions entre les voyageurs et les Amérindiennes, l'affection et l'amour semblent avoir été réels. Dans le district de la Columbia, Alexander Ross écrivait, au sujet de tous dans leur ensemble : « La tendresse qui existe entre les [épouses autochtones] et leurs maris constitue l'une des raisons principales de l'attachement que les différentes classes de blancs éprouvent pour les pays indiens »[20]. Alexander Henry le Jeune évoquait le cas d'un voyageur qui se portait volontaire pour travailler gratuitement, à condition qu'on l'autorise à épouser celle qu'il aimait et que la compagnie leur fournisse un logement et de quoi vivre. Henry ajoutait qu'il avait déjà vu ce comportement « idiot » chez des voyageurs qui « n'hésitaient pas à signer un contrat d'engagement perpétuel à condition qu'on leur permette d'avoir la femme qui avait frappé leur imagination »[21]. James McKenzie tournait lui aussi en dérision l'un de ses voyageurs qui était de toute évidence dévoué à sa famille : « Lambert est venu avec sa dévergondée recueillir de la mousse pour leur fils, le fruit de leurs amours et le soleil de leurs vies… Peu après il arriva avec un gigantesque chargement de mousse sur le dos pendant que madame marchait lentement derrière en ne portant rien d'autre que son petit morveux grognon »[22]. La mousse était utilisée en guise de couches ; on l'enroulait autour des nourrissons et on en tapissait les porte-bébés. De nombreux voyageurs se souciaient sincèrement de leurs épouses amérindiennes et leur montraient leur attachement en leur faisant des cadeaux. Les voyageurs s'endettaient parfois considérablement pour acheter des « fanfreluches » à leurs épouses autochtones et en une occasion, des hommes volèrent de la farine et du sucre dans les provisions de la Compagnie de la Baie d'Hudson pour « offrir un festin à leurs femmes »[23].

Les écrits des lettrés de la traite des fourrures nous font également un portrait du Jean-Baptiste hyper sexualisé, le Don Juan nord-américain, semblable à celui du vieux voyageur qui avait eu douze épouses. Cela semble surprenant si l'on considère la charge physique écrasante du travail des voyageurs. Peut-être les voyageurs doutaient-ils de leur virilité, aussi devaient-ils l'exagérer même au risque de l'épuisement. Non seulement il était important d'acquérir une épouse, mais la manière de la traiter était également importante. Le vieux voyageur se vantait auprès de Ross que toutes ses femmes avaient été mieux habillées que les femmes des bourgeois. Pouvoir offrir des cadeaux de prix à sa femme était un signe de richesse et traduisait le savoir-faire, la force et l'endurance, toutes qualités du voyageur hyper viril. Cela semble aller à l'encontre de l'éthique de non-accumulation des voyageurs, mais le fait de dépenser de l'argent en vêtements, en bijoux et en bonne nourriture pour son épouse représentait une manière d'être prodigue sans avoir le fardeau d'accumuler des possessions difficiles à transporter. Certains bourgeois ont remarqué à quel point les voyageurs pouvaient se montrer loyaux et courtois envers leurs femmes et leurs maîtresses. Bien qu'ils se soient plaints de ce que les voyageurs volaient des provisions et se livraient à la traite pour leur compte afin de fournir des suppléments alimentaires à leurs épouses, ils admiraient également les attachements sincères des voyageurs[24]. Au cours de la guerre de 1812, des voyageurs avaient été enrôlés pour constituer un régiment dans la région des Grands Lacs, mais nombre d'entre eux s'éclipsaient pendant la nuit pour aller dormir avec leurs femmes[25]. En une occasion, des voyageurs poursuivirent des Amérindiens en plein hiver pour récupérer leurs épouses kidnappées, risquant de mourir de froid ou d'être tués par leurs rivaux amérindiens armés et en colère[26].

Les bourgeois et les commis exprimaient souvent leur étonnement devant le degré d'affection que les femmes amérindiennes témoignaient à leurs maris autochtones qui semblaient les traiter comme des esclaves[27]. Duncan McGillivray pensait que les femmes autochtones étaient traitées de manière si « barbare » dans le Nord-Ouest qu'on ne pouvait espérer qu'elles puissent aimer leur mari, qu'il soit amérindien ou canadien-français[28]. Les voix des femmes amérindiennes sont presque inaudibles dans les documents de la traite des fourrures, et nous ne pouvons avoir que de rares aperçus de leurs attitudes. George Nelson évoqua quelques femmes des environs de Portage La Prairie qui se plaignaient auprès de lui de ce que les gens de leur propre peuple les traitaient mal. Ces femmes laissaient entendre qu'elles souhaitaient se joindre aux traiteurs[29]. Il est possible que cela ait constitué une stratégie économique de la part de ces femmes ou de leur tribu pour améliorer leurs conditions de vie et nouer des liens d'intérêt[30].

L'attitude des hommes autochtones envers les unions de leurs femmes et de leurs filles avec les traiteurs était variable. Dans de nombreux groupes amérindiens de l'intérieur, les mariages intertribaux étaient encouragés comme un moyen de cimenter les relations diplomatiques et commerciales. Les relations économiques se basaient sur des liens de parenté réels ou potentiels, et l'instauration de liens maritaux avec les traiteurs euro-américains relevait naturellement de la même stratégie[31]. Les pères amérindiens espéraient à la fois des avantages commerciaux et un engagement durable envers leur famille. Aussi certains groupes autochtones encourageaient-ils les bourgeois, les commis et les voyageurs à épouser l'une de leurs femmes, parfois avec insistance. Les liaisons sexuelles et les unions maritales faisaient partie des rituels assurant des relations de traite stables.

D'autres hommes autochtones, ayant eu de mauvaises expériences, s'opposaient aux unions sexuelles entre les femmes amérindiennes et les traiteurs de fourrures. George Nelson a noté l'opinion d'un Ojibwé qui désapprouvait le fait que sa fille fréquente des traiteurs. Il la qualifiait de sale et de paresseuse parce qu'elle aimait trop la compagnie des hommes.

> *Elle n'est bonne que pour les hommes blancs parce qu'avec eux, elle n'aura à faire que des raquettes à neige et des mocassins, et elle pourra avoir autant d'hommes qu'elle désire ; elle n'est bonne que pour les blancs ; ils prennent des femmes non pour des épouses mais pour des putains, pour satisfaire le désir animal, et quand ils sont satisfaits, ils les rejettent, et un autre la prend dans le même but et la rejette encore, et elle continuera comme cela jusqu'à ce qu'elle soit une vieille souillée par tous ceux qui auront choisi de l'utiliser. Elle est idiote, elle ne comprend rien, elle n'a pas de sentiment, pas de honte, elle n'est bonne que pour être une putain pour les blancs. Je souhaite qu'elle me quitte*[32].

Les hommes autochtones s'opposaient parfois aux traiteurs étrangers, comme dans le cas d'un voyageur du nom de Joseph Constant que les Amérindiens n'aimaient pas à cause de sa « prodigalité envers les femmes »[33]. Alexander Mackenzie découvrit que les Beavers du district de l'Athabasca abhorraient « toute communication charnelle entre leurs femmes et les hommes blancs »[34]. Alors qu'il traversait les plaines en 1805 au cours d'une expédition d'exploration vers les montagnes Rocheuses, le bourgeois Antoine Larocque relata que les hommes autochtones se battaient avec les traiteurs et les voyageurs au sujet de leurs épouses, dont plusieurs s'étaient enfuies en direction des montagnes avec leurs amants : « Des chevaux ont été tués et des femmes blessées depuis que je suis avec eux, à cause de la jalousie »[35]. En 1805, W. Ferdinand Wentzel nota qu'un Amérindien du nom de Pouce Coupé avait décidé de ne plus chasser pour le poste parce qu'il était contrarié que sa femme ait une liaison avec le voyageur Little Martin Junior. Wentzel se plaignait de ce que, malgré tous ses efforts et ceux de ses prédécesseurs, il ne puisse empêcher les voyageurs d'avoir des relations sexuelles avec les Amérindiennes, même lorsque cela finissait en querelles avec les traiteurs autochtones. Il évoquait aussi un incident survenu en Athabasca pendant l'été 1804, lorsque des voyageurs avaient violé des femmes dénés avant d'insulter tout leur groupe et de leur voler leurs fourrures. En représailles, tous les Dénés de la région refusèrent de traiter avec le poste et l'incendièrent de fond en comble, et au moins six voyageurs furent tués[36]. Certains Amérindiens se montraient particulièrement jaloux lorsque leurs épouses avaient des liens avec les traiteurs, et en une occasion, un Snake assassina sa femme parce qu'elle avait une liaison avec un traiteur[37]. Ces exemples sont des cas particuliers, cependant, et ils ne sont pas représentatifs du schéma d'ensemble des relations entre les traiteurs et les peuples autochtones. En général, les Amérindiens encourageaient les unions entre les femmes autochtones et les traiteurs pour créer des alliances.

Les femmes autochtones dans la traite des fourrures

Les voix des femmes autochtones, à peine audibles dans les écrits des lettrés de la traite des fourrures, ont été amplifiées par les travaux d'historiennes féministes dans les années 1970. Par la suite, l'ouvrage «*Many Tender Ties*» de Sylvia Van Kirk a décrit la manière dont les femmes autochtones sont devenues essentielles aux traiteurs européens en tant que partenaires et épouses en raison de leurs savoir-faire dans le pays et de leurs connexions dans la traite. L'ouvrage de Jennifer S.H. Brown, publié la même année (1980), *Strangers in Blood*, examine le rôle des femmes dans la constitution des familles de la traite des fourrures. Également terminée en 1980, la thèse de doctorat de Jacqueline Peterson, «The People in Between», se penche sur les familles de la traite des fourrures et sur l'ethnogenèse des Métis de la région des Grands Lacs. Ces historiennes ont pu passer au crible les écrits des officiers et des maîtres de la traite des fourrures, tous des hommes, pour dévoiler les vies des femmes autochtones. Les anthropologues et, dans une période plus récente, les historiens, ont essayé d'explorer l'histoire des Amérindiennes indépendamment de leurs relations avec les bourgeois de la traite des fourrures et des explorateurs, des missionnaires et des colons. Par exemple, l'ouvrage de Susan Sleeper-Smith, *Indian Women and French Men* (2001), montre que, dans la région des Grands Lacs, ce furent les femmes autochtones qui eurent la principale responsabilité dans l'intégration du capitalisme mercantile français aux économies amérindiennes par l'intermédiaire des réseaux de parenté[38]. Il est crucial de comprendre les femmes autochtones dans leur propre contexte culturel pour explorer la manière dont elles ont interagi avec les traiteurs euro-américains. Malheureusement, la pauvreté des sources a fortement limité les chercheurs. Cependant, dans un article sur la division des sexes dans l'histoire autochtone, Gunlög Fur suggère que la pauvreté de ces sources peut constituer une force méthodologique pour le champ d'étude, car les sources fragmentaires contraignent à un usage plus prudent et montrent clairement à quel point la division des sexes constitue une catégorie importante de l'analyse de l'histoire amérindienne[39].

Bien que les écrits des bourgeois et des commis négligent les femmes amérindiennes ou les décrivent dans des positions subordonnées, ils révèlent qu'elles avaient un rôle clé dans la traite des fourrures. Les femmes autochtones apprêtaient la viande et les fourrures pour la traite et chassaient et piégeaient les petits animaux qui étaient inclus dans les provisions et les fourrures de la traite. Comme les Amérindiens, les femmes autochtones se rendaient aux postes de traite pour y vendre des fourrures et des provisions[40]. Certaines femmes étaient des commerçantes très avisées, comme Net-no-kwa, la mère adoptive outaouais du prisonnier blanc John Tanner. Net-no-kwa recevait tous les ans des cadeaux de valeur de la part des traiteurs, comme un baril de dix gallons d'alcool fort et un habillement et des ornements de chef, cadeaux en général réservés aux chasseurs les mieux considérés et les plus productifs[41]. Ayant à traverser le Grand Portage pendant un été, Net-no-kwa était déterminée à conserver ses fourrures pour les vendre au meilleur prix. Pour empêcher les traiteurs de lui voler sa cargaison, elle ne passa pas par l'itinéraire fréquenté par les traiteurs pour franchir le portage. Elle résista aux cajoleries de ces derniers, à leurs cadeaux et même à leurs menaces lorsqu'ils voulurent la convaincre de traiter avec eux. Elle ne consentit à vendre ses fourrures que lorsqu'ils lui offrirent le prix qu'elle en voulait. Son comportement démontre sa capacité d'agir et son habileté dans le commerce avec les traiteurs[42]. Il est difficile de savoir si Net-no-kwa était une exception parmi les femmes des Outaouais ; il se peut que les traiteurs l'aient respectée davantage à cause de sa réputation d'habileté et parce qu'elle était plus âgée[43]. Jacqueline Peterson affirme que parmi les peuples des Grands Lacs, il existait des modèles sociaux de femmes chasseresses, guerrières, célibataires, prostituées et femmes-médecine. Bien que ces femmes n'aient constitué qu'un petit nombre, on leur témoignait de la déférence et du respect, car on pensait que leurs pouvoirs étaient « autres qu'humains » et leur venaient des esprits[44]. Priscilla Buffalohead décrit les différences liées à la division des sexes dans la répartition du travail chez les Ojibwés des Grands Lacs, en avançant l'idée que si l'idéologie normative des sexes prescrivait que les hommes devaient chasser et traiter pendant que les femmes préparaient la viande et les fourrures obtenues à la chasse, à l'occasion les femmes participaient directement à la traite. Elle affirme que les femmes ojibwés détenaient probablement des droits de « propriété » sur les marchandises et que donc, elles pouvaient traiter à l'instar des hommes, et que la flexibilité et la nature complémentaire de la division des sexes chez les Ojibwés permettaient aux femmes de participer aux activités en général assignées aux hommes dans la société euro-américaine[45]. Carol Cooper a découvert que chez les Nishgas et les Tlingits de la côte du Pacifique (qui étaient des sociétés matriarcales), certaines femmes participaient à la traite des fourrures et étaient devenues des intermédiaires entre les compagnies de traite européennes et leur tribu. Une femme nishga du nom de Neshaki, qui vivait dans la vallée de la rivière Nass, était devenue un personnage important de la traite, employée par la Compagnie de la Baie d'Hudson pour inciter les traiteurs autochtones à venir traiter au poste, et elle devint l'épouse de l'officier de la Compagnie, le capitaine William McNeill[46]. Le baptême rituel auquel devaient se plier les voyageurs novices (voir le chapitre III) stipulait que les voyageurs ne devaient pas embrasser une femme contre son gré, ce qui suggère que les femmes autochtones avaient un certain contrôle dans le choix de leurs partenaires sexuels, qu'elles soient mariées ou non. Dans la plupart des cultures autochtones du Nord-Ouest, les couples hétérosexuels constituaient la norme de l'organisation sociale, mais les mariages étaient fluides et le divorce et le remariage étaient routiniers.

Malgré l'influence des femmes autochtones qui agissaient en tant que traiteurs indépendants, les bourgeois et les commis de la traite tendaient à les considérer différemment des hommes et les rabaissaient à un niveau insignifiant en tant que partenaires de traite. George Nelson avait donné à l'un de ses voyageurs des alcools forts et du tabac à distribuer aux hommes autochtones, et « plusieurs choses sans valeur » pour traiter avec les femmes autochtones[47]. Il est probable que les voyageurs aient eux aussi traité les femmes commerçantes différemment en raison de l'influence du patriarcat et de la division rigide entre les sexes qu'ils conservaient du Canada français. Dans son étude des Ojibwés des environs des Grands Lacs, Carol Devens affirme que la traite des fourrures avait fait éclater la division sexuelle des rôles chez les Ojibwés, parce que « les traiteurs français voulaient les fourrures chassées par les hommes plutôt que le petit gibier, les outils, les ustensiles ou les vêtements fabriqués par les femmes », obligeant les femmes à ne rester que « des auxiliaires du processus de la traite »[48]. (Cependant, la charge de travail des femmes était plus lourde car elles devaient préparer les fourrures pour la traite). Les femmes qui traitaient des fourrures étaient probablement passées sous silence par les bourgeois, à cause de leurs préjugés contre le fait d'impliquer des femmes dans la traite ou parce que les bourgeois ne pouvaient tout simplement pas les considérer comme des chasseurs, des trappeurs et des traiteurs. En dépit de cela, certaines Amérindiennes devinrent des figures importantes de la traite, et d'autres étaient engagées par les traiteurs pour de courts contrats de travail et en tant que guides et interprètes[49]. Certaines Amérindiennes étaient parfois embauchées pour préparer des peaux et tresser des raquettes à neige, domaines dans lesquels leur savoir-faire était réputé[50]. La plus célèbre des femmes qui aida les Européens dans la traite des fourrures fut Thanadelthur, une femme déné qui joua le rôle d'interprète et de négociatrice de paix pour la Compagnie de la Baie d'Hudson au début des années 1770[51].

La valeur des savoir-faire des femmes autochtones leur conférait une position unique dans la traite des fourrures : elles devenaient souvent les figures centrales des alliances entre les traiteurs et leurs partenaires de traite amérindiens. De nombreux chercheurs ont travaillé exhaustivement sur la formation de mariages sérieux et de longue durée entre les Autochtones et les partenaires de traite et les commis, et sur les familles qui en résultaient. Van Kirk, Brown et Sleeper-Smith l'ont démontré de manière très convaincante : les savoir-faire économiques et les liens de parenté des femmes autochtones, de pair avec l'absence totale de femmes blanches, devinrent pour les traiteurs de puissantes incitations à les rechercher pour épouses. Les bourgeois de la traite des fourrures désiraient épouser des femmes autochtones pour les aider à survivre aux rigueurs du Nord-Ouest et à faire des profits dans la traite. Les femmes autochtones jouaient un rôle économique et social clé dans l'émergence de la société de la traite en enseignant à leurs maris comment vivre des ressources du pays, en servant d'émissaires diplomatiques entre les traiteurs européens et amérindiens et en faisant entrer les traiteurs dans les réseaux de parenté autochtones[52].

Le sexe dans le commerce et le commerce du sexe

La traite des fourrures ne fut jamais uniquement un simple échange de fourrures contre des marchandises. Elle impliquait au minimum des cérémonies et des protocoles très ritualisés aux implications politiques et sociales de grande portée. Au cours des années 1960 et 1970, l'histoire de la traite se concentrait sur la nature économique de la traite entre Européens et Amérindiens, cherchant à savoir dans quelle mesure les peuples autochtones étaient dépendants des produits européens[53]. Par la suite, les chercheurs commencèrent à examiner par quels moyens les peuples autochtones contrôlaient la traite, et ils dévoilèrent en partie les significations socioculturelles plus larges de l'échange, qui pouvait s'étendre à des arrangements tels que le mariage, l'adoption rituelle, l'aide à la guerre et la participation aux cérémonies communautaires[54]. Cependant, un domaine restait négligé : celui que jouaient les liaisons sexuelles. La sexualité était au cœur des relations interculturelles dans la traite des fourrures et les voyageurs en étaient « à l'avant-garde ». Les liaisons sexuelles entre les femmes autochtones et les hommes euro-américains ratifiaient souvent les cérémonies de traite et il se créait par la suite des alliances diplomatiques et de parenté, mais aussi des opportunités de commerce sexuel.

Le sexe comme partie intégrante du commerce et le commerce du sexe existaient probablement dans les groupes autochtones avant l'arrivée des traiteurs euro-américains. De nombreux chercheurs ont découvert que le partage des épouses était une pratique courante entre alliés et partenaires de traite. Ruth Land attestait que l'expression sexuelle libre était commune chez les Ojibwés, bien que ses descriptions reflètent une conception du début du XXe siècle associant le libertinage aux peuples « moins civilisés »[55]. Cependant, des recherches plus récentes sont venues à l'appui de ces anciens arguments. Jennifer Brown a décrit le commerce de femmes prisonnières et esclaves : « Les Cris et les Chipewyans insistaient pour que les hommes de la Compagnie du Nord-Ouest et de celle de la Baie d'Hudson acceptent leurs femmes dans l'intérêt des amitiés et des alliances ; mais plus loin vers l'ouest, dans divers groupes d'Indiens des Plaines, les hommes de la Compagnie du Nord-Ouest rencontraient fréquemment des sociétés qui s'étaient depuis longtemps activement engagées dans le commerce des femmes pour le profit. La pratique de la vente de femmes esclaves aux Canadiens, mentionnée par Umfreville en 1790, remontait au moins aux années 1730 et 1740, période durant laquelle chaque année jusqu'à soixante femmes esclaves étaient envoyées à Montréal »[56]. On peut se douter que les relations sexuelles y jouaient un rôle. Malheureusement, la plupart des travaux portant sur les pratiques sexuelles autochtones se concentrent soit sur la division des sexes et l'égalité entre hommes et femmes ou sur les berdaches, catégorie des « déviances » sexuelles comme l'homosexualité, la transsexualité et les rôles du troisième sexe[57]. Tout ceci néglige l'apparente hégémonie hétérosexuelle et le désir érotique hétérosexuel présumé, qui sous tend la reproduction et les structures familiales. Dans la plupart des communautés autochtones du Nord-Ouest, l'organisation sociale était dominée par les couples hétérosexuels inscrits dans des mariages stables, mais il existait des cas de polygamie. Les mariages étaient souples et les divorces et les remariages routiniers[58]. La plupart des sociétés amérindiennes ne paraissent pas avoir connu le même type de régulation morale de la sexualité que celles des Européens. Certaines cultures encourageaient les adolescents à avoir des expériences sexuelles. La pratique du partage des épouses était commune, mais une forte distinction était instaurée entre le partage au vu et au su de tous et les liaisons illicites, qui n'étaient pas tolérées. Les berdaches représentaient peut-être une ouverture à d'autres conceptions du corps. Cependant, la catégorie sexuelle des berdaches est également susceptible d'avoir conforté l'hégémonie hétérosexuelle en définissant la « déviance » et en lui donnant des limites.

La pauvreté de la recherche est identique en ce qui concerne l'étude du désir sexuel et de sa pratique dans les premiers temps du Canada français. L'Église catholique était le principal régulateur de la pratique sexuelle, et le sexe hors mariage était officiellement proscrit (et donc clandestin). Les hommes et les femmes se mariaient généralement de bonne heure, en fonction des terres et des ressources disponibles pour constituer de nouvelles unités économiques familiales[59]. Divers types d'expression sexuelle déviante, comme la contrainte sexuelle et le viol, ainsi que les rapports sexuels avec les enfants et les animaux, étaient punis et réfrénés par l'Église. De plus, les liaisons non maritales, l'autoérotisme et la prostitution n'étaient pas toléres[60]. Aussi les configurations des pratiques sexuelles des Autochtones doivent-elles avoir émoustillé les voyageurs qui entraient dans le pays d'en haut. Le sexe n'était pas confiné au mariage, et bien que les pratiques sexuelles y aient aussi eu des limites, elles n'étaient pas aussi fortement régulées que dans les communautés catholiques françaises.

Lorsque les traiteurs entraient pour la première fois en contact avec de nouveaux groupes autochtones, les Amérindiens offraient souvent leurs épouses ou leurs filles pour des relations sexuelles aux traiteurs qui avaient établi le premier contact (le plus souvent les maîtres, mais parfois aussi les voyageurs) comme moyen de cimenter les relations de traite[61]. Les Amérindiens étaient souvent surpris et insultés lorsqu'ils se heurtaient aux prudes refus des maîtres de la traite des fourrures. En mars 1795, à Qu'Appelle, John McDonell nota que l'Amérindien Grand Diable et sa femme « étaient surpris et chagrinés » de ce qu'il ait refusé les « faveurs » de la femme de Grand Diable, « mais la Dame encore plus, et [McDonell] jugea plus prudent de lui faire quelques menus présents pour l'apaiser »[62]. La crainte de McDonell d'avoir offensé la femme de Grand Diable peut signifier qu'elle ne représentait pas seulement un gage de la part de son mari, mais qu'elle était plutôt un élément actif de la relation commerciale et qu'elle devait être traitée avec dignité. Le mois suivant, McDonell nota que lorsqu'il avait refusé d'acheter de la viande apportée par deux Assiniboines, l'un d'entre eux lui offrit « les faveurs de sa jeune épouse et fit usage d'arguments de poids pour le convaincre de la valeur de la dame en question – mais en vain »[63]. Il n'y avait que le bourgeois à noter les incidents de ce type, mais il ne fait pas de doute que les voyageurs qui initiaient des relations de traite se voyaient aussi offrir des liaisons sexuelles. On peut se demander si les voyageurs opposaient d'aussi prudes refus à ces propositions lorsqu'ils se rendaient dans les campements amérindiens pour traiter. Les interdictions sociales chrétiennes et euro-canadiennes devaient les dissuader de prendre une part active aux relations sexuelles, mais il se peut qu'ils se soient pliés de bon cœur aux attentes sexuelles en instaurant des alliances de traite.

Bien que les écrits de la traite des fourrures nous dépeignent les femmes autochtones comme de passifs objets troqués par les hommes autochtones, nous ne pouvons être certains que tel était le cas. Il est probable que les femmes négociaient les conditions des liaisons sexuelles et qu'elles jouaient un rôle dans l'élaboration des alliances par l'intermédiaire de ces connexions sexuelles. Les relations diplomatiques et de traite continues s'accompagnaient souvent de liaisons sexuelles de longue durée qui menaient aux liens de parenté. De cette manière, les femmes devenaient les arbitres de la bonne volonté de part et d'autre dans la traite.

Les contacts entre les peuples autochtones et les traiteurs euro-américains entraînaient souvent des échanges, tant informels que très organisés, de services sexuels des femmes contre des marchandises de traite. Van Kirk avance que les traiteurs avaient énormément de difficultés à comprendre la coutume du partage de l'épouse et qu'ils corrompaient la générosité amérindienne en la transformant en « franche prostitution », et que les hommes autochtones exploitaient également leurs femmes pour « satisfaire ce qui leur paraissait être les voraces appétits sexuels des Européens »[64]. Cette image masque l'étendue et le caractère normal de la sexualité dans les rencontres entre Amérindiens et traiteurs. Les traiteurs euro-américains étaient probablement intégrés à des schémas diplomatiques et sociaux préexistants chez les Amérindiens. Le commerce sexuel, en général, ne devint pas l'unique moyen de subsistance des femmes autochtones, non plus que celles qui offraient des liaisons sexuelles ne constituèrent une catégorie sociale distincte, ayant pour principal identifiant social le commerce du sexe (comme la catégorie des « prostituées » dans les sociétés européennes). Carol Cooper affirme que, dans les sociétés amérindiennes de la côte pacifique, les femmes autochtones utilisaient souvent le sexe comme moyen de paiement des marchandises de traite (et non pour établir des liens de parenté). Cela rabaissait les femmes autochtones aux yeux des traiteurs euro-américains, mais non aux yeux des membres de leur propre société. Dans les sociétés de la côte pacifique, il ne s'attachait pas de stigmate particulier au fait de payer pour le sexe, et les femmes adultes étaient libres de choisir leur propre vie sexuelle et reproductive. Cooper conteste le fait que la plupart des femmes qui s'engageaient dans des activités sexuelles volontaires en échange d'un paiement se soient considérées comme des prostituées par vocation, et que leurs familles les aient considérées ainsi. Par contre, les femmes esclaves étaient traitées comme des marchandises et elles étaient donc achetées et vendues, en général par des hommes[65].

Les cas de femmes échangeant des faveurs sexuelles contre des marchandises pourraient suggérer que les femmes étaient considérées soit comme les « détentrices », soit comme les « instruments » du plaisir érotique hétérosexuel masculin. Dans le premier cas, les femmes pouvaient utiliser le désir des hommes pour elles comme une source de pouvoir. Dans le dernier cas, les femmes pouvaient être réduites au rang d'objets et finir par se considérer elles-mêmes comme des marchandises plutôt que comme des personnes douées d'agir. Certains chercheurs ont affirmé que le commerce des femmes plutôt que des hommes en tant que partenaires sexuels peut s'expliquer par le déséquilibre des sexes dans la population. Il y avait souvent plus de femmes que d'hommes dans les sociétés amérindiennes, surtout dans les groupes mobiles des Plaines où les hommes étaient souvent tués dans des batailles ou bien plus exposés que les femmes aux épidémies[66]. Les femmes étaient souvent offertes aux traiteurs non seulement pour des questions d'alliances, mais aussi parce qu'elles étaient très nombreuses et lucratives. Certaines épouses finirent par être traitées comme des marchandises dans certaines sociétés où la polygamie était un signe de richesse[67]. Une autre explication, qui ne contredit pas nécessairement les précédentes, serait que les femmes autochtones participaient au commerce sexuel de leur plein gré. D'autres recherches ethnographiques seraient nécessaires pour révéler les spécificités et les divergences d'attitudes envers le sexe entre les différentes cultures amérindiennes. De plus, bien que ceux des participants à la traite des fourrures qui nous ont laissé des écrits n'aient fait mention d'aucun type de relations sexuelles entre les voyageurs et les hommes autochtones, nous ne pouvons présumer que tout le monde correspondait au modèle hétérosexuel.

Bien que les sources ne nous permettent pas d'évaluer à quel point le commerce sexuel pouvait être usuel autour des postes de traite, elles nous indiquent qu'il existait le long de la plupart des routes de la traite, à partir de la rivière Ottawa, dans la région des Grands Lacs et vers l'intérieur[68]. Les bourgeois et les commis signalaient souvent, comme si c'était inhabituel, le fait qu'un certain groupe d'Amérindiens ne faisait pas le commerce des services sexuels des femmes, ce qui pourrait indiquer que cette pratique était répandue par ailleurs[69].

Le commerce sexuel prenait des aspects différents suivant les contextes locaux. Il pouvait être informel ou occasionnel, lorsque les femmes autochtones proposaient individuellement des liaisons sexuelles en échange de biens de traite. Dans de nombreux cas, les lignes du commerce se brouillent lorsque les hommes autochtones offraient leurs femmes et leurs filles en tant que partie intégrante d'une alliance de traite et de l'établissement de liens de parenté. Dans d'autres contextes, le commerce sexuel était plus explicite et structuré. Certains hommes autochtones contrôlaient les femmes et en faisaient un commerce, les vendant individuellement comme prostituées pour un fort ou en tant que partenaires permanentes. À Rocky Mountain House, en 1810, Alexander Henry le Jeune nota qu'un jour, des Piéganes levèrent le camp, « ayant plusieurs clients pour leurs dames au cours de la nuit »[70]. Le commerce sexuel pouvait également être contrôlé par les femmes, qui se rendaient en groupe dans les postes pour offrir leurs services. Par exemple, lorsque Merriwether Lewis atteignit l'embouchure de la rivière Columbia en novembre 1805, au cours de son expédition par voie de terre, « une vieille femme, qui était la femme d'un chef chinook, vint avec six jeunes femmes, ses filles et nièces, et après avoir délibérément installé leur camp auprès d'eux, commença à cultiver une certaine intimité entre ses hommes et leurs aimables gardiennes »[71]. Les bourgeois tentaient parfois de garder le contrôle sur cette pratique en bannissant les femmes du poste. Quatre ans plus tard, à Fort George, Alexander Henry le Jeune finit par s'irriter de ces femmes qui faisaient commerce du sexe et refusa de les laisser entrer dans le fort[72]. Les prix de ces femmes sont difficiles à déterminer. Certains ont noté qu'une femme pouvait valoir le prix d'un cheval[73]. Au poste de la rivière Pembina, en 1804, Henry mentionna que l'un de ses voyageurs avait donné « une jument de prix pour avoir "touché" seulement une fois une fille de la tribu des Esclaves »[74].

Le commerce sexuel pouvait devenir une cause d'incompréhension culturelle entre groupes. Les hommes autochtones se sentaient souvent insultés lorsque les bourgeois ou les commis refusaient les services sexuels de leurs femmes et de leurs filles[75]. Les officiers de la Compagnie de la Baie d'Hudson critiquaient les traiteurs de la Compagnie du Nord-Ouest, disant qu'ils exploitaient les Amérindiennes. En 1792, Samuel Hearne mentionna que les Chipewyans se plaignaient de ce que les traiteurs canadiens enlevaient de force des femmes autochtones et qu'ils attaquaient parfois des parents âgés ou infirmes pour leur voler leurs filles. Hearne était consterné lorsqu'il écrivait : « de tels agissements dans ces régions… sont encouragés par leurs maîtres, qui souvent jouent le rôle de maquereaux pour procurer des femmes à leurs hommes, tout cela pour soutirer leurs gages aux hommes »[76]. Jennifer Brown suggère que lorsque les femmes devenaient des marchandises de traite, cela pouvait parfois mener « à de turbulents marchandages entre les hommes de la Compagnie du Nord-Ouest et les Indiens et entre les bourgeois ou les partenaires d'hivernage et leurs propres engagés. Ces employés, généralement d'origine canadienne-française, étaient habitués à la compagnie féminine et accordaient souvent une valeur économique explicite à ce privilège, en particulier quand ils étaient endettés »[77]. À l'époque de la concurrence la plus intense entre les compagnies de traite, les bourgeois encourageaient le commerce sexuel car il permettait d'instaurer des liens plus étroits avec les communautés amérindiennes. Les bourgeois toléraient également que leurs travailleurs participent au commerce sexuel, car il leur était difficile d'imposer des réglementations comportementales. Lorsque la traite prospéra et que les postes devinrent plus nombreux, plus densément peuplés et plus stables, il est possible que le commerce sexuel ait également prospéré à la suite de ces nouveaux marchés.

La plus grande partie des écrits de la traite des fourrures qui les concernent dépeignent les femmes autochtones comme des marchandises qui étaient achetées, vendues et « pillées ». Un jour à Fort George, dans les années 1790, un Ojibwé de la rivière Beaver se plaignit auprès du traiteur Duncan McGillivray de ce que sa femme avait été « pillée » et de ce que les coupables étaient probablement les traiteurs[78]. Les traiteurs redoutaient la même chose de la part des Amérindiens et des gens libres. Alors qu'il était affecté à Tête au Brochet et à Moose Lake, le commis George Nelson remarquait que les femmes étaient parfois « pillées », mais cependant son anecdote impliquait la complicité des femmes. Il écrivait : « [Les fils du vieux Lacorne sont] tous de grands mâles, je suppose qu'ils sont venus rôder autour de la maison dans l'espoir de trouver quelques-unes de nos jeunes femmes et de les emporter – ils peuvent très facilement le faire, ce n'est pas la première fois que de telles choses arrivent. Je ne peux pas croire qu'ils aient eu d'autres intentions, car ils auraient pu très facilement nous tuer tous. J'ai fait part de ceci aux hommes, qui montent la garde toute la nuit, et ferment les portes de notre fort »[79]. Dans d'autres cas, les femmes amérindiennes paraissent avoir vraiment été en danger. Alors qu'il se déplaçait à travers la vallée de l'Okanagan, Alexander Ross redoutait grandement que les Amérindiens de l'endroit ne viennent kidnapper les femmes de son groupe et il leur conseilla de s'échapper en secret pendant la nuit, sans faire de pause pour manger, ni prendre le temps de trouver un guide ou une protection, et de rentrer directement chez elles[80].

Comment les présupposés et les attitudes des lettrés de la traite des fourrures ont-ils teinté ces descriptions ? Il est difficile de croire que des Amérindiennes pouvaient consentir à être « achetées et vendues », mais il en existe trop de cas dans les archives de la traite des fourrures pour que l'on puisse les ignorer. Le « trafic du beau sexe » en vint à faire partie de la vie des voyageurs dans de nombreux domaines. Les voyageurs achetaient et vendaient entre eux, ainsi qu'aux bourgeois de leur compagnie, leurs partenaires féminines, pour le plaisir personnel, pour accroître leur « capital social » et pour payer leurs dettes. Dans une de ces blagues du Nouvel An décrites dans le chapitre VI, un voyageur, Desrocher, faisait semblant de vouloir vendre sa femme à un autre voyageur, du nom de Welles. Mais l'humour résidait dans le fait que Welles n'avait pas assez d'argent ou de biens propres pour l'entretien convenable d'une femme[81]. Un autre voyageur, Morin, demanda à son bourgeois, James McKenzie, de vendre pour lui sa femme au plus fort enchérisseur et de lui créditer son compte. La femme de Morin n'accepta pas ces tractations sans rien dire, et elle refusa tous les hommes à qui McKenzie essayait de la vendre[82]. Les bourgeois ne faisaient pas que trouver des excuses au « trafic du beau sexe » ; ils le favorisaient aussi, en vendant souvent des femmes autochtones à leurs employés[83].

De nombreuses rencontres informelles et individuelles entre des voyageurs et des femmes autochtones échappaient probablement à ce « trafic sexuel » et créaient un espace de familiarité entre les traiteurs et les femmes amérindiennes. Il ne fait aucun doute que les voyageurs et les femmes autochtones avaient des relations sexuelles en dehors des unions formelles, mais où ni argent ni marchandises ne changeaient de main. Les rituels de « flirt » nous restent cachés, probablement parce que les voyageurs essayaient d'échapper au regard de leur bourgeois. Dans tous les cas, l'éventail des relations sexuelles allait du sexe dans les rituels de traite au commerce sexuel et jusqu'aux rencontres sexuelles indépendantes de tout « marché ».

Mariages dans la traite des fourrures

La famille prit de plus en plus d'importance pour de nombreux voyageurs qui travaillaient durant de longues périodes dans la traite, et surtout pour ceux qui avaient décidé de ne pas quitter le Nord-Ouest, et de s'y installer avec leur famille ; ils posèrent les fondations des communautés métis[84]. La politique de la Compagnie du Nord-Ouest, les témoignages en cour et les incidents rapportés dans les écrits des bourgeois de la traite, tout démontre que les voyageurs formaient des unions avec les femmes autochtones et que ces « mariages » étaient souvent considérés comme des unions sérieuses et respectées, même si elles n'entraient pas dans le cadre de l'Église catholique. Bien que, dans les sources, la plupart des relations qui ressemblent le plus aux conceptions européennes du mariage concernent les bourgeois et les commis, ce phénomène existait aussi chez les voyageurs. Certains témoignages en cour nous indiquent que quelques anciens voyageurs envisageaient le mariage à la façon du pays pour être aussi sérieux et permanent que le mariage à l'église. Mais indépendamment de ce que pensaient ou disaient ces personnes concernées, ces relations n'ont jamais véritablement correspondu au mariage tel qu'on le comprenait au Bas Canada ou dans la bourgeoisie, où intervenaient également des questions de propriété et de religion.

Certains des bourgeois des compagnies de Montréal ont très tôt incité leurs employés à former des unions avec des femmes amérindiennes, parce qu'ils avaient conscience que les connaissances et les liens de parenté des épouses autochtones constituaient une part importante de la survie et de la prospérité d'un poste[85]. Pendant plus de trente ans, avant 1806, les traiteurs de Montréal ont assuré la subsistance des épouses et des enfants des voyageurs dans les postes de traite de l'intérieur. Bien que les traiteurs de Montréal aient davantage accepté et encouragé ces unions que les officiers de la Compagnie de la Baie d'Hudson, le nombre de personnes à leur charge autour de leurs postes finit par les préoccuper grandement. La souplesse et la tolérance de la Compagnie du Nord-Ouest vis-à-vis de ces relations diminuèrent au fur et à mesure qu'augmentait la stabilité de la traite dans le Nord-Ouest. En 1806, les partenaires de la Compagnie du Nord-Ouest imposèrent des restrictions aux employés non-autochtones qui souhaitaient épouser des Amérindiennes. Le procès-verbal de la réunion annuelle de 1806 rapporte ce qui suit.

> *Il fut suggéré que le nombre de femmes et d'enfants dans le pays était un lourd fardeau pour [la Compagnie] et que l'on devrait y remédier en quelque manière pour restreindre un si grand mal, du moins si l'on ne peut rien faire d'efficace pour le supprimer entièrement. – Il fut donc décidé que l'on devrait utiliser tous les moyens raisonnables à travers tout le pays pour réduire par degrés le nombre de femmes entretenues par la Compagnie, et que dans ce but, aucun homme quel qu'il soit, partenaire, commis ou engagé, relevant de [la Compagnie], ne devra prendre ou souffrir d'être pris, sous aucun prétexte, par quelque femme ou fille que ce soit d'aucunes des tribus d'Indiens aujourd'hui connues ou qui pourraient être par la suite connues dans ce pays pour vivre avec lui à la mode du Nord-Ouest, c'est-à-dire pour vivre avec lui dans les maison et les forts de la Compagnie et y être entretenues aux frais de la dite Compagnie… Il est cependant entendu que la prise d'une fille d'un homme blanc à la mode du pays ne devrait pas être considérée comme une violation de cette résolution.*

Le comité de la Compagnie résolut que chaque bourgeois devrait s'assurer qu'aucun homme de son département ne se lierait avec une femme amérindienne (à l'exception des métisses) et que ceux qui enfreindraient cette règle seraient soumis à une amende de cent livres au cours d'Halifax (ce qui représentait au minimum les gages d'un voyageur pour une année entière)[86]. Van Kirk avance que cette décision avait été en partie motivée « par le fait que dans les régions où la traite était implantée depuis longtemps, les alliances par mariages ne constituaient plus un facteur décisif des relations de traite »[87]. Cette règle fut appliquée de manière sélective. Un commis du nom de Robert Logan, à Sault-Sainte-Marie, et un voyageur de l'aval de la Rivière Rouge furent accusés en 1809, mais les importantes alliances maritales du district de la Columbia ne furent pas concernées, et certains bourgeois et commis continuèrent d'épouser des Amérindiennes après cette décision, comme le firent Daniel Harmon et George Nelson, qui épousèrent tous les deux des métisses[88].

Malgré ces restrictions tardives, le fait d'épouser des Amérindiennes faisait intégralement partie de la vie dans les postes de traite. Les voyageurs canadiens-français que la Compagnie de la Baie d'Hudson engageait occasionnellement exigeaient le droit d'avoir une épouse amérindienne[89]. Les épouses et les familles des voyageurs étaient ordinairement laissées en arrière, dans les postes, lorsque les voyageurs effectuaient leur voyage annuel jusqu'au lac Supérieur[90]. Ces absences affectaient l'unité et la solidité des liens conjugaux. Mais ces derniers pouvaient être de longue durée lorsque les voyageurs avaient la possibilité d'emmener leur famille avec eux en se déplaçant de poste en poste et au cours de leurs déplacements dans l'intérieur[91]. Les voyageurs insistaient parfois pour pouvoir emmener leur famille lorsqu'ils partaient en expédition de traite, en menaçant de déserter si le bourgeois ou le commis n'y consentaient pas[92]. Parfois, lorsque les voyageurs étaient obligés d'abandonner leurs épouses, soit sur l'ordre de la compagnie, soit parce que celles-ci ne voulaient pas les accompagner, ils insistaient pour que leur femme ne prenne pas d'autre mari et ils demandaient à la compagnie l'assurance qu'elle ne permettrait pas, ou n'approuverait pas, qu'un autre voyageur n'épouse leur femme[93].

Un jugement prononcé à Montréal nous offre un extraordinaire aperçu des attitudes envers le mariage à la façon du pays dans le Nord-Ouest. En 1867, le cas « Connolly contre Woolrich », et en 1869, l'appel « Johnstone et al. contre Connolly » portait sur la légalité au Canada du mariage du gérant de poste William Connolly avec une femme cri. Plusieurs voyageurs furent appelés comme témoins pour évoquer leurs expériences dans le pays d'en haut. Les témoignages des voyageurs appelés à témoigner en faveur du plaignant (le fils métis de Connolly) sont remarquables par leur richesse. Amable Dupras, âgé de soixante-douze ans, et qui avait été voyageur pendant quatorze ans, disait :

> *La façon de ces pays est que lorsqu'on avait envie d'avoir une femme, on allait demander au père s'il voulait nous la donner, et si le père voulait donner sa fille, on allait leur acheter quelque chose par reconnaissance. Ordinairement, c'était la façon du pays de donner un présent au père de la fille donnée en marriage. Ce n'était pas loisible d'avoir plus d'une femme… J'ai souvant vu faire des mariages dans ce pays, et je parle de cette coutume avec connaissance*[94].

Ce témoignage révèle des régulations sociales et des rituels particuliers dans la formation de relations entre les voyageurs et les femmes autochtones. Le témoin Pierre Marois corroborait le témoignage de Dupras.

> *Un homme par là [dans le pays d'en haut] ne pouvait pas prendre plus d'une femme, nous regardions cette union comme l'union de mari et femme par ici [au Canada] [illisible] et une aussi sacrée. J'ai été marié là moi-même à la façon du pays. J'ai vécu vingt-trois ans avec elle, et elle est morte il y a huit ans passés. Quand on voulait se marier dans le Nord Ouest, il fallait demander au père et à la mère [illisible] qu'on voulait avoir, et s'ils consentaient, on demandait après au bourgeois permission de se marier, et c'était la toute là cérèmonie; et aprés cela, nous [illisible] considèrions comme mari et femme légitimes comme ici, comme si nous étés mariés à l'église*[95].

Lorsqu'on lui demanda si les traiteurs et les voyageurs épousaient des femmes « pour toujours ou que pour le moment », Joseph Mazurette répondit : « Pour toujours »[96]. Il est clair que ces voyageurs considéraient que le mariage à la façon du pays était aussi légitime et sérieux que le mariage à l'église dans la vallée du Saint-Laurent. Au contraire, les témoins de la défense (les traiteurs de la Compagnie du Nord-Ouest Joseph Larocque et Pierre Marois, ainsi que Françoise [Fanny] Boucher, d'ascendance franco-amérindienne, veuve du commis de la Compagnie de la Baie d'Hudson Joseph McGillivray) affirmaient que le mariage à la façon du pays ne constituait pas un accord formel et porteur d'obligations[97]. La diversité des points de vue tenait visiblement à la situation des individus, des communautés ou des classes.

Aux XVIIIe et XIXe siècles, dans les campagnes du Canada français, les mariages étaient des occasions festives qui soulignaient l'importance de l'unité familiale dans cette société. Les festivités du jour du mariage étaient semi-publiques, de grands groupes assistant à la cérémonie à l'église, à la procession des charrettes ou des traîneaux emportant les familles et les invités à travers la campagne et elles étaient suivies de longues soirées auxquelles assistaient les voisins et les personnes de connaissance[98]. John Palmer, qui visitait les campagnes canadiennes-françaises à l'automne 1817, y vit plusieurs mariages et nota :

> *[Ils] vont en files de cabriolets, ou dans des sortes de tapeculs disgracieux, selon la respectabilité ou la richesse de l'heureux couple; au retour, la mariée est devant, et loin de se montrer réservée pour l'occasion, elle appelle ses connaissances dans la rue, ou fait de grands signes de son mouchoir en passant devant eux; les gens du marché, devant qui ils prennent bien soin de passer, les saluent à grands cris, ce que tout le groupe semble rechercher et apprécier*[99].

Ce même esprit festif des mariages a pu se transplanter dans l'intérieur du Nord-Ouest, à la suite des voyageurs. Fanny Boucher, témoignant dans le procès Connolly, affirmait radicalement le contraire, disant que le seul rituel pour se marier consistait simplement à aller au lit avec un homme : « J'étais moi-même mariée dans le Nord-Ouest. La façon est qu'on couche avec les hommes. Je ne sais pas si on est obligé de faire des présents pour se marier »[100]. Cependant, on organisait souvent des fêtes et des bals pour unir formellement des hommes et des femmes dans le mariage et pour célébrer leur union[101]. La coutume du mariage était un mélange de pratiques amérindiennes et franco-canadiennes. D'autres témoignages relevés dans le procès Connolly montrent que, dans certains cas, les traiteurs devaient obtenir la permission des parents de la fille et payer « le prix de la mariée ». Certains mariages comprenaient des rituels tels que fumer le calumet et écouter le discours public des aînés amérindiens sur les devoirs d'une femme et d'une mère. La mariée amérindienne était ensuite lavée par les autres femmes du poste puis habillée « à la mode canadienne », c'est-à-dire avec une chemise, une robe courte, un jupon et des jambières[102].

Le cas d'un voyageur métis, interprète de très bonne réputation, Pierre Michel, nous fournit une intéressante illustration. Après avoir aidé les Flatheads dans l'une de leurs batailles, on lui accorda la femme de son choix en reconnaissance de sa bravoure. La femme qu'il choisit était déjà promise à un autre, un guerrier qui l'aimait « ardemment », mais qui consentit à la laisser à Michel. L'heureux Pierre offrit aux parents de sa femme deux fusils, un poignard, du tissu et des parures. Le soir, le couple et leurs parents et amis se rassemblèrent dans la tente du chef, où ils fumèrent et où des aînés et la mère de la mariée tinrent à celle-ci un discours sur ses devoirs de femme et de mère : « Ils l'exhortèrent fortement à être chaste, obéissante, industrieuse et silencieuse ; et lorsqu'elle devrait se rendre avec son mari dans d'autres tribus, qu'elle reste toujours chez elle et qu'elle n'ait pas de rapports sexuels avec des Indiens étrangers ». La nouvelle mariée et sa mère se retirèrent alors dans une hutte adjacente, où elles échangèrent sa chemise de cuir contre une chemise de guingan (toile de coton rayé), un jupon de calicot et tissu vert, et une robe de tissu bleu. L'échange des vêtements symbolisait le changement d'identité sociale et représentait une nouvelle allégeance vis-à-vis des traiteurs étrangers. Une procession se formait ensuite, deux chefs et plusieurs guerriers portant des flambeaux de cèdre, pour amener la mariée et son mari au fort. Ils chantèrent des chansons de guerre pour louer la bravoure de Michel et ses triomphes sur les Blackfeet. La mariée était

> *entourée par un groupe de femmes, vieilles et jeunes, parmi lesquelles certaines se réjouissaient et d'autres pleuraient. Les hommes prirent la tête, à une*

> *allure lente et solennelle, chantant toujours leur épithalame guerrier. Les femmes suivirent à courte distance; et lorsque tout le groupe arriva devant le fort, ils se mirent en cercle et commencèrent à danser et à chanter, ce qu'ils firent pendant une vingtaine de minutes. Après quoi, le calumet de la paix passa une fois de plus à la ronde, et lorsque la fumée de la dernière bouffée eut disparu, Michel donna une poignée de main à son dernier rival, embrassa les chefs et mena la mariée à sa chambre. Tant que [Ross Cox] demeura dans le pays, ils vécurent heureux ensemble*[103].

Ce mariage doit avoir été plus formel qu'à l'accoutumée, car les femmes spokanes épousaient rarement des traiteurs et parce que la bravoure et l'importance de Pierre Michel chez les Spokanes étaient exceptionnelles. Mais cette scène montre, cependant, que le mariage s'accompagnait de cérémonies formelles, qui associaient des pratiques amérindiennes et européennes.

Les voyageurs prenaient le mariage au sérieux. La polygamie n'était en général pas tolérée dans la société de la traite des fourrures. De plus, les hommes autochtones ne toléraient pas que des voyageurs maltraitent des femmes de leur parenté. Au cours du procès en appel de 1869, Joseph Mazurette donna le témoignage suivant.

> *À la façon du pays quand un bourgeois ou un engagé voulait une femme, il allait trouver les parents de la fille qu'il aimait, leur demandait s'ils voulaient lui donner la fille pour sa femme, et s'ils consentaient, il s'habillait, la prenait pour sa femme et ils vivaient ensemble comme tels. Ce n'était pas permis de prendre plus d'une femme dans le pays. Cette sorte de mariage était respectée solennellement… Presque toutes les nations sont pareilles, quant aux coutumes. On ne se joue pas d'une femme sauvage comme on veut. On sait en user à l'égard des femmes comme par ici… Il y aurait du danger d'avoir la tête cassée, si l'on prend dans ce pays, sans le consentement des parents. C'est le père et la mère qui donnent les femmes, et s'ils sont morts, ce sont les plus proches parents. [Question. – Quand vous parlez d'avoir, de prendre ou payer pour une femme, en quel sens parlez-vous ? Est-ce comme mari et femme pour toujours ou que pour le moment ?] Réponse. – Pour toujours, Monsieur*[104].

Il est difficile d'évaluer le nombre de voyageurs mariés ou vivant avec des femmes autochtones, car les bourgeois n'en gardaient pas le compte. Le taux des mariages semble avoir été extrêmement variable entre les différents postes, mais dans de nombreux cas, les mariages constituaient une partie très visible, voire dominante, de la vie des postes de traite. L'apparition et la croissance d'une importante population métisse dans le Nord-Ouest et les fréquentes mentions d'épouses de voyageurs dans les écrits des commis et des bourgeois laissent penser que cette pratique était usuelle.

Tableau 6. Les femmes dans les postes de traite

Année et poste	Total	Officiers	Voyageurs	Femmes	Enfants	% hommes mariés
3 septembre 1800 Park River Post[a]	9	1	8	0	0	0
2 octobre 1801 Bird Mountain[b]	12	1	9	2	0	20
9 septembre 1808 Broken River[c]	6	1	4	1	0	20
10 octobre 1808 Dunvegan[d]	46+	5	32	9	« plusieurs »	24
27 octobre 1807 Dauphin River[e]	9	1	6	2	0	29
1er juin 1801 Fort Alexandria[f]	28	2	7	6	13	67

Note : Ce tableau énumère les postes où le nombre des femmes est connu, mais les sources ne précisent pas si elles sont les épouses des voyageurs ou des officiers. a)Sud de la Pembina ; Henry (le Jeune), *New Light* I : 77. b)Sur la rive de la rivière Swan, à 80 km à l'ouest du lac Swan, au nord de fort Dauphin ; Harmon, *Sixteen Years* : 51-52. c)TBR, S13, journal de George Nelson, 1er septembre 1808-31 mars 1810 : 2 (ma pagination). d)Athabasca ; Harmon, *Sixteen Years* : 118. e)TBR, S13, journal de George Nelson « No. 5 » : 13-14 (ma pagination), 197-198 (pagination de Nelson). f)Harmon, *Sixteen Years* : 48.

Tableau 7. Épouses des voyageurs dans les postes de traite

Année et poste	Total	Officiers	Voyageurs	Femmes	Femmes des voyageurs	Enfants	% hommes mariés
9 septembre 1808 Rivière Dauphin[a]	6	1	4	1	0	0	0
9 septembre 1808 Grand River[b]	13	1	6	2	1	4	17
3 septembre 1800 Rivières Reed et Rouge[c]	13	0	7	3	3	3	43
3 octobre 1803 Hair Hills[d]	20	0	10	5	5	5	50
9 septembre 1808 Rivière Pigeon[e]	13	1	6	4	3	2	50
16 octobre 1809 Fort Vermilion[f]	130	3	33	27	26	67	79
1810 New White Earth House[g]	129	5	20	36	20	68	100

Note : Ce tableau énumère les postes où le nombre des femmes est connu, et où les sources précisent si elles sont les femmes des voyageurs ou non. a)TBR, S13, journal de George Nelson, 1er septembre 1808-31 mars 1810 : 2 (ma pagination). b) TBR, S13, journal de George Nelson, 1er septembre 1808-31 mars 1810 : 2 (ma pagination). c) Près de Pembina, dirigé par Michel Langlois ; Henry (le Jeune), *New Light* I : 77. d)Hair Hills, dirigé par Michel Langlois ; Henry (le Jeune), *New Light* II : 554-555. e)TBR, S13, journal de George Nelson 1er septembre 1808-31 mars 1810 : 2 (ma pagination). f) Henry (le Jeune), *New Light* II : 554-555. g)Henry (le Jeune), *New Light* II : 603.

Tableau 8. Recensement du Nord-Ouest réalisé en 1805 par Alexander Henry le Jeune

Départements	Hommes « blancs »	Femmes	Enfants	% hommes mariés
Athabasca	208	48	84	23
Rivière Athabasca	37	12	15	32
English River	75	40	63	53
Rat River	25	7	10	28
Fort des Prairies	136	59	103	43
Fort Dauphin	45	22	18	49
Amont de la Rivière Rouge	56	52	82	93
Aval de la Rivière Rouge	75	40	60	53
Lac « Winnipic »	88	11	15	13
Lac La Pluie	46	10	10	22
Fond du Lac	128	29	50	23
Nipigon	90	20	20	22
Kaministiquia, Mille Lacs et Lac des Chiens	62	16	36	26
Le Pic	16	2	3	13
Total CNO	1090	368	569	34
Total AK Co. (anc. XY)	520	37	31	7
Total ensemble	1619	405	600	25

Source : Henry (le Jeune), *New Light* I : 282 ; les officiers de la traite ne sont pas distingués des voyageurs.

Des Amérindiennes sont incluses dans les listes annuelles des habitants des postes à treize reprises. Dans cinq de ces cas, les rédacteurs des listes n'ont pas spécifié si ces femmes étaient mariées à des bourgeois ou à des voyageurs. Les pourcentages d'Amérindiennes dans les postes vont de 0% (là où il est évident que les femmes auraient été mentionnées si elles avaient été présentes) à 67%. Les taux de mariages étaient extrêmement variables d'un poste à l'autre, mais le groupe échantillon des tableaux 6 et 7 est trop réduit pour que l'on puisse y rechercher des schémas ou même une moyenne générale. Le recensement effectué par Alexander Henry le Jeune en 1805 pour quatorze départements dénombre les « Blancs », soit 1610 hommes, 405 femmes et 600 enfants (tableau 8).

Henry a déterminé la catégorisation raciale par « chefs de maisonnées », aussi les femmes et les enfants « blancs » y sont ceux des traiteurs[105]. En supposant que toutes les femmes « blanches » faisaient partie de la vie domestique des traiteurs, on arrive à une moyenne de 25% d'hommes, bourgeois et voyageurs compris, ayant des femmes autochtones. Ce recensement montre également que les partenariats avec des femmes autochtones étaient très répandus à travers l'ensemble du Nord-Ouest. Jennifer Brown a avancé que la proportion des relations entre les voyageurs et les femmes autochtones était plus élevée que celle des travailleurs employés par la Compagnie de la Baie d'Hudson, parce que les traiteurs des compagnies de Montréal ne pouvaient pas exercer autant de contrôle sur leurs hommes et ne pouvaient les empêcher de se lier avec des femmes autochtones[106]. Les voyageurs pouvaient beaucoup plus facilement que les autres travailleurs de la traite entrer en contact avec des Amérindiennes et avaient donc une attitude différente vis-à-vis d'elles. Sylvia Van Kirk a démontré de manière convaincante l'importance pour les traiteurs de leurs épouses autochtones.

> *Le rôle économique que jouaient les Amérindiennes dans la société de la traite des fourrures reflétait le fait que dans une grande mesure les traiteurs européens étaient obligés de s'adapter au mode de vie autochtone. Le travail des femmes, dans tous les domaines, se transférait, sous forme modifiée, au poste de traite, où leurs savoir-faire non seulement facilitaient la survie des traiteurs dans le nord-ouest mais également les opérations de la traite elle-même. Dans les postes de la Compagnie du Nord-Ouest et dans ceux de la Compagnie de la Baie d'Hudson en particulier, on se reposait sur les femmes autochtones en tant que partie intégrante bien que non officielle de la force de travail. L'aide économique qu'elles apportaient incitait fortement les traiteurs à épouser des Amérindiennes ; même à l'intérieur de leurs propres tribus, les femmes exerçaient un rôle important dans le fonctionnement de la traite qui a peu été pris en compte par les historiens de cette période.*

Van Kirk décrit les épouses autochtones équipant les traiteurs de mocassins, de raquettes à neige, de peaux pour l'habillement, les aidant à fabriquer des canoës et à pagayer, préparant des aliments tels que le pemmican, fumant et séchant la viande et le poisson, cueillant le riz sauvage et les baies, et piégeant du petit gibier[107]. Les femmes des voyageurs travaillaient aux côtés de leurs maris, les aidant dans divers travaux allant de la recherche de nourriture au piégeage et à l'apprêt des fourrures jusqu'à la bonne marche des relations de traite. Les femmes autochtones aidaient leurs maris à faire du sucre d'érable, à recueillir les œufs d'oiseaux sauvages, à transporter la viande des sites d'abattage jusqu'au fort, à pêcher et à surveiller les pièges[108].

Susan Sleeper-Smith a démontré que les femmes jouaient encore un autre rôle, tout aussi important, dans la traite des fourrures. Ces femmes autochtones qui épousaient des traiteurs français dans la région du sud des Grands Lacs, au début du XVIIIe siècle, instauraient des réseaux de parenté élaborés entre les familles de la traite des fourrures et restaient en contact avec les sociétés amérindiennes. Ces réseaux de parenté prirent une importance cruciale dans le bon fonctionnement de la traite. Elle explique que « les stratégies maritales et de parenté transformèrent la traite en un processus social et servirent à modérer les ruptures inhérentes aux systèmes économiques disparates et concurrents… Les liens de parenté transformèrent le processus d'échange impersonnel caractéristique du capitalisme en un processus fiable sur le plan social »[109]. Ce phénomène était particulièrement important pour les voyageurs qui traitaient en dérouine, parce que leur survie et leur réussite dans la traite dépendaient des familles amérindiennes.

À l'instar de leurs maris, les femmes des voyageurs n'étaient pas toujours loyales et obéissantes envers les bourgeois et les commis; elles aidaient parfois leurs maris à traiter pour leur propre compte. Dans le district de l'Athabasca, pendant l'hiver 1800, deux voyageurs, Martin et Saint-André, firent envoyer au poste de la viande d'une cache par l'intermédiaire de quelques Amérindiens. Cependant, Martin donna aux transporteurs l'instruction de ne pas donner la viande à John Thomson, le bourgeois en charge du poste, mais plutôt à la femme de Martin, qui leur donnerait une alène et du vermillon en échange. Malheureusement pour Martin, Thomson s'en aperçut et en devint furieux, traitant les voyageurs de « bande de sales types méprisables »[110]. Van Kirk nous a donné la description d'une femme déné particulièrement influente, madame Lamallice, qui était l'épouse d'un guide de brigade canadien-français de la Compagnie de la Baie d'Hudson à Fort Wedderburn sur le lac Athabasca. Au cours du rude hiver de 1820-1821, madame Lamallice était l'unique interprète du fort, et puisqu'elle avait une considérable influence sur les Dénés des environs, la Compagnie de la Baie d'Hudson lui accorda une position privilégiée. Le jeune George Simpson céda à ses exigences de rations supplémentaires et de traitements de faveur pour s'assurer qu'elle resterait au poste. Lorsqu'ils tombèrent à court de provisions au printemps, les voyageurs reçurent l'ordre de quitter le poste et de subvenir à leurs propres besoins à la pêcherie. Madame Lamallice refusa de partir et accepta de subvenir aux besoins de sa famille avec sa propre réserve personnelle de deux cents poissons environ. Cela ne fit pas rire Simpson lorsqu'il s'aperçut que cette « prévoyante amazone » s'était lancée dans la traite à son compte en vendant de la viande pilée, des queues de castor, des peaux d'orignal et une réserve de marchandises de traite qu'elle avait thésaurisées. Lorsque les officiers de la Compagnie de la Baie d'Hudson tentèrent de mettre un frein à la traite privée de madame Lamallice, celle-ci les menaça de retourner tous les peuples autochtones contre eux[111].

Comme madame Lamallice, les femmes des voyageurs avaient la possibilité d'acquérir un certain pouvoir en organisant des opérations de traite. Elles accompagnaient souvent leurs maris dans leurs expéditions de traite avec les groupes autochtones. Les voyageurs les laissaient dans des groupes autochtones pour servir de liaison entre ces derniers et les traiteurs, parfois pendant tout un été[112]. À l'occasion, les femmes des voyageurs partaient en expédition de traite pour le compte de leurs maris[113]. Ainsi que l'a remarqué Van Kirk, les connaissances et la familiarité des épouses autochtones du paysage et des diverses tribus amérindiennes les rendaient particulièrement utiles dans les fonctions de guides et d'interprètes. Elles enseignaient leur langue aux traiteurs européens et aux voyageurs de l'intérieur. Elles transmettaient également les informations entre les groupes autochtones et les traiteurs et rapportaient souvent les faits et gestes et les intentions des divers groupes amérindiens pour aider les Euro-américains à planifier la traite[114].

En raison de leur importance économique et diplomatique, les Amérindiennes avaient la possibilité d'exercer un contrôle sur la carrière de leurs maris voyageurs dans la traite des fourrures. Elles incitaient souvent leurs maris à déserter du service pour se faire gens libres ou pour vivre avec leurs familles autochtones. En une occasion, un voyageur nommé Chaurette, qui était expert dans la fabrication des canoës, abandonna le service parce que sa femme le souhaitait[115]. Les femmes autochtones contrôlaient parfois la répartition des ressources alimentaires dans les postes, ce qui pouvait provoquer de la jalousie et des ressentiments parmi les traiteurs[116]. George Nelson détestait la femme de Brunet, l'un de ses voyageurs ; il l'appellait la « mégère effrontée », qui gardait Brunet « sous sa sujétion par des caresses, des promesses et des menaces » et « des accès de nerfs ou de mauvaise humeur ». Elle arrivait à le convaincre de désobéir aux ordres de Nelson pour aller rendre visite à sa parenté, et elle le pressait sans cesse de démissionner de son travail[117]. Il est probable que de nombreux voyageurs aient dû revoir leurs certitudes quant à la domination patriarcale dans le mariage pour pouvoir perpétuer une union réussie et stable avec leurs épouses amérindiennes.

MONOGAMIE FLUIDE

Les schémas de relations entre les sexes et d'unions maritales étaient-ils différents chez les voyageurs et chez leurs maîtres ? Van Kirk soutient que la norme, pour ce qui est des relations sexuelles, à tous les niveaux de la hiérarchie de la traite des fourrures (bourgeois, commis et employés), n'était pas aux rencontres informelles et de hasard, mais plutôt aux unions maritales et aux unités familiales distinctes. Elle fait remarquer que les voyageurs disposaient de beaucoup moins d'argent que les commis et les bourgeois et qu'ils n'avaient donc pas la possibilité d'être prodigues avec leurs épouses autochtones. Les voyageurs passaient également plus de temps loin de leurs femmes que les bourgeois. Mais elle affirme que leurs relations étaient fondamentalement semblables en ce qu'elles étaient avant tout conjugales[118]. À l'instar de celle de Van Kirk, l'étude de Brown sur la communauté de traite des fourrures de la terre de Rupert et celle de Sleeper-Smith sur les traiteurs français de la région des Grands Lacs portent essentiellement sur les hommes du sommet de la hiérarchie de la traite des fourrures. Brown atteste également que les schémas de mariages mixtes avec les femmes amérindiennes existaient chez les officiers, les commis et les travailleurs de la traite[119]. Mais elle s'éloigne de Van Kirk lorsqu'elle affirme que le schéma dominant des relations entre les traiteurs et les Amérindiennes était leur caractère informel et leur flexibilité. Brown émet l'hypothèse que les maîtres britanniques ont suivi le schéma instauré par les Français et les voyageurs des débuts, et que leurs liaisons avec les Amérindiennes étaient intimes, mais souvent éphémères[120]. Sans contester ses découvertes, en particulier puisqu'elles concernent des élites, j'aimerais souligner qu'en dehors du mariage, il existait un grand éventail de possibilités de relations sexuelles dans les ordres inférieurs de la traite des fourrures. Les voyageurs signaient des contrats de service de trois à cinq ans seulement, et au départ, ce travail ne représentait pour eux qu'un moyen temporaire de gagner de l'argent pour compléter le revenu de leurs fermes de la vallée du Saint-Laurent. Les contrats des voyageurs ne durant que de trois à cinq ans, ils ne pouvaient probablement pas envisager que leurs relations puissent durer plus longtemps. Le voyageur vivait dans le campement de la famille de sa partenaire, ou bien elle emménageait temporairement au poste. S'il y avait des enfants de ces brèves unions, soit ils étaient intégrés dans la famille amérindienne de la femme, soit le voyageur quittait le service pour devenir un homme libre afin de pouvoir nouer une relation de longue durée avec sa famille amérindienne. Certains couples pouvaient faire durer longtemps des unions à temps partiel s'ils parvenaient à coordonner leurs voyages annuels.

Bien que les voyageurs soient venus d'une société où le mariage était la norme, ils n'ont pas systématiquement conservé cette conception dans l'intérieur du Nord-Ouest. Si un voyageur tombait amoureux d'une Amérindienne, il pouvait envisager de passer sa vie entière dans l'intérieur pour rester avec elle. Il se peut que certains voyageurs aient ramené leur épouse autochtone au Canada français, mais cela impliquait une dépense considérable et un changement de vie extrême pour la femme. Le couple aurait pu être confronté à la discrimination au Canada français. Le métissage n'était en aucun cas une pratique acceptée, non plus qu'il n'y avait de brassage social entre les habitants et leurs voisins autochtones.

Au cours du procès en appel de Connolly en 1869, les témoins de la défense (les enfants de Woolrich) ont laissé d'intéressants indices sur la nature transitoire des mariages. Le traiteur de la Compagnie du Nord-Ouest, Joseph Larocque, affirmait :

> *Il était très commun de changer de femme dans le pays indien. Les Canadiens français à l'emploi de la Compagnie du Nord-Ouest et les Anglais le faisaient aussi… Certains des employés de la compagnie ramenaient des femmes ou des épouses avec eux au Canada et les épousaient là sous la forme légale au Canada. Dans le pays, certains vivaient avec des femmes dans l'intérieur et ne les épousaient pas, mais les abandonnaient, et d'autres vivaient avec elles et les abandonnaient pour épouser une femme blanche dans le monde civilisé. Il n'y avait que très peu d'employés de la compagnie qui ne prenaient pas femme quand ils étaient dans l'intérieur et vivaient avec elles, mais il y en avait très peu qui les ramenaient dans la société civilisée pour les épouser*[121].

Le vieux voyageur décrit par Alexander Ross se vantait d'avoir eu douze femmes au cours de sa carrière dans la traite[122]. Il avait probablement eu douze épouses successives plutôt que plusieurs femmes à la fois ou en différents lieux. Les trois voyageurs ayant témoigné dans le procès Connolly affirmaient tous fortement que la polygamie n'était pas tolérée dans la société de la traite, et les écrits des bourgeois montrent qu'il était très rare qu'un voyageur ait plus d'une femme ou d'une maîtresse à la fois ; ces cas constituent plutôt l'exemple que les voyageurs adoptaient les coutumes amérindiennes quand ils pouvaient se le permettre[123]. Lorsqu'un voyageur était particulièrement prospère, en traitant pour son propre compte et en accumulant du capital symbolique, il pouvait se permettre d'avoir plus de femmes.

Les unions entre les voyageurs et les femmes autochtones étaient « saisonnières » par nature, en raison de la grande mobilité que leur travail imposait aux voyageurs et de celle des communautés amérindiennes. En général, les voyageurs n'emmenaient pas leurs familles lorsqu'ils partaient pour le voyage d'été annuel au lac Supérieur. Pendant ces étés, les Amérindiennes attendaient souvent que leur mari voyageur revienne, et certaines familles se rassemblaient dans les postes de l'intérieur les plus importants comme Fort Alexander, à l'embouchure de la rivière Winnipeg. Certaines unions, cependant, prenaient probablement fin à ce moment, surtout lorsqu'elles étaient moins sérieuses et n'avaient pas donné d'enfants. Les voyageurs étaient fréquemment réaffectés dans d'autres postes, surtout au moment du renouvellement de leur contrat de trois ou de cinq ans. Les compagnies ne donnaient pas toujours d'argent pour l'entretien des familles des voyageurs, et ces derniers ne pouvaient pas se permettre de subvenir à leurs besoins sur leurs maigres salaires. De nombreux hommes qui avaient noué des liens sérieux avec les Amérindiennes et un profond engagement envers leur nouvelle famille décidaient de « se faire Indiens » et de vivre avec leur belle-famille ou de faire partie des gens libres et de voyager avec leurs familles en tant que traiteurs indépendants. Les relations de courte durée ou temporaires chez les voyageurs correspondaient bien à la norme dans de nombreuses cultures amérindiennes, elles aussi extrêmement mobiles dans leur recherche des ressources économiques et qui admettaient le divorce et le remariage. Le caractère dominant des relations entre les voyageurs et les Amérindiennes était la fluidité. Les Amérindiennes avaient parfois de brèves liaisons avec les traiteurs, qui ne duraient pas plus d'une saison. Certaines liaisons commençaient lorsque les voyageurs arrivaient à un poste pour l'hiver et se terminaient lorsqu'ils en repartaient pour regagner le lac Supérieur. D'autres relations duraient plusieurs saisons, voire aussi longtemps que le voyageur restait en service, et s'interrompaient temporairement à l'époque du voyage d'été. La fluidité de ces unions est amplement démontrée par la récurrence des ruptures, « de l'achat et de la vente » des femmes par les traiteurs blancs et par la monogamie en série.

Souvent, les traiteurs cédaient leur femme ou leur maîtresse à d'autres traiteurs avec le consentement de la femme pour que celle-ci ne reste pas seule. Cette pratique, que l'on appelait le « congédiement », s'exprimait en termes tendres et révélait un souci et un respect des femmes. Lorsque Daniel Harmon épousa la fille d'un Canadien et d'une femme métisse (Lisette Duval), il écrivit :

> *Lorsque je rentrerai dans mon pays natal, je m'efforcerai de la placer entre les mains d'un homme bon et honnête avec lequel elle pourra vivre le reste de ses jours dans ce pays plus agréablement qu'il ne le serait possible pour elle si elle devait être emmenée dans le monde civilisé, où elle serait étrangère aux gens, à leurs manières, à leurs coutumes et à leur langage*[124].

Les bourgeois et les commis cédaient souvent leurs femmes à des voyageurs lorsqu'ils en étaient lassés ou ennuyés[125]. Ross Cox disait : « Lorsqu'un traiteur souhaite se séparer de sa femme indienne, il lui donne en général un dédommagement, ou l'installe confortablement en tant qu'épouse de l'un des voyageurs, qui, en échange d'une somme généreuse, est très heureux de devenir le mari de *la dame d'un Bourgeois* »[126]. Certains voyageurs ont pu se sentir obligés de contracter de telles unions, mais d'autres doivent en avoir été ravis.

La monogamie « en série » était un modèle répandu chez les voyageurs. Lorsqu'ils devaient partir pour un autre poste, ils mettaient parfois fin à leur mariage et en contractaient immédiatement un autre dans leur nouvelle affectation, surtout si leurs femmes souhaitaient demeurer dans leurs familles amérindiennes et ne pas se déplacer à la suite du voyageur. Van Kirk affirme que les peuples autochtones « ne considéraient pas le mariage comme un contrat à vie, non plus qu'ils ne pensaient qu'il était dans leur intérêt de laisser leurs femmes quitter la région ». Les femmes autochtones pouvaient facilement retourner dans leurs familles lorsqu'elles étaient « congédiées » par leurs maris euro-américains[127]. De même, s'il était fréquent que les voyageurs aient plusieurs femmes au cours de leur temps de travail dans l'intérieur, leurs femmes avaient aussi plusieurs maris européens[128]. Contrairement à leurs maîtres, les voyageurs avaient peu de contrôle sur leurs affectations géographiques au cours de leur service dans la traite. Ils mettaient donc fin à leurs relations plus fréquemment que les bourgeois. Il se peut que certains voyageurs aient été contraints de mettre fin à des relations qui leur étaient très chères et qu'ils aient peut-être recherché des occasions de rejoindre une femme amérindienne qu'ils aimaient mais qu'ils avaient été obligés de quitter. Dans tous les cas, le commencement et la fin des relations étaient fluides.

La diversité des relations entre les voyageurs et les Amérindiennes incluait des rencontres informelles qui pouvaient s'avérer plaisantes ou brutales. Il est certain qu'il existait des relations sexuelles de consentement mutuel entre les voyageurs et les femmes autochtones, en dehors des unions maritales. Cependant, il se produisait parfois des violences et des abus sexuels. Comme dans d'autres cas de conflits culturels, cela tenait souvent à des incompréhensions ou au non-respect des codes moraux[129]. Si le bourgeois W. Ferdinand Wentzel désapprouvait les relations entre les traiteurs et les femmes autochtones, cela tenait à ce qu'il s'inquiétait des cas de viols de femmes amérindiennes qui entraînaient des cycles de représailles violentes[130]. Ces conflits se durcissaient souvent en raison de cas d'adultères et de rivalités au sujet des femmes entre les Euro-américains et les Amérindiens, ainsi qu'à l'intérieur des communautés de traite.

Les bourgeois de la traite ont relevé par écrit certains cas de voyageurs ayant agressé sexuellement des femmes autochtones. Les mentions explicites de viols ou de violences sexuelles sont étonnamment rares, et les mentions de « débauche » sont ambiguës en ce qui concerne le consentement. Il semble qu'il ait existé une sorte de code moral chez les voyageurs, les commis et les bourgeois. De toute évidence, les maîtres s'efforçaient d'empêcher la violence sexuelle en raison des représailles possibles de la part des familles amérindiennes. Mais les voyageurs aussi méprisaient les hommes qui se livraient à des agressions sexuelles. Le bourgeois John McDonell a relevé le cas d'une femme ojibwé qui était parvenue à épargner à sa fille d'être violée par un voyageur en attaquant ce dernier avec une alène à canoë. Le voyageur en récolta quelques blessures légères et une certaine difficulté à marcher, « sort qu'il méritait amplement pour sa brutalité », observait McDonell[131]. Il arrivait occasionnellement que des femmes autochtones se vengent des traiteurs ; ainsi, au printemps 1792, lorsque des hommes et des femmes dénés attaquèrent des traiteurs canadiens qui avaient kidnappé ces dernières[132]. Le silence qui entoure la violence sexuelle des Euro-américains peut avoir été délibéré, mais également inconscient. Ou bien il se peut également que ces cas de violences sexuelles aient été relativement rares dans ce contexte, où les traiteurs étaient très fortement dépendants des peuples autochtones.

Les voyageurs et les femmes amérindiennes mettaient fin à leurs relations pour diverses raisons. Il est probable que les Amérindiennes en prenaient l'initiative aussi souvent que les voyageurs. Elles pouvaient très facilement quitter les postes pour rejoindre leurs familles[133]. Il n'est pas douteux non plus que les violences physiques déterminaient les femmes autochtones à renoncer à ces relations. Alexander Henry le Jeune décrivit un fait divers : un voyageur battit sa femme, suite à quoi celle-ci partit dans les bois avec une corde pour se pendre, mais elle fut retrouvée à temps. Il semble y avoir eu des cas de suicide parmi les femmes algonquines qui était submergées de chagrin[134]. D'autres épouses amérindiennes quittaient tout simplement leurs maris lorsque ceux-ci les battaient, comme la femme de l'homme libre François Richard, qui se plaignit de « mauvais traitements et de jalousie »[135]. Carol Cooper affirme que sur la côte du Nord-Ouest, les mauvais traitements et le fait de battre les femmes étaient la principale raison invoquée dans les cas de divorce entre les femmes autochtones et leurs maris européens : « En 1842, un employé canadien-français de la Compagnie appelé Maurice donna une "raclée" à sa femme parce qu'elle s'était "mal conduite". Elle repartit aussitôt auprès de son peuple, avec son enfant. Les familles ne permettaient pas que de tels abus se produisent impunément. Un chef battit sérieusement un employé de la Compagnie du nom de Turcotte après que cet homme ait frappé sa fille ». Dans ce contexte, il est possible que dans les postes de la Compagnie de la Baie d'Hudson, vers le milieu du XIXe siècle, de tels abus à l'encontre des femmes amérindiennes aient été fréquents, parce que les traiteurs étaient bien moins dépendants de leurs femmes à cette époque. Cependant, Cooper a découvert que, dans l'ensemble, les employés des compagnies de traite avaient de la considération pour leurs femmes autochtones et que les mauvais traitements étaient rares[136].

Il arrivait que des femmes autochtones s'enfuient avec d'autres voyageurs ou avec des Amérindiens, ou qu'elles décident tout simplement de quitter le poste de traite, et qu'elles soient parfois suivies par leurs partenaires voyageurs, qui les suppliaient ou les forçaient à rester. Au cours d'un « sauvetage héroïque », un voyageur, Cournager, qui était sous la direction de Dominique Ducharme, partit à la poursuite de « son oiseau qui s'était envolé du nid » et la « sauva » triomphalement de quelques Amérindiens. Alors qu'elles résidaient au Grand lac de l'Ours en 1806, trois Amérindiennes désertèrent (pour une raison inconnue). L'un de leurs maris voyageurs et un traiteur dogrib les rattrapèrent et les ramenèrent[137]. Lorsque les femmes quittaient les postes et leurs maris, elles emportaient souvent des vivres et diverses choses, démontrant là encore leur agir et leurs capacités d'initiatives dans le bien-être économique. Les trois femmes qui avaient quitté le fort du Grand lac de l'Ours avaient emporté « une grande hache de la compagnie – des lignes de pêche et des hameçons, et trente poissons ». Lorsque les voyageurs ramenaient leurs femmes au poste, ils leur offraient « un abondant souper, au lieu de les châtier »[138]. Dans d'autres cas, les ruptures étaient mutuelles, surtout dans les cas de relations ouvertement hostiles. Nelson avait noté que la femme de l'un des voyageurs avait « des attaques de nerfs », dont il soupçonnait qu'elles étaient feintes « pour apaiser la mauvaise humeur bornée de son vieux mari dont elle disait qu'il la querellait et la disputait constamment parce qu'elle ne prenait pas bien soin de ses affaires et autres qualités »[139]. Les disputes concernant la garde des enfants et les cas d'adultères entraînaient souvent des séparations amères[140].

Ce chapitre s'ouvrait sur des citations d'Alexander Ross et de Daniel Harmon qui évoquaient la nature temporaire des relations entre les voyageurs et les femmes autochtones. Mais le schéma d'ensemble de ces unions, fluide avant tout, ne doit pas masquer la sincérité de « nombreux tendres liens ». La vie d'Harmon lui-même constitue un bon exemple de la manière dont les attitudes entre les femmes et les hommes pouvaient évoluer au fil du temps. Alors qu'il était affecté au département de la rivière Swan en 1802, au début de sa carrière, un chef cri l'encouragea à épouser une de ses filles. Bien que Harmon ait été conscient des bénéfices qu'il aurait pu en retirer (« J'avais l'assurance qu'en ayant la fille je pourrais non seulement avoir le produit des chasses du père, mais celui de ses relations également »), Harmon voyait le mariage comme un collet posé par le diable et y résista « grâce à la seule aide de Dieu ». Quatre ans plus tard, il épousa Élisabeth

Duval, âgée de quatorze ans, fille d'un Canadien français et d'une femme Snare. Harmon expliquait :

> *Après mûre considération de ce chemin que je devais prendre, j'en ai finalement conclu qu'il serait mieux de l'accepter, car tous les gentlemen qui viennent en ce pays pour quelque durée que ce soit ont coutume d'avoir une aimable partenaire, avec laquelle ils peuvent passer le temps du moins de manière sociable si ce n'est agréable, plutôt que de passer seul une vie solitaire, comme on le doit lorsqu'on est célibataire.*

Il pensait rester avec elle le temps qu'il devrait vivre dans le Nord-Ouest, et que lorsqu'il s'en irait, il la « placerait entre les mains de quelque homme bon et honnête » pour lui épargner l'inconfort d'avoir à se plier « au monde civilisé ». Cependant, lorsque pour Harmon le moment fut venu de quitter la traite, en 1819, il ne put se résoudre à abandonner sa famille.

> *Ayant vécu avec cette femme comme mon épouse, bien que nous n'ayons jamais été unis l'un à l'autre de manière formelle, pendant toute la vie, et en ayant eu des enfants, je considère que j'ai l'obligation morale de ne pas dénouer ce lien, si elle désire poursuivre. L'union qui s'est formée entre nous, par la providence de Dieu, a non seulement été scellée par la longue concrétisation mutuelle de bons offices, mais aussi par des considérations plus sacrées… Je considère qu'il est de mon devoir de l'amener en pays chrétien, où elle pourra connaître les commandements divins, grandir dans la grâce et se préparer à la gloire éternelle*[141].

IX
Au terme du contrat

Rentrer chez soi ou partir libre

Nous l'avons dit en commençant, nos voyageurs du Nord n'ont jamais pu se faire dans la suite à la vie calme des champs. La vie nomade qu'ils avaient menée pendant leur jeunesse les avait tout à fait dégoûtés des travaux de l'agriculture… À cette époque la chasse avait beaucoup plus de charmes que les travaux des champs[1].

QU'ARRIVAIT-IL aux voyageurs au terme de leurs contrats dans la traite ? Leur vie « nomade » de voyageurs les avait-elle rendus incapables de retourner à l'agriculture ? Étaient-ils excédés de leurs affectations obligatoires dans la vie, soit comme employés à contrat, soit comme paysans féodaux, et essayaient-ils de se dégager du contrôle, soit des compagnies de traite, soit du « seigneur » de leur terre ? La citation qui ouvre ce chapitre, découverte dans *Un voyageur des pays d'en haut* de George Dugas (1890), évoque un voyageur qui avait quitté le service de la traite et qui était resté dans le pays d'en haut plutôt que de rentrer dans la vallée du Saint-Laurent cultiver la terre sous le contrôle d'un seigneur. Le père Dugas, prêtre catholique, affecté à la paroisse de Saint-Boniface, rédigea la biographie de cet ancien voyageur, Jean-Baptiste Charbonneau, qui vit, comme beaucoup d'autres engagés, son contrat prendre fin lorsque la fusion de la Compagnie de la Baie d'Hudson et de la Compagnie du Nord-Ouest, en 1821, occasionna la réduction drastique du bassin de main-d'œuvre qui était nécessaire lorsque les compagnies étaient concurrentes. Charbonneau eut beaucoup de mal à se trouver d'autres moyens convenables de gagner sa vie dans la colonie de la Rivière Rouge. Charbonneau était-il représentatif de tous les autres ? Les commentaires ou les rapports d'anciens voyageurs rentrés dans la vallée du Saint-Laurent pour redevenir fermiers auprès de leurs familles canadiennes-françaises sont rares, mais cela ne signifie pas que les voyageurs ne rentraient pas chez eux. Peut-être ces hommes étaient-ils trop ordinaires pour que l'élite lettrée des colonies leur porte attention. Ce chapitre exposera les raisons pour lesquelles les hommes quittaient le service de la traite et les endroits où ils décidaient de s'installer pour commencer une autre partie de leur vie. Il se concentre sur l'un des choix qui a reçu le plus d'attention dans les recherches sur la traite des fourrures : faire partie des gens libres dans le pays d'en haut.

Auparavant, nous aurons vu se dessiner les contours des vies des voyageurs en glanant des informations parmi le grand éventail des observations faites par leurs maîtres, les explorateurs et les gens de passage dans le pays d'en haut. Le caractère fragmentaire des archives fait qu'il est difficile de suivre à la trace des individus en particulier et de découvrir ce qui leur est arrivé après qu'ils aient quitté le service. Comme le montre la citation au début de ce chapitre, les élites lettrées formulaient des observations très générales sur le caractère supposé des voyageurs et n'écrivaient plus longuement qu'au sujet d'hommes qui agissaient probablement en dehors de la norme. Nous ne pouvons que spéculer au sujet de l'immense majorité des voyageurs et souligner les choix qui leur étaient possibles après leur travail dans la traite.

Le fait qu'il n'existe pas d'importante population de Canadiens français et de leurs descendants dans le pays d'en haut constitue la meilleure preuve que la plupart des voyageurs ne restaient pas dans l'intérieur, mais qu'ils choisissaient de regagner leurs pénates dans la vallée du Saint-Laurent lorsqu'ils décidaient de quitter leur emploi. Les mangeurs de lard travaillaient dans la traite uniquement en été et ils n'étaient éloignés de leurs fermes que pendant une partie de l'année. Il est probable que de nombreux hommes du nord rentraient au Canada après la durée de leur contrat (de trois à cinq ans), tandis que d'autres ne rentraient que lorsqu'ils n'étaient plus capables physiquement d'effectuer ce travail épuisant. Les bourgeois renvoyaient les voyageurs malades au Canada lorsqu'ils ne pouvaient plus travailler. Par exemple, en août 1803, George Nelson nota que l'un des voyageurs nommé Berthier avait été renvoyé à Montréal parce qu'il « était sujet à des attaques de nerfs »[2].

Resterait à explorer le domaine fascinant, mais au-delà des intentions de cet ouvrage, de l'influence des anciens voyageurs sur la société et la culture du Bas Canada[3]. Le flot constant des voyageurs revenant de l'intérieur du Nord-Ouest et leur nombre laisse penser qu'ils ont dû avoir un impact considérable. Certains registres paroissiaux du Bas Canada désignent les hommes par leur métier et incluent la désignation de « voyageur », bien que celle-ci qualifie des hommes qui étaient de toute évidence fermiers dans leur paroisse, sous-entendant que ces hommes avaient probablement été des voyageurs à un moment ou à un autre de leur vie[4]. Lorsque le voyageur Joseph Léveillé (mentionné dans le chapitre V) avait été condamné au pilori pour avoir accepté les gages de deux compagnies de traite rivales, un groupe de voyageurs se porta à sa défense en jetant le pilori dans le Saint-Laurent et en menaçant de détruire la prison. Léveillé finit par être relâché, et personne ne fut condamné pour cet incident[5]. L'année suivante (1795), l'attorney général Jonathan Sewell se plaignait de bandes de voyageurs « sans foi ni loi » au Bas Canada[6]. Ces anciens voyageurs conservaient-ils toute la vie leur identité de voyageurs ? Conservaient-ils des liens avec d'autres anciens voyageurs au Bas Canada et essayaient-ils de se servir de ces liens au cours de leur vie ?

La plupart des voyageurs conservaient une connexion avec la vallée du Saint-Laurent lorsqu'ils étaient dans le pays d'en haut. Les lettres que s'échangeaient les voyageurs et leurs familles (dont certaines sont citées dans le chapitre II) à l'aide des prêtres des paroisses, des bourgeois et des commis, traversaient d'immenses distances, confiées à d'autres voyageurs. En 1830, la veuve Marianne Duque écrivit à son fils, le voyageur François Benoît : « Je profite de locaasion de Mr Athanase felix Pour tapprendre L'Etat de macente qui nes Pas bien ». Son père était mort deux ans et demi auparavant en ayant désespérément souhaité le revoir avant de mourir. Marianne Duque aussi disait à son fils : « Je dezire bien de te pri et faire tous ton Posible Pour desendre que Jai la consolassion de te voir avant que je meur ». Malheureusement, il était trop tard, car son fils mourut en service avant d'avoir reçu sa lettre[7].

Dans de nombreux cas, ces sentiments affectueux étaient réciproques. Le mal du pays incitait de nombreux hommes à regagner leurs foyers ou du moins à tenter de le faire[8]. Les voyageurs haïssaient parfois ouvertement le Nord-Ouest et attendaient avec impatience le moment de rentrer chez eux[9]. Le bourgeois Roderick McKenzie se rappelait avoir entendu des voyageurs appeler le Nord-Ouest le « Saccire ou Sacré Pays Maudite »[10]. Les voyageurs qui avaient passé de nombreuses années au service de la traite parlaient souvent de leur retour dans la vallée du Saint-Laurent[11]. Certains hommes, qui avaient réussi à s'installer comme gens libres et avaient une famille dans le Nord-Ouest, conservaient malgré tout le désir de rentrer au Canada. Charles Racette, l'un de ces gens libres qui avaient le mieux réussi, qui vivait dans le Nord-Ouest où il était guide, interprète et commis pour les compagnies de traite depuis plus de trente ans, en est un bon exemple[12]. En 1819, il était en chemin vers le Canada avec sa famille autochtone, lorsqu'il fut interpellé par la Compagnie de la Baie d'Hudson à Grand Rapid (à l'embouchure de la rivière Saskatchewan) et contraint de participer à l'enlèvement des bourgeois Benjamin Frobisher et John Duncan Campbell[13]. Il est difficile de savoir si les intentions de Racette en partant pour le Canada étaient de n'y faire qu'une visite ou de s'y installer définitivement, ni même s'il a pu reprendre le cours de son voyage interrompu. La vie de Racette n'est pas représentative de celle d'un voyageur parce qu'il faisait partie des gens libres, et qu'il pouvait donc se déplacer à son gré. Mais son désir de revenir au Canada est représentatif d'une tendance commune. Dans un autre exemple, Louis La Liberté, qui était voyageur depuis longtemps et qui avait une grande famille dans l'intérieur, époux d'une Amérindienne et beau-père de trois bourgeois, passa un hiver au Canada à la fin de sa vie, bien que nous ne sachions pas si sa famille amérindienne l'y avait accompagné[14].

La nostalgie et l'envie de rentrer dans la vallée du Saint-Laurent était atténuée par le désir qu'avaient les voyageurs de demeurer dans l'intérieur et par leur fascination pour les Amérindiens et leur admiration des paysages du pays d'en haut. Dans l'un de ses nombreux passages d'un romantisme emphatique, Alexander Ross nous indique quels pouvaient être les sentiments des voyageurs dans le Nord-Ouest dans la description qu'il nous donne de l'opinion qu'avaient les maîtres de leur vie en ce lieu.

> *[Le fait d'être affecté dans l'intérieur] parmi les sauvages dans les immensités lointaines de l'Amérique du Nord, pourrait faire à certains l'effet d'un bannissement plutôt que d'une situation de choix dans la recherche de compétences, que de nombre de manières la fortune place toujours plus ou moins à notre portée ; cependant, de tous ceux qui ont passé une partie de leur vie dans ces pays, on n'en connaît que peu, voire aucun, qui ne regardent pas en arrière avec un mélange de profonde mélancolie et de regret des scènes qu'ils ont vécues ; préférant les difficultés et les dangers de leur ancien mode de vie, précaire mais indépendant, à tous les luxes vaniteux et à toutes les contraintes de la société policée. Dans l'immensité sauvage, ils vivent une vie longue, active et saine*[15].

L'artiste Franck Blackwell Mayer avait été très impressionné par la vie de Henry Belland, un voyageur de Montréal :

> *Pendant des années, [Belland] avait vagabondé dans les prairies et les forêts du Nord-Ouest, à travers les immensités du Canada, le pays des lacs du Minnesota, les régions glacées de la Pembina et les plaines jamais foulées du Nebraska. Il avait vu l'embouchure de la Yellowstone et, à cheval, à pied, en canoë, hiver comme été, il était chez lui dans toutes les situations de la vie de la frontière*[16].

De nombreux voyageurs s'attachaient fortement au mode de vie du pays d'en haut[17]. Certains décidaient de passer la plus grande partie de leur vie à travailler dans la traite, voire de s'installer dans l'intérieur. Les hommes lourdement endettés vis-à-vis de leur compagnie et qui avaient de grandes familles amérindiennes préféraient parfois s'installer autour des Grands Lacs, plutôt que de rentrer chez eux où ils risquaient de subir la honte de l'échec et peut-être de la discrimination. Dès les années 1750, le missionnaire jésuite Claude Godefroy Coquart décrivait une ferme à Michilimackinac où les voyageurs travaillaient comme ouvriers agricoles afin de pouvoir rester dans l'intérieur[18]. À Fort William, dans la seconde décennie du XIXe siècle, Gabriel Franchère observait :

> *Sur l'autre berge de la rivière, la terre est cultivée et habitée par d'anciens serviteurs de la Compagnie qui n'ont aucunes économies ; mariés à des femmes indiennes et portant le lourd fardeau des responsabilités familiales, ils n'osent pas rentrer au Canada mais préfèrent faire pousser un peu de maïs, quelques pommes de terre, etc., et vivre de leur pêche, plutôt que de rentrer mendier dans un pays civilisé*[19].

A.C. Osborne a reconstitué les mouvements des voyageurs qui se sont installés auprès des garnisons britanniques des environs des Grands Lacs au début du XIXe siècle. Soixante-quinze familles de voyageurs déménagèrent à Penetanguishene (dans le comté de Simcoe, Haut Canada, après que Fort Michilimackinac et l'île Drummond aient été cédés aux États-Unis en 1821), où elles se virent allouer chacune entre vingt et quarante acres de terre[20]. La vallée de la Rivière Rouge était leur emplacement de prédilection pour s'installer, surtout pour ceux des voyageurs qui ne parvinrent pas à retrouver de travail après la fusion de la Compagnie de la Baie d'Hudson et de la Compagnie du Nord-Ouest en 1821[21]. Après avoir travaillé comme voyageur pendant quinze ans, Jean-Baptiste Charbonneau décida de se fixer à Saint-Boniface dans la vallée de la Rivière Rouge pour y cultiver la terre et travailler comme maçon à la construction de la première cathédrale catholique du Nord-Ouest. Ces occupations ne le satisfaisant pas, Charbonneau décida de se faire chasseur de bison et partit pour le territoire du Minnesota. Son biographe, l'abbé Georges Dugas, expliqua, ainsi qu'il le formule dans la première citation de ce chapitre, que Charbonneau ne pouvait plus se faire à une vie de fermier, trop paisible pour lui[22].

Certains des hommes qui restaient dans le Nord-Ouest après la fin de leurs contrats étaient absorbés dans les sociétés amérindiennes, comme René Jusseaume, qui vivait dans l'un des grands villages de traite mandans sur les hautes plaines. Alexander Henry le Jeune notait : « Cet homme a vécu chez les Indiens pendant plus de quinze ans, parle leur langue convenablement et a une femme et une famille qui s'habillent et vivent comme les autochtones »[23]. En voyageant à travers l'Amérique du Nord, le duc de La Rochefoucauld-Liancourt observa que, le long des rivières Missouri et Illinois, de nombreux Canadiens français vivaient parmi les peuples autochtones « exactement comme eux »[24]. Les voyageurs avaient une autre option, celle de faire partie des gens libres et de piéger et chasser de manière indépendante. Ross Cox décrivait trois hommes libres qui avaient auparavant été des employés de la Compagnie du Nord-Ouest « qui, après l'expiration de leur contrat, préférèrent la vie sauvage et errante des trappeurs, plutôt que de rester au service de la Compagnie ou de rentrer au Canada »[25].

Les gens libres

En évoquant ses souvenirs de sa carrière dans la traite des fourrures, le commis George Nelson décrivait un « homme libre » du Nord-Ouest, le fameux Charles Racette mentionné plus haut, qui « avait lui aussi son amour propre et ne choisissait pas de s'associer avec les travailleurs ordinaires ». Selon un homme libre du nom de Lorrain, Racette se pensait et « se donnait le genre du seigneur du lac Winnipeg »[26]. En se plaignant de l'homme libre Antoine Desjarlais, qui se proclamait le « souverain du lac Red Deer », le bourgeois de la Compagnie du Nord-Ouest Alexander Henry le Jeune déplorait le fait que « l'on ne peut jamais se fier aux gens libres ; ils n'ont ni principes, ni honneur ni honnêteté… ils ne visent que l'absurdité, l'extravagance et le caprice ; ils causent plus de troubles que les plus sauvages des Blackfeet des plaines »[27]. Alexander Ross se désespérait de voir que les gens libres étaient « perdus… pour toutes les sortes de liens de parenté, de sang, de pays et de christianisme », et poursuivait :

> *Ces gens libres pourraient être considérés comme un type d'Indiens éclairés, avec tous leurs défauts mais aucune de leurs qualités ; et cette similitude avec les Indiens dans leur mode de vie errant fait qu'ils sont méprisés autant par les blancs que par les autochtones. De fait, ils deviennent plus dépravés, plus mal intentionnés et plus subtils que les pires des Indiens ; et ils enseignent tous ces maux aux simples autochtones, au grand détriment des traiteurs ; avec lesquels, par conséquent, ils ne peuvent jamais se rencontrer en toute amitié*[28].

Les gens libres semblent avoir été le fléau des bourgeois de la traite des fourrures.

Cependant, tout le monde ne détestait pas les gens libres. De nombreux voyageurs canadiens-français les admiraient. Les voyageurs travaillant dans la situation vulnérable d'engagés à contrat, sous le contrôle de leurs maîtres et dans des contrées étrangères où, souvent, les Amérindiens décidaient de la vie et de la mort, prisaient l'indépendance partout où ils pouvaient la découvrir. Les gens libres pouvaient représenter pour les voyageurs un idéal, au propre et au figuré, parce qu'ils vivaient et travaillaient en dehors des structures de la féodalité et du capitalisme mercantile. Les gens libres avaient recours à une grande variété de stratégies pour assurer leur subsistance, parmi lesquelles se trouvaient le piégeage, la traite des fourrures ou la sous-traitance pour les compagnies de traite ; ils pouvaient se faire guides, interprètes, chasseurs, pêcheurs, cueilleurs, et à l'occasion horticulteurs. Quelques-uns devinrent des commerçants prospères, comme Jean-Baptiste Boucher, qui possédait un magasin et une taverne à Fort William, sur le lac Supérieur, et Joseph Constant, qui établit son propre poste de traite à proximité de Cumberland House et dont les descendants ont fondé la communauté de Le Pas, au nord du Manitoba[29].

Tout comme les voyageurs, les gens libres ont laissé très peu d'archives et sont difficiles à retrouver. Contrairement aux voyageurs, ils ne constituaient pas une ethnicité ou un groupe culturel facile à identifier. Les gens libres pouvaient être métis, hommes des îles Orcades, Écossais, Anglais ou Iroquois de la vallée du Saint-Laurent, bien que ce chapitre évoque plus particulièrement des Canadiens français. Bien qu'ils aient parfois formé des partenariats ou des communautés qui dépassaient les frontières culturelles et linguistiques, en général ils vivaient seuls ou avec leurs familles proches. Alexander Ross, au début du XIXe siècle, estimait qu'ils étaient au nombre de cinquante ou soixante dans le seul district de la Columbia, mais dans d'autres parties du Nord-Ouest ils étaient bien plus nombreux[30]. Un recensement du mois de février 1814 comptabilisait quarante-deux hommes libres à Pembina, dix à la rivière Swan, six à la rivière Qu'Appelle, et sept sans localisation géographique, ce qui représente un total de soixante-cinq dans les prairies du Nord-Ouest[31]. Le procès-verbal d'une réunion générale des partenaires de la Compagnie du Nord-Ouest en 1812 mentionne l'existence « de gens libres dispersés dans tout le pays »[32].

Heather Devine a avancé que les gens libres sont tout d'abord apparus dans le Nord-Ouest en tant que population relativement importante après les guerres franco-indiennes, lorsque de nombreux traiteurs, maîtres et engagés, mal vus du nouveau régime britannique, cherchaient à travailler indépendamment des compagnies de traite. Afin de réussir dans la traite des fourrures, ils instaurèrent des relations d'influence avec les bandes de chasseurs autochtones par le biais des mariages. Les gens libres qui vivaient auprès des groupes amérindiens locaux avec lesquels ils avaient des liens de parenté furent à l'origine des importantes communautés de Métis des Plaines qui apparurent au XIXe siècle. Les identités ethniques variaient, même à l'intérieur des familles. Devine, dans son étude serrée de la famille Desjarlais, montre comment deux frères, Antoine (le souverain du lac Red

Deer) et Baptiste « Nishecabo », incarnent la variété des choix culturels que pouvaient faire les gens libres. Antoine s'identifiait étroitement à son héritage canadien-français, tandis que Baptiste avait choisi de cultiver une identité ojibwé et s'était fait chaman[33].

Le plus célèbre parmi les gens libres canadiens-français et celui qui en est la quintessence est Charles Racette, aussi connu sous le nom de « Seigneur du lac Winnipeg ». Il est né en 1765 ou 1773 dans la paroisse de Saint-Augustin, immédiatement à l'ouest de la ville de Québec, sur la rive du Saint-Laurent[34]. Il entra dans la traite des fourrures au plus tard vers 1790, en rejoignant un groupe de traiteurs du lac Nipigon basé à Michilimackinac[35]. La famille de Racette avait dû réussir à lui procurer un minimum d'instruction car il intégra le service en tant que jeune commis et non en tant que pagayeur. Ses débuts en tant que commis peuvent peut-être expliquer son mépris des « travailleurs du commun ». Cependant, je pense que les voyageurs canadiens-français devaient se sentir fortement liés à lui à cause de leurs origines communes et du fait qu'ils parlaient la même langue, et que les bourgeois doivent avoir considéré Racette de la même manière que les voyageurs, surtout pendant les périodes où il travaillait comme guide et interprète pour des contrats à court terme. À la fin des années 1790, la Compagnie de la Baie d'Hudson engagea Racette pour implanter un poste en amont de la Rivière Rouge. Cette entreprise échoua parce que les employés anglophones originaires des îles Orcades ne pouvaient pas comprendre Racette qui était francophone, et qu'ils refusèrent de travailler sous son autorité[36]. Quelques années plus tard, Racette tenta à nouveau de travailler en marge d'une grande compagnie, la Compagnie du Nord-Ouest cette fois-ci, dont la main-d'œuvre était essentiellement francophone. Il parvint à se procurer plusieurs centaines de livres pour créer un poste près de Grand Portage, mais cette entreprise échoua elle aussi[37]. Très tôt, Racette avait perdu ses illusions pour ce qui était de travailler pour les compagnies de traite et il avait commencé à traiter pour son compte dans les années 1790[38]. Vers 1807, c'était un homme libre qui vivait avec sa famille sur la rive ouest du lac Manitoba, près de Fort Dauphin, tout en continuant à travailler de manière informelle pour la Compagnie du Nord-Ouest[39]. Racette avait fondé une famille dans le Nord-Ouest dans les dernières années du XVIIIe siècle, alors qu'il avait entre vingt-cinq et trente-deux ans. Il avait épousé une femme d'ascendance ojibwé, que les documents d'archives désignent sous le nom de Josephte Sauteux, qui devait avoir une vingtaine d'années à ce moment, et dont il eut au moins cinq enfants entre 1787 et 1824[40]. Josephte, ou « Mère Racette », était régulièrement mentionnée dans les écrits des traiteurs de fourrures en tant que membre actif de l'entreprise familiale[41].

Comme Racette, parmi les gens libres, de nombreux hommes qui étaient venus dans l'intérieur en travaillant pour une compagnie de traite s'irritèrent de leurs maîtres et décidèrent de travailler à leur compte. L'un d'entre eux, lui aussi bien connu et prospère, Joseph Constant, qui avait commencé sa vie de travail en tant que voyageur, ne cachait pas à ses maîtres de la Compagnie du Nord-Ouest qu'ils désirait être libre et s'installer avec sa famille à Le Pas, une communauté au nord-ouest du lac Winnipeg. Pendant des années, il avait menacé de déserter et utilisait probablement cette menace comme argument dans son marchandage de meilleures conditions de travail et peut-être d'un meilleur salaire[42]. Le bourgeois James McKenzie nous a laissé la description suivante d'un homme libre du nom de Piché qui sous-traitait pour la Compagnie du Nord-Ouest.

> *Il se plaint constamment à moi de la difficulté d'avoir ces douleurs qu'il doit au fait de manger constamment du poisson – nourriture commune, dit-il, à cet endroit, Morné – Il maudit souvent du fond de son cœur autant le lieu que la nourriture et j'ose le dire, le bourgeois, bien que je ne l'aie pas entendu – C'est avec regret qu'il pense au bon temps qu'il avait pendant l'été au lac des Esclaves où il était son propre maître et choisissait sa propre viande tandis qu'ici personne n'est maître ni ne choisit la viande qu'il mange.*

Piché parvint à ses fins dans sa stratégie de manipulation de McKenzie ; ce dernier lui donna une meilleure nourriture dans l'espoir de le maintenir de bonne humeur et pour qu'il améliore ses résultats aux travail[43].

Quelques hommes exceptionnels se firent gens libres directement, sans avoir d'abord travaillé pour une compagnie de traite. Jacques Hoole en constitue un exemple : c'était un soldat venu de France qui s'était battu sur les plaines d'Abraham pendant la Guerre de Sept Ans ; après quoi il s'était installé comme fermier dans la vallée du Saint-Laurent. Alors qu'il se battait du côté des Anglais pendant la guerre d'Indépendance américaine, les Républicains brûlèrent sa ferme, et sa femme et ses enfants le quittèrent. Il commença une nouvelle vie en se faisant trappeur pour la traite des fourrures. Il vécut jusqu'à l'âge de quatre-vingt-deux ans ; on l'appelait le père Hoole, et les voyageurs lui témoignaient un grand respect[44].

D'autres devenaient gens libres au gré des circonstances. Lorsque les Compagnies ne disposaient plus des ressources suffisantes pour nourrir leurs employés, elles les libéraient souvent de leurs contrats et les laissaient se débrouiller seuls[45]. Le voyageur canadien-français Antoine Desjarlais avait intégré la traite des fourrures en 1792 et travailla pour différentes filiales de la Compagnie du Nord-Ouest. Il devint un homme libre après la fusion de la Compagnie du Nord-Ouest et de la Compagnie XY en 1805[46]. Lorsque la Compagnie de la Baie d'Hudson et la Compagnie du Nord-Ouest fusionnèrent en 1821, l'abondante main-d'œuvre qu'exigeait la féroce compétition n'était plus nécessaire. Les deux tiers des hommes de toutes les compagnies, environ 1300 employés, perdirent leur emploi. Environ 15% d'entre eux s'installèrent dans la vallée de la Rivière Rouge et d'autres petits groupes formèrent des communautés le long des principaux itinéraires de la traite des fourrures, tandis que la plupart des hommes reprirent le chemin de leurs foyers, vers le Canada français ou vers les îles Orcades[47].

Comme Charles Racette, de nombreux hommes libres épousèrent des Amérindiennes et fondèrent des familles. Les membres de la famille immédiate avaient une importance cruciale dans la survie économique. La femme de Charles Racette commerçait régulièrement avec les compagnies de traite et il est probable qu'elle posait des pièges pour les animaux à fourrure avec son mari. Joseph Constant commença à faire participer ses fils à son travail pour la traite au début de la décennie 1820 et les impliqua dans ses pratiques de traite souterraine. En une occasion, en 1821, son fils Antoine rapporta à la Compagnie de la Baie d'Hudson quelles étaient les activités de traite de la Compagnie du Nord-Ouest, aidant ainsi son père à jouer un rôle d'agent double entre les deux compagnies[48]. Les mariages des gens libres suivaient des schémas similaires à ceux des bourgeois des compagnies : leurs femmes autochtones leur procuraient des liens de parenté d'une importance cruciale pour réussir dans la traite. George Nelson se plaignait de ce que les Amérindiens donnaient toujours de la nourriture aux gens libres, mais pas aux compagnies de traite, même si les hommes de ces compagnies mouraient de faim[49].

Les gens libres se procuraient une bonne partie de leurs revenus en sous-traitant pour les compagnies. Ils s'engageaient temporairement, pour de courtes périodes, allant de quelques jours à quelques mois, et travaillaient comme les autres employés à transporter des marchandises, traiter avec les Amérindiens et entretenir les postes[50]. Certains étaient engagés pour leur compétence particulière dans un domaine, comme celui de savoir fabriquer des canoës[51]. Mais l'arrangement de loin le plus fréquent était l'engagement des gens libres comme guides ou interprètes. Par exemple, en 1804, près de la rivière Assiniboine, le bourgeois de la Compagnie du Nord-Ouest, Charles Chaboillez, engagea un homme libre surnommé La Fraise (également désigné sous le nom de La France) comme guide, commis et interprète, parce qu'il était le seul Français à connaître l'itinéraire et qu'il avait traité au Missouri pendant plusieurs années[52]. Les gens libres parlaient souvent couramment les langues amérindiennes et étaient familiers des itinéraires des canoës, connaissances toutes très recherchées par les compagnies. Le traiteur de la Compagnie du Nord-Ouest, Edward Umfreville, était quasi désespéré, en juin 1784, de ne pas parvenir à trouver son chemin entre le lac Supérieur et la rivière Winnipeg. Il nota dans son journal : « Par chance cet après-midi un Français appelé Constant arriva, qui est guide au service de monsieur Coté, Constant dit qu'il y a un Canadien sous la main, qui n'est l'engagé de personne en ce moment, bien familier de la route et il pense qu'il voudra s'engager avec nous. C'est un trésor que nous ne devons pas laisser échapper, et nous devrions le voir dès que possible, intention de l'envoyer chercher demain ». Deux jours plus tard, Umfreville engageait Pierre Bonneau pour guider l'équipage jusqu'à Sturgeon Lake. Umfreville se lamentait : « Il n'est pas content de venir ; nous aurions vraiment souhaité l'engager pour hiverner mais avons découvert que c'était impossible… C'est un homme qui s'est montré très bon et tranquille et comme il connaît très bien le chemin de Pays Plat à Sturgeon Lake, nous l'aurions volontiers engagé pour hiverner, afin qu'il puisse être employé comme guide par la suite, s'il y en avait l'occasion pour lui »[53]. Les gens libres voyageaient sans cesse dans le Nord-Ouest, en toutes saisons, et on leur demandait souvent de porter le courrier entre les postes[54]. Ils devinrent les détenteurs des informations les plus importantes pour les traiteurs, transmettant des nouvelles relatives aux réussites dans la traite, au passage des brigades de canoës et aux déplacements des partenaires de traite amérindiens[55]. Il arrivait que les relations soient suffisamment étroites pour qu'une compagnie entrepose ses marchandises dans la maison d'un homme libre, sa hutte ou son campement. En 1805, le traiteur William McKay confia une partie de son équipement de l'année à la garde de l'homme libre Alexis Bercier pour qu'il le protège le temps que le commis en charge du poste arrive pour prendre sa suite[56].

Les relations des gens libres avec les compagnies ressemblaient trait pour trait aux relations des Amérindiens avec les compagnies. Ils échangeaient des fourrures contre diverses marchandises, vendaient les produits du pays aux traiteurs et étaient souvent engagés pour chasser pour un poste[57]. Les relations se tendaient parfois, si la traite des gens libres sapait le monopole d'une compagnie et en minait les profits. Ces tensions pouvaient apparaître alors que les gens libres étaient encore voyageurs. Par exemple, alors qu'il était affecté à Moose Lake pour le compte de la Compagnie du Nord-Ouest, le commis George Nelson s'offusqua de la « déloyauté » de Constant lorsque ce dernier se mit à traiter indépendamment avec les Amérindiens, ce qui était contraire à la politique de la compagnie. De plus, Constant distribuait fréquemment tout le rhum, aux dépens de Nelson, pour asseoir sa réputation chez ses voisins amérindiens. Selon Nelson, Constant était tout aussi roublard avec la Compagnie de la Baie d'Hudson ; il traitait indépendamment avec le poste de cette dernière compagnie, sous le commandement de George Flett. Pour détourner les soupçons, il lançait de fausses rumeurs, disant à Nelson que Flett détournait la clientèle amérindienne de Nelson. Constant utilisait ses aptitudes pour cultiver des relations de traite à son bénéfice personnel, consolider sa réputation et se frayer un chemin pour passer du statut de voyageur à celui d'homme libre[58].

Même lorsque les gens libres étaient loin de connaître les mêmes réussites ou d'être aussi « avisés » que Constant, les bourgeois de la traite se méfiaient d'eux. Archibald Norman McLeod, un bourgeois qui travaillait à Fort Alexandria en 1800, était convaincu que l'homme libre Frenier, qui posait des pièges pour le poste, était un « velléitaire »[59]. Alexander Henry le Jeune se plaignait : « Ces gens libres sont une nuisance dans le pays et sont tous en général des scélérats ; je n'ai encore jamais découvert d'homme honnête parmi eux » ; et il se faisait une règle d'empêcher autant qu'il le pouvait ses voyageurs de devenir des gens libres[60]. Nelson décrivait ainsi un homme libre du nom de Charles Grignon : « C'est un ignoble personnage – un ivrogne, un vantard – et plus qu'à moitié idiot ou fou, et comme à l'accoutumée chez de telles brutes, tous autant qu'ils sont, il essaie d'inculquer ses maximes aux autres… J'ai souvent été dégoûté par sa conversation »[61]. En 1811, Nelson écrivait à ses parents :

> *Il y a un autre groupe de gens dans ces contrées qui mérite vraiment notre pitié, (compassion) et notre mépris alternativement – cette tribu ou ce groupe est ce que nous appelons les « gens libres »… Ce sont en général des gens qui s'imaginent vainement être leurs propres maîtres et entièrement indépendants de l'aide ou de la protection de la compagnie. Certains… préfèrent contracter des engagements avec la Compagnie de manière à pouvoir prendre congé à partir de l'arrivée des canoës en automne jusqu'à la fin d'avril ou le début de mai, donnant toute leur chasse à certains prix fixés par la compagnie… D'autres sont entièrement libres et vagabondent et errent à l'aventure dans les plaines ou rôdent autour des forts comme des loups, mangeant tout ce qu'ils peuvent manger et buvant le peu qui reste tandis que les femmes et les enfants aussi bien qu'eux-mêmes en sont réduits à la plus extrême misère*[62].

Souvent, certains groupes de gens libres voyageaient et campaient ensemble, en général par deux ou trois, partageant les ressources entre leurs familles[63]. Les bourgeois et les commis faisaient parfois allusion à de très grands groupes de gens libres vivant et travaillant ensemble[64]. Nelson appelait l'un des hommes libres, Swaine, « l'empereur de la canaille », insinuant que les gens libres s'organisaient par eux-mêmes sur une grande échelle[65]. En 1807, alors qu'il travaillait dans la région de la Pembina, Alexander Henry le Jeune nota : « Cette saison nous avons été dérangés par une augmentation des gens libres venus du Canada, etc. Leur nombre total sur cette rivière se montait à 45 ; on ne pourrait trouver de pires personnages dans le Nord-Ouest »[66]. Certains membres de la famille Desjarlais vivaient ensemble, sous la forme d'un groupe de chasseurs à la parenté étendue, sur les flancs est des montagnes Rocheuses et sur les rives du Petit lac des Esclaves et du lac La Biche[67].

Certains indices glanés dans les documents d'archives laissent penser que des communautés métisses de gens libres se constituaient le long des principaux itinéraires de la traite des fourrures. Un groupe d'anciens employés des compagnies, Anglais, Écossais et Canadiens français, commencèrent à cultiver la terre le long de la rivière Saskatchewan, près du poste de Joseph Constant. En juillet 1833, un explorateur de passage, George Back, complimenta l'ancien capitaine des navires de la Compagnie de la Baie d'Hudson, John Turner, pour sa grande ferme, ses granges, ses champs, ses dix vaches et ses quatre chevaux[68]. Lorsque le missionnaire anglican Henry Budd arriva dans la région de Cumberland en août 1841, pour établir une mission auprès des Cris, il releva que les Autochtones de l'endroit cultivaient la terre et vivaient dans des maisons depuis un certain temps déjà, et que l'orge qu'ils cultivaient à l'emplacement de la mission avait l'air « très bien »; on peut présumer qu'il y avait des gens libres dans ce groupe[69]. L'année suivante, en été, un prêtre catholique de passage, Joseph Darveau, remarqua le champ de navets de Constant[70]. L'historien Paul Thistle a découvert que de nombreux Cris de l'aval de la Saskatchewan acceptaient l'augmentation des gens libres dans la région et qu'ils nouaient de bonnes relations avec eux[71]. Laura Peers a relevé qu'entre 1804 et 1821 quelques Ojibwés commençaient à se joindre aux Cris, aux métis et aux groupes de gens libres pour constituer des bandes mixtes; elle signale également la présence de quelques bandes mixtes d'Ojibwés et de Cris aux alentours de Cumberland House en 1806-1807. Elle affirme que ces groupes étaient constitués le plus souvent d'une majorité de Cris, et d'une minorité d'Ojibwés, de gens libres et de métis. Bien que ces groupes aient commencé à entrer en concurrence les uns avec les autres pour les ressources, le réseau complexe des liens de parenté leur permettait d'unir leurs forces. Elle décrit également un groupe apparu autour du Petit lac des Esclaves vers 1810, constitué de gens libres, de métis, d'Outaouais, d'Ojibwés, d'Iroquois et d'autres tribus de peuples de l'est, qui détenaient un pouvoir considérable auprès de la Compagnie de la Baie d'Hudson[72]. Le travail de Devine sur la famille Desjarlais corrobore ce schéma. Ce sont les liens de parenté qui étaient à l'origine de la formation de ces bandes mixtes.

Parmi les gens libres, certains, cependant, renonçaient aux règles sociales de la vie avec les autres. Après avoir quitté le service de leur compagnie, ils ne se joignaient pas aux communautés autochtones, et parfois même ils évitaient les employés des compagnies. Ainsi que l'avait observé George Nelson, Charles Racette avait choisi de ne pas s'associer avec les « travailleurs du commun »[73]. Racette était surnommé le « seigneur du lac Winnipeg ». De même, bien qu'Antoine Desjarlais ait été dévoué à sa famille étendue, il proclamait sa souveraineté sur le lac Red Deer. Il y avait un autre « seigneur » au lac La Crosse, au nord du lac Winnipeg. Un « vieux pêcheur canadien », que le bourgeois Gabriel Franchère, qui passait par là en 1814 ne nomme pas, s'intitulait lui-même « le roi du lac ». Franchère poursuit : « Il aurait bien pu se proclamer roi des poissons, qui étaient abondants et dont il profitait seul »[74]. Il semble que Joseph Constant ait régné sur son domaine. La famille Constant avait sa propre maison en janvier 1822, seulement six mois après qu'il ait quitté le service de la traite pour s'installer à Le Pas[75]. Ils furent bientôt capables de recevoir les traiteurs et les explorateurs de passage. En 1833, l'officier de la Compagnie de la Baie d'Hudson John McLean notait : « Nous sommes arrivés le 5 août à la rivière du Pas, où un vieux Canadien, M. Constant, avait fixé sa résidence, qui semblait avoir en abondance tout le nécessaire à la vie, et une grande famille de demi Indiens, qui semblaient le considérer comme leur roi. Nous avons pris un petit déjeuner somptueux de poisson et de gibier, et on ne nous fit rien payer ; mais on donne toujours en cadeau du thé, du tabac ou du sucre ; ce qui fait que M. Constant ne perd rien en traitant ses visiteurs avec tant de considération »[76]. Lorsque les gens libres atteignaient la prospérité en vivant et en travaillant avec leur famille immédiate uniquement, leur rêve se réalisait; mais tous n'avaient pas la même chance. Les bourgeois et les commis font fréquemment mention de gens libres mourant de faim et qui demandaient de l'aide autant aux compagnies qu'aux Amérindiens. Certains hommes libres étaient contraints de revenir à la servitude à contrat, et de signer un contrat à plein temps de trois ou cinq ans au même salaire qu'un employé ordinaire. La famille Desjarlais souffrit terriblement des épidémies, de la diminution des ressources, de la faim et de la fusion de la Compagnie de la Baie d'Hudson et de la Compagnie du Nord-Ouest au début des années 1820[77].

Qu'ils réussissent ou non, les gens libres étaient admirés par les voyageurs parce qu'ils élaboraient un espace social, économique et culturel distinct pour eux-mêmes et leurs familles et que, ce faisant, ils influaient sur le système de la traite des fourrures au sens large. La possibilité d'être libre incitait d'autres employés à déserter du service. Les gens libres peuvent être considérés comme faisant partie d'une longue tradition de la traite des fourrures qui avait commencé avec les coureurs des bois de la Nouvelle-France, qui travaillaient en toute indépendance et qui avaient adopté les techniques et les conventions sociales des Amérindiens, mais qui restaient en général dans l'orbe du capitalisme mercantile.

En résumé, lorsque les voyageurs quittaient le service de la traite des fourrures, ils pouvaient rentrer dans la vallée du Saint-Laurent ; s'installer dans l'intérieur pour cultiver la terre, surtout près des grandes colonies comme celles de Fort William ou de la Rivière Rouge ; s'associer aux chasseurs de bisons métis ; aller vivre auprès de leurs familles amérindiennes ; ou se faire gens libres, vivant et travaillant indépendamment dans le Nord-Ouest. Il restait aux voyageurs une dernière possibilité, celle de conserver leur emploi. Certains hommes passèrent la plus grande partie de leur vie à travailler comme voyageurs et moururent au travail. Bien sûr, certains hommes mouraient très jeunes dans ce métier, mais d'autres l'exercèrent jusque bien après l'âge de soixante ans. Le vieux voyageur du lac Winnipeg cité par Alexander Ross, qui exprimait avec tant d'éloquence les valeurs au cœur du monde des voyageurs, avait fait ce métier pendant quarante-deux ans. Il disait : « [Si] j'étais jeune encore, je serais fier de recommencer la même carrière… Il n'y a pas de vie plus heureuse que celle d'un voyageur ; aucune qui soit aussi indépendante ; aucun endroit où un homme puisse connaître plus de variété et de liberté que dans le pays indien »[78].

Conclusion

Porter le monde

> *Jusque là, tout pour moi était nouveau et étrange; sauvage, romantique et merveilleux. Pas de « chutes », mais de nombreux rapides, à la Rideau et à la Chaudière, dans lesquels plus d'un pauvre Canadien a trouvé sa tombe d'eau. Des portages à travers des rochers, des collines et des marécages, la plupart recouverts de forêts denses. Et pas qu'un peu de thèmes de légendes, d'histoires et de contes d'aventures, d'accidents et de miracles, etc., etc.*[1]

LES VOYAGEURS se déplaçaient constamment, ce qu'évoque ce passage du journal du commis George Nelson, rédigé pendant sa première année de travail dans la traite, en 1802. Comme les mangeurs de lard, leur priorité était de transporter les marchandises entre Montréal et le lac Supérieur pendant la courte saison durant laquelle les cours d'eau étaient libres de glace. Les hommes du nord avaient des responsabilités supplémentaires en tant que personnel des postes de traite ; ils devaient s'assurer de l'approvisionnement et traiter avec les Amérindiens, activités qui exigeaient de voyager sur de grandes distances dans toutes les conditions possibles. Les hommes de l'Athabasca étaient ceux qui parcouraient les plus grandes distances, des milliers de kilomètres, jusqu'aux confins du lac Athabasca. Pour tous ces hommes (et les voyageurs étaient toujours des hommes), la dure réalité physique de leurs périples annuels a donné forme à notre manière de les percevoir comme un groupe distinct de travailleurs. Mais, comme je l'ai avancé dans cette étude, leurs périples et leurs voyages peuvent également être considérés métaphoriquement, comme une navigation à travers de nouveaux espaces sociaux et culturels. En même temps qu'ils traversaient de nouveaux paysages, les voyageurs rencontraient une grande diversité de gens qui étaient radicalement différents d'eux sur le plan de la cosmologie, de la vision du monde, de la langue et de la culture. Ils traversaient des gouffres géographiques et sociaux dans le but de transporter et d'échanger des marchandises de traite. Les voyageurs ne demeurant jamais longtemps en un seul lieu ou avec un seul groupe de gens, ils étaient obligés de transporter leur monde avec eux. Ce monde, comme nous l'avons vu, était fait d'objets matériels, comme des tasses de canoë et des ceintures fléchées, de rituels, comme les fêtes de Noël et les célébrations de l'arbre de mai, et de savoir-faire, comme les techniques du déplacement fluvial et de la construction de maisons. La citation qui ouvre ce chapitre évoque un autre aspect important du monde des voyageurs : celui des récits et de l'oralité.

Les voyageurs canadiens-français venaient du monde de l'oralité où les systèmes de connaissances et de sens se transmettaient par l'intermédiaire de contes et de chansons. Lorsque les paysans français traversèrent l'Atlantique dans le premier quart du XVIIe siècle pour s'installer dans la vallée du Saint-Laurent, ils y apportèrent une riche tradition orale[2]. Cette tradition orale évolua parmi les habitants et finit par refléter une identité canadienne-française distincte, que les voyageurs ont transférée dans l'intérieur du continent[3]. Au cours de leurs périples, les voyageurs rencontraient des Amérindiens, qui eux aussi avaient l'oralité pour forme d'expression première. L'observation transmise par George Nelson de l'ubiquité des contes des voyageurs laisse penser qu'ils constituaient une composante essentielle de leur monde[4]. Par l'intermédiaire des récits, les voyageurs préservaient les connaissances et la mémoire de leur univers de travail, donnaient un sens au paysage et aux cultures autochtones et commémoraient leurs morts. Bien que les voyageurs soient quasiment muets dans les sources documentaires, ils ne l'étaient certainement pas dans la vie.

Ce livre explore le monde des voyageurs canadiens-français qui travaillaient pour la traite des fourrures de Montréal, essentiellement au cours de la période postérieure à la fin de la guerre de Sept Ans en 1763, jusqu'en 1821, date où la Compagnie du Nord-Ouest et la Compagnie de la Baie d'Hudson fusionnèrent, mais l'analyse s'étend avant et après ce cadre chronologique. Cette période se caractérisait par une concurrence féroce pour les fourrures entre la Compagnie de la Baie d'Hudson, sous charte anglaise, et les divers partenariats de traite basés à Montréal, qui dans leur ensemble fusionnèrent pour donner naissance à la Compagnie du Nord-Ouest. La concurrence entre les compagnies mena à la rapide expansion des postes de traite loin vers le nord, le sud et l'ouest. Le nombre des employés était sans cesse croissant pour transporter le volume de plus en plus considérable des marchandises de traite et pour travailler dans les postes. Au plus fort de la rivalité entre les compagnies, le nombre des voyageurs travaillant pour la traite atteignit au moins trois mille hommes.

Les voyageurs provenaient surtout des paroisses des alentours de Montréal et de Trois-Rivières, mais cependant, une fois engagés dans la traite, ils ne se regroupaient pas par identités distinctes ayant pour base la paroisse, la région ou les liens familiaux. Ils étaient plutôt canalisés dans un monde qui s'organisait le long de lignes occupationnelles. Les identités des voyageurs étaient modelées par leurs racines d'habitants, les conditions de vie dans leur lieu de travail et par les Amérindiens qu'ils rencontraient dans le pays d'en haut. Des coutumes partagées et un vocabulaire spécialisé apparaissaient chez ces hommes aussitôt qu'ils intégraient la traite et ils les conservaient tout au long de leur carrière.

Cette étude commençait par un coup d'œil sur les caricatures des voyageurs dans la culture populaire, le silence qui les entoure dans la recherche historique et le fait que les voyageurs soient apparemment muets dans les archives historiques. Elle explique comment il est possible de dévoiler leur histoire à partir de sources fragmentaires. La métaphore du voyage constitue l'armature qui organise ce travail de description et d'explication de leurs expériences de travailleurs de la traite des fourrures. Les voyageurs se faisaient employés à contrat dans la traite pour gagner un supplément d'argent pour leurs familles de paysans, et en général ils leur faisaient parvenir leurs salaires. Quelques rares lettres ayant survécu, écrites par leurs familles aux voyageurs, et une lettre d'un voyageur à sa femme, révèlent que les liens affectifs et économiques perduraient à travers d'immenses distances et de longues absences. Aussitôt que les voyageurs intégraient leur nouveau travail, ils se soumettaient à des rituels didactiques qui les aidaient à apprendre les coutumes de leur nouveau métier, et à des rituels qui les aidaient à créer et à affiner les valeurs nécessaires pour s'adapter à leurs affectations toujours changeantes. Le baptême rituel pratiqué en des lieux géographiques précis, par exemple, marquait la transformation symbolique de l'habitant en voyageur, du mangeur de lard en homme du nord, et de l'homme du nord en homme de l'Athabasca. Chacune de ces identités suivait les changements du paysage, l'augmentation des risques et des difficultés de leur travail et un sentiment croissant d'un idéal de masculinité qui se basait sur des valeurs de force, de persévérance et d'audace. Ces rituels nous fournissent des indices du comportement des voyageurs et de leur vision du monde, en plus d'amplifier spectaculairement le volume des voix des voyageurs dans les documents d'archives.

Cette étude se tourne ensuite vers le travail des voyages en canoë, en soulignant la diversité des tâches, les conditions de travail et un autre moyen d'entendre les voix des voyageurs, leurs légendaires chansons. Le rythme des chansons aidait les voyageurs à tenir le rythme de nage tandis que les paroles leur procuraient un moyen de se rappeler de leur foyer et de commémorer ceux qui avaient perdu la vie en service. Le travail des voyageurs ne consistait pas simplement à pagayer, mais requérait plutôt une grande variété de savoir-faire. Ces savoir-faire et les aptitudes des voyageurs leur conféraient les moyens de marchander de meilleures conditions de travail auprès de leurs maîtres. Bien que les voyageurs aient régulièrement négocié de meilleures rations et des salaires plus élevés, ils ne contestaient pas en groupe les structures paternalistes de leur lieu de travail. La forme de protestation la plus fréquente consistait à déserter, et certains voyageurs partirent rejoindre les rangs des gens libres, en gagnant leur vie d'une multitude de manières loin de la férule de leurs maîtres ou de leurs seigneurs.

Lorsque les voyageurs atteignaient l'extrémité occidentale du lac Supérieur, les mangeurs de lard échangeaient leurs cargaisons avec celles des hommes du nord, et tous participaient au rendez-vous, la plus grande fête de la traite des fourrures. Les vies des voyageurs ne se résumaient pas au travail, et de nombreuses formes de jeu, surtout celles qu'encourageait leur lieu de travail ritualisé, les aidaient à mettre en scène les valeurs sociales qui reflétaient à la fois leurs univers radicalement nouveaux et leurs allégeances toujours valides à leur vie dans la vallée du Saint-Laurent. Dans les postes de l'intérieur, les voyageurs devenaient des hommes à tout faire, se lançaient dans la construction et l'artisanat, chassaient pour se nourrir, voyageaient entre les postes et traitaient en dérouine avec les Amérindiens. Les voyageurs se rendaient dans les campements amérindiens avec un petit lot de marchandises de traite, et ils y passaient parfois l'hiver. Là, les voyageurs apprenaient beaucoup des Amérindiens et s'adaptaient à leur mode de vie pour survivre. De nombreux voyageurs nouèrent des liens amoureux avec des femmes autochtones.

La formation d'étroites relations entraîna une grande variété de liens sexuels et affectifs, qui entremêlaient les idées des voyageurs en ce qui concernait le désir, le plaisir, la romance et les partenariats familiaux avec ces femmes amérindiennes. Les relations sexuelles étaient souples, et les règles et les schémas y étaient soumis à des négociations constantes. Les contacts sexuels pouvaient contribuer à ratifier des relations de traite et parfois mener à l'émergence d'un commerce sexuel. Ceux des voyageurs qui voulaient avoir une famille stable et permanente dans l'intérieur, comme les hommes qui avaient voué leur vie au service et les gens libres, avaient la possibilité de contracter des mariages à long terme, mais la « monogamie fluide » était le schéma le plus courant.

La plupart des voyageurs rentraient chez eux au terme d'un ou deux contrats dans la traite. Parmi ceux qui restaient dans l'intérieur, certains contribuaient à créer de nouveaux espaces coloniaux en se fixant pour cultiver la terre. La seule présence d'Euro-américains et le seul fait de cultiver la terre ne suffisaient pas à créer un espace « colonial », mais lorsque les fermes des voyageurs devenaient des extensions des postes de traite et qu'elles étaient soumises aux réglementations des autorités coloniales, elles passaient d'un statut « proto-colonial » à celui d'une extension du contrôle des Euro-américains sur les terres des Autochtones. D'autres voyageurs se joignaient aux communautés amérindiennes et nombre d'entre eux devinrent des gens libres. Ces hommes faisaient reposer leur mode de vie sur une grande diversité de ressources et résistaient aux efforts du gouvernement britannique et de la Compagnie de la Baie d'Hudson d'imposer un contrôle social et économique sur l'intérieur du continent.

Ce livre contribue aux recherches sur l'histoire canadienne, la traite des fourrures, les rencontres interculturelles et le processus du métissage, parfois appelé hybridation ou mélange culturel. Il souligne les liens entre la vallée du Saint-Laurent et les sites des échanges de fourrures aussi bien que d'échanges culturels qui se sont implantés sur la plus grande partie du nord du continent et examine la manière dont les travailleurs agissaient dans un environnement proto-colonial. Il met l'accent sur la coopération plutôt que sur le conflit entre les Euro-américains et les peuples autochtones et, pour cette raison, il contribue à mettre en lumière le contexte dans lequel les métis (les gens d'ascendance mixte amérindienne et européenne) et la nation Métis (affirmation explicite d'une identité ethnique) sont apparus.

Cette étude des immenses périples des employés canadiens-français s'ajoute aux recherches portant sur l'ancienneté de l'empreinte française en Amérique du Nord. Elle vient à l'appui de l'expression formulée par Gérard Bouchard et Yvan Lamonde d'une « collectivité neuve » québécoise, qui exigeait des colons français qu'ils se séparent de leur mère patrie pour s'adapter au nouvel espace continental[5]. On peut considérer les voyageurs comme des agents de la (nord) américanisation des colons français de la vallée du Saint-Laurent. Les voyageurs étaient confrontés, davantage que la plupart des colons, aux extrêmes atmosphériques et géographiques de l'Amérique du Nord, et ils étaient exposés à une grande variété de peuples (autochtones) américains. Lorsqu'ils revenaient dans la vallée du Saint-Laurent, ils avaient acquis de nouveaux savoir-faire, de nouvelles expériences et de nouvelles attitudes envers l'environnement physique autant qu'envers les peuples. Bien que ce livre se concentre avant tout sur les expériences des voyageurs dans le pays d'en haut, j'espère qu'il suscitera de nouvelles recherches sur l'impact qu'ont pu avoir les voyageurs sur leurs communautés, indépendamment des salaires qu'ils leur faisaient parvenir et de leurs absences. Quelques indices d'une continuité de l'identité des voyageurs et de leurs actions collectives suscitent fortement la curiosité et laissent penser qu'il pourrait s'agir d'un sujet d'enquête très prometteur. Il n'existe apparemment pas de digressions sur d'anciens voyageurs dans la correspondance des prêtres dans les paroisses qui étaient habituellement celles des voyageurs, mais les registres de baptême montrent que les hommes continuaient de s'identifier comme voyageurs après leur retour. Une recherche sur les vies d'anciens voyageurs et sur des connaissances et des valeurs spécifiques qu'ils auraient rapportées du pays d'en haut pourrait éclairer la manière dont ils ont contribué à modeler le Bas Canada.

L'échange culturel n'était pas à sens unique, vers la vallée du Saint-Laurent. Les voyageurs portaient avec eux les coutumes et les manières d'être des habitants de la vallée du Saint-Laurent lorsqu'ils voyageaient à travers le continent, et nous pouvons constater la pérennité de leur influence dans une multitude de lieux. Des toponymes tels que Portage La Prairie (qui est une ville d'aujourd'hui, le long de la rivière Assiniboine) au sud du Manitoba, le lac de l'Île à la Crosse au nord de la Saskatchewan et le Voyageur National Park au Minnesota signalent le passage des voyageurs. Leurs tasses de canoës, leurs ceintures fléchées et leur type particulier de construction sont les témoins d'un style d'artefacts et des ensembles de savoir-faire qui les ont produits. Les chansons et les histoires ont suivi leur chemin et sont passées des feux de camp des voyageurs aux communautés amérindiennes puis se sont transmises dans les familles de voyageurs. L'héritage le plus évident des voyageurs des pays d'en haut est leur descendance.

L'un des champs d'études les plus intrigants et les plus prolifiques en Amérique du Nord est l'histoire des nouveaux peuples apparus à la suite des rencontres interculturelles. Depuis la parution de l'ouvrage magistral de Marcel Girard, *Le métis canadien* (1945) et le travail de défrichage de Jacqueline Peterson dans sa thèse de doctorat sur l'ethnogenèse des Métis dans la région des Grands Lacs, les chercheurs ont abordé des questions d'origine, de diaspora et d'histoire à l'époque de la traite des fourrures, de conscience ethnique et politique au XXe siècle, de revendications territoriales et de l'histoire des femmes métisses[6]. Ces travaux en expansion peuvent se différencier entre les études portant sur la nation Métis qui s'est développée dans la région des Grands Lacs et de la vallée de la Rivière Rouge et celles portant sur le patrimoine mixte (métissé) des communautés qui se sont créées dans les zones de contact longeant les routes de la traite des fourrures[7]. Dans ces deux cas, la compréhension des racines des pères européens est d'une importance cruciale, surtout lorsque les pères avaient un rôle actif dans l'éducation des enfants. J'espère que cette étude pourra contribuer aux recherches sur les descendants des hommes canadiens-français et des femmes amérindiennes.

Dans le champ des études de la traite des fourrures, cet ouvrage s'inscrit dans la ligne de l'intérêt croissant pour les études culturelles et constitue en particulier une introduction aux nouvelles questions de genre, de masculinité, d'identité et de rituels. Il esquisse les contours de l'expérience des voyageurs et procure une base à des études plus fines et détaillées des individus et des communautés portant plus particulièrement sur les travailleurs. Le Nord-Ouest, à l'époque de la traite des fourrures, était un univers diversifié et fluide dont les voyageurs constituent les exemples par excellence. Leurs vies étaient faites de changements et de déplacements. Bien qu'ils aient précédé les vagues de colons européens, et que leurs activités dans la traite aient frayé le chemin au processus de colonisation et inauguré la longue histoire des conséquences dramatiques des relations entre les Amérindiens et les Euro-américains, les voyageurs ne correspondent pas au schéma habituel du contact. Leur impact sur l'environnement des Amérindiens fut faible. Ils avaient adopté de nombreux aspects des cultures autochtones, et certains avaient établi des connexions mixtes avec eux. Les voyageurs représentent le temps du possible, lorsque le schéma de colonisation n'était pas encore inévitable et inexorable.

J'espérais, en commençant cette étude, dépasser les caricatures stéréotypées des voyageurs, parcourir à la fois les archives historiques et la culture populaire contemporaine, en découvrant et en amplifiant les voix des voyageurs en tant que travailleurs dans un lieu de travail difficile. J'y ai découvert une main-d'œuvre complexe et diversifiée qui négociait son identité aux marges de cultures bien établies, celles des Européens et celles des Amérindiens. Bien que les voyageurs aient laissé eux-mêmes peu de traces conventionnelles dans les archives, j'ai été étonnée de constater l'étendue des informations que l'on pouvait glaner dans ces dernières, surtout en ce qui concerne les descriptions de comportement. J'espère que cette étude extensive pourra inciter d'autres chercheurs à s'aventurer dans le monde fluide de la traite des fourrures et examiner les sites de contact inhabituels et les communautés mixtes qui jonchent à travers le temps les grands espaces de l'Amérique du Nord.

Notes

I • Introduction •
Fils de la ferme, de la traite et de l'immensité

1. « And as it may be interesting to the reader to know something of the character of these superannuated sons of the wilderness, we shall sketch them » ; Ross, *Fur Hunters* II : 235.
2. Page d'index, Voyageurs National Park, en ligne : http://://www.nps.gov/voya/, consulté le 1er juin 2002.
3. La dénomination intégrale (après une fusion d'entreprises) est Voyageur Corporation and Greyhound Canada Transportation Corporation.
4. Newman, *Company of Adventurers* II : 23, 25 (traduction libre).
5. Nute, *Voyageur* : vii ; parmi d'autres exemples de stéréotypes romantiques des voyageurs, on peut citer Campbell, *North West Company* : 22-24 ; et Francis, *Battle for the West* : 51, 61-62.
6. Innis, *Fur Trade in Canada* : 262.
7. Pour une excellente discussion de l'histoire des représentations livresques des voyageurs, voir Gross, « Voyageurs » : 411-422.
8. « ficle & changeable as the wind, and of a gay and lively disposition… they make Gods of their bellies, yet when necessity obliges them… they will endure all the fatigue and misery of hard labour & cold weather &c for several Days following without much complaining… They are People of not much veracity… Therefore there is little dependence to be placed on what they say and they are much given to pilfering and will even steal when favourable opportunities offer… by flattering their vanities (of which they have not a little) they may be made to go through fire and water » ; Harmon, *Sixteen Years*, 197-198.
9. Voir en particulier le travail de Ray, *Indians in the Fur Trade*, et les actes des North American Fur Trade Conferences.
10. Les voyageurs se voient consacrer presque deux pages dans Woodcock, *Social History of Canada* : 99-100 ; un paragraphe dans Francis, Jones et Smith, *Origins* : 377 ; un paragraphe dans Bumsted, *History of the Canadian Peoples* : 49-50 ; et aucune description, seule une brève mention, dans Friesen, *Canadian Prairies* : 56-57, 58.
11. Les travailleurs de la traite des fourrures sont brièvement mentionnés dans quelques études de plus grande envergure sur le travail et le capital au début de l'histoire canadienne, comme dans Pentland, *Labour and Capital in Canada* : 30-33 ; et B.D. Palmer, *Working-Class Experience* : 35-36 ; les traiteurs européens ont été les premiers à recevoir une attention importante de la part de Brown, *Strangers in Blood* ; les travailleurs autochtones ont fait l'objet de certaines recherches de Judd, « Native Labour and Social Stratification » : 305-314 ; voir également Swagerty et Wilson, « Faithful Service under Different Flags » ; J. Nicks, « Orkneymen in the HBC » ; Skinner, « Sinews of Empire » ; Burley, *Servants of the Honourable Company*. Goldring est le premier à avoir compilé des informations sur les travailleurs dans *Papers on the Labour System*. Voir également Bourgeault, « Indian, the Métis and the Fur Trade » ; et Makahonuk, « Wage-Labour in the Northwest Fur Trade Economy ».
12. Allaire, « Les engagements » ; Allaire, « Fur Trade Engages » : 19-20 ; Charbonneau, Desjardins et Beauchamp, « Le comportement démographique » : 125-126 ; Dechêne, *Habitants and Merchants* : 117-124 ; et Greer, « Fur-Trade Labour » : 203-204.

13. Allaire, « Les engagés de la fourrure » : 83-84.
14. Sur les voyageurs iroquois, voir Grabowski et St-Onge, « Montréal Iroquois Engagés » ; Karamanski, « Iroquois and the Fur Trade » ; T. Nicks, « Iroquois and the Fur Trade » ; et Green, « New People in an Age of War ».
15. Dans son étude des contrats de voyageurs entre 1701 et 1745, Allaire a utilisé les registres de quarante-huit notaires, gardant la trace d'environ six mille contrats, découverts aux Archives nationales du Québec ; voir Allaire, « Les engagés de la fourrure » : 75-77.
16. Brown et Vibert, introduction de *Reading Beyond Words*.
17. Podruchny, « Festivities, Fortitude, and Fraternalism ».
18. Mackenzie, « General History » : 52 ; pour un argument voulant que l'auteur de « A General History » ait été Roderick Mackenzie, le cousin d'Alexander Mackenzie, voir la lettre d'Alexander Mackenzie du 7 novembre 1806 à Roderick Mackenzie dans R. Mackenzie, « Reminiscences » I : 51 ; Bigsby, *Shoe and the Canoe* I : 115 ; et l'introduction de Daniells dans *Voyages from Montreal* : vii ; dans l'introduction de *The Journals and Letters of Alexander Mackenzie*, Lamb affirme qu'il est très probable que Roderick ait aidé Mackenzie (33) ; pour un portrait semblable des voyageurs canadiens-français sous la plume d'un commis de la Compagnie de la Baie d'Hudson, voir BAC, MG19 EI : 536.
19. Bakhtine, *Dialogic Imagination* : 263-264, 288.
20. Ginzburg, « Inquisitor as Anthropologist » : 158 (traduction libre).
21. Harmon, *Sixteen Years*, 6 mars 1802 : 55.
22. Muir, *Ritual in Early Modern Europe* : 3-4 ; voir aussi Podruchny, « Baptizing Novices ».
23. Ross, *Fur Hunters* II : 234-237.
24. Dugas, *Un voyageur des pays d'En-Haut* : 27.
25. Pour un exemple d'hommes provenant de nombreuses paroisses différentes et constituant une communauté auprès d'un poste, voir TBR, S13, journal de George Nelson « No. 5 » : 13-14 (ma pagination), 197-198 (pagination de Nelson). Dans l'un des rares exemples où l'on découvre deux frères affectés dans la même région, ces derniers ne s'entendaient pas ; voir MDLR, MC, C.13, 26 novembre 1799 : 5 (ma pagination).
26. Henry (le Jeune), *New Light* I, 20 juillet 1806 : 333 ; Harmon, *Sixteen Years*, 18 août 1808 : 113.
27. J.E. Foster, « Wintering » ; et Devine, « Les Desjarlais ».
28. Podruchny, « Un homme libre » ; et Peers, *Ojibwa of Western Canada* : 66-69, 104-106.
29. Par exemple, voir Way, « Evil Humors and Ardent Spirits » ; Peck, « Manly Gambles » ; et Bederman, *Manliness and Civilization* : 17.
30. Voir l'ouvrage classique de Turner, *Phénomène rituel*.
31. Van Gennep fut le premier à suggérer ce concept dans *Rites de passage* ; il fut ensuite développé par Turner, dans *Phénomène rituel* (chapitre 3) et dans *Blazing the Trail* : 48-51.
32. Pour une discussion théorique et des comparaisons interculturelles des *communitas*, ou développement des communautés dans des espaces liminaux, voir Turner, *Ritual Process* (chapitre 3) ; et Turner, *Blazing the Trail* : 58-61.
33. Devine, *People Who Own Themselves* ; Allaire (« Les engagés de la fourrure » : iv, 148-149) a découvert que durant la période précédant la Guerre de Sept Ans, les migrations en chaîne parmi les employés étaient minimes ; ce n'était pas le cas chez les traiteurs de la première moitié du XVIIIe siècle ; Dechêne a découvert la prééminence des groupes de parenté travaillant dans la traite et partageant les permis de traite ; voir son ouvrage, *Habitants and Merchants* : 120.
34. Peterson, « People In Between ».

II • QUITTER SON FOYER
Famille et mode de vie au Canada français et au-delà

1. Jean Mongle, Fort Colville, à Marie Saint-Germain, Maskinongé, 12 avril 1830, dans ACBH, B.134/C/13, fol. 32 ; voir aussi Beattie et Buss, *Undelivered Letters* : 295-296.
2. En raison de l'instabilité de l'orthographe typique des XVIIIe et XIXe siècles, Jean Mongle apparaît dans divers documents en tant que John, Monge, Mongell, Mongel, Mongall, Mongal et Monde. Pour des informations sur sa famille, voir Beattie et Buss, *Undelivered Letters* : 293-298, 453.
3. Les soldats de Hesse étaient des Allemands dont les Britanniques recherchaient les services pour combattre dans la Guerre d'Indépendance américaine ; voir Vickerson, « Genealogy and the Hessian Soldiers » ; voir également Dohla, *Hessian Diary*.
4. Roderick McKenzie engagea Jean Mongle à l'Assomption en 1814 et McTavish, McGillivray and Co. engagèrent Jean Mongle à l'Assomption en 1816. Il n'est pas certain qu'il s'agisse du même homme. Les deux partenariats appartenaient à la Compagnie du Nord-Ouest ; voir les registres notariaux de J.-G. Beek, 6 septembre 1814 et 13 janvier 1816 dans ANQM, CN 601 S29.
5. ACBH, F.4/32, fol. 749 ; et F.4/40, fol. 125.
6. Campagna, *Répertoire des mariages de Maskinongé* : 228, 282.
7. ACBH, B.239/g/10, fol. 44, fol. 70 ; et B.45/a/I, fol. 3.
8. ACBH, B.45/a/I, fol. 20-22.
9. ACBH, E.31/2/2, fol. 24-25d.
10. Cette lettre resta ensuite intouchée dans les Archives de la Compagnie de la Baie d'Hudson pendant plus de cent cinquante ans, jusqu'à la fin des années 1990, lorsque l'archiviste Judith Beattie et l'universitaire Helen Buss commencèrent à rechercher les auteurs de ces lettres, qu'elles publièrent dans *Undelivered Letters*. Je remercie Judith Beattie pour avoir attiré mon attention sur ces lettres au début de ma recherche et pour m'avoir communiqué ces informations.
11. ACBH, B.134/c/13, fol. 30 ; et Beattie et Buss, *Undelivered Letters* : 297-298.
12. Cité dans Beattie et Buss, *Undelivered Letters* : 297-298.
13. Bien qu'Allaire ait découvert qu'entre 12,9% et 34,8% des employés de la traite des fourrures provenaient des villes de Montréal, Trois-Rivières et Québec au cours de la première moitié du XVIIIe siècle, il affirme que ces recrues étaient dans une écrasante majorité d'origine rurale ; voir « Les engagés de la fourrure » : 180-186, 214.
14. Voir le travail d'Innis, en particulier *Fur Trade in Canada* : 383-402.
15. Eccles, « Fur Trade and Eighteenth-Century Imperialism » : 342.
16. Lunn, « Illegal Fur Trade ».
17. Dechêne, *Habitants and Merchants* : 90-96, 107-125.
18. Dechêne, *Habitants and Merchants* : 96.
19. Pour une vision d'ensemble de cette question, voir Rich, *Fur Trade and the Northwest* : 19-129.
20. Devine, « Fur Trade Diaspora ».
21. Igartua, « Change in Climate » ; et Rich, *Fur Trade and the Northwest* : 131-134, 138 ; l'historien Fernand Ouellet affirme que les Canadiens français constituaient la majeure partie des bourgeois de la traite des fourrures jusqu'en 1774, dans *Economic and Social History of Québec* : 79-83 ; les questions d'ethnicité, de religion, de liens d'affaires, de connexions sociales et de réseaux de parenté parmi les bourgeois de la traite des fourrures de Montréal mériteraient un examen attentif pour vérifier les interprétations d'Igartua et d'Ouellet.
22. Campbell, *North West Company* : 19, 33-34, 93 ; voir également Davidson, *North West Company* ; et BAC, MG19 B4.
23. Pendergast, « XY Company » ; Rich, *Fur Trade and the Northwest* : 191, 195 ; pour un survol général, voir aussi Rumilly, *La compagnie du Nord Ouest*.

24. Keith, *North of Athabasca* : 28-30, 32-33.
25. Rich, *Fur Trade and the Northwest* : 189-190.
26. Nute, *Calendar of the American Fur Company's Papers* ; DeVoto, *Across the Wide Missouri* ; Chittenden, *American Fur Trade* ; Terrell, *Furs by Astor* ; Lavender, *Fist in the Wilderness* ; Phillips, *Fur Trade* ; et Jung, « Forge, Destroy, and Preserve » : 255-320.
27. Rich, *Fur Trade and the Northwest* : 239-243.
28. Burley, *Servants of the Honourable Company* : 91-95.
29. Greer, « Fur Trade Labour » : 206-207 ; Greer, *Peasant, Lord, and Merchant* : 187-188 ; Burley, *Servants of the Honourable Company* : 95.
30. Lettre de Benjamin et Joseph Frobisher au général Haldimand, 4 octobre 1784, dans Wallace, *Documents* : 73-74.
31. ACBH, F.4/32, fol. 749 ; et F.4/40, fol. 125.
32. Heriot, *Travels through the Canadas* : 246-248.
33. Mackenzie, « General History » : 33.
34. Londres, PRO, Board of Trade Papers, lettre du lieutenant-gouverneur Milnes à Hobart, 30 octobre 1802, List of Departments in the North West Company Supplied by McTavish, Frobisher & Co. ; cette liste est reproduite dans Davidson, *North West Company*, annexe I : 279-281.
35. T. Douglas, *Sketch of the British Fur Trade* : 39.
36. Au sujet du déplacement du poste de traite et de la communauté de Michilimackinac à l'île de Mackinac, voir Armour, *Colonial Michilimackinac* : 80-82 ; au sujet de la continuité de l'approvisionnement des voyageurs à l'île de Mackinac dans les années 1817-1818 et après, voir Phillips, *Fur Trade*, II : 365-369.
37. Lettre de Benjamin et Joseph Frobisher au général Haldimand, 4 octobre 1784, dans Wallace, *Documents* : 73-74.
38. MHS, P791, dossier 7, Lettres de la Compagnie du Nord-Ouest, 1798-1816, Dominique Rousseau et Joseph Bailley contre Duncan McGillivray (originaux des Archives judiciaires de Montréal).
39. Sur 106 engagements d'hommes de Sorel entre 1790 et 1799, Greer en a découvert 99 indiquant une destination ; parmi ces derniers, 52 indiquaient la destination de Grand Portage et 13 autres la destination d'autres bases des Grands Lacs ; il s'ensuit que deux tiers des engagements concernaient des mangeurs de lard ; Greer, « Fur Trade Labour » : 202.
40. Mackenzie, « General History » : 51.
41. Pour un exemple de cette pratique, voir Back, *Narrative of the Arctic Land Expedition*, 20 mai 1833 : 37.
42. Au cours d'un voyage de Montréal à Fort Wedderburn sur le lac Athabasca, Robert Seaborne Miles échangea ses hommes contre un équipage frais à la rivière La Pluie, le 8 juillet 1818 ; AO, MU 1391 : 18.
43. Mackenzie, « General History » : 51-52.
44. Mackenzie, « General History » : 34 ; d'après les registres d'engagements, on ne peut savoir clairement si les Canadiens français qui entraient dans le service pour la première fois pouvaient choisir de devenir des hommes du nord immédiatement.
45. Voir Trudel, *Seigneurial Regime* ; et Harris, *Seigneurial System*.
46. Greer, *Peasant, Lord, and Merchant* : xi-xii.
47. Dechêne, *Habitants and Merchants* : 195-196.
48. Allaire, « Fur Trade Engagés » : 20 ; de même, pour le XVIIe siècle, Dechêne a découvert que plus de la moitié de tous les voyageurs provenaient de l'île de Montréal, tandis que 30% provenaient des paroisses des environs de Trois-Rivières ; la plupart des voyageurs restant provenaient des régions de Varennes et de Châteauguay (*Habitants and Merchants* : 119).
49. Ouellet, « Dualité économique » : 268-270.
50. Greer, « Fur Trade Labour » : 198-200.

51. Parmi celles-ci, au cours de la période allant de 1701 à 1740, Allaire a identifié Varennes, Saint-Sulpice, Repentigny, Lachenaie, L'Assomption, Boucherville, Longueuil, Laprairie et Châteauguay; Allaire, « Fur Trade Engagés »: 20-21.
52. Greer, « Fur Trade Labour »: 200-201; et Greer, *Peasant, Lord, and Merchant*: 177-193.
53. Greer, « Fur Trade Labour »: 204; et Greer, *Peasant, Lord, and Merchant*: 181.
54. Greer, « Fur Trade Labour »: 204; et Greer, *Peasant, Lord, and Merchant*: 181.
55. Greer, « Fur Trade Labour »: 206.
56. Gaêrin, *Trois types de l'habitation*: 99-107.
57. Un examen serré des registres des paroisses peut révéler certaines attitudes du clergé et des gens du lieu vis-à-vis des voyageurs; la généalogiste Ellen Paul a examiné de près les registres de la paroisse de L'Assomption pour retracer la vie d'un voyageur ayant quitté le service de la traite et s'étant installé en ce lieu; Paul, « Voyageur at Home ».
58. Allaire, « Fur Trade Engagés »: 19-20; Charbonneau, Desjardins et Beauchamp, « Le comportement démographique »: 125-126; Dechêne, *Habitants and Merchants*: 120; et Devine, People Who Own Themselves.
59. Greer, « Fur Trade Labour »: 203-204.
60. Dechêne, *Habitants and Merchants*: 118-119.
61. Greer, « Fur Trade Labour »: 200, 204-209; et Dechêne, *Habitants and Merchants*: 123-124.
62. TBR, S13, George Nelson, lettre à ses parents, Tête au Brochet, 8 décembre 1811: 7.
63. Van Kirk, « George Nelson "Wretched" Career ».
64. TBR, S13, George Nelson, lettre à ses parents, Tête au Brochet, 8 décembre 1811: 7; pour d'autres exemples de voyageurs entrant dans la traite des fourrures pour l'argent, voir aussi Harmon, *Sixteen Years*, 24 mai 1800: 17.
65. Ross, *Fur Hunters* I: 117; pour une conception similaire, voir Landmann, *Adventures and Recollections* I: 310.
66. Greer, *Peasant, Lord, and Merchant*: 88.
67. Ross, *Fur Hunters* II: 237.
68. Lande, *Development of the Voyageur Contract*: 41.
69. Lande, *Development of the Voyageur Contract*: 48-57; et ACBH, F.3/1; voir aussi Greer, « Fur Trade Labour »: 200.
70. Lande, *Development of the Voyageur Contract*: 41-42.
71. McDonell, « Diary »: 67-68.
72. Duckworth, *English River Book*: 146-147.
73. ACBH, F.3/1, fols. 37, 37b, Joseph Frobisher à Simon McTavish, Montréal, 7 janvier 1792.
74. Greer, « Fur Trade Labour »: 200, 203; et Greer, *Peasant, Lord, and Merchant*: 181, 183.
75. Mackenzie, « General History »: 52; Henry (le Jeune), *New Light* I, 1er juillet 1804: 247; et « Documents relating to the Engagement of Jean Batiste Cadot, Jr, with the NWC, 1795 », dans Wallace, *Documents*: 92.
76. Franchère, *Journal of a Voyage*, 24 mai 1810: 44; BAC, MG19 A41; Landmann, *Adventures and Recollections*, 3 juin 1800, II: 167-168; et BAC, MG24 H1: 45.
77. ACBH, F.3/1, fol. 126, John Gregory à Simon McTavish, Montréal, 16 mars 1793.
78. BAC, MG19 A5, Montréal, 26 juillet 1788, Joseph Frobisher à John Collins Esq.: 63.
79. ACBH, F.3/1, fol. 27a, 27b, Joseph Frobisher à Simon McTavish, Montréal, 24 novembre 1791.
80. « We Come On Very Slowly with the Engaging our Men, Though Every Pains are Taken for that purpose, at Foot you Have An account of What are Engaged Here. St Cir, Faniant, & Tranchemontaigne, I Expect Will Each Compleat their Brigades, Besides Some Good Wintering Men, I Think I Never Saw the Men so Backward as this Year, & Should they Stand of Much Longer, it Will Be Absolutely Necessary We Shoud Make a Small Augmentation to the Men to Go & Come, the Outfit is Making Up as Fast as Possible, the Holidays are Now at an End, and I intend Beginning to Bale up After to Morrow, & Expect the Latter End of the Month to Have the

Greatest Part at La chine » ; ACBH, F.3/1, fol. 30b, John Gregory à Simon McTavish, Montréal, 24 novembre 1791.

81. ACBH, F.3/1, fol. 37a, 37b, 41a, 41b, 42, 43, Joseph Frobisher à Simon McTavish, Montréal, 7 janvier 1792, John Gregory à Simon McTavish, Montréal, 18 février 1792 et Joseph Frobisher à Simon McTavish, Montréal, 18 février 1792.
82. McDonell, « Diary », 1er juin 1793 : 72.
83. Lefroy, *In Search of the Magnetic North*, lettre à sa sœur Sophia, Fort Frances au lac La Pluie, 15 juin 1843 : 37.
84. BAC, MG19 C1, vol. 8, reel C-15638, 20 octobre 1804 : 13 ; AO, MU 572, vol.2, Donald McIntosh, Michipicoten, à Duncan Clark, Pic, 24 août 1825 : 2-3 ; et Ross, *Fur Hunters* I : 118-119.
85. AO, MU 572, vol. 2, R. McKenzie, Pic, à Duncan Clark, Long Lake, 1er mai 1825, I : 3.
86. Pour un bref survol des lois relatives aux maîtres et aux serviteurs en contexte colonial, voir Hay et Craven, « Master and Servant ».
87. Ces études portent principalement sur l'Ancien Régime ; Dechêne, *Habitants and Merchants* : 217-226 ; et Charbonneau, Desjardins et Beauchamp, « Le comportement démographique » : 120-133.
88. Allaire, « Les engagements » ; et Greer, « Fur Trade Labour » : 197-214.
89. Dechêne, *Habitants and Merchants* : 117.
90. Ouellet, « Dualité économique » : 294-295 ; et Allaire, « Les engagements ».
91. Dans les journaux et les lettres, on trouve de fréquentes mentions de dispositions prises pour les engagements dans les postes de l'intérieur ; pour quelques exemples, voir BAC, MG19 C1, vol. I, 9 août 1797, 7 avril 1798 et 14 mai 1798 : 3, 53, 60 ; BAC, MG19 C1, vol. 4, 2 avril 1790 : 50 ; BAC, MG19 C1, vol. 5, 2 avril 1790 : 15 ; TBR, S13, journal de George Nelson, 29 janvier-23 juin 1815, 19 mars 1815 : 20-21 ; Henry (le Jeune), *New Light* I, 15 mai 1801, 1er mai 1803, 6 mai 1804 : 180-181, 211, 243 et II, 2 mars et 18 septembre 1810 : 590-591, 628 ; Faries, « Diary », 26 décembre 1804, 24 février 1805 : 223-230 ; Harmon, *Sixteen Years*, 16 juillet 1800 : 23 ; Fraser, « First Journal », 13 avril 1806 : 109 ; et Heriot, *Travels through the Canadas* : 254-255.
92. Voir Massicotte, « Répertoire des engagements ».
93. APM, MGI CI, fol. 33, formulaire de contrat pour McTavish, McGillivray & Co.
94. Franchère, *Journal of a Voyage* : 181-182.
95. Lande, *Development of the Voyageur Contract* : 41-42.
96. Par exemple, voir le contrat de 1809 de Joseph Defont avec la Compagnie du Nord-Ouest, APM, MG1 C1, fol. 32 et le contrat de Louis Santier de Saint-Eustache avec Parker, Gerrard, Ogilvy & Co. comme milieu pour transporter des marchandises entre Montréal et Michilimackinac, 21 avril 1802, BAC, MG19 A51.
97. Mackenzie, « General History » : 34 ; et Heriot, *Travels through the Canadas* : 248.
98. Cox, *Adventures on the Columbia River* : 305.
99. McDonell, « Diary » : 95.
100. « [Voyageurs'] rations at first view may appear enormous. Each man is allowed eight pounds of solid meat per diem, such as buffalo, deer, horse, &c., and ten pounds if there be bone in it. In the autumnal months, in lieu of meat, each man receives two large geese, or four ducks. They are supplied with fish in the same proportion. It must, however, be recollected that these rations are unaccompanied by bread, biscuit, potatoes, or, in fact, by vegetables of any description. In some of our journeys up the Columbia, they were allowed pork and rice ; and on particular occasions, such as wet weather, or making a long portage, they received a glass of rum » ; Cox, *Adventures on the Columbia River* : 305.
101. BAC, MG19 C1, vol. 7, 12 octobre 1798 et 2 mars 1799 : 9, 39.
102. Henry (le Jeune), *New Light* I, 23 juillet 1800 : 10.
103. AO, bobine MS65, Donald McKay, journal de janvier 1805 à juin 1806, 27 juin 1805 : 22 (ma pagination) ; MDLR, MC C.24, 11 février 1801 : 21 ; BAC, MG19 C1, vol. 6, 14 mai 1800 : 21 ;

BAC, MC, MG19 C1, vol. 7, 26 décembre 1798, 5 janvier 1799 et 2 mars 1799 : 23, 25, 30 ; et Keith, *North of Athabasca* : 97.

104. « I engaged La Hanee for two years &. Cadien for three, the ordinary wages of the Fort, but I promised each a Gun &. House, One of them (Cadien) being free at the Grand Portage » ; MDLR, MC C.24, 21 janvier 1801 : 18.

105. « There are the Terms up on which I Shall engage [Joseph Robillard] for One year to Winter at McKinar of Mississippi [& ?] Montréal, oblige [ill.] as another Winterer, & obliges to work at his trade as Cooper when Required. – Wage, 850 [livres] & an Equipt Const of 2 Blankets, 2 Shirts, 2 prs Trousers, 1 pr Shoes, 1 Collier. I shall [ill.] Security to you provided he fullfill his Engt With me for Two Hundred Livres – and if he Continues in my Employ Will Stop the Remainder of the Debt the Ensuing Year Say 254 [livres] 5 [sols]. – Should he discontinue With me, You Know I have a right to Send him Back here, which I Shall do if he try not pay the Said Sum, You Will please observe that I [ill.] not become responsible more than What I may have in my power to do for you Should the man Run away, Leave my Employ or Die, my Responsability becoming Annulle. Should this Suit you please so have him Engt passed and advance him in money One Hundred and Twenty Livres which I Shall Pay you When you Come to Town » ; BAC, MG19 B6, 3 février 1803, Montréal.

106. BAC MG19 C1, col. 15, 27 juin 1800 (?) : 8 ; et Henry (le Jeune), *New Light* II, 30 mars 1814 : 862 ; pour des exemples d'hommes recrutés pour pêcher, voir Fraser, « First Journal », 24 avril 1806 : 113 ; et AO, MU2199, Edward Umfreville, 28-30 juin 1784 et 11 juillet 1784 : 10, 16.

107. Greer, « Fur Trade Labour » : 206-208.

108. Par exemple, après la fusion de 1821, les reliquats des salaires des hommes leur étaient versées à eux ou à leur familles ou amis à Montréal ; ACBH, F.4/61, fol. 29 ; voir aussi ACBH, E.31/2/2, Lebrun, Hercule, de son frère Charles M., Maskinongé, 18 avril 1831 (« décédé »), fols. 15-18 ; Mongall, Thomas, de sa femme, Marie Saint-Germain, Maskinongé, Maskinongé, 18 avril 1831 (« décédé »), fols. 15-18 ; et Saint-Pierre, Olivier, de sa femme, Nelly, Trois-Rivières, 28 mars 1831, fols. 30-31.

109. Mackenzie, « General History » : 52.

110. Pour un autre exemple, voir ACBH, E.31/2/2, McKissee [John], de son ami André Blais, York, 12 avril 1833, fols. 19-20.

111. ACBH, E.31/2/2, Lebrun, Félix, de son frère David, Maskinongé, 17 avril 1831, et de son ami David Sigard, Maskinongé, 20 avril 1831 (« décédé »), fols. 11-14 ; Lebrun, Hercule, de son frère Charles M., Maskinongé, 18 avril 1831 (« décédé »), fols. 15-18 ; et Mongall (Mongle), Thomas, de sa femme, Marie Saint-Germain, Maskinongé, 20 avril 1830, fols. 24-25 ; au sujet des « plumes », voir Lebrun, Hercule, de son frère Charles M., Maskinongé, 18 avril 1831 (« décédé »), fols. 15-18 ; voir également Beattie et Buss (dir.), *Undelivered Letters* : 293-297, 303-309 ; pour l'exemple d'un commis envoyant des robes de bison, des mocassins et de l'argent au Canada, voir AO, NWCC, MU 2198, item I.2-3, Donald McIntosh, Michipicoten, à sa sœur Christy McDonald, Cornwall, 12 août 1816.

112. ACBH, E.31/2/2, Mc Kissee [John], de son ami André Blais, York, 12 avril 1833, fols. 19-20 ; et Rogue, Amable, de sa mère Marianne, Maskinongé, 14 avril 1830, fols. 26-27.

113. McCullough, *Money and Exchange* : 17-19, 67-81.

114. McCullough, *Money and Exchange* : 228-229.

115. McDonell, « Diary » : 93.

116. Heriot, *Travels through the Canadas* : 254 ; et MDLR, MC, C.27 : 3, 23.

117. AO, MU2199, « Account of the Athabasca Indians » : 51 ; Mackenzie, « General History » : 34 ; et Landmann, *Adventures and Recollections* I : 305.

118. Le même schéma se reproduisait à des rangs plus élevés : les commis recevaient un salaire annuel moindre que celui des bourgeois et ne possédaient pas de participation dans les partenariats qui composaient les compagnies de traite de Montréal. Les partenaires avaient le privilège de pouvoir voter dans les réunions d'affaires, en plus de leur participation dans la compagnie et de toucher plus hauts salaires ; AO, MU2199, « Account on the Athabasca Indians » : 51.

119. Wallace, *Documents* : 213-215.

120. Wallace, *Documents* : 213-215.
121. Heriot, *Travels through the Canadas* : 246.
122. TBR, S13, George Nelson, Tête au Brochet, à ses parents, 8 décembre 1811 : 8-9.
123. Mackenzie, « General History » : 52.
124. « The Agents represented the unfortunate Case of many Old Voyageurs lately discharged from the Companys Service, who have no means of Support – and too Old and Infirm to work in Lower Canada ; and recommended some provisions to be made for these objects of charity – It was therefore agreed that the Agents of the nwco should have placed at their disposal on the general Account, a Sum not exceeding One hundred pounds Currency per Annum, for the above purpose, to be divided in such manner, as in their Judgment appeared best, but no Individual to receive more than Ten pounds Currency in One Year » ; procès-verbaux des réunions de la Compagnie du Nord-Ouest à Grand-Portage et Fort William, 1801-1807, avec conventions supplémentaires, dans Wallace, *Documents* : 16 juillet 1808 : 256.
125. Convention de McTavish, Frobisher et Compagnie, 1799, avec un état des comptes, dans Wallace, *Documents* : 104-268.
126. Par exemple, voir les contrats de Pierre Forcier et de Joseph Longueil, dans BAC, MG19 A51.
127. Pour les chasseurs, voir BAC, MG19 C1, vol. 1, 29 janvier 1798 et 25 mars 1798 : 37, 50 ; pour les guides et les interprètes, vois BAC, MG19 C1, vol. 1, 20 mars 1798 : 49 ; et BAC, MG19 C1, vol. 55, 11 juillet 1784.
128. Mackenzie, « General History » : 51.
129. MDLR, MC, C.11, dimanche 12 septembre 1802 : 6 ; voir aussi Keith, *North of Athabasca* : 173.
130. TBR, S13, journal codé de George Nelson, 12 mai 1821 : 19-20 ; voir aussi Podruchny, « Un homme libre ».
131. John Thomson, « Journal, Mackenzies River alias Rocky Mountain, 1800-1801 », 16 février 1801 : 23 ; voir aussi Keith, *North of Athabasca* : 152.
132. Fraser, « First Journal », 19 mai 1806 : 121.
133. MDLR, MC, C.7, 17 janvier 1794 : 7.
134. Mal causé par les longues distances effectuées en raquettes ; MDLR, MC, C.28, 8 avril 1808 : 30 ; voir aussi Keith, *North of Athabasca* : 336 ; pour un autre exemple parmi de nombreux autres, voir AO, MU1391, 31 mai 1818 : 4.
135. Ross, *Adventures of the First Settlers* : 114 ; pour d'autres exemples, voir Ross, *Fur Hunters* I : 118-119 ; Nelson, *My First Years*, 25 août 1803 : 104 ; et AO, MU1391, 6 et 9 juin 1818, et 8 juillet 1818 : 7-8, 18.
136. Faries, « Diary », 20 et 21 décembre 1804 : 223.
137. BAC, MG19 B1, vol. 1, William McGillivray à P. Grant, Grand Portage, 2 août 1800 : 155.
138. TBR, S13, journal de George Nelson, 1er septembre 1808-31 mars 1810, 19 janvier 1809 : 16 (ma pagination).
139. TBR, S13, journal et souvenirs de George Nelson, souvenir du 13 septembre 1802 ; et Henry (le Jeune), *New Light* I, 26 octobre 1805 : 269.
140. Ross, *Fur Hunters* : 55.
141. ACBH, A.16/54.
142. BAC, MG19 C1, vol. I : 10, 44, 62 ; et BAC, MG19 C1, vol. 7, 5 janvier 1799 : 25.
143. AO, MU 842, 3 mars 1819 : 35.
144. La Rochefoucauld-Liancourt, *Voyage dans les États-Unis d'Amérique* II : 225, cité par T. Douglas, *Sketch of the British Fur Trade* : 36-37.
145. T. Douglas, *Sketch of the British Fur Trade* : 32-47 ; voir aussi MDLR, MC, C.17, 3 août 1804 : 4, 11-29.
146. « [For] thought I what is there more unnatural, than to try to get the wages [of] a poor man for a few quarts of rum, some flour & sugar, a few half fathoms of tobacco, & but very little Goods who comes to pass a few of his best years in this rascally & unnatural Country to try to get a little money so as to settle himself happily among the rest of his friends & relations » ; Nelson, *My First Years* : 97-98.

147. TBR, S13, George Nelson, Tête au Brochet, à ses parents, 8 décembre 1811 : 7-9.

148. AO, MU2199, « Account of the Athabasca Indians » : 3 ; Ross, *Fur Hunters* II : 235-238 ; Henry (le Jeune), *New Light* I, 3 octobre 1803 : 225 ; Cox, *Adventures on the Columbia River* : 305-308 ; et Ross, *Adventures of the First Settlers* : 169-171.

149. « [T]he nature of Canadians is as opposite to that of Scotchmen or Orkneymen as black is to white. The former are little removed from Savages indeed the reader may easily conceive what offspring must shoot from the union of a volatile vain shiftless tho' not ruffle-less Frenchman with a toy-loving daughter of our Indian Scalper[.] A Scotch or Orkney servant identifies himself with his Money and conceives a favourable or unfavourable opinion of his Employers or Employment as he finds them subservient to his purpose of amassing wealth[.] a Canadian is ever in debt in advance to his Employers who greadily take advantage of all the propensities of their servants » ; ACBH, B.42/a/136a, fol. 19.

150. Cox, *Adventures on the Columbia River*, 16 août 1817 : 287.

151. Rediker, *Between the Devil* : 146-149 (traduction libre).

152. ACBH, E.31/2/2, Grenier, Joseph, de ses parents Joseph et Marie, Ruisseau des Chênes, 20 avril 1831 (« décédé »), fols. 7-10 ; et Lebrun, Hercule, de son frère Charles M., Maskinongé, 18 avril 1831 (« décédé »), fols. 15-18 ; voir aussi Beattie et Buss, *Undelivered Letters* : 286-292, 303-309.

153. Greer, « Pattern of Literacy in Québec » : 330-331.

154. Franchère, *Voyage to the Northwest Coast*, 5 juin 1814 : 241.

155. Harrison, *Until Next Year*.

156. ACBH, E.31/2/2, Grenier, Joseph, de ses parents Joseph et Marie, Ruisseau des Chênes, 20 avril 1831 (« décédé »), fols. 7-10 ; voir aussi Beattie et Buss, *Undelivered Letters* : 286-292.

157. ACBH, E.31/2/2, Saint-Pierre, Olivier, à sa femme Nelly, Trois-Rivières, 28 mars 1831, fols. 1-2.

158 ACBH, E.31/2/2, Benoît, François, de sa mère Marianne Dorgue, Saint-Ours, 23 avril 1830, fols. 1-2.

159 ACBH, E.31/2/2, Boimier, Isidore, de son frère Charles, Mascouche, 28 avril 1823, fols. 3-4.

160. ACBH, E.31/2/2, Benoît, François, de sa mère Marianne Dorgue, Saint-Ours, 23 avril 1830, fols. 1-2 ; voir aussi Rogue, Amable, de sa mère Marianne, Maskinongé, 15 avril 1830, fols. 26-27.

161. ACBH, E.31/2/2, Benoît, François, de sa mère Marianne Dorgue, Saint-Ours, 23 avril 1830, fols. 1-2 ; Grenier, Joseph, de ses parents Joseph et Marie, Ruisseau des Chênes, 20 avril 1831 (« décédé »), fols. 7-10 ; Lebrun, Félix, de son frère David, Maskinongé, 17 avril 1831, et de son ami David Sigard, Maskinongé, 20 avril 1831 (« décédé »), fols. 11-14 ; Lebrun, Hercule, de son frère Charles M., Maskinongé, 18 avril 1831 (« décédé »), fols. 15-18 ; et Rogue, Amable, de sa mère Marianne, Maskinongé, 15 avril 1830, fols. 26-27 ; voir aussi Beattie et Buss, *Undelivered Letters* : 303-309.

162. ACBH, E.31/2/2, Saint-Pierre, Olivier, de sa femme Nelly, Trois-Rivières, 28 mars 1831, fols. 30-31 ; et Grenier, Joseph, de ses parents Joseph et Marie, Ruisseau des Chênes, 20 avril 1831 (« décédé »), fols. 7-10 ; voir aussi Beattie et Buss, *Undelivered Letters* : 286-292, 299-302.

163. ACBH, E.31/2/2, Boimier, Isidore, de son frère Charles, Mascouche, 28 avril 1823, fols. 3-4 ; et Rogue, Amable, de sa mère Marianne, Maskinongé, 15 avril 1830, fols. 26-27

164. Au sujet des nouvelles de naissances, voir ACBH, E.31/2/2, Lebrun, Félix, de son frère David, Maskinongé, 17 avril 1831 ; et de son ami David Sigard, Maskinongé, 20 avril 1831 (« décédé »), fols. 11-14 ; pour des nouvelles de la mort d'un membre de la famille, voir Benoît, François, de sa mère Marianne Dorgue, Saint-Ours, 23 avril 1830, fols. 1-2 ; et Boimier, Isidore, de son frère Charles, Mascouche, 28 avril 1823, fols. 3-4 ; pour des nouvelles de mariages dans la paroisse, voir Lebrun, Hercule, de son frère Charles M., Maskinongé, 18 avril 1831 (« décédé »), fols. 15-18 ; et Saint-Pierre, Olivier, de sa femme Nelly, Trois-Rivières, 28 mars 1831, fols. 30-31 ; pour des mentions de maisons et de routes dans la paroisse, voir Lebrun, Hercule, de son neveu Olivier Fizette, Maskinongé, 12 mars 1831 (« décédé »), fols. 15-18 ; voir aussi Beattie et Buss, *Undelivered Letters* : 303-309.

165. ACBH, E.31/2/2, Rogue, Amable, de sa mère Marianne, Maskinongé, 15 avril 1830, fols. 26-27; et McKissee [John], de son ami André Blais, York, 12 avril 1833, fols. 19-20.
166. ACBH, E.31/2/2, Lebrun, Félix, de son frère David, Maskinongé, 17 avril 1831, et de son ami David Sigard, Maskinongé, 20 avril 1831 (« décédé »), fols. 11-14; voir aussi Beattie et Buss, *Undelivered Letters*: 303-309.
167. ACBH, E.31/2/2, Lebrun, Félix, de son frère David, Maskinongé, 17 avril 1831, et de son ami David Sigard, Maskinongé, 20 avril 1831 (« décédé »), fols. 11-14; Lebrun, Hercule, de son frère Charles M., Maskinongé, 18 avril 1831 (« décédé »), fols. 15-18; et Mauraux, François, de son oncle Manuelle Preville, Maskinongé, 11 avril 1834, fols. 21-33; voir aussi Beattie et Buss, *Undelivered Letters*: 303-309.
168. ACBH, E.31/2/2, Saint-Pierre, Olivier, de sa femme Nelly, Trois-Rivières, 28 mars 1831, fols. 30-31; voir aussi Beattie et Buss, *Undelivered Letters*: 299-302.
169. ACBH, E.31/2/2, Lebrun, Hercule, de son frère Charles M., Maskinongé, 18 avril 1831 (« décédé »), fols. 15-18; et Rose, David, de son frère Jacques, Maskinongé, 14 avril 1834, fols. 28-29; voir aussi Beattie et Buss, *Undelivered Letters*: 303-309.
170. ACBH, E.31/2/2, Grenier, Joseph, de ses parents Joseph et Marie, Ruisseau des Chênes, 20 avril 1831 (« décédé »), fols. 7-10; voir aussi Mauraux, François, de son oncle Manuelle Preville, Maskinongé, 11 avril 1834, fols. 21-33; et Benoît, François, de sa mère Marianne Dorgue, Saint-Ours, 23 avril 1830, fols. 1-2; voir aussi Beattie et Buss, *Undelivered Letters*: 288-289.
171. ACBH, E.31/2/2, Saint-Pierre, Olivier, de sa femme, Nelly, Trois-Rivières, 28 mars 1831, fols. 30-31; voir aussi Beattie et Buss, *Undelivered Letters*: 299-300; voir aussi Mongall, Thomas, de sa femme Marie Saint-Germain, Maskinongé, 20 avril 1830, fols. 24-25.
172. ACBH, E.31/2/2, Saint-Pierre, Olivier, de sa femme, Nelly, Trois-Rivières, 28 mars 1831, fols. 30-31; voir aussi Beattie et Buss, *Undelivered Letters*: 299-302.
173. ACBH, E.31/2/2, Rose, David, de son frère Jacques, Maskinongé, 14 avril 1834, fols. 28-29.
174. Greer, « Fur Trade Labour »: 202.

III • RITES DE PASSAGE ET MOMENTS RITUELS
Cosmologie des voyageurs

1. « As you Pass the End of the Island of Montreall to Go in a Small Lake Cald the Lake of the Two Mountains thare Stans a Small Roman Church Aganst a Small Rapead this Church is Dedacateed to St Ann who Protescts all Voigeers heare is a Small Box with a Hole in the top for ye Reseption of a Lettle Muney for the Hole father to Say a Small Mass for those who Put a small Sum in the Box Scars a Voigeer but Stops Hear and Puts in his mite and By that Meanes thay Suppose thay are Protacted while absant [...] after the Saremoney of Crossing them Selves and Rapeting a Short Prayer we Crost the Lake and Entard the Grand River »; Pond, « Narrative »: 29-30.
2. Voir Hardin, « "Ritual" in Recent Criticism ».
3. Turner, « Social Dramas »: 155-156 (traduction libre).
4. Turner, *Phénomène rituel* (chapitre 3).
5. Muir, *Ritual in Early Modern Europe*: 6.
6. Muir, *Ritual in Early Modern Europe*: 5.
7. Beaudoin, *L'Été dans la culture québécoise*: 168.
8. Mackenzie, « General History »: 35-36; voir aussi BAC, MG19 A17, 5 juin 1791: 15; et Henry (l'Aîné), *Travels and Adventures*: 16; Heriot, *Travels through the Canadas*: 248; et R. McKenzie, « Reminiscences » I: 17; voir aussi Podruchny, « Dieu, Diable and the Trickster ».
9. McDonell, « Diary », 27 mai 1793: 69; voir aussi Pond, « Narrative »: 29-30; et Nelson, *My First Years*: 35-36.
10. Ross, *Adventures of the First Settlers*: 171-172.

11. Voir Hamelin, *Histoire du catholicisme québécois*; Moir, *Church and State in Canada*; et Jaenen, *Role of the Church*.
12. Hubert, *Sur la terre*; et Moogk, *La Nouvelle France*: 235-264.
13. Voir Ginzburg, *Le fromage et les vers*.
14. Voir K. Thomas, *Religion and the Decline of Magic*.
15. Hubert, *Sur la terre*: 40-41.
16. McBrien, « Roman Catholicism », 12: 442.
17. « Passed the Martes, les Perches and Slept at the height of Land, where I was instituted a North man by Batême performed by sprinkling water in my face with a small cedar Bow dipped in a ditch of water and accepting certain conditions such as not to let any new hand pass by that road without experiencing the same ceremony which stipulates particularly never to kiss a voyageur's wife against her own free will the whole being accompanied by a dozen of Gun shots fired one after another in an Indian manner. The intention of this Bâtême being only to claim a glass. I complied with the custom and gave the men… a two gallon keg as my worthy Bourgois Mr Cuthburt Grant directed me »; McDonell, « Diary », 11 août 1793: 99-100.
18. Voir Podruchny, « Baptizing Novices ».
19. Rediker affirme que les marins dépouillaient le baptême de sa signification chrétienne et l'utilisaient dans le but de servir la solidarité entre gens de métier; Rediker, *Between the Devil*: 189.
20. Henry (l'Aîné), *Travels and Adventures*: 25-26; Harmon, *Sixteen Years*, 30 avril 1800: 11-12; Heriot, *Travels through the Canadas*: 251-252; AO, MU 1956, vers le 23 juillet 1813: 13-14; AO, MU1391, mercredi 3 juin 1818: 6; voir aussi la carte dans Morse, *Fur Trade Canoe Routes*: 68.
21. Troyes, *Journal de l'expédition*, 15 mai 1686: 37.
22. Geological Survey of Canada, « Chalk River ».
23. AO, MU 2199, Edward Umfreville, 22 juillet 1784: 25; McDonell, « Diary », 11 août 1793: 99-100; Henry (le Jeune), *New Light* I, 24 juillet 1800: 11; voir aussi Nute, *Voyageur's Highway*: 48-49 et carte p. 4; et Nute, *Voyageur*: 66-67.
24. Lefroy, *In Search of the Magnetic North*, Lefroy à Isabella, rivière Mackenzie, Fort Simpson, 29 avril 1844: 116-117; et « Canada: Écoulement fluvial ».
25. Mackenzie, *Voyages from Montreal*: 89-90.
26. Franklin, *Narrative of a Journey*: 118-120.
27. Bien que je n'ai pu découvrir de preuves de l'existence de points de baptême rituel dans les districts des rivières Saskatchewan, Missouri, Columbia et Fraser, il est possible que les voyageurs aient marqué rituellement les limites de ces régions aussi.
28. Pour un excellent exemple, voir Natalie Zemon Davis, « Women on Top », dans Davis, *Society and Culture*.
29. *DCB*, vol. 7: 552
30. Lév. 14: 4, 6, 49, 52; et Nom. 19: 6.
31. Heriot, *Travels through the Canadas*: 251-252.
32. Harmon, *Sixteen Years*: 12.
33. L'artiste suisse Karl Bodmer, qui voyagea dans la région du Haut-Missouri dans les années 1830, décrit des Amérindiens tirant des coups de feu de cette manière cérémonielle dans sa peinture « Buffalo Dance of the Mandan »; dans *Karl Bodmer's America*: 16-17.
34. Sur les emprunts des Canadiens français à la culture amérindienne, tant sur le plan matériel qu'idéologique, voir Delâge, « L'influence des Amérindiens ».
35. Pour une explication du terme « en dérouine », voir McLeod, « Diary »: 144n31; pour des exemples, voir MDLR, MC, C24, 21 décembre 1800: 12; Nelson, *My First Years*, mi-novembre 1802: 65-66; Faries, « Diary », 19 novembre 1804: 219.
36. Pour quelques exemples, voir Franklin, *Narrative of a Journey*, 8 et 16 février 1820: 109, 112-113; AO, MU 842, 27 septembre 1818: 3; MDLR, MC, C.13, II, 1er janvier 1800 (ma pagination);

Henry (le Jeune), *New Light* I, 1er janvier 1801 et 1er janvier 1802 : 162, 192 ; Franchère, *Journal of a Voyage* : 107-108 ; Mackenzie, *Voyages from Montreal*, 1er janvier 1793 : 252.

37. Podruchny, « Festivities, Fortitude, and Fraternalism » : 43.
38. Deloria, *Playing Indian* : 2, 14, 17-20, 25-27, 68.
39. Troyes, *Journal de l'Expédition*, 15 mai 1686 : 37.
40. Sullivan, *Native American Religions* : 8, 25, 28 ; pour un exemple ojibwé, voir Vecsey, *Traditional Ojibwa religion* : 108 ; pour des exemples chez les Cris des Plaines, voir Mandelbaum, *Plains Cree* : 186, 191, 199-203, 227-229 ; pour des comparaisons entre Cris des Plaines et d'autres groupes algonquiens, voir Mandelbaum, Plains Cree : 309-310 ; pour des exemples chez les Siouans, voir DeMallie et Parks, « Introduction » et Looking Horse, « Sacred Pipe » : 3-5, 67-73.
41. Meyer et Thistle, « Saskatchewan River Rendezvous Centers ».
42. Le rôle des femmes dans la société de la traite des fourrures a été étudié en profondeur ; voir Van Kirk, « *Many Tender Ties* » ; et Brown, *Strangers in Blood*.
43. Pour un exemple semblable chez les chasseurs de baleines américains, voir Creighton, *Rites and Passages* : 117.
44. Harmon, *Sixteen Years* : 12.
45. Rediker, *Between the Devil* : 186 (traduction libre) ; voir aussi Denning, *Mr. Bligh's Bad Language* : 71, 76-78 ; et Creighton, *Rites and Passages* : 117-123.
46. « Those voyageurs I am told have many of the Sailors customs, and the following is one of them : - from all who have not passed certain places they expect a *treat* or something to drink, and should you not comply with their whims, you might be sure of getting a Ducking which they call *baptizing* » ; Harmon, *Sixteen Years*, mercredi 30 avril 1800 : 12 ; pour d'autres comparaisons, plus générales, des voyageurs avec les marins, voir Lefroy, *In Search of the Magnetic North*, Lefroy à sa sœur Fanny, Fort William, lac Supérieur, 30 mai 1843 : 16 ; pour la mention de voyageurs participant à un baptême sur l'équateur en faisant voile vers le Tonkin, voir Gabriel Franchère, *Voyage to the Northwest Coast*, 22 octobre 1810 : 16.
47. Kalm, *Voyage* : 222-223, 428.
48. Pour des exemples et une analyse des contrats, ou engagements, voir Lande, *Development of the Voyageur Contract*.
49. BAC, MG19 B1, William McGillivray à Peter Grant, Grand Portage, 10 août 1800 : 165.
50. Cox, *Adventures on the Columbia River* : 308.
51. BAC, MG19 C1, vol. 15, (20 juillet 1800 ?) : 9-11.
52. BAC, MG19 C1, vol. 6, 13 octobre 1800 : 55, et 23 décembre 1800 : 165 ; voir aussi Keith, *North of Athabasca* : 115, 122.
53. BAC, MG19 C1, vol. 8, 29 novembre 1804 : 24-25 ; voir aussi Keith, *North of Athabasca* : 193, 387.
54. TBR, S13, George Nelson, « Journal from Bas De La Rivière to Cumberland House » (1819- ?), 9 septembre 1819 : 6 (ma pagination) ; Ross, *Fur Hunters*, I : 303 ; McDonell, « Diary » : 92 ; AO, MU 1956 : 16, 23 ; et TBR, S13, journal de George Nelson, 3 novembre 1807- 31 août 1808, 13 juin 1808 : 39.
55. Ross, *Fur Hunters* I : 303 ; McDonell, « Diary » : 92.
56. « it is then that they appear[ed] in wild perfection. The voyageurs upon such occasions [were] dressed in their best clothes ; and gaudy feathers, ribbons, and tassels stream[ed] in abundance from their caps and gaiters » ; Ballantyne, *Hudson Bay* : 200.
57. « Stopped here for half an hour *pour se faire la barbe*, and make other little arrangements connected with the toilet. These being completed, we embarked, but having the fear of Crees before our eyes, our progress was slow and cautious across the lake, until our avant-couriers announced to us that the flag of the North-West floated from the bastions, and that all was safe » ; Cox, *Adventures on the Columbia River* : 263.
58. « [They] are ambitious of being styled, homme-du-nord, a Northman, one who voluntarily leaves his family, and the comforts of a tranquil life, to voyage in Indian country, and pass at least one winter in the North, usually understood to be beyond the western banks of Lake Superior. These

men, hommes-du-nord, regard themselves, and are regarded by their friends, as very superior beings – men of a high courage, who have proved that they hold the effeminacies of civilised life in contempt, and that they can cheerfully submit to every king of hardship ; as they live upon Indian-corn and grease without any salted or other meat but that procured by the gun – they apply the epithet of mangeurs-de-lard, or pork-eaters to all those who have never passed a winter in the north » ; Landmann, *Adventures and Recollections*, printemps 1789, I : 310.

59. Dugas, *Un voyageur des pays d'En-Haut* : 27.
60. Harmon, *Sixteen Years*, 18 août 1808 : 113 ; Lefroy, *In Search of the Magnetic North*, Lefroy à Sabine, Fort Simpson, rivière Mackenzie, 27 mars 1844 : 99 ; MDLR, MC, C.13, 31 juillet 1800 : 60-61 (ma pagination) ; et Henry (le Jeune), *New Light* I, 26 août 1800 : 66 ; pour une discussion des préférences alimentaires et des plaintes coutumières au sujet des provisions dans la traite des fourrures, voir Vibert, *Traders' Tales* : 94-113.
61. Vibert, *Traders' Tales* : 179-180.
62. TBR, S13, journal des évènements par George Nelson, 20 juin 1822 (pas de pagination) ; Mackenzie, « General History » : 52-53 ; Franchère, *Journal of a Voyage* : 180-181.
63. « [A] French canadian has the appetite of a Wolf, and glories in it ; each man requires eight pounds of meat p[r] day or more ; upon my reproaching some of them with their gluttony, the reply I got was, "What pleasure have we in Life but eating" » ; D.Thompson, *Narrative* : 319 ; pour des commentaires semblables, voir Harmon, *Sixteen Years*, 7 mars 1804 : 75.
64. « After passing the Portage de la Loche (the great Portage) a man is no longer a "mangeur de Lard", he calls himself "voyageur du Nord, Baptème !" and the very musquitoes do or ought to respect him » ; Lefroy, *In Search of the Magnetic North*, Lefroy à Isabella, Fort Simpson, rivière Mackenzie, 29 avril 1844 : 116-117.
65. « The Athabasca men piqued themselves on a Superiority they were supposed to have over the other bands of the North for expeditions marching, and ridiculed our men *a la facon du Nord* for pretending to dispute a point that universally decided in *their* favor » ; McGillivray, *Journal*, 18 août 1794 : 11.
66. « the honour of conquering disasters, and the disgrace that would attend them on their return home, without having attained the object of the expedition. Nor did [he] fail to mention the courage and resolution which was the peculiar boast of the North men ; and that [he] depended on them, at that moment, for the maintenance of their character » ; Mackenzie, *Voyages from Montreal*, 13 juin 1793 : 325-326.
67. Pour les premières tentatives de la Compagnie du Nord-Ouest de découvrir un itinéraire par voie de terre vers la côte du Pacifique, voir Mackie, *Trading beyond the Mountains* : 7-12.
68. Podruchny, « Festivities, Fortitude, and Fraternalism ».
69. Lytwyn, « Transportation in the Petit Nord » ; Alexander Mackenzie signale que le portage sur ces hauteurs atteint près de 1000 mètres (679 paces) ; « General History » : 57.
70. Harmon, *Sixteen Years*, 24 mai 1800 : 17, traduction libre.
71. Fraser, « First Journal », 29-31 mai 1806 : 126 ; Landmann, *Adventures and Recollections*, I : 309 ; Ballantyne, *Hudson Bay* : 76.
72. Pond, « Narrative » : 31.
73. Cox, *Adventures on the Columbia River* : 149.
74. Cox, *Adventures on the Columbia River* : 248.
75. Nelson, *My First Years*, 41n28.
76. MDLR, MC, C.1 : 28.
77. Ross, *Fur Hunters*, I : 301.
78. « to *march* is the Canadian term for traveling, and is as frequently, if not oftener, applied to express the progress of a canoe or boat, as of a pedestrian » ; MDLR, MC, C.29 : 26.
79. Kohl, *Kitchi-Gami* : 29-34.
80. McDonell, « Diary », 21 août 1793 : 103.
81. Cox, *Adventures on the Columbia River*, 29 juin 1812 : 73.
82. McDonell, « Diary » : 97n61 ; et Kohl, *Kitchi-Gami* : 59.

83. Heriot, *Travels through the Canadas* : 252.
84. Kohl, *Kitchi-Gami* : 336 ; et Roger Roulette, communication personnelle, juillet 2003.
85. Kohl, *Kitchi-Gami* : 336 ; et Lefroy, *In Search of the Magnetic North*, Lefroy à sa mère, Fort Simpson, 28 mars 1844 : 103.
86. McLeod, « Diary », 141n23 ; et Davidson, *North West Company* : 77.
87. Laura Murray soutient que les idées particulières de Harmon au sujet de la conversation l'empêchaient d'entrer en communication sincère avec les voyageurs et les Amérindiens ; voir son article « Fur Traders in Conversation ».
88. « what conversation would an illiterate ignorant Canadian be able to keep up. All of their chat [was] about Horses, Dogs, Canoes and Women, and strong Men who [could] fight a good battle » ; Harmon, *Sixteen Years*, 9 juillet 1800, 29 octobre 1800, 4 avril 1801, 2 mai 1801, 6 mars 1802 : 22, 37, 45-46, 47, 55.
89. Bakker, *Language of Our Own* : 3 ; voir aussi Laverdure et Allard, *Michif Dictionary*.
90. Bakker, *Language of Our Own* : 4.
91. Cox, *Adventures on the Columbia River* : 77, 278.
92. AO, MU 2199, Edward Umfreville, 12-13 et 22 juillet 1784 : 17-19, 25.
93. Cox, *Adventures on the Columbia River* : 237, 239, 252-253.
94. TBR, S13, journal des évènements de George Nelson, 23, 24 et 27 juillet 1822, 6, 11 et 18-20 août 1822.
95. Comme le rapide de Derreau, du nom d'un voyageur qui y avait brisé son canoë ; McDonell, « Diary », 24 juin 1783 : 84.
96. Mackenzie, *Voyages from Montreal*, 5 juin 1789 : 138-139.
97. « It is laughable to hear the nominal distinction [voyageurs] are obliged to adopt in reference to many of the partners and clerks, who have the same surname. They are Mr. Mackenzie *le rouge* ; Mr. Mackenzie *le blanc* ; Mr. Mackenzie *le borgne* ; Mr. Mackenzie *le picoté* ; Mr. McDonald *le grand* ; Mr. McDonald *le prêtre* ; Mr. McDonald *le bras croche* ; and so on, according to the colour of the hair, the size, or other personal peculiarity of each individual » ; Cox, *Adventures on the Columbia River* : 306.
98. Cox, *Adventures on the Columbia River* : 307.
99. Kohl, *Kitchi-Gami* : 184.
100. Pour quelques exemples de recherches abordant ces thèmes, voir Turner, *Phénomène rituel* (chapitre 3) ; Babcock, *Reversible World* ; Burke, *Popular Culture* ; et Davis, « Reasons of Misrule ».
101. « from all who ha[d] not passed certain places they expect[ed] a *treat* or something to drink » ; Harmon, *Sixteen Years* : 12.
102. Heriot, *Travels through the Canadas* : 251-252.
103. AO, MU 2199, Edward Umfreville, jeudi 22 juillet 1784 : 25.
104. Rediker, *Between The Devil* : 187 ; et Denning, *Mr. Bligh's Bad Language* : 77-78.
105. MDLR, MC, C.24, 12 avril 1801 : 32.
106. En ce qui concerne les pavois et drapeaux sur les forts, voir Henry (le Jeune), *New Light* I, 17 octobre 1800 : 121 ; au sujet du travail le dimanche, voir Cox, *Adventures on the Columbia River* : 307 ; et Lefroy, *In Search of the Magnetic North*, lettre de Lefroy à sa mère, rivière Savanne, en route, 6 juin 1843, continuée le 1er juillet : 22.
107. « The Sabbath day in such a voyage as this cannot be a day of rest, as, from the lateness of the season, every hour is of the utmost importance. Delay may cause our being arrested by ice when we reach the heights of land ; and even now we fear that, unless the season is a late one, we shall experience great difficulty in reaching Canada » ; Ballantyne, *Hudson Bay* : 219-220.
108. Alexander Henry le Jeune écrit qu'il permettait à ses hommes d'observer le Sabbat, ce qui signifie probablement qu'ils en exigeaient le rituel ; voir *New Light* I, 21 septembre 1800 : 101, et II, 16 septembre 1810 : 627.
109. TBR, S13, journal de George Nelson, 3 novembre 1807-31 août 1808, 25 décembre 1807 : 14.

110. « This being Christmas Day our people pay no further attention to Worldly affairs *than to Drink all Day* » ; Harmon, *Sixteen Years*, 25 décembre 1802, 25 décembre 1803 et 25 décembre 1806 : 65, 71, 102-103.
111. AO, MU 1956 : 7.
112. Ross, *Fur Hunters*, II : 239.
113. « vows of this kind [were] always religiously observed by old voyageurs » ; Ross, *Fur Hunters*, II : 244-247, 248.
114. Nelson, *My First Years* : 37-38 ; et Kohl, *Kitchi-Gami* : 262-263 ; cette anecdote fait partie d'une histoire bien plus longue au sujet de Jean Cadieux et de sa chanson « The Little Rock » ; voir chapitre IV.
115. Ross, *Fur Hunters*, II : 244-247, 248.
116. Cox, *Adventures on the Columbia River* : 173-175.
117. BAC, MG19 A17 : 29-30.
118. « He showed all the signs of horror & anxiety upon being *seized*; they secured & carried him *on board*, he looked quite wild & dejected, & his clothes were all in rags ! » ; Nelson, *My First Years* : 39.
119. Pour une discussion approfondie du mélange des histoires de windigos et de loups-garous, voir Podruchny, « Werewolves and Windigos ».
120. TBR, S13, journal et souvenirs de George Nelson, automne 1803 : 51 ; voir aussi Nelson, *My First Years* : 153.
121. Voir Ahenakew, « Cree Trickster Tales » ; Radin et Reagan, « Ojibwa Myths and Tales » ; Radin, *Trickster* ; Makarius, « Crime of Nanabozo » ; Vecsey, *Traditional Ojibwa Religion* : 84-100 ; Carroll, « Trickster as Selfish Buffoon » ; et Louis Bird, communication personnelle, printemps 2000 ; voir aussi en ligne, www.uwinnipeg.ca/academic/ic/rupert/bird/bio2.html
122. Cox, *Adventures on the Columbia River* : 161-162 ; Gates, *Five Fur Traders* : 71n10 ; Harmon, *Journal of Voyages* : 6, 9 ; McDonell, « Diary », 5 juillet 1793 : 90 ; et Harmon, *Sixteen Years*, 15 et 16 mai 1800 : 15.
123. « [At] almost every Rapid that we have passed since we left Montreal, we have seen a number of Crosses erected, and at one I counted no less than thirty ! » ; Harmon, *Sixteen Years*, samedi 24 mai 1800 : 17.
124. Ross, *Fur Hunters* II : 204 ; et Franchère, *Journal of a Voyage*, 25 mai 1814 : 164.
125. McDonell, « Diary », 24 juin 1793 : 87 ; Landmann, *Adventures and Recollections* I : 307 ; et R. McKenzie, « Reminiscences », I : 8-9.
126. McDonell, « Diary », 24 juin 1783 : 84.
127. Cox, *Adventures on the Columbia River* : 145 ; Harmon, *Sixteen Years*, 11 mai 1812 : 152.
128. « [T]hree Men were this day employed but to no purpose to Dig a Grave among the Rocks behing the Fort – I told them before they began that the prettiest as well as the easiest place to Dig a Grave would be on Pointe au Sable but with that Spirit of Contradiction which is peculiar to all Frenchmen they every one of them denied it at the same time ridiculing me for proposing to inter a *Français* who by being so is sacred on a piece of land where the Indians always encamped & might profane his Tomb by scraping skins on it, &c., &c. » ; MDLR, MC, C113, 17 décembre 1799 : 8-9 (ma pagination).
129. McDonell, « Diary », 27 mai 1793 : 69.
130. « buried him in [their] camp, and burned the grave over, so that no enemy might disturb his remains ; and near to the spot [stood] a friendly tree, bearing the inscription of his name, age, and the date of his death » ; Ross, *Fur Hunters* II : 125.
131. TBR, S13, journal de George Nelson, 3 novembre 1807-31 août 1808, 14 juillet 1808 : 47.
132. James McKenzie, extraits de son journal, 1799-1800, district de l'Athabasca, dans Masson, *Les bourgeois* II, 11 février 1800 : 385-386.
133. TBR, S13, journal de George Nelson, 1er septembre 1808-31 mars 1810, 3 septembre 1809 : 36 (ma pagination).

IV • C'EST L'AVIRON QUI NOUS MÈNE »
Le travail des voyageurs en canoë

1. Barbeau, *Jongleur Songs* : 138-141 ; voir aussi *Guide des parcours canotables du Québec*, vol. 2.
2. « The Voyageurs accompany and embroider with song nearly everything they do – their fishery, their heavy tugging at the oar, their social meetings at the camp fire ; and many a jest, many a comic incident, many a moving strain, which, if regarded closely, will not endure criticism, *there* serves to dispel ennui. If even at times no more than a "tra-la-la !" it rejoices the human heart that is longing for song and melody » ; Kohl, *Kitchi-Gami* : 254.
3. Voir Massicotte et Barbeau, « Chants populaires du Canada » : 78-79.
4. Barbeau, « La complainte de Cadieux » ; ceci fait partie de l'histoire mentionnée dans le chapitre III où la Vierge Marie apparaît pour guider un canoë à travers des rapides afin qu'il échappe aux Iroquois.
5. Voir Nute, *Voyageur* : 105-107, 110-111 ; voir aussi Gibbon, *Canadian Folk Songs*.
6. Voir Wood, *The Degradation of Work ?* ; Kusterer, *Know-How on the Job* ; Heron et Storey, *On the Job* ; et Radford, « Shantymen ».
7. Greer, *Peasant, Lord and Merchant* : 33.
8. « No men in the world are more severly worked than are these Canadian voyageurs. I have known them to work in a canoe twenty hours out of twenty-four, and go on at that rate during a fortnight or three weeks without a day of rest or any dimminution of labour ; but it is not with impunity they so exert themselves ; they lose much flesh in the performance of such journies, though the quantity of food they consume is incredible » ; Landmann, *Adventures and Recollections* I : 309.
9. La Rochefoucauld-Liancourt, *Travels through the United States* : 293.
10. « the light-hearted Canadians under [springtime] influence... chanted forth their wild and pleasing *chansons à l'aviron* » ; Cox, *Adventures on the Columbia River* : 202.
11. « roared out [the voyageurs on shore] to *s'embarquer*, and they paddled away to the merry tune of a lively canoe song » ; Back, *Narrative of the Arctic Land Expedition* : 33.
12. McKenny, *Sketches of a Tour* : 210 ; Ballantyne, *Hudson Bay* : 255.
13. Kennicott, « Robert Kennicott » : 193, tel que cité par Nute, *Voyageur* : 104.
14. « They all sing in unison, raising their voices and marking the time with their paddles. One always led, but in these there was a diversity of taste and skill. If I wished to hear "En roulant ma boule, roulette", I applied to Le Duc. Jacques excelled in "La belle rose blanche", and Louis was great in "Trois canards s'en vont baignant" » ; Jameson, *Winter Studies* III : 321.
15. La Rochefoucauld-Liancourt, *Travels through the United States* : 293.
16. Barbeau, « Ermatinger Collection of Voyageur Songs » : 147 (traduction libre) ; Grace Lee Nute mentionnait quelques variantes finales aux chansons « À la claire fontaine » et « J'ai trop grand peur des loups », variantes qui ne nous apprennent rien de particulier sur les voyageurs si ce n'est qu'ils pouvaient changer les paroles à leur guise ; Nute, *Voyageur* : 107-108.
17. « Our Voyageurs had good voices, and sung perfectly in tune together. The original words... appeared to be a long, incoherent story, of which I could understand but little, from the barbarous pronunciation of the Canadians. It begins Dans mon chemin j'ai recontré/Deux cavaliers très-bien montés ; [In my street I met/ Two soldiers on horse]... and the refrain of the verse was, A l'ombre d'Un bois je m'en vais jouer,/ A l'ombre d'un bois je m'en vais danser [In the shade of a tree I'am going to play ;/In the shade of a tree I'm going to dance]. I ventured to harmonize this air, and have published it. Without that charm, wich association gives to every little memorial of scenes or feelings that are past, the melody may perhaps be thought common or trifling ; but I remember when we have entered, at sunset, upon one of those beautiful lakes, into which the St. Lawrence so grandly and unexpectedly opens, I have heard this simple air with a pleasure which the finest compositions of the first masters have never given me ; and now, there is not a note of it which does not recal to my memory the dip of our oars in the St. Lawrence, the flight of our boat down the Rapids, and all those new and fanciful impressions to which my heart was alive during

the whole of this very interesting voyage »; Moore, *Epistles, Odes, and Other Poems*: 231; dans une lettre à sa mère, datée du 16 septembre 1804, Moore écrivait: « Dis à Kate que j'ai appris quelques-unes des chansons des voyageurs en descendant le Saint-Laurent, et que j'espère, au mieux, les lui chanter dans trois mois »; voir lettre 98 dans Moore, *Letters*: 80.

18. Moore, *Rapids*.
19. Frank B. Mayer, « Frank B. Mayer and the Treaties of 1851 », journal de Mayer, 23 juillet-23 août, dans Mayer, *With Pen and Pencil*: 220-221 (traduction libre).
20. Chicago, Newberry Library, Oversize Ayer Art., Mayer Sketchbook nos 43, 49; pour une autre mention de « chansons du nord », voir Mayer, « Frank B. Mayer and the Treaties of 1851 »: 232.
21. Aujourd'hui Bibliothèque et Archives Canada; voir BAC, R7712-0-7-E.
22. Dans « The Ermatinger Collection of Voyageur Songs », Barbeau cite Ermatinger, « Edward Ermatinger's York Factory Express Journal ».
23. Kohl, *Kitchi-Gami*: 254-255.
24. Kohl, *Kitchi-Gami*: 254-255.
25. Béland, *Chansons de voyageurs*.
26. La Rue, « Les chansons populaires »; voir aussi Nute, *Voyageur*: 151-153.
27. Au cours de ses quatre premières années d'existence, Fort William s'appelait Fort Kaministiquia parce qu'il était construit sur la rivière du même nom, mais il fut rebaptisé en l'honneur de William McGillivray qui remplaça Simon McTavish à la tête de la Compagnie du Nord-Ouest en 1804; Campbell, *North West Company*: 128, 138, 160.
28. Lytwyn, « Transportation in the Petit Nord »; Innis, *Fur Trade in Canada*: 222; Skinner, « Sinews of Empire »: 200-205; et Rich, *Fur Trade in the Northwest*: 188.
29. Pour une description détaillée de cet itinéraire, voir Morse, *Fur Trade Canoes Routes*: 48-70.
30. Pour le système des bassins versants, voir « Canada: Écoulement fluvial »; pour les routes de traite de l'intérieur, voir Ray, Moodie et Heidenreich, « Rupert's Land »; Moodie, Lytwyn, Kaye et Ray, « Competition and Consolidation »; et Moodie, Kaye et Lytwyn, « Fur Trade Northwest to 1870 ».
31. Lytwyn, *Fur Trade of the Little North* V; et Lytwyn, « Transportation in the Petit Nord ».
32. Pour une description détaillée des itinéraires des canoës dans la région située entre le lac Supérieur et le lac Winnipeg, voir Nute, *Voyageur's Highway*: 11-18; et Skinner, « Sinews of Empire »: 282-296.
33. Morse, *Fur Trade Canoe Routes*: 20.
34. Nute, *Voyageur*: 24.
35. MDLR, MC, C20, 7, Monk, « Description of Northern Minnesota »: 33; et Curot, « Wisconsin Fur Trader's Journal », 18 et 20 mai 1804: 468.
36. Voir Kemp, « Impact of Weather and Climate ».
37. P. Grant, « Sauteux Indians about 1804 », II: 313-314.
38. Skinner, « Sinews of Empire »: 217.
39. McDonell, « Diary », 5 juillet 1793: 90 et 72n12.
40. Morse, *Fur Trade Canoe Routes*: 20.
41. Rich, *Fur Trade and the Northwest*: 189.
42. Heriot, *Travels through the Canadas*: 246-248.
43. Landmann, *Adventures and Recollections*, I: 167-169.
44. MacGregor, *John Rowand*: 3.
45. Henry (le Jeune), *New Light*, II: 509.
46. TBR, S13, journal des évènements de George Nelson, 3 juin-11 juillet 1822, 20 juin 1822.
47. Nute, *Voyageur*: 29-31.
48. Mackenzie, « General History »: 35; Innis, *Fur Trade in Canada*: 222; et Delâge, « L'influence des Amérindiens »: 111.
49. BAC, MG24 H1: 3.

50. McKenny, *Sketches of a Tour*, 8 juillet 1826 : 201 ; et Innis, *Fur Trade in Canada* : 22.
51. Sur l'achat de canoës, voir Mackenzie, « General History » : 53 ; Henry (le Jeune), *New Light* I, 26 juillet 1800 : 14 ; et Landmann, *Adventures and Recollections* II, 3 juin 1800 : 168.
52. « after [their] foreman had chosen one for himself, the Men cast lots for the rest to avoid jealousy and confusion » ; McGillivray, *Journal*, 2 août 1794 : 6.
53. AO, MU572, papiers de Duncan Clark, vol. 2, R. McKenzie, le Pic, à Duncan Clark, lac Long, 1er mai 1825 : 3 (note de bas de page).
54. « This is the new canoe that La Malice made at Trout Lake, it is not only ill made but the bark is very bad. I have the canoe I came off with from Lac la Pluie last summer which is not much better than the other. I twas a good canoe but got much spoiled last Fall in the ice at Trout Lake and afterwards going down the Portage and I could not get it renewed this spring for the want of a canoe maker » ; Fraser, « First Journal », 21-22 mai 1806 : 122.
55. Nelson, *My First Years*, 3 septembre 1803 : 105.
56. TBR, S13, journal de George Nelson, 29 août 1805-8 mars 1806, 12 septembre 1805 : 2 (ma pagination).
57. Pour une description de la fabrication des canoës, voir Franks, *Canoe and White Water* : 9 ; et Kent, *Birchbark Canoes* : 116-147.
58. Harmon, *Sixteen Years*, 15 juillet 1800 : 23 ; lors d'un voyage de Grand Portage à Fort des Prairies (Fort Charlotte) pendant l'été 1800, deux canoës transportaient chacun une tonne et demie de fret avec un équipage de six hommes.
59. Landmann, *Adventures and Recollections* I, printemps 1798 : 303 ; BAC, MG24 H1 : 1 ; McKenny, *Sketches of a Tour* : 199-200 ; Morse, *Fur Trade Canoe Routes* : 22-24 ; et Franks, *Canoe and White Water* : 18-20.
60. P. Grant, « Sauteux Indians about 1804 », II : 313-314.
61. Mackenzie, « General History » : 35, 54 ; pour une discussion détaillée au sujet des connaissements, voir B.M. White, « Montreal Canoes and Their Cargoes » ; et Winterburn, « Lac La Pluie Bills of Lading, 1806-1809 ».
62. McDonell, « Diary », mai 1793 : 67-68 et 88n45 ; et Mackenzie, « General History » : 35.
63. Mackenzie, « General History » : 35, 54 ; voir aussi Weld, *Travels through the States* I : 319.
64. Landmann, *Adventures and Recollections* I : 303-304 ; voir aussi TBR, S13, journal de George Nelson « No. 1 » : 7.
65. McDonell, « Diary », mai 1793 : 67-68 ; et AO, MU 1391, 17 mai 1818 : 1.
66. Harmon, *Sixteen Years*, 29-30 avril 1800 : 11-12.
67. Landmann, *Adventures and Recollections* I : 304-305.
68. « The [North West] company trading to the north-west sends every year, to the posts on Lake Superior, about fifty canoes loaded with merchandise.... Sixty-five pieces of merchandize of ninety pounds each ; eight men, each weighing at least one hundred and sixty pounds ; baggage allowed to these men, at forty pounds each, together with the weight of their provisions. The whole cargo of a canoe is, therefore, not less than eight thousand three hundred and ninety pounds » ; Heriot, *Travels through the Canadas*, 1790 : 246-248.
69. Nelson, *My First Years*, 13 juillet 1803 : 96 ; et Landmann, *Adventures and Recollections* I, printemps 1798 : 304-305.
70. Franchère, *Journal of a Voyage*, 24 mai 1810 : 44.
71. Franchère, *Voyage to the Northwest Coast*, 20 juin 1814 : 272.
72. TBR, S13, journal des évènements d'un voyage de George Nelson, 3 juin 1822 ; Harmon, *Sixteen Years*, 26 juillet 1808 : 111 ; et TBR, S13, journal de George Nelson, 29 août 1805-8 mars 1806, 29 août 1805 : 1 (ma pagination).
73. Pour différents exemples, voir Nelson, *My First Years*, 13 juillet 1803 et 23 mai 1804 : 95-96, 167-168 ; de Michilimackinac à la rivière des Saulteux, en juillet 1803, dans un « canoë de Michilimackinac », un commis, un interprète, trois hommes ; voyage de retour de la rivière des Saulteux à Grand Portage, en mai 1804, dans deux canoës, dix personnes, quatre hommes, un commis, deux femmes, deux enfants et un Amérindien.

74. TBR, S13, journal des évènements de George Nelson, 29 juin 1822.
75. Ross, *Fur Hunters* I : 78.
76. Cox, *Adventures on the Columbia River*, 29 juin 1812 et 5 août 1814 : 72, 160.
77. Franchère, *Voyage to the Northwest Coast*, 4 avril 1814 : 199.
78. Cox, *Adventures on the Columbia River* : 236-237.
79. Henry (le Jeune), *New Light* I, 21 août 1800 : 49-52.
80. TBR, S13, journal codé de George Nelson, 17 avril-20 octobre 1821, 30 mai 1821 : 24-26.
81. En septembre 1800, six canoës partirent de Fort Chipewyan, trois à destination du fleuve Mackenzie, un pour le lac Marten et deux pour le lac des Esclaves ; chaque canoë portait de quatre à cinq hommes ; BAC, MG19, C1, vol. 6, 29 septembre 1800 : 50 ; et MDLR, MC, C.26, 29 septembre 1800 : 1 ; voir aussi Keith, *North of Athabasca* : 112, 129-130 ; pour d'autres exemples, voir Henry (le Jeune), *New Light* II, 8 juillet et 24 septembre 1810 : 610, 629-630.
82. Par exemple, en mai 1813, Stuart, six Canadiens et deux Amérindiens s'embarquèrent dans deux canoës avec un petit assortiment de marchandises (comme argent de poche) et des provisions pour un mois et demi, afin de découvrir un itinéraire fluvial vers la Columbia et d'y établir la traite côtière ; Harmon, *Sixteen Years*, 13 mai 1813 : 259.
83. MDLR, MC, C.5, 26 juillet et 7 août 1806 : 75-79 ; Henry (le Jeune), *New Light* I, 7 et 14 juillet 1806 : 185-188, 304 ; et Larocque, « Yellowstone Journal » : 184.
84. Mackenzie, « General History » : 135-136, 265, 325-326.
85. Fraser, « First Journal », 13 avril 1806 et 11, 14 et 17 mai 1806 : 109, 118-120.
86. Mackenzie, « General History » : 54.
87. Henry (le Jeune), *New Light* I, 11 août 1800 : 30-31.
88. Pour un exemple en particulier, voir McGillivray, *Journal*, 24 août 1794 : 12.
89. TBR, S13, journal des évènements de George Nelson, 22 et 23 juin 1822.
90. « I have seen four canoes sweep round a promontory suddenly, and burst upon my view ; while at the same moment, the wild, romantic song of the voyageurs, as they plied their brisk paddles, struck upon my ear, and I have felt the thrilling enthusiasm caused by such a scene ; what, then, must have been the feelings of those who had spent a long, dreary winter in the wild North-West, far removed from the bustle and excitement of the civilised world, when thirty or forty of these picturesque canoes burst unexpectedly upon them, half inshrouded inh the spray that flew from the bright, vermilion paddles, while the men, who had overcome difficulties and dangers innumerable during a long voyage through the wilderness... with joyful hearts at the happy termination of their trials and privations, sang, with all the force of three hundred manly voices, one of their lively airs » ; Ballantyne, *Hudson Bay* : 245.
91. TBR, S13, journal de George Nelson, 3 novembre 1807-31 août 1808, 28 et 30 juin 1808 et du 1er au 7 juillet 1808 : 44-46.
92. TBR, S13, journal de George Nelson, 1er septembre 1808-31 mars 1810, 1er et 2 septembre 1808 : 1 (ma pagination).
93. Harmon, *Sixteen Years*, 22 et 25 juillet 1800 : 25-26 ; pour d'autres exemples, voir Henry (le Jeune), *New Light* I, 26 juillet 1800 : 14 ; Cox, *Adventures on the Columbia River*, 30 juillet 1817 : 280 ; et TBR, S13, journal des évènements de George Nelson, 17 juin 1822.
94. TBR, S13, journal de George Nelson, 1er septembre 1808-31 mars 1810, 25 et 29 juin, et 4 juillet 1809 : 26-27 (ma pagination).
95. AO, MU 572, papiers de Duncan Clark, vol. 2, lettre de R. McKenzie, Fort William, à Duncan Clark, Pic, 11 juin 1825 : 1-3.
96. McDonell, « Diary », 1er juin 1793 : 72.
97. Franchère, *Journal of a Voyage*, 24 mai 1810 : 44.
98. Landmann, *Adventures and Recollections* II, 3 juin 1800 : 167-168.
99. McDonell, « Diary », 27 juin 1783 : 88.
100. TBR, S13, journal et souvenirs de George Nelson, 1er décembre 1825-13 septembre 1836, 12 août 1803 : 35.

101. Voir les sections correspondantes dans Trigger, *Northeast*; au sujet des réserves christianisées que l'on finit par appeler les Sept Nations, voir Sawaya, *La Fédération*; Delâge, « Les Iroquois chrétiens »; Trigger, *Natives and Newcomers*: 292-296; Richter, *Ordeal of the Longhouse*: 119-128; et Dechêne, *Habitants and Merchants*: 6-8.

102. Perrot, *Indian Tribes* I: 174-175, 210-220; Dechêne, *Habitants and Merchants*: 10; et Greer, *People of New France*, chapitre « French and Others ».

103. Voir Dechêne, *Habitants and Merchants*: 117-124; Greer, *Peasant, Lord, and Merchant*: 177-193; Charbonneau, Desjardins et Beauchamp, « Le comportement démographique »; et Skinner, « Sinews of Empire »: 345-371.

104. Cox, *Adventures on the Columbia River*, 15 septembre 1817: 299-300.

105. McDonell, « Diary », 1er juin 1793: 72.

106. MHS, P791, dossier 7, 1-2, Lettres de la Compagnie du Nord-Ouest, 1798-1816, Dominique Rousseau et Joseph Bailley contre Duncan Mc Gillivray (originaux des Archives judiciaires de Montréal); MDLR, MC, C.24, 6 mai 1801: 36; et Henry (le Jeune), *New Light* I, 28 juin 1803: 219.

107. AO, MU 1391, 6 juin 1818: 7.

108. TBR, S13, journal de George Nelson, « Du Bas de la Rivière à Cumberland House, 1819-? », du 1er au 4 septembre 1819: 4-5 (ma pagination).

109. « were determined to be awake themselves, and permitted no one be otherwise, for, at the end of every song, they varied the monotony of the chorus with an Indian yell which fully succeeded in destroying the slumber which we were seeking on the deck, wrapped in our buffalo robes. Three canoes, filled with Indians, accompanied us until late in the night, their presence enlivened by their wild war songs and the dipping of their paddles, while, in the intervals of song, the glimmer of the flint and steel, as they lighted their pipes, now and then revealed them through the starlight »; Mayer, *With Pen and Pencil*: 232.

110. « [T]he Canadian voyageur is... on no point... more sensitive... than in the just distribution of "pieces" among the several canoes forming a party... he has very substantial reasons for being particular in that matter, for he well knows that, supposing the canoes to be in other respects equally matched, a very small inequality of weight will make a considerable difference in their relative speed, and will occasion, moreover, a longer detention at hte portages. The usual mode is for the guide to separate the pieces, and then to distribute or portion them out by lots, holding in his hand little sticks of different lengths, which the leading men draw. From the decisions so made there is no appeal, and the parties go away laughing or grumbling at their different fortunes »; Back, *Narrative of the Arctic Land Expedition*: 38-39.

111. Pond, « Narrative »: 30.

112. Par exemple, voir BAC, MG19 C1, vol. 14, 7 et 8 avril 1800: 22.

113. BAC, MG19 C1, vol. 14, 9 avril 1800: 22; Nelson, *My First Years*, 23 mai 1804: 157-158; TBR, S13, journal de George Nelson, 3 novembre 1807-31 août 1808, 27 juin 1808: 44; BAC, MG19, C1, vol. 6, 6 août 1800: 48; et Keith, *North of Athabasca*: 111.

114. Henry (le Jeune), *New Light* I, 14 août 1800: 35-36; BAC, MG19, C1, vol. 6, 16 mai 1800: 21; et Keith, *North of Athabasca*: 97.

115. BAC, MG19, C1, vol. 6, 9 octobre 1800: 54; Keith, *North of Athabasca*: 114; et TBR, S13, journal de George Nelson, 3 novembre 1807-31 août 1808, 13 juin 1808: 39-40.

116. AO, MU 1956: 9, mention d'un départ à quatre heures du matin; TBR, S13, journal de George Nelson « du Bas de la Rivière à Cumberland House, 1819-? », 4 septembre 1819: 5 (ma pagination), mention d'un départ au milieu de la nuit; TBR, S13, journal des évènements de George Nelson, 18 juin 1822; et Henry (le Jeune), *New Light* II, 3 septembre 1808: 486, mention d'un départ à quatre heures du matin.

117. Lefroy, *In Search of the Magnetic North*, Lefroy à Julia, lac des Chats, rivière Ottawa, 6 mai 1843, et Lefroy à Younghusband, Sault-Sainte-Marie, 20 mai 1843: 10, 13.

118. AO, MU 1391, 3-9 juin 1818: 5-8.

119. Fraser, « First Journal », 30 mai-5 juin 1806: 126-128.

120. Landmann, *Adventures and Recollections* II: 309.

121. Ross, *Fur Hunters* I: 303; Landmann (*Adventures and Recollections* II: 69-70) relève le cas de voyageurs ayant pagayé pendant vingt-cinq heures d'affilée, la raison étant que les rivages étaient trop infestés de serpents pour que l'équipage puisse s'arrêter pour camper.

122. « [A canoe's] general loading is two-thirds Goods and one-third Provisions, which not being sufficient for their subsistence until they reach winter Quarters, they must and always do, depend on the Natives they occasionally meet on the Road for an Additional Supply; and when this fails wich is sometimes the case they are exposed to every misery that it is possible to survive, and equally so in returning from the Interior Country, as in the Spring provisions are generally more Scanty »; Wallace, *Documents*, Benjamin et Joseph Frobisher au général Haldimand, 4 octobre 1784: 73-74.

123. Ray, *Indians in the Fur Trade*: 128-134.

124. Sprenger, « Métis Nation »: 128-131.

125. McGillivray, *Journal*, 18 septembre 1794: 23-24.

126. Henry (le Jeune), *New Light* II, 1er septembre 1808: 485.

127. Fraser, « Journal of a Voyage », 22 mai 1808: 1; et Henry (le Jeune), *New Light* I, 22 août 1800: 58.

128. McDonell, « Diary »: 77; McGillivray, *Journal*: iii; et TBR, S13, journal des évènements de George Nelson, lundi 17 juin 1822.

129. Henry (le Jeune), *New Light* II, 30 août 1808: 482.

130. AO, MU 842, 23 et 24 septembre 1818: 2; TBR, S13, journal de George Nelson, 1er septembre 1808-31 mars 1810, 15 septembre 1808: 3 (ma pagination); et Harmon, *Sixteen Years*, 16 octobre 1800: 35.

131. TBR, S13, journal des évènements de George Nelson, 9 et 10 juin 1822.

132. TBR, S13, journal des évènements de George Nelson, 9 juin 1822; et Fraser, « First Journal », 24 avril 1806: 113.

133. Henry (le Jeune), *New Light* I, 26 août 1800: 66; voir aussi Vibert, *Traders' Tales*: 173-180.

134. Henry (le Jeune), *New Light* I, 5 septembre 1800: 85; Harmon, *Sixteen Years*, 15 octobre 1800: 35; et TBR, S13, journal des évènements de George Nelson, 26 juin 1822.

135. BAC, MG19, C1, vol. 1, 22 août 1797: 5.

136. Cox, *Adventures on the Columbia River*: 242.

137. McGillivray, *Journal*, 12 septembre 1794: 22.

138. Fraser, « First Journal », 17 avril 1806: 111.

139. Pour des exemples d'achat de nourriture aux Amérindiens, voir Fraser, « First Journal », 17 et 23 avril 1806: 111-112.

140. Henry (le Jeune), *New Light* I, 26 août 1800: 62; et TBR, S13, journal de George Nelson « from Bas De La Rivière to Cumberland House, 1819- ? », 4 septembre 1819: 5 (ma pagination).

141. AO, MU 1391, 6 juin 1818: 7.

142. Henry (le Jeune), *New Light* I, 5 et 6 septembre 1800: 85.

143. Henry (le Jeune), *New Light* I, 5 septembre 1800: 85.

144. TBR, S13, journal des évènements de George Nelson, 7 juillet 1822.

145. Fraser, « First Journal », jeudi 24 avril 1806: 113; et BAC, MG19, A9, vol. 5, 3 juin 1808: 31.

146. TBR, S13, journal des évènements de George Nelson, 21 juin 1822; et BAC, MG19, A9, vol. 5, 2 juin 1808: 20.

147. Fraser, « First Journal », 21 avril, 7 et 23 juin 1806: 112, 129, 132.

148. TBR, S13, journal de George Nelson, 29 août 1805-8 mars 1806, 6 et 8 septembre 1805: 2 (ma pagination); et BAC, MG19, C1, vol. 2, 11 octobre 1803: 10.

149. AO, MU 842, 24 septembre 1818: 2.

150. Pour des exemples de repas pris à bord des canoës, voir Nelson, *My First Years*: 41-42; et McGillivray, *Journal*, 18 septembre 1794: 23-24; on trouve des notations d'activités faites tout en mangeant dans AO, MU 1956, 8 et 22 juillet 1813: 7, 10.

151. Ross, *Fur Hunters* I : 302.
152. TBR, S13, journal des évènements de George Nelson, 28 juin 1822 ; Ross, *Fur Hunters* I : 302-303 ; et Heriot, *Travels through the Canadas*, 1791 : 252.
153. « [As] the men force much in this River we allow them to make three meals a day and as they eat all together out of the same bag of Pemecan we put ashore for that purpose and afterward it is laid aside and not touched until next meal. this we find to be the best way and the men are better off and better pleased than if they ate a little at every Pipe » ; Fraser, « First Journal », 29 mai 1806 : 126.
154. Au sujet de repas d'une durée de vingt minutes, voir Ross, *Fur Hunters* I : 302 ; de repas d'une durée d'une heure et demie, voir Fraser, « First Journal », 25 juin 1806 : 103.
155. D. Thompson, « Journal, Novembre 1797 », 10 décembre 1797 : 103.
156. Henry (le Jeune), *New Light* II, 2 septembre 1808 : 486.
157. Les hommes occupant ces deux positions étaient appelés les *bouts*, mais le terme a aussi été utilisé pour désigner les rameurs au sens large ; Barry Gough traduit le terme *ducent* par conducteur, chef ou homme de proue dans son édition de Henry (le Jeune), *Journal* I : 23n42.
158. Ross, *Fur Hunters* II : 186.
159. TBR, S13, journal de George Nelson, 29 août 1805-8 mars 1806, 29 août 1805 : 1 (ma pagination) ; AO, bobine MS65, Donald McKay, journal de janvier 1805 à juin 1806, 29 juin et 11 juillet 1805 : 22, 24 (ma pagination) ; TBR, S13, journal de George Nelson, 3 novembre 1807-31 août 1808, 19 juin 1808 : 42 ; et TBR, S13, journal de George Nelson, 1er septembre 1808-31 mars 1810, 1er septembre 1808 : 1 (ma pagination).
160. « I could not sufficiently admire the adroisse of our bowsmen in avoiding the numerous stones ; how quick and exactly they made the most acute angles in spite of the mist, strength of the current and the velocity which we went, for sometimes all the crew paddled. One time in particular they had 3 very acute angles to make to avoid several Large and sharp stones and so near to each other that it seemed impossible to avoid being dashed to atoms even on the first. But they ran perfectly light, only a few men in each canoe – We were looking on with the greatest anxiety and wonder – they shipped some water in the terrible swells, but did not even touch one stone » ; TBR, S13, journal des évènements de George Nelson, 10 juillet 1822.
161. AO, MU 1956, 22 juillet 1813 : 9.
162. Pour un exemple d'homme libre engagé comme guide, voir AO, MU 2199, Edward Umfreville, 28 juin 1784 : 10 ; pour des exemples d'Amérindiens engagés comme guides, voir Nelson, *My First Years*, 30 août et 3 septembre 1803 : 105 ; Mackenzie, *Voyages from Montreal*, 24 juin et 8 juillet 1789 : 150-173 ; Ross, *Fur Hunters* I : 63-65 ; et Fraser, « First Journal », 15 mai 1806 : 120.
163. Voir chapitre II.
164. P. Grant, « Sauteux Indians about 1804 » II : 313-314.
165. Nelson, *My First Years*, 22 août 1803 : 103 ; et Fraser, « First Journal », 7 juillet 1806 : 139-140.
166. Nelson, *My First Years* : 41-42.
167. MDLR, MC, C.26, 4 septembre 1800 : 2.
168. Heriot, *Travels through the Canadas* : 247 ; et P. Grant, « Sauteux Indians about 1804 » II : 313.
169. Kohl, *Kitchi-Gami* : 255-256.
170. Creighton, *Rites and Passages* : 131.
171. Franklin, *Narrative of a Journey*, 6 mars 1820 : 116.
172. « The poor voyageurs, who were in a starving condition, kept up les chansons à l'aviron until daybreak, to divert their hunger » ; Cox, *Adventures on the Columbia River*, 12 septembre 1817 : 298 ; Ross, *Fur Hunters* I : 302-303 ; Franchère, *Voyage to the Northwest Coast*, 14 juillet 1814 : 264 ; et Lefroy, In *Search of the Magnetic North*, Lefroy à sa mère, Fort Chipewyan, lac Athabasca, 30 septembre 1843 au 2 janvier 1844 : 63.
173. Voir l'illustration d'une voile en usage sur un bateau d'York dans Morse, *Fur Trade Canoe Routes* : 45.
174. P. Grant, « Sauteux Indians about 1804 » II : 314 ; voir aussi Nelson, *My First Years* : 41-42.

175. TBR, S13, journal des évènements de George Nelson, 13 juin 1822; voir aussi Ross, *Fur Hunters* II: 238-239.
176. Morse, *Fur Trade Canoe Routes*: 66.
177. Henry (le Jeune), *New Light* II, 30 août 1808: 482.
178. Pour des exemples de l'emploi du terme « pipes » pour désigner les petites étapes quotidiennes d'un voyage, voir Fraser, « First Journal », 29-31 mai 1806: 126; Landmann, *Adventures and Recollections* I: 309; Ballantyne, *Hudson Bay*: 76; et Jameson, *Winter Studies* III: 319-320.
179. Kohl, *Kitchi-Gami*: 59.
180. McDonell, « Diary »: 97n61.
181. P. Grant, « Sauteux Indians about 1804 » II: 313-314.
182. MacDonald, *Peace River*: 44.
183. Nute, *Voyageur*: 47.
184. *Relations des jésuites* VII: 111, Paul Le Jeune, Relation de 1634; le terme anglais désignant les courroies de portage, *tumplines*, conserve l'origine amérindienne du terme, *mattump*, mot algonquien originaire du sud de la Nouvelle-Angleterre (N.d.T).
185. Voir Leblanc, « *Une jolie cinture* »: 30, 34-36, 41-57.
186. « [H]e is not looked upon as a man Who cannot carry two [packages]. There are many Who even take three and out Run their fellows »; MDLR, MC, C.6: 34-36.
187. Landmann, *Adventures and Recollections* I: 305; voir aussi Heriot, *Travels through the Canadas*: 251.
188. P. Grant, « Sauteux Indians about 1804 » II: 313-314.
189. Lefroy, *In Search of the Magnetic North*, Lefroy à sa mère, en route vers la rivière Savanne, 6 juin 1843: 22.
190. TBR, S13, journal des évènements de George Nelson, 27 juin 1822.
191. P. Grant, « Sauteux Indians about 1804 » II: 313.
192. « [So] inured are they to this kind of labour, that I have known some of them set off with two packages of ninety pounds each, and return with two others of the same weight, in the course of six hours, being a distance of eighteen miles overs hills and mountains »; Mackenzie, « General History »: 51.
193. MDLR, MC, C.7, 30 mai 1795: 36.
194. Lefroy, *In Search of the Magnetic North*, Lefroy à sa mère, en route vers la rivière Savanne, 6 juin 1843: 19.
195. McGillivray, *Journal*, 21 juillet 1794: 3; et Henry (le Jeune), *New Light* I, 23 juillet 1800: 10.
196. Nelson, *My First Years*, 16 septembre 1803: 110; TBR, S13, journal des évènements de George Nelson, 22 juin et 4 juillet 1822; et AO, MU 1956, 18 et 23 juillet 1813: 4-7, 12.
197. Morse, *Fur Trade Canoe Routes*: 7; et Skinner, « Sinews of Empire »: 221.
198. Lefroy, *In Search of the Magnetic North*, Lefroy à Sophia, Norway House, 8 août 1843: 47-48.
199. « When they arrive at a rapid, the guide or foreman's busines is to explore the waters previous to their running down with their canoes, and, according to the height of the water, they either lighten the canoe by taking out part of the cargo and carry it over land, or run down the whole load. It would be astonishing to an European observer to witness the dexterity with which they manage their canoes in those dangerous rapides, carrying them down like lightening on the surface of the water. The bowman, supported by the steersman, dexterously avoids the stones and shoals which might touch the canoe and dash it to pieces, to the almost certain destruction af all on board. It often baffles their skill, when the water is very high, to avoid plunging in foaming swells on the very brink of the most tremendous precipes, yet, those bold adventurers rather run this risk, for the sake of expedition, than lose a few hours by transporting cargo over land »; P. Grant, « Sauteux Indians about 1804 » II: 313-314.
200. Landmann, *Adventures and Recollections* I: 308.
201. Fraser, « Journal of a Voyage », 1er juin 1808: 6-7.
202. Lefroy, *In Search of the Magnetic North*, Lefroy à Sophia, Norway House, 8 août 1843: 47.
203. Lefroy, *In Search of the Magnetic North*, Lefroy à Sophia, Norway House, 8 août 1843: 47.

204. P. Grant, « Sauteux Indians about 1804 » II : 313-314.
205. Pour un exemple, voir Fraser, « First Journal », 27 et 28 mai 1806 : 124-125.
206. Weld, *Travels through the States* I : 319 ; et McDonell, « Diary », lundi 16 septembre 1793 : 112.
207. Fraser, « First Journal », 30 mai et 6 juillet 1806 : 126, 139.
208. TBR, S13, journal de George Nelson, 1er septembre 1808-31 mars 1810, 25 juin 1809 : 26 (ma pagination).
209. Pour quelques-uns parmi les nombreux exemples d'arrêts pour calfater les canoës, voir AO, MU 1956, 18 juillet 1813 : 7 ; Henry (le Jeune), *New Light* II, 3 septembre 1808 : 486 ; Nelson, *My First Years*, 7 août 1803 : 101 ; et TBR, S13, journal des évènements de George Nelson, 7 et 14 juin 1822.
210. Heriot, *Travels through the Canadas*, 1790 : 247.
211. Nelson, *My First Years*, 21 septembre 1803 : 111.
212. TBR, S13, journal de George Nelson, « from Bas De La Rivière to Cumberland House, 1819- ? », 4 septembre 1819 : 5 (ma pagination) ; et McDonell, « Diary », 6 juin 1793 : 76.
213. Henry (le Jeune), *New Light* I, 24 juillet 1800 : 12.
214. BAC, MG19 C1, vol. 1, 24 août 1797 ; et Henry (le Jeune), *New Light* I, 14 août 1800 : 35-36.
215. Henry (le Jeune), *New Light* I, 22, 24-26 juillet et 3, 8-9, 16, 22 et 25 août 1800 : 10-11, 13-14, 20, 28-29, 38, 57, 62.
216. AO, MU 2199, Umfreville, 22 juin 1784 : 7.
217. Fraser, « First Journal », 22-25, 29 et 30 mai et 1er et 3 juin 1806 : 122-127.
218. Nelson, *My First Years* : 35-36.
219. Henry (le Jeune), *New Light* I, 27 et 29 juillet 1800 : 14-15.
220. MDLR, MC, C.7, 30 mai 1795 : 36 ; TBR, S13, journal des évènements de George Nelson, 7 juin 1822 ; et Fraser, « First Journal », 23-26 avril (pas d'entrée pour le 25) et 7 et 11 mai 1806 : 113-114, 116, 118.
221. Henry (le Jeune), *New Light* I, 17 août 1800 : 39-40.
222. Nute, *Voyageur* : 151-153.
223. John Henry Lefroy relate avoir plusieurs fois frôlé le désastre dans ses expéditions en Terre de Rupert avec des voyageurs dans les années 1840 ; par exemple, voir Lefroy, *In Search of the Magnetic North*, Lefroy à sa mère, rivière Savanne, en route, 6 juin 1843 : 24-25 ; voir aussi AO, MU 1956, 18 juillet 1813 : 6 ; et Harmon, *Sixteen Years*, 5 août 1800 : 28.
224. TBR, 917.11 F671 ; et BAC, MG19 A9, collection Simon Fraser, vol. 6 ; publié dans Masson, *Les bourgeois*, vol. 1 ; et dans Fraser, *Letters and Journals*, 1er juin 1808 : 6-7.
225. « visited the lower part [of the rapid] ; having found it strong and full of tremendous Whirlpools we were greatly at a loss to act – ; However, the nature of our situation left us no choice ; for we were under the necessity either to run down the Canoes or to abandon them » ; Fraser, « Journal of a Voyage », 4 juin 1808 : 10.
226. « [It] being absolutely impossible to carry the canoes by land, all hands without hesitation embarked, as it were a corp perdu, upon the mercy of this awful tide. – Once engaged the die was cast, and the great difficulty consisted in keeping the canoes within the medium, or fil d'eau, that is clear of the precipice on one side, and of the gulphs formed by the waves on the other. – then skimming along as fast as lightening the crews nowithstanding cool and determined, followed each other in awful silence. And when we arrived at the end we stood as it were, gazing congratulation at each other upon our narrow escape » ; Fraser, « Journal of a Voyage », 9 juin 1808 : 12.
227. « arrived at the end of the tracking ground to the great satisfaction of the men many of whom are estrepied by the hard duty they have performed for some days Past » ; McGillivray, *Journal*, 10 septembre 1794 : 21.
228. Henry (le Jeune), *New Light* II, 1er-3 septembre 1808 : 485-486.
229. Kohl, *Kitchi-Gami* : 257-261.
230. Rediker, *Between the Devil* : 189.

231. Radforth, « Shantymen » : 225.
232. Barbeau, « La complainte de Cadieux » : 163 ; et Nute, *Voyageur* : 148-150.
233. « I could have endured the rain for an hour or two, to listen to the boat songs of the Canadian voyageurs, which in the stillness of the night had a peculiarly pleasing effect. They kept time to these songs as they rowed ; and the splashing of the oars in the water, combined with the wildness of their cadences, gave a romantic character to our darksome voyage. In most of the songs two of the boatmen began the air, the other two sang a response, and then all united in the chorus. Their music might not have been esteemed fine, but those whose skill in concords and chromatics, forbids them to be gratified but on scientific principles ; my convenient ignorance of these rules allowed me to reap undisturbed enjoyment from the voyageurs' melodies, which like many of our Scottish airs were singularly plaintive and pleasing » ; Duncan, *Travels through Part of the United States and Canada* II : 121-122 ; voir aussi Heriot, *Travels through the Canadas* : 247.

V • THÉÂTRE DE L'HÉGÉMONIE
Maîtres, commis et employés

1. « At sunset we put ashore for the night, on a point covered with a great number of flopsticks. These are tall pine-trees, denuded of their lower branches, a small tuft being left at the top. They are generally made to serve as landmarks, and sometimes the voyageurs make them in honour of gentlemen who happen to be travelling for the first time along the route, and those trees are chosen wich, from their being on elevated ground, are conspicuous objects. The traveller for whom they are made is always expected to acknowledge his sense of the honour conferred upon him, by presenting the boat's crew with a pint of grog, either on the spot or at the first establishment they meet with. He is then considered as having paid for his footing, and may ever afterwards pass scot-free » ; Ballantyne, *Hudson Bay* : 191-192.
2. Voir Greer, *Patriots and the People* : 107-113 ; Hall, *Archaeology of the Soul* : 107-108 ; et Ridington et Hastings, *Blessing for a Long Time* : 1-3, 53-54, 66-67, 68-106.
3. Gramsci, *Selections from the Prison Notebooks* ; et Thurston, « Hegemony ».
4. Pour une discussion du concept d'hégémonie culturelle et du consentement des masses à être dominées, voir Lears, « Concept of Cultural Hegemony » : 568-570.
5. Edith Burley, également, a découvert que la relation maître/employé dans la traite des fourrures, à la Compagnie de la Baie d'Hudson, était constamment sujette à négociation : Burley, *Servants of the Honourable Company* : 110-111.
6. E.P. Thompson, *Customs in Common* : 85-86 (traduction libre).
7. E.P. Thompson, *Customs in Common* : 7.
8. E.P. Thompson, *Customs in Common* : 8, 46.
9. Franklin, *Narrative of a Journey*, 2 octobre 1819 : 40 ; Kane, *Wanderings* : 236 ; Nute, *Voyageur* : 67 ; et Nute, *Voyageur's Highway* : 49.
10. « It is a habit among the grandees of the Indian trade to have May-poles with their names inscribed thereon on conspicuous places, not to dance around, but merely to denote that such a person passed there on such a day, or to commemorate some event. For this purpose, the tallest tree on the highest ground is generally selected, and all the branches are stripped off excepting a small tuft at the top. On Mr. [Alexander] McKay return from his reconnoitring expedition up the river, he ordered one of his men to climb a lofty tree and dress it for a May-pole. The man very willingly undertook the job, expecting, as usual on these occasions, to get a dram » ; Ross, *Adventures of the First Settlers*, 2 mai 1811 : 78-79.
11. Greer, *Patriots and the People* : 107-113.
12. Van Gennep, *Le folklore du Dauphiné* I : 300-301 ; également cité dans Greer, *Patriots and the People* : 111 ; pour les racines européennes des cérémonies de l'arbre de mai au Canada, Greer cite Arnold Van Gennep, *Manuel de folklore français contemporain*, vol. 1, 4e partie : 1516-1575 ; et Ozouf, *La fête révolutionnaire* : 293.

13. Greer, *Patriots and the People* : 112 (traduction libre).
14. Voir par exemple Brown, « Dwellings and Households along the Berens River [1935-1936] », cité dans Hallowell, *Ojibwa of Berens River* : 102-107.
15. Kohl, *Kitchi-Gami* : 10.
16. Ridington et Hastings, *Blessing of a Long Time* : xvii.
17. Henry (le Jeune), *New Light* I : 269, et II : 507, 640, 662.
18. Hind, *Narrative of the Canadian Red River* : 489.
19. « The voyageurs agreed among themselves to cut a "May Pole", or "Lopped Stock" for me ; which is a tall Pine Tree, lopped of all its branches excepting those at the top, which are cut in a round bunch : it is then barked : and mine (being a memorable one) was honored with a red feather, and streamers of purple ribband tied to a poll, and fastened to the top of the Tree, so as to be seen above every other object : the surrounding trees were then cut down, in order to leave it open to the Lake. Bernard (the Guide) then presented me with a Gun, the contents of which I discharged against the Tree, and Mr. Miles engraved my name, and the date, on the trunk, so that my "Lopped Stick" will be conspicuous as long as it stands, among the number of those to be seen along the banks of different Lakes and Rivers » ; Nute, « Journey for Frances », *The Beaver* (été 1954) : 17 ; pour les autres extraits publiés du journal de Frances Simpson, voir *The Beaver* (décembre 1953) : 50-59, et (mars 1954) : 12-17.
20. Van Kirk, « *Many Tender Ties* » : 204.
21. Kane, *Wanderings* : 236.
22. Nevins, *Narrative* : 90-91.
23. McDonell, « Diary », 16 août 1793 : 102.
24. Franklin, *Narrative of a Journey* : 40.
25. Ross, *Fur Hunters* II : 242.
26. Morris, *Treaties of Canada* : 157.
27. « [L]obstick is the Indian or half-breed monument to a friend or a man he delights to honour… You are expected to feel highly flattered and make a handsome present in return to the noble fellow or fellows who have erected such a pillar in your honour » ; G.M. Grant, *Ocean to Ocean* : 196.
28. Nute, *Voyageur's Highway* : 49.
29. « that it be published before the Traders and their Servants that the latter must strictly conform to their agreements, which should absolutely be in writing or printed, and before witnesses if possible, as many disputes [arose] from want of order in this particular » ; BAC, MG 21, Add, Mss-21661-21892, cité par Innis, *Fur Trade in Canada* : 221.
30. *Ordinances and Acts of Quebec and Lower Canada*, 36, George III, chap. 10, 7 mai 1796 ; voir aussi *Wickstead*, Table.
31. Hogg et Shulman, « Wage Disputes » : 129.
32. Pour un exemple en particulier, voir Montréal, Musée McCord d'histoire canadienne, M17617, M17614, déposition de Basil Dubois, 21 juin 1798, et plainte de Samuel Gerrard, de la compagnie Parker, Gerrard et Ogilvy contre Basil Dubois.
33. ANQM, TL32 S1 SS1, Robert Aird contre Joseph Boucher, 1er avril 1785, juge de paix Pierre Foretier ; Atkinson Patterson contre Jean-Baptiste Desloriers dit Laplante, 21 avril 1798, juge de paix Thomas Forsyth ; et Angus Sharrest pour McGillivray & Co. contre Joseph Papin de Saint-Sulpice, 14 juin 1810, juge de paix J.-M. Mondelet ; ces cas ont été compilés par Don Fyson qui a rassemblé un cas sur cinq pour toutes les séries.
34. ANQM, TL16 S4/00005, 37, 27 mars 1784, juges de paix Hertelle de Rouville et Edward Southouse ; et TL16 S4/00002, pas de numéro de page, 2 avril 1778, juges de paix Hertelle de Rouville et Edward Southouse.
35. Les juges de paix étaient William McGillivray, Ducan McGillivray, Sir Alexander Mackenzie, Roderick McKenzie et John Ogilvy ; Campbell, *North West Company* : 136-137.
36. « I agree with you that protecting Deserters would be a dangerous Practice and very pernicious to the Trade and fully sensible of this when any Man belonging to People opposed to The North

West Company have happened to come to our Forts, we have told the Master of such to come for them and that they should not be in any way wise prevented from taking them back » ; BAC, MG19 B1, 131, William McGillivray à Thomas Forsyth Esq., Grand Portage, 30 juin 1800.

37. « With regard to paying advances to Men I wish to be explicit, we have alwise made it a practice and will continue so to do to pay every shilling that Men whom we hire may acknowledge to their former Master such Men *being free on the Ground*. We hire no Men who owe their Descent considering this a principle not to be deviated from in determining to adhere strictly to it we cannot allow others to treat us in a different manner – if a Man was Free at the Point au Chapeau we do not consider him at liberty to hire until he has gone to it » ; BAC MG19 B1, 131, William McGillivray à Thomas Forsyth, Esq., Grand Portage, 30 juin 1800.

38. BAC MG19 B1, 152-153, William McGillivray à McTavish, Frobisher et Cie, Grand Portage, 28 juillet 1800.

39. BAC MG19 B1, 40, D. Sutherland à Henry Harou, 15 mai 1803.

40. ANQM, TL16 S3/00001, 41, 314-325, 3 juillet 1770 et 3 juillet 1778, juges de paix Hertelle de Rouville et Edward Southouse ; et TL16 S3/00008, pas de pagination, 13 janvier 1786, juges de paix Hertelle de Rouville et Edward Southouse ; 6 octobre 1786 (suivi de plusieurs autres entrées plus tard le même mois), juges de paix John Fraser, Edward Southouse et Hertelle de Rouville ; 27 octobre 1786, juges de paix Edward Southouse et Hertelle de Rouville ; et Henry (le Jeune), *New Light* II, 27 mars 1814 : 860-861.

41. Hogg et Shulman, « Wages Disputes » : 128, 132, 135-140, 141-143.

42. Voir Podruchny, « Festivities, Fortitude and Fraternalism ».

43. Reed, *Masters of the Wilderness* : 69 ; la partie que Reed consacre au Beaver Club est presque intégralement une citation de Brian Hughes décrivant les histoires que lui avait racontées son grand-père, James Hughes, qui était membre de ce club.

44. Brennan, *Public Drinking* : 8 ; et Rice, *Early American Taverns* : 88.

45. Montréal, Musée McCord d'histoire canadienne, MI44450, *Rules and Regulations of the Beaver Club, Instituted in 1785* : 3 ; et Montréal, Musée McCord d'histoire canadienne, MI4449 : 3.

46. Pour un exemple d'un menu du Beaver Club, voir Benoît, « Wintering Dishes » ; pour une mention des verres en cristal et de l'argenterie du club, voir Watson, « First Beaver Club » : 337.

47. Par exemple, voir Harmon, *Sixteen Years* : 197-198.

48. Montréal, Musée McCord d'histoire canadienne, MI44450, *Rules and Regulations of the Beaver Club, Instituted in 1785* : 3 ; et Reed, *Masters of the Wilderness* : 68.

49. Reed, *Masters of the Wilderness* : 68.

50. « [You should] Mixt. very seldom with the Men, rather retire within yourself, than make them your companions. – I do not wish to insinuate that you should be haughty – on the contrary – affability with them at times, may get You esteme, while the observance of a proper distance, will command respect, and procure from them ready obedience to your orders » ; AO, MU 1146, Moffat, Fort William, à George Gordon, Monontagué (*sic*), 25 juillet 1809 ; voir aussi Hamilton, « Fur Trade Social Inequality » : 135-135 ; Burley a également découvert un schéma semblable à la Compagnie de la Baie d'Hudson ; voir son ouvrage *Servants of the Honòurable Company* : 122-123.

51. « You are to act under me, you have no business to think, it is for me to do and not for you, you are to obey » ; BAC, MG19 A17 : 119-121.

52. « The bourgeois is carried on board his canoe upon the back of some sturdy fellow generally appointed for this purpose. He seats himself on a convenient mattress, somewhat low in the centre of his canoe ; his gun by his side, his little cherubs fondling around him, and his faithful spaniel lying at his feet. No sooner is he at his ease, than his pipe is presented by his attendant, and he then begins smoking, while his silken banner undulates over the stern of his painted vessel » ; Ross, *Fur Hunters* I : 301-302.

53. « [They] give Men which never saw an Indian One Hundred Pounds pr Annum, his Feather Bed carried in the Canoe, his Tent which is exceeding good, pitched for him, his Bed made and he and his girl carried in and out of the Canoe and when in the Canoe never touches a Paddle unless for his own pleasure all of these indulgences I have been an Eye Witness to » ; Tyrrell, *Journals*,

journal 3, « A Journal of the most remarkable Transactions and Occurrences from York Fort to Cumberland House, and from said House to York Fort from 9th Septr 1778-15 Septr 1779 by Mr Philip Turnor », 15 juillet 1779 : 252.

54. Comme le décrit Vibert dans *Traders' Tales* : 110-112.

55. « [F]ort routine and work were inserted in a close theatre of power, with calculated disciplinary intent. Men ate rations issued every Saturday, dried fish and potatoes more often that not, which they or Native women prepared in their quarters. Officers and clerks ate in the dining room or the officer's residence, the Big House, where they sat in order of rank and dined hansomely. Men were issued striped cotton shirts and a few yards of cloth ; officers often dressed elegantly... Officers' quarters were spacious and commanded the fort ; men lived in barracks along the lateral walls, several men to a room if they were single, in small rooms of their own if they lived with Native women » ; Harris, *Resettlement of British Columbia* : 43.

56. Ainsi que le décrit Hamilton dans « Fur Trade Social Inequality » : 137-138, 261-263.

57. Pour divers exemples, voir Henry (le Jeune), *New Light* I, 23 juillet 1800 et 6 mai 1804 : 10, 243 ; Harmon, *Sixteen Years*, 19 juillet 1807 : 105 ; et Cox, *Adventures on the Columbia River*, 19 septembre 1817 : 304-305.

58. Pour l'exemple de l'achèvement d'une maison, voir TBR, S13, journal de George Nelson, 29 août 1805-8 mars 1806, 10 octobre 1805 ; pour des exemples de mâts pour hisser les drapeaux, voir BAC, MG19 C1, vol. 14, 11 novembre 1799 : 3a ; BAC, MG19 C1, vol. 6, 11 octobre 1800 : 54 ; Keith, *North of Athabasca* : 114 ; Henry (le Jeune), *New Light* I, 28 octobre 1801 : 191 ; et BAC, MG19 C1, vol. 12, attribué à John Sayer, 21 novembre 1804 : 28 (il existe une version publiée de ce journal dans Gates, *Five Fur Traders* : 249-278 où Gates attribue ce journal à Thomas Connor).

59. BAC, MG19 C1, vol. 7, 10 février 1799 : 30 ; BAC, MG19 C1, vol. 6, 28 et 29 février, 7 avril et 16 mai 1800 : 1, 2, 12, 21 ; Henry (le Jeune), *New Light* I, 4 septembre 1800 : 78 ; MDLR, MC, C.26, 11 janvier, 7 et 22 février 1801 : 20, 22, 25 ; et MDLR, MC, C.28, 2 et 3 octobre 1807 : 8 ; voir aussi Keith, *North of Athabasca* : 86, 87, 93, 97, 150, 152, 154, 311-312.

60. BAC, MG19 C1, vol. 7, 12, 18 et 27 octobre 1798 : 8, 11-12, 15 ; et BAC, MG19 C1, vol. 14, 19 octobre 1799 : 3 ; nous discuterons des épouses et des familles amérindiennes des voyageurs dans le chapitre VIII.

61. Heron, *Booze* : 34.

62. En 1797, Charles Chaboillez disait qu'après un portage, « après avoir fini, selon la coutume, on versa un verre à chacun » ; BAC, MG19 C1, vol. 1, 11 août 1797 : 3 ; pour d'autres exemples, voir BAC, MG19 C1, vol. 9, 10 novembre 1805 ; MDLR, MC, C.1 ; Mackenzie, *Voyages from Montreal*, 13 juin 1793 : 325 ; et McGillivray, *Journal*, 25 juillet 1794 : 5.

63. Henry (le Jeune), *New Light* I, 23 juillet 1800 : 10.

64. MDLR, MC, C.26, 5 et 24 février 1801 : 22, 27 ; voir aussi Keith, *North of Athabasca* : 152, 155.

65. Aux environs du 20 juin 1807, décrit dans TBR, S13, journal de George Nelson, « No. 5 » : 186.

66. BAC, MG19 C1, vol. 1, 29 août 1797 : 6 ; Henry (le Jeune), *New Light* II, 26 septembre 1800 : 98 ; BAC, MG19 C1, vol. 13, 9 octobre 1804 : 22 ; et Fraser, « First Journal », 8 juillet 1806 : 140.

67. MDLR, MC, C.26, 10 octobre 1798 : 6 ; et Henry (le Jeune), *New Light* I, 9 et 10 septembre 1800 : 91, 93.

68. BAC, MG19 C1, vol. 13, 12 octobre 1804 : 22 .

69. Mackenzie, *Voyages from Montreal*, 13 juin 1793 : 322-326.

70. Cox, *Adventures on the Columbia River* : 111-113, 173-176.

71. MDLR, MC, C.26, 1er janvier 1801 : 19 ; voir aussi Keith, *North of Athabasca* : 148 ; je n'ai pas pu découvrir d'indices de voyageurs se faisant des cadeaux les uns aux autres ; il se peut que les bourgeois n'aient pas considéré que cette pratique valait la peine d'être notée ou qu'ils n'aient peut-être pas été très au fait des relations de leurs hommes entre eux.

72. Pour quelques exemples, voir Ray, *Indians in the Fur Trade* : 137-142 ; B.M. White, « Give us a little milk » : 61-62 ; et R. White, *Middle Ground* : 113-115.

73. MDLR, MC, C.26, 13, 18, 22, 29 et 30 octobre 1800 : 6-8 ; voir aussi Keith, *North of Athabasca* : 136-138.

74. MDLR, MC, C.24, 30 novembre 1800 : 6.
75. E.P. Thompson, *Customs in Common* : 67.
76. MDLR, MC, C.1 : 38-39.
77. Henry (le Jeune), *New Light* I, 28 juillet 1804 : 247-248.
78. TBR, S13, journal de George Nelson, 29 janvier-23 juin 1815, 10 février 1815 : 8.
79. TBR, S13, journal de George Nelson « No. 5 » : 2 (ma pagination séquentielle)/186 (pagination de Nelson).
80. Mentionné dans Henry (le Jeune), *New Light* I, 1er juillet 1804 : 247.
81. BAC, MG19 A7, D. Sutherland à Mr St. Valur Mailloux, Montréal, 10 et 29 novembre, 20 décembre 1802 : 18-19, 25-26.
82. Pour un exemple d'hommes ayant demandé que leur salaire soit doublé pour travaux supplémentaires, voir BAC, MG C1, 20 mars 1798 : 49.
83. « Several of our men informed that [Robertson] had threatened to excite the Natives to Massacre the North West Companys Servants at Fort Chipewyan, and our men refused to do their duty unless he was apprehended & detained in Safe Custody – This occasioned his arrest and has been Kept confined ever Since, but treated with every attention he could expect in Such a Situation » ; MDLR, MC, C.27, 5 avril 1819.
84. MDLR, MC, C.29 : 42-44 ; TBR, S13, journal de George Nelson, 30 novembre 1815-13 janvier 1816, 31 décembre 1815, 1er et 7 janvier 1816 : 92-94, 97 ; BAC MG19 B1, William McGillivray à Murdock Cameron, Montréal, 10 mai 1799 et 23 mai 1802 : 44-45, 183 ; et R. McKenzie, « Reminiscences », Alexander Mackenzie à Roderick McKenzie, Rivière Maligne, 1er septembre 1787, I : 20.
85. « The Canadians are chosen Men inured to hardships & fatigue, under which most of Your Present Servants would sink, A Man in the Canadian Service who cannot carry two Packs of eifghty Lbs. Each, one & an half League losses his trip that is his Wages. But time & Practice would make it easy, & even a few Canadians may be got who would be thankful for Your Honours Service » ; extrait d'une lettre d'Andrew Graham, maître de York Fort, au gouverneur et au conseil d'administration de la Compagnie de la Baie d'Hudson, datée de York Fort, 26 août 1772, dans Wallace, *Documents*, 26 aût 1772 : 43.
86. TBR, S13, journal de George Nelson, 1er avril 1810-1er mai 1811, 18 et 20 juin 1810 : 13-14 (ma pagination) ; TBR, S13, journal et souvenirs de George Nelson, 13 septembre 1836 ; et MDLR, MC, C.13, 31 juillet 1800 : 60-61 (ma pagination).
87. « [T]he voyageurs southward, about Michilimackinac, the Mississippi, etc., are in the habit of changing employers yearly, according to wages offered, or as the whim takes them, which, with the spirit of competition in the South trade, and the looseness and levity they acquire in the Indian country, tends to make them insolent and intriguing fellows, who have no confidence in the measures or promises of their employers. Servants of this description cannot be trusted out of sight ; they give merely eye service, and do nothing more than they conceive they are bound to do by their agreement, and even that with a bad grace » ; Henry (le Jeune), *New Light* II, dimanche 17 avril 1814 : 890.
88. « The common men of all companies, places, who, or whatever they are, are always fretful, jealous, dis-contend & gluttonous, let the places or country be what it may, rich or poor, be the master ever so kind & indulgent, unless he be prudent & severe, not a little, the men will always found the same, men ; and only want an opportunity for shewing themselves so : it is still worse where the country is hard » ; TBR, S13, journal de George Nelson, 29 janvier-23 juin et 7 février 1815 : 3.
89. ACBH, B.89/a/2, 15 et 21 juin 1810, fols. 2 et 3.
90. BAC, MG19 C1, vol. 3 : 8-15 ; et TBR, S13, journal de George Nelson, 29 janvier-23 juin 1815, 8 avril 1815 : 30-32.
91. Voir les entrées du 2 novembre et du 1er au 30 décembre 1818, AO, MU 842 : 10-11, 18-23.
92. BAC, MG19 C1, vol. 15, 26 juin 1800 : 7.
93. MDLR, MC, C.8, 5 mars 1806 : 125 ; voir aussi Keith, *North of Athabasca* : 228.

94. Lors d'un voyage de l'Athabasca au fleuve Mackenzie ; voir BAC, MG19 C1, vol. 6, 29 septembre 1800 : 50 ; James Porter cite l'homme ainsi : « Se Je avait Point des gages que le Diable ma aport Se Vous ma forcer EmBarker » ; John Thomson a noté que cet homme, du nom de Bernier, avait donné encore d'autres soucis à Porter au cours de ce voyage ; Thomson note à sa manière le juron de Bernier : « swearing the Devil myte take him if he had stirred a Step » ; voir les entrées du 29 septembre au 4 octobre 1800, MDLR, MC, C.26 : 1-2 ; voir aussi Keith, *North of Athabasca* : 112, 130-131.
95. AO, MU 2199, Edward Umfreville ; pour d'autres exemples de vol, voir MDLR, MC, C.24 ; AO, MU 1956 ; et BAC, MG19 C1, vol. 2, 11 octobre 1803.
96. Nelson, *My First Years* : 34-35.
97. Henry (le Jeune), *New Light* I, 6 août 1800 : 25.
98. Burley, *Servants of the Honourable Company* : 139-144.
99. Mackenzie, « General History » : 34 ; au sujet de l'interdiction de la traite privée par la Compagnie de la Baie d'Hudson, voir Burley, *Servants of the Honourable Company* : 24-25 ; Burley suggère cependant que l'absence de mentions de cette infraction pourrait indiquer que les bourgeois autorisaient tacitement leurs hommes à traiter pour leur compte : 144-152.
100. Décrite par Ross, *Fur Hunters* I : 159.
101. MHS, P791, dossier 7, Lettres de la Compagnie du Nord-Ouest 1798-1816, Dominique Rousseau et Joseph Bailley contre Duncan McGillivray (originaux des Archives judiciaires de Montréal).
102. Campbell, *North West Company* : 155.
103. Procès-verbaux des réunions de la Compagnie du Nord-Ouest à Grand Portage et à Fort William, 1801-1807, avec conventions supplémentaires (les originaux se trouvent à Montréal, Bibliothèque sulpicienne, Collection Baby), dans Wallace, *Documents*, 15 juillet 1806 : 216.
104. Pour un exemple, voir MDLR, MC, C.7, 5 et 6 décembre 1793 : 4.
105. Burley, *Servants of the Honourable Company* : 153-154 ; et Harris, *Resettlement of British Columbia* : 45-46.
106. Par exemple, voir MDLR, MC, C.24, 2 janvier 1801 : 15.
107. Mackenzie, *Voyages from Montreal*, 15 juin 1793 : 329.
108. Mackenzie, *Voyages from Montreal*, 29 juin 1793 : 373-374.
109. MDLR, MC, C.12 ; une description de cet incident figure dans Wood et Thiessen, *Early Fur Trade* : 221-295.
110. « La Rose being the only one I saw, got Seven reprehensions for his carelessness, in respect of the Blanket & their leaving a part of the meat, I told him I Should charge the Blanket to his At [account] untill I learned whether it is lost or not. he means to return tomorrow, to learn the fate of the Blanket, & fetch the remainder of the meat » ; MDLR, MC, C.24, 22 novembre 1800.
111. Nelson mentionnait la peur de mourir de faim comme l'un des moyens qu'avaient les commis de renforcer leur autorité limitée vis-à-vis des voyageurs ; TBR, S13, journal de George Nelson « No. 1 », 17 novembre 1809 : 43.
112. TBR, S13, journal de George Nelson, 29 janvier-23 juin 1815, 10 février 1815 : 8 ; et Faries, « Diary », 2 avril 1805 : 235.
113. TBR, S13, journal codé de George Nelson, 17 avril-20 octobre 1821, 10 mai 1821 : 14-15 ; Constant avait pendant des années menacé de déserter, et il avait pris des dispositions avec un autre bourgeois, William Connolly, pour quitter le service ; voir les entrées du 10 et du 24 mai 1821 du journal codé de George Nelson : 14-15, 20.
114. « sent Jourdain up with a note, desiring Lacombe to send [Gâyou] down. he told him, he might go if he pleased, but the fellow would not come down. Mr McLellan went himself, & Richard and [Faries] followed him. the fellow made no resistance but came down immediately. Mr McLellan put him into a cellar swarming with fleas for the night » ; Faries, « Diary », 26 août 1804 : 206.
115. Henry (le Jeune), *New Light* I, 9 octobre 1800 : 114.

116. « My servant is such a careless, indolent fellow that I cannot trust the storehouse to his care. I made to-day a complete overhaul, and found everything in the greatest confusion ; I had no idea matters were so bad as I found them… Like most of his countrymen, he is much more interested for himself than for his employer » ; Henry (le Jeune), *New Light* I, 18-19 septembre 1800 : 100.

117. « One of our Canadian voyageurs, named Bazil Lucie, a remarkably strong man, about six feet three inches high, with a muscular frame, and buffalo neck, once said something which he thought bordered on disrespect. Any man under five feet ten might have made use of the same language with impunity, but from such a man as Lucie, who was a kind of bully over his comrades, it could not be borne ; he accordingly told him to hold his tongue, and threatened to chastise him if he said another word. This was said before several of the men, and Lucie replied by saying that he might thank the situation he held for his safety, or he should have satisfaction sur le champ. McDonald instantly fired, and asked him if he would fight with musket, sword, or pistol ; but Lucie declared he had no notion of fighting in that manner, adding that his only weapons were his fists. The pugnacious Celt resolving not to leave him any chance of escape, stripped off his coat, called him un enfant de chienne, and challenged him to fight comme un polisson. Lucie immediately obeyed the call, and to work they fell. I was not present at the combat ; but some of the men told me that in less than ten minutes, Bazil was completely disabled, and was unfit to work for some weeks after » ; Cox, *Adventures on the Columbia River* : 166-167.

118. La Rochefoucauld-Liancourt, *Voyages dans l'Amérique* II : 225 ; et T. Douglas, *Sketch of the British Fur Trade* : 32-47.

119. TBR, S13, journal de George Nelson, 29 janvier-23 juin 1815, 9 mars, 23 et 24 mai 1815 : 17-18, 40-41.

120. BAC, RG7 G15C, vol. 2, CO42, vol. 100, le shérif Edward Gray à l'attorney général James Monk, 9 juin 1794 ; J. Reid au même, 12 juin 1794 ; T.A. Coffin à James McGill, 21 juillet 1794 ; cité dans Greenwood, *Legacies of Fear* : 80, 285.

121. BAC, MG23 G1110, vol. 9 : 4613-4614, Jonathan Sewell au lieutenant-colonel Beckworth, 28 juillet 1795 ; je remercie Donald Fyson d'avoir attiré mon attention sur cette référence.

122. Par exemple, à la fin du mois de décembre 1744, des soldats français et suisses de Louisbourg, à l'Île Royale, se mutinèrent, mécontents de leurs rations insuffisantes et de leur maigre solde ; Greer, *Soldiers of Isle Royale* : 41-51.

123. Crowley, « Thunder Guts » : 11-31, 105-106, 114-117 ; et Hardy et Ruddel, *Les apprentis artisans* : 74-80.

124. Wallot, *Un Québec qui bougeait* : 266-267.

125. « A few discontented persons in their Band, wishing to do as much mischief as possible assembled their companions together several times on the Voyage Outward & represented to them how much their Interest suffered by the passive obedience to the will of their masters, when their utility to the Company, might insure them not only of better treatment, but of any other conditions which they would prescribe with Spirit & Resolution » ; McGillivray, *Journal* : 6-7.

126. MDLR, MC, C.12 : 72, 77-78.

127. MDLR, MC, C.5, 26 juillet et 7 août 1806.

128. Burley, *Servants of the Honourable Company* : 118-120.

129. Ross, *Fur Hunters* II : 236-237.

130. Nelson, *My First Years*, 31 janvier, 14, 15 et 17 février 1804 : 143, 148.

131. BAC, MG19 C1, vol. 7, 18-20 novembre 1798 : 19-20.

132. BAC, MG19 C1, vol. 7, 4 janvier 1799 : 23-24.

133. MDLR, MC, C.5, 23 juillet 1806 : 50.

VI • RENDEZ-VOUS
Fêtes, bons tours et amitié

1. « Fort William is the great emporium for the interior. An extensive assortment of merchandise is annually brought hither from Montreal, by large canoes, or the Company's vessels on the lakes, which, in return, bring down the produce of the wintering posts to Canada, from whence it is shipped for England... Fort William may therefore be looked upon as the metropolitan post of the interior, and its fashionable season generally continues from the latter end of May to the latter end of August. During this period, good living and festivity predominate; and the luxuries of the dinner-table compensate in some degree for the long fasts and short commons experienced by those who are stationed in the remote posts. The voyageurs too enjoy their carnival, and between rum and baubles the hard-earned wages of years are often dissipated in a few weeks »; Cox, *Adventures on the Columbia River* II: 287.
2. « ware amuseing themselves in Good Cumpany at Billards Drinking fresh Punch Wine & Eney thing thay Please to Call for while the Mo[re] valgear Ware fiteing Each other feasting was Much atended to Dansing at Nite »; Pond, « Narrative »: 47.
3. Au sujet de la situation centrale de Grand Portage et de Fort William dans la traite des fourrures de Montréal, voir Gilman, *Grand Portage Story*; et Morrison, *Superior Rendezvous-Place*.
4. TBR, S13, journal de George Nelson « No. 1 »: 15-16; voir aussi Nelson, *My First Years*: 42.
5. « I wanted for nothing; and spent all my earnings in the enjoyment of pleasure... were I young again, I should glory in commencing the same career again. I would [s]pend another half-century in the same fields of enjoyment »; voyageur cité dans Ross, *Fur Hunters* II: 236-237.
6. TBR, S13, journal et souvenirs de George Nelson: 32; et Henry (le Jeune), *New Light* II, 30 août 1808: 482.
7. Turner, « Variations of a Theme »: 57 (traduction libre).
8. Bakhtine, *Rabelais and His World*: 4, 5-6 (traduction libre).
9. Bakhtine, *Rabelais and His World*: 7 (traduction libre).
10. Le Roy-Ladurie, *Carnival in Romans*: xiv-xv.
11. Par exemple, voir Hutchenson, *Theory of Parody*.
12. Par exemple, voir Bristol, *Carnival and Theater*.
13. Davis, *Society and Culture*: 97 (traduction libre).
14. Nelson, *My First Years*: 32-33.
15. Nelson, *My First Years*: 32-33; voir aussi BAC, MG19 A17, 15 juin 1791: 15.
16. Dugas, *Un voyageur*: 25, 30.
17. « [O]n arriving at La Chine... I found [the voyageurs] far too assiduous to their libations to Bacchus, to be subject to any less potent influences. Notwithstanding the alarm and confusion of the preceding night, a number of the officers of the garrison, and many of the respectable inhabitants, collected spontaneously together, to offer us a last tribute of kindness. We embarked amidst the most enthusiastic cheers, and firing of musketry. The two canoes shot rapidly through the smooth waters of the canal, and were followed by the dense crowd on the banks. A few minutes brought us to the St. Lawrence, and, as we turned the stems of our little vessels up that noble stream, one long loud huzza bade us farewell ! »; Back, *Narrative of the Arctic Land Expedition*: 31-32.
18. BAC, MG24 H1: 2.
19. « [A]way we started, with hearty expressions of goodwill from those who remained. Our people reiterated Indian war-whoops as long as the windings of the waters we were on, allowed of our remaining in sight »; Landmann, *Adventures and Recollections* I, 25 avril 1798: 295-296, 302.
20. Pour un exemple de coups de feu tirés lors des départs, voir Franklin, *Narrative of a Journey*, 8 février 1820: 109; on tira au mousquet au moment de l'arrivée et du départ le 16 février 1820: 112-113.
21. Dugas, *Un voyageur*: 27.

22. Pour l'influence des cultures autochtones au Canada français, voir Delâge, « L'influence des Amérindiens » : 103-191.
23. Deloria, *Playing Indian* : 5.
24. Deloria, *Playing Indian* : 11-20.
25. Henry (le Jeune), *New Light* I, 20 juillet 1800 : 8 ; de même, à York Factory, principal poste administratif de la Compagnie de la Baie d'Hudson, le départ des navires pour l'Angleterre était toujours marqué par une célébration ; Payne, *Most Respectable Place* : 87.
26. Cox, *Adventures on the Columbia River*, 19 septembre 1817 : 304-305.
27. Mackenzie, « General History » : 52 ; et Nelson, *My First Years* : 40-42.
28. AO, MU 2199, Edward Umfreville, 24 juillet 1784 : 26 ; et MDLR, MC, C.28, 2 et 3 octobre 1807 : 8 ; voir aussi Keith, *North of Athabasca* : 311-312.
29. Fingard, *Jack in Port* : 8, 74-75 ; et Radforth, « Shantymen » : 221.
30. Creighton, *Rites and Passages* : 140.
31. TBR, S13, George Nelson, journal des évènements d'un voyage de Cumberland House à Fort William, 19 juin 1822 ; et McDonell, « Diary » : 92.
32. « On this joyful occasion, every person advances to the waterside, and great guns are fired to announce the bourgeois' arrival. A general shaking of hands takes place, as it often happens that people have not met for years : even the bourgeois goes through this mode of salutation with the meanest » ; Ross, *Fur Hunters* I : 303-304.
33. AO, MU 842, 27 septembre 1818 : 3.
34. Nelson, *My First Years*, 22 août 1803 : 103 ; et BAC, MG19 A9, collection Simon Fraser, vol. 3, Fraser à M. McDougall, Sturgeon Lake, 6 août 1806 : 15.
35. Lefroy, *In Search of the Magnetic North*, Lefroy à sa mère, Toronto, 20 novembre 1844 : 136 ; et Ballantyne, *Hudson Bay* : 212.
36. BAC, MG19 A17 : 37 ; pour un exemple de rendez-vous à Mackinaw, voir Pond, « Narrative » : 47.
37. Cox, *Adventures on the Columbia River* : 287.
38. TBR, S13, journal de George Nelson, 1er septembre 1808-31 mars 1810, 14 septembre 1809 : 37 (ma pagination) ; Nelson, *My First Years*, 13 juillet 1803 : 95-97 ; et Harmon, *Sixteen Years* : 115.
39. TBR, S13, journal de George Nelson « from Bas De La Rivière to Cumberland House, 1819- ? », 6 juin 1819 : 11 (ma pagination).
40. Lefroy, *In Search of the Magnetic North*, Lefroy à Fanny, Cross Lake, Saskatchewan, 17 août 1843 : 54.
41. AO, MU 1391, 6 juin 1818 : 7 ; et Bigsby, *Shoe and the Canoe* I : 141.
42. Creighton, *Rites and Passages* : 82.
43. Perrot, *Indian Tribes* I : 174-175, 210-220 ; Dechêne, *Habitants and Merchants* ; et Greer, *People of New France*, chapitre « French and Others ».
44. Voir H.H. Tanner, *Settling of North America* : 28-29.
45. Milloy, *Plains Cree* : 11, 17, 51-52, 54 ; et Peers, *Ojibwa of Western Canada* : 30.
46. Meyer et Thistle, « Saskatchewan River Rendezvous Centers ».
47. Lytwyn, « Anishinabeg and the Fur Trade » : 32.
48. Lefroy, *In Search of the Magnetic North*, Lefroy à Isabella, lac Athabasca, jour de Noël 1843 : 84.
49. Pour des exemples de célébration de la Toussaint, voir BAC, MG19 C1, vol. 12, 1er novembre 1804 : 25 ; MDLR, MC, C.28, 1er novembre 1807 : 12 ; et Keith, *North of Athabasca* : 316 ; pour des exemples de la Saint-André, voir AO, bobine MS65, Donald McKay, journal de janvier à décembre 1799, 30 novembre 1799 : 43 (ma pagination) ; et MDLR, MC, C.24, dimanche 30 novembre 1800 : 6 ; pour des exemples de la fête de Pâques, voir BAC, MG19 C1, vol. 1, 8 avril 1798 : 53 ; BAC, MG19 C1, vol. 14, 12 avril 1800 : 23 ; et AO, MU 842, 11 avril 1819 : 43.
50. Morton, « Chief Trader Joseph McGillivray » ; et Payne, *Most Respectable Place* : 65, 87-92.
51. Pour un exemple de célébration du dimanche des Rameaux, voir AO, MU 842, 4 avril 1819 : 42 ; pour des exemples de fêtes lors de l'anniversaire du roi, voir TBR, S13, journal de George

Nelson, 1er avril 1810-1er mai 1811, 4 juin 1810 : 11 (ma pagination) ; et Landmann, *Adventures and Recollections* II : 167-168 ; pour un exemple de l'Épiphanie, voir Henry (le Jeune), *New Light* I, 6 janvier 1801 : 165.

52. Pour des commentaires sur la fête du Nouvel An comme coutume canadienne-française, voir Harmon, *Sixteen Years*, 2 janvier 1801 : 41 ; voir aussi Grenon, *Us et coutumes du Québec* : 153-168 ; Lamontagne, *L'hiver dans la culture québécoise* : 101-103 ; et Provencher, *Les quatre saisons* : 449-457, 463-470.

53. Landmann, *Adventures and Recollections* I : 239-240.

54. Henry (le Jeune), *New Light* I, 1er janvier 1803 : 207.

55. AO, bobine MS65, Donald McKay, journal de janvier 1805 à juin 1806, 25 décembre 1805 : 47 (ma pagination) ; TBR, S13, journal de George Nelson, 3 novembre 1807-31 août 1808, 25 décembre 1807 : 14 ; 1er novembre 1807 : 7 ; et Henry (le Jeune), *New Light* II, 1er novembre 1810 : 660.

56. AO, bobine MS65, Donald McKay, journal de janvier à décembre 1799, 24 décembre 1799 : 46 (ma pagination) ; TBR, S13, journal de George Nelson, 1er avril 1810- 1er mai 1811, 23 décembre 1810 : 39 (ma pagination).

57. AO, MU842, 23 et 30 décembre 1818 : 22-23.

58. Faries, « Diary », 25-28 décembre 1804 et 1er janvier 1805 : 223-224.

59. Henry (le Jeune), *New Light* I, 1er janvier 1801 : 162-163 ; et Harmon, *Sixteen Years*, 1er janvier 1811 et 1er janvier 1812 : 136, 147-148.

60. AO, bobine MS65, Donald McKay, journal d'août 1800 à avril 1801, 25 décembre 1800 : 17.

61. BAC, MG19 C1, vol. 12, 1er janvier 1805 : 35.

62. BAC, MG19 C1, vol. 14, 1er janvier 1800 : 9 ; Faries, « Diary », 1er janvier 1805 : 224 ; BAC, MG19 C1, vol. 8, 1er janvier 1805 : 37 ; et Keith, *North of Athabasca* : 197.

63. MDLR, MC, C.13, 1er janvier 1800 : 11 (ma pagination) ; Henry (le Jeune), *New Light* I, 1er janvier 1801 et 1er janvier 1802 : 162, 192 ; TBR, S13, journal de George Nelson, 30 novembre 1815-13 janvier 1816, lundi 25 décembre 1815 : 91 ; journal et souvenirs de George Nelson : 84 ; et Franchère, *Journal of a Voyage* : 107-108.

64. « On the first day of January, my people, in conformity to the usual custom, awoke me at the break of day with the discharge of firearms, with which they congratulated the appearance of the new year. In return, they were treated with plenty of spirits, and when there is any flour, cakes are always added to the regales, which was the case, on the present occasion » ; Mackenzie, *Voyages from Montreal*, 1er janvier 1793 : 252 ; pour d'autres commentaires sur cette ancienne coutume, voir MDLR, MC, C.28, 1er janvier 1808 : 20 ; Keith, *North of Athabasca* : 326 ; et Franklin, *Narrative of a Journey*, 1er janvier 1802 : 53.

65. Au sujet des verres qu'on offrait, voir BAC, MG19 C1, vol. 1, 1er novembre et 25 décembre 1797 : 17, 27 ; MDLR, MC, C.24, 25 décembre 1800 : 13 ; BAC, MG19 C1, vol. 6, 25 décembre 1800 : 72 ; vol. 8, 25 décembre 1804 : 34 ; et MDLR, MC, C.28, 25 décembre 1807 : 20 ; voir aussi Keith, *North of Athabasca* : 122, 196, 325 ; au sujet de grandes quantités d'alcool, voir BAC, MG19 C1, vol. 7, 25 décembre 1798 : 23 ; MDLR, MC, C.13, 25 décembre 1799 : 10 (ma pagination) ; Harmon, *Sixteen Years*, 25 décembre 1801 : 52 ; et BAC, MG19 C1, vol. 12, 1er novembre et 25 décembre 1804 : 25, 34.

66. Harmon, *Sixteen Years*, 1er janvier 1802 : 53.

67. TBR, S13, journal de George Nelson, 30 novembre 1815-13 janvier 1816, 25 décembre 1815 : 91.

68. MDLR, MC, C.7, 1er janvier 1794 et 1er janvier 1795 : 6, 23 ; AO, MG19 C1, vol. 1, 1er janvier 1798 : 29 ; BAC, MG19 C1, vol. 7, 1er janvier 1799 : 24 ; et vol. 12, 1er janvier 1805 : 35.

69. Mackenzie, *Voyages from Montreal*, 1er janvier 1793 : 252 ; Henry (le Jeune), *New Light* I, 25 décembre 1800 : 161 ; BAC, MG19 C1, vol. 9, 1er janvier 1806 : 21 ; Cox, *Adventures on the Columbia River* : 305-306 ; et MDLR, MC, C.8, 1er janvier 1806 : 10.

70. Franchère, *Journal of a Voyage* : 107 ; voir aussi BAC, MG19 A14, 1er janvier 1806 : 6.

71. Henry (le Jeune), *New Light* II : 781.

72. AO, bobine MS75, journal de Donald McKay d'août 1800 à avril 1801, 25 décembre 1800 : 17 ; et TBR, S13, journal de George Nelson, 1er septembre 1808-31 mars 1810, 1er janvier 1809 : 14 (ma pagination).

73. « every body in the House had a finger in the pie & were busy all night as *une queu de veau* » ; MDLR, MC, C.13, 1er janvier 1800 : 11 (ma pagination).

74. AO, MG19 C1, vol. 1, 1er janvier 1798 : 29 ; Harmon, *Sixteen Years*, 2 janvier 1801 : 40 ; et Montréal, musée McCord, M22074, James Keith, Fort Chipewyan, à McVicar, 31 janvier 1825 : 2.

75. Faries, « Diary », 25-27 décembre 1804 : 223.

76. Morton, « Chief Trader Joseph McGillivray » ; et Burley, *Servants of the Honourable Company* : 133.

77. Henry (le Jeune), *New Light* I, 1er janvier 1802 et 1er janvier 1803 : 192, 207 ; Harmon, *Sixteen Years*, 1er janvier 1811 : 136 ; et Faries, « Diary », 1er janvier 1805 : 224.

78. McGillivray, *Journal*, Fort George, 26 janvier 1795 : 51.

79. Harmon, *Sixteen Years*, 2 janvier 1801, 25 décembre 1805 : 40, 99 ; TBR, S13, journal de George Nelson, 1er avril 1810-1er mai 1811, de décembre 1810 à janvier 1811 : 39 (ma pagination) ; et journal de George Nelson, 1er septembre 1808-31 mars 1810, 1er janvier 1809 : 14 (ma pagination).

80. Bakhtine, *Rabelais and his World* : 7 (traduction libre).

81. Kane, *Wanderings of an Artist* : 261-263.

82. « [La] bonne année as the Canadians say… which according to their custom every person in the Fort came to wish me, and the rest of us, this morning. It is a day of great fête, in which the gentlemen hold a kind of levée in the morning, and give a dance in the evening – for the latter I hear the fiddle tuning while I write – and which is the one holiday of the year to young and old. A separate levée or drawing room is held for the ladies in which a laudable custom exists of giving them a kiss in wishing la bonne année (this old fashioned salute is general in the country on other ceremonial occasions)… After this they have a "régale" of which I must not lower your idea by revealing what it consisted in, but one item is always a glass of wine, if there is any. Our ball went off with great éclat. Many of the Canadian dances are amusing enough, particularly one called the Chasse aux Lièvres… The voyageurs have an amusing custom of pressing the gentlemen to dance in such a way as this "Ah ! Monsieur, wont you dance, and you shall have my partner !" the lady takes it as a compliment. "Voulez vous pas dancer, et avec cette dame icit" handing to you the lady who has just stood up with himself. We mustered six or eight women to about three times that number of men, and they enjoyed themselves until about 1 in the morning to an old fiddle and an Indian drum » ; Lefroy, *In Search of the Magnetic North*, Lefroy à Sophia, Fort Chipewyan, Athabasca, 1er janvier 1844 : 91-93.

83. « We had two excellent fiddlers ; and as several of the gentlemen had wives, we got up three or four balls, in which the exhilarating amusement of the "light fantastic toe" was kept up to a late hour in the morning. We walked through no lazy minuets ; we had no simpering quadrilles ; no languishing half-dying waltzes ; no, ours was the exercise of health ; the light lively reel, or the rattling good old-fashioned country dance, in which the graceful though untutored movements of the North-west females would have put to blush many of the more refined votaries of Terpsichore » ; Cox, *Adventures on the Columbia River*, 31 juillet 1817 : 280.

84. Podruchny, « Festivities, Fortitudes, and Fraternalism » : 41.

85. Payne, *Most Respectable Place* : 89, citant Ballantyne en note.

86. « [The] moment we entered, the women simultaneously rose, and coming modestly forward to Mr W., who was the senior of the party, saluted him, one after another ! I had been told that this was a custom of the ladies on Christmas day, and was consequently not quite unprepared to go through the ordeal. But when I looked at the superhuman ugliness of some of the old ones, when I gazed at the immense, and in some cases toothless chasms that were pressed to my senior lips, and gradually approached, like a hideous nightmare, towards me ; and when I reflected that these same mouths might have in former days demolished a few children, my courage forsook me, and I entertained for a moment the idea of bolting » ; Ballantyne, *Hudson Bay* : 164-165.

87. Radforth, « Shantymen » : 231-232.

88. Creighton, *Rites and Passages* : 136.

89. Voir aussi Van Kirk, « *Many Tender Ties* » : 126-129.
90. Pour des exemples de bals donnés dans les postes des Grands Lacs, voir Pond, « Narrative », Mackinaw : 47 ; et AO, MU 1146, Frederick Goedike, Batchiwenon, à George Gordon, Michipicoten, 11 février 1812 : 1-3 ; pour des exemples de bals donnés dans les postes de l'intérieur, voir TBR, S13, journal de George Nelson, 3 novembre 1807-31 août 1808, Fort Alexandria, 18 juin 1808 : 42 ; et Ross, *Adventures of the First Settlers*, Spokane House, été 1812 : 212.
91. Harmon, *Sixteen Years*, Grand Portage, 4 juillet 1800 : 22.
92. TBR, S13, journal codé de George Nelson, 28 juin 1821 : 29 ; Henry (le Jeune), *New Light* II, 6 septembre 1810 : 626 ; et Faries, « Diary », 16 décembre 1804, 24 février, 31 mars, 28 avril, 12 et 17 mai 1805 : 22, 230, 234-235, 238, 240-241.
93. Pour un exemple d'hommes de la Compagnie du Nord-Ouest et d'autres de la Compagnie de la Baie d'Hudson dansant ensemble, voir Faries, « Diary », 11 janvier 1805 : 224-225 ; pour un exemple d'hommes des compagnies du Nord-Ouest, XY et de la Baie d'Hudson dansant ensemble à Rivière Souris, Fort Assiniboine, voir Harmon, *Sixteen Years*, 27 mai 1805 : 89-90.
94. Henry (le Jeune), *New Light* II, 27 janvier 1810 : 584.
95. Brennan, *Public Drinking* ; pour une discussion de la manière dont on peut considérer la boisson comme faisant partie de l'ordre social, voir M. Douglas, *Constructive Drinking*.
96. Heron, *Booze* : 17 (traduction libre).
97. Parmi l'un des nombreux exemples de bourgeois ivres ou se bagarrant, voir TBR, S13, journal et souvenirs de George Nelson : 57.
98. MDLR, MC, C.14, 2 janvier 1801 : 15 ; et AO, MU 842, 3 mars 1819 : 34-35.
99. Voir Podruchny, « Festivities, Fortitude, and Fraternalism ».
100. Burley, *Servants of the Honourable Company* : 134-135 ; et Noel, *Canada Dry* : 189-193.
101. Rediker, *Between the Devil* : 192 (traduction libre).
102. Pour deux exemples, voir Cox, *Adventures on the Columbia River*, 29 juin 1812 et 30 juillet 1817 : 74, 280 ; cependant, pour Alexander Mackenzie, cela se produisait régulièrement ; « General History » : 17-18.
103. BAC, MG19 B1, A. McKenzie à John [Layer ?], Grand Portage, 9 août 1799 : 87 ; pour un autre exemple de voyageurs ivres au point de ne pas pouvoir prendre le départ, voir BAC, MG19 C1, vol. 12, 20 septembre 1804 : 17.
104. Nelson, *My First Years*, 5 août 1803 : 100-101.
105. En ce qui concerne les postes réputés pour leurs beuveries, voir MDLR, MC, C.7, 27 octobre 1793 : 2.
106. MDLR, MC, C.7, 14 décembre 1794 : 22 ; BAC, MG19 C1, vol. 14, 11-12 novembre 1799 : 3a ; MDLR, MC, C.26, 10 octobre 1800 : 9 ; et Keith, *North of Athabasca* : 133.
107. Mackenzie, *Voyages from Montreal*, 15 juin 1793 : 329.
108. Pour un exemple de consommation de boissons dès l'arrivée des vivres, voir Henry (le Jeune), *New Light* II, 7 mars 1814 : 851 ; pour des exemples d'ivresse pendant les fêtes, voir McGillivray, *Journal*, 22 mars 1795 : 66 ; Faries, « Diary », 11-12 janvier 1805 : 224-225 ; et Harmon, *Sixteen Years*, 27 mai 1805 : 89-90 ; pour des exemples de grosses beuveries lors des rendez-vous, voir Nelson, *My First Years* : 42-43 ; et Mackenzie, « General History », 1789 : 52.
109. Ross, *Fur Hunters* II : 249-250.
110. BAC, MG19 B1, Alexander Mackenzie aux propriétaires de la Compagnie du Nord-Ouest, Grand Portage, 16 juin 1799 : 71.
111. TBR, S13, journal et souvenirs de George Nelson : 57.
112. Payne, *Most Respectable Place* : 83.
113. TBR, S13, journal de George Nelson « No. 5 », juin 1807-octobre 1809 : 20-21 (ma pagination séquentielle), 204-204 (pagination de Nelson).
114. Bourdieu, « Forms of Capital » : 242 ; voir aussi Bourdieu, *Le sens pratique* ; et Bourdieu et Wacquant, *Invitation to Reflexive Sociology* : 119.

115. Dans sa recherche portant sur les cargaisons transportées par les canots du maître, Bruce M. White ne relève, comme équipement de base des voyageurs, que de la nourriture, de l'alcool et des vêtements ; « Montreal Canoes » : 185-187.

116. Pour un exemple de jeux de cartes, voir Harmon, *Sixteen Years*, 16 novembre 1800 : 37 ; pour un exemple du jeu de cartes appelé « la mouche » avec des cartes et des jetons, voir TBR, S13, journal et souvenirs de George Nelson : 63 ; au sujet de la pratique très répandue des paris, voir Cox, *Adventures on the Columbia River* : 306.

117. Payne, *Most Respectable Place* : 69.

118. AO, bobine MS65, Donald McKay, journal d'août 1800 à avril 1801, dimanche 28 décembre 1800 : 17.

119. Pour un exemple de voyageurs jouant à des jeux autochtones, voir Kohl, *Kitchi-Gami* : 82 ; sur les tatouages que se faisaient les voyageurs, voir MDLR, MC, C.24, 22-23 janvier 1801 : 19 ; sur les tatouages des Cris, voir la relation du docteur Richardson dans Franklin, *Narrative of a Journey* : 67.

120. Franklin, *Narrative of a Journey* : 63, 68.

121. Ross, *Fur Hunters* II : 236-237.

122. Henry (le Jeune), *New Light* I, 11 août 1800 : 30-31 ; McGillivray, *Journal*, 18 août 1794 : 11-12 ; et TBR, S13, journal des évènements de George Nelson, 9 juillet 1822, 21 juillet-22 août 1822, 19 août 1822.

123. Landmann, *Adventures and Recollections* I : 167-169.

124. Payne, *Most Respectable Place* : 68-69.

125. Henry (le Jeune), *New Light* I, 6 mai 1804 : 243 ; et MDLR, MC, C.24, 10 avril 1801 : 31.

126. BAC, MG19 C1, vol. 14, 11 avril 1800 : 23 ; pour un autre exemple de bagarre qualifiée de compétition sportive, voir TBR, S13, journal de George Nelson, 1er avril 1810-1er mai 1811, 13 mai 1810 : 7 (ma pagination), qui mentionne deux voyageurs se battant « sans règles » ainsi qu'une « bataille rangée ».

127. AO, MU 1146, rivière Athabasca, 3 mai 1819 : 69.

128. Payne, *Most Respectable Place* : 69 ; et J.E. Foster, « Paulet Paul ».

129. « [Voyageurs] seem to do more than ever was meant for human nature… [they] rise at dusk in the morning and until near sunset, are either pulling on their paddles, or running with 180, or 200 lbs wt. on their backs, as if it were for life or death ; never stop to take their meals peacably, but with a piece of pemmican in their hands eat under their load » ; TBR, S13, journal des évènements de George Nelson, 21 juin 1822 ; pour d'autres exemples, voir son journal aux entrées des 4 et 9 juillet et du 6 août 1822 ; Mackenzie, *Voyages from Montreal* : 251-252 ; Ross, *Fur Hunters* I : 303, et II : 179, 186 ; Heriot, *Travels through the Canadas* : 246-247 ; et les extraits d'une lettre d'Andrew Graham, maître à Fort York, au gouverneur et au conseil d'administration de la Compagnie de la Baie d'Hudson, datée de Fort York, 26 août 1772, dans Wallace, *Documents* : 43.

130. TBR, S13, journal de George Nelson « No. 5 » : 28-29 (ma pagination séquentielle), 212-213 (pagination de Nelson).

131. Pour des exemples montrant à quel point les blagues étaient répandues, voir Ross, *Fur Hunters* II : 243 ; AO, MU 1146, lac Nippissing, 6 juin 1818 : 7 ; et Henry (le Jeune), *New Light*, 19 septembre 1800 : 93 ; TBR, S13, journal des évènements de George Nelson, 20 juin 1822 ; journal de George Nelson « No. 5 », été 1807 : 4 (ma pagination séquentielle), 188 (pagination de Nelson) ; et Lefroy, *In Search of the Magnetic North*, Fort Simpson, fleuve Mackenzie, 5 juin 1844 : 121 ; pour l'exemple d'un bourgeois taquinant un voyageur, voir MDLR, MC, C.13, 31 janvier 1800 : 17 (ma pagination).

132. BAC, MG19 C1, vol. 14, 4 décembre 1799 : 5-6.

133. « The next evil is being constantly exposed to witness the wanton and unnecessary cruelty of the men to their dogs, especially those of the Canadians, who beat them unmercifully, and habitually vent on them the most dreadful and disgusting impreciations » ; Franklin, *Narrative of a Journey*, Fort Chipewyan, 26 mars 1820 : 127-128 ; pour d'autres exemples voir Henry (le Jeune), *New Light* I, 30 mars 1803 : 210, et II, 13 février 1811 : 699.

134. Henry (le Jeune), *New Light* I, 6 janvier 1801 : 166.

135. Bakhtine, *Rabelais and His World* : 18-19 (traduction libre).

136. Il était très commun dans de nombreux groupes autochtones de sacrifier des chiens puis de les manger rituellement, surtout avant une bataille, mais il arrivait souvent aussi qu'ils incorporent le chien à leur alimentation lorsqu'il n'y avait pas d'autre viande ; pour quelques exemples, voir Honigman, « West Main Cree » : 220 ; Henning, « Plains Village Tradition » : 233 ; Gunnerson, « Plains Village Tradition » : 240 ; Swagerty, « History of the United States Plains » : 258 ; et Schwartz : *History of Dogs*.

137. On peut aussi en voir une reproduction dans Darnton, *Great Cat Massacre* : 74.

138. Darnton, *Great Cat Massacre* : 77-78.

139. MDLR, MC, C.24, 10 avril 1801 : 31.

140. Henry (le Jeune), *New Light* I, 2 octobre 1800 : 109-110.

141. Henry (le Jeune), *New Light* I, 19 août 1804 : 249.

142. Nelson n'a jamais su si ses hommes étaient responsables de ces évènements étranges, mais cela semble hautement probable, surtout si l'on considère que Nelson avait vraiment peur de l'obscurité au début de sa carrière ; TBR, S13, journal et souvenirs de George Nelson, automne 1803 : 52 ; Nelson, *My First Years*, 18 mai 1804 : 157 ; et TBR, S13, journal de George Nelson « No. 5 » : 15 (ma pagination séquentielle), 199 (pagination de Nelson).

143. AO, MU 842, lundi 2 novembre 1818 : 10-11.

144. Ce que suggère Darnton dans *Great Cat Massacre* : 101.

145. Henry (le Jeune), *New Light* I, 2 et 3 septembre 1800 : 76.

146. Ross, *Adventures of the First Settlers*, 2 mai 1811 : 78-79.

147. TBR, 917.11 F671, 20 juin 1808 : 22.

148. Cox, *Adventures on the Columbia River*, 31 août 1814 : 164 ; pour un exemple de voyageurs plaisantant avec une vieille femme autochtone, voir Henry (le Jeune), *New Light* I, 1er janvier 1801 : 163.

149. TBR, S13, journal et souvenirs de George Nelson, automne 1803 : 51.

150. TBR, S13, journal de George Nelson, 1er septembre 1808-31 mars 1810, 10 janvier 1810 : 48 (ma pagination).

151. Lambert, *Travels through Canada* I : 173.

152. Cox, *Adventures on the Columbia River* : 306 ; voir aussi Ross, *Fur Hunters* I : 304.

153. TBR, S13, journal de George Nelson « No. 5 » : 30 (ma pagination séquentielle), 214 (pagination de Nelson).

154. Pour quelques exemples, voir TBR, S13, journal des évènements de George Nelson, 18 juin 1822 ; Nelson, *My First Years* : 35-36 ; et Cox, *Adventures on the Columbia River* : 167.

155 Voir Podruchny, « Festivities, Fortitude, and Fraternalism » pour une discussion des tentatives des bourgeois de concilier les formes de masculinité qu'ils percevaient comme « frustes » ou « policées ».

156. Moogk, « Thieving Buggers » ; et Bakhtine, *Rabelais and His World* : 5, 16-17.

157. Rediker, *Between the Devil* : 166.

158. Près de Michilimackinac en 1799, l'équipage de Landmann tomba malade et ne put continuer ; des Canadiens français passant en canoë retardèrent leur voyage pour aider la brigade, sacrifice qu'ils firent de bon cœur ; Landmann, *Adventures and Recollections* II : 117-118.

159. En juillet 1800, dans le district du lac La Pluie, la brigade de Daniel Harmon s'arrêta pour donner des verres de remontant aux équipages des brigades de l'Athabasca allant vers Grand Portage, parce qu'ils avaient manqué de nourriture pendant presque tout leur voyage ; Harmon, *Sixteen Years*, 25 juillet 1800 : 26.

160. « Cardinal, who [was] a most loquacious person, was exercised to the utmost of his ability, and by his fluency of speech, saved the life of Clément from these scoundrels » ; Henry (le Jeune), *New Light* II, 26 février 1810 : 89-90 ; pour un autre exemple d'hommes travaillant ensemble et se protégeant mutuellement des peuples autochtones hostiles, voir Cox, *Adventures on the Columbia River* : 111-114.

161. Cox, *Adventures on the Columbia River*: 81-81, 213-214.
162. Cox, *Adventures on the Columbia River*, 5 mai 1817 : 240 ; Franchère, *Journal of a Voyage*, 25 mai 1814 : 164 ; et McKenzie, « Reminiscences », I : 7-9.
163. Pour un exemple chez les Ojibwés, voir Kohl, *Kitchi-Gami* : 72-76.
164. « There is, perhaps, no country where ties of affection are more binding than here » ; Ross, *Fur Hunters* I : 303-304.
165 Pour un exemple d'hommes se querellant, voir BAC, MG19 C1, vol. 14, 14 novembre 1799 : 3a ; pour un exemple d'hommes se disputant au sujet d'un territoire de piégeage, voir Henry (le Jeune), *New Light* I, 31 octobre 1800 : 132-133.
166. BAC, MG19 C1, vol. 14, 25 octobre 1799 : 3 ; MDLR, MC, C.13, 22 janvier 1800 : 16 (ma pagination) ; et Faries, « Diary », 1er août 1804 : 197.
167. Henry (le Jeune), *New Light* I, 6 novembre 1800 : 135.
168. TBR, S13, journal de George Nelson, 29 janvier-23 juin 1815, 8 avril 1815 : 30-32.
169. Henry (le Jeune), *New Light*, 1er mai 1803 : 211.
170. BAC, MG19 C1, vol. 6, 8 mars 1800 : 4.
171. Ross, *Fur Hunters* I : 139-140 ; et Fraser, « First Journal », 1er juillet 1806 : 136-137.
172. Ross, Fur Hunters I : 60 ; et Cox, *Adventures on the Columbia River*, 1817, en traversant les Dalles : 245.
173. Maynard, « Rough Work » ; et Blye, « Hegemonic Heterosexual Masculinity ».
174. Gilbert, « Buggery and the British Navy » ; Maynard, « Making Waves » ; T.D. Moodie, « Migrancy and Male Sexuality » ; et Chauncey, « Christian Brotherhood ».
175 Maynard, « Rough Work » : 169.
176. Gagnon, *Plaisir d'amour* : 12-23.
177. Ross, *Fur Hunters* I : 303-304.
178. Brown, *Strangers in Blood* : 87-88.
179. Burley, *Servants of the Honourable Company* : 129-130.
180. Harriet Whitehead, « The Bow and the Burden Strap » ; pour une critique de l'imposition par Whitehead d'un modèle à deux genres sur les sociétés autochtones, voir Roscoe, « How to Become a Berdache » ; voir aussi Williams, *Spirit and the Flesh* ; sur l'homosexualité féminine voir Allen, « Lesbians in American Indian Cultures ».

VII • EN DÉROUINE
Vivre dans les postes de traite de l'intérieur

1. APM, MG1 C1-1, Fort William [Kaministiquia] Post Records, 1803, dossier 39(B), fol. 98-99.
2. Également épelée drouine, drouyn, deroüinne, deroine, deroinne, dorwine ou dourouine.
3. Vézina, « Les mauvais renards et la garce » ; pour d'autres descriptions de la traite en dérouine, voir McLeod, « Diary », 144n31 ; et J.E. Foster, « Wintering ».
4. « In winter Quarters… [voyageurs] are at ease, and commonly in plenty, which only can reconcile them to that manner of life, and make them forget their Sufferings in their Annual Voyage to and from the Grand Portage » ; Wallace, *Documents*, lettre de Benjamin et Joseph Frobisher au général Haldimand, 4 octobre 1784 : 74 ; pour un commentaire semblable, voir Lefroy, *In Search of the Magnetic North*, lac Athabasca, lettre à Anne, 1er janvier 1844 : 89.
5. L'ennui de la vie de poste est très bien décrit dans AO, bobine MS65, Donald McKay, journal de janvier 1805 à juin 1806.
6. Pour des descriptions de nombreux postes, voir Losey, *Let Them Be Remembered* ; et Voorhis, *Historic Forts*.
7. Campbell, *North West Company* : 138-160.
8. Innis, *Fur Trade in Canada* : 232-235.

9. Pour une liste exhaustive des postes de traite et de leur taille et durée de vie, voir Moodie, Lytwyn et Kaye, « Trading Posts » ; et Moodie, Kaye et Lytwyn, « Fur Trade Northwest ».
10. Keith, *North of Athabasca* : 14, 18-19.
11. Keith, *North of Athabasca* : 19.
12. Henry (le Jeune), *New Light* I, 9 et 10 septembre 1800 : 78.
13. Pour une description du cycle annuel de l'agriculture, de la construction des maisons et de leur entretien sur les fermes des habitants, voir Greer, *Peasant, Lord, and Merchant* : 28-32, 195-198.
14. Wallace, *Documents* : 170-290 ; sur la gestion de la Compagnie du Nord-Ouest, voir Rich, *Fur Trade and the Northwest* : 189-190.
15. TBR, S13, journal de George Nelson « No. 5 » : 12 (ma pagination séquentielle), 196 (pagination de Nelson) ; et journal de George Nelson, 1er septembre 1808-31 mars 1810, 22 et 24 septembre 1808 : 4-5, 38 (ma pagination).
16. TBR, S13, journal de George Nelson, 13 juillet 1803-25 juin 1804, 2 et 12 octobre 1803 : 12-13 ; voir aussi Nelson, *My First Years* : 115-116.
17. « [The] Men Delivered their Baggages, & made our Encampment &c – which done gave them a Dram – ... [I] gave the men 4 large Axes & a file in order to set about Building as quick as possible » ; MDLR, MC, C.26, 13 et 14 octobre 1800 : 6 ; voir aussi Keith, *North of Athabasca* : 136.
18. BAC, MG19 C1, vol. 14, 20 octobre 1799 : 3.
19. Henry (le Jeune), *New Light* I, 9 et 19 septembre 1800 : 91-93.
20. BAC, MG19 C1, vol. 7, 15 octobre 1798 : 10 ; pour un autre exemple, voir AO, MU842, journal de George Nelson : 9, 10, 12, 17, 19, et 26 octobre et 23 novembre 1818 : 6-9, 15.
21. Wallace, *Documents* : 170-290.
22. Van Kirk, « *Many Tender Ties* » : 28-52 ; et Brown, *Strangers in Blood* : 89-96, 107-110.
23. McGillivray, *Journal*, 7 octobre 1794 : 32.
24. BAC, MG19 A17 : 54.
25. Harmon, *Sixteen Years*, 4 janvier 1801 : 41.
26. Francis et Payne, *Narrative History* XV : 43.
27. Harris, *Resettlement of British Columbia* : 39.
28. Mackenzie, *Voyages from Montreal*, 23 décembre 1792 : 251.
29. Moogk, *Building a House* : 27, 32, 34, 36, 60.
30. Ens, *Homeland to Hinterland* : 26-27 ; et Harris, *Resettlement of British Columbia* : 36, 39.
31. MDLR, MC, C.7, 1er octobre 1794 : 17 ; et TBR, S13, journal de George Nelson, 1er septembre 1808-31 mars 1810, 17, 21 et 26 mai 1809 : 22-23 (ma pagination).
32. Faries, « Diary », 10 et 19 décembre 1804 : 18 ; 30 et 31 janvier 1805 : 221-222, 226-227.
33. BAC, MG19 C1, vol. 1, 28 septembre 1797 : 11 ; un bourgeois disait, le 9 octobre 1804, que ses hommes étaient employés à défricher la terre à l'emplacement du fort le long de la rivière Snake ; BAC, MG 19 C1, vol. 1 : 12, 22 ; en octobre 1807, George Nelson notait que ses hommes avaient commencé à défricher la terre à l'emplacement des constructions le long de la rivière Dauphin ; TBR, S13, journal de George Nelson, 3 novembre 1807-31 août 1808 : 3.
34. Pour une histoire générale de la traite des fourrures au Fort Temiscamingue et une esquisse biographique de Donald McKay, voir Mitchell, *Fort Timiskaming and the Fur Trade* : 235-236.
35. Voir les entrées des 29 juillet, 5, 17 et 20 août 1805 dans AO, bobine MS65, Donald McKay, journal de janvier 1805 à juin 1806 : 27-30 (ma pagination).
36. AO, bobine MS65, Donald McKay, journal de janvier 1805 à juin 1806, 8 avril et 22 mai 1805 : 9, 11, 14 (ma pagination).
37. AO, MU842, 9, 10, 12, 17, 19 et 26 octobre, et 23 novembre 1818 : 6-9, 15 ; dans un autre exemple, une vieille maison fut transformée en magasin pour un nouveau poste ; TBR, S13, journal de George Nelson, 1er septembre 1808-31 mars 1810, 1er octobre et 8 septembre 1808 : 6 (ma pagination)
38. BAC, MG19 C1, vol. 1, 8 novembre 1797 : 18.

39. MDLR, MC., C.26, 16, 18, 20 et 22 septembre 1800 : 7 ; pour d'autres exemples de construction de magasins, à Fort George, voir McGillivray, *Journal*, 10 octobre 1794 : 32.
40. TBR, S13, journal de George Nelson, 29 août 1805-8 mars 1806, 19 septembre et 10 octobre 1805 : 3-4 (ma pagination) ; voir aussi la description par Nelson de la construction du poste de la rivière Dauphin, TBR, S13, journal de George Nelson, 1er avril 1810-1er mai 1811 : 28 septembre et 3 octobre 1810 : 28-29 (ma pagination).
41. TBR, S13, journal de George Nelson, 3 novembre 1807-31 août 1808, 3, 6, 9, 10, 16 et 18 novembre [octobre en réalité, erreur de Nelson] 1807 : 3-5.
42. Faries, « Diary », 25 mars 1805 : 234 ; Henry (le Jeune), *New Light*, 16-20 octobre 1809 : 552-554 ; TBR, S13, journal de George Nelson, 3 novembre 1807-31 août 1808, 3 et 6 novembre [octobre en réalité, erreur de Nelson] 1807 : 3-4 ; journal de George Nelson, 1er septembre 1808-31 mars 1810, 8 septembre et 12 octobre 1808 : 6-7 (ma pagination) ; et Nelson, « Journal of Daily Occurencies, Commencing 15th Septr 1804 », 17, 19, 27 et 30 octobre 1804 : 23-24.
43. BAC, MG19 C1, vol. 12, 25-27 et 30-31 octobre 1804 : 23-24 ; BAC, MG19 A4, bobine M-130, 25 janvier 1806 : 16 ; et TBR, S13, journal de George Nelson, 1er septembre 1808-31 mars 1810, 1er octobre et 9 décembre 1808 : 6, 13 (ma pagination).
44. Par exemple, voir AO, bobine MS65, Donald McKay, journal de janvier à décembre 1799, 8 novembre : 40 (ma pagination).
45. Par exemple, voir Henry (le Jeune), *New Light* II, 17 juillet 1810 : 614-615.
46. Voir les entrées du 21 octobre au 4 novembre 1805, MDLR, MC, C.8 : 6-7 ; voir aussi Keith, *North of Athabasca* : 220-221.
47. BAC, MG19 A14, 15 janvier 1806 : 12.
48. C'est le « vieux Godin » qui était la principale personne chargée du découpage des bardeaux au poste du lac La Pluie pendant l'hiver 1804-1805 ; Faries, « Diary », 19 décembre 1804, 18 et 31 janvier 1805 : 222, 226-227.
49. Pour des exemples de pose de planchers, voir Nelson, *My First Years*, 8 mars 1804 : 151 ; et TBR, S13, journal de George Nelson, 3 novembre 1807-31 août 1808, 16 et 18 novembre [octobre en réalité, erreur de Nelson] 1807 : 5 ; pour des exemples d'enduit à la chaux, voir AO, bobine MS65, Donald McKay, journal de janvier à décembre 1799, 18 novembre 1799 : 41 ; AO, MU842, 22 janvier 1819 ; et Faries, « Diary », 16 novembre 1804 : 219.
50. Pour des exemples de construction de cheminées, voir Henry (le Jeune), *New Light* II, juillet 1810 : 614-615 ; et Faries, « Diary », 12 octobre 1804 : 214 ; pour des exemples de réparation de cheminées, voir BAC, MG19 C1, vol. 1, 13 mars 1798 : 48 ; MG19 C1, vol. 8, 10 octobre 1798 : 6 ; et MG19 A14, 20-21, 27 et 29 décembre 1805 : 2-4.
51. Henry (le Jeune), *New Light* I, 28 septembre 1800 : 104.
52. Par exemple, voir AO, MU842, 17 octobre 1818 : 7 ; et Faries, « Diary », 1er mai 1805 : 239.
53. AO, MU842, 17 octobre 1818 : 7 ; et MDLR, MC, C.24, 25 novembre 1800 : 5.
54. Voir les entrées allant du 21 octobre au 18 novembre 1799, AO, bobine MS65, Donald McKay, journal de janvier à décembre 1799 : 38-41 (ma pagination) ; pour un autre exemple de creusement de cellier, voir Henry (le Jeune), *New Light* II, juillet 1810 : 614-615.
55. TBR, S13, journal de George Nelson, 3 novembre 1807-31 août 1808, 11 décembre 1807 : 13.
56. BAC, MG19 C1, vol. 12, 21 novembre 1804 : 28 ; BAC, MG19 C1, vol. 6, 11 octobre 1800 : 54 ; MDLR, MC, C.26, 30 octobre 1800 : 8 ; voir aussi Keith, *North of Athabasca* : 114, 138 ; et Henry (le Jeune), *New Light* I, 1er, 13 et 28 octobre 1801 : 188, 191 ; pour un exemple du drapeau hissé le dimanche, voir MDLR, MC, C.26, 17 octobre 1800 : 121.
57. Harris, *Resettlement of British Columbia* : 39, 57.
58. Henry (le Jeune), *New Light* I, 10-12 et 20-21 septembre 1800 : 93-95, 100-101 ; pour d'autres exemples, voir Harmon, *Sixteen Years*, 11 juin 1801 et 2 juin 1803 : 49, 67.
59. « A characteristic fort in the Cordillera contained… [a] rectangular palisade of cedar, fir, or pine logs, usually squared on two surfaces (to fit tightly), planted four feet in the ground, standing fifteen to eighteen feet above it, and pegged to cross-pieces four feet from the top [and a] gallery

six to seven feet wide on the inside of the palisades, four and a half feet below the top... from which men could fire through loopholes »; Harris, *Resettlement of British Columbia* : 35-36.

60. Ross, *Fur Hunters* I: 83.
61. McDonell, « Diary » : 93.
62. AO, MU 842, 18-19 novembre 1818: 14; et Henry (le Jeune), *New Light* I, 19 octobre 1800: 122.
63. Pour un exemple à Fort Vermilion, voir Henry (le Jeune), *New Light* II, 31 août 1810: 622.
64. Faries, « Diary », 26-27 septembre et 29 octobre 1804: 212, 216; et Fort Alexandria avant le départ pour Tête au Brochet, voir AO, MU 842, 21 septembre 1818: 1.
65. Henry (le Jeune), *New Light* I, 13 octobre 1801, 19 septembre 1807: 191, 424.
66. MDLR, MC, C.24, 26 février et 25 mars 1801: 23, 28; et MDLR, MC, C.28, 16, 17, 21 et 24 octobre 1807: 10-11; voir aussi Keith, *North of Athabasca* : 314-315.
67. Henry (le Jeune), *New Light* I, 10 octobre 1807: 425.
68. AO, bobine MS65, Donald McKay, journal de janvier à décembre 1799, 8 novembre 1799: 40 (ma pagination).
69. Voir les entrées du 28 septembre au 10 octobre 1804 dans Faries, « Diary » : 212-214.
70. Pour un exemple de bourgeois attendant de ses voyageurs qu'ils soient des hommes à tout faire, voir AO, MU 572, vol. 2, lettre à Duncan Clark, Pic, de Donald McIntosh, Michipicoten, 8 juillet 1825: 1.
71. Voir les entrées des 20, 22, 28, 29 et 31 octobre 1804 dans Faries, « Diary » : 215-217.
72. MDLR, MC, C.24, 2-5 mars 1801: 24.
73. MDLR, MC, C.24, 25 novembre 1800: 5; et BAC, MG19 A14, 20 décembre 1805; voir aussi 22 janvier 1806, où l'on mentionne que Mayace et La Gard ont été envoyés chercher du bois pour fabriquer une table: 1, 15.
74. Pour des exemples de tables et de chaises, voir Faries, « Diary », 31 janvier 1805: 227; AO, bobine MS65, Donald McKay, journal de janvier à décembre 1799, 29 novembre 1799: 43 (ma pagination); MDLR, MC, C.24, 25 novembre 1800: 5; BAC, MG19 C1, vol. 7, 23 octobre 1798: 14; et MDLR, MC, C.26, 21 janvier, 5 et 9 février 1801: 21-23; voir aussi Keith, *North of Athabasca* : 150-152; pour des exemples de lits et de cadres de lits, voir Faries, « Diary » : 20 octobre 1804: 215; AO, MU 842, 20 octobre 1818: 7; et TBR, S13, journal de George Nelson, 1er septembre 1808-31 mars 1810, 24 janvier 1809: 16 (ma pagination).
75. Pour les pelles, voir Henry (le Jeune), *New Light* I, 10 septembre 1800: 93; pour les brouettes, voir Faries, « Diary », 23 novembre, 17 et 19 décembre 1804: 220-222; pour les paniers à poisson, voir AO, MU 842, 15 octobre 1818: 6-7; pour les coins de serrage, voir MDLR, MC, C.26, 12 février 1801: 23; voir aussi Keith, *North of Athabasca* : 152.
76. On trouve la mention d'un tonnelier au poste du lac La Pluie dans Faries, « Diary », 16 et 26 novembre 1804: 219-220; et dans Franchère, *Journal of a Voyage*, 1er janvier 1812: 108.
77. Faries, « Diary », 26 novembre 1804: 220; et Franchère, *Journal of a Voyage*, 1er janvier 1812: 108.
78. Lynn Louise Morland a découvert que certains voyageurs de Michilimackinac étaient devenus des artisans à temps partiel, mais toujours en complément de leur travail dans la traite; Morland, « Craft Industries at Fort Michilimackinac » : 143.
79. Henry (le Jeune), *New Light* I, 30 mars 1803: 210.
80. Voir les mentions d'une forge à Fort Vermilion dans Henry (le Jeune), *New Light* II, 22 novembre 1809 et 31 août 1810: 572, 622; et Franchère, *Journal of a Voyage*, janvier 1812: 108.
81. Henry (le Jeune), *New Light* II, 28 janvier 1814: 825.
82. Henry (le Jeune), *New Light* I, 24 octobre 1800: 124.
83. Pour quelques exemples, voir Harmon, *Sixteen Years*, 39 juillet 1801: 50; et Henry (le Jeune), *New Light* I, 1er octobre 1801: 188.
84. Pour quelques exemples, voir MDLR, MC, C.7, 18 et 22 novembre 1794: 20-21; AO, bobine MS65, Donald McKay, journal de janvier à décembre 1799, 9 novembre 1799: 40 (ma

pagination) ; Henry (le Jeune), *New Light* I, 22 et 23 octobre 1800 : 122-123 ; Faries, « Diary », 20, 29 et 31 octobre 1804 et 26 novembre 1804 : 215-220 ; et AO, MU 842, 31 octobre 1818 : 10.

85. Voir les entrées du 28 octobre au 17 décembre 1805 dans AO, bobine MS65, Donald McKay, journal de janvier 1805 à juin 1806 : 39-46 (ma pagination) ; voir aussi Faries, « Diary », 30 janvier 1805 : 227.
86. Faries, « Diary », 10-11 mars 1805 : 232.
87. MDLR, MC, C.28, 6 novembre 1807 : 12 ; voir aussi Keith, *North of Athabasca* : 317 ; et Faries, « Diary », 1er décembre 1804 et 21 mars 1805 : 220, 233.
88. Pour des exemples, voir MDLR, MC, C.28, 14 octobre 1807 et mi-juin 1808 : 9, 41 ; voir aussi Keith, *North of Athabasca* : 313, 345 ; et Faries, « Diary », 7, 15 et 17 décembre 1804 : 221-222.
89. Henry (le Jeune), *New Light* I, 9 et 24 septembre 1800 : 91, 102.
90. MDLR, MC, C.28, 29 mars 1808 : 29 ; voir aussi Keith, *North of Athabasca* : 334 ; et BAC, MG19 A14, 29 décembre 1805, 15-16 janvier 1806 : 1, 11-12 ; dans un autre exemple, un voyageur nommé Coutu raccommodait ses vêtements ; voir Faries, « Diary », 20 octobre 1804 : 215 ; la plupart des vêtements étaient importés du Canada, mais certains étaient achetés aux Amérindiens et fabriqués par les Amérindiennes, en particulier les mocassins ; voir Van Kirk, « *Many Tender Ties* » : 54.
91. Par exemple, les voyageurs Lisé et Cloutier cuirent respectivement cinq et quatre miches de pain et aidèrent McKay à organiser le cellier, tandis que les voyageurs Faries et LeBlanc lavaient des pommes de terre ; voir AO, bobine MS65, Donald McKay, journal de janvier à décembre 1799 : 21 juin et 19 novembre 1799 : 31, 41 (ma pagination) ; les voyageurs faisaient fondre et bouillir de la graisse de bison pour l'incorporer au pemmican, et Plante en suspendit la viande et les langues qu'il avait salées dix jours plus tôt ; voir MDLR, MC, C.24, 3-4 mars 1801 : 24.
92. Pour quelques exemples, voir BAC, MG19 C1, vol. 7, 26 octobre 1798 : 14 ; Henry (le Jeune), *New Light* I, 17 septembre 1800, 25 février 1801 : 99, 171 ; et TBR, S13, journal de George Nelson, 3 novembre 1807-31 août 1808, 18 août 1808 : 56.
93. Les Cris Swampy qui vivaient près des postes de la Compagnie de la Baie d'Hudson sur les rives de la Baie d'Hudson sont très communément appelés les « homeguards » ; Ray, *Indians in the Fur Trade* : 85 ; et Francis et Morantz, *Partners in Furs* : 41 ; plus tard, de nombreux « homeguards » furent des Autochtones d'ascendance métissée.
94. Ross, *Fur Hunters* II : 6 ; dans un autre exemple, un Amérindien signa un contrat de six ans au tarif de 300 livres par an ; Fraser, « First Journal », 17 mai 1806 : 120.
95. Carol Judd a découvert que la Compagnie de la Baie d'Hudson avait commencé à embaucher des Autochtones dans les années 1770 sans contrats formels, pour effectuer des tâches spécifiques qui pouvaient normalement être réalisées en une seule saison ; Judd, « Native Labour » : 306.
96. Sur l'embauche d'Amérindiens, voir BAC, MG19 C1, vol. 12, 2 octobre 1804 : 20 ; BAC, MG19 A9, vol. 3, Simon Fraser à McDougall, Naugh-al-chum, 31 août 1806 : 23 ; Fraser, « First Journal », 21 juin 1806 : 132 ; Henry (le Jeune), *New Light* I, 5-6 septembre 1800 : 85 ; et McGillivray, *Journal*, Fort George, 10 octobre 1794 : 52.
97. McLeod, « Diary » : 55 ; et BAC, MG19 A9, vol. 3, Simon Fraser à McDougall, Naugh-al-chum, 31 août 1806 : 23-25.
98. BAC, MG19 A14, 22-24 et 26 décembre 1805, 2 et 22 janvier et 12 février 1806 : 2-4, 6, 15, 25-26.
99. Fraser, « First Journal », 11-12 mai 1806 : 118.
100. BAC, MG19 C1, vol. 5, 12 avril 1790 : 17 ; AO, MU 572, vol. 2, R. McKenzie, Pic, à Duncan Clark, Long Lake, 1er mai 1825 : 1, 3 ; Nelson, *My First Years*, 27 juillet 1803 : 99-100 ; et Henry (le Jeune), *New Light* I, 26-27 juillet, 9 août et 16 septembre 1800 : 14-15, 30, 98.
101. Henry (le Jeune), *New Light* II, 12 février 1810 : 584 ; et Kohl, *Kitchi-Gami* : 122-123.
102. AO, MU 2199, Edward Umfreville, 16, 20-23 juin, 10, 13, et 17 juillet 1784 : 5-10, 16, 19, 21.
103. Mackenzie, *Voyages from Montreal*, 24 juin, 8-9 et 27 juillet, et 11 août 1789 : 150, 173, 175, 211, 223 ; Ross, *Fur Hunters* II : 63-65 ; BAC, MG19 A9, vol. 3, Simon Fraser à M. McDougall,

Sturgeon Lake, 6 août 1806 : 14 ; Fraser, « First Journal », 15 mai 1806 : 120 ; et Nelson, *My First Years*, 12 et 30 août, 3 septembre 1803 : 97, 105.

104. Mackenzie, *Voyages from Montreal*, début juin 1789 et 9 mai 1793 : 135, 265 ; TBR, S13, journal et souvenirs de George Nelson, 12 août 1803 : 35-36 ; et Nelson, *My First Years*, 21 juilllet 1803 : 99.

105. Judd a découvert le même schéma pour la Compagnie de la Baie d'Hudson ; Judd, « Native Labour » : 306.

106. MDLR, MC, C.26, 17 et 27 décembre 1800 : 17-19 ; Keith, *North of Athabasca* : 167-168 ; et BAC, MG19 A9, vol. 3, Simon Fraser à M. McDougall, Sturgeon Lake, 6 août 1806, et Simon Fraser à McDougall, Naugh-al-chum, 31 août 1806 : 15-16, 23-25.

107. MDLR, MC, C.28, 10 août 1807 : 2 ; et Keith, *North of Athabasca* : 304n9 (traduction libre).

108. AO, MU2199, Edward Umfreville, 28 juin et 10 juillet 1784 : 10, 16.

109. Henry (le Jeune), *New Light* I, hiver 1799, Rivière Terre Blanche près de Fort Dauphin : 2-3.

110. MDLR, MC, C »24, 16 novembre 1800 : 3.

111. TBR, S13, journal de George Nelson, 29 janvier-23 juin 1815, 11 février 1815 : 8 ; et Van Kirk, « *Many Tender Ties* » : 58-59.

112. Pour des exemples, voir AO, MU 842, 11 novembre 1818 : 13 ; Henry (le Jeune), *New Light* I, 19 octobre 1800 : 122 ; et Faries, « Diary », 16, 17, 20 et 23 décembre 1804, et 3 février 1805 : 222-223, 227.

113. Faries, « Diary », 16 et 22 février 1805 : 229-230 ; les pièges d'acier pour les castors ont commencé à être utilisés en 1797 et se sont lentement diffusés vers le nord, l'acier étant lourd à transporter ; voir Innis, *Fur Trade in Canada* : 263-264.

114. Pour un exemple voir « The Beaver Trap is repaired & sent down… », AO, MU 572, vol. 2, R. McKenzie, Fort William, à Duncan Clark, Pic, 18 juillet 1825 : 1.

115. BAC, MG19 C1, vol. 1, 21 janvier 1798 : 36 ; BAC, MG19 A14, 31 janvier 1806 : 19 ; et Henry (le Jeune), *New Light* I, 11 septembre 1800 : 95.

116. BAC, MG19 C1, vol. 1, 20 novembre 1797 et 14 janvier 1798 : 20, 34 ; et TBR, S13, journal de George Nelson, 3 novembre 1807-31 août 1808, 20 novembre et 26 décembre 1807, et 2 janvier 1808 : 9, 14-15.

117. MDLR, MC, C.26, 14 et 15 octobre 1800 : 6 ; voir aussi Keith, *North of Athabasca* : 136 ; voir aussi Nelson, *My First Years*, 2 et 12 octobre 1803 : 115-116 ; et TBR, S13, journal de George Nelson, 1er septembre 1808-31 mars 1810 : 2 (ma pagination).

118. MDLR, MC, C.24, 16-17 novembre 1800, 4 janvier et 1er et 2 février 1801 : 3, 15, 20 ; pour un autre exemple, voir BAC, MG19·A14, 14 janvier 1806 : 11.

119. BAC, MG19 C1, vol. 4, 26 février 1790 : 11-12, 27-28 ; et MDLR, MC, C.26, 10-11 décembre 1800, et 11 janvier 1801 : 14, 20-21 ; pour un exemple de mentions de mauvaises nouvelles, voir MDLR, MC, C.28, 8 janvier 1808 : 21 ; voir aussi Keith, *North of Athabasca* : 144, 150, 326-327.

120. Pour un exemple, voir Faries, « Diary », 19 mars 1805 : 233.

121. AO, MU 842, 9 décembre 1818 : 18.

122. MDLR, MC, C.13, 31 juillet 1800 : 61 (ma pagination).

123. Faries, « Diary », 19 et 20 novembre, 1er et 5 décembre 1804, 12 janvier et mars 1805 : 219-221, 225, 231-232.

124. T. Douglas, *Sketch of the British Fur Trade* : 50.

125. AO, MU 842, 20 octobre et 9 décembre 1818 : 7-8, 18 ; pour d'autres exemples, voir TBR, S13, journal de George Nelson, 3 novembre 1807-31 août 1808, 24 août 1808 : 57 ; journal de George Nelson, 1er septembre 1808-31 mars 1810, 26 août et 1er septembre 1809 : 35-36 ; journal de George Nelson, 29 janvier-23 juin 1815, 29 janvier et 2 février 1815 : 1 ; journal de George Nelson, 30 novembre 1815-13 janvier 1816, 2 janvier 1816 : 95 ; et journal codé de George Nelson, 27 avril 1821 : 10.

126. Pour un exemple, voir William McGillivray envoyant Cadotte et Bellangé chercher des fourrures ; BAC, MG19 C1, vol. 4, 26 février 1790 : 11-12.

127. Pour des exemples, voir MDLR, MC, C.24, 21 décembre 1800 : 12 ; pour d'autres exemples, voir TBR, S13, journal de George Nelson « No. 1 », mi-novembre 1802 : 30 ; et Faries, « Diary », 19 novembre 1804 : 219.
128. TBR, S13, journal de George Nelson, 3 novembre 1807-31 août 1808, 20 novembre et 26 décembre 1807, 2 janvier 1808 : 9, 14-15 ; et Henry (le Jeune), *New Light* I, 21 septembre 1800 : 101 ; pour d'autres exemples, voir BAC, MG19 C1, vol. 1, 29 octobre, 7 et 9 novembre 1797 : 16-18 ; MDLR, MC, C.24, 1er, 2 et 6 février 1801 : 20 ; et Larocque, « Journal of an Excursion », 11 juin 1805 : 164.
129. MDLR, MC, C.26, 11 décembre 1800 : 14 ; voir aussi Keith, *North of Athabasca* : 144-145.
130. Pour un exemple d'hommes traitant avec les Anglais, voir BAC, MG19 C1, vol. 1, 13 mars 1798 : 48 ; pour d'autres exemples d'hommes traitant avec les gens libres, voir Henry (le Jeune), *New Light* I, 11 et 24 juillet 1808 : 431, 434, et II, 26 février 1810 : 589.
131. MDLR, MC, C.7, 17 février 1794 (pas de numéro de page).
132. BAC, MG19 C1, vol. 3, 25 novembre 1804 : 8.
133. MDLR, MC, C.1 : 60-61.
134. BAC, MG19 C1, vol. 1, 6 janvier et 7 avril 1798 : 31, 53.
135. « It is the fault of that curly headed lying dog. He too forsooth, must play his man, menaces us, beat us, steals our things and calls us liars. We were a little drunk, even if we were sober it would have been the same. He is a dog, a liar and a thief, Larocque knows it. Let him go away we will not see the dog » ; TBR, S13, journal de George Nelson « No. 7 » : 278-279.
136. MDLR, MC, C.26, 10 octobre 1800 et 7 février 1801 : 9, 22 ; BAC, MG19 C1, vol. 6, 11 avril 1800 : 13 ; BAC, MG19 C1, vol. 8, 22 janvier 1805 : 44 ; MDLR, MC, C.28, 9 novembre 1807 : 14 ; MDLR, MC, C.8, 13 décembre 1805 : 9 ; voir aussi Keith, *North of Athabasca* : 94, 133, 152, 200, 223, 318 ; AO, bobine MS65, Donald McKay, journal de janvier 1805 à juin 1806, 20 avril 1805 : 10 (ma pagination) ; Faries, « Diary », 12 février 1805 : 229 ; et MDLR, MC, C.24, 18-19 février 1801 : 22.
137. Les journaux de traite mentionnent régulièrement le fait d'envoyer des hommes vivre dans les campements amérindiens ; pour quelques exemples, voir AO, bobine MS65, Donald McKay, journal de janvier à décembre 1799, 29 mai 1799 : 26-27 (ma pagination) ; BAC, MG19 C1, vol. 14, 19 octobre 1799 : 3 ; MDLR, MC, C.243 janvier 1801 : 15 ; Faries, « Diary », 8 octobre 1804 : 213 ; TBR, S13, journal de George Nelson, 29 août 1805-8 mars 1806 : 4 décembre 1805 : 7 (ma pagination) ; journal de George Nelson, 1er septembre 1808-31 mars 1810, début février 1810 : 50 (ma pagination) ; et BAC, MG19 C1, vol. 9, 7 janvier 1806 : 22.
138. Pour un exemple d'Amérindiens amenés au poste de traite, voir BAC, MG19 C1, 8 mars 1800 : 4 ; voir aussi Keith, *North of Athabasca* : 89 ; pour un exemple de voyageurs traitant avec les Amérindiens quand ils étaient envoyés vivre avec eux, voir TBR, S13, journal de George Nelson, 3 novembre 1807-31 août 1808, 20 novembre 1807 : 9 ; pour des exemples d'Amérindiens encouragés à amener de la viande et des fourrures aux postes de traite, voir BAC, MG19 A14, 22, 23 et 26 décembre 1805 : 2, 4 ; et BAC, MG19 C1, vol. 8, 20 octobre 1804 : 13 ; voir aussi Keith, *North of Athabasca* : 187.
139. MDLR, MC, C.24, 11 décembre 1800 : 9.
140. Pour un exemple de voyageur « prenant son tour », voir MDLR, MC, C.24, 18 novembre 1800 : 3.
141. Pour un exemple, voir MDLR, MC, C.24, 16 janvier 1801 : 18.
142. Pour des exemples, voir MDLR, MC, C.24, 3 décembre 1800 : 6 ; MDLR, MC, C.8, 27 octobre 1805 : 6 ; voir aussi Keith, *North of Athabasca* : 220-221 ; et TBR, S13, journal de George Nelson, « Journal from Bas De La Rivière to Cumberland House », 23 mai 1819 : 8 ou b8.
143. TBR, S13, journal de George Nelson, 29 janvier-23 juin 1815, 30 avril 1815 : 36.
144. TBR, S13, journal de George Nelson, 1er septembre 1818-31 mars 1810, 12 décembre 1808 : 13.
145. « he [could not] live any longer with them & all the devils in Hell [could not] make him return, & that he prefer[ed] marching all Winter from one Fort to another rather than Live any Longer

with them »; BAC, MG19 C1, vol. 7, 12, 18, 19 et 21 octobre, 18 novembre et 13 décembre 1798: 8-13, 19, 22.

146. TBR, S13, journal de George Nelson, 1er avril 1810-1er mai 1811, 24 septembre 1810: 27 (ma pagination).

147. « a Twig [tweak] of the Nose to teach him better Manners » et « Slow creaping Hare »; MDLR, MC, C.26, 6, 18 et 21 novembre, 15 décembre 1800 et 16 février 1801 : 9-12, 16, 23-24; voir aussi Keith, *North of Athabasca*: 139-142, 146, 152-153.

148. « his Homme de Loge [son hôte] [did] not take the least Notice of him »; MDLR, MC, C.26, 19 et 20 février 1801 : 24; voir aussi Keith, *North of Athabasca*: 153.

149. TBR, S13, journal de George Nelson, 1er septembre 1808-31 mars 1810, 16 octobre 1809: 39 (ma pagination).

150. Henry (le Jeune), *New Light* I, 3 et 4 septembre, et 15 octobre 1800, 3 octobre 1803: 77-78, 120, 225-227; pour d'autre exemples, voir Nelson, *My First Years*, 7 et 15 août 1803: 101-102; et AO, MU 842, 20 octobre, 2 et 9 novembre 1818: 7-8, 11-12.

151. BAC, MG19 C1, vol. 9, 18 et 29 septembre, 7 octobre 1805: 4-5, 9, 12; pour un autre exemple, voir BAC, MG 19 C1, vol. 4, 2 avril 1790: 15.

152. BAC, MG19 A14, 6, 7, 19 et 24 février 1806: 24-25, 28, 31-33; La Malice et Lammalice sont probablement la même personne.

153. TBR, S13, journal de George Nelson, 1er septembre 1808-31 mars 1810, 1er juin 1809: 24 (ma pagination); journal de George Nelson, 1er avril 1810-1er mai 1811, 13 et 17 août 1810: 22 (ma pagination); journal de George Nelson, 29 janvier-23 juin 1815, 25 février 1815: 12; pour d'autres exemples, voir BAC, MG19 A17: 30-31; Henry (le Jeune), *New Light* I, 17 octobre 1800 et 4 janvier 1803: 121, 207; et BAC, MG19 C1, vol. 1, 15 janvier 1798: 35.

154. BAC, MG19 C1, vol. 6, 20 octobre 1800: 57; pour d'autres exemples, voir MDLR, MC, C.26, 4 et 10 octobre 1800: 2, 3; voir aussi Keith, *North of Athabasca*: 116, 132-133; TBR, S13, journal de George Nelson, 3 novembre 1807-31 août 1808, 30 juin 1808: 44; journal codé de George Nelson, 4 juin 1821: 25-26; Henry (le Jeune), *New Light* I, 12 et 19 mai 1801: 180, 182; et MDLR, MC, C.24, 15 mai 1801 : 37.

155. Keith, *North of Athabasca*: 127.

156. Harmon, *Sixteen Years*, 21 septembre 1805: 97.

157. Nelson, *My First Years*, 24 février 1804: 149.

158. Nelson, *My First Years*, 19 et 20 octobre, et 25 décembre 1803, et 6 janvier 1804: 120-121, 137-139; pour un autre exemple, voir MHS, P849, Joseph Guy à son père Pierre Guy, Mackinac, 15 août 1805.

159. AO, bobine MS65, Donald McKay, journal de janvier 1805 à juin 1806, 30 août 1805: 31 (ma pagination); et journal de janvier à décembre 1799, 19 novembre 1799: 41 (ma pagination).

160. BAC, MG19 A17: 26.

161. BAC, MG19 A9, vol. 2, Simon Fraser à McDougall, Naugh-al-chum, 31 août 1806, et Simon Fraser à « my dear Stuart, Naukazeleh », 29 septembre 1806: 22, 29; et R. McKenzie, « Reminiscences » I, Alexander Mackenzie à Roderick McKenzie, 1er octobre 1787, Île à la Crosse: 20.

162. R. McKenzie, « Reminiscences » I: 11-12.

163. Henry (le Jeune), *New Light* I, 19 septembre 1800: 100.

164. « The Canadians have great Influence over the Natives by adopting all their Customs and making them Companions, the[y] drink, sing, conjure, scold &c with them like one of themselves, and the Indians are never kept out of their Houses whether drunk of sober, night or Day »; ACBH, A.11/4, Thomas Hutchins au comité de Londres, Albany Fort, baie d'Hudson, 5 juillet 1775, fol. 29.

165. L'un de ces exemple est celui de Magdalaine, fille du voyageur André Poitras et de sa femme cri, qui a épousé le bourgeois John McDonell; voir Van Kirk, « *Many Tender Ties* »: 269n46; et Brown, *Strangers in Blood*: 101-103.

166. AO, MU572, vol. 2, R. McKenzie, Pic, à Duncan Clark, Long Lake, 1er mai 1825: 2; pour un autre exemple, voir TBR, S13, journal de George Nelson « No. 1 »: 21.

167. MDLR, MC, C.26, 22 février 1801 : 26 ; voir aussi Keith, *North of Athabasca* : 154-155 ; pour d'autres exemples, voir BAC, MG19 A9, vol. 14, 26 janvier 1800 : 13 ; et Henry (le Jeune), *New Light* I, 19 et 30 août 1800 : 47, 73.

168. BAC, MG19 A14, 26 décembre 1805, 2 et 22 janvier et 12 février 1806 : 1-4, 6, 15, 25-26.

169. BAC, MG19 A9, vol. 6, 1er, 2 et 7 mars 1800 : 3 ; voir aussi Keith, *North of Athabasca* : 88-89.

170. BAC, MG19 C1, vol. 4, 1er janvier 1790 : 5.

171. « This man has resided among the Indians for upward of fifteen years, speaks their language tolerably well, and has a wife and family who dress and live like the natives. He retains the outward appearance of a Christian, but his principles, as far as I could observe, are much worse than those of a Mandane ; he is possessed of every superstition natural to those people, nor is he different in every mean, dirty tricks they have acquired from intercourse with the set of scoundrels who visit these parts » ; Henry (le Jeune), *New Light* I, 20 juillet 1806 : 333.

172. Harmon, *Sixteen Years*, 18 août 1808 : 113.

173. Nelson, *My First Years*, 31 janvier et 14 février 1804 : 143, 148.

174. TBR, 917.11 F671, 16 et 19 juin 1808 : 12-19.

175. TBR, 917.11 F 671, 20 juin 1808 : 22.

176. AO, bobine MS65, Donald McKay, journal de janvier à décembre 1799, 8 novembre 1799 : 40 (ma pagination) ; et Henry (le Jeune), *New Light* I, 27 juillet 1800 : 14-15.

177. TBR, S13, journal et souvenirs de George Nelson, 12 août 1803 : 50.

178. BAC, MG19 C1, vol. 12, 25 novembre 1804 : 29 ; Tanner, *A Narrative of the Captivity* : 80-81 ; MDLR, MC., C.26, 16 février 1801 : 23-24 ; voir aussi Keith, *North of Athabasca* : 152-153 ; Cox, *Adventures on the Columbia River* : 145 ; MDLR, MC, C.13, 6 décembre 1799 et 14-15 janvier 1800 : 6-14 (ma pagination) ; TBR, S13, journal de George Nelson « No. 7 » : 283-284 ; et BAC, MG19 A17 : 65-66 ; pour des exemples d'Amérindiens fournissant une aide médicale aux bourgeois et aux voyageurs, voir TBR, S13, journal de George Nelson « No. 1 » : 37-38 ; pour une relation du même incident, voir journal et souvenirs de George Nelson : 29, 66 ; journal de George Nelson « No. 5 », Tête au Chien, 12 septembre 1807 : 6-7, 9-10 (ma pagination séquentielle), 190-191, 193-194 (pagination de Nelson) ; et Ross, *Fur Hunters* I : 139-140 ; pour des exemples d'Amérindiens demandant une aide médicale, voir MDLR, MC, C.28, 28 août 1807 : 4 ; voir aussi Keith, *North of Athabasca* : 307 ; et Cox, *Adventures on the Columbia River* : 126.

179. Cox, *Adventures on the Columbia River* : 126.

180. MDLR, MC, C.26, 16 février 1801 : 23 ; voir aussi Keith, *North of Athabasca* : 152-153.

181. TBR, S13, journal de George Nelson « No. 5 » : 25-26 (ma pagination séquentielle), 209-210 (pagination de Nelson) ; journal et souvenirs de George Nelson, automne 1803 : 53-54 ; et Harmon, *Sixteen Years*, 3 septembre 1808 : 114.

182. TBR, S13, journal de George Nelson, 30 novembre 1815-13 janvier 1816, 14 décembre 1815 : 87.

183. « [It] is true La Roque is a very Prudent man, respected & liked by the indians but Paradix is just the reverse » ; AO, MU 842, 4 février 1819 : 31 ; pour un autre exemple, voir TBR, S13, journal de George Nelson « No. 1 » : 39.

184. AO, MU 842, 4 février 1819 : 30-31 ; TBR, S13, journal codé de George Nelson, 11 mai 1821 : 15 ; et journal de George Nelson « No. 7 » : 278-279.

185. BAC, MG19 C1, vol. 9, 24 septembre 1805 et 4 janvier 1806 : 6-7, 22.

186. ACBH, B.89/a/2, 9, 15 et 23 juin 1810, fols. 1-2, 4.

187. « When the traders first appeared among these people, the Canadians were treated with the utmost hospitality and attention ; but they have, by their subsequent conduct, taught the Natives to withdraw that respect from them, and sometimes to treat them with indignity » ; Mackenzie, « General History », 2 février 1793 : 263.

188. MDLR, MC, C.27, 3 juin 1822 : n.p.

189. MDLR, MC, C.24, 28 novembre et 1er décembre 1800 : 5-6.

190. « his pride… very hurt by the Osnaburgh Chief, who would not Acknowledge him to be a great Man » ; MDLR, MC, C.1 : 60.

191. Henry (le Jeune), *New Light* II, 4 septembre 1808 : 495 ; les Amérindiens entraient également en compétition entre eux pour obtenir le rôle d'intermédiaires et contrôler la traite ; durant le premier quart du XVIIIe siècle, les Cris et les Assiniboines avaient pris le contrôle de la traite aux environs de York Factory jusqu'à ce que les compagnies commencent à s'avancer vers l'intérieur et à entrer en contact avec de nouveaux peuples ; voir Ray, *Indians in the Fur Trade* : 53, 59, 61.
192. « Several of our men informed that he had threatened to excite the Natives to Massacre the Norht West Company Servants at Fort Chippewyan, and our men refused to do their duty unless he was apprehended & detained in Safe Custody » ; MDLR, MC, C.27, 5 avril 1819 : 2.
193. TBR, S13, journal de George Nelson, 3 novembre 1807-31 août 1808, 17 juin et 1er août 1808 : 41-42, 51-52 ; et journal de George Nelson « No. 5 », juin 1808 : 16-18 (ma pagination séquentielle), 200-202 (pagination de Nelson) ; voir aussi Peers, *Ojibwa of Western Canada* : 68, 85-88 ; Tanner, *Narrative of a Captivity* : 156-158 ; et Edmunds, *Shawnee Prophet* : 39-51.
194. Henry (le Jeune), *New Light* II, 1er avril et 23 mai 1810 : 593, 599-600 ; Cox, *Adventures on the Columbia River*, 23 juin 1817 : 262 ; et MDLR, MC, C.27, W.F. Wentzel à R. McKenzie, département du fleuve Mackenzie, Great Bear Lake, 28 février 1814 : 1.
195. Henry (le Jeune), *New Light* I, 23 septembre 1804 : 251, et II, 28 novembre 1809 et 22 janvier 1810 : 573, 580 ; Harmon, *Sixteen Years*, 10 avril et 21 septembre 1805 : 87-88, 97-98 ; BAC, MG19 A17 : 59-61 ; et TBR, S13, journal de George Nelson « No. 1 » : 28-29 ; et McGillivray, *Journal*, 17 et 20 octobre 1794 : 36.
196. Henry (le Jeune), *New Light* I : 292-293 ; MDLR, MC, C.15, 11 juillet 1806 : 3 ; et John McDonell, « The Red River », dans Wood et Thiessen, *Early Fur Trade* : 82.
197. Henry (le Jeune), *New Light* I : 85 ; et TBR, S13, journal de George Nelson « No. 7 » : 283-284, dans lequel il décrit un incident où les Amérindiens furent contrariés de voir des voyageurs tuer et manger un ours.
198. TBR, S13, journal codé de George Nelson, 17 avril 1821 : 1-2.
199. B.M. White, « Skilled Game of Exchange ».
200. MDLR, MC, C.7, 2 mai 1795 : 33 ; Ross, *Fur Hunters* II : 74-87 ; et Charles Chaboillez, « Journal for the Year 1797 », décembre 1797 : 24.
201. BAC, MG19 C1, vol. 1, 1er décembre 1797 : 21.
202. TBR, S13, journal des évènements de George Nelson, 39 juin 1822 ; journal et souvenirs de George Nelson, août 1803 : 39 ; Henry (le Jeune), *New Light* I, 1er septembre 1800 : 75 ; et II, 27 janvier et 10-11 février 1810 : 582, 584 ; et MDLR, MC, C.24, 29 février 1801 : 22.
203. B.M. White, « Fear of Pillaging ».
204. TBR, S13, journal de George Nelson « No. 1 » : 32-37 ; journal de George Nelson « No. 7 » : 286-288 ; Henry (le Jeune), *New Light* I, 6-7, 9-12, 23 et 29 septembre et 2 octobre 1800 : 85-86, 90-93, 95, 102, 107-109 ; et D. Thompson, « Journal, November 1797 », 16 décembre 1797 : 105.
205. « one night they observed the Sioux in large numbers around the fort and concluded they would certainly be attacked tho they had hitherto only suffered annoyance and fear, and they prepared for the worst ; whoops were heard and the death song » ; TBR, S13, journal de George Nelson « No. 7 » : 286-288.
206. Le voyageur Paradix n'était ni aimé ni respecté par les Amérindiens, mais Nelson ne nous donne pas d'indices quant à son comportement brutal vis-à-vis d'eux ; AO, MU 842, 4 et 23 février 1819 : 31, 33.
207. Henry (le Jeune), *New Light* II, 26 février 1810 : 589-590.
208. TBR, S13, journal des évènements de George Nelson, 24 juin 1822 ; et AO, MU 842, 5 février 1819 : 31.
209. Henry (le Jeune), *New Light* II, 9 septembre 1808 : 499 ; on trouve d'autres détails dans Henry (le Jeune), *Journal* II : 361n38.
210. T. Douglas, *Sketch of the British Fur Trade* : 48-50.
211. Voir Ray, *Indians in the Fur Trade* : 117-124.
212. Au sujet des cycles alimentaires des Amérindiens, voir Ray, *Indians in the Fur Trade* : 27-48.

213. Harmon, *Sixteen Years*, 25 juillet 1802 et 22 février 1804 : 60, 72 ; dans un autre exemple, George Nelson décrit également une quête désespérée de provisions durant un hiver, lorsqu'il traîna derrière lui ses hommes, contre leur volonté, à la recherche d'Amérindiens, jusqu'à ce qu'ils en découvrent finalement certains qui puissent leur vendre des provisions ; TBR, S13, journal et souvenirs de George Nelson : 70.
214. Henry (le Jeune), *New Light* I : 101 ; et TBR, S13, journal de George Nelson, 1er avril 1810-1er mai 1811, 3, 13, 16 et 21 avril 1810 : 2-5 (ma pagination).
215. MDLR, MC, C.26, 10 décembre 1800 : 14 ; voir aussi Keith, *North of Athabasca* : 144 ; dans d'autres exemples, le voyageur La France accompagnait deux jeunes Amérindiens apportant des peaux, de l'avoine et de la viande d'ours au poste du lac La Pluie ; Faries, « Diary », 12 février 1805 : 229 ; le voyageur Jolibois accompagnait quelques Amérindiens apportant de la viande au poste du Grand Lac des Esclaves ; MDLR, MC, C.8, 18 mai 1806 : 16 ; voir aussi Keith, *North of Athabasca* : 233.
216. « Arrived an Old Woman, she brought four Pieces Dryed Meat, 3 Buffo Sdes, 2 Packs Cords & 2 Bladders grease, for which I paid her Ten Phiols Mixed Rhum – gave her a Piece Tobo & she sets off » ; BAC, MG19 C1, vol. 1, 21 janvier et 21 février 1798 : 36, 44 ; pour d'autres exemples voir BAC, MG19, A14, 31 janvier 1806 : 19 ; AO, MU 842, 18 octobre 1818 : 7 ; et Henry (le Jeune), *New Light* I, 26 août, 11 et 16 septembre 1800 : 62, 65-66, 95, 98.
217. BAC, MG19 A14, 26 décembre 1805 : 3 ; voir aussi les entrées des 22 et 23 décembre 1805, 2 et 22 janvier, 12 et 22 février 1806 : 2, 4, 6, 15, 25-26 , 31.
218. BAC, MG19 C1, vol. 12, 2 octobre 1804 : 20.
219. BAC, MG19 C1, vol. 3, 21 juin 1806 : 132.
220. Mackenzie, *Voyages from Montreal* : 135-136.
221. Henry (le Jeune), *New Light* I : 2-3 ; pour d'autres exemples de maîtres contrariés par des chasseurs amérindiens, voir MDLR, MC, C.24, 16 et 19 novembre 1800 : 3-4 ; et McGillivray, *Journal*, 10 et 20 octobre 1794, 27 janvier 1795 : 32-33, 36, 52.
222. Ross, *Fur Hunters* II : 11.
223. Henry (le Jeune), *New Light* II, 20 novembre 1809 : 572 ; Sylvia Van Kirk affirme que les femmes autochtones étaient très importantes pour les traiteurs parce qu'elles savaient comment couper et apprêter la viande ; Van Kirk, « *Many Tender Ties* » : 56-57.
224. Voir les entrées allant du 10 novembre 1794 au 11 février 1795 dans MDLR, MC, C.7 : 20-26 ; pour d'autres exemples concernant la chasse, voir BAC, MG19 C1, vol. 1, 24 septembre et 6 octobre 1797, 12 janvier et 25 mars 1798 : 10, 12-13, 33, 50 ; et MDLR, MC, C.24, 20 et 27 décembre 1800, 4 et 18 janvier et 18 février 1801 : 12, 14-15, 18, 22.
225. Mackenzie, *Voyages from Montreal*, 9 et 11 juin 1789 : 140, 143.
226. AO, bobine MS65, Donald McKay, journal d'août 1800 à avril 1801, 10 novembre et 25 décembre 1800 : 10, 17 (ma pagination).
227. TBr, S13, journal de George Nelson, 3 novembre 1807-31 août 1808, 23 décembre 1807 : 13.
228. « [My] people had been uneasy about us, and were overjoyed when they heard us hallo » ; Henry (le Jeune), *New Light* I, 23 septembre 1800 : 102 ; Ross, *Fur Hunters* I : 26-27 ; et Harmon, *Sixteen Years*, 2 septembre 1810 : 126.
229. On prenait le plus souvent les lièvres au collet ; AO, bobine MS65, Donald McKay, journal de janvier à décembre 1799, 24 décembre 1799 et 17 février 1806 : 46, 58 ; et MDLR, MC, C.26, 20 et 22 octobre 1800 : 7 ; voir aussi Keith, *North of Athabasca* : 137.
230. Van Kirk, « *Many Tender Ties* » : 58-59.
231. Lefroy, *In Search of the Magnetic North*, Fort Chipewyan, Athabasca, 1er janvier 1844, Lefroy à Sophia : 93 ; pour un exemple de la grande fréquence à laquelle on allait rechercher la viande dans les caches, voir MDLR, MC, C.24, 24 et 25 novembre, 20 décembre 1800, 3 et 4 janvier, 7, 12 et 28 février 1801 : 5, 12, 15, 21, 23.
232. BAC, MG19 C1, vol. 7, 19 octobre 1798 : 12.
233. MDLR, MC, C.7, 18 novembre 1794 : 20 ; BAC, MG19 C1, vol. 7, 27 octobre 1798 : 16 ; et Henry (le Jeune), *New Light* I, 15 octobre 1801 : 191.

234. Pour des exemples d'hommes se procurant de la viande auprès des chasseurs amérindiens, voir McGillivray, *Journal*, 20 octobre 1794 et 27 janvier 1795: 36, 52; et BAC, MG19 A14, 21 et 27 décembre 1805, 2 janvier 1806: 1, 4, 6; pour des exemples d'hommes prenant de la viande dans les caches des Amérindiens, voir BAC, MG19 C1, vol. 1, 2, 7, 8 et 22 octobre 1797: 11, 13, 15; et TBR, S13, journal de George Nelson, 1er avril 1810-1er mai 1811, 16 et 20 décembre 1810: 38-39 (ma pagination).

235. Pour un exemple, voir BAC, MG19 C1, vol. 7, 15 et 16 octobre 1798: 10.

236. Henry (le Jeune), *New Light* I, 16 septembre 1800: 98; et BAC, MG19 C1, vol. 7, 18 octobre 1798: 11.

237. BAC, MG19 A14, 5, 6 et 13 janvier, et 2 février 1806: 8, 10, 11, 21; dans un autre cas, à la rivière Dauphin, le voyageur Paradix fut incapable de localiser une cache autochtone à laquelle on l'avait envoyé chercher de la viande; TBR, S13, journal de George Nelson, 1er septembre 1808-31 mars 1810, 12 février 1809: 19 (ma pagination); dans un autre cas, à Tête au Brochet, le 24 novembre 1818, les hommes eurent beaucoup de mal à aller jusqu'au campement amérindien et Welles et deux traîneaux faillirent couler; AO, MU842: 15.

238. TBR, S13 journal et souvenirs de George Nelson: 78.

239. Pour des exemples, voir TBR, S13, journal de George Nelson, 1er septembre 1808-31 mars 1810, 14 octobre et 12 décembre 1808, 17 novembre 1809: 7-9, 13, 43 (ma pagination); AO, MU 842, 20 octobre et 2 novembre 1818: 7, 10; et TBR, S13, journal de George Nelson « No. 5 »: 24 (ma pagination séquentielle), 208 (pagination de Nelson).

240. BAC, MG19 C1, vol. 6, 18 février 1800: 1; voir aussi Keith, *North of Athabasca*: 86-87.

241. Pour des exemples, voir Mackenzie, *Voyages from Montreal*, 11juin 1789: 143; AO, bobine MS65, Donald McKay, journal de janvier à décembre 1799, 29 mai 1799: 27 (ma pagination); et journal de janvier 1805 à juin 1806, 18 février 1806: 58 (ma pagination); et BAC, MG19 C1, vol. 12, 9 octobre 1804: 22.

242. Faries, « Diary », 11, 22, 28 et 31 octobre, 8-9 novembre, 10, 15, 18 et 19 décembre 1804: 214-222.

243. MDLR, MC, C.13, 7 décembre 1799: 6 (ma pagination).

244. TBR, S13, journal de George Nelson, 1er septembre 1808-31 mars 1810, 12 août 1809: 32 (ma pagination).

245. TBR, S13, journal de George Nelson, 29 août 1805-8 mars 1806, 15-23 octobre 1805: 4-5 (ma pagination).

246. Pour des exemples, voir BAC, MG19 C1, vol. 6, 30 octobre 1800: 60; voir aussi Keith, *North of Athabasca*: 117; et TBR, S13, journal de George Nelson, 1er avril 1810-1er mai 1811, 22 octobre et 18 novembre 1810; voir aussi Van Kirk, « *Many Tender Ties* »: 56.

247. TBR, S13, journal codé de George Nelson, 28 avril 1821: 10.

248. TBR, S13, journal de George Nelson, 29 janvier-23 juin 1815, 24 mai 1815: 41.

249. MDLR, MC, C.13, 12 novembre 1799: 3 (ma pagination).

250. Faries, « Diary », 25 et 30 mars, 2-4 et 7 avril 1805: 233-236.

251. Nelson, *My First Years*, 6 avril et 18 mai 1804: 154-157.

252. Pour d'autres exemples de fabrication de filets, de flotteurs et de cabines de pêche, voir TBR, S13, journal de George Nelson, 3 novembre 1807-31 août 1808, 21 octobre [Nelson a noté novembre par erreur] et 11 décembre 1807: 6, 13; journal de George Nelson, 1er avril 1810-1er mai 1811, 3 octobre 1810: 29 (ma pagination); pour un exemple de filets ramendés, voir Nelson, *My First Years*, 10 mars 1804: 151; pour des exemples de poisson séché et en cache, voir TBR, S13, journal de George Nelson, 1er avril 1810-1er mai 1811, 13 avril 1810: 3 (ma pagination); et AO, MU 842, 20 octobre et 2 novembre 1818: 7-8, 10.

253. Van Kirk, « *Many Tender Ties* »: 56.

254. Pour l'exemple d'un aménagement de jardin, voir Henry (le Jeune), *New Light* II, juin 1810: 604-605; voir aussi Faries, « Diary », 23 novembre 1804: 220; pour la plus grande partie des historiens de la traite des fourrures, l'apparition de l'agriculture marque le déclin de la traite; cependant, D.W. Moodie met l'accent sur le fait que l'agriculture constituait une part importante

des stratégies d'approvisionnement des compagnies de traite; Moodie, « Agriculture in the Fur Trade ».

255. Pour une discussion de l'importance limitée de l'agriculture et du jardinage dans les postes de traite, voir L.H. Thomas, « History of Agriculture »; et D.W. Moodie, « Agriculture in the Fur Trade »; l'agriculture joua un rôle plus important dans l'approvisionnement après la fusion de 1821; la nouvelle Compagnie de la Baie d'Hudson encouragea les fermiers de la colonie de la Rivière Rouge à produire des excédents pour la compagnie et établit également des « fermes expérimentales » pour découvrir les semences les plus productives et approvisionner directement la main-d'œuvre de la traite; voir ACBH, A.6/24, fol. 22, 22d, 9 mars 1836; la Compagnie de la Baie d'Hudson implanta également une ferme pour l'approvisionnement à Puget Sound; voir Gibson, *Farming the Frontier*.

256. Pour des exemples, voir MDLR, MC, C.7, 6 octobre 1794: 17; MDLR, MC, C.28, mi-mai 1808: 34; voir aussi Keith, *North of Athabasca*: 339-340; TBR, S13, journal de George Nelson, 1er septembre 1808-31 mars 1810, mi-avril 1809: 21 (ma pagination); Henry (le Jeune), *New Light* II, 6, 9 et 14 octobre 1809, et mi-juin 1810: 549, 552, 604-605; Harmon, *Sixteen Years*, 29 avril 1804, mai 1807 et 10 octobre 1808: 80, 103, 118; et Faries, « Diary », lundi 8 octobre 1804: 213.

257. Pour un exemple du cycle annuel de l'entretien des jardins, voir AO, bobine MS65, Donald McKay, journal de janvier 1805 à juin 1806, 17 et 20 juin, 21-22 octobre 1805, 3 avril et 16 mai 1806: 12, 18-19, 37, 68, 76 (ma pagination); sur le désherbage, voir par exemple, TBR, S13, journal de George Nelson, 3 novembre 1807-31 août 1808, 5 juillet 1808: 45.

258. Pour un exemple, voir TBR, S13, journal codé de George Nelson, 14 mai 1821: 16.

259. Pour des exemples, voir Harmon, *Sixteen Years*, 2 juin 1803: 67; TBR, S13, journal codé de George Nelson, 17 avril-20 octobre 1821, 14 et 25 mai 1821: 16, 22-25; Faries, « Diary », 29 septembre, 10-11 octobre, 23 novembre 1804, et 18 avril 1805: 212, 214, 220, 237, 240; et AO, bobine MS65, Donald McKay, journal de janvier à décembre 1799, 29 mai et 19 novembre 1799: 27, 41 (ma pagination).

260. TBR, S13, journal de George Nelson, 29 août 1805-8 mars 1806, 17 septembre 1805: 3 (ma pagination); et AO, MU 842, 21 septembre 1818: 1.

261. Pour des exemples de récolte des foins, voir Henry (le Jeune), *New Light* I, 31 août et 10 octobre 1807: 424-425, et II, 29 août 1810: 622.

262. Par exemple, voir MDLR, MC, C.7, La Grasse, 18 novembre 1793: 3.

263. Pour des exemples, voir Henry (le Jeune), *New Light* I, 22 août 1800: 58; et MDLR, MC, C.28, 11 octobre 1807: 9; voir aussi Keith, *North of Athabasca*: 313.

264. Par exemple, voir Mackenzie, *Voyages from Montreal*, 11 juin 1789: 143.

265. Faries, « Diary », 18 avril 1805: 237; Henry (le Jeune), *New Light* I, 17 septembre 1800: 99; et Van Kirk, « *Many Tender Ties* »: 58-59.

266. Dans la région des montagnes Rocheuses, Cole Harris a également découvert que les postes étaient liés entre eux par une circulation locale, régionale et en provenance de l'extérieur; Harris, *Resettlement of British* Columbia: 39-41.

267. Pour un exemple de l'emballage des paquets au poste de Swan River, voir Harmon, *Sixteen Years*, 26 mai 1801: 48; pour un exemple à Grand Portage en 1789, voir Mackenzie, « General History »: 52.

268. Pour un exemple, voir TBR, S13, journal codé de George Nelson, 14 mai 1821: 16.

269. Pour quelques exemples, voir AO, bobine MS65, Donald McKay, journal de janvier à décembre 1799, 4 mars 1799: 9 (ma pagination); Nelson, *My First Years*, 1er août 1803: 100; et Fraser, « First Journal », 13 avril 1806: 109-145.

270. Faries, « Diary », 8 novembre, 19 et 20 décembre 1804, 7, 8, 11 et 17 avril 1805: 218, 222, 236-237.

271. TBR, S13, journal de George Nelson, 3 novembre 1807-31 août 1808, 20 février 1808: 19; et journal de George Nelson, 1er septembre 1808-31 mars 1810, 23 novembre 1808, 11 février et 26 août 1809: 12, 19, 35 (ma pagination).

272. MDLR, MC, C.24, 18 novembre 1800 et 7 février 1801 : 3, 21 ; et MDLR, MC, C.7, 28 janvier, 7 février, 14 novembre, 17 et 23 décembre 1794 : 8, 20, 22-23.
273. Pour des exemples, voir BAC, MG19 C1, vol. 7, 28 mars 1799 : 44 ; BAC, MG19 C1, vol. 14, 3 avril 1800 : 21-22 ; Faries, « Diary », 27 août 1804 : 206 ; Harmon, *Sixteen Years*, fin mars et début avril 1809 : 28 ; et journal de George Nelson, 1er septembre 1808-31 mars 1810, 22 avril et 1er août 1809 : 21, 31 (ma pagination).
274. BAC, MG19 C1, vol. 4, 12 avril 1790 : 17.
275. Nelson, *My First Years*, 27 juillet 1803 : 99-100.
276. TBR, S13, journal de George Nelson, « Journal from Bas De La Rivière to Cumberland House, 1819- ? », 15 mai 1819 : 5-6 ou b6 (ma pagination).
277. « I wish you could get a small voyaging Canoe, made by Mondack ; about the size of the one your men has here now, but a little higher in the ends – We are very badly off here for canoes – The men must run about with Fishing Canoes, which are by far too large for two men » ; AO, MU 572, vol. 2, R. McKenzie, Pic, à Duncan Clark, Long Lake, 1er mai 1825 : 3.
278. Pour des exemples d'hommes fabriquant des canoës, voir BAC, MG19 C1, vol. 1, 2 avril 1798 : 52 ; BAC, MG19 C1, vol. 7, 28 mars 1799 : 44 ; et Henry (le Jeune), *New Light* I, 19 mai 1804 : 244 ; au sujet de femmes autochtones fabriquant des canoës pour les traiteurs, voir Van Kirk, « *Many Tender Ties* » : 61 ; et TBR, S13, journal de George Nelson, 1er septembre 1808-31 mars 1810, 1er et 13 août 1809 : 31-33 (ma pagination).
279. Pour des exemples, voir AO, bobine MS65, Donald McKay, journal de janvier à décembre 1799, 20 avril 1799 : 17 (ma pagination) ; BAC, MG19 C1, vol. 1, 14 mai 1798 : 60 ; BAC, MG19 C1, vol. 14, 3 et 6 avril 1800 : 22 ; BAC, MG19 C1, vol. 12, 16 avril 1805 : 62 ; BAC, MG19 C1, vol. 2, 10 août 1805 : 5 ; et TBR, S13, journal de George Nelson, 1er septembre 1808-31 mars 1810, 3 septembre 1808, 22 avril 1809 : 6, 21.
280. TBR, S13, journal de George Nelson, « Journal from Bas De La Rivière to Cumberland House, 1819- ? », 22 mai 1819 : 8 ou 8b.
281. Pour des exemples du travail d'Amelle sur les canoës, voir Faries, « Diary », 10 et 31 octobre, 19 novembre, 22 décembre 1804, et 16 avril 1804 : 214, 217, 219, 221, 223, 237.
282. « I have no person here that ever wrought a boat, but I fancy among us we may be able to make some sort of thing to float at least » ; MDLR, MC, C.24, 18, 19, 23 et 25 mars 1801 : 27-28 ; pour un autre exemple, voir McGillivray, *Journal*, 31 janvier 1795 : 52-53.
283. Pour des exemples, voir AO, bobine MS65, Donald McKay, journal de janvier 1805 à juin 1806, 3 juin et 13-14 septembre 1805 : 16, 32 (ma pagination) ; et Henry (le Jeune), *New Light* II, 9 octobre 1809 : 549.
284. Henry (le Jeune), *New Light* I, 19 août 1800, 7 juillet 1806 : 47, 285.
285. Pour quelques exemples, voir Henry (le Jeune), *New Light* I, 12 octobre 1800 et 27 janvier 1810 : 117, 582, et II, début juin 1810 : 602.
286. McDonell, « Diary », 16 septembre 1793 : 112.
287. TBR, S13, journal de George Nelson, 29 août 1805-8 mars 1806, 4-5 décembre 1805 : 7-8 (ma pagination).
288. MDLR, MC, C.8, 14 novembre 1805 : 7 ; voir aussi Keith, *North of Athabasca* : 222 ; et Faries, « Diary », 8 décembre 1804 : 221 ; voir aussi Van Kirk, « *Many Tender Ties* » : 54-55.
289. George Nelson a mentionné avoir passé beaucoup de temps à fabriquer des raquettes à neige parce qu'il était décidé à apprendre à les faire correctement ; AO, MU 842, 2 janvier 1819 : 23.
290. Le voyageur Roy s'était procuré du bois pour les cadres des raquettes ; MDLR, MC, C.24, 19 janvier et 7 février 1801 : 18, 21 ; et BAC, MG19 A14, 20 et 29 décembre 1805, 6 et 21 janvier 1806 : 1, 5, 8, 14 ; pour des exemples d'autres matériaux obtenus auprès des Amérindiens, voir AO, MU 842, 1er décembre 1818 : 17 ; et TBR, S13, journal de George Nelson, 3 novembre 1807-31 août 1808, 26 décembre 1807 et 2 janvier 1808 : 14-15 ; pour des descriptions de babiche, voir McDermott, *Mississippi Valley French* : 18.
291. BAC, MG19 C1, vol. 7, 24 et 26 octobre 1798 : 14 ; pour d'autres exemples d'hommes recherchant du bois pour fabriquer des traîneaux, voir MDLR, MC, C.24, 25 novembre 1800 et 19 janvier

1801: 5, 18; AO, bobine MS65, Donald McKay, journal de janvier 1805 à juin 1806, 11 janvier 1806: 51; BAC, MG19 A14, 20 décembre 1805 et 21 janvier 1806: 1, 14; Faries, « Diary », 16 et 19 novembre 1804: 219; et AO, MU 842, 7 et 9 novembre 1818: 11-12.

292. AO, bobine MS65, Donald McKay, journal de janvier 1805 à juin 1806, 18 février 1806: 58 (ma pagination); et BAC, MG19 C1, vol. 7, 27 octobre 1798: 16.

293. TBR, S13, journal de George Nelson, 1er septembre 1808-31 mars 1810, 24 novembre 1808: 12 (ma pagination).

294. Henry (le Jeune), *New Light* I, 24 novembre 1800 et 30 octobre 1801: 155, 191.

295. Henry (le Jeune), *New Light* I, 3 octobre 1803: 227; et Lefroy, *In Search of the Magnetic North*, Lefroy, Fort Chipewyan, lac Athabasca, à Anne, 1er janvier 184: 89.

296. Pour un exemple de ce problème, voir TBR, S13, journal de George Nelson, 29 août 1805-8 mars 1806, de la fin octobre à la mi-décembre 1805: 5-7 (ma pagination).

297. TBR, S13, journal de George Nelson, 3 novembre 1807-31 août 1808, 24 janvier 1808: 17; pour un autre exemple des risques de se perdre, voir AO, MU 842, 10-13 mars 1819: 36-38.

298. MDLR, MC, C.24, 28 décembre 1800: 14; pour un autre exemple, voir TBR, S13, journal de George Nelson, 3 novembre 1807-31 août 1808, 1er août 1808: 51-52; voir aussi Harris, *Resettlement of British Columbia*: 39.

299. MDLR, MC, C.7, 7 septembre 1794: 17; pour un autre exemple, voir Faries, « Diary », 15 décembre 1804: 222.

300. « For people in this Country when they wish any thing to go or come safe to or from their friends it is always best by far to put it in charge of the Gentlemen of the concern which not for mere Gratitudes sake I must say they always take Great care to have every thing safely delivered. When I wrote this letter I little thought of what was soon to happen [to] me. This old Paulet a very honest man being desirous of taking a letter from me to my parents I gave it him without hesitation as I knew that it would be safely deliver'd unless accidents »; Nelson, *My First Years*, 10 août 1803: 101-102.

301. Harrison, *Until Next Year*: introduction.

302. « This article will be handed to you by old Le May »; AO, MU 572, vol. 2, Donald McIntosh, Michipicoten, à Duncan Clark, Pic, 8 juillet 1825: 1.

303. « Your favor of the 12th Inst. was handed to me by my son, who arrived here yesterday, along with two of the Pic Indians, they will leave this to morrow, with half a dozen Pieces, belonging to Michipicotton, which you will endeavour to forward, to the latter place, as possible... I received your letter by the Lake Nipisingue Indians »; AO, MU 572, R. McKenzie, Fort William, à Duncan Clark, Pic, 18 juillet 1825: 1; pour d'autres exemples, voir R. McKenzie, Pic, à Duncan Clark, Long Lake, 1er mai 1825: 1; et Donald McIntosh, Michipicoten, à Duncan Clark, Pic, 24 août 1825: 1.

304. « [By] the return of the 2 canadians to this place I had the pleasure of receiving your kind Letter »; Montréal, Musée McCord, M22074, 21mai 1815: 1.

305. Harmon, *Sixteen Years*, 18 août 1805: 95.

306. Fraser, « First Journal », 13 avril 1806; voir aussi Nelson, *My First Years*, 1er août 1803: 100.

307. Pour quelques exemples, voir TBR, S13, journal de George Nelson, 1er septembre 1808-31 mars 1810, 24 décembre 1808 et 12 février 1809: 14, 19 (ma pagination).

308. Pour un exemple, voir Harmon, *Sixteen Years*, 26 mai 1801: 48.

309. BAC, MG19 C1, vol. 6, du 18 février 1800 au 14 février 1801, 10 juillet 1800: 42; voir aussi Keith, *North of Athabasca*: 109; et TBR, S13, journal de George Nelson, 30 novembre 1815-13 janvier 1816, 23 décembre 1815: 90; pour d'autres exemples, voir BAC, MG19 C1, vol. 1, 4 avril 1798: 52; et MDLR, MC, C.7, 3 novembre 1793: 2.

310. TBR, S13, journal de George Nelson, 29 août 1805-8 mars 1806, 10 septembre 1805: 2 (ma pagination); et Kohl, *Kitchi-Gami*: 122-123.

311. Henry (le Jeune), *New Light* II, 12 février 1810: 584.

312. MDLR, MC, C.28, 10 décembre 1807: 18; voir aussi Keith, *North of Athabasca*: 323.

313. MDLR, MC, C.26, 28 février 1801 : 28; voir aussi Keith, *North of Athabasca* : 156; pour d'autres exemples voir Henry (le Jeune), *New Light* I, 25 et 28 novembre 1800 : 155-166; AO. MU 842, 4 décembre 1818 : 17; et MDLR, MC, C.24, 17 et 25 décembre 1800, et 30 janvier 1801 : 10-13, 20; pour d'autres exemples, voir AO, bobine MS65, Donald McKay, journal de janvier 1805 à juin 1806, 23 juillet 1805 : 25 (ma pagination); et TBR, S13, journal de George Nelson, 1er septembre 1808-31 mars 1810, 29 novembre 1809 : 44 (ma pagination).
314. Pour des exemples d'expédition et de réception de lettres, voir MDLR, MC, C.7, 5 décembre 1793, 8 février, 8 et 18 octobre 1794 et 2 mai 1795 : 4, 8, 17, 19, 33.
315. TBR, S13, journal de George Nelson, 1er septembre 1808-31 mars 1810, 9 septembre 1808 : 2.
316. Pour des exemples, voir Henry (le Jeune), *New Light* I, 11 avril 1806 : 275; et TBR, S13, journal de George Nelson, 1er avril 1810-1er mai 1811, 7 avril 1810 : 2.
317. « From every distant department of the Company, a special light canoe is fitted out annually, to report on their transactions »; Ross, *Fur Hunters* I : 304.
318. Harmon, *Sixteen Years*, 4 janvier 1801 : 42.
319. Pour divers exemples, voir MDLR, MC, C.24, 4 janvier, 7 et 12 février 1801 : 15, 21; MDLR, MC, C.28, 8 avril 1807 : 30; voir aussi Keith, *North of Athabasca* : 336; et BAC, MG19 C1, vol. 9, 18 et 22 décembre 1805 : 20.
320. BAC, MG19 C1, vol. 1, 3 février 1798 : 39; voir aussi TBR, S13, journal de George Nelson, 1er septembre 1808-31 mars 1810, 14 novembre 1808 : 11-12 (ma pagination).
321. BAC, MG19 C1, vol. 7, 3 et 5 novembre 1798, 10 février et 9 avril 1799 : 17, 30, 49.
322. « [N]othing could give me half the real satisfaction, while thus self-banished in this dreary Country [and] at such a great distance from all I hold dear in this World »; Harmon, *Sixteen Years*, 29 septembre 1801 : 51.
323. Harmon, *Sixteen Years*, 3 septembre 1806 : 101.

VIII • Tendres liens, monogamie légère et commerce sexuel
Les voyageurs et les femmes autochtones

1. « As... their [voyageur] husbands go home to Canada... these [Aboriginal] women must of necessity rejoin their respective tribes; where they generally remain in a state of widowhood during a year or two, in expectation of their return. If the husband does not return, the woman then bestow her hand on one of his comrades who has the good fortune to please her fancy the best »; Ross, *Fur Hunters* I : 296-297.
2. « [Voyageurs and Aboriginal women stay together] as long as they can agree among themselves, but when either is displeased with their choice, he or she will seek another Partner, and thus the Hymenial Bond, without any more ado is broke asunder – which is law here & I think resasonable also »; Harmon, *Sixteen Years*, 28 décembre 1801 : 52-53 (Harmon parle plus spécifiquement de son interprète, Payet, mais il généralise son cas à l'ensemble des hommes travaillant dans la traite, y compris les voyageurs, et probablement aussi les bourgeois et les commis).
3. Van Kirk, « *Many Tender Ties* »; Brown, *Strangers in Blood*; et Peterson, « People in Between ».
4. Thorne, *Many Hands of My Relations*; Sleeper-Smith, *Indian Women and French Men*; et Murphy, *Gathering of Rivers*.
5. Brown, « Partial Truths » : 62 (traduction libre).
6. Pour un large survol de la division des sexes en Europe, voir King, *Women of the Renaissance* : 38, 47-48; et Fletcher, *Gender, Sex, and Subordination* : 101-279.
7. Bosher, « Family in New France » : 1-13.
8. Noel, « New France » : 18-40.
9. Greer, *People of New France* : 60-64.

10. Landes, *Ojibwa Woman*; Leacock, « Montagnais Women »; Leacock, « Women in Egalitarian Societies »; Anderson, *Chain Her by One Foot*; et M.H. Foster, « Of Baggage and Bondage ».
11. Pour des vues d'ensemble, voir Bonville, « Gender Relations »; et Shoemaker, *Negotiators of Change*: 2-7.
12. McGillivray, *Journal*, 10 octobre 1794 : 33-34 ; et TBR, S13, journal de George Nelson, 13 juillet 1803-25 juin 1804 : 9 ; voir aussi Nelson, *My First Years* : 107.
13. Smits, « Squaw Drudge » ; Weist, « Beasts of Burden » ; et Van Kirk, « *Many Tender Ties* » : 17-19.
14. Buffalohead, « Farmers, Warriors, Traders » : 237-238 (traduction libre) ; voir aussi Vibert, *Traders' Tales* : 127-129.
15. Greer, *People of New France* : 61, 64-70 (traduction libre) ; et Noel, *Women in New France* : 17-19.
16. Brown, « Partial Truths » : 68.
17. « I was not, however, better than my neighbours ; the Sex had charms for me as it had for others ; But There always remained a sting, that time only wore away. I gave way, & went as the ox to the Slaughter » ; TBR, S13, journal de George Nelson « No. 5 » : 22-23 (ma pagination séquentielle), 206-207 (pagination de Nelson).
18. Brown, « Partial Truths » : 76 (traduction libre).
19. « Their women are great slaves, and most submissive to marital authority. They did not exhibit the same indifference to the superior comforts of a white man's wife as that displayed but the Flat-head women, and some of them consequently become partners of the *voyageurs* » ; Cox, *Adventures on the Columbia River* : 231.
20. « [The] tenderness existing between [Aboriginal wives] and their husbands presents one great reason for that attachment wich the respective classes of whites cherish for the Indian countries » ; Ross, *Fur Hunters* I : 296 (les « différentes classes » sont celles de la compagnie de traite).
21. Henry (le Jeune), *New Light* I, 26 novembre 1802 : 206.
22. « Lambert went with his Bona Roba to gather Moss for their Son, the fruits of their Love et darling of their Lives... Soon after He arrived with a Huge Load of Moss on his back while Madame walked slowly behind carrying nothing but her little Snarling brats » ; MDLR, MC, C.13, 18 novembre 1799 : 4 (ma pagination).
23. Henry (le Jeune), *New Light* I, 6 août 1800 : 25 ; et ACBH, B.42/a/136a, fol. 19.
24. Pour des exemples de plaintes dans les écrits, voir Henry (le Jeune), *New Light* I, 6 août 1800 : 25 ; et MDLR, MC, C.26, 22 février 1801 : 26 ; voir aussi Keith, *North of Athabasca* : 154-155 ; un voyageur essaya de faire chanter Ross en lui extorquant un cheval pour pouvoir payer son mariage ; Ross, *Adventures of the First Settlers* : 200-201.
25. Cox, *Adventures on the Columbia River* : 308.
26. TBR, S13, journal et souvenirs de George Nelson : 72.
27. Fraser, « First Journal », 16 et 18 avril 1806 : 110-111.
28. McGillivray, *Journal*, 8 mars 1795 : 60-61.
29. TBR, S13, journal de George Nelson, 3 novembre 1807-31 août 1808, 8 décembre 1807 : 12.
30. Henry (le Jeune), *New Light* I, 29 août 1800 et 1er, 2 et 30 janvier 1801 : 71-73, 163, 169.
31. Brown, « Fur Trade as Centrifuge » : 206.
32. « [She] is only good for white men, because with them she will have only snow shoes and moccasins to make, and can have as much of man as she desires ; she is only good for the whites ; they take women not as wives but only to use as sluts, to satisfy the animal lust, and when they are satisfied they cast them off, and another one takes her for the same purpose and casts her off again, and so she will go on until she becomes an old [woman] soiled by every one who chooses to use her[.] She is foolish, she has no understanding, no sense, no shame, she is only good to be a slut for the white. I wish she would leave me » ; TBR, S13, journal de George Nelson « No. 5 » : 41 (ma pagination séquentielle), 225 (pagination de Nelson).
33. TBR, S13, journal codé de George Nelson, 11 mai 1821 : 15.
34. Mackenzie, *Voyages from Montreal*, 2 février 1793 : 263.

35. « Horses have been killed and women wounded since I am with them on the score of Jealousy » ; Larocque, « Journal of an Excursion », 19 août 1805 : 184.
36. BAC, MG19 C1, vol. 8, 13 janvier 1805 : 41-42 ; voir aussi Keith, *North of Athabasca* : 198-199.
37. Larocque, « Journal of an Excursion », 19 août 1805 : 184 ; pour un autre exemple, voir Henry (le Jeune), *New Light* I, 29 août 1800 : 71.
38. Sleeper-Smith, *Indian Women and French Men* : 5-6.
39. Fur, « Some Women Are Wiser » : 82.
40. BAC, MG19 C1, vol. 1, 24 octobre 1797, 7 janvier et 21 février 1798 : 15, 32, 44 ; AO, MU 842, 18 octobre 1818 : 7 ; et Faries, « Diary », 18 avril 1805 : 237.
41. Tanner, *Narrative of the Captivity* : 86 ; et Peers, *Ojibwa of Western Canada* : 36 ; voir aussi Fierst, « Strange Eloquence ».
42. Malheureusement, cette fois-là, Net-no-kwa décida de suivre son fils qui partait rejoindre un autre groupe d'Amérindiens et elle devait donc se libérer de son chargement ; elle vendit ses fourrures très rapidement, et à perte ; Tanner, *Narrative of the Captivity* : 51-52.
43. Peers suggère que l'autorité de Net-no-kwa lui venait en partie de son âge ; Peers, *Ojibwa of Western Canada* : 57.
44. Peterson, « People in Between » : 60-64.
45. Buffalohead, « Farmers, Warriors, Traders » : 238, 240-241.
46. Cooper, « Native Women ».
47. TBR, S13, journal de George Nelson, 3 novembre 1807-31 août 1808, jeudi 20 novembre 1807 : 9.
48. Devens, *Countering Colonization* : 15-18.
49. MDLR, MC, C.12 : 19 ; et Van Kirk, « *Many Tender Ties* » : 65 ; maris et femmes amérindiens travaillaient souvent ensemble comme guides ; voir AO, MU 2199, Edward Umfreville, 22 juin et 17 juillet 1784 : 7, 21 ; les femmes autochtones allaient parfois bien au-delà de ces rôles pour devenir des émissaires diplomatiques entre les traiteurs et les Amérindiens, comme le fit Thanadelthur ; Van Kirk, « *Many Tender Ties* » : 66-71.
50. MDLR, MC, C.7, 27 février 1794 : 10.
51. Van Kirk, « Thanadelthur » ; et McCormack, « Many Faces of Thanadelthur ».
52. Van Kirk, « *Many Tender Ties* » : 5 ; Brown, *Strangers in Blood* : 81 ; et Sleeper-Smith, *Indian Women and French Men* : 4-6.
53. Voir par exemple Rich, « Trade Habits » ; et Ray et Freeman, « *Give Us Good Measure* ».
54. Pour quelques exemples, voir R. White, *Middle Ground* ; B.M. White, « Skilled Game of Exchange » ; et Peers, *Ojibwa of Western Canada*.
55. Landes, *Ojibwa Woman* : 119-120.
56. Brown, *Strangers in Blood* : 88.
57. Au sujet des berdaches, voir Whitehead, « Bow and the Burden Strap » ; Roscoe, « How to Become a Berdache » ; Williams, *Spirit and the Flesh* ; Allen, « Lesbians in American Indian Cultures » ; et Callender et M. Kochems, « North American Berdache ».
58. Landes, *Ojibwa Woman* : 119-120 ; et Peers, *Ojibwa of Western Canada* : 45.
59. Greer, *Peasant, Lord, and Merchant* : 50-51.
60. Gagnon, *Plaisir d'amour*.
61. MDLR, MC, C.5, 23 et 26 juillet 1806 : 47, 70 ; Lewis, *History of the Expedition* I, 16 janvier 1805 : 215 ; et Ross, *Adventures of the First Settlers* : 93.
62. « but the Lady more so, and I thought it prudent to make her some trifling presents to pacify her » ; MDLR, MC, C.7, 26 mars 1795 : 29 ; et McDonell, « Extracts » I : 293.
63. « the favours of his young wife & made use of strong arguments to convince [him] of the goodness of the lady in question – but to no purpose » ; MDLR, MC, C.7, 5 avril 1795 : 30.
64. Van Kirk, « *Many Tender Ties* » : 25-26.
65. Cooper, « Native Women » : 104-105.

66. Voir Alexander Henry (le Jeune), « Report of North West Population 1805 » dans son *Journal* I : 188 ; il rapportait une proportion de 2,25 femmes pour un homme chez les Amérindiens.
67. Brown, *Strangers in Blood* : 88 ; Sherry Ortner et Harriet Whitehead soutiennent que dans les « sociétés de prestige », le plaisir érotique, la passion et les images des corps masculins et féminins se dissolvent devant les questions d'économie, de rang et d'honneur masculin ; Ortner et Whitehead, « Introduction ».
68. Cox, *Adventures on the Columbia River*, 15 septembre 1817 : 300.
69. MDLR, MC, C.27, 27 mars 1807 : 13 ; et Cox, *Adventures on the Columbia River*, été 1812 : 83.
70. Henry (le Jeune), *New Light* II, 1er novembre 1810 : 660.
71. « an old woman who was the wife of a Chinook chief, came with six young women, her daughters and nieces, and having deliberately encamped near [them], proceeded to cultivate an intimacy between [the] men and her fair wards » ; Lewis, *History of the Expedition* II : 271.
72. Henry (le Jeune), *New Light* II, 19 avril 1814 : 890-891.
73. Ross, *Fur Hunters* II : 128 ; et Henry (le Jeune), *New Light* I, 24 octobre 1803 : 228.
74. « gave an expensive mare for one single touch at a Slave girl » ; Henry (le Jeune), *New Light* I, 12 janvier 1804 : 235.
75. MDLR, MC, C.7, 26 mars 1795 : 29 ; et McDonell, « Extracts » I : 293.
76. « such... goings on in this Quarter... [are] encouraged by their masters, who often stand as Pimps to procure women for their men, all to get the mens wages from them » ; Tyrrell, *Journals* : 446n, 449.
77. Brown, *Strangers in Blood* : 84.
78. Le terme « pillage » en anglais signifiait le vol, mais il avait parfois des connotations sexuelles et était un euphémisme pour désigner le viol ; McGillivray, Journal, 23 octobre 1794 : 37 ; pour un autre exemple, voir J. McKenzie, « Journal, 1799 ».
79. « [The sons of Old Lacorne are] all great bucks, I suppose they came sneaking about the house in hopes of finding some of our young women out and stealing them off – they can very easily do it, it is not but once that such things have happened. I cannot think that they had any other intention, for they could have very easily killed every soul of us. I communicated this to the men, who keep watch all night, and shut up the gates of our fort » ; TBR, S13, journal de George Nelson, « Journal from Bas De La Rivière to Cumberland House, 1819- ? », 13 mai 1819 : 5 (ma pagination) ; et journal codé de George Nelson, 20 avril 1821 : 5.
80. Ross, *Fur Hunters* I : 23-24.
81. TBR, S13, journal de George Nelson, 1er septembre 1808-31 mars 1810, 10 janvier 1810 : 48 (ma pagination).
82. McKenzie, « Journal, 1799 », 9 et 10 février 1800, II : 385 (page manquante du journal original de James McKenzie, 1799-1800, dans MDLR, MC, C.13).
83. Fraser, « First Journal », 17 et 19 mai 1806 : 120-121 ; et MDLR, MC, C.24, 8 mai 1801 : 36 ; pour un autre exemple, voir Faries, « Diary », 10 mai 1805 : 240.
84. Franchère, *Journal of a Voyage* : 182 ; et Kohl, *Kitchi-Gami* : 3 ; voir aussi Giraud, *Le métis canadien* ; Peterson, « People In Between » ; et Peterson et Brown : *New Peoples*.
85. MDLR, MC, C.7, 29 avril 1795 : 32.
86. « It was suggested that the number of women and Children in the Country was a heavy burthen to the Concern & that some remedy ought to be applied to check so great an evil, at least if nothing effectual could be done to suppress it entirely. – It was therefore resolved that every practical means should be used throughout the Country to reduce by degrees the number of women maintained by the Company, that for this purpose, no Man whatever, either Partner, Clerk, or Engagé, belonging to the Concern shall henceforth take or suffer to be taken, under any pretence whatsoever, any woman or maid from any of the tribes of Indians now known or who may hereafter become known in this Country to live with him after the fashion of the North West, that is to say, to live with him within the Company's Houses or Forts & be maintained at the expence of the Concern... It is however understood that taken [sic] the Daughter of a white Man after the fashion of the Country, should be considered no violation of this resolve » ; procès-

verbaux des réunions de la Compagnie du Nord-Ouest à Grand Portage et Fort William, 1801-1807, avec Conventions supplémentaires dans Wallace, *Documents* : 211.

87. Van Kirk, « *Many Tender Ties* » : 92.

88. Procès-verbaux des réunions de la Compagnie du Nord-Ouest à Grand Portage et Fort William, 1801-1807, avec Conventions supplémentaires dans Wallace, *Documents* : 212 ; Van Kirk, « *Many Tender Ties* » : 39-40, 92 ; Brown, « Fur Trade as Centrifuge » : 202, 205 ; Brown, *Strangers in Blood* : 97 ; et Brown, « Partial Truths ».

89. ACBH, B.22/a/6, 13 novembre 1798, fol. 9.

90. ACBH, B.89/a/2, 13 juin 1810, fol. 2 ; et Harmon, *Sixteen Years*, 19 mai 1803 et 29 avril 1804 : 66-67, 80.

91. Ross, *Fur Hunters* I : 17, 23-24, et II : 7 ; Mackenzie, *Voyages from Montreal*, début juin 1789 : 135 ; TBR, S13, journal de George Nelson, 1er septembre 1808-31 mars 1810, 9 septembre 1808 : 2 ; et Henry (le Jeune), *New Light* I, 21 août 1800 : 50-52, et II : 3 octobre 1803 : 26-27.

92. Fraser, « First Journal », 17 et 19 mai 1806 : 120-121.

93. BAC, MG19 A9, vol. 2, Simon Fraser à James McDougall, [Natleh ?], 31 janvier 1807 ; Simon Fraser à « My dear friend » (John Stuart), [Natleh ?], 1er février 1807.

94. « Connolly vs. Woolrich » : 227-228.

95. « Connolly vs. Woolrich » : 227-228.

96. « Johnston et al. vs. Connolly » : 280-281.

97. « Johnston et al. vs. Connolly » : 287-288 ; voir aussi Brown, *Strangers in Blood* : 94-95 ; et Van Kirk, « *Many Tender Ties* » : 117, 121.

98. Greer, *Peasant, Lord, and Merchant* : 48-49.

99. « [They] have a train of cabriolets, a clumsy sort of gig, according to the respectability or wealth of the happy pair ; on returning the bride rides first, and far from appearing reserved on this occasion, she calls out to her acquaintance in the street, or waves her handkerchief in passing them ; the market people, whom they take care to pass, greet them with shouts, which the party seem to court and enjoy » ; Palmer, *Journal of Travels*, 21 septembre 1817 : 217.

100. « Johnstone et al. vs. Connolly » : 287.

101. TBR, S13, journal de George Nelson « No. 5 » : 22-23 (ma pagination séquentielle), 206-207 (pagination de Nelson) ; et Henry (le Jeune), *New Light* II, 10 novembre 1809 : 571.

102. Van Kirk a découvert les mêmes schémas ; voir « *Many Tender Ties* » : 36-37.

103. « surrounded by a group of young and old women, some of whom were rejoicing, and others crying. The men moved on first, in a slow solemn pace, still chanting their warlike epithalamium. The women followed at a short distance ; and when the whole party arrived in front of the fort, they formed a circle, and commenced dancing and singing, which they kept up about twenty minutes. After this the calumet of peace went round once more, and when the smoke of the last whiff had disappeared, Michel shook hands with his late rival, embraced the chiefs, and conducted his bride to his room. While [Ross Cox] remained in the country, they lived happily together » ; Cox, *Adventures on the Columbia River* : 128-129.

104. « Johnstone et al. vs. Connolly » : 280-281.

105. Barry Gough, qui a édité le *Journal* d'Henry (le Jeune) (I : 188), affirme que les femmes des hommes blancs étaient appelées « blanches ».

106. Brown, *Strangers in Blood* : 87-88.

107. Van Kirk, « *Many Tender Ties* » : 53, 54-59, 61-65 (traduction libre).

108. MDLR, MC, C.24, 17 mars 1801 : 27 ; BAC, MG19 C1, vol. 10, 20 janvier 1804 : 30 ; et BAC, MG19 C1, vol. 6, 9 mars, 2 juin et 14 octobre 1800 : 4, 27, 56 ; voir aussi Keith, *North of Athabasca* : 89, 101-102, 115.

109. Sleeper-Smith, *Indian Women and French Men* : 4.

110. « a Dirty despicable set of fellows » ; MDLR, MC, C.26, 22 février 1801 : 25-26 ; voir aussi Keith, *North of Athabasca* : 155.

111. Van Kirk, « *Many Tender Ties* » : 84-85.

112. MDLR, MC, C.7, 2 et 11 avril 1795 : 30 ; ACBH, B.89/a/2, 13 juin 1810, fol. 2.

113. TBR, S13, journal de George Nelson, 1er septembre 1808-31 mars 1810, 1er septembre 1809 : 36 (ma pagination) ; et journal de George Nelson, 1er avril 1810-1er mai 1811, 24 septembre 1810 : 27 (ma pagination).

114. Van Kirk, « *Many Tender Ties* » : 65-73 ; voir aussi Lefroy, *In Search of the Magnetic North*, Lefroy, lac Supérieur, à Fanny, Montréal, 22 octobre 1844 : 132 ; et Lefroy, Fort Chipewyan, à Isabella, fleuve Mackenzie, Fort Simpson, 29 avril 1844 : 112-113, 119 ; ACBH, B.89/a/2, 11 décembre 1810 et 1er mars 1811, fols. 18, 26 ; et BAC, MG19 C1, vol. 6, 2 juin 1800 : 27 ; voir aussi Keith, *North of Athabasca* : 101.

115. AO, MU 1391, 26 juin 1818 : 13.

116. ACBH, B.39/a/16, 8 juillet 1820, fol. 7 ; Nelson, *My First Years*, 16 septembre 1803 : 110 ; et TBR, S13, journal et souvenirs de George Nelson, automne 1803 : 49.

117. Nelson, *My First Years*, 14 et 31 janvier, et 14 février 1804 : 139-140, 143, 148.

118. Van Kirk, « *Many Tender Ties* » : 46-47.

119. Brown, *Strangers in Blood* : xxi, 51 ; Dans *Indian Women and French Men*, Sleeper-Smith ne précise pas si elle se concentre plutôt sur les élites dans la traite, mais à la page 30 elle fait une distinction entre le terme « traiteur français », utilisé tout au long de son ouvrage, et « hommes de canoës ou voyageurs », impliquant donc que dans son livre les traiteurs représentent les maîtres dans la traite.

120. Brown, *Strangers in Blood* : 82, 89, 96 ; le récent article de Brown, « Partial Truths », vient à l'appui de cette affirmation.

121. « It was very common to change women in the Indian country. The French Canadians, in the North-West company's employ and the English, did it too... Some of the servants of the company brought women or wives with them to Canada and married them but abandoned them, and others lived with them and abandonned them to marry white women in the civilized world. There were but very few of the servants of the company who did not take women when in the interior and lived with them, but there were very few who brought them into civilized society and married them » ; « Johnstone et al. vs. Connolly » : 287.

122. Ross, *Fur Hunters* II : 234-237.

123. Henry (le Jeune), *New Light* I, 12 mai 1803 : 211.

124. « [When] I return to my native land shall endeavour to place her into the hands of some good honest Man, with whom she can pass the remainder of her Days in this Country much more agreeably, than it would be possible for her to do, were she to be taken down into the civilized world, where she would be a stranger to the People, their manners, customs & Language » ; Harmon, *Sixteen Years*, 19 octobre 1805 : 98 ; mais finalement, Harmon décida d'emmener sa femme amérindienne et les enfants qu'il en avait eus en repartant au Vermont ; voir Harmon, *Sixteen Years*, 28 février 1819 : 194-195 ; et Van Kirk, « *Many Tender Ties* » : 138-139.

125. Nelson, *My First Years*, 29 juin 1804 : 170-171.

126. « When a trader wishes to separate from his Indian wife, he generally allows her an annuity, or gets her comfortably married to one of the *voyageurs*, who, for a handsome sum, is happy to become the husband of *la dame d'un Bourgeois* » ; Cox, *Adventures on the Columbia River* : 312 ; et Van Kirk, « *Many Tender Ties* » : 50.

127. Van Kirk, « *Many Tender Ties* » : 46.

128. Voir l'exemple de Desrocher dans TBR, S13, journal de George Nelson, 1er avril 1810-1er mai 1811, 24 septembre 1810 et 27 janvier 1811 : 27, 42 (ma pagination) ; voir l'exemple de la femme de Brunet dans Nelson, *My First Years*, 16 octobre 1803 : 116 ; voir aussi BAC, MG19 A9, vol. 2, Simon Fraser à James McDougall, [Natleh ?], 31 janvier 1807, et Simon Fraser à « My dear friend » (John Stuart), [Natleh ?], 1er février 1807.

129. Van Kirk, « *Many Tender Ties* » : 40.

130. Pour des exemples d'Amérindiens commettant des agressions sexuelles sur les femmes et les filles des voyageurs, voir BAC, MG19 A17 : 123-125 ; et AO, MU 842, 5 février 1819 : 31.

131. MDLR, MC, C.7, 30 mai 1795 : 36.

132. Tyrrell, *Journals* : 449.
133. AO, MU 842, 16 avril 1819 : 45 ; et MDLR, MC, C.28, 19 juin 1808 : 43 ; voir aussi Keith, *North of Athabasca* : 347.
134. Peers, *Ojibwa of Western Canada* : 56-59 ; pour des exemples de suicides chez les femmes algonquines, voir Henry (le Jeune), *New Light* I, 22 et 27 octobre 1804 : 252, et II, 3 septembre 1808 : 486-487 ; Harmon, *Sixteen Years*, 19 février 1803 et 27 janvier 1811 : 66, 136-137.
135. TBR, S13, journal de George Nelson, 1er avril 1810-1er mai 1811, 9 juillet 1810 : 17 (ma pagination) ; pour un exemple de voyageur "faisant les yeux noirs" à sa femme, voir Faries, « Diary », 1er septembre 1804 : 207.
136. Cooper, « Native Women » : 100 (traduction libre).
137. TBr, S13, journal et souvenirs de George Nelson : 72 ; Henry (le Jeune), *New Light* I, 3 mars 1806 : 274 ; et MDLR, MC, C.8, 28 février 1806 : 12.
138. Voir aussi Keith, *North of Athabasca* : 227-228.
139. « to subdue the stubborn ill humour of her old husband whom she [said was] always quarreling and disputing her on account of the illcare she [had] of his things and other qualities » ; TBR, S13, journal de George Nelson, 1er septembre 1808-31 mars 1810, 29 octobre et 5 novembre 1809 : 41 (ma pagination).
140. Henry (le Jeune), *New Light* I, 7 mais 1802 : 197 ; et Cox, *Adventures on the Columbia River* : 310-311.
141. « After mature consideration concerning the step I ought to take I finally concluded it would be best to accept of her, as it is customary for all the Gentlemen who come in this Country to remain any length of time to have a *fair* Partner, with whom they can pass away their time at least more sociably if not more agreeably than to live a lonely, solitary life, as they must do if single » ; et « Having lived with this woman as my wife, though we were never formally contracted to each other, during life, and having children by her, I consider that I am under a moral obligation not to dissolve this connextion, if she is willing to continue it. The union which has been formed between us, in the providence of God, has not only be cemented by a long and mutual performance of kind offices, but, also, by a more sacred consideration… I consider it to be my duty to take her to a christian land, where she may enjoy Divine ordinances, grow in grace, and ripen for glory » ; Harmon, *Sixteen Years* : 62-63, 98, 194.

IX • AU TERME DU CONTRAT
Renter chez soi ou partir libre

1. Dugas, *Un voyageur* : 107.
2. TBR, S13, journal de George Nelson, 13 juillet 1803-25 juin 1804, 2 août 1803 : 4 ; voir aussi Nelson, *My First Years* : 100.
3. Certains chercheurs commencent à étudier cette question ; voir par exemple Englebert, « Storm before the Calm ».
4. Pour des exemples, voir ANQM, CE601 S11, 1965 : 6884.
5. BAC, RG7 G15C, vol. 2, CO42, vol. 100, shérif Edward Gray à l'attorney général James Monk, 9 juin 1794 ; J. Reid au même, 12 juin 1794 ; T.A. Coffin à James McGill, 21 juillet 1794 ; cité dans Greenwood, *Legacies of Fear* : 80, 285.
6. BAC, MG23 G1110, vol. 9 : 4613-4614, Jonathan Sewell au lieutenant colonel Beckworth, 28 juillet 1795 ; je remercie Donald Fyson d'avoir attiré mon attention sur cette référence.
7. ACBH, E31/2/2, fols. 1-2, Marianne Duque, mère, Saint-Ours, à François Benoît, fils, voyageur des pays d'en Haut, au soin de Mr. athanas Felix.
8. La solitude des voyageurs s'exprimait souvent dans leurs chansons ; voir Kohl, *Kitchi-Gami* : 258-260 ; les commis et les bourgeois notaient souvent leurs sentiments de mal du pays ; voir Nelson, *My First Years*, 23 mai 1804 : 157-158 ; TBR, S13, journal de George Nelson « No. 1 » : 10 ; et journal et souvenirs de George Nelson : 22-23 ; voir aussi Cox, *Adventures on the Columbia River* :

130-131, 198-199, 218; Harmon, *Sixteen Years*, 4 avril et 29 septembre 1801, 21 juin 1803 : 45-46, 51, 67-68 ; et Franchère, *Voyage to the Northwest Coast*, 26 juillet et 6 septembre 1810 : 3, 10-11.

9. Par exemple, voir Vivier dans BAC, MG19 C1, vol. 7, du dimanche 18 novembre 1798 au mardi 20 novembre 1798 : 19-20.

10. « S-cci-e Pays M-d-te- » ; MDLR, MC, C.27 : 3.

11. AO, MU 2199, boîte 4, n° 1 (photocopie de l'original), « An Account of the Athabasca Indians by a Partner of the North West Company, 1795 », révisé le 4 mai 1840 (pour former une partie du manuscrit intitulé « Some Account of the North West Company » par Roderick McKenzie, directeur de la Compagnie du Nord-Ouest) ; original à MDLR, MC, C.18, bobine 22 ; les photocopies peuvent également être consultées à BAC, MG19 C1, vol. 55, bobine C-15640 : 3-4.

12. Morice, *Dictionnaire historique* : 243 ; ACBH, B.177/a/1, juin 1791 ; ACBH, B.105/a/4, 1er juin 1797 ; ACBH, B.22/a/5, 27 août 1797 ; et TBR, S13, journal de George Nelson, 3 novembre 1807-31 août 1808 : 2, 6.

13. MDLR, MC, C.29 : 6.

14. Cox, *Adventures on the Columbia River* : 304-307.

15. « [Being posted in the interior] among the savages in the far distant wilds of North America, may appear to some as banishment rather than an appointment of choice in search of competency, which in a variety of ways fortune places more or less within our reach ; yet of the persons who have spent any portion of their years in those countries, few or none are known who do not look back with a mixture of fond remembrance and regret on the scenes through which they have passed ; preferring the difficulties and dangers of their former precarious but independant habits to all the boasted luxuries and restraints of polished society. In the wilderness they spend a long, active and healthful life » ; Ross, *Fur Hunters* I : 284-285.

16. « [For] years he [Belland] roved the prairies and woods of the Northwest, through the wilds of Canada, [the] lake country of Minnesota, the frozen regions of Pembina, and the trackless plains of Nebraska. He had visited the mouth of the Yellowstone, and on horseback, on foot, in the canoe, in winter or summer, he was at home in all situations of frontier life » ; Mayer, *With Pen and Pencil* : 229.

17. Henry (le Jeune), *New Light* I, 28 novembre au 1er décembre 1800 : 157-158.

18. BAC, MG18 C5.

19. « On the other side of the river the land is cultivated and inhabited by former servants of the Company who have not saved any money ; married to Indian women and burdened with heavy family responsabilities, they dare not return to Canada but prefer growing a little corn, a few potatoes, etc., and living by fishing to going back to beg in a civilized country » ; Franchère, *Journal of a Voyage* : 182 ; et Kohl, *Kitchi-Gami* : 3, 168-170, 212-213.

20. Osborne, « Migration of *Voyageurs* » : 123-124.

21. Ross, *Fur Hunters* II : 243.

22. Dugas, *Un voyageur* : 105-108.

23. « [This] man has resided among the Indians for upward of 15 years, speaks their language tolerably well, and has a wife and a family who dress and live like the natives » ; Henry (le Jeune), *New Light* I, dimanche 20 juillet 1806 : 333.

24. La Rochefoucauld-Liancourt, *Travels through the United States* : 296-297.

25. Cox, *Adventures on the Columbia River*, 23 juin 1817 : 262.

26. « had his amour propre too & did not chuse to associate with the Common labourers » ; et « stile[d] himself Lord of Lake Winnipick » ; TBR, S13, journal et souvenirs de George Nelson, Saint-Jude, 1er décembre 1825 : 82.

27. « No dependence is to be placed on [freemen] ; they have neither principles, nor honor, nor honesty... their aim is folly, extravagance and caprice ; they make more mischief than the most savages Blackfeet in the plains » ; Henry (le Jeune), *New Light* II, 13 juillet 1810 : 613 ; sur Desjarlais, « le souverain du lac Red Deer », voir Franchère, *Voyage to the North West Coast*, 5 juin

1814 : 214 ; pour d'autres informations sur l'homme libre Antoine Desjarlais, voir Devine, *People Who Own Themselves* : 82, 84-86, 92, 95-97 ; et Devine, « Les Desjarlais ».

28. « These freemen may be considered a kind of enlightened Indians, with all their faults, but none of their good qualities ; and this similarity to the Indians in their vagrant mode of life brings on them the contempt of both whites and natives. Indeed, they become more depraved, more designing, and more subtle than the worst of the Indians ; and they instruct the simple natives in every evil, to the great detriment of traders ; with whom, in consequence, they are never on a friendly footing » ; Ross, *Fur Hunters* I : 291-292.
29. Au sujet de Boucher, voir Henry (le Jeune), *New Light* I : 219 ; et Franchère, *Voyage to the Northwest Coast* : 264 ; certains désignent ce traiteur sous le nom de Jean-Marie Boucher ; voir Morrison, *Superior Rendezvous Place* : 42 ; au sujet de Constant, voir Podruchny, « Un homme libre ».
30. Ross, *Fur Hunters* I : 293.
31. APM, MG2 A1-1, « Actual Number of Free Canadians with Their Indian Wives » : 18-19.
32. Procès-verbaux des réunions de la Compagnie du Nord-Ouest à Grand Portage et à Fort William, 1801-1807, avec Conventions supplémentaires dans Wallace, *Documents* : 272.
33. Devine, « Les Desjarlais », en particulier 130-132.
34. Winnipeg, Société historique de Saint-Boniface, registres des paroisses catholiques, microfilm 2936, Saint-Augustin de Desmaures, ZQ-1-348 ; je remercie Harry Duckworth, Alfred Fortier et William Benoît pour m'avoir aidée à découvrir cette source.
35. ACBH, B.177/a/1, Journal de James Sutherland à Red Lake, 1790-1791 ; voir aussi le document n° 16 de la collection des documents historiques de Warren Baker, Montréal ; ce document concerne un procès intenté par Charles Racette, voyageur, contre Angélique Blondeau, veuve de Gabriel Cotte, et inclut une déclaration de Racette datée du 4 avril 1796 et un récit holographe de deux pages par Racette, non daté ; il comprend également des notes non datées des dépositions de deux autres voyageurs, Alexis Carpentier et Jac. Desnoyers ; et une assignation en appel par Auldjo, Jordan et Claus (probablement les exécuteurs testamentaires de Gabriel Cotte), daté du 24 février 1797 ; je remercie Harry Duckworth de m'avoir indiqué ces références.
36. ACBH, B.22/a/6, 1798-1799, Robert Goodwin, 1er et 2 septembre 1797.
37. TBR, S13, journal et souvenirs de George Nelson, Saint-Jude, 1er décembre 1825 : 82.
38. ACBH, B.22/a/6, 1798-1799, Robert Goodwin, 2 septembre 1797.
39. TBR, S13, journal de George Nelson, 3 novembre 1897-31 août 1808 : 2, 6, 36, 44 ; et journal de George Nelson, 1er septembre 1808-31 mars 1810, 14 septembre 1808 et 14 septembre 1809.
40. Morice, *Dictionnaire historique* : 243.
41. TBR, S13, journal de George Nelson, 3 novembre 1807-31 août 1808, 14 et 22 mai 1808 : 31, 34 ; journal de George Nelson, 1er septembre 1808-31 mars 1810, 14 septembre 1809 ; journal de George Nelson, 1er avril 1810-1er mai 1811, 9 juillet 1810 ; journal et souvenirs de George Nelson, Saint-Jude, 1er décembre 1825 : 82 ; et Cox, *Adventures on the Columbia River*, 15 juillet 1817 : 276.
42. TBR, S13, journal codé de George Nelson, 10 et 24 mai 1821 : 14-15, 20.
43. « [He] always Complains to me of the hardship of having the Molly Grippes Continually owing to eating fish – a Common food he says at this Morné Endroit – He Oftent Curses from the bottom of his heart both the place and the food and I dare Say the Bourgeois though I donot hear him – It is with regret he reflects on the fine times he used to have of it during the Summer Season at Slaye Lake where he was his own Master and Chose his own meat while here neither is master nor eats meat without Choosing » ; MDLR, MC, C.13, 31 juillet 1800 : 61 (ma pagination).
44. Cox, *Adventures on the Columbia River* : 171-172.
45. TBR, S13, journal de George Nelson « No. 5 » : 32 (ma pagination séquentielle), 215 (pagination de Nelson) ; journal de George Nelson « No. 7 » : 280 ; Harmon, *Sixteen Years*, 4 janvier 1801 : 41 ; et Henry (le Jeune), *New Light* II : 18 septembre 1810 : 628.
46. Devine, « Les Desjarlais » : 133.
47. Sprague et Frye, *Genealogy of the First Métis Nation* : 15 ; Thistle, *Indian-European Trade Relations* : 73 ; et Devine, « Les Desjarlais » : 135-136, 139.

48. TBR, S13, journal codé de George Nelson, 9 et 21 mai 1821 : 12, 20.
49. TBR, S13, journal de George Nelson, 1er avril 1810-1er mai 1811, 7 juillet 1810 : 16 (ma pagination).
50. MDLR, MC, C.7, 6 novembre 1793 ; MDLR, MC, C.24, 28 novembre 1800 et mercredi 6 mai 1801 : 5, 36 ; et Harmon, *Sixteen Years*, 16 juillelt 1800 : 23 ; pour un exemple de gens libres engagés pour deux et trois ans, voir MDLR, MC, C.24, 21-22 janvier 1801 : 18-19 ; pour l'exemple de gens libres engagés pour une unique saison, voir Henry (le Jeune), *New Light* II, 21 septembre 1809 : 546.
51. Pour un exemple, voir MDLR, MC, C.24, 27 mars et 11 avril 1801 : 29, 31.
52. La Fraise ne savait pas écrire et avait donc besoin d'aide dans son travail de commis ; MDLR, MC, C.12 ; ce récit est publié dans Wood et Thiessen, *Early Fur Trade* ; il est difficile de savoir s'il a quelque rapport avec le coureur des bois Joseph La France emprisonné par les Britanniques à Fort York en 1742 ; voir H.H. Tanner, « Career of Joseph La France ».
53. « Luckily that afternoon a Frenchman called Constant [arrived, who] is a guide in the service of monsieur Coté, Constant says a Canadian is near hand, who is not at present engaged to any one, is well acquainted with the road, and he thinks will be willing to engage with us. This is a prize not to be lost, and we may see him as soon as possible, mean to send after him tomorrow » ; et « He is not content to go ; we wished much to engage him to winter but found it impossible… He has been a very good, quiet man and as he knows the way very well from Pais Plat to Sturgeon Lake, we would willingly engage him to winter, so that he may be employed as guide hereafter, if there should be occasion for him » ; AO, MU 2199, Edward Umfreville, 10, 11, 28-30 juin et 15 juillet 1784 : 10, 16, 20.
54. MDLR, MC, C.24, 27 mars 1808 : 29 ; TBR, S13, journal de George Nelson, 29 août 1805-8 mars 1806, 10 septembre 1805 : 2 (ma pagination) ; et ACBH, B.89/a/2, 22 juin 1810, fol. 4.
55. TBR, S13, journal de George Nelson « Journal from Bas De La Rivière to Cumberland House, 1819- ? », 1er, 3 et 4 septembre 1819 : 4-5 (ma pagination) ; et Cox, *Adventures on the Columbia River*, 23 juin 1817 : 262.
56. TBR, S13, journal de George Nelson, 29 août 1805-8 mars 1806, 29-30 août et 10 septembre 1805 : 1-2 (ma pagination).
57. Pour des exemples de gens libres vendant de la nourriture aux traiteurs, voir Franchère, *Voyage to the Northwest Coast*, 5 juin 1814 : 240-241 ; AO, MU 1391, 6 et 16 juin 1818 : 7, 10 ; et TBR, S13, journal de George Nelson, « Journal from Bas De La Rivière to Cumberland House, 1819- ? », 4 septembre 1819 : 5 (ma pagination) ; pour des exemples de gens libres chassant pour un poste, voir MDLR, MC, C.24, 6 mai 1801 : 36 ; et Henry (le Jeune), *New Light* II, 21 septembre 1809 : 546 (*passim*) ; pour des exemples de gens libres traitant des fourrures dans un poste, voir Henry (le Jeune), *New Light* II, 15 mai 1806 et 28 novembre 1809 : 119, 574 ; et MDLR, MC, C.24, 28 novembre 1800 et 6 mai 1801 : 5, 36.
58. TBR, S13, journal codé de George Nelson, 20, 21 et 25 mai 1821 : 18-20, 22.
59. MDLR, MC, C.24, 6 mai 1801 : 36.
60. « Those freemen are a nuisance in the country and generally scoundrels ; I never yet found one honest man amongst them » ; Henry (le Jeune), *New Light* I, 30 novembre 1803 et 26 octobre 1805 : 231, 269.
61. « [He is] quite a blackguard – a drunkard, a boaster – & more than half a fool or a madman, & according to the usual character of such brutes as they are he would try to insinuate his bad maxims into others… I was often disgussed with his conversation » ; Nelson, *My First Years*, 13 août 1803 : 102.
62. « There is another set of people in these parts that truly deserve our pity, (compassion) & contempt alternately. – this tribe or set, is what we call free people, "Gen libres !"… These are generally people, who are entirely masters & independant as they vainly imagine of the company's assistance or protection. Some… prefer entering in engagements with the Company in such a manner as to have leave of absence from the arrival of the canos in the fall 'till the latter end of April or beginning of may, giving all their hunt at certain fixed prices to the Compy… Others are

entirely free & roam & strole about the plains or hover about the forts like wolves, eating what they can eat & drink what little remains while the women & Children as well as themselves are reduced to the most extreme wretchedness » ; TBR, S13, George Nelson, Tête au Brochet, à ses parents : 9.

63. Pour un exemple de deux hommes libres voyageant ensemble, voir Nelson, *My First Years*, 7 août 1803 : 101 ; pour un exemple de quatre hommes libres et de leurs familles vivant ensemble, voir Cox, *Adventures on the Columbia River*, 15 juillet 1817 : 276.
64. Alexander Henry le Jeune a mentionné une « canotée » de gens libres voyageant ensemble en une occasion et un nombre non précisé de gens libres vivant ensemble en une autre occasion ; *New Light* II, 19 mars 1814 : 856, et I, 9 juillet 1806 : 289-290 ; George Nelson mentionne une rencontre avec des gens libres voyageant ensemble dans quatre canoës ; TBR, S13, journal de George Nelson, 3 novembre 1807-31 août 1808, 4 juin 1808 : 37.
65. TBR, S13, journal de George Nelson, 29 janvier-23 juin 1815, 8 avril 1815 : 30.
66. « This season we were troubled by an augmentation of freemen from Canada, etc. Their total numbers on this river amounted to 45 ; more worthless fellows could not be found in the North West » ; Henry (le Jeune), *New Light* I, 31 août 1807 : 424.
67. Devine, « Les Desjarlais » : 134.
68. Voir l'entrée du 1er juillet 1833 dans Back, *Narrative of the Arctic Land Expedition* : 64 ; l'historien Paul Thistle a découvert que des familles cris avaient commencé à jardiner à Le Pas dans les années 1830, dans *Indian-European Relations* : 82-83.
69. Winnipeg, APM, Church Missionary Society, C.1/M.2 : 551-552.
70. Association de la Propagation de la Foi, Diocèse de Québec, *Notice sur les missions*, Joseph E. Darveau, Saint-François Xavier, 7 décembre 1843 : 92.
71. Thistle, *Indian-European Relations* : 73.
72. Peers, *Ojibwa of Western Canada* : 69, 104-105.
73. TBR, S13, journal et souvenirs de George Nelson, Saint-Jude, 1er décembre 1825 : 82.
74. « He might [have] fairly style[d] himself king of the fish, wich [were] abundant and which he alone enjoyed » ; Franchère, *Voyage to the Northwest Coast*, 25 juin 1814 : 256.

75 ACBH, D.3/3, 31 janvier 1822, fol. 20.

76. « We arrived on the 5th of August at Rivière du Pas, where an old Canadian, M. Constant, had fixed his abode, who appeared to have an abundance of the necessaries of life, and a large family of half-Indians, who seemed to claim him as their sire. We breakfasted sumptuously on fish and fowl, and no charge was made ; but a gratuity of tea, tobacco or sugar is always given ; so that M. Constant loses nothing by his considerate attentions to his visitors » ; McLean, *Notes of a Twenty-Five Years' Service* I : 134.
77. Devine, « Les Desjarlais » : 141-144.
78. Ross, *Fur Hunters* II : 234-237.

CONCLUSION

1. « This far, everything was new & strange to me ; wild, romantic & wonderful. No "falls", but at the Rideau & Chaudière, but many rapids, at several of which many a poor canadian found his waterly grave. Portages over rocks, hills & Swamps, mostly covered with dense forests. Not a few of them the theme of legends, stories & tales of adventures, accidents & miracles &c &c » ; Nelson, *My First Years* : 38.
2. Voir la grande collection des Archives de folklore à l'Université Laval, Québec ; pour des exemples publiés, voir Barbeau, « Field of European Folklore » ; Bolduc, « Contes populaires canadiens » ; Massicotte et Barbeau, « Chants populaires du Canada » ; Barbeau, *Québec* ; Barbeau, *Jongleur Songs of Old Quebec* ; et Fowke, *Folktales of French Canada*.

3. Un intérêt croissant pour l'histoire culturelle du Canada français s'est manifesté au cours des deux dernières décennies ; pour des exemples relatifs à la tradition orale, voir Crowley, « Thunder Gusts » ; Greer, *Patriots and the People* : 52-86 ; et Moogk, *La Nouvelle-France* : 145-148, 247-249.
4. TBR, S13, journal de George Nelson « No. 1 » : 12 ; voir aussi Henry (le Jeune), *New Light* I : 100, 297 ; TBR, S13, journal et souvenirs de George Nelson : 32 ; et Ross, *Fur Hunters* II : 237.
5. Voir Bouchard, *Genèse des nations* ; Bouchard, « Le Québec comme collectivité neuve » ; et Lamonde, *Ni avec eux ni sans eux* : 13-42.
6. Giraud, *Le métis canadien* ; Peterson, « People in Between » ; et Pannekoek, « Metis Studies ».
7. Voir la bibliographie dans Barkwell, Dorion et Préfontaine, *Metis Legacy*.

Bibliographie

Documents d'archives

Chicago

Newberry Library

Oversize Ayer Art, Mayer Sketchbook n° 43, Minnesota.

Londres

Public Record Office (PRO)

Board of Trade Papers ; B.T. 1, vol. 20, n° 93.

Montréal

Archives nationales du Québec, Dépôt de Montréal (ANQM)

CE601 S11, Sainte-Anne-du-Bout-de-l'Île, 1703-1899. Microfilms, bobines n° 50 à 53.

CN601 S29, John-Gerbrand Beek (notaire), 1781-1822.

TL16 S3 /00001, Cour des plaidoyers communs du district de Montréal (CPCM), Cour du vendredi (matières civiles inférieures).

TL16 S4 /00002, Cour des plaidoyers communs du district de Montréal (CPCM), Cour du samedi (matières civiles supérieures).

TL16 S4 /00005, Cour des plaidoyers communs du district de Montréal (CPCM), Cour du samedi (matières civiles supérieures).

TL16 S3 /00008, Cour des plaidoyers communs du district de Montréal (CPCM), Cour du samedi (matières civiles supérieures).

TL32 S1 SS1, Court of Quarter Sessions of the District of Montréal.

McCord Museum of Canadian History

M14449, Beaver Club Minute Book, 1807-27, Original. Photocopies et transcriptions se trouvent également à MDLR et BAC.

M144450, Rules and Regulations of the Beaver Club: Instituted in 1785. Montréal, W. Gray, 1819.

M17607, North West Company Papers, Déposition de Basil Dubois, 21 juin 1798.

M17614, North West Company Papers, Plainte de Samuel Gerrard, de la firme Parker, Gerrard and Ogilvie contre Basil Dubois.

M 22074, correspondance de Robert McVicar.

DIVISION DES LIVRES RARES ET COLLECTIONS SPÉCIALES DE LA BIBLIOTHÈQUE DE L'UNIVERSITÉ MCGILL (MDLR)

Collection Masson(MC)

C.1, Microfilm bobine n° 55, Duncan Cameron, « The Nipigon Country », avec des extraits de son journal au Nipigon, 1804-1805. Photocopie aux AO, MU 2198 Boîte 3, Item 3; et en triple transcription, MU 2200, Boîte 5, a-c.

C.5, Microfilm bobine n° 5, version abrégée sur Microfilm bobine n° 6, Alexander Henry le Jeune, voyages dans le département de la Rivière Rouge, 1806.

C.6, John Johnston, Description of the Country around Lakes Superior & Huron, with a letter to R. Mackenzie, vers 1799.

C.7, Microfilm bobine n° 4, Journal of John MacDonell, Assiniboine-Rivière Qu'Appelle, 1793-1795. Copie dactylographiée à BAC, MC MG19 C1, Vol. 54, microfilm bobine n° C-15640.

C.8, Microfilm bobine n° 14, Alexander Mackenzie, Journal of Great Bear Lake, mars 1806.

C.11, Microfilm bobine n° 52, W. Ferdinand Wentzel, « Journal kept at Slave Lake », 1802.

C.12, Microfilm bobine n° 6, Charles McKenzie, « Some Account of the Missouri Indians in the years 1804, 5, 6 & 7 », addressed to Roderick McKenzie, 1809, 41. Photocopies et transcription dactylographiée se trouvent à BAC, MC MG19 C1, Vol. 59, microfilm bobine n° C-15640 et AO, NWCC MU2204, Vol. 3 et MU2200 Box 5-4(a).

C.13, Journal de James McKenzie, 1799-1800.

C.17, Liste des effets donnés pour vivres et dépenses du Fort du Lac de Flambeau, 3 août 1804.

C.20, Microfilm bobine n° 22; « Some account of the Department of Fond du Lac or Mississippi by George Monk ».

C.24, Microfilm bobine n° 2, Archibald Norman McLeod, Journal tenu à Alexandria, 1800.

C.26, Microfilm bobine n° 15, John Thomson, « Journal, Mackenzies River alias Rocky Mountain, 1800-1 ».

C.27, Microfilm bobine n° 13, 2, Athabasca Department, Great Slave Lake, W.F. Wentzel to Roderick McKenzie, letters reçues, 1807-1824.

C.28, Microfilm bobine n° 13, W. Ferdinand Wentzel, « A Continuation of the Journal of the Forks, MacKenzie River, for Summer 1807 », août 1807 à juin 1808.

C.29, Microfilm bobine n° 23, Samuel Hull Wilcocke, « Mort de B Frobisher, Difficultés du Nord Ouest, 1819 ».

Ottawa

BIBLIOTHÈQUE ET ARCHIVES CANADA (BAC)

MG18 C5, Claude-Godefroy Coquart, jésuite, Mémoire de Coquart adressé à François Bigot sur les postes du Domaine du Roi : La Malbaie, Tadoussac, île Jérémie et Chicoutimi, 5 avril 1750.

MG19 A5 McTavish, Frobisher & Co. Originaux, 1784-1804, Volume 3, « Letter Book of Joseph Frobisher, of the North West Company containing letters written by him from April 15th 1787 until October 20th 1788. From the Frobisher Documents in the possession of McGill University Library Montréal ».

MG19 A7 Mackenzie, Alexander. Vol. 1, Letterbook of Sir Alexander Mackenzie and Company, 1802-1809. Copies. Documents originaux au séminaire de Québec.

MG19 A9 Simon Fraser Collection

Volume 2, Lettres de Simon Fraser à James McDougall, 1806-1807, et à John Stuart, 1807. Documents originaux aux Archives provinciales de la Colombie-Britannique.

Volume 3, Lettres de Simon Fraser, Montagnes Rocheuses, aux propriétaires de la Compagnie du Nord-Ouest, 1er août 1806-10 février 1807. Copiées en 1858 à la Bancroft Library, nº 18, Séries C, à l'Université de Californie à Berkeley. Également disponibles dans l'Annexe C des Public Archives Report de 1929, 147-159.

Volume 5, « Second Journal of Simon Fraser », mai-juin 1808. Copies des originaux de la Collection Bancroft (Pacific Coast Mss.), à l'Université de Californie à Berkeley; originaux aux Archives provinciales de la Colombie-Britannique.

Fraser. Simon, « First Journal of Simon Fraser from April 12th to July 18th, 1806 ». *Appendix B, Public Archives Report for 1929* (pp. 109-145). Transcription d'une copie se trouvant à l'Université de Californie à Berkeley, Collection Bancroft, manuscrits de la Côte du Pacifique, série C, nº 16; une copie se trouve également à BAC, MG19 A9, Collection Simon Fraser,Vol. 4; originaux aux Archives provinciales de la Colombie-Britannique.

MG19 A14 Microfilm bobine nº M-130, John Stuart, « Journal kept at North West Company Rocky Mountain House, 1805-6 ». Original aux Archives provinciales de la Colombie-Britannique.

MG19 A17 « Autobiographical Notes of John McDonald of Garth, 1791-1815, written in 1859 ». Photocopie. Original à MDLR, MS 406, et transcription dactylographiée aux AO, MU 1763.

MG19 A35 Papiers de Simon McGillivray, volume 7, Memoranda IV, 1815.

MG19 A41 Microfilm bobine A-676, Papiers de James Keith, Memorandum book of James Keith, vers 1811-1821, A 2.

MG19 A51 Contrats d'engagements.

MG19 B1 Lettres archivées de la Compagnie du Nord-Ouest (NWCL), 1798-1800, vol. 1.

MG19 B4 Reproduction de « Sketch of Fur Trade, 1809: Some Account of the Trade of the North West Company » de William McGillivray. Original à Londres, Library of the Royal Colonial Institute.

MG19 B6 McKenzie, Oldham & Company, letter originale, 1805, T. Pothier à McKenzie, Oldham & Co.

MG19 C1 Masson Collection (MC)

Vol. 1, Microfilm bobine nº C-15638, Charles Chaboillez, « Journal for the Year 1797 ».

Vol. 2, Microfilm bobine n° C-15638, Michel Curot, « Journal, Folle Avoine, Riviere Jaune, Pour 1803 & 1804 ».
Vol. 3, Microfilm bobine n° C-15638, François-Antoine Larocque, « Missouri Journal, Winter 1804-5 ».
Vol. 4, Microfilm bobine n° C-15638; William McGillivray, transcription manuscrite de « Rat River Fort Near Rivière Malique... », 9 septembre 1789 au 13 juin 1790.
Vol. 5, Microfilm bobine n° C-15638, William McGillivray, transcription manuscrite de « Rat River Fort Near Rivière Malique... », 9 septembre 1789 au 13 juin 1790.
Vol. 6, Microfilm bobine n° C-15638, James Porter, « Journal kept at Slave Lake, 18 February 1800 to 14 February 1801 ».
Vol. 7, Microfilm bobine n° C-15638, John Thomson, « A Journal kept at Grand Marais ou Rivière Rouge, 1798 ».
Vol. 8, Microfilm bobine n° C-15638, W. Ferdinand Wentzel, « A Journal kept at the Grand River, Winter 1804 & 1805 ».
Vol. 9, Microfilm bobine n° C-15638, 16, Partenaire non identifié de la Compagnie du Nord-Ouest en hivernage, « Journal for 1805 & 6, Cross Lake ».
Vol. 10 Microfilm bobine n° C-15638, J. Dufant, « Journal Commencé le 7e octobre, continué par J. Dufant », à Fort des Epinettes près de Fort Dauphin, 7 octobre 1803-17 mai 1804.
Vol. 12, Microfilm bobine n° C-15638, attribué à John Sayer dans le système d'aide de BAC n° 797, 2, « Journal of Daily Occurrencies - Commencing 15th Septr. 1804 », 15 septembre 1804-27 avril 1805 avec quelques relations de 1791-1793.
Vol. 14, Microfilm bobine n° C-15638, « Journal of the Rocky Mountain Fort, Fall 1799 », anonyme.
Vol. 15, Microfilm bobine n° C-15638, Fragment d'un journal attribué à W. Ferdinand Wentzel, tenu Durant une expédition du 13 juin au 20 août (?) 1800.
Vol. 32a, Microfilm bobine n° C-15638, Correspondance entre Alexander Mackenzie et Roderick McKenzie, 1785-1820.
Vol. 54, Microfilm bobine n° C-15640, Journal de John MacDonell, Assiniboines-Riviere Qu'Appelle, 1793-95, transcription dactylographiée.
Vol. 55, Microfilm bobine n° C-15640, Edward Umfreville, « Journal of a Passage in a Canoe from Pais Plat in Lake Superior to Portage de L'Isle in Rivière Ouinipique », juin à juillet 1784.
Vol. 59, Microfilm bobine n° C-15640, Charles MacKenzie, « Some Account of the Missouri Indians in the years 1804, 5, 6 & 7 », addressé à Roderick McKenzie, 1809.
MG19 E1 Papiers de Selkirk, Microfilm bobine C-1, Vol. 2, Colin Robertson, « Suggestions for the Consideration of the Honourable Hudson Bay Company », 1812.
MG 21 - Add.MSS.-21661-21892, Papiers de Haldimand, « Memorandum for Sir Guy Carleton », 20 janvier 1778.
MG23 GII10, Papiers de Jonathan Sewell.

MG24 H1 Papiers de William Bentinck, copies, « Journals kept during a trip from Montreal to Niagara and the return trip, 1800 and from Montréal to Washington and the return trip in 1801 ».

R7712-0-7-E, Ermatinger Estate Fonds - Séries 2, Edward Ermatinger, volume 4, French Canadian folk songs.

RG7 G15C, « Civil Secretary's Letter Books, 1788-1829 ».

Saint Paul

MINNESOTA HISTORICAL SOCIETY (MHS)

P791, Classeur 7, Papiers de Grace Lee Nute.

P849, Collection Marjorie Gourdeau Gerin-Lajoie. Boîte 4, Lettres de Joseph Guy à son père Pierre Guy II et son frère Louis (en français). Originaux à l'Université de Montréal, Baby Collection, Correspondence G.

P1571, Edward Umfreville. Journal, 1784. Photocopies et transcription dactylographiée. Original à l'Université McGill.

Toronto

ARCHIVES DE L'ONTARIO (AO)

MU 572 Papiers de Duncan Clark.

MU 842 Journal de George Nelson, au service de la Compagnie du Nord-Ouest à Tête au Brochet, 1818-1819.

MU 1146 Papiers de George Gordon.

MU 1391 Collection de la Compagnie de la Baie d'Hudson (HBCC), Journal de Robert Seaborne Miles, 1818-1819.

MU 1956 Papiers d'Angus Mackintosh, Boîte 4, « Journal from Michilimackinac to Montreal via the French River, summer 1813 », approx. 23 juillet 1813.

Microfilm n° MS65, Donald McKay, « Journal from January to December 1799, Company of Temiscamingue ».

Microfilm n° MS65, Donald McKay, « Journal from August 1800 to April 1801, Company of Temiscamingue ».

Microfilm n° MS65, Donald McKay, « Journal from January 1805 to June 1806, Company of Temiscamingue ».

MU 2198. Collection de la Compagnie du Nord-Ouest, Donald McIntosh, Michipicoten, à Christy McIntosh, Cornwall, 1816.

MU 2199 Collection de la Compagnie du Nord-Ouest (NWCC), Edward Umfreville, « Journal of a Passage in a Canoe from Pais Plat in Lake Superior to Portage de L'Isle in Rivière Ouinipique », juin à juillet 1784 (photocopie de l'original). Forme une partied u manuscrit intitulé « Some Account of the North West Company » par Roderick MacKenzie, directeur de la Compagnie du Nord-Ouest. Une transcription dactylographiée se trouve également aux AO, NWCC MU 2200, Boîte 5, n°s 2(a), 2(b), et 2(c). On en trouve également des photocopies et une transcription dactylographiée à BAC, MC, vol. 55, Microfilm bobine n° C-15640 ; MDLR, MC, C.17 ; et à MHS, P1571.

« An Account of the Athabasca Indians by a Partner of the North West Company, 1795 », révisé le 4 mai 1840. Forme une partie du manuscrit intitulé « Some Account of the North West Company » par Roderick MacKenzie, directeur de la Compagnie du Nord-Ouest. Une transcription dactylographiée se trouve également aux AO, NWCC MU 2200, Boîte 5, n°s 2(a), 2(b), et 2(c). On en trouve également des photocopies et une transcription dactylographiée à BAC, MC, Vol. 55, Microfilm bobine n° C-15640 ; MDLR, MC, C.17 ; et à MHS, P1571.

TORONTO METROPOLITAN REFERENCE LIBRARY BALDWIN ROOM (TBR)

917.11 F671, Simon Fraser, « Journal of a voyage from the Rocky Mountains to the Pacific Ocean, Performed in the year 1808 ». Également sous forme de photocopies et de transcription dactylographiée ; la photocopie de la transcription de ce journal se trouve à l'Université de Californie à Berkeley, Bancroft Library, n° 18, série C, manuscrits de la Côte du Pacifique.

S13 Collection George Nelson :

- Journal « No. 1 », 27 avril 1802-avril 1803. Rédigé sous forme de souvenirs, décrivant un voyage de Montréal à Grand Portage et à Folle Avoine.
- Journal, 13 juillet 1803-25 juin 1804.
- Journal, 29 août 1805-8 mars1806.
- Journal « No. 5 », juin 1807-octobre 1809, écrit sous forme de souvenirs, date du 7 février 1851.
- Journal, 3 novembre 1807-31 août 1808.
- Journal, 1er septembre 1808-31 mars 1810 (intitulé « Journal for 1808 &c &c &c »).
- Journal, 1er avril 1810-1er mai 1811.
- Tête au Brochet, à ses parents, 8 décembre 1811.
- Journal « No. 7 », décrivant le district du lac Winnipeg en 1812, rédigé sous forme de souvenirs, mars 1812.
- Journal, 29 janvier-23 juin 1815, intitulé « A Daily Memoranda of my, my men, & my Neighbors' transactions, as far as can be necessary, in Manitonamingon Lake, for NWC ».
- Journal, 30 novembre 1815-13 janvier, (certaines parties du journal sont codées).
- « Journal from Bas De La Rivière to Cumberland House, 1819-? », également intitulé « Journal B », 1er mai-8 juin 1819, 16 août-15 septembre 1819. Ce journal est la suite du journal de Nelson qui se trouve aux AO, MU 842.
- Journal codé, 17 avril-20 octobre 1821, intitulé « A continuation of My Journal at Moose Lake ».
- Journal des évènements d'un voyage de Cumberland House à Fort William, partiellement codé, 3 juin-11 juillet 1822.
- Journal et souvenirs, 1er décembre 1825-13 septembre 1836.

Winnipeg

ARCHIVES DE LA COMPAGNIE DE LA BAIE D'HUDSON (ACBH)

A.6/24, Microfilm bobine n° 41, Londres, Correspondance envoyée, 1836-1838.

A.11/4, Microfilm bobine n° 138, Londres, Correspondance reçue des postes de la CBH, 1775-1783, Fort Albany, n° 105.

A.16/54, Collection de la Compagnie du Nord-Ouest (NWCC), Microfilm, série I, bobines 317-318, rapports des employés, Montréal, 1810-1826.

B.22/a/5, Microfilm bobine n° 1M17, John Mackay, Brandon House, journal de 1797-1798.
B.22/a/6, Microfilm bobine n° 1M17, Brandon House, journal du poste, 1798-1799, Robert Goodwin.
B.39/a/16, Microfilm bobine n° 1M22, Fort Chipewyan, journal du poste, 1820-1821, intitulé « Journal of Transactions & occurences at Fort Wedderburn Athabasca Lake, Kept by William Brown Commencing June 6th 1820, and Ending February 10th 1821. Volume 1st ».
B.42/a/136a, Microfilm bobine n° 1M34, Fort Churchill, journal du poste, 1810-1811, auteur non mentionné.
B.45/a/1, Microfilm bobine n° 1M37, Fort Colville (Columbia River), journal du poste, 1830-1831.
B.89/a/2, Microfilm bobine n° 1M63, Peter Fidler, Île à la Crosse, journal du poste, 1810-1811.
B.105/a/4, Microfilm bobine n° 1M67, John Mackay, lac La Pluie, journal de 1796-1797.
B.134/c/13, Microfilm bobine n° 1M283-4, Montréal, Correspondance reçue.
B.177/a/1, Microfim bobine n° 1M119, James Sutherland, Red Lake (nord-ouest de l'Ontario), journal de 1790-1791.
B.239/g/10, Microfilm bobine n° 1M801, York Factory, résumés des rapports des employés.
D.3/3, Microfilm, bobine supplémentaire M1, journal du gouverneur George Simpson, 1821-1822.
E.31/2/2, Correspondance non située et lettres privées des employés non délivrées, 1823-1892, et des voyageurs, 1823-1850.
F.3/1, Microfilm bobine n° 5M1-2, Compagnie du Nord-Ouest, divers, 1791-1799.
F.4/32, Registre de la Compagnie du Nord-Ouest, 1812-1821.
F.4/40, Livre de tenue de comptes de la Compagnie du Nord-Ouest, 1820-1821.
F.4/61, Microfilm bobine n° 5M13, Compagnie du Nord-Ouest, rapports divers, 1808-1827.

ARCHIVES PROVINCIALES DU MANITOBA (APM)
C.1/M.2, Church Missionary Society, microfilm bobine A-78, rapport de John Smithurst à Cumberland House, août 1841.
MG1 C1 Collection Fort William (FWC).
MG2 A1-1 Papiers de Lord Selkirk.

SOCIÉTÉ HISTORIQUE DE SAINT-BONIFACE
Registres des paroisses catholiques, microfilm bobine n° 2936, Saint-Augustin de Desmaures, ZQ-1-348.

LIVRES ET ARTICLES

Ahenakew, Edward (reverend), 1929, « Cree Trickster Tales ». *Journal of American Folklore* 42 (166) : 309-53.

Allaire, Gratien, 1980, « Les engagements pour la traite des fourrures. Évaluation de la documentation ». *Revue d'histoire de l'Amérique française* 34 : 3-26.

Allaire, Gratien, 1981, « Les Engagés de la Fourrure, 1701-1745. Étude de leurs motivations ». Thèse de doctorat, Montréal, Concordia University.

Allaire, Gratien, 1984, « Fur Trade Engagés, 1701-1745 ». Dans Thomas C. Buckley (dir.), *Rendezvous : Selected Papers of the Fourth North American Fur Trade Conference*. St. Paul (MN), The Conference.

Allen, Paula Gunn, 1989, « Lesbians in American Indian Cultures ». Dans Martin Bauml Duberman, Martha Vicinus et George Chauncey jr. (dir.), *Hidden From History : Reclaiming the Gay and Lesbian Past*. New York, New American Library : 106-117.

Anderson, Karen, 1991, *Chain Her by One Foot : The Subjugation of Women in Seventeenth-Century New France*. Londres et New York, Routledge.

Armour, David, 2000, *Colonial Michilimackinac*. Mackinac Island, Mackinac State Historic Parks.

Association de la Propagation de la foi, juillet 1845, *Notice sur les missions du diocèse de Québec, 1839-1875*. Diocèse de Québec.

Babcock, Barbara A. (dir.), 1978, *The Reversible World : Symbolic Inversion in Art and Society*. Ithaca, Cornell University Press.

Back, George, 1836, *Narrative of the Arctic Land Expedition to the Mouth of the Great Fish River and Along the Shores of the Arctic Ocean, in the years 1833, 1834, and 1835*. Londres, John Murray [réédition Edmonton, Hurtig, 1970].

Bakhtine, Mikhail, 1981, *The Dialogic Imagination*. Austin, University of Texas Press.

Bakhtine, Mikhail, 1984, *Rabelais and His World*. Bloomington, Indiana University Press.

Bakker, Peter, 1997, *A Language of Our Own : The genesis of Michif, the Mixed Cree-French Language of the Canadian Métis*. New York, Oxford University Press.

Ballantyne, Robert M., 1848, *Hudson's Bay or Every-Day Life in the Wilds of North America During Six Years' Residence in the Territories of the Honourable Hudson's Bay Company*. Londres et Édimburg, William Blackwood and Sons [réédition Edmonton, Hurtig, 1972].

Barbeau, Marius, 1919, « The Field of European Folk-Lore in America ». *Journal of American Folk-Lore* 32 (124) : 185-197.

Barbeau, Marius, 1936, *Québec : Where Ancient France Lingers*. Toronto, MacMillan.

Barbeau, Marius, 1954, « La Complainte de Cadieux, coureur de bois (vers 1709) ». *Journal of American Folklore* 67 : 163-183.

Barbeau, Marius, 1954, « The Ermatinger Collection of Voyageur Songs (c.a. 1830) ». *Journal of American Folklore* 67 : 147-161.

Barbeau, Marius, 1962, *Jongleur Songs of Old Québec*. Toronto et Nouveau Brunswick, Ryerson Press et Rutgers University Press.

Barkwell, Lawrence J., Leah Dorion et Darren R. Préfontaine (dir.), 2001, *Metis Legacy : A Metis Historiography and Annotated Bibliography*. Winnipeg, Pemmican Publications.

Beattie, Judith Judson et Helen M. Buss (dir.), 2003, *Undelivered Letters to Hudson's Bay Company Men on the Northwest Coast of America, 1830-1857*. Vancouver, University of British Columbia Press.

Beaudoin, Thérèse, 1987, *L'été dans la culture québécoise, XVIIe-XIXe siècles*. Québec, Institut québécois de recherche sur la culture, Documents de recherche n° 10.

Bederman, Gail, 1995, *Manliness and Civilization : A Cultural History of Gender and Race in the United States, 1880-1917*. Chicago, University of Chicago Press.

Béland, Madeleine, 1982, *Chansons de voyageurs, coureurs de bois, et forestiers*. Québec, Less presses de l'Université Laval.

Benoît, Jehane, 1985, « Wintering Dishes ». *Canadian Collector* (mai-juin) : 25-27.

Bigsby, John J., 1850, *The Shoe and the Canoe or Pictures of Travel in the Canadas* (2 vols.). Londres, Chapman and Hall, 1850.

Binnema, Theodore, Gerhard Ens et R. C. MacLeod (dir.), 2001, *From Rupert's Land to Canada : Essays in Honour of John E. Foster*. Edmonton, University of Alberta Press.

Blye, Frank, 1987, « Hegemonic Heterosexual Masculinity ». *Studies in Political Economy* 24 : 159-170.

Bodmer, Karl, 1984, « Buffalo Dance of the Mandan (painting) ». Dans *Karl Bodmer's America* (catalogue). Lincoln, Joslyn Art Museum et Nebraska University Press.

Bolduc, Evelyn, 1919, « Contes Populaires Canadiens (troisième série) ». *Journal of American Folk-Lore* 32 (123) : 90-167.

Bonville, Nancy, 1989, « Gender Relations in Native North America ». *American Indian Culture and Research Journal* 13(2) : 1-28.

Bosher, John, 1991, « The Family in New France ». Dans Barry Gough (dir.), *In Search of the Visible Past*. Waterloo, Wilfred Laurier University Press : 1-13.

Bouchard, Gérard, 1995, « Le Québec comme collectivité neuve. Le refus de l'américanité dans le discourse de la survivance ». Dans Yvan Lamonde et Gérard Bouchard (dir.), *Québécois et Américains. La culture québécoise aux XIXe et XXe siècles*. Québec, Fides : 15-60.

Bouchard, Gérard, 2000, *Genèse des nations et cultures du Nouveau Monde : essai d'histoire comparée*. Montréal, Boréal.

Bourdieu, Pierre, 1980, *Le sens pratique*. Paris, Minuit.

Bourdieu, Pierre, 1986, « The Forms of Capital ». Dans John G. Richardson (dir.), *Handbook of Theory and Research for the Sociology of Education*. New York, Greenwood Press : 241-258.

Bourdieu, Pierre et Loïc J.D. Wacquant, 1992, *An Invitation to Reflexive Sociology*. Chicago, University of Chicago Press.

Bourgeault, Ron C., 1983, « The Indian, the Métis and the Fur Trade : Class, Sexism and Racism in the Transition from "Communism" to Capitalism ». *Studies in Political Economy : A Socialist Review* 12 (automne) : 45-80.

Brennan, Thomas, 1988, *Public Drinking and Popular Culture in Eighteenth-Century Paris*. Princeton, Princeton University Press.

Bristol, Michael D., 1985, *Carnival and Theater: Plebian Culture and the Structure of Authority in Renaissance England*. New York, Routledge.

Brown, Jennifer S. H., 1980, *Strangers in Blood : Fur Trade Company Families in Indian Country*. Vancouver, University of British Columbia Press.

Brown, Jennifer S. H., 2001, « Partial Truths : A Closer Look at Fur Trade Marriage ». Dans Theodore Binnema, Gerhard J. Ens et R. C. MacLeod (dir.), *From Rupert's Land to Canada*. Edmonton, University of Alberta Press : 59-80.

Brown, Jennifer S. H., 1994, « Fur Trade as Centrifuge : Family Dispersal and Offspring Identity in Two Company Contexts ». Dans Raymond J. DeMallie et Alfonso Ortiz (dir.), *North American Indian Anthropology : Essays on Society and Culture*. Norman, University of Oklahoma Press.

Brown, Jennifer S. H. et Elizabeth Vibert (dir.), 1996, *Reading Beyond Words : Contexts for Native History*. Peterborough, Broadview Press.

Bumsted, J. M., 1998, *A History of the Canadian Peoples*. Toronto, Oxford University Press.

Buffalohead, Priscilla K., 1983, « Farmers, Warriors, Traders : A Fresh Look at Ojibway Women ». Minnesota History 48 (5) : 236-244.

Burke, Peter, 1978, *Popular Culture in Early Modern Europe*. New York, New York University Press.

Burley, Edith I, 1997, *Servants of the Honourable Company: Work, Discipline, and Conflict in the Hudson's Bay Company, 1770-1879*. Toronto, New York et Oxford, Oxford University Press.

Callender, Charles et Lee M. Kochems, 1983, « The North American Berdache ». *Current Anthropology* 24 (4) : 443-456.

Campagna, F. Dominique, 1966, *Répertoire des mariages de Maskinongé, 1728-1966*. S.l., Académie Pierre-Boucher.

Campbell, Marjorie Wilkins, 1957, *The North West Company*. New York et Toronto, St. Martin's Press et MacMillan [réédition Vancouver et Toronto, Douglas & McIntyre, 1983].

« Canada. Écoulement Fluvial », 1993, Atlas National du Canada (5e edition). Ottawa, Environment Canada.

Carroll, Michael P., 1984, « The Trickster as Selfish Buffoon and Culture Hero ». *Ethos* 12 (2) :105-131.

« Chalk River », 1962, Carte 1132A, *Surficial Geology*. Ottawa, Geological Survey of Canada.

Charbonneau, Hubert, Bertrand Desjardins et Pierre Beauchamp, 1978, « Le comportement démographique des voyageurs sous le régime français ». *Histoire sociale/ Social History* XI (21) : 120-133.

Chauncey, George jr., 1988, « Christian Brotherhood or Sexual Perversion ? Homosexual Identities and the Construction of Sexual Boundaries in the World War I Era ». Dans Martin Bauml Duberman, Martha Vicinus et George Chauncey jr. (dir), *Hidden From History : Reclaiming the Gay and Lesbian Past*. New York, New American Library : 294-317.

Chittenden, Hiram Martin, 1902, *The American Fur Trade of the Far West* (3 vols.). New York, F.P. Harper [réédition Lincoln, University of Nebraska Press, 1986].

« Connolly vs. Woolrich, Superior Court, Montréal, 9 July 1867 ». *Lower Canada Jurist* XI : 197-265.

Cooper, Carol, 1992-1993, « Native Women of the Northern Pacific Coast : An Historical Perspective, 1830-1900 ». *Journal of Canadian Studies* 27 (4) : 44-75.

Cox, Ross, 1831, *Adventures on the Columbia River, Including the Narrative of a Residence of Six Years on the Western Side of the Rocky Mountains, Among Various Tribes of Indians Hitherto Unknown : Together With a Journey Across the American Continent* (2 vols.). Londres, Henry Colburn and Richard Bentley [réédition en un volume, New York, J. & J. Harper, 1832].

Creighton, Margaret S., 1995, *Rites and Passages : The Experience of American Whaling, 1830-1870*. Cambridge, Cambridge University Press.

Crowley, Terence, 1979, « "Thunder Gusts" : Popular Disturbances in Early French Canada ». *Canadian Historical Association Historical Papers*.

Curot, Michel, 1911, « A Wisconsin Fur Trader's Journal, 1803-04 ». Madison, Wisconsin Historical Society (Collections of the Stat Historical Society of Wisconsin 20) : 396-471.

Daniells, Roy, 1971, « Introduction ». Dans Alexander Mackenzie (Roy Daniells éd.), *Voyages from Montreal on the River St. Laurence through the Continent of North America to the Frozen and Pacific Oceans in the Years 1789 and 1793 with a Preliminary Account of the Rise, Progress, and Present State of the Fur Trade of that Country*. Edmonton, Hurtig.

Darnton, Robert, 1985, *The Great Cat Massacre and Other Episodes in French Cultural History*. New York, Vintage Books.

Davidson, Gordon Charles, 1918, *The North West Company*. Berkeley, University of California Press.

Davis, Natalie Zemon, 1971, « The Reasons of Misrule : Youth Groups and Charivaris in Sixteenth-Century France ». *Past & Present* 50 : 41-75.

Davis, Natalie Zemon, 1965, *Society and Culture in Early Modern France*. Stanford, Stanford University Press.

Dechêne, Louise, 1992, *Habitants and Merchants in Seventeenth-Century Montréal*. Montréal et Kingston, McGill-Queen's University Press [traduction de *Habitants et marchands de Montréal au XVIIe siècle*, Paris, Plon, 1974].

Delâge, Denys, 1992, « L'influence des Amérindiens sur les Canadiens et les Français au temps de la Nouvelle-France ». Lekton 2 (2) : 103-191, 280-291.

Delâge, Denys, 2000, « L'histoire des Premières Nations, approches et orientations ». *Revue d'histoire de l'Amérique Française* 53 (4) : 521-527.

Deloria, Philip J., 1998, *Playing Indian*. New Haven, Yale University Press.

DeMallie, Raymond J. et Douglas R. Parks, 1987, « Introduction ». Dans *Sioux Indian Religion : Tradition and Innovation*. Norman, University of Oklahoma Press.

DeMallie, Raymond J. (dir.), 2001, *Handbook of North American Indians, Volume 13, Plains* (sous la direction de William C. Sturtevant). Washington, Smithsonian Institution.

Dening, Greg, 1992, *Mr. Bligh's Bad Language : Passion, Power and Theatre on the Bounty*. Cambridge, Cambridge University Press.

Devens, Carol, 1992, *Countering Colonization : Native American Women and Great Lakes Missions, 1630-1900*. Berkeley, Los Angeles et Oxford, University of California Press.

Devine, Heather, 2001, « Les Desjarlais : The Development and Dispersion of a Proto-Métis Hunting Band, 1785-1870 ». Dans Theodore Binnema, Gerhard J. Ens et R. C. MacLeod (dir.), *From Rupert's Land to Canada : Essays in Honour of John E. Foster*. Calgary, The University of Alberta Press : 129-158.

Devine, Heather, 2004, *The People Who Own Themselves : Aboriginal Ethnogenesis in a Canadian Family 1660-1900*. Calgary, University of Calgary Press.

Devine, Heather, 2004, « A Fur Trade Diaspora : Canadien Merchant Families in St. Louis After the British Conquest ». Communication présentée lors de la réunion annuelle de la Canadian Historical Association, Winnipeg, Université du Manitoba, juin.

DeVoto, Bernard A., 1947, *Across the Wide Missouri*. Boston, Houghton Mifflin.

Dictionary of Canadian Biography (DCB).

Dohla, Johann Conrad, 1990, *A Hessian Diary of the American Revolution by Johann Conrad Dohla*. (Bruce E. Burgoyne trad. et éd.). Norman, University of Oklahoma Press.

Douglas, Mary (dir.), 1987, *Constructive Drinking : Perspectives on Drink from Anthropology*. Cambridge, Cambridge University Press.

Douglas, Thomas, Earl of Selkirk, 1816, *A Sketch of the British Fur Trade in North America; with Observations Relative to the North-West Company of Montréal* (seconde édition). Londres, James Ridgway.

Duckworth, Harry (dir.), 1990, *The English River Book : A North West Company Journal and Account Book of 1786*. Montréal, McGill-Queen's University Press.

Dugas, Georges, 1981 [1890], *Un Voyageur des pays d'En-Haut*. Saint-Boniface (MB), Éditions des Plaines.

Duncan, John M., 1823, *Travels Through Part of the United States and Canada in 1818 and 1819* (2 vols.). Glasgow, Wardlaw and Cunninghame.

Eccles, W. J., 1983, « The Fur Trade and Eighteenth-Century Imperialism ». William and Mary Quarterly Third Series XL (3) : 341-362.

Edmunds, R. David, 1983, *The Shawnee Prophet*. Lincoln, University of Nebraska Press.

Englebert, Robert, 2004, « The Storm before the Calm : Desertion, Corporate Competition, and Voyageur Identity during the Fur Trade Wars, 1814-1822 ». Mémoire de maîtrise, Département d'histoire, Université d'Ottawa.

Ens, Gerhard J., 1997, *Homeland to Hinterland : The Changing Worlds of the Red River Métis in the Nineteenth Century*. Toronto, University of Toronto Press.

Ermatinger, C. O. (dir.), 1912, « Edward Ermatinger's York Factory Express Journal being a record of journeys made between Fort Vancouver and Hudson Bay in the years *1827-1828* ». *Proceedings and Transactions of the Royal Society of Canada*, série 3, section 2 : 67-132.

Faries, Hugh, 1965, « The Diary of Hugh Faries ». Dans Charles M. Gates (dir.), *Five Fur Traders of the Northwest*. St. Paul (MN), Minnesota Historical Society.

Fierst, John T., 1996, « Strange Eloquence : Another Look at The Captivity and Adventures of John Tanner ». Dans Jennifer S. H. Brown and Elizabeth Vibert (dir.), *Reading Beyond Words : Contexts for Native History*. Peterborough, Broadview Press : 220-241.

Fingard, Judith, 1982, *Jack in Port : Sailortowns of Eastern Canada*. Toronto, University of Toronto Press.

Fletcher, Anthony, 1995, *Gender, Sex and Subordination in England, 1500-1800*. New Haven et Londres, Yale University Press.

Foster, John E., 1985, « Paulet Paul : Métis or "House Indian" Folk Hero ? » *Manitoba History* 9 (printemps) : 2-7.

Foster, John E., 1994, « Wintering, the Outsider Adult Male and the Ethnogenesis of the Western Plains Métis ». *Prairie Forum* 19 (1) : 1-13.

Foster, Martha Harroun, 1993, « Of Baggage and Bondage : Gender and Status among Hidatsa and Crow Women ». American Indian Culture and Research Journal 17 (2) : 121-52.

Fowke, Edith, 1979, *Folktales of French Canada*. Toronto, NC Press.

Franchère, Gabriel, 1969, *Journal of a Voyage on the North West Coast of North America during the Years 1811, 1812, 1813 and 1814*. Toronto, Champlain Society.

Franchère, Gabriel, 1954, *A Voyage to the Northwest Coast of America* (Milo Milton Quaife éd.). Chicago, R.R. Donnelley & Sons Company.

Francis, Daniel, 1982, *Battle for the West : Fur Traders and the Birth of Western Canada*. Edmonton, Hurtig.

Francis, Daniel et Toby Morantz, 1983, *Partners in Furs : A History of the Fur Trade in Eastern James Bay, 1600-1870*. Montréal, McGill-Queens Press.

Francis, Daniel et Michael Payne, 1993, *A Narrative History of Fort Dunvegan*. Winnipeg, Watson & Dwyer.

Francis, R. Douglas, Richard Jones et Donald B. Smith, 1996, *Origins: Canadian History to Confederation* (troisième edition). Toronto, Harcourt and Brace.

Franklin, Captain John, 1819, *Narrative of a Journey to the Shores of the Polar Sea in the Years 1819, 20, 21 and 22*. Londres, J.M Dent & Sons.

Franks, C.E.S., 1977, *The canoe and white water: from essential to sport*. Toronto, University of Toronto Press.

Fraser, Simon, 1960 [1889-1890] « Journal of a Voyage from the Rocky Mountains to the Pacific Coast, 1808 ». Dans Louis R.F. Masson (dir.), *Les Bourgeois de la Compagnie du Nord-Ouest* (2 vols.). New York, Antiquarian Press: 155-221.

Fraser, Simon, 1960, *The Letters and Journals of Simon Fraser, 1806-1808* (W. Kaye Lamb éd.). Toronto, MacMillan Company of Canada.

Friesen, Gerald, 1987, *The Canadian Prairies: A History*. Toronto, University of Toronto Press.

Fur, Gunlög, 2002, « "Some Women are Wiser than Some Men": Gender and Native American History ». Dans Nancy Shoemaker (dir.), *Clearing a Path: Theorizing the Past in Native American Studies*. New York, Routledge: 73-103.

Gâerin, Lâeon, s.d., Trois types de l'habitation Canadien-français. s. l.: s. n., 18--. See CIHM 05769.

Gagnon, Serge, 1990, *Plaisir d'amour et crainte de Dieu*. Québec, Les presses de l'Université Laval.

Gates, Charles M. (dir.), 1965, *Five Fur Traders of the Northwest*. St. Paul (MN), Minnesota Historical Society.

Gibbon, J. Murray, 1927, *Canadian Folk Songs: Old and New*. Londres, J. M. Dent & Sons Ltd.

Gibson, James R., 1985, *Farming the Frontier: The Agricultural Opening of the Oregon Country, 1786-1846*. Vancouver, University of British Columbia Press.

Gilbert, Arthur N., 1976, « Buggery and the British Navy, 1700-1861 ». *Journal of Social History* 10 (1): 72-98.

Gilman, Carolyn, 1992, *The Grand Portage Story*. St. Paul, Minnesota Historical Society.

Ginzburg, Carlo, 1980, *The Cheese and the Worms: The Cosmos of a Sixteenth-Century Miller*. Baltimore, Johns Hopkins University Press.

Ginzburg, Carlo, 1992, « The Inquisitor as Anthropologist ». Dans Ginzburg, Carlo, *Clues, Myths, and Historical Methods*. Baltimore, The Johns Hopkins University Press.

Giraud, Marcel, 1945, *Le métis canadien* (2 vols.). Paris, Institut d'Ethnologie.

Goldring, Philip, 1979, *Papers on the Labour System of the Hudson's Bay Company, 1821-1900* (vol. 1), Manuscript Report Series 362, Parks Canada. Ottawa, Ministry of Supply and Services.

Grabowski, Jan et Nicole St-Onge, 2001, « Montréal Iroquois Engagés in the Western Fur Trade, 1800-1821 ». Dans Theodore Binnema, Gerhard J. Ens et R. C. MacLeod (dir.), *From Rupert's Land to Canada: Essays in Honour of John E. Foster*. Edmonton, University of Alberta Press: 23-58.

Gramsci, Antonio, 1971, *Selections from the Prison Notebooks*. Quintin Hoare et Geoffrey Nowell Smith (éd. et trad.). New York, International Publishers.

Grant, George M., 1873, *Ocean to Ocean: Sanford Fleming's Expedition Through Canada in 1872, Being a Diary Kept During a Journey from the Atlantic to the Pacific With the Expedition of the Engineer-in-Chief of the Canadian Pacific and Intercolonial Railways*. Toronto, J. Campbell et. al.

Grant, Peter, 1960 [1889-1890] « The Sauteux Indians about 1804 ». Dans Louis R.F. Masson, *Les Bourgeois de la Compagnie du Nord-Ouest* (2 vols.). New York, Antiquarian Press.

Green, Gretchen, 1991, « A New People in an Age of War: The Kahnawake Iroquois, 1667-1760 ». Thèse de doctorat, The College of William and Mary, Williamsburg.

Greenwood, F. Murray, 1993, Legacies *of Fear: Law and Politics in Québec in the Era of the French Revolution*. Toronto, University of Toronto Press.

Greer, Allan, 1978, « The Pattern of Literacy in Québec, 1745-1899 ». *Histoire sociale/ Social History* 9: 295-335.

Greer, Allan, 1979, *The Soldiers of Isle Royale*. Parks Canada History and Archaeology 28. Ottawa, Minister of Supply and Services Canada.

Greer, Allan, 1981, « Fur-Trade Labour and Lower Canadian Agrarian Structures ». *Canadian Historical Association Historical Papers*: 197-214.

Greer, Allan, 1985, *Peasant, Lord and Merchant: Rural Society in Three Québec Parishes, 1740-1840*. Toronto, University of Toronto Press.

Greer, Allan, 1993, *The Patriots and the People: The Rebellion of 1837 in Rural Lower Canada*. Toronto, University of Toronto Press.

Greer, Allan, 1997, *The People of New France*. Toronto, University of Toronto Press.

Grenon, Hector, 1974, *Us et coutumes du Québec*. Montréal, La Presse.

Gross, Konrad, 1996, « The Voyageurs: Images of Canada's Archetypal Frontiersmen ». In Hena Maes-Jelinek, Gordon Collier et Geoffrey V. Davis (dir.), *A Talent(ed) Digger: Creations, Cameos, and Essays in Honour of Anna Rutherford*. Amsterdam and Atlanta, (GA), Rodopi: 411-421.

Guide des parcours canotables du Québec (vol. 2), Nord du fleuve Saint-Laurent excluant le bassin de l'Outaouais, 2001, Fédération québécoise du canot et du kayak. Québec, Éditions Broquet.

Gunnerson, James H., 2001, « Plains Village Tradition: Western Periphery ». *Handbook of North American Indians, Volume 13, Plains*. Raymond J. DeMallie (dir.). Washington, Smithsonian Institution: 234-244.

Hall, Robert, L., 1997, *An Archaeology of the Soul: North American Indian Belief and Ritual*. Urbana, University of Illinois Press.

Hallowell, A. Irving, 1992, *The Ojibwa of Berens River, Manitoba: Ethnography into History*. Jennifer S. H. Brown (éd.). Fort Worth, Harcourt Brace College Publishers.

Hamelin, Jean, 1984, *Histoire du catholisme québécois* (2 vols.). Montréal, Boréal.

Hamilton, James Scott, 1990, « Fur Trade Social Inequality and the Role of Non-Verbal Communication ». Thèse de doctorat, Simon Fraser University, Vancouver.

Hardin, Richard F., 1983, « "Ritual" in Recent Criticism : The Elusive Sense of Community ». *Publications in Modern Language Association* 98 : 846-62.

Hardy, Jean-Pierre et David-Thiery Ruddel, 1977, *Les apprentis artisans à Québec, 1660-1815*. Québec, Les Presses de l'Université du Québec.

Harmon, Daniel W., 1911, *Journal of Voyages and Travels in the Interior of North America*. Trails Makers of Canada Series. Toronto, Courier.

Harmon, Daniel, 1957, *Sixteen Years in Indian Country : The Journal of Daniel Williams Harmon, 1800-1816*. (W. Kaye Lamb éd.). Toronto, MacMillan.

Harris. R. C., 1984, *The Seigneurial System in Early Canada : A Geographical Study*. Kingston, McGill-Queen's University Press.

Harris, R. C., 1997, *The Resettlement of British Columbia : Essays on Colonialism and Geographical Change*. Vancouver, University of British Columbia Press.

Harrison, Jane E., 1997, *Until Next Year : Letter-writing and the mails in the Canadas, 1640-1830*. Waterloo (ON), Wilfrid Laurier University Press for the Canadian Postal Museum.

Hay, Douglas et Paul Craven, 1993, « Master and Servant in England and the Empire : A Comparative Study ». *Labour/ Le travail* 31 (printemps) : 175-84.

Helm, June (dir.), 1981, *Volume 6, Subarctic, Handbook of North American Indians*. (Sous la direction de William C. Sturtevant). Washington, Smithsonian Institution.

Henning, Dale R., 2001, « Plains Village Tradition : Eastern Periphery and Oneota Tradition ». Dans *Handbook of North American Indians, Volume 13, Plains* (Raymond J. DeMallie dir.). Washington, Smithsonian Institution : 222-223.

Henry, Alexander (l'Aîné), 1969, *Travels and Adventures in Canada and the Indian Territories Between the Years 1760 and 1776*. Edmonton, M.G. Hurtig.

Henry, Alexander (le Jeune), 1897, *New Light on the Early History of the Greater Northwest : The Manuscript Journals of Alexander Henry* (2 vols., Elliott Coues éd.). Minneapolis, Ross and Haines [also 1897, New York, F. Harper].

Henry, Alexander (le Jeune), 1988, *The Journal of Alexander Henry the Younger, 1799-1814* (2 vols., Barry M. Gough éd.). Toronto, The Champlain Society.

Heriot, George, 1805, *Travels Through the Canadas : to which is subjoined a comparative view of the manners and customs of several of the Indian nations of North and South America*. Londres, Printed for Richard Phillips by J.G. Barnard.

Heriot, George,1813, *Travels Through the Canadas, Containing a Description of the Picturesque Scenery on Some of the Rivers and Lakes ; with an Account of the Productions, Commerce, and Inhabitants of those Provinces*. Philadelphie, M. Carey.

Heron, Craig et Robert Storey (dir.), 1986, *On the Job : Confronting the Labour Process in Canada*. Montréal et Kingston, McGill-Queen's University Press.

Hind, Henry Youle, 1860, *Narrative of the Canadian Red River Exploring Expedition of 1857 and of the Assiniboine and Saskatchewan Exploring Expedition of 1858*. Londres, Longman, Green, Longman, and Roberts.

Hogg, Grace Laing et Gwen Shulman, 1993, « Wage Disputes and the Courts in Montréal, 1816-1835 ». Dans Donald Fyson, Colin M. Coates et Kathryn Harvey Class (dir.), *Gender and the Law in Eighteenth and Nineteenth Century Québec: Sources and Perspectives*. Montréal, Montréal History Group : 127-143.

Honigman, John J., 1981, « West Main Cree ». *Handbook of North American Indians, Volume 6, Subarctic* (June Helm dir.). Washington, Smithsonian Institution : 217-230.

Hubert, Ollivier, 2000, *Sur la terre comme au ciel. La gestion des rites par l'Église catholique de Québec (fin XVIIe - mi-XIXe siècle)*. Sainte Foy, Les Presse de l'Université Laval.

Hutchenson, Linda, 1985, *A Theory of Parody : The Teachings of Twentieth-Century Art Forms*. New York, Methuen.

Igartua, José, 1974, « A Change in Climate : The Conquest and the Marchands of Montréal ». *Canadian Historical Association Historical Papers* : 115-134.

Innis, Harold Adams, 1956 [1930], *The Fur Trade in Canada : An Introduction to Canadian Economic History*. Toronto, University of Toronto Press.

Jaenen, Cornelius J., 1976, *The Role of the Church in New France*. Toronto, McGraw-Hill Ryerson.

Jameson, Anna Brownell Murphy, 1838, *Winter Studies and Summer Rambles in Canada* (3 vols.). Londres, Saunder and Otley.

The Jesuit Relations and Allied Documents (JR), 1896-1900, (Reuben Gold Thwaites éd.). (73 vols.). Cleveland, Burrows Brothers [réédition New York, Pageant Book, 1959. Publication originale 1610-1791].

« Johnstone et al. vs. Connolly, Cour d'Appel, Jugement Rendu le 7 septembre 1869 ». *La Revue Légale* I : 253-400.

Judd, Carol M., 1980, « Native Labour and Social Stratification in the Hudson's Bay Company's Northern Department, 1770-1870 ». Canadian *Review of Sociology and Anthropology* 17 (4) : 305-314.

Jung, Patrick J., 1997, « Forge, Destroy, and Preserve the Bonds of Empire : Euro-Americans, Native Americans, and Métis on the Wisconsin Frontier, 1634-1856 ». Thèse de doctorat, Marquette University, Milwaukee.

Kalm, Pehr, 1977, *Voyage de Pehr Kalm au Canada en 1749* (traduction annotée par Jacques Rousseau et Guy Béthune). Montréal, Pierre Tisseyre.

Kane, Paul, 1925 [1858], *Wanderings of an Artist Among the Indians of North America from Canada to Vancouver's Island and Oregon Through the Hudson's Bay Company's Territory and Back Again*. Toronto, Radisson Society.

Karamanski, Theodore J., 1982, « The Iroquois and the Fur Trade of the Far West ». *The Beaver* (printemps) : 5-13.

Keith, Lloyd (dir.), 2001, *North of Athabasca : Slave Lake and Mackenzie River Documents of the North West Company, 1800-1821*. Montréal, McGill-Queen's Press.

Kemp, David, 1980, « The Impact of Weather and Climate on the Fur Trade in the Canadian Northwest ». *Thunder Bay Historical Museum Society Papers and Records*, vol. VIII : 32-42.

Kennicott, Robert, 1869, « Robert Kennicott ». *Transactions of the Chicago Academy of Sciences*.

Kent, Timothy J., 1997, *Birchbark Canoes of the Fur Trade* (2 vols.). Ossineke (MI), Silver Fox Enterprises.

King, Margaret L., 1991, *Women of the Renaissance*. Chicago, University of Chicago Press.

Kohl, George Johann, 1985 [Allemagne 1859], *Kitchi-Gami : Life Among the Lake Superior Ojibway*. St. Paul (MN), Minnesota Historical Society Press.

Kusterer, Ken C., 1978, *Know-How on the Job : The Important Working Knowledge of "Unskilled" Workers*. Boulder, Westview Press.

Lamb, W. Kaye, 1970, « Introduction ». Dans Lamb, W. Kaye (dir.), *The journals and letters of Alexander Mackenzie*. Cambridge, Hakluyt Society at the University Press.

Lambert, John 1814 [1813], *Travels Through Canada, and the United States of North America, in the years 1806, 1807, & 1808*. Londres, C. Cradock and W. Joy.

Lamonde, Yvan, 1996, *Ni avec eux, ni sans eux. Le Québec et les États-Unis*. Montréal, Nuit blanche éditeur.

Lamontagne, Sophie-Laurence, 1983, *L'hiver dans la culture québécoise (XVIIe-XIXe siècles)*. Québec, Institut québécois de recherche sur la culture.

Lande, Lawrence M., 1989, *The Development of the Voyageur Contract (1686-1821)*. Montréal, McLennan Library, McGill University.

Landes, Ruth, 1969 [1938], *The Ojibwa Woman*. New York, AMS Press.

Landmann, George, 1852, *Adventures and Recollections of Colonel Landmann, Late of the Corps of Royal Engineers* (2 vols.). Londres, Colburn and Co.

La Rochefoucauld-Liancourt, duc de, 1799 ou 1800, *Voyage dans les E tats-Unis d'Ame rique, fait en 1795, 1796 et 1797 par La Rochefoucauld-Liancourt* (2 vols.). Paris, Chez Du Pont Imprimeur-Libraire.

La Rochefoucauld-Liancourt, duc de, 1799, *Travels Through the United States of North America, the Country of the Iroquois, and Upper Canada, in the Years 1795, 1796, and 1797; with an authentic account of Lower Canada* (H. Neuman trad.). Londres, R. Phillips.

Larocque, François-Antoine, 1985, « Journal of an Excursion of Discovery to the Rocky Mountains by Mr. larocque in the Year 1805 from the 2d of June to the 18th of October ». Dans W. Raymond Wood et Thomas D. Thiessen (dir.), *Early Fur Trade on the Northern Plains : Canadian Traders Among the Mandan and Hidatsa Indians, 1738-1818. The narratives of John Macdonell, David Thompson, François-Antoine Larocque, and Charles McKenzie*. Norman, University of Oklahoma Press.

Larocque, François-Antoine, 1985, « Yellowstone Journal ». Dans W. Raymond Wood et Thomas D. Thiessen (dir.), *Early Fur Trade on the Northern Plains : Canadian Traders Among the Mandan and Hidatsa Indians, 1738-1818. The narratives of John Macdonell, David Thompson, François-Antoine Larocque, and Charles McKenzie*. Norman, University of Oklahoma Press.

LaRue, F. A. H., 1865, « Les chansons populaires et historiques du Canada ». *Foyer canadien* 1 : 321-384.

Lavender, David. S., 1964, *The Fist in the Wilderness*. Garden City (NY), Doubleday.

Laverdure, Patline et Ida Rose Allard, 1983, *The Michif Dictionary : Turtle Mountain Chippewa Cree* (John C. Crawford éd.). Winnipeg, Pemmican Publications.

Leacock, Eleanor, 1977, « Women in Egalitarian Societies ». Dans Renate Bridenthal et Claudia Koonz (dir.), *Becoming Visible : Women in European History*. Boston, Houghton Mifflin : 11-35.

Leacock, Eleanor, 1980, « Montagnais Women and the Jesuit Program for Colonization ». Dans Mona Etienne et Eleanor Leacock (dir.), *Women and Colonization : Anthropological Perspectives*. New York, Praeger.

Lears, T. J. Jackson, 1985, « The Concept of Cultural Hegemony : Problems and Possibilities ». *American Historical Review* 90 (3) : 567-593.

Leblanc, Monique Genest, 2003, *« Une jolie cincture à flesche ». Sa présence au Bas-Canada, son cheminement vers l'Ouest, son introduction chez les Amérindiens*. Sainte Foy, Les Presses de l'Université Laval.

Lefroy, John Henry, 1955, *In Search of the Magnetic North : A Soldier-Surveyor's Letters from the North-West, 1843-1844* (George F.G. Stanley éd.). Toronto, MacMillan Company of Canada.

Le Roy Ladurie, Emmanuel, 1980 [1979], *Carnival in Romans*. New York, George Braziller Inc.

Lewis, Meriwether [1814 ?], *History of the Expedition Under the Command of Captains Lewis and Clarke, to the Sources of the Missouri, Across the Rocky Mountains, Down the Columbia River to the Pacific in 1804-6* (3 vols.). Toronto, George N. Morang & Co.

Looking Horse, Arval, 1987, « The Sacred Pipe in Mandan Life ». *Sioux Indian Religion : Tradition and Innovation*. Norman, University of Oklahoma Press.

Losey, Elizabeth Browne, 1999, *Let Them be Remembered : The Story of the Fur Trade Posts*. New York, Vantage Press.

Lunn, Jean, 1939, « The Illegal Fur trade out of New France, 1713-60 ». *Canadian Historical Association Report* : 61-76.

Lytwyn, Victor P., 1986, *The Fur Trade of the Little North : Indians, Peddlars, and Englishmen East of Lake Winnipeg, 1760-1821*. Winnipeg, Rupert's Land Research Centre.

Lytwyn, Victor P., 1987, « Transportation in the Petit Nord ». *Historical Atlas of Canada, Volume 1, From the Beginning to 1800* (R. Cole Harris éd.). Toronto, University of Toronto Press : planche 63.

Lytwyn, Victor P., 2003, « The Anishinabeg and the Fur Trade ». Dans Jean Morrison (dir.), *Lake Superior to Rainy Lake : Three Centuries of Fur Trade History*. Thunder Bay, Thunder Bay Historical Museum Society : 27-45.

MacDonald, Archibald, 1971, *Peace River. A Canoe Voyage from Hudson's Bay to Pacific in 1828*. Rutland (VT), Charles E. Tuttle Co.

Macdonell, John, 1960 [1889-1890], « Extracts From Mr John McDonnell's Journal (1793-1795) ». Dans L.R.F. Masson (dir.), *Les Bourgeois de la Compagnie du Nord-Ouest* (2 vols.). New York, Antiquarian Press : I, 283-295.

Macdonell, John, 1965, « The Diary of John Macdonell ». Dans Charles M. Gates (dir.), *Five Fur Traders of the Northwest*. St. Paul (MN), Minnesota Historical Society.

MacGregor, J. B., 1978, *John Rowand: Czar of the Prairies*. Saskatoon, Western Producer Prairie Books.

Mackenzie, Alexander, 1801, *Voyages from Montréal on the River St. Laurence through the Continent of North America to the Frozen and Pacific Oceans in the Years 1789 and 1793 with a Preliminary Account of the Rise, Progress, and Present State of the Fur Trade of that Country*. Londres, R. Noble, Old Bailey.

Mackenzie, Alexander, 1801, « A General History of the Fur Trade from Canada to the North-West ». *Voyages from Montréal on the River St. Laurence through the Continent of North America to the Frozen and Pacific Oceans in the Years 1789 and 1793 with a Preliminary Account of the Rise, Progress, and Present State of the Fur Trade of that Country*. Londres, R. Noble, Old Bailey.

Mackie, Richard Somerset, 1997, *Trading Beyond the Mountains : The British Fur Trade on the Pacific, 1793-1843*. Vancouver, University of British Columbia Press.

Makahonuk, Glen, 1988, « Wage-Labour in the Northwest Fur Trade Economy, 1760-1849 ». Saskatchewan History XII (1) : 1-17.

Makarius, Laura, 1973, « The Crime of Manabozo ». American Anthropologist 75 (3) : 663-675.

Mandelbaum, David G., 1979, *The Plains Cree : An Ethnographic, Historical, and Comparative Study*. Regina, Canadian Plains Research Center.

Massicotte, E. Z., 1930, « Répertoire des engagements pour l'Ouest conservés dans les Archives judiciaires de Montréal ». *Rapport de l'archiviste de la Province de Québec pour 1929-1930*. Québec, Rédempti Paradis : 191-466.

Massicotte, E. Z. et Marius Barbeau, 1919, « Chants populaires du Canada ». *Journal of American Folklore* 32 (123) : 1-89.

Masson, L. R. (dir.), 1960 [1889-1890], *Les Bourgeois de la Companie du Nord-Ouest* (2 vols.). New York, Antiquarian Press.

Mayer, Frank B., 1986, *With pen and pencil on the frontier in 1851 : The Diary and Sketches of Frank Blackwell Mayer* (Bertha L. Heilbron éd.). Saint Paul (MN), The Minnesota Historical Society.

Maynard, Steven, 1989, « Rough Work and Rugged Men : The Social Construction of Masculinity in Working-Class History ». *Labour/ Le travail* 23 (printemps) : 159-169.

Maynard, Steven, 1993, « Making Waves : Gender and Sex in the History of Seafaring ». *Acadiensis* XXII (2) : 144-154.

McBrien, Richard P., 1987, « Roman Catholicism ». Dans Mircea Eliade (dir.), *The Encyclopedia of Religion*. New York, Macmillan : XII, 429-445.

McCormack, Patricia A., 2003, « The Many Faces of Thanadelthur : Documents, Stories, and Images ». Dans Jennifer S. H. Brown et Elizabeth Vibert (dir.), *Reading Beyond Words : Contexts for Native History*. Peterborough, Broadview : 329-364.

McCullough, A. B., 1984, *Money and Exchange in Canada to 1900*. Toronto, Dundurn Press.

McDermott, John F., 1941, *Mississippi Valley French 1673-1850*. St. Louis, Washington University Studies.

McGillivray, Duncan, 1929, *The Journal of Duncan McGillivray of the North West Company at Fort George on the Saskatchewan, 1794-5* (Arthur S. Morton éd.). Toronto, The MacMillan Company of Canada Limited.

McKenny, Thomas L., 1827, *Sketches of the Tour to the Lakes, of the Character and Customs of the Chippeway Indians and of Incidents Connected with the Treaty of Fond du Lac*. Baltimore, F. Lucas.

McKenzie, James, 1960 [1889-1890], « Journal, 1799 ». Dans L.R.F. Masson (dir.), *Les Bourgeois de la Compagnie du Nord-Ouest* (2 vols.). New York, Antiquarian Press : II, 371-399.

McKenzie, Roderic, 1960 [1889-1890], « "Reminiscences" by the Honorable Roderic McKenzie Being Chiefly a Synopsis of Letters from Sir Alexander Mackenzie ». Dans Louis R.F. Masson (dir.), *Les Bourgeois de la Compagnie du Nord-Ouest*. New York, Antiquarian Press. (Basé sur la correspondence entre Alexander Mackenzie et Roderick McKenzie, 1786-1816, BAC MC MG19 C1, vol. 32, 32A).

McLean, John, 1849, *Notes of a Twenty-Five Years' Service in the Hudson's Bay Territory* (2 vols.). Londres, Richard Bentley [réédition Toronto, Champlain Society, 1932].

McLeod, Archibald N., 1965, « The Diary of Archibald N. McLeod ». Dans Charles M. Gates (éd.), *Five Fur Traders of the Northwest*. Saint Paul (MN), Minnesota Historical Society.

Meyer, David et Paul C. Thistle, 1995, « Saskatchewan River Rendezvous Centers and Trading Posts : Continuity in a Cree Social Geography ». *Ethnohistory* 42 (3) : 403-444.

Milloy, John S., 1988, *The Plains Cree : Trade, Diplomacy and War, 1790 to 1870*. Winnipeg, University of Manitoba Press.

Mitchell, Elaine Allan, 1977, *Fort Timiskaming and the Fur Trade*. Toronto, University of Toronto Press.

Moir, John S., 1967, *Church and State in Canada, 1627-1867*. Toronto, McClelland and Stewart.

Monk, George, 1923, « A Description of Northern Minnesota by a Fur Trade in 1807 » (Grace Lee Nute éd.). *Minnesota History* 5 : 28-39.

Moodie, D. W., 1980, « Agriculture in the Fur Trade ». Dans Carol M. Judd et Arthur J. Ray (dir.), *Old Trails and New Directions: Papers of the Third North American Fur Trade Conference.* Toronto, University of Toronto Press: 272-290.

Moodie, D. Wayne, Victor P. Lytwyn, Barry Kaye et Arthur J. Ray, 1987, « Competition and Consolidation, 1760-1825 ». *Historical Atlas of Canada, Volume 1, From the Beginning to 1800* (R. Cole Harris dir.). Toronto, University of Toronto Press: planche 61.

Moodie, D. Wayne, Victor P. Lytwyn et Barry Kaye. « Trading Posts, 1774-1821 ». *Historical Atlas of Canada, Volume 1, From the Beginning to 1800* (R. Cole Harris dir.). Toronto, University of Toronto Press: planche 62.

Moodie, D. Wayne, Barry Kaye et Victor Lytwyn. « The Fur Trade Northwest to 1870 ». *Historical Atlas of Canada, Volume II, The Land Transformed, 1800-1891* (R. Louis Gentilcore dir.). Toronto, University of Toronto Press: planche 17.

Moodie, T. Dunbar, 1988, « Migrancy and Male Sexuality in the South African Gold Mines ». *Journal of Southern African Studies* 14 (2): 228-56.

Moogk, Peter N., 1977, *Building a House in New France*. Toronto, McClelland and Stewart.

Moogk, Peter N., 1979, « "Thieving Buggers" and "Stupid Sluts": Insults and Popular Culture in New France ». *William and Mary Quarterly* 3e série, XXXVI: 524-547.

Moogk, Peter N., 2000, *La Nouvelle France: The Making of French Canada, A Cultural History*. East Lansing, Michigan State University Press.

Moore, Thomas, 1806, *Epistles, Odes, and Other Poems*. Philadelphie, B. Graves.

Moore, Thomas, [1806?], *The rapids; a Canadian boat song*. Philadelphie, G. E. Blake.

Moore, Thomas, 1964, *The Letters of Thomas Moore* (Wilfred S. Dowden éd., volume 1, 1793-1818). Oxford, Clarendon Press.

Morice, A. G., 1912, *Dictionnaire historique des Canadiens et des Métis français de l'Ouest*. Montréal, Granger Frères.

Morland, Lynn Louise, 1993, « Craft industries at Fort Michilimackinac, an eighteenth-century fur trade outpost ». Thèse de doctorat, University of Pennsylvania, Philadelphie.

Morris, Alexander, 1880, The *Treaties of Canada with the Indians of Manitoba and the North-West Territories, Including the negotiations on Which They Were Based.* Toronto, Belfords, Clarke.

Morrison, Jean, 2001, *Superior Rendezvous Place: Fort William in the Canadian Fur Trade*. Toronto, Natural Heritage Books.

Morse, Eric W., 1969, *Fur Trade Canoe Routes of Canada, Then and Now*. Toronto, University of Toronto Press.

Morton, Anne, 1998, « Chief Trader Joseph McGillivray ». Communication présentée au Rupert's Land Colloquium, Winnipeg et Norway House, juin.

Muir, Edward, 1997, *Ritual in Early Modern Europe*. Cambridge, Cambridge University Press.

Murphy, Lucy Eldersveld, 2000, *A Gathering of Rivers : Indians, Métis, and Mining in the Western Great Lakes, 1737-1832*. Lincoln, University of Nebraska Press.

Murray, Laura J., 2003, « Fur Traders in Conversation ». *Ethnohistory* 50 (2) : 285-314.

Nelson, George, 2002, *My First Years in the Fur Trade : The Journals of 1802-1804* (Laura Peers et Theresa Schenck éd.). Saint Paul, Minnesota Historical Society Press.

Nevins, John Birkbeck, 1847, *A Narrative of Two Voyages to Hudson's Bay; With Traditions of the North American Indians*. Londres, Society for Promoting Christian Knowledge.

Newman, Peter C., 1987, *Company of Adventurers, Caesars of the Wilderness*. Markham (ON), Viking.

Nicks, John, 1980, « Orkneymen in the HBC, 1780-1821 ». Dans Carol M. Judd et Arthur J. Ray (dir.), *Old Trails and New Directions : Papers of the Third North American Fur Trade Conference*. Toronto, University of Toronto Press : 102-126.

Nicks, Trudy, 1980, « The Iroquois and Fur Trade in Western Canada ». Dans Carol M. Judd et Arthur J. Ray (dir.), *Old Trails and New Directions : Papers of the Third North American Fur Trade Conference*. Toronto, University of Toronto Press : 85-101.

Noel, Jan, 1985, « New France : Les femmes favorisées ». Dans Alison Prentice et Susan Mann Trofimenkoff (dir.), *The Neglected Majority : Essays in Canadian Women's History*. Toronto, McClelland and Stewart : II, 18-40.

Noel, Jan, 1995, *Canada Dry : Temperance Crusades Before Confederation*. Toronto, University of Toronto Press.

Noel, Jan, 1998, *Women in New France*. Ottawa, Canadian Historical Association, Historical Booklet 59.

Nute, Grace Lee, 1931, *The Voyageur*. New York, Appleton.

Nute, Grace Lee, 1941, *The Voyageur's Highway : Minnesota's Borderland*. Saint Paul (MN), Minnesota Historical Society.

Nute, Grace Lee, 1945, *Calendar of the American Fur Company's Papers* (2 vols.). Washington, U.S. G.P.O.

Nute, Grace Lee, 1953-1954, « Journey for Frances ». *The Beaver* (été 1954 : 12-18, décembre 1953 : 50-59, mars 1954 : 12-17).

Ordinances and Acts of Québec and Lower Canada, 1825 [1796], *Ordinances Made and Passed by the Governor and Legislative Council of the Province of Quebec*. Québec, P.E. Desbarats : 36, George III.

Ortner, Sherry B. et Harriet Whitehead, 1981, « Introduction : Accounting for Sexual Meanings ». Dans Sherry B. Ortner et Harriet Whitehead (dir.), *Sexual Meanings : The Cultural Construction of Gender and Sexuality*. Edited by, 13-25. Cambridge, Cambridge University Press : 13-25.

Osborne, A. C., 1901, « The Migration of Voyageurs form Drummond Island to Penetanguishene in 1828 ». *Ontario Historical Society Papers and Records* 3 : 123-149.

Ouellet, Fernand, 1980, *Economic and Social History of Québec, 1760-1850*. Ottawa, Gage Publishing Limited et Institute of Canadian Studies, Carleton University [traduction de *Histoire économique et sociale du Québec, 1760-1850*. Montréal, Fides, 1966].

Ouellet, Fernand, 1976, « Dualité économique et changement technologique au Québec (1760-1790 ». *Histoire sociale/ Social History* 9 (novembre) : 256-296.

Ozouf, Mona, 1976, *La fête révolutionnaire 1789-1799*. Paris, Gallimard.

Palmer, Bryan D., 1992, *Working-Class Experience : Rethinking the History of Canadian Labour, 1800-1991*. Toronto, McClelland & Stewart.

Palmer, John, 1818, *Journal of Travels in the United States of America and in Lower Canada, Performed in the Year 1817*. Londres, Sherwood, Neely, and Jones.

Pannekoek, Frits, 2001, « Metis Studies : The Development of a Field and New Directions ». Dans Theodore Binnema, Gerhard J. Ens et R. C. MacLeod (dir.), *From Rupert's Land to Canada : Essays in Honour of John E. Foster*. Calgary, The University of Alberta Press : 111-128.

Paul, Ellen, 1998, « The Voyageur at Home : Parish Registers as a Tool in Understanding the Motivation and Formation of a Fur Trader ». Communication présentée au Rupert's Land Colloquium, Winnipeg.

Payne, Michael, 1989, *The Most Respectable Place in the Territory : Everyday Life in Hudson's Bay Company Service, York Factory, 1788 to 1870*. Ottawa, Ministry of the Environment, Canadian Parks Service.

Peck, Gunther, 1993, « Manly Gambles : The Politics of Risk on the Comstock Lode, 1860-1880 ». *Journal of Social History* 26 (4) : 701-723.

Peers, Laura, 1994, *The Ojibwa of Western Canada, 1780 to 1879*. Winnipeg, University of Manitoba Press.

Pendergast, Russell Anthony, 1957, « The XY Company 1798 to 1804 ». Thèse de doctorat, Université d'Ottawa.

Pentland, H. Clare, 1981, *Labour and Capital in Canada, 1650-1860*. Toronto, James Lorimer & Co.

Perrot, Nicolas, 1911, *The Indian Tribes of the Upper Mississippi Valley and the Region of the Great Lakes* (Emma Helen Blair trad. et éd., 2 vols). Cleveland (Ohio), Arthur H. Clark Company.

Peterson, Jacqueline, 1980, « The People In Between : Indian-White Marriage and the Genesis of a Métis Society and Culture in the Great Lakes Region, 1680-1830 ». Thèse de doctorat, Université de l'Illinois à Chicago.

Peterson, Jacqueline et Jennifer S. H. Brown (dir.), 1985, *The New Peoples : Being and becoming Métis in North America*. Winnipeg, University of Manitoba Press.

Phillips, Paul Crisler, 1961, *The Fur Trade* (2 vols.). Norman, University of Oklahoma Press.

Podruchny, Carolyn, 1998, « Festivities, Fortitude and Fraternalism : Fur Trade Masculinity and the Beaver Club, 1785-1827 ». Dans William C. Wicken, Jo-Anne Fiske et Susan Sleeper-Smith (dir.), *New Faces in the Fur Trade : Selected Papers of the Seventh North American Fur Trade Conference*. East Lansing (MI), Michigan State University Press : 31-52.

Podruchny, Carolyn, 1999, « Unfair Masters and Rascally Servants ? Labour Relations Between Bourgeois, Clerks and Voyageurs in the Montréal Fur Trade, 1780-1821 ». *Labour/ Le Travail* 43 (printemps) : 43-70.

Podruchny, Carolyn, 2000, « Dieu, Diable and the Trickster : Voyageur Religious Syncretism in the Pays d'en haut, 1770-1821 ». Dans Raymond Huel et Gilles Lesage (dir.), *Western Oblate Studies 5/ Études Oblates de l'Ouest 5 : Actes du cinquième colloque sur l'histoire des Oblats dans l'Ouest et le Nord canadien/Proceedings of the fifth symposium on the history of the Oblates in Western and Northern Canada*. Winnipeg, Western Canadian Publishers, La Société historique de Saint-Boniface, Presses universitaires de Saint-Boniface et Centre d'études franco-canadiennes de l'Ouest : 75-92.

Podruchny, Carolyn, 2002, « Baptizing Novices : Ritual Moments among French Canadian Voyageurs in the Montréal Fur Trade, 1780-1821 ». *Canadian Historical Review* 83 (2) : 165-195.

Podruchny, Carolyn, 2002, « Un homme-libre se construit une identité. Voyage de Joseph Constant au Pas, de 1773 à 1853 ». *Cahiers franco-canadiens de l'Ouest* 14 (1-2) : 33-59.

Podruchny, Carolyn, 2004, « Werewolves and Windigos : Narratives of Cannibal Monsters in French-Canadian Voyageur Oral Tradition ». *Ethnohistory* 51 (4) 677-700.

Pond, Peter. « The Narrative of Peter Pond », 1965, Dans Charles M. Gates (dir.), *Five Fur Traders of the Northwest*. Saint Paul (MN), Minnesota Historical Society.

Provencher, Jean, 1988, *Les Quatre Saisons dans la vallée du Saint-Laurent*. Montréal, Boréal.

Radforth, Ian, 1995, « The Shantymen ». Dans Paul Craven (dir.), *Labouring Lives : Work and Workers in Nineteenth-Century Ontario*. Toronto, University of Toronto Press : 204-276.

Radin, Paul et A. B. Reagan, 1928, « Ojibwa Myths and Tales : The Manabozho Cycle ». *Journal of American Folklore* 41 (159) : 61-146.

Radin, Paul, 1972 [1956], *The Trickster : A Study in American Indian Mythology*. New York, Schocken Books.

Ray, Arthur J., 1974, *Indians in the Fur Trade : Their Roles as Hunters, Trappers and Middlemen in the Lands Southwest of Hudson Bay, 1660-1870*. Toronto, University of Toronto Press.

Ray, Arthur J. et Donald Freeman, 1978, *« Give Us Good Measure » : An Economic Analysis of Relations Between the Indians and the Hudson's Bay Company Before 1763*. Toronto, University of Toronto Press.

Ray, Arthur J., D. Wayne Moodie et Conrad E. Heidenreich, 1987, « Rupert's Land ». *Historical Atlas of Canada, Volume 1, From the Beginning to 1800* (R. Cole Harris dir.). Toronto, University of Toronto Press : planche 57.

Rediker, Marcus, 1987, *Between the Devil and the Deep Blue Sea : Merchant Seamen, Pirates, and the Anglo-American Maritime World, 1700-1750*. Cambridge, Cambridge University Press.

Reed, Charles Bert, 1914, *Masters of the Wilderness*. Chicago, University of Chicago Press.

Rice, Kym, 1983, *Early American Taverns : For the Entertainment of Friends and Strangers*. Chicago, Regnery Gateway.

Rich, E. E., 1960, « Trade Habits and Economic Motivation among the Indians of North America ». *Canadian Journal of Economics and Political Science* 26 (1) : 35-53.

Rich, E. E., 1967, *The Fur Trade and the Northwest to 1857*. Toronto, McClelland and Stewart Limited.

Richter, Daniel K., 1992, *The Ordeal of the Longhouse : The Peoples of the Iroquois League in the Era of European Colonization*. Chapel Hill, University of North Carolina Press.

Ridington, Robin et Dennis Hastings (In'aska), 1997, *Blessing for a Long Time : The Sacred Pole of the Omaha Tribe*. Lincoln, University of Nebraska Press.

Roscoe, Will, 1994, « How to Become a Berdache : Toward a Unified Analysis of Gender Diversity ». Dans Gilbert Herdt (dir.), *Third Sex Third Gender : Beyond Sexual Dimorphism in Culture and History*. New York, Zone Books : 329-372.

Ross, Alexander, 1849, *Adventures of the First Settlers on the Oregon or Columbia River : Being a Narrative of the Expedition Fitted Out by John Jacob Astor, to Establish the « Pacific Fur Company » With an Account of Some Indian Tribes on the Coast of the Pacific*. Londres, Smith, Elder and Co. [Ann Arbor, University Microfilms Inc., 1966].

Ross, Alexander, 1855, *Fur Hunters of the Far West : A Narrative of Adventures in the Oregon and Rocky Mountains* (2 vols.). Londres, Smith, Elder and Co.

Rumilly, Robert, 1980, *La compagnie du Nord Ouest, une épopée montréalaise* (2 vols.). Montréal, Fides.

Sawaya, Jean-Pierre, 1998, *La Fédération des Sept Feux de la vallée du Saint-Laurent, XVII*[e]*-XIX*[e] *siècle*. Sillery (QC), Septentrion.

Shoemaker, Nancy (dir.), 1995, *Negotiators of Change : Historical Perspectives on Native American Women*. New York et Londres, Routledge.

Skinner, Clairborne, 1991, « The Sinews of Empire : The Voyageurs and the Carrying Trade of the Pays d'en Haut, 1681-1754 ». Thèse de doctorat, Université de l'Illinois à Chicago.

Sleeper-Smith, Susan, 2001, *Indian Women and French Men : Rethinking Cultural Encounter in the Western Great Lakes*. Amherst, University of Massachusetts Press.

Smits, David, 1982, « The "Squaw Drudge": A Prime Index of Savagism ». *Ethnohistory* 29 (4) : 281-306.

Sprenger, Herman, 1987, « The Métis Nation : Buffalo Hunting versus Agriculture in the Red River Settlement, 1810-1870 ». Dans Bruce Alden Cox (dir.), *Native People, Native Lands : Canadian Indians, Inuit and Metis*. Ottawa: Carleton University Press, Carleton Library Series 142 : 120-135.

Sprague, D.N. et R.P. Frye, 1983, *The Genealogy of the First Métis Nation : The Development and Dispersal of the Red River Settlement, 1820-1900*. Winnipeg, Pemmican Publications.

Sullivan, Lawrence E. (dir.), 1987, *Native American Religions : North America*. New York, MacMillan Publishing Co.

Swagerty, William R. et Dick A. Wilson, 1994, « Faithful Service under Different Flags : A Socioeconomic Profile of the Columbia District, Hudson's Bay Company and the Upper Missouri Outfit, American Fur Company, 1825-1835 ». Dans Jennifer S. H. Brown, W. J. Eccles et Donald P. Heldman (dir.), *The Fur Trade Revisited : Selected Papers of the Sixth North American Fur Trade Conference, Mackinac Island, Michigan, 199*1. East Lansing (MI), Michigan State University Press : 243-267.

Swagerty, William R., 2001, « History of the United States Plains Until 1850 ». *Handbook of North American Indians, Volume 13, Plains* (Raymond J. DeMallie dir.). Washington, Smithsonian Institution : 256-279.

Tanner, Helen Hornbeck, 1994, « The Career of Joseph La France, Coureur de Bois in the Upper Great Lakes ». Dans Jennifer S. H. Brown, W. J. Eccles et Donald P. Heldman (dir.), *The Fur Trade Revisited : Selected Papers of the Sixth North American Fur Trade Conference, Mackinac Island, Michigan, 1991*. East Lansing (MI), Michigan State University Press : 171-187.

Tanner, Helen Hornbeck (dir.), 1987, *Atlas of Great Lakes Indian History*. Norman, The Newberry Library et University of Oklahoma Press.

Tanner, Helen Hornbeck (dir.), 1995, *The Settling of North America : The Atlas of the Great Migrations into North America from the Ice Age to the Present*. New York, Macmillan Press.

Tanner, John, 1830, A *Narrative of the Captivity and Adventures of John Tanner During Thirty Years Residence Among the Indians in the Interior of North America*. New York, G. & C. & H. Carvili [réédition Minneapolis, Ross & Haines, 1956.].

Terrell, J. U., 1963, *Furs by Astor*. New York, Morrow.

Thistle, Paul, 1986, *Indian-European Trade Relations in the Lower Saskatchewan River Region to 1840*. Winnipeg, University of Manitoba Press.

Thomas, Keith, 1971, *Religion and the Decline of Magic : Studies in Popular Beliefs in Sixteenth and Seventeenth Century England*. Londres, Weidenfeld and Nicholson.

Thomas, L. H., 1976, « A History of Agriculture on the Prairies to 1914 ». *Prairie Forum* 1 (1) : 31-45.

Thompson, David, 1962, *David Thompson's Narrative, 1784-1812* (Richard Glover éd.). Toronto, The Champlain Society.

Thompson, David, 1985, « Journal, November 1797 ». Dans W. Raymond Wood et Thomas D. Thiessen (dir.), *Early Fur Trade on the Northern Plains : Canadian Traders Among the Mandan and Hidatsa Indians, 1738-1818; The narratives of John Macdonell, David Thompson, François-Antoine Larocque, and Charles McKenzie*. Norman, University of Oklahoma Press.

Thompson, E. P., 1991, *Customs in Common*. Londres, Merlin Press.

Thorne, Tanis C., 1996, *The Many Hands of My Relations : French and Indians on the Lower Missouri*. Columbia, University of Missouri Press.

Thurston, John, 1993, « Hegemony ». Dans Irena R. Makaryk (dir.), *Encyclopedia of Contemporary Literary Theory : Approaches, Scholars, Terms*. Toronto, University of Toronto Press : 549-550.

Trigger, Bruce G. (dir.), 1978, *Handbook of North American Indians, Volume17, Northeast* (William C. Sturtevant éd.). Washington, Smithsonian Institution.

Trigger, Bruce G., 1985, *Natives and Newcomers : Canada's « Heroic Age » Reconsidered*. Kingston et Montréal, McGill-Queen's University Press.

Troyes, Chevalier de, 1918, *Journal de l'expédition du Chevalier de Troyes à la Baie d'Hudson, en 1686* (Ivanhoe Caron éd.). Beauceville, La Compagnie de L'Éclaireur.

Trudel, Marcel, 1956, *The Seigneurial Regime*. Ottawa, Canadian Historical Association.

Turner, Victor, 1990, *Le phénomène rituel. Structure et contre-structure*. Paris, Presses universitaires de France.

Turner, Victor, 1992, « Variations of a Theme of Liminality ». Dans Victor Turner, *Blazing the Trail : Way Makers in the Exploration of Symbols*. Tucson, University of Arizona Press : 48-65.

Turner, Victor, 1980-1981, « Social Dramas and Stories About Them ». Dans W.J.T. Mitchell (dir.), *On Narrative*. Chicago, University of Chicago Press.

Turner, Victor, 1992, *Blazing the Trail : Way Makers in the Exploration of Symbols*. Tuscon, University of Arizona Press.

Tyrrell, J. B. (dir.), 1934, *Journals of Samuel Hearne and Philip Turnor*. Toronto, Champlain Society.

Van Gennep, Arnold, 1909, *The rites of passage*. Londres, Routledge et Kegan Paul.

Van Gennep, Arnold, 1932, *Le Folklore du Dauphiné (Isère). Étude descriptive et comparée de psychologie populaire* (2 vols.). Paris, Librarie Orientale et Américaine.

Van Gennep, Arnold, 1937-1949, *Manuel de folklore français contemporain* (4 vols.). Paris, J. Picard.

Van Kirk, Sylvia, 1980, *« Many Tender Ties » : Women in Fur-Trade Society, 1670-1870*. Winnipeg, Watson & Dwyer Publishing Ltd.

Van Kirk, Sylvia, 1984, « George Nelson's "Wretched" Career, 1802-1823 ». Dans Thomas C. Buckley (dir.), *Rendezvous : Selected Papers of the Fourth North American Fur Trade Conference*. Saint Paul (MN), The Conference : 207-213.

Vecsey, Christopher, 1990, *Traditional Ojibwa Religion and its Historical Changes*. Philadelphie, The American Philosophical Society.

Vézina, Robert, 2003, « Les mauvais renards et la garce. Description et origine du terme drouine ». Dans Marcel Bénéteau (dir.), *Le passage du Détroit. 300 ans de présence francophone/ Passages : Three Centuries of Francophone Presence at Le Détroit*. Windsor (ON), Humanities Research Group, University of Windsor : 127-147.

Vibert, Elizabeth, 1997, *Traders' Tales : Narratives of Cultural Encounters in the Columbia Plateau, 1807-1846*. Norman et Londres, University of Oklahoma Press.

Vickerson, Fred, 1999, « Genealogy and the Hessian Soldiers, Part 1 ». *The Global Gazette : Online Family History Magazine* 3 (4), http://globalgazette.net/gazrr/gazrr23.htm.

Voorhis, Ernest, 1930, *Historic Forts and Trading Posts of the French Regime and of the English Fur Trading Companies*. Ottawa, Department of the Interior.

Wallace, W. Stewart (dir.), 1934, *Documents Relating to the North West Company*. Toronto, Champlain Society.

Wallot, Jean-Pierre, 1973, *Un Québec qui bougeait. Trame socio-politique du Québec au tournant du XIXe siècle*. Montréal, Boréal.

Watson, Robert, 1931, « The First Beaver Club ». *The Beaver* (décembre) : 334-337.

Way, Peter, 1993, « Evil Humors and Ardent Spirits : The Rough Culture of Canal Construction Laborers ». *Journal of American History* 79 (mars) : 1398-1400.

Weist, Katherine M., 1983, « Beasts of Burden and Menial Slaves : Nineteenth Century Observations of Northern Plains Indian Women ». Dans Patricia Albers et Beatrice Medicine (dir.), *The Hidden Half : Studies of Plains Indian Women*. Washington, University Press of America : 29-107.

Weld, Isaac Jr, 1807, *Travels Through the States of North America, and the Provinces of Upper and Lower Canada, During the Years 1795, 1796, and 1797* (2 vols.). Londres, John Stockdale.

White, Bruce M., 1982, « "Give us a little milk" : the social and cultural meanings of gift giving in the Lake Superior fur trade ». *Minnesota History* 48 (2) : 60-71.

White, Bruce M., 1987, « Montréal Canoes and their Cargoes ». Dans Bruce Trigger et. al. (dir.), *Le castor fait tout : Selected Papers of the Fifth North American Fur Trade Conference, 1985*. Montréal, Saint Louis Historical Society : 164-192.

White, Bruce M., 1987, « A Skilled Game of Exchange : Ojibwa Fur Trade Protocol ». *Minnesota History* 50 (6) : 229-240.

White, Bruce M., 1994, « The Fear of Pillaging : Economic Folktales of the Great Lakes Fur Trade ». Dans Jennifer S.H. Brown, W.J. Eccles et Donald P. Heldman (dir.), *The Fur Trade Revisited : Selected Papers of the Sixth North American Fur Trade Conference, Mackinac Island, Michigan, 1991*. East Lansing (MI), Michigan State University Press : 199-216.

White, Richard, 1991, *The Middle Ground : Indians, Empires, and Republics in the Great Lakes Region*. Cambridge, Cambridge University Press.

Whitehead, Harriet, 1981, « The bow and the burden strap : A new look at institutionalized homosexuality in Native North America ». Dans Sherry B. Ortner et Harriet Whitehead (dir.), *Sexual Meanings : The Cultural Construction of Gender and Sexuality*. Cambridge, Cambridge University Press : 80-115.

Wicksteed, G. W., 1857, *Table of the Provincial Statutes and Ordinances in Force or Which Have Been in Force in Lower Canada*. Toronto.

Williams, Walter L., 1986, *The Spirit and the Flesh : Sexual Diversity in American Indian Culture*. Boston, Beacon Press.

Winterburn, Joseph D., 2003, « Lac La Pluie Bills of Lading, 1806-1809 ». Dans Jean Morrison (dir.), *Lake Superior to Rainy Lake : Three Centuries of Fur Trade History*. Thunder Bay, Thunder Bay Historical Museum Society : 59-67.

Wood, Stephen (dir.), 1982, The *Degradation of Work ? Skill, Deskilling and the Labour Process*. Londres, Hutchinson.

Woodcock, George, 1988, *A Social History of Canada*. Markham, Penguin.

Index

G

H

I

J

K

L

M

Recyclé
Contribue à l'utilisation responsable des ressources forestières
www.fsc.org Cert no. SGS-COC-003153
© 1996 Forest Stewardship Council

MARQUIS
Marquis imprimeur inc.
Québec, Canada
2009

Imprimé sur du papier Silva Enviro 100% postconsommation traité sans chlore, accrédité Éco-Logo et fait à partir de biogaz.

certifié
procédé sans chlore
100 % post-consommation
PERMANENT archives permanentes
BIO GAZ ÉNERGIE énergie biogaz